W0066797

Illustrierte Geschichte des deutschen Kaiserreichs

Christian Zentner

Illustrierte Geschichte des deutschen Kaiserreichs

Südwest Verlag München

BILDQUELLENNACHWEIS
Berliner Illustrirte, »Bildersaal deutscher Geschichte« (1890), »Bismarckdenkmal für das deutsche Volk«, »Der Deutsch-Französische Krieg«, »Deutschlands Ruhmeshalle«, »Die Deutschen Einigungskriege«, Gartenlaube, »Illustrierte Kriegschronik« (1871), »Kaiser Friedrich der Gütige«, Kladderadatsch, Leipziger Illustrirte, »Moderne Kunst in Meisterholzschnitten«, Simplicissimus, Über Land und Meer, Ullstein, »Unser Heldenkaiser« (1897), »Unser Kaiser« (1913), Kurt Zentner.

Vorsatz vorn: Kaiserproklamation im Spiegelsaal von Versailles. Stich nach einem Gemälde von Anton von Werner
Vorsatz hinten: Kaiser Wilhelm II. mit seinen Söhnen auf dem Wege zur Paroleausgabe

Mitarbeiter:
Dr. Reinhard Barth (Bild)
Dr. Harald Steffahn (Text)
Bildbeschaffung:
Dieter Mumminger, Peter Buschan
Umschlag:
Manfred Metzger

© 1986 Südwest Verlag GmbH & Co. KG, München
Alle Rechte vorbehalten. Printed in Germany
Satz: Leingärtner, Nabburg
Reproduktion und Druck: Wenschow-Franzis-Druck GmbH, München
Bindearbeit: Oldenbourg, München
ISBN: 3-517-00908-3

Inhalt

Nach seinem Gründer wurde das deutsche Kaiserreich auch Bismarckreich genannt. In der Wilhelminischen Epoche kam es daher zu einem regelrechten Kult um den »Eisernen Kanzler«.

Vorwort

Im Rückblick gilt die Wilhelminische Ära vielen als »die gute alte Zeit«. Die Ältesten haben noch lebendige Erinnerungen; sie waren Kinder oder Jugendliche, gingen in Matrosenkleidung, auch die Mädchen, hörten mitunter respektvoll von »Seiner Majestät« reden, und wenn sie Glück hatten, erblickten sie einmal die stattliche Erscheinung in Uniform und Ordensschmuck, mit dem charakteristischen Zwirbelbart, den jeder zweite Bürovorsteher und Dorfpolizist zum Zeichen entliehener Würde trug. Und wenn unsere heutigen Senioren damals nicht noch zu klein waren, um schon etwas von Klima und Atmosphäre in sich aufzunehmen, dann mögen sie auch das Bewußtsein von einem gemächlichen Zeittakt, einer fest gegründeten, geordneten und unverrückbaren Lebensumwelt in sich aufgenommen haben. So etwas dürfte haften geblieben sein, weil es später nie mehr wiederkehrte. Alle nachfolgenden Jahrzehnte seit dem Ersten Weltkrieg trugen die äußeren Merkmale von Unruhe, Unsicherheit, Gefährdung und Rastlosigkeit.

Ferne Rückblicke haben leicht etwas Versöhnliches. Der weite Abstand der Erinnerung schleift Ecken und Kanten, Härten und Unannehmlichkeiten weg. Sonst würden die Zeitgenossen nicht gewöhnlich ihre eigene Epoche weit kritischer sehen als die ihrer Großeltern. Die deutsche Kaiserzeit ruht heute für die meisten im freundlichen Licht des Wohlwollens.

Bei unvoreingenommenem Zusehen allerdings verliert die Wilhelminische Zeit viel von ihren Vorzügen – wenn auch längst nicht alle. Da herrschte in den bürgerlichen Bildungsschichten ein gefährliches Selbstbewußtsein bis hin zur Arroganz. Man fühlte sich auf den Höhen der Menschheit wandeln mit dem stolzen Blick zurück: Wir haben's geschafft. Nicht genug damit; die Neubürger unter den Weltmächten schauten begehrlich auf den angestammten Besitz der Alteingesessenen (Franzosen, Engländer) und überlegten angestrengt, wie man sie übertrumpfen und wie »am deutschen Wesen die Welt genesen« könne. Der Kaiser, im Wonneglanz seiner Popularität und Herrscherhöhe, ließ keine Gelegenheit aus, mit Anspruchsdenken das Ausland zu beunruhigen und mit Taktlosigkeiten diplomatisches Porzellan zu zerschlagen.

Im gesellschaftlichen Bereich wurde das Volk durch hohe Standesschranken unterteilt. Sie waren nicht unüberwindlich; doch von denen, die heute im Besitz demokratischer Gleichheit nostalgisch zurückschauen, würden nur wenige zufrieden sein, wären sie durch Zauberspruch dorthin versetzt. Damals kam es doch sehr auf den sozialen Standort in der Hierarchie an. Zugegeben immerhin: Das innenpolitische, das gesellschaftliche Klima war lange nicht mehr so aggressiv und vergiftet wie noch kurz zuvor während Bismarcks Kulturkampf und zur Zeit des Sozialistengesetzes.

Die Bismarckzeit – das Fundament der Wilhelminischen Ära. Aber auch die Epoche der Reichsgründung und des Reichsgründers war nur wieder eine Etappe im unendlichen Fluß der Ereignisse. Noch weiter zurück, und wir geraten in die leidenschaftlichen Kämpfe um die deutsche Einigung, in die erbitterten Diskussionen, auf welchem Wege sie zu erreichen sei. Davon muß ausführlich gesprochen werden; anders wäre das Kaiserreich nicht wirklich zu verstehen. Das bedeutet ein Schürfen bis in die Ereignisschichten der späten Napoleonzeit. Durch sie nämlich wurden die Kräfte wachgerufen oder gesteigert, die dem Jahrhundert die vorwärtsdrängende Bewegung verliehen. Doch die Träume erfüllten sich für viele anders als gedacht.

»Aufbahrung der Märzgefallenen vor dem Deutschen Dom in Berlin 1848«. Unvollendetes Ölgemälde von Adolph Menzel.

Der von Frankreich ausgehenden Revolutionsbewegung, die in Berlin zu Barrikaden- und Straßenkämpfen führte, mußte auch

der preußische König Zugeständnisse machen. Zur Annahme der Kaiserkrone war er jedoch nicht bereit. Die von König Friedrich Wilhelm IV. 1850 oktroyierte Verfassung mit ihrem Dreiklassenwahlrecht ist bis 1918 in Kraft geblieben.

Kriegsrat in Frankreich. Gemälde von Anton von Werner. Am Tisch sitzend, von links nach rechts: König Wilhelm I., Generalstabschef Moltke und Otto von Bismarck. Vor König Wilhelm stehend Kronprinz Friedrich Wilhelm von Preußen; hinter Bismarck Kriegs- und Marineminister Albrecht Graf von Roon. Wie 1866 im Krieg gegen Österreich bewährten sich Moltkes Soldaten und seine Feldherrnkunst auch 1870/71. Seine Strategie der Umfassung führte zum Sieg über Frankreich, entscheidende Voraussetzung für die Schaffung des deutschen Kaiserreichs.

A. v. W. 1900

An Kanzler's Ecke unter den Linden in Berlin. Als erste Stadt im deutschen Sprachraum überstieg Berlin die Millionengrenze. Im

Jahr 1880 wurden in der Reichshauptstadt 1 315 000 Einwohner gezählt.

Schon vor der Reichsgründung hatte die große Wandlung des deutschen Wirtschaftslebens begonnen. Die »Industrielle Revolution« breitete sich mit Macht in Deutschland aus und führte zu einer stürmischen wirtschaftlichen Entwicklung. Kohle und Eisen waren die entscheidenden Wirtschaftsgüter geworden, und Deutschland verfügte über beides. Auf dieser Grundlage

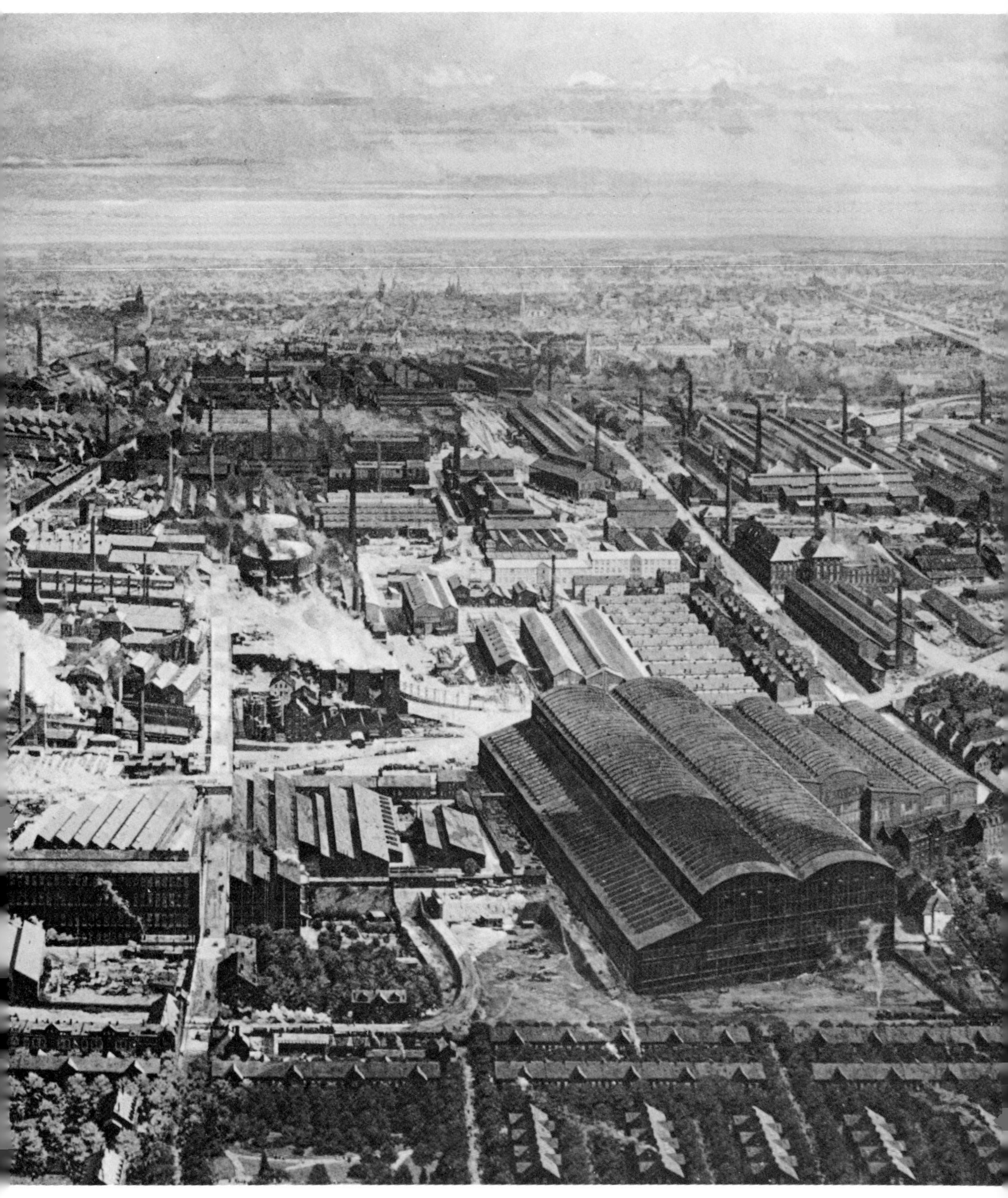

ließ sich eine weitere Entfaltung der Wirschaft durchführen. Bei Ausbruch des Ersten Weltkrieges war Deutschland der größte Eisen- und Stahlproduzent und der zweitgrößte Kohlenproduzent Europas. Die Photogravur, angefertigt zur Hundertjahrfeier, zeigt die Gußstahlfabrik der Essener Krupp-Werke im Jahr 1912.

»Aus dem Kieler Hafen auslaufendes Übungsgeschwader.« Stich nach einem Gemälde von H. Bohrdt. Nicht zuletzt das mit dem kaiserlichen Flottenprogramm forcierte Streben nach Weltgeltung führte schließlich zu einer Bündniskoalition, in der

das Reich im Ersten Weltkrieg gegen die Großmächte Frankreich, Rußland, Großbritannien und schließlich auch die Vereinigten Staaten von Nordamerika kämpfen mußte. Dieser Übermacht zeigte sich das Kaiserreich nicht gewachsen.

Einigung durch das Volk?

Während beim Wiener Kongreß die deutschen Verhältnisse in der ersten Hälfte des 19. Jahrhunderts gestaltet wurden, kündigte sich in einer Anzeige der Spenerschen Zeitung in Berlin das Deutschland der zweiten Hälfte an. »Die gestern erfolgte Entbindung meiner Frau von einem gesunden Sohne verfehle ich nicht, allen Bekannten und Freunden... bekannt zu machen. Schönhausen, den 2. April 1815. Ferdinand von Bismarck.« Zum selben Zeitpunkt erließ Napoleon, der das Zwangsexil auf Elba verlassen und die Herrschaft in Frankreich für hundert Tage zurückerobert hatte, ein Manifest an die Völker Europas. So berührten sich einen geschichtlichen Atemzug lang drei Zeitalter: ein sterbendes, ein entstehendes und ein zukünftiges.

Die Staatsmänner in Wien waren die Nachlaßverwalter des napoleonischen Bankrotts. Dabei hatte, gar nicht lange zurück, alles sehr verheißungsvoll angefangen. Nicht wenige Deutsche ließen damals den revolutionären Heros begeistert hochleben: Man denke an Beethovens Zueignung der »Eroica«, an Hölderlins Hymnen:

Erkenn' ich das Hohe
Das mir das Knie beugt...

Hegel sah in Bonaparte geradezu den »Weltgeist« verkörpert. Das war an der Wende des Jahrhunderts gewesen, als der jugendliche Held der Völkerbühne, an Alexander erinnernd, von Sieg zu Sieg geeilt war, die Mächte eines überlebten Absolutismus niederwarf und endlich Frieden zu bringen schien nach so langen Jahren Revolution und Krieg. Aber der kurze Schein trog. Bald stand der selbsternannte Kaiser mitten in Deutschland. Auch das hatte noch sein Gutes: Er räumte auf und entrümpelte das tausendfältig zersplitterte Gebilde »Deutsches Reich«. Fortschrittliche Geister begrüßten hoffnungsvoll, daß zahllose kaum lebensfähige Klein- und Kleinstterritorien verschwanden.

Aber aus dem revolutionären Kämpfer für eine neue Freiheit war ein Eroberer und Machtpolitiker geworden, der weite Teile Europas beherrschte. Seine Soldaten preßten, plünderten, beuteten aus und unterdrückten alles Aufbegehren mit hartem Griff. So schlugen die Sympathien in Haß und Leidenschaft um. Die »Arznei Napoleon« zeigte üble Nebenwirkungen...

Deutschlands Einigung. Stich nach einem Gemälde von Anton von Werner. Die Kunst des preußisch-deutschen Kaiserreichs liebte solche allegorischen Darstellungen, in denen die Recken der Vorzeit als Gewährsmänner für die Politik der Gegenwart herangezogen wurden. Auf den Schlachtfeldern von 1864, 1866 und 1870/71 schienen die Jahrhunderte nationalen Niedergangs ausgelöscht zu sein, schien der Glanz mittelalterlichen Kaisertums wiederzuerstehen.

Als das Heer Bonapartes im russischen Winter von 1812 unterging, erkannten die Völker ihre Stunde. Es begannen, bei uns zur nationalen Legende geworden, die Freiheitskriege. Napoleons Kriegskunst zögerte die Niederlage hinaus, doch wenn einer alle gegen sich aufgebracht hat, müssen die Kräfte erlahmen. Das sollte auch Deutschland im weiteren Verlauf der Geschichte zweimal erfahren. Endlich dankte der Kaiser ab, und Frankreich erhielt einen großzügigen (Ersten Pariser) Frieden. Des Korsen ungebrochener Machtwille konnte sich aber nicht damit zufriedengeben. Der Löwe brach von Elba aus, und Europa mußte noch einmal alle Kräfte zusammenraffen, um ihn endgültig zur Strecke zu bringen.
Während all dieser Wirren des Frühjahrs 1815 war die Arbeit in Wien, als sei nichts passiert, ruhig fortgeführt worden. Der Kongreß tanzte zwar, nach dem berühmten Wort des Fürsten Ligne, aber entgegen dessen weiterer Behauptung kam er doch voran. Das lag, ungeachtet der Interessengegensätze so vieler Staaten und Staatsmänner, vor allem am diplomatischen Geschick des Vorsitzenden Fürst Metternich. Ein Gruppenbild, gänzlich ohne Dame, rückt vors Auge, auf welchem er halb links in schlanker Eleganz vor seinem Sessel steht. Ganz rechts im Gemälde posiert sitzend der Hauptgegenspieler des Fürsten, Frankreichs Außenminister Talleyrand. Der Maler hat ihm, rein von der Bildkomposition her, die zweite Hauptrolle zugewiesen; er ist eine Mittelpunktfigur genau wie Metternich; tatsachengetreu spiegelt sich das politische Gewicht des französischen Staatsmannes. Daß der Vertreter des besiegten Landes nahezu gleichberechtigt eingeladen wurde und mitverhandeln konnte, lag natürlich zunächst an der diplomatischen Kunst des Franzosen, aber in nicht geringem Maße auch an Metternichs Gleichgewichts-Prinzip: Wird ein Staat unverhältnismäßig geschwächt, so werden die anderen Staaten unverhältnismäßig gestärkt. Außerdem würde der Ruf nach Revanche beständig die Ruhe stören. So war es nur folgerichtig, daß Frankreich, nach dem Kongreß, auch im Zweiten Pariser Frieden geschont wurde, wenn auch etwas weniger als vor den hundert Tagen. Im Gegensatz zu unserem Jahrhundert verstand man es damals noch, Frieden zu schließen...

Die Kaiser, Könige, Fürsten und Minister in Wien waren sich mit Metternich einig, vom alten, vorrevolutionären Europa soviel zu retten wie möglich. Am liebsten hätte man die Revolution von 1789 und die gesamte Napoleonzeit gänzlich aus der Geschichte gestrichen, aber zu

viele Veränderungen waren unwiderruflich geworden. Der Uhrzeiger der Geschichte war nicht zurückzudrehen. Konnte man etwa Hunderte deutsche Territorien, die inzwischen aufgelöst und verteilt waren, restaurieren?
Das alte »Heilige Römische Reich Deutscher Nation«, das 1806 vollends versunken war, wurde nicht wiederbelebt. Darin lag der deut-

Eine Sitzung des Wiener Kongresses. Stich von Jean Godefroy nach einem Gemälde von Jean-Baptiste Isabey. Im Vordergrund die Vertreter der fünf Großmächte, deren Interessen Ablauf und Ergebnis des Kongresses bestimmten (von links nach rechts): der Preuße Hardenberg (sitzend), der Österreicher Metternich (stehend), der Engländer Castlereagh (vor dem dem Tisch sitzend mit übergeschlagenen Beinen), der Franzose Talleyrand (sitzend) und der Russe Stackelberg (sitzend, im Profil).

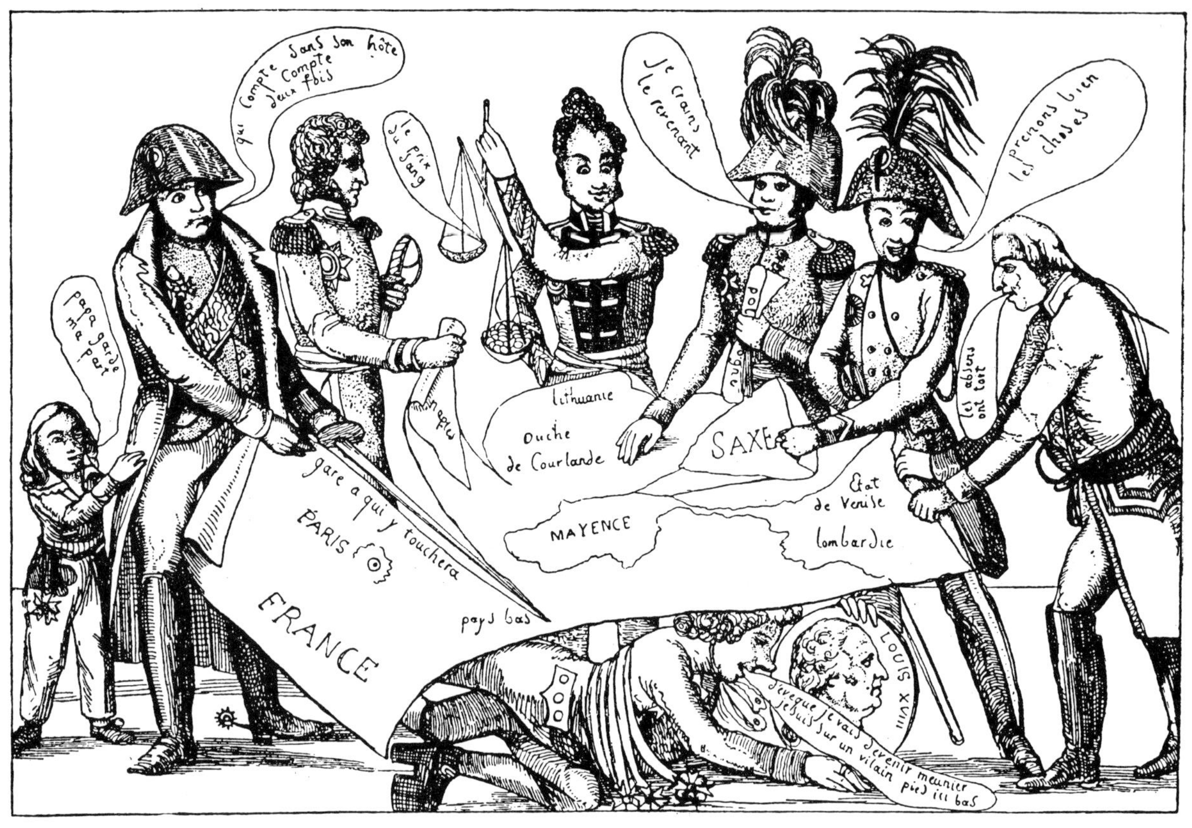

Die zeitgenössische französische Karikatur prangert den Länderschacher auf dem Wiener Kongreß an: Jeder reißt aus Europa heraus, was er kriegen kann. Wie als Echo dazu klingt Marschall Blüchers Mahnung nach der Schlacht von Waterloo: »Mögen die Federn der Diplomaten nicht wieder verderben, was das Volk mit so großen Anstrengungen errungen.«

lichste Bruch zur Vergangenheit, freilich nur ein äußerlich sichtbarer, kein inhaltlich spürbarer. Ohnehin war die Kaiserkrone spätestens seit dem Dreißigjährigen Krieg nicht mehr als eine Dekoration, die Kaiserwürde ein machtleerer Titel gewesen. In Wirklichkeit regierten seit dem Westfälischen Frieden von 1648 in Deutschland fast ausschließlich absolutistische Fürsten. Die Zahl dieser Souveräne war – dank Napoleon – erheblich kleiner geworden: es waren jetzt fünfunddreißig; dazu kamen vier Freie Städte – Bremen, Hamburg, Lübeck, Frankfurt am Main – mit wählbaren Stadtregierungen.

»Deutscher Bund«, so hieß das neue Gebilde, in dem fast alles beim alten blieb: Ein Staatenbund mit voller Entscheidungsgewalt und Gebietshoheit der einzelnen Mitglieder. Verboten war diesen lediglich, sich mit Dritten gegeneinander zu verbünden. Zum Deutschen Bund gehörten auch einige auswärtige Fürsten, soweit sie Landesteile in Deutschland besaßen: der König der Niederlande als Großherzog des zum Bund zählenden Luxemburg, der dänische König als Herzog von Holstein (und von 1816 an auch als Herzog von Lauenburg), der König von England für Hannover, der Kaiser von Österreich mit seinen »vormals zum deutschen Reich gehörigen Besitzungen«.

Das Beschlußorgan für Gemeinschaftsbelange war der Deutsche Bundestag in Frankfurt, als Länderkammer entfernt vergleichbar dem heutigen Bundesrat in Bonn. Der Unterschied zum föderativen Gremium der Gegenwart bestand natürlich in erster Linie darin, daß die Delegierten des Bundestages weder direkt noch indirekt vom Volk gewählt, sondern von ihren Landesherren beziehungsweise den Stadtregierungen entsandt wurden. Ein zweiter wichtiger Unterschied noch trennt beide Institutionen. Heute wechselt jährlich der Vorsitz, damals lag er dau-

Sitzung des Deutschen Bundestages in Frankfurt am Main. Die Staatsorganisation des Deutschen Reiches beschreibt ein Beobachter des Wiener Kongresses mit den Worten: »Kein größeres Unglück als eine deutsche Nationalversammlung. Deutschland muß organisiert werden von oben herab, nur nicht von unten hinauf! Das gibt Spektakeln, Konfusionen.«

erhaft und bundesrechtlich verankert bei Österreich. Das sagt einiges aus über die Machtverhältnisse in Deutschland in der nachnapoleonischen Zeit. Nicht zufällig wird die Epoche, die nun anbrach, die Ära Metternich genannt. Die überlegenen Fähigkeiten des Außenministers der Donaumonarchie dirigierten nicht nur den Wiener Kongreß; er formte auch maßgeblich die Deutsche Bundesakte von 1815.

Metternichs Einfluß kam gerade in den Paragraphen zum Ausdruck, die für die weiteren Geschicke unseres Landes entscheidende verfassungrechtliche Bedeutung gewannen. In Artikel 7 wurde bestimmt, daß über »organische Bundes-Einrichtungen« nicht nach dem sonstigen Prinzip der Stimmenmehrheit (absolut oder zwei Drittel) verfahren werden dürfe. Unausgesprochen bedeutete dies: nur einstimmig. Entscheidungen, die Deutschlands Staatsform betrafen, konnten also nicht gegen Österreichs Willen getroffen werden, hätte sich auch eine noch so große Mehrheit dafür gefunden. Kurz und bündig hieß das: Ein nationaler Einheitsstaat wäre nur mit österreichischer, mit Metternichs Zustimmung zu erlangen gewesen. Metternich aber wollte nicht.

Der doppelte Sperriegel

Das lag zunächst in der ganz nüchternen österreichischen Staatsräson. Ein Kaiserreich, das eine Reihe von Völkern und Volksteilen in seine Grenzen einschließt, ist vom Lebensprinzip her übernational. Selbständigkeitsbestrebungen bedrohen dieses Gefüge und sind daher nicht zu dulden. So konnte auch der deutsche Nationalstaat kein Ziel sein, dem Österreich auch nur die mindeste Unterstützung gewährte. Im Gegenteil, aus Selbstschutz mußte die Wiener Staatsregierung solche Bestrebungen bekämpfen. Anders hätte ja ein Funke überspringen können.

War so das österreichische Lebensinterese darauf gerichtet, nationale Bewegungen gar nicht erst aufkommen zu lassen, so verstärkte Metternichs konservative Denkart diese Tendenz noch mehr. Der Zeuge der Französischen Revolution war eingeschworen auf Beharren und Behaupten, Angehöriger eines aristokratischen Standes, welcher bei gesellschaftlichen Erschütterungen nichts zu gewinnen, wohl aber manches zu verlieren hatte. Weiß man aber, wohin nationale Bewegungen, wenn sie einmal in Gang gekommen, führen werden, wo sie enden? Historische Gerechtigkeit verlangt das Zugeständnis, daß sein Standpunkt nicht einfach mit Rückschrittlichkeit gleichzusetzen ist. Seine Generation hatte so viel Blut und Terror erlebt, daß er schon in jedem gesunden Fortschritt Gefahr und Umsturz witterte. So bildete Metternichs Person einen doppelten Sperriegel gegen die Ansprüche der neuen Zeit: einmal aus österreichischem Staatsinteresse, zum anderen aus persönlicher Mentalität.

Die Ansprüche der neuen Zeit meldeten sich sehr deutlich zu Wort. Woher rührten sie, in wem waren sie verkörpert? Ihre Träger waren in erster Linie Teilnehmer der Freiheitskriege von 1813-15. Wofür hatten sie Napoleon unter Opfern aus dem Lande geworfen, wofür waren Schill, Körner, Andreas Hofer gestorben – damit Deutschlands Fürsten ihre vielen kleinen und mittleren Ländchen nun, als sei nichts geschehen, weiterregieren konnten, jeder für sich und keiner für alle? Der gemeinsame Kampf hatte patriotische Gemeinschaftsgefühle geweckt. Nun sollte jeder wieder brav zu Hause bleiben bei seinem Landesherrn und alles weitere Gott und dem Deutschen Bund überlassen?

War das allein schon zuviel verlangt, so rumorte untergründig das Gedankengut der Französischen Revolution. Gewiß, da waren Blut und Schrecken gewesen, und jeder rechtlich Denkende hatte sich, nach anfänglich vielfach staunender Bewunderung, schaudernd abgewendet. Ideen aber besitzen ihre eigene Kraft, unabhängig davon, was Fanatiker und Wirrköpfe

Heinrich Heine

Ernst Moritz Arndt

Friedrich Hölderlin

Heinrich von Kleist

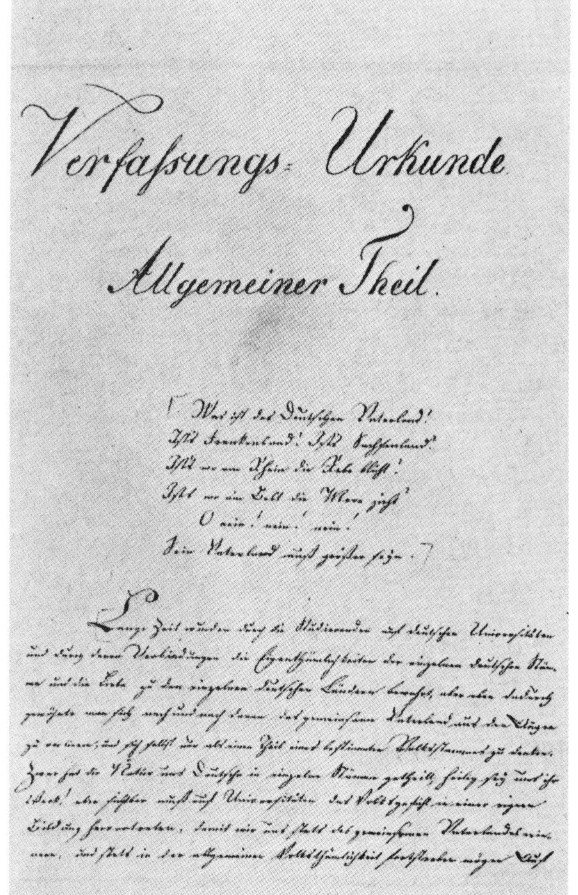

Verfassungs-Urkunde.

Allgemeiner Theil.

Was ist des Deutschen Vaterland?
Ist's Frankenland? Ist's Sachsenland?
Ist's wo am Rhein die Rebe blüht?
Ist's wo am Belt die Möwe zieht?
O nein! nein! nein!
Sein Vaterland muß größer seyn.

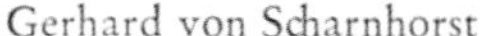
Gerhard von Scharnhorst

Freiherr vom Stein

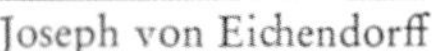
Joseph von Eichendorff

Turnvater Jahn

Das nationale Erwachen war zunächst ein Anliegen des Geistes, wurde hauptsächlich vorgetragen von Intellektuellen, Schriftstellern, Dichtern. Die Sprachforschungen der Brüder Jacob und Wilhelm Grimm (*oben*), ihr monumentales Wörterbuch, trugen viel zur deutschen Identitätsfindung bei. Eine große Rolle spielten die studentischen Verbände. Die Gründungsurkunde der Jenaischen Burschenschaft vom 21. Juni 1815 (*links*) beginnt mit dem Gedicht E.M. Arndts »Was ist des Deutschen Vaterland?« und formuliert als politisches Programm: »Nur in der edlen Liebe, nur in dem großen Gedanken an ein gemeinschaftliches allumfassendes Vaterland, an den gemeinsamen deutschen Vaterherd kann sich der Deutsche groß und zu jeder Heldentat entschlossen fühlen: denn der Gedanke eines Brüdervolkes, in dem sich alle einzelnen Stämme vereinen, das lebendige Bewußtsein, Kinder des einen großen mütterlichen Landes zu sein, erhebt zu jenen gewaltigen Empfindungen des wahren Gemeingeistes und Volkssinnes, welche die Wunder der Vaterlandsliebe in der Geschichte verrichten lassen.«

daraus machen. Die Parolen »Freiheit, Gleichheit, Brüderlichkeit« – liberté, égalité, fraternité – übten in Deutschland und anderwärts einen betörenden Reiz trotz der Exzesse, die in ihrem Namen verübt worden waren.

Die Wirkung ließ sich auf verschiedene Weise betrachten. In den Augen der Beharrenden, der Legitimisten, aller Konservativen à la Metternich war es eine ansteckende Krankheit. Wie Pest und Cholera schien die Seuche der Freiheit und Gleichheit von Land zu Land zu wandern und vormals gesunde Geister dahinzuraffen. Die Bewunderer dagegen dachten: Waren nicht unter dem Einfluß dieser Begriffe schreiende Mißstände und Ungleichheit zunächst einmal überwunden worden, hatten sie nicht allem Fortschrittswillen ein untilgbares Hoffnungszeichen gesetzt? Dazu kam, daß das französische Bürgertum, der Dritte Stand, 1789 sich herrisch zur Nation erklärt hatte. Damit war dem längst vorhandenen Einheitsstaat das geistige Band, der innere Zusammenschluß verliehen worden. Daran wollte man – in umgekehrter Folge – in Deutschland anknüpfen. Das Erlebnis der Befreiung durch Krieg hatte die vaterländische Idee geweckt. Nun war sie berufen, in logischer und geschichtlicher Konsequenz den Einheitsstaat nach sich zu ziehen.

So dachten vor allem die Jungen, in erster Linie die akademische Jugend. Doch es gab genug Ältere, welche die junge Generation in ihrem Streben lebhaft unterstützten. Als größte Autorität setzte sich der Freiherr vom Stein, einer der preußischen Reformer, für die Einigung Deutschlands ein. In einem berühmtgewordenen Brief an den hannoverschen Minister und Diplomaten Graf Münster schrieb er bereits vor Beginn der Befreiungskriege:

»Ich kenne nur ein Vaterland, das heißt Deutschland, und da ich nach alter Verfassung nur ihm und nicht einem besonderen Teil desselben angehöre, so bin ich auch nur ihm und nicht einem Teil desselben mit ganzer Seele ergeben. Mir sind die Dynastien... vollkommen gleichgültig, sie sind nur ein Übergang. Mein Wunsch ist es, daß Deutschland groß und stark werde, um seine Nationalität und Unabhängigkeit wiederzugewinnen und zu behaupten in seiner Lage zwischen Frankreich und Rußland.

Dieses ist das Interesse der Nation und ganz Europas. Mein Glaubensbekenntnis... ist Einheit...«

Daß die Einigung Deutschlands »im Interesse ganz Europas« gelegen habe, ist sehr zweifelhaft. Zu lange hatten sich die Völker rundum an den bequemen Zustand gewöhnt, die schwache Mitte für ihre Zwecke zu nutzen, je nach Interessenlage zu manipulieren und mit deutschen Teilstaaten Bündnisse zu schließen, sie gegeneinander auszuspielen zum eigenen Nutzen. Ein vereintes Deutschland würde mit einem Schlag wieder ein europäischer Machtfaktor werden, vielleicht sogar eine Vormacht wie das Kaiserreich der Ottonen, Salier und Staufer im hohen Mittelalter. Wer wollte ohne Notwendigkeit einwilligen, selber ins zweite Glied zu rükken? Außerdem: Die Befreiung vom fremden Joch war keineswegs allein deutscher Verdienst gewesen, sondern ein Kraftakt europäischer Gemeinsamkeit. Und deshalb war die Neuordnung des Kontinents – einschließlich der deutschen Dinge – eine Angelegenheit, die alle anging. Dabei waren nun eben die Interessen *gegen* die Einheit Deutschlands nach Zahl und Gewicht die weit überlegenen.

Der kluge Staatsmann Freiherr vom Stein dachte in Illusionen, wenn er das persönlich Erwünschte für allgemein erstrebenswert hielt. Deshalb war es auch vergebliche Mühe, daß er den Zaren in beschwörenden Denkschriften für Mithilfe bei der Überwindung des deutschen Partikularismus zu gewinnen suchte.

In der Gesamtheit der deutschen Bevölkerung bildeten die jungen Freiheitssucher nur eine Minderheit. Die Masse lebte in den überlieferten Anschauungen landesherrlicher Obrigkeit in eng umgrenzten Räumen. Nicht das ganze Deutschland war ihr Horizont, sondern die engere Heimat, allenfalls das Großherzogtum, die Freie Reichsstadt, das Königreich unter anderen Königreichen im Deutschen Bund; fünf gab es davon: Bayern, Hannover, Preußen, Sachsen, Württemberg.

Goethe, der wegen seiner Zurückhaltung im patriotischen Rausch von 1813 viel gescholten worden ist, hatte damals einen weit nüchterneren Blick für die Wirklichkeit als der idealistische Staatsmann Stein, sah die Möglichkeiten kühler und skeptischer als die nationalen Enthusiasten. Sein Dialog mit dem Historiker Heinrich Luden, 1813, der 64jährige mit dem 33jährigen, beleuchtet die Szenerie besser, als jede historische Abhandlung es leisten könnte.

Luden: »... daß der teutsche Michel bisher nur für sich selbst gesorgt, sein eigenes Steckenpferd geritten, alsdann seinen Kloß gegessen und sich behaglich den Mund abgewischt hat, unbekümmert um das gemeine Wesen (= Gemeinwohl), um Vaterland und Volk, gerade dieses ist es ja, was Schimpf, Schande und unermeßliches Unglück über Teutschland gebracht hat; und alle diese Schande und all dieses Unglück wird von neuem über uns kommen, wenn wir zurückkehren zu der alten faulen Weise und gleichgültig aussprechen, was vor einem halben Jahre, als ich eben durch eine Gasse in Jena ging, ein ehrsamer Bürger seinem Nachbarn zurief: ›Ja, Herr Nachbar, wie sollte es gehen? Gut. Die Franzosen sind fort, die Stuben sind gescheuert, nun mögen die Russen kommen, wenn sie wollen.‹«

Nachdem der Geschichtsschreiber dem aufmerksam zuhörenden Dichter »von der Erhebung des teutschen Volkes, von den Proklamationen der Fürsten, von Vaterland, von Freiheit, von der Notwendigkeit, gerade jetzt eine bessere Zukunft zu begründen«, gesprochen hat und sich in Feuer geredet, wendet der Gesprächspartner ein:

»Sie sprechen von dem Erwachen, von der Erhebung des teutschen Volkes und meinen, dieses Volk werde sich nicht wieder entreißen lassen, was es errungen und mit Gut und Blut teuer erkauft hat, nämlich die Freiheit. Ist denn wirklich das Volk erwacht? Weiß es, was es will und was es vermag? Der Schlaf ist zu tief gewesen, als daß auch die stärkste Rüttelung so schnell zur Besinnung zurückzuführen vermöchte. Und ist denn jede Bewegung eine Erhebung? Erhebt sich, wer gewaltsam aufgestöbert wird? Wir sprechen nicht von den Tausenden gebildeter Jünglinge und Männer, wir sprechen von der Menge, von den Millionen. Und was ist denn errungen oder gewonnen worden? Sie sagen: die Freiheit; vielleicht aber würden wir es richtiger Befreiung nennen. Es ist wahr: Franzosen sehe ich nicht mehr und nicht mehr Italiener, dafür

Das erwachende Nationalbewußtsein suchte in der Geschichte nach Vorkämpfern der deutschen Einheit. Einer, dessen Andenken stets wachgehalten wurde, war der 1810 hingerichtete Tiroler Freiheitsheld Andreas Hofer. Obwohl dieser den Aufstand gegen Napoleon als treuer Diener des Habsburger Herrscherhauses begonnen hatte, verklärte sich sein Bild rasch zu einer Symbolgestalt des Kampfes gegen Fremdherrschaft schlechthin.

aber sehe ich Kosaken, Baschkiren, Magyaren, Kassuben, Samländer, braune und andere Husaren. Wir haben uns seit einer langen Zeit gewöhnt, unsern Blick nur nach Westen zu richten und alle Gefahr von dorther zu erwarten; aber die Erde dehnt sich auch noch weithin nach Morgen aus...«

Der Jüngere von beiden war Geschichtsschreiber von Beruf, der Ältere hatte Geschichte doppelt so lange *erlebt.* Nun bedeutet großer Altersabstand durchaus nicht, daß der Lebenserfahrenere deshalb auch Geschichte besser verstehen müsse. Hier aber war es so, daß Zweifel und Distanz des Dichters – »der Schlaf ist zu tief gewesen« – recht behielten über die brennende Sehnsucht und die Zuversicht des Historikers, der meinte, was nach bester Einsicht dringend geschehen müsse, sei auch durchführbar. Weit über Goethes Lebenszeit hinaus änderte sich nicht das Grundmuster der jetzt begründeten politischen Ordnung, und selbst Luden starb zu früh, um den Wandel noch zu erleben.

Romantik, Biedermeier, Vormärz

Man kann diese Jahrzehnte unter den verschiedensten Blickwinkeln betrachten. Man kann das Hauptaugenmerk auf die Kultur richten und von der Hoch- und Spätromantik sprechen, kann auch die Bürger-Idylle des Biedermeier vorrangig im Blick haben – oder aber das Gewicht darauf legen, daß nun das lange und zähe Ringen um politische Rechte und größeren Freiraum begann.

Die Romantik war eine stark vergangenheitsbezogene Lebenseinstellung. Sie entstand als Reaktion gegen die Überbewertung von Vernunft und Fortschritt des Zeitalters der Aufklärung. Zugleich wendete sie sich rückwärts im Bestreben, die wirkliche oder vermeintliche Größe vergangener Zeiten der mißlichen Gegenwart tröstend und anspornend entgegenzustellen.

So ist das Bemühen des Freiherrn vom Stein zu deuten, der 1819 anregte, die mittelalterlichen Geschichtsdenkmäler der Deutschen – Chroniken, Urkunden, Dichtungen, Briefe – zu sammeln. Es geschah in der Sehnsucht nach der alten Zeit des Reiches, dessen schwächliche Reste 1806 staatsrechtlich beseitigt worden waren, ohne daß an seine Stelle etwas Neues getreten wäre. Der Riese hatte sich nur einmal aus dem Schlaf gewälzt, sich gereckt, den Feind verjagt und sich dann wieder niedergelegt. Stein, nicht ahnend, welchen Umfang diese Sammlung deutscher Geschichtsaltertümer – Monumenta Germaniae Historica – einmal annehmen würde, gab damit den eigentlichen Anstoß zu wissenschaftlicher Geschichtsschreibung. Diese rasch aufblühende Wissenschaft war damals in erster Linie Mittelalter-Forschung, und die »Monumenta« wurden ihr Handwerkszeug.

Auf andere Weise knüpften die Brüder Grimm an die Vergangenheit an mit ihrem Deutschen Wörterbuch, das zum wahren Jahrhundertwerk werden sollte. In der neuesten Biographie (von Gabriele Seitz) heißt es dazu: »Der Wunsch Jacob Grimms nach der Einheit der Deutschen basiert auf seiner ausgesprochen idealistischen Auffassung, ein Volk... sei durch seine Sprache definiert und nicht durch geographische, wirtschaftliche, ethnische und politische Gegebenheiten: ›ein Volk ist der Inbegriff von Menschen, welche dieselbe Sprache reden‹.«

Der Vers von Ernst Moritz Arndt im Lied »Des Deutschen Vaterland«, wonach das Vaterland reiche, »Soweit die deutsche Zunge klingt«, konnte im gleichen Sinne verstanden sein, konnte aber auch bedeuten: Sprache ist nicht nur ein Band innerer Zugehörigkeit, sondern es muß das Volk politisch umgrenzen; Vaterland verstanden als Staatsverband. Mit dem Gewicht hierauf schloß der Vers bereits den unheilschwangeren Gedanken in sich, alles Deutsche in *einer* Machtgröße zu vereinen. Von daher ist es ideologisch nicht weit zu den »Alldeutschen«, die dann ab Ende des Jahrhunderts ihre chauvinistischen Ziele proklamierten. Die »politische« Romantik jedenfalls war mit einigem Sprengstoff ausgestattet. Man darf in diesem Zusammenhang keinesfalls den Spätromantiker Richard Wagner übergehen, der in seinen Musikdramen deutsches Wesen so weihevoll überhöht und den Glauben an deutsche Sendung in betörende Töne gekleidet hat. Von seinen Musik-Dichtungen gingen Reizimpulse aus, deren Einfluß und Langzeitwirkung man nicht gering schätzen darf, auch wenn die politische Geschichtsschreibung von derlei irrationalen Dingen wenig redet, weil sie nicht so recht einzuordnen und dingfest zu machen sind.

Äußerlich war die Zeit nach 1815 eine geruhsame Geschichtsperiode von behäbigem Lebensgang und langsamem Pulsschlag und mit unverwechselbarer Kleidung bei den »höheren Ständen«: dem taillierten Frack der Herren nebst gelber Weste und Zylinder, den ausladenden, rüschenbesetzten Röcken der Damen mit Schulterkragen und Schutenhüten. Selbst wer diese Jahrzehnte des frühen und mittleren 19. Jahrhunderts mit ihrer politischen Unfreiheit vorwiegend negativ sieht, darf gerechtigkeitshalber ruhig anerkennen, daß viel Liebenswertes und Gemütvolles im Biedermeier enthalten war (der Ausdruck stammt erst aus den fünfziger Jahren). Geradezu sichtbar erholte sich das Jahrhundert erst einmal von den vergangenen Stürmen, als wollte es Atem holen und Kraft sammeln für kommende neue Herausforderungen.

Die meisten hielten damals das »politisch Lied« für ein »garstig Lied«, das man besser andere singen ließ. Es wurden Wohnkultur und Gemütswerte gepflegt, das Volksleben erlebte eine neue Blüte mit allem alten Brauchtum im Kreis der Jahreszeiten, wie Ludwig Richters Holzschnitte es so anschaulich zeigen. Es kam auch Neues hinzu: Goethe hatte in seiner Frankfurter Kindheit unseren vertrauten Weihnachtsbaum noch nicht gekannt; da war die Familie noch um eine kerzenerleuchtete, geschnitzte Holzpyramide mit Äpfeln, Nüssen, Backpflaumen und Lebkuchen versammelt. Erst ganz allmählich verbreitete sich im 19. Jahrhundert aus seiner Heimat, dem Elsaß, der Brauch des Weihnachtsbaums.

Alles in allem: Romantik und Biedermeier bestimmten die Jahrzehnte des Vormärz – »vor dem März« 1848 – weit mehr als politische Un-

Frieden, Stille und Häuslichkeit des Biedermeiers sind eingefangen in den Holzschnitten des Sachsen Adrian Ludwig Richter (1803-1884).

Aller Augen warten auf dich,
und Du giebst ihnen ihre Speise
zu seiner Zeit. Du thust deine
Hand auf, und sättigest Alles,
was lebet, mit Wohlgefallen.
Ps. 145.
LUDWIG RICHTER GEZ· AUGUST GABER GEST·

ruhegeister. Der Vormärz ist kein eindeutiger Begriff. Oft wird er für die ganze Zeitspanne von 1815 bis 1848 eingesetzt; angemessener wäre, ihn ab den dreißiger Jahren des Jahrhunderts zu verwenden. Die Pariser Julirevolution von 1830, die stark nach Deutschland herüberstrahlte, ist ein überzeugenderer Beginn. Damals setzte auch jene literarisch-politische Strömung ein, die die Romantik ablöste: das »Junge Deutschland«. Schriftsteller wie Börne, Gutzkow, Heine, Laube ließen kein gutes Haar an der bestehenden politischen und sozialen Ordnung der Restauration und verspotteten die Spießbürger-Idylle ihrer Zeit.
Einige weit frühere Ereignisse müssen aber doch als »vormärzlich« eingeordnet werden; sie wetterleuchteten schon viel früher am Horizont.

Von der Wartburg nach Karlsbad

Die Unmutsregungen nach 1815 gegen die politische Stagnation und Restauration hatten das Ziel, Bewegung in die starren Verhältnisse zu bringen. Die Stoßrichtung aber war nicht einheitlich; nicht alle, die aufbegehrten, wollten das gleiche.
Durch die Französische Revolution, die Napoleonzeit und die Befreiungskriege war also die Idee der Nation und des Nationalstaats zu lebhafter Forderung erwacht, ergänzt von den Parolen Freiheit und Gleichheit, die ebenfalls von Frankreich herüberhallten. Die »Freiheit«-Losung wirkte sich in den deutschen Ländern im Verlangen nach einer neuen Grundordnung aus. Verfassungen mit Bürgerrechten und der Verankerung parlamentarischer Repräsentation des Volkes sollten den fürstlichen Alleinherrschaftsanspruch begrenzen. Die »Gleichheit« griff noch weiter: Sie verlangte die Beseitigung von Standesvorrechten und die gleichberechtigte Teilhabe aller an der politischen Willensbildung; eigentlich war das schon ein Plädoyer für die republikanische Staatsform.
Nur eine Minderheit ging so weit, volle demokratische Gleichheit zu fordern; im Dreiklang der Begriffe war die Gleichheit vergleichsweise der leiseste Ton. Für die Mehrheit blieb der Fortbestand der Monarchie als Staatsform ganz selbstverständlich; man wollte nur mitreden, wünschte Sicherheiten gegen Willkür, und außerdem träumte man davon, die vielen kleinen Monarchien unter einer großen zu vereinen.
Im Vordergrund der politischen Forderungen also standen der Nationalstaat und die Verfassung, ein Doppelverlangen, das Golo Mann zusammenfaßt als Wunsch nach dem nationalen Verfassungsstaat. In diesem Begriff ist im wesentlichen gemeinsam das nationale und liberale Gedankengut des 19. Jahrhunderts enthalten (»liberal« reicht natürlich noch weiter, über die Verfassung hinaus, tief ins Wirtschaftliche und Rechtliche hinein). Diesem nationalen Verfassungsstaat gegenüber besaß die demokratische Idee zunächst nur geringes Gewicht.
Vor diesem Hintergrund lassen sich die »vormärzlichen« Ereignisse besser verstehen, von denen nun die Rede sein wird.
Erstes Stichwort: Wartburgfest. 1817, zum vierten Jahrestag der Völkerschlacht bei Leipzig und zum dreihundertsten der Reformation zogen fünfhundert Studenten aus ganz Deutschland zur Wartburg hinauf. Den größten Anteil stellte die Universität Jena. Die Studiosi, die sich nach der Oktobermitte an der Stätte des Luthertums versammelten, gehörten der Burschenschaft an, einer studentischen Vereinigung, aus dem Geist der Befreiungskriege hervorgegangen und 1815 in Jena gegründet. Ihre Mitglieder hatten zum Teil als Freiwillige gekämpft oder gehörten zur nationalen Turnbewegung des »Turnvaters« Jahn. Durch das bald allgemein getragene schwarzrote Schulterband mit goldener Einfassung symbolisierten die Burschenschaftler äußerlich ihre Zugehörigkeit. Übernommen waren die Farben vom Lützowschen Freikorps 1813: schwarzgefärbte Zivilröcke als Uniform, rote Biesen und Randverzierungen, goldene Knöpfe. Das war der Ursprung der deutschen demokratischen Nationalfarben, die erst nach über hundert Jahren 1918 ihre staatsoffizielle Anerkennung fanden, 1933 verschwanden und 1949 wiederkehrten.
Hieraus zu schließen, das Wartburgfest sei eine demokratisch motivierte Veranstaltung gewesen, wäre falsch. In erster Linie forderten die Redner staatliche Einheit und freiheitliche Ver-

Zug der Turnerschaften auf die Wartburg 1817. »Alle sah ich nur von einem Geiste beseelt, von dem einen Entschlusse durchdrungen, alle Kräfte daran zu setzen, dem Vaterlande Freiheit und Einheit zu erringen«, schrieb ein Augenzeuge.

fassung. Der Theologiestudent Riemann beklagte in einer Rede: »Von allen Fürsten Deutschlands hat nur einer sein gegebenes Wort eingelöst, der, in dessen freiem Lande wir das Siegesfest begehen.« Er meinte den Großherzog von Sachsen-Weimar-Eisenach, Carl August. Das Lob war berechtigt; allerdings hatte schon 1814 das Herzogtum Nassau, übrigens die Heimat des Freiherrn vom Stein, die allererste deutsche Verfassung erhalten. Nun, 1817, waren es immer noch erst zwei Territorien, und dies angesichts des Artikels 13 der Deutschen Bundesakte von 1815: »In allen Bundesstaaten wird eine Landständische Verfassung statt finden.« Eine Reihe anderer Fürsten lösten die Zusage mit den Jahren ein. Preußen, der größte deutsche Staat, tat es nicht, obwohl es sein König zweimal versprochen hatte. Friedrich Wilhelm III. fürchtete den Fortschritt, er, der nach 1806 in seinem Land die tiefgreifenden, auf ganz Deutschland ausstrahlenden Reformen eines Stein, Humboldt, Scharnhorst gebilligt hatte.

Was der Wartburg-Feier nach temperamentvollen, aber gemäßigten Ansprachen doch noch einen Funken Leidenschaft verlieh, war ein Ereignis am Rande. Als die Reden verklungen waren, trat der Berliner Student Ferdinand Maßmann an den brennenden Holzstoß und forderte dazu auf, »Schandschriften des Vaterlandes« zu verbrennen. Die Kommilitonen hatten sie schon mitgebracht. So flogen etliche Bücher ins Feuer, darunter die »Geschichte des Deutschen Reiches« von August von Kotzebue. Hauptsächlich Theaterdichter, war Kotzebue nebenbei auch Geschichtsschreiber und Zeitschriften-Herausgeber. Als solcher hatte er die Burschenschaftler erzürnt, indem er ihre nationalen und liberalen Ideale verspottete. Dafür rächten sie sich.

Metternich erregte sich über die Provokation auf der Wartburg weit mehr als Carl August und sein für die akademischen Anstalten im Lande verantwortlicher Minister Goethe. Der schrieb sogar einen Spottvers auf Kotzebue:

... Daß du dein eignes Volk gescholten,
Die Jugend hat es dir vergolten.

So blieb der Unmut des österreichischen Staatsmannes zunächst ohne Folgen. Die beargwöhnte Burschenschaft gab ihm allerdings schließlich doch noch die Handhabe, das nachzuholen, was er am liebsten schon 1817 durchgesetzt hätte. Ein Jenaer Student erstach eben jenen Dichter und Pamphletisten, der nicht aufgehört hatte, die Vaterländischen zu ärgern und zu reizen. Die blutige Tat des Karl Ludwig Sand im März 1819 in Mannheim war Anlaß für Metternich, die Furcht auch anderer Potentaten vor Umsturz und Revolution zu gemeinsamen Abwehrmaßnahmen zu nutzen.

So kam es zu den Karlsbader Beschlüssen von 1819. Ihre wichtigsten Punkte: Verbot der Burschenschaften, Überwachung der Universitäten hinsichtlich staatsgefährdender Umtriebe, Entlassung von Hochschulprofessoren (aber auch anderen Lehrern), welche »verderbliche Lehren« verbreiteten, Vorzensur der Presse und aller Druckerzeugnisse unter zwanzig Bogen (320 Seiten).

Die Karlsbader Beschlüsse, vom Frankfurter Bundestag bestätigt, wurden in den deutschen Staaten mehr oder weniger konsequent befolgt. Insgesamt wirkten sie sich knebelnd und hemmend aus. Sie breiteten geistige Friedhofsruhe über weite Teile Deutschlands und erstickten die kühne Aufbruchstimmung von 1813 in Spitzelei, Denunziation und »Demagogenverfolgung«. Der hochgemute Zeitgeist von ehedem verkümmerte zu Protokollen der Polizei. »Auf der Ebene des Polizeiwesens wurde damals eine Art deutsche ›Einheit‹ erstellt« (Wolfgang Venohr).

Sogar das Turnen geriet in die Kategorie staatsfeindlicher Betätigungen. Immerhin hatte in der Napoleonzeit Friedrich Ludwig Jahn das Turnen als nationale Rückenstärkung (im doppelten Sinn des Wortes) verstanden, mit dem er die Volkskraft nicht nur physisch, auch psychisch erneuern wollte. Der vaterländische Hintersinn der Geräteübungen wurde den Turnern jetzt verhängnisvoll, und die Behörden stellten den »Turnvater« unter Polizeiaufsicht.

Das war die häßliche Seite des behaglichen Biedermeier, von seiten des führenden Staatsmannes aber logisch und konsequent aufgeblättert. Wer den Wert der europäischen Friedensordnung von 1815 in der Machtbalance der souveränen Monarchien und Fürstentümer und als bewahrende Ordnung erkannte und deshalb in allen Volksbewegungen die Gefahr für solche Ausgewogenheit sah, der mußte notwendig schon die *Ideen* bekämpfen, welche den derzeitigen Zustand in Frage stellten; der mußte auch lediglich liberale Ansätze zur Veränderung als

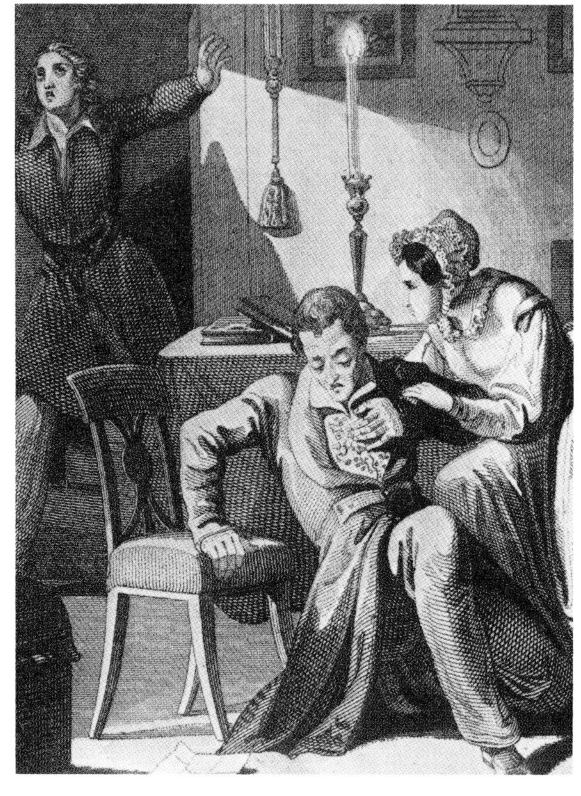

Die Ermordung des Lustspieldichters August von Kotzebue am 23. März 1819 (*links* ein zeitgenössischer Stich) gab dem österreichischen Außenminister Metternich (*oben*) Gelegenheit, im Deutschen Bund auf eine Unterdrückung aller freiheitlichen Bestrebungen zu wirken. Für ihn war klar, »daß der Mörder nicht aus eigenem Antriebe, sondern infolge eines geheimen Bundes handelte«.

Keime des Unheils betrachten und daher mit allen Mitteln des Machtstaates zu unterdrücken suchen.

Metternich als Mensch war weit entfernt vom groben Zuschnitt moderner Diktatoren. Der feingliedrige Rheinländer aus Koblenz, mit kultivierten Umgangsformen, feinstem gesellschaftlichem Schliff des ancien régime, erfahren in den schönen Künsten der Salons, Liebhaber der Frauen, entsprach ganz dem Bilde des alten Europa der Herrscher und Kabinette und machte darin blendende Figur: ein Mann des 18. Jahrhunderts, durchaus bedacht, den Bürgern zu friedlichem Leben zu verhelfen – nur eben im Sinne der alten Staatsauffassung. Die Bürger sollten sicher und ruhig leben dürfen, sich privat entfalten; Staatsdinge hatten sie den dafür Berufenen zu überlassen. Sie waren »Herrschaftsobjekte, nicht Herrschaftssubjekte« (Franz Herre). Sie blieben in Metternichs Augen Untertanen, so, wie der rheinländische Gelehrte und Demokrat Gottfried Kinkel sie in des Fürsten Spätzeit karikierte:

> Ob des Staates alten Karren
> Weise lenken oder Narren,
> Dieses geht mich gar nichts an;
> Denn ich bin ein Unterthan.

Der erste Mann des Deutsches Bundes sah sich ihnen gegenüber zwar im Dienst patriarchalischer Fürsorgepflicht; undenkbar aber für ihn, daß er die Untertanen als Staatsbürger zu betrachten habe, welche an der politischen Willensbildung zu beteiligen seien.

So betrachtet, muß man Metternich zugestehen, daß er – gewiß kein Bösewicht – voll im Einklang mit seinem inneren Gesetz lebte. Allerdings beging er den Fehler, auch schon in maßvollem Vorangehen Umsturz zu vermuten, Evolution mit Revolution gleichzusetzen. Er verweigerte der Generation, die Blut und Leben für die Befreiung gegeben hatte, den angemessenen Lohn, und so mußte es zwangsläufig zum Konflikt kommen.

Da die Verteidiger der alten Ordnung über die stärkeren Waffen verfügten – buchstäblich verstanden: Polizei und Armee –, gelang es ihnen, die politische Uhr Europas jahrzehntelang anzuhalten, weit über jedes vernünftige Maß. Das Bündnis der restaurativen Kräfte war symbolisiert in der »Heiligen Allianz« der drei Monarchien Rußland, Preußen, Österreich von 1815; die meisten anderen Souveräne traten ihr bei. Äußerlich hielt die Allianz nur bis in die Mitte der zwanziger Jahre und zerbrach wegen der Spannungen, die der griechische Freiheitskampf gegen die Türken über Europa entlud; aber als Gesinnungsgemeinschaft bestimmte sie den Lauf der zentraleuropäischen Geschicke für ein halbes Jahrhundert.

Fortsetzung Seite 40

Der Vormärz

Die Zeit politischer Gärung vor der deutschen Revolution im März 1848 wird im Begriff Vormärz zusammengefaßt. Überall rieben sich bürgerliche Forderungen nach Pressefreiheit, Mitbestimmung und einem einheitlichen Nationalstaat an Starrsinn und Engherzigkeit der Regierungen. Auch Preußen, hier noch ganz im Einvernehmen mit dem reaktionären Österreich Metternichs, übte Zensur und verfolgte »Demagogen«.

Aus der Rede des Publizisten J. G. A. Wirth zum Hambacher Fest 1832

In dem Augenblicke, wo die deutsche Volkshoheit in ihr gutes Recht eingesetzt sein wird, in dem Augenblicke ist der innigste Völkerbund geschlossen, denn das Volk liebt, wo die Könige hassen, das Volk verteidigt, wo die Könige verfolgen, das Volk gönnt das, was es selbst mit seinem Herzblut zu erringen trachtet und was ihm das Teuerste ist, die Freiheit, Aufklärung, Nationalität und Volkshoheit auch dem Brudervolke; das deutsche Volk gönnt daher diese hohen, unschätzbaren Güter auch seinen Brüdern in Polen, Ungarn, Italien und Spanien. Wenn also das deutsche Geld und das deutsche Blut nicht mehr den Befehlen der Herzöge von Österreich und der Kurfürsten von Brandenburg, sondern der Verfügung des Volkes unterworfen sind, so werden Polen, Ungarn und Italien frei, weil Rußland dann der Ohnmacht verfallen ist und sonst keine Macht mehr besteht, welche zu einem Kreuzzuge gegen die Freiheit der Völker verwendet werden könnte. Der Wiederherstellung des alten, mächtigen Polen, des reichen Ungarn und des blühenden Italien folgt von selbst die Befreiung Spaniens und Portugals und der Sturz des unnatürlichen englischen Übergewichts. Europa ist wiedergeboren und auf breiten, natürlichen Grundlagen dauerhaft organisiert. Freiheit des Welthandels ist die köstliche materielle Frucht und das unaufhaltsame Fortschreiten der Zivilisation, der außer jeder Berechnung liegende Gewinn eines solchen Weltereignisses.

Verurteilung eines »Demagogen« in Preußen 1837

Ich lebte den langen Winter hindurch und bis in den Frühsommer 1837 hinein mit meiner Frau, als ob der Himmel voller Geigen hinge. Wir dachten gar nicht daran, daß ein Schwert des Damokles über mir hinge.
Es hing aber wirklich, und jetzt fiel es mir auf den Hals. Die Untersuchung gegen mich in der Hausvogtei [das Berliner Stadtgefängnis] war ja doch in Gestalt und Verhörsprotokollen ans Kammergericht befördert worden zur Urteilssprechung. Dies Urteil war jetzt ausgesprochen worden und lautete auf – sieben Jahre Festungsstrafe.
Man sah sich an und fragte sich gegenseitig: ob man träume? Ein Gerichtshof könne doch nur nach Gesetzesparagraphen ein Urteil fällen; wo gäbe es denn aber Gesetzesparagraphen für ein vages Demagogentum ohne Taten? Es gab solche Paragraphen; man träumte nicht.
In Folge der großen Mainzer Untersuchungskommission gegen die burschenschaftliche Demagogie war ein Gesetz erlassen worden, nach welchem jede Teilnahme an einer Burschenschaft mit sechs Jahren Festung bestraft wurde. Sechs Jahre Festungsstrafe für Teilnahme an einer Studentenverbindung, weil sie die Einigung Deutschlands vorbereiten wollte!
Wie nimmt sich das heute aus, wo der Reichstag des vereinigten Deutschland in Berlin tagt!
Mir war nachgewiesen, daß ich Anno 26 und 27, also vor zehn Jahren, Teilnehmer an einer Studentenverbindung in Halle gewesen, welche zwar nicht alle Formen, aber doch die Ideen der Burschenschaft betrieben habe. Mir gebührten also sechs Jahre Festungsstrafe. Für meine schriftstellerischen Bestrebungen war ein Jahr Festung als Entgelt ermittelt worden. Meine belletristischen Schriften hatten da nicht klar genug strafrechtlichen Anhalt gewährt, dieser schien aber geboten in dem ersten Buche, welches ich 1832 herausgegeben unter dem Titel: »Das neue Jahrhundert«. Der erste Band dieses Buches enthielt eine Geschichte Polens bis zum großen Aufstande 1830 und 1831. In dieser Geschichte Polens sei der Kaiser von Rußland beleidigt worden. Dieser, ein Schwager des regierenden Königs von Preußen, sei ein Alliierter des Königs von Preußen, und weil dieser Alliierte beleidigt worden sei, sei ein Strafausmaß von einem Jahre gerechtfertigt. Summa sieben Jahre.

Heinrich Laube, Erinnerungen 1810-1840. Wien 1875

Ein Gymnasiastenbesuch beim inhaftierten Turnvater Jahn

Wir wurden bei Jahn eingeführt. Ein kräftiger und gedrungener Mann mit bloßer Brust und sehr bärtigem Gesicht stand vor uns. Einer von uns sprach ihm unsere Verehrung aus, und er antwortete darauf mit kräftiger Stimme. Mit Begeisterung redete er von seinem Hasse gegen französische Sitten und Mode, ermahnte uns zur Tugend, Wahrhaftigkeit und Mut, warnte vor Verweichlichung und forderte die Abhärtung des Körpers, um die Mühen und Arbeiten des Leben zu ertragen. Ich konnte nicht begreifen, weshalb man diesen Mann ins Gefängnis gesetzt hatte, der doch die Jugend bei der Er-

Demagogenprozeß in einer zeitgenössischen Darstellung.

hebung Preußens mit Begeisterung erfüllt hatte, so daß zahlreiche Studenten und Gymnasiasten als Freiwillige in den Kriegsdienst traten. Es waren in dem Gemache einige hölzerne Schemel. Ich war sehr müde und hatte mich auf einen Schemel gesetzt. Jahn redete sehr lange von Pfaffen und Tyrannenknechten, von Franzosen, Russen und Österreichern, von einem einigen mächtigen Deutschland, wovon ich freilich wenig verstand.

Karl Büchsel, Erinnerungen eines Landgeistlichen. Berlin 1897

Aus einem Aufsatz des späteren Reichskanzlers Chlodwig zu Hohenlohe-Schillingsfürst über den »politischen Zustand Deutschlands«, 1847

Wohin wir sehen, regt sich die Teilnahme des Volks an den öffentlichen Angelegenheiten, wie noch zu keiner Zeit. Aber die Regierungen verkennen diese Bewegung. Sie sehen oder wollen in dieser Bewegung nur das Treiben einer propagandistischen radikalen Clique finden und erfüllen sich mit Mißtrauen. Ein Grund zur Unzufriedenheit ist in Deutschland allgemein verbreitet, jeder denkende deutsche Mann empfindet ihn tief und schmerzlich. Es ist die Nullität Deutschlands gegenüber den anderen Staaten. Man sage uns nicht, daß Österreich und Preußen als Großmächte die Macht Deutschlands nach außen vertreten. Einesteils vertritt Österreich nach außen gar wenig, weil ihm die innere Kraft fehlt, andernteils hat Preußen, wenn man recht offen sein will, doch nur eine geduldete Stellung unter den Großmächten und wird auch diese Stellung, wenn die politische Bewegung im Innern fortgeht, wie sie begonnen hat, nicht mehr lange halten. Endlich aber sind das doch nur Preußen und Österreich, und der übrige Teil von Deutschland spielt immer die Nebenrolle und den kannegießernden Zuschauer. Niemand wird leugnen, daß es für einen denkenden, tatkräftigen Mann ein trauriges Los ist, in der Fremde nicht sagen zu können: ich bin ein Deutscher, nicht mit Stolz die deutsche Flagge auf seinem Schiffe zu sehen, in Bedrängnissen keinen deutschen Konsul zu finden, sondern sich sagen zu müssen: ich bin ein Kurhesse, ein Darmstädter, ein Bückeburger, mein Vaterland war einmal ein großes, mächtiges Land, jetzt ist es zersplittert, in achtunddreißig Lappen. Und wenn wir die Karte betrachten und sehen, wie Ostsee, Nordsee und Mittelmeer an unsre Küsten schlagen und kein deutsches Schiff, keine deutsche Flagge auf der See den stolzen Engländern und Franzosen den üblichen Gruß abzwingt, muß uns da nicht die Farbe der Scham von dem schwarzrotgoldenen Bande allein übrigbleiben und in die Wange steigen? Und muß das elende Gerede über Einheit Deutschlands und deutsche Nation nicht so lange lächerlich und betrübt bleiben, bis das Wort kein leerer Schall, keine Phantasmagorie unseres gutmütigen Optimismus mehr ist, sondern wir wirklich ein großes einiges Deutschland haben?

Der Zollverein

38 Maut- und Zollgrenzen lähmten in Deutschland den wirtschaftlichen Verkehr, als sich Friedrich List leidenschaftlich für die Zolleinigung des Deutschen Bundes einsetzte. Seinen Eingaben aus dem Jahre 1819 blieb der Erfolg jedoch versagt. Erst nach langwierigen Verhandlungen trat schließlich der Deutsche Zollverein am 1. Januar 1834 in Kraft. Unter Ausschluß Österreichs, mit einem deutlichen Übergewicht Preußens, war damit ein wichtiger Schritt zur Lösung der deutschen Frage im kleindeutschen Sinne getan.

Friedrich Lists Bittschrift an die Bundesversammlung, April 1819

Erhabene Bundesversammlung!

Wir unterzeichneten, zur Messe in Frankfurt versammelten deutschen Kaufleute und Fabrikanten nahen uns, tiefgebeugt durch den traurigen Zustand des vaterländischen Handels und Gewerbes, diesem höchsten Vorstand deutscher Nation, um die Ursachen unserer Leiden zu enthüllen und Hilfe zu erflehen.

In einem Lande, wo notorisch die Mehrzahl der Fabriken entweder eingegangen ist oder ein sieches Leben kümmerlich dahinschleppt, wo die Messen und Märkte mit Waren fremder Nationen überschwemmt sind, wo die Mehrzahl der Kaufleute fast untätig geworden ist, bedarf es da noch näheren Beweises, daß das Übel den höchsten Grad erreicht habe? Entweder liegt die Ursache dieses schauerlichen Zerfalls deutscher Gewerbe und Handlung in dem einzelnen oder in der gesellschaftlichen Ordnung. Wer aber mag den Deutschen zeihen, daß es ihm an Kunstsinn und Fleiß fehle? Ist nicht sein Lob unter den Völkern Europens zum Sprichwort geworden? Wer mag ihm Unternehmungsgeist absprechen? Haben nicht einst die, welche sich jetzt von Fremden zu Verschleißern gebrauchen lassen, den Welthandel geführt? Einzig in den Mängeln der gesellschaftlichen Ordnung in Deutschland suchen und finden wir die Ursache des Übels.

Vernünftige Freiheit ist die Bedingung aller physischen und geistigen Entwicklung des Menschen. Wie der menschliche Geist niedergehalten wird durch Bande des Gedankenverkehrs, so wird der Wohlstand der Völker gebeugt durch Fesseln, welche der Produktion und dem Verkehr materieller Güter angelegt werden. Nur alsdann werden die Völker der Erde den höchsten Grad des physischen Wohlstands erreichen, wenn sie allgemeinen, freien, unbeschränkten Handelsverkehr unter sich festsetzen! Wollen sie sich aber gegenseitig recht schwächen, so müssen sie nicht nur die Ein- und Ausfuhr und den Durchgang fremder Güter durch Verbote, Auflagen, Sperrung der Schiffahrt usw. erschweren, sondern die gegenseitige Kommunikation ganz aufheben.

Es ist unter den Staatspraktikern eine Meinung Lehrsatz geworden, deren Irrigkeit jedem gebildeten Kaufmann und Fabrikanten als ausgemachte Sache erscheint: daß nämlich die inländische Industrie durch Zölle und Mauten geweckt werden könne. Solche Auflagen werden auf der einen Seite zu Prämien für den Schleichhändler, welcher somit nicht nur den angeblichen Hauptzweck des Staats (Erhöhung der inländischen Industrie), sondern auch den angeblichen Nebenzweck (Erhebung einer Abgabe) zugleich gefährdet. Auf der anderen Seite wirkt sie wieder in gleichem Maße nachteilig auf die inländische Industrie zurück, weil der bemautete Staat dann auch der Industrie des mauterhebenden Staats gleiche Fesseln anlegt.

Wenn freilich der Nachbarstaat nicht Gleiches mit Gleichem vergilt, wenn dieser sich ruhig durch Einfuhrverbote und hohe Zölle ausziehen und verderben läßt, so mag wohl auf einen Teil das Zollsystem ersprießlich wirken. Dies ist der Fall bei den Nachbarstaaten Deutschlands. Umgürtet von englischen, französischen, niederländischen usw. Douanen, tut Deutschland als Gesamtstaat nichts, was jene nötigen könnte, zur allgemeinen Handelsfreiheit, durch welche Europa allein den höchsten Grad der Zivilisation erreichen kann, die Hände zu bieten.

Dagegen beschränken aber die Deutschen sich selbst um so mehr. Achtunddreißig Zoll- und Mautlinien in Deutschland lähmen den Verkehr im Innern und bringen ungefähr dieselbe Wirkung hervor, wie wenn jedes Glied des menschlichen Körpers unterbunden wird, damit das Blut ja nicht in ein anderes überfließe. Um von Hamburg nach Österreich, von Berlin in die Schweiz zu handeln, hat man zehn Staaten zu durchschneiden, zehn Zoll- und Mautordnungen zu studieren, zehnmal Durchgangszoll zu bezahlen. Wer aber das Unglück hat, auf einer Grenze zu wohnen, wo drei oder vier Staaten zusammenstoßen, der verlebt sein ganzes Leben mitten unter feindlich gesinnten Zöllnern und Mautnern; der hat kein Vaterland!

Trostlos ist dieser Zustand für Männer, welche wirken und handeln möchten; mit neidischen Blicken sehen sie hinüber über den Rhein, wo ein großes Volk vom Kanal bis an das Mittelländische Meer, vom Rhein bis an die Pyrenäen, von der Grenze Hollands bis Italien auf freien Flüssen und offenen Landstraßen Handel treibt, ohne einem Mautner zu begegnen. Zoll und Maut können, wie der Krieg, nur als Verteidigung gerechtfertigt werden. Je kleiner aber der Staat ist, welcher eine Maut errichtet, desto größer das Übel, desto mehr würgt sie die Regsamkeit des Volkes, desto größer die Erhebungskosten; denn kleine Staaten liegen überall an der Grenze. Daher sind diese 38 Mautlinien dem Volke Deutschlands ungleich schädlicher als eine Douanenlinie an Deutschlands Grenzen, wenn auch die Zollsätze

dort dreimal höher wären. Und so geht denn die Kraft derselben Deutschen, die zur Zeit der Hansa, unter dem Schutze eigener Kriegsschiffe, den Welthandel trieben, durch 38 Maut- und Zollsysteme zugrunde.
Wir glauben Gründe genug angeführt zu haben, um diese erhabene Bundesversammlung zu überzeugen, daß nur die Aufhebung der Zölle und Mauten im Innern Deutschlands und die Errichtung einer allgemeinen Zollinie des ganzen Bundes dem deutschen Handels- und Gewerbestand und somit dem Nahrungsstande überhaupt wieder aufhelfen können.

Aus der Denkschrift des Finanzministers von Motz an den König, Juni 1829

Wenn es staatswissenschaftliche Wahrheit ist, daß Ein-, Aus- und Durchgangszölle nur die Folge politischer Trennung verschiedener Staaten sind (und das ist wahr), so muß es umgewandt auch Wahrheit sein, daß Einigung dieser Staaten zu einem Zoll- und Handelsverbande zugleich Einigung zu einem und demselben politischen System mit sich führt.
Und je natürlicher jene Verbindung zu einem kommerziellen Zoll- und Handelssystem ist – nachdem sie auf der einzig festen und dauerhaften Grundlage wechselseitig gleicher Vorteile ruht –, desto inniger und fester wird auch die Verbindung zu einem politischen System unter diesen Staaten sein.
Denn es erscheint ganz unnatürlich, daß solche Staaten in der Politik divergierende Ansichten hegen und verfolgen sollten, deren Völker zu einem Kommerzialsystem gebunden sind und in diesem System sich wohl befinden...
Und in dieser auf gleichem Interesse und natürlicher Grundlage beruhenden und sich notwendig noch in der Mitte von Deutschland erweiternden Verbindung wird erst wieder ein real verbündetes, von innen und von außen wahrhaft freies Deutschland unter dem Schutz und Schirm von Preußen erstehen und glücklich sein.

Aus einem Bericht Metternichs an Kaiser Franz I., Juni 1833

Die Grundidee ist in allen diesen Verträgen (d.h. den Verträgen Preußens mit den deutschen Staaten) dieselbe, wenngleich die Details der Ausführung nach den Lokalitäten durch die einzelnen Konventionen verschieden geregelt sind. Sie besteht in vollkommener gegenseitiger Freiheit des Handels zwischen den Vereinsstaaten, einem übereinstimmenden Zollsystem nach gleichen Tarifsätzen; endlich in Gemeinschaftlichkeit der Schutzmaßregeln für die einheimische Produktion der im Vereine begriffenen Länder gegen die Konkurrenz der dem Vereine fremden Gebiete: Alles dieses aber unter preußischem Schutze und preußischer Präponderanz.

Friedrich List, der Begründer des Zollvereins.

Die kommerziellen Nachteile, welche selber (der Zollverein) für die österreichische Monarchie notwendig haben muß, Eurer Majestät näher zu entwickeln, muß ich der Finanzbehörde... überlassen. Es kann aber auch dem uneingeweihten Blicke nicht zweifelhaft bleiben, daß eine und dieselbe fremde Zollinie, die die Grenze der Monarchie von Krakau bis Salzburg und Bregenz umfaßt, unseren ganzen westlichen Ein- und Ausfuhrhandel... unbedingt beherrscht; und wenn man bedenkt, daß diese Herrschaft in die Hände eines Staates wie Preußen gelegt ist, welcher in Natur- wie in Industrieprodukten auf den Märkten Europas als einer unserer vorzüglichsten Nebenbuhler betrachtet werden kann, so läßt sich von dessen neu erworbenem Einflusse auf alle unsere Kommunikationswege durch und mit Deutschland nur eine sehr ungünstige Rückwirkung auf Produktion und Industrie im Kaiserstaate erwarten.
Mit allen Künsten diplomatischer Tätigkeit, mit allen Verlockungen durch materielle Interessen wird daher in der Zukunft Preußen dahin streben, an den seinem System verschriebenen Höfen den Einfluß Österreichs zu schwächen, deren Beziehungen mit uns zu mindern, die Höfe daran zu gewöhnen, ihre Blicke der Furcht wie der Hoffnung nur nach Berlin zu richten, Österreich endlich als das, was es in kommerzieller Beziehung allen diesen Staaten gegenüber allerdings bereits ist, ...*als Ausland* ansehen zu machen.

Armut und Not

Die Industrialisierung hatte üble Begleiterscheinungen: Schinderei in den Fabriken, Kinderarbeit, ungesunde Wohnverhältnisse, Krankheit und frühen Tod der Arbeiter, Zerfall der Familie. Vor allem die miserablen Zustände in den frühen Berliner Mietskasernen und das Elend der Weber in Schlesien wurden durch aufwühlende Schilderungen engagierter Zeitgenossen weithin bekannt.

Aus Heinrich Grunholzers »Erfahrungen eines jungen Schweizers im Vogtlande«

[In Berlin] vor dem Hamburger Tore, im sogenannten Vogtland, hat sich eine förmliche Armenkolonie gebildet. Man lauert sonst jeder unschuldigen Verbindung auf. Das aber scheint gleichgültig zu sein, daß die Ärmsten in eine große Gesellschaft zusammengedrängt werden, sich immer mehr abgrenzen gegen die übrige Bevölkerung und zu einem furchtbaren Gegengewichte anwachsen. Am leichtesten übersieht man einen Teil der Armengesellschaft in den sogenannten »Familienhäusern«. Sie sind in viele kleine Stuben abgeteilt, von welchen jede einer Familie zum Erwerb, zum Schlafen und Küche dient. In vierhundert Gemächern wohnen zweitausendfünfhundert Menschen. Ich besuchte daselbst viele Familien und verschaffte mir Einsicht in ihre Lebensumstände.
In der Kellerstube Nr. 3 traf ich einen Holzhacker mit einem kranken Bein. Als ich eintrat, nahm die Frau schnell die Erdäpfelhäute vom Tische, und eine sechzehnjährige Tochter zog sich verlegen in einen Winkel des Zimmers zurück, da mir ihr Vater zu erzählen anfing. Dieser wurde arbeitsunfähig beim Bau der neuen Bauschule. Sein Gesuch um Unterstützung blieb lange Zeit unberücksichtigt. Erst als er ökonomisch völlig ruiniert war, wurden ihm monatlich fünfzehn Silbergroschen zuteil. Er mußte sich ins Familienhaus zurückziehen, weil er die Miete für eine Wohnung in der Stadt nicht mehr bestreiten konnte. Jetzt erhält er von der Armendirektion zwei Taler monatlich. In Zeiten, wo es die unheilbare Krankheit des Beines gestattet, verdient er einen Taler monatlich; die Frau verdient das Doppelte, die Tochter erübrigt anderthalben Taler. Die Gesamteinnahme beträgt also sechseinhalb Taler im Monat. Dagegen kostet die Wohnung zwei Taler; eine »Mahlzeit Kartoffeln« einen Silbergroschen neun Pfennig; auf zwei tägliche Mahlzeiten berechnet, beträgt die Ausgabe für das Hauptnahrungsmittel dreieinhalb Taler im Monat. Es bleibt also noch ein Taler übrig zum Ankaufe des Holzes und alles dessen, was eine Familie neben rohen Kartoffeln zum Unterhalte bedarf.
92 a, Stube Nr. 35. Tischler Krellenberg. – Ich mußte einigemal anklopfen, bis die Stube aufgeschlossen wurde. Die Frau entschuldigte sich damit, daß sie ihre dürftige Lage vor den Leuten im Hause geheimhalten möchte. Es ist leider jetzt so, daß sich die Armen, anstatt der Reichen, der Armut schämen. Die außergewöhnliche Reinlichkeit überraschte mich angenehm: der Fußboden war frisch gescheuert, das Küchengeschirr blank, die hellen Fenster machten das Zimmer freundlich. – In der Wiege lag ein Kind von zwei Jahren, an der Gehirnentzündung krank. Die Mutter pflegte es mit der größten Zärtlichkeit. Ich zog sie nicht gerne ab von ihrem Geschäfte, mußte es aber doch, weil Krellenberg nicht zu Hause war. Ich erfuhr, daß dieser von 1822 bis 1841 als Tischlergeselle bei einem Meister gearbeitet habe, und sah aus dem schriftlichen Zeugnis, daß er wegen Mangel an Arbeit entlassen werden mußte. Seit zwei Jahren wohnt er im Familienhause. Tischlerarbeit kam ihm wenig zu. Überdies sieht er nicht mehr gut, so daß er keine feinen Arbeiten annehmen kann. Seit acht Tagen arbeitet er im Taglohn als Farbenreiber. Diese Arbeit strengt ihn sehr an, denn er ist schon vierundfünfzig Jahr alt und durch Alter und Mangel geschwächt. Im letzten Winter kam er wegen Mangel an Verdienst so weit ökonomisch zurück, daß er Kleider, Betten und Werkzeug verkaufen mußte. Es stehen drei Bettgestelle im Zimmer; in allen ist nichts als Stroh, beim einen nicht einmal mit einem Tuche bedeckt. Von acht Kindern leben sieben. Eine achtzehnjährige Tochter und ein dreizehnjähriger Knabe lagen achtzehn Wochen krank an Nervenfieber. Ein siebzehnjähriger Sohn lernt das Tischlerhandwerk. Gestern hat er dem Vater fünfzehn Silbergroschen geschickt, die er aus Trinkgeldern zusammengespart hatte, um auf Ostern eine neue Weste zu kaufen. Vier Kinder von vier bis zehn Jahren besuchen die Schule. Alle sehen gescheit und hübsch aus und sind ordentlich gekleidet. Die Mutter hat bis auf einen Rock alles zur Bekleidung der Kinder hergegeben. – Weinend sagte mir diese, wie oft die Kleinen umsonst nach Brot rufen und daß der Vater diesen Morgen hungrig an die schwere Arbeit gegangen sei; der Hauswirt wolle bezahlt sein; sooft sie am Komptoir des Verwalters vorbei zum Brunnen gehe, werde sie an die vier Taler Miete erinnert; jeden Tag könne man die ganze Familie aus dem Hause werfen.
92 b, Nr. 68 Der Schlossergeselle Bettin, eines Vergehens gegen einen Beamten verdächtig, sitzt schon eineinhalbes Jahr in Spandau gefangen. Seine des Ernährers beraubte Familie ist dem größten Elende preisgegeben. Die Armendirektion bestimmte nur für ein Kind ein Pflegegeld von monatlich eineinviertel Taler. Die Mutter konnte als Wäscherin nur wenig verdienen, weil sie durch die Verpflegung der Kinder an der Arbeit gehindert war. Vor einigen Tagen kam sie wieder in die

Hungerelend im sächsischen Erzgebirge, 1847.

Wochen. Da sich niemand ihrer annehmen wollte, wurde sie vom Hausverwalter nach der Charité befördert. Um die zurückgelassenen Kinder bekümmert sich keine Behörde.

Bettina von Arnim, Dies Buch gehört dem König. Berlin 1843

Der Publizist Wilhelm Wolff über das Elend der Weber in Schlesien

Die Macht über die Weber konzentrierte sich in den Händen der reichen Fabrik- und Handelsherren. Von ihnen mehr und mehr abhängig, sah sich der Weber gezwungen, für einen Lohn zu arbeiten, welcher ihn mit den Seinigen am Hungertuche nagen hieß. Aber die Reichen gewannen, wie immer, und wurden immer reicner, während der Arme stets ärmer wurde, stets tiefer in Armut und Sklaverei versank. Die Klagen der Weber bezogen sich übrigens weit weniger auf Arbeitslosigkeit, als auf den jämmerlichen Verdienst, den die angestrengteste Arbeit eintrug. Aber nicht genug, daß fortwährende Herabsetzung des Lohnes die armen fleißigen Menschen in täglich größeres Elend stürzte, es wurden auch von vielen Fabrikanten unzählige Mittel angewandt, es ihnen unmöglich zu machen, sich aus den Händen derer zu befreien, die an ihrem Schweiß sich bereicherten.

Der Weber mußte, weil er selbst von Mitteln entblößt var, das Garn vom Fabrikanten entnehmen und ihm die fertige Leinwand verkaufen. Da der Weber stets für das Garn sich im Vorschuß befand, so war er dem Fabrikanten schon dadurch in die Hände gegeben. Andere, die gerade noch das Garn anzuschaffen imstande waren, erlangten doch keinen besseren Preis. Denn schrieb der Fabrikant »unvertilgbar« auf das Stück oder machte sonst ein Zeichen, daß es bereits angeboten worden, so war der Weber, selbst wenn er nicht von der Not zum augenblicklichen Verkauf gedrängt worden wäre, gleichwohl nachzugeben genötigt. Oftmals bin ich im Winter solchen Armen begegnet, die in dem schrecklichsten Wetter, hungrig und frierend, viele Meilen weit ein fertig gewordenes Stück zum Fabrikanten trugen. Zu Hause warteten Frau und Kinder auf die Rückkunft des Vaters; sie hatten seit Tagen bloß eine Kartoffelsuppe genossen. Der Weber erschrak bei dem auf seine Ware gemachten Gebot; da war kein Erbarmen; die Kommis und Gehilfen begegneten ihm wohl noch obendrein mit empörender Härte. Er nahm, was man ihm reichte, und kehrte, Verzweiflung in der Brust, zu den Seinigen. Nicht selten erhielt der Arbeiter seinen Lohn in Gold; der Dukaten wurde ihm mit 3 Taler 6 Sgr. angerechnet, und wenn er ihn verausgabte, sah er ihn nur zu 2 Taler 28 Sgr., 2 Taler 25 Sgr., ja noch niedriger angenommen. Noch andere Fabrikanten hatten ganz das englische Trucksystem eingeführt. Die Weber wurden nicht bar bezahlt, sondern erhielten ihren Lohn zum größten Teil in Waren, deren sie bedurften. Meist im Vorschuß mußten sie sich die Preise dieser Waren ebenfalls bestimmen lassen; der Fabrikant hatte sie einmal, wie das Sprichwort sagt, im Sacke. Ließ der Weber seinen Klagen freien Lauf und führte er seinen Zustand dem Kaufmann zu Gemüte, so hieß es, die schlechte Handelskonjunktur sei an allem schuld. Allein der Weber sah den Fabrikanten demungeachtet in Palästen wohnen, prächtige Equipagen halten, Landgüter kaufen, herrlich essen und trinken, während er selbst, der doch mindestens ebensoviel als der Fabrikant arbeitete, in enger, schmutziger Stube, auf modrigem Stroh gelagert, mit Lumpen bedeckt, sich glücklich gepriesen hätte, an dem reichlichen Kartoffelmahl der Mastschweine seines Lohnherrn teilnehmen zu dürfen.

Wilhelm Wolff, Das Elend und der Aufruhr in Schlesien. In: Deutsches Bürgerbuch für 1845. Darmstadt 1845

Weberlied gegen die Fabrikanten Zwanziger, 1844

Hier im Ort ist ein Gericht,
Viel schlimmer als die Feme,
Wo man nicht erst ein Urteil spricht,
Das Leben schnell zu nehmen.

Hier wird der Mensch langsam gequält,
Hier ist die Folterkammer,
Hier werden Seufzer viel gezählt,
Als Zeuge von dem Jammer.

Die Herren Zwanziger die Henker sind,
Die Diener ihre Schergen,
Davon ein jeder tapfer schindt,
Anstatt was zu verbergen.

Ihr Schurken all, ihr Satansbrut,
Ihr höllischen Dämone,
Ihr freßt den Armen Hab und Gut,
Und Fluch wird euch zum Lohne.

Ein Schritt auf Deutschland zu

Die Landschaft ist schön und hat berühmten Klang: dort zieht sich die Weinstraße durch die Pfalz. Nach Osten, zum Rhein, sind es 25 Kilometer, eine bequeme Tagestour mit dem Fahrrad. Dicht bei der Stadt mit dem in Deutschland nicht seltenen Namen Neustadt und über dem kleinen Städtchen Hambach erhebt sich das Hambacher Schloß, eine Burgruine aus der Zeit des Bauernkrieges von 1525. Solche hochgelegenen Wahrzeichen einer Landschaft scheinen auf Demonstranten anziehende Wirkung zu üben, als wollten sie sich damit unübersehbar machen im Volk. So hatte sich die studentische Jugend Deutschlands auf der Wartburg versammelt; so zog sie mit vielen anderen fünfzehn Jahre später 1832, neun Wochen nach Goethes Tod, zum Hambacher Schloß hinauf. Abermals einundachtzig Jahre später versammelten sich 1913 viele tausend Angehörige der bündischen Jugend auf dem Hohen Meißner in Hessen, bevor der große Jugendtraum in den Schützengräben Flanderns zugrunde ging.

1832: Das ist ein Datum, das verdächtig nah am Ausbruch der Pariser Julirevolution liegt, und man geht auch nicht fehl, von dort her Anstöße für das Hambacher Fest zu vermuten. Denn wie groß waren gerade damals die Unterschiede zwischen beiden Ländern! Von Frankreich strahlten verlockend die neuen Bürgerfreiheiten herüber. Der liberale Geist der Anfangsjahre des »Bürgerkönigs« Louis Philippe erschien vielen in Deutschland als Inbegriff der freien Meinung. Heinrich Heine ging 1831 als Zeitungskorrespondent nach Paris und atmete auf; daß er bis zum Lebensende dablieb, obwohl er nie aufhörte, an Deutschland zu denken, spricht für sich.

In der Pfalz, die in jener Zeit zu Bayern gehörte, zogen an einem Maisonntag an die dreißigtausend überwiegend junge Menschen bergan. Zwei Vorkämpfer des pfälzer Liberalismus, Siebenpfeiffer und Wirth, hatten zu der Kundgebung aufgerufen. »Hinauf, Patrioten, zum Schloß, zum Schloß!« klang Siebenpfeiffers lockender Kampfruf. Ihm ging es darum, »für Erstrebung gesetzlicher Freiheit und deutscher Nationalwürde« zu demonstrieren. Hier war es wieder, das Nationale und Liberale, das meist einträchtig auftretende Verlangen der Fortschrittler jener Zeit. Aber es kamen auch andere Töne auf in der äußerlich disziplinierten Massenkundgebung. Der Journalist Dr. Wirth rief in die Menge, »daß nicht eher Glück und Eintracht stattfinden wird, bis die Könige und Regenten alle weggejagt worden sind«. Das war ganz unverhüllt republikanisch-revolutionärer Geist.

Natürlich reagierten die Höfe und Kabinette wieder höchst gereizt. Eine neue Welle der Verfolgung setzte ein, stärker noch als zuvor, bösartiger als 1819 nach dem Mord an Kotzebue. Viele Todesurteile wurden gefällt, wenngleich nicht vollstreckt; eine neue Flüchtlingswoge ergoß sich in das umliegende Ausland, und etliche wanderten nach Amerika aus. Das Hambacher Fest war ein lauter Ruf gewesen, hinter dem keine Macht stand; tiefe Sehnsucht klang aus ihm, aber verändern konnte er nichts.

Dann war da der berühmte Fall der »Göttinger Sieben«: Wilhelm IV., König von Großbritannien und Irland und König von Hannover, war

Zum Hambacher Fest bei Neustadt/Pfalz trafen sich im Mai 1832 an die 30 000 Demokraten und Liberale (Bild *oben*). Die Massenkundgebung forderte Volkssouveränität und die »vereinigten Freistaaten Deutschlands« in einem »konföderierten republikanischen Europa« und erklärte sich solidarisch mit der Julirevolution 1830 in Frankreich und dem Novemberaufstand 1830 in Polen. Entsprechend scharf reagierte der Deutsche Bund mit Verhaftungen, mit Unterdrückung der Presse-, Vereins- und Versammlungsfreiheit.

Links: Die »Göttinger Sieben«, die Professoren Gervinus, W. und J. Grimm, Albrecht, Weber, Dahlmann und Ewald, die sich 1837 gegen einen Verfassungsbruch ihres Königs stellten. Ihrem Universitätskuratorium erklärten sie: »Die Unterzeichneten sind sich bewußt, bei treuer Bewahrung ihres amtlichen Berufs die studierende Jugend stets vor politischen Extremen gewarnt und so weit an ihnen lag, in der Anhänglichkeit an ihre Landesregierung befestigt zu haben; allein das ganze Gelingen ihrer Wirksamkeit ruht nicht so sehr auf dem wissenschaftlichen Wert ihrer Lehre, als auf ihrer persönlichen Unbescholtenheit.«

1837 kinderlos gestorben. Das Haus Hannover, seit 1714 mit Großbritannien in Personalunion verbunden, hatte daraufhin die Bindung lösen müssen; denn Wilhelms Nichte Victoria, die Englands Königin wurde, war nach hannoverschem Recht nicht erbfolgeberechtigt. So hatte im Stammland selber Wilhelms jüngster Bruder Ernst August den Thron bestiegen.

Ernst Augusts Vergangenheit ließ viele nichts Gutes ahnen. Von verschwenderischem Lebenswandel, hatte er sich in seiner Prinzenzeit und als britischer Feldmarschall in große Schulden gestürzt. Die königlichen Domänen im Welfenland reichten sicher aus, die Schulden zu begleichen, aber diese Domänen waren seit vier Jahren Staatsgut, seinem Zugriff entzogen. Die hannoversche Verfassung von 1833, mitsamt diesem Domänen-Paragraphen, ging im wesentlichen auf den Historiker und Verfassungsrechtler Dahlmann zurück, der seit 1829 in Göttingen lehrte.

Den Monarchen wurmte es natürlich gewaltig, daß ihm zugemutet wurde, sich Beschränkun-

gen aufzuerlegen, und er kündigte kurzerhand die Verfassung; die Beamten entband er von ihrem auf sie geleisteten Eid.
Ein Murren erhob sich im Land. Zentrum des Widerstandes gegen den absolutistischen Sündenfall wurde die Universität Göttingen. Sieben Hochschullehrer formulierten in einem Schreiben, sie wollten und dürften vor der akademischen Jugend nicht »als Männer erscheinen, die mit ihrem Eid ein leichtes Spiel treiben«.
Den Protest unterschrieben der Jurist Wilhelm Albrecht, der Historiker Friedrich Christoph Dahlmann, der Theologe und Orientalist Heinrich Ewald, der Historiker Georg Gervinus, die Philologen Jacob und Wilhelm Grimm (»Brüder Grimm«), der Physiker Wilhelm Weber. Das geschah am 18. November 1837. Zehn Tage vor Weihnachten wurden alle sieben Gelehrten ihrer Ämter enthoben. Drei von ihnen (Dahlmann, Gervinus und Jacob Grimm) mußten binnen drei Tagen das Land verlassen, weil sie ihre Unwillensbekundung auch noch in Abschriften verbreitet hatten.
Also packte Dahlmann seine Zettelkästen zur »Quellenkunde der deutschen Geschichte« ein, an der er arbeitete, Gervinus seine Ausarbeitungen zu einer »Geschichte der poetischen Nationalliteratur der Deutschen« und Jacob Grimm den geplanten Schlußteil seiner »Deutschen Grammatik« – um nur diese drei Werke zu nennen. Wertvollste wissenschaftliche Substanz ging der Universität Göttingen verloren. Während ein Sturmwind der Erregung durch das vormärzliche Deutschland brauste und Hilfsvereine sich auftaten, um die Vertriebenen vor Not zu schützen, nahm sich doch vorerst nur ein einziger Monarch die Freiheit, die Willkür der hannoverschen Majestät durch eine demonstrative Geste zu beantworten. König Wilhelm I. von Württemberg berief Professor Ewald an die Universität Tübingen.
Der Bundestag in Frankfurt beschäftigte sich im folgenden Jahr mit den Vorgängen, entschied jedoch mit Mehrheit, es sei »keine Veranlassung zur Einmischung in die inneren Angelegenheiten Hannovers vorhanden«. Ernst August war, wenn man so will, Sieger geblieben. Er setzte überdies ein neues Staatsgrundgesetz

Die erste Fahrt der Eisenbahn zwischen Nürnberg und Fürth am 7. Dezember 1835 leitete ein neues Zeitalter des Verkehrs ein. Im Bericht des »Morgenblatts für gebildete Stände« heißt es: »Es war eine unermeßliche Menschenmenge vorhanden, und sie jauchzte und jubelte zum Teil den Vorüberfahrenden zu; in der Tat, es gewährt der Anblick des vorüberdrängenden

Wagenzuges fast ein größeres Vergnügen, als das Selbstfahren. Wenigstens drängt sich uns das Gefühl der gewaltigen, wundersam wirkenden Kraft bei jenem Anblick weit mehr auf; es imponiert, wenn man den Wagenzug mit seinen 200 Personen wie von selbst, wenn auch nicht pfeilgeschwind, doch gegen alle bisherige Erfahrung schnell, unaufhaltsam heran, vorüber und in die Ferne dringen sieht. Das Schnauben und Qualmen des ausgestoßenen Dampfes, der sich sogleich als Wolke in die Höhe zieht, verfehlt auch seine Wirkung nicht. Pferde auf der nahen Chaussee sind daher beim Herannahen des Ungetüms scheu geworden. Kinder haben zu weinen angefangen, und manche Menschen haben ein leises Beben nicht unterdrücken können.«

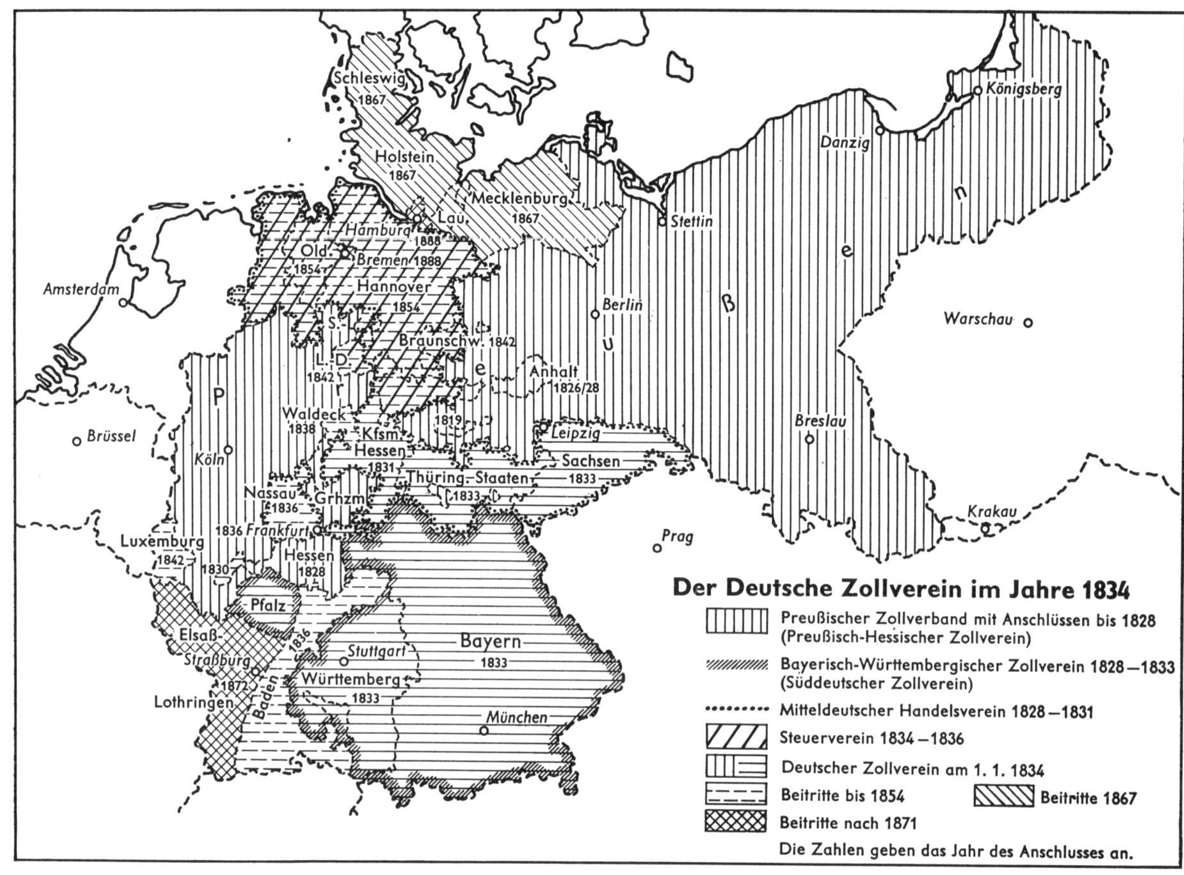

durch, welches die Domänen wieder der Krone zusprach...

Willkürakte aber wie jener von 1837 pflegen untergründig fortzuwirken, auch wenn das, was an innerer Gegenwehr aufgerufen wird, nicht exakt zu messen ist. Auch Heinrich Heine machte sich Gedanken um die Folgen. Dabei dachte er weit in die Zukunft. »Es ist leicht vorauszusehen«, schrieb er von Paris aus an die »Augsburger Allgemeine«, »daß die Idee einer Republik, wie sie jetzt viele deutsche Geister erfaßt, keineswegs eine vorübergehende Grille ist. Ich glaube nicht so bald an eine deutsche Revolution und noch viel weniger an eine deutsche Republik; letztere erlebe ich auf keinen Fall; aber ich bin überzeugt, wenn wir längst ruhig in unseren Gräbern vermodert sind, kämpft man in Deutschland mit Wort und Schwert für die Republik. Denn die Republik ist eine Idee, und noch nie haben die Deutschen eine Idee aufgegeben, ohne sie bis in allen ihren Konsequenzen durchgefochten zu haben.«

Neben verhallenden Rufen wie dem vom Hambacher Schloß, neben fruchtlosen Empörungen wie jener der Göttinger Sieben gab es aber auch wirkliche Hoffnungszeichen in den deutschen Landen des Vormärz. Da ist zu nennen das Inkrafttreten des Deutschen Zollvereins am Jahresbeginn 1834. Der Zollverein war ein Schritt nach Deutschland hin, zur Einheit. Wo die Politik versagte, gingen Wirtschaft und Verkehr voran. (Gerade der Verkehr, die Eisenbahn seit 1835, bewirkte viel, Deutschland enger zusammenzubinden.)

22 der 39 Bundesmitglieder öffneten ihre Binnengrenzen für ein einheitliches Zollgebiet und damit für einen geschlossenen Wirtschaftsraum; Binnenzölle zwischen diesen Gliedstaaten des Deutschen Bundes entfielen. Die 17 übrigen hielten sich noch abseits, aber diese Front bekam bald Risse und brach ein. 1835 schloß Baden sich dem Deutschen Zollverein an, ebenso Nassau, ein Jahr später Frankfurt. Die Verträge, anfänglich auf acht Jahre vereinbart,

wurden um zwölf Jahre verlängert – ein Zeichen für den Erfolg. Die Einsicht bei den meisten griff um sich, daß im Zeitalter beginnender Industrialisierung Zollgrenzen hemmend seien; eine sich formende Nationalwirtschaft brauchte Bewegungsraum. Die letzten Behinderungen fielen erst kurz vor der Gründung des Deutschen Reiches durch Bismarck. Dessen Einigungswerk besaß im Deutschen Zollverein einen wichtigen Wegbereiter.
Beobachter der vormärzlichen Szene in Deutschland hatten das schon bald erkannt. Im »Wintermärchen« von 1844 schrieb Heine einen Vers, den er einem Mitreisenden in den Mund legte:

»Der Zollverein« – bemerkte er –
»Wird unser Volkstum begründen.
Er wird das zersplitterte Vaterland
Zu einem Ganzen verbinden – –«

Linke Seite: Der Zollverein, die Schöpfung Friedrich Lists, war eine wichtige Etappe auf dem Weg zur Reichseinheit.
Oben: Das Banner »Reform« über den Barrikaden. Eine französische Zeichnung verherrlicht die Kämpfe des 22.-24. Februar 1848 gegen die bürgerliche Monarchie Louis Philippes.

Die unerwünschte Kaiserkrone

Wieder einmal nimmt der revolutionäre Geist seinen Ausgang in Paris, ausgerechnet dort, wo man 18 Jahre zuvor mit so viel Sympathie den »Bürgerkönig« Louis Philippe begrüßt hatte. Der aber war zunehmend autoritär geworden und daher unbeliebt. Jetzt, 1848, macht das Bürgertum kurzen Prozeß. Der Monarch, durch Revolution zur Herrschaft gelangt, wird im Februar durch Revolution gestürzt. Nicht nur das; die Monarchie als Staatsform stürzt gleich mit. In Paris ist eben noch – oder schon wieder – eine Menge demokratisches Gedankengut abrufbar. Mehr: Sogar das Proletariat fordert Rechte, der »Vierte Stand«. Es gibt blutige Straßenschlachten mit Tausenden Toten. Denn die Mittelständler wollen natürlich nicht, daß *ihre* Revolution in eine Arbeiterherrschaft umschlägt.

In England ist die Not der Arbeiter noch viel größer, weil die Industrialisierung, die dort ihren Anfang genommen hatte, am weitesten fortgeschritten ist. Gerade in England aber, unter der immer noch sehr jungen Queen Victoria, die seit elf Jahren regiert, fällt die Revolution aus, trotz des Kommunistischen Manifests von Karl Marx und Friedrich Engels, das 1847/48, unmittelbar vor den beginnenden Unruhen in Paris, als Auftragsarbeit verfaßt worden war und jetzt erscheint. Das kleine Werk, das »die knappe Strenge eines Armeebefehls mit der unfehlbaren Treffsicherheit einer mathematischen Beweisführung vereinigt« (Siegfried Landshut), fordert die Unterdrückten in suggestiver Sprache zur Tat auf, mit den berühmten Schlußworten: »Mögen die herrschenden Klassen vor einer kommunistischen Revolution zittern. Die Proletarier haben nichts in ihr zu verlieren als ihre Ketten. Sie haben eine Welt zu gewinnen. Proletarier aller Länder vereinigt euch!« Aber diese Proletarier sind noch längst nicht dazu in der Lage; sie sind im Herkunftsland des Manifests, in England, nicht einmal bereit, sich zu erheben. Das liegt daran, daß erste Reformgesetze das schreiende Unrecht der Ausbeutung zu mildern begonnen haben; daß die Öffentlichkeit sich der Mißstände bewußt ist und das drohende Unheil der gewaltsamen Empörung damit abgefangen wird. Deutschland aber steckt erst in den Kinderschuhen der Industrieentwicklung und macht eine andere Revolution, eine rein bürgerliche.

Der Funke springt von Paris aus zuerst nach Wien, gleich darauf nach Berlin. In beiden Hauptstädten fährt den Regierenden ein gewaltiger Schrecken durch die Glieder. Fürst Metternich, seit 1821 Staatskanzler, muß abrupt Abschied nehmen von seiner liebgewordenen Dauerherrschaft, die vom Glauben an das Richtige und Wahre getragen war. So richtig und wahr kann sie aber doch nicht gewesen sein, sonst würde sich das fürstliche »Establishment« nicht allenthalben so rasch zu Entgegenkommen und Zugeständnissen bereit finden. Dahinter steht das schlechte Gewissen, daß Ansprüche des Volkes zu lange überhört worden sind. In Berlin kommt es zunächst zu opferreichen Barrikadenkämpfen. Danach läßt König Friedrich Wilhelm IV., der seit 1840 regiert, die Truppen aus der Stadt abrücken, womit er im Grunde klein beigibt. Sein Bruder Prinz Wilhelm, der die Revolution am liebsten mit Kanonen niederkartätscht hätte, flieht nach England – mit dem verachtungsvollen Beinamen »Kartätschenprinz«. Blutige Unruhen gibt es auch in Baden. Dann scheint die Entwicklung insgesamt eine Wende zum Hoffnungsvollen und Positiven zu nehmen: Die erste deutsche Nationalversammlung wird nach Frankfurt einberufen. Das geschieht durch ein Vorparlament, welches aus Ständevertretern zusammengesetzt ist und mit Zustimmung des Frankfurter Bundestages ganz regulär vorbereitend arbeiten darf.

Die Nationalversammlung ist ein deutsches Geschichtsereignis ersten Ranges, und über ihr schließliches Scheitern hinweg bleibt sie ein Denkmal. Im übrigen ist sie das gebildetste Parlament der deutschen Geschichte. Die 600 Abgeordneten sind zu vier Fünfteln Absolventen der Universitäten; 50 Professoren sitzen in der Frankfurter Paulskirche, auch 38 Kaufleute und ein Bauer; Arbeiter fehlen ganz. Man sieht also: eine durch und durch bürgerliche Revolution.

Man sollte das Werk des Paulskirchen-Parlaments nicht nur vom Mißlingen her betrachten. Ein bewundernswertes Kapitel von Idealismus, redlichem Wollen, von Ernst und Würde war hier versammelt, vermischt freilich mit Praxisferne und Weltfremdheit; denn viele Volksboten kannten die Politik nur von der Studierstube her und trugen Vorstellungen mit sich, die nicht

Kampf in der Brüderstraße in Berlin am 18. März 1848. König Friedrich Wilhelm IV. von Preußen, dem Zeitgenossen »ein weiches eindrucksvolles Gemüt« bescheinigen, befahl, von dem Lärm der Straßenschlachten erschüttert, den vorläufigen Abzug des Militärs. Auf Dauer allerdings konnten ihn die Revolutionäre nicht zu den Ihren zählen. Die demokratischen »Märzerrungenschaften« wurden in Preußen noch im selben Jahr wieder zurückgenommen.

Oben: Am 19. Mai 1848 zogen die gewählten Abgeordneten aus allen Teilen Deutschlands feierlich in die Paulskirche in Frankfurt ein.

Rechte Seite: Karikatur auf Preußens Ablehnung der Kaiserkrone. Von Gagern, der Präsident der Nationalversammlung, die Friedrich Wilhelm IV. die Krone angetragen hat, beschwert sich bei Mutter Germania: »Ich habe Ihr'n Kleenen 'ne Krone geschnitzt, nu will er sie nich!«

immer mit den Erfordernissen der Wirklichkeit, der politischen Praxis, in Einklang zu bringen waren. Der Präsident der Nationalversammlung, Heinrich von Gagern, war ein Mann, in dessen Persönlichkeitsumriß das ganze Parlament gleichsam noch einmal repräsentiert war: edel gesinnt, hochgemut, feierlich, würdevoll und selbstbewußt.

In der Eröffnungsversammlung am 18. Mai 1848 warnte der Alterspräsident Dr. Friedrich Lang die Abgeordneten dieser Versammlung, »wie sie Deutschland noch nie gesehen«, sie möchten sich nicht »überstürzen in Ideen, die einer Zeit angehören, die noch nicht da ist«. Genau dies wurde das Schicksal der Paulskirche.

Wahr ist aber auch, daß alles Liberale und Demokratische in Deutschland sich zur Pioniertat der Achtundvierziger bekennt. In deren Tradition standen sowohl die Gründerväter der Weimarer Republik als auch der Bundesrepublik Deutschland. Das Hundertjahr-Gedenken brachte Wilhelm Mommsen 1948 auf die Formel, nie wieder habe ein deutsches Parlament mit solchem Ernst und solcher Tiefe um politische Grundprobleme gerungen. Daran ändert nichts, daß die Zeitgenossen über die Detailbesessenheit stöhnten und der junge Reaktionär Otto von Bismarck den Präsidenten von Gagern eine Phrasengießkanne nannte.

Das zähe, langwierige Mühen um die Reichsverfassung kann hier außer acht gelassen werden, abgesehen von den beiden wichtigsten Dingen: der Frage nach dem Umfang des Staates und der nach seinem Oberhaupt.

Die Mehrheit wünschte, an die alte Reichstradition anzuknüpfen und Deutsch-Österreich nebst den böhmischen Ländern einem deutschen Nationalstaat einzugliedern. Das hätte allerdings einen Schnitt durch das Habsburgerreich bedeutet, denn alle anderen österreichischen Reichsbestandteile – ukrainische, polnische, rumänische, ungarische, südslawische, italienische – sollten nach dem Willen des Parlaments einem deutschen Reich nicht zugehören: Diese habsburgischen Reichsteile dürften mit dem »deutschen« Österreich nur in Personalunion, das heißt, durch das österreichische Herrscherhaus, verbunden bleiben.

Der erste, der energisch nein sagte, war ein tschechischer Historiker, František Palacký. Er sei Tscheche, nicht Deutscher, ließ er wissen. Er sprach stellvertretend für viele: der Nationalgedanke war überall erwacht und suchte die eigene geschlossene Heimstatt oder, wenn das noch nicht ging, die »angemessene«. Für Palacký war dies zunächst einmal weiterhin die Donaumonarchie; er wünschte sie auch als Gegengewicht gegen ein russisches Vordringen.

Das zweite Nein kam aus Wien. Nachdem dort die Gegenrevolution gesiegt hatte, erklärte Fürst Schwarzenberg, der »neue Metternich« (nur noch ein wenig härter), Österreichs staatliche Einheit müsse fortbestehen. Nicht genug damit, verlangte er, daß Gesamtösterreich in das zu schaffende neue Deutsche Reich aufgenommen werden müsse. Das schreckte nun sogar die bisherigen Befürworter einer »großdeutschen« Lösung, und die »kleindeutsche«

Die deutsche verfassunggebende Nationalversammlung hat beschlossen, und verkündigt als Reichsverfassung:

Verfassung des deutschen Reiches.

Abschnitt I. Das Reich.

Artikel I.

§. 1.

Das deutsche Reich besteht aus dem Gebiete des bisherigen deutschen Bundes.

Die Festsetzung der Verhältnisse des Herzogthums Schleswig bleibt vorbehalten.

§. 2.

Hat ein deutsches Land mit einem nichtdeutschen Lande dasselbe Staatsoberhaupt, so soll das deutsche Land eine von dem nichtdeutschen Lande getrennte eigene Verfassung, Regierung und Verwaltung haben. In die Regierung und Verwaltung des deutschen Landes dürfen nur deutsche Staatsbürger berufen werden.

Die Reichsverfassung und Reichsgesetzgebung hat in einem solchen deutschen Lande dieselbe verbindliche Kraft, wie in den übrigen deutschen Ländern.

§. 3.

Hat ein deutsches Land mit einem nichtdeutschen Lande dasselbe Staatsoberhaupt, so muß dieses entweder in seinem deutschen Lande residiren, oder es muß auf verfassungsmäßigem Wege in demselben eine Regentschaft niedergesetzt werden, zu welcher nur Deutsche berufen werden dürfen.

§. 4.

Abgesehen von den bereits bestehenden Verbindungen deutscher und nichtdeutscher Länder soll kein Staatsoberhaupt eines nichtdeutschen Landes zugleich zur Regierung eines deutschen Landes gelangen, noch darf ein in Deutschland regierender Fürst, ohne seine deutsche Regierung abzutreten, eine fremde Krone annehmen.

§. 5.

Die einzelnen deutschen Staaten behalten ihre Selbstständigkeit, soweit dieselbe nicht durch die Reichsverfassung beschränkt ist; sie haben alle staatlichen Hoheiten und Rechte, soweit diese nicht der Reichsgewalt ausdrücklich übertragen sind.

gewann die Oberhand: Besser ein kleines Deutschland als keines.

Die Frankfurter Reichsverfassung vom 28. März 1849 schrieb zwar in Paragraph 1: »Das Deutsche Reich besteht aus dem Gebiete des bisherigen Deutschen Bundes«, schloß somit theoretisch die deutschen Teile Österreichs samt Böhmen, Mähren und Krain ein; praktisch aber war Österreich nicht mehr dazugedacht; sonst hätte es nämlich – gemäß Paragraph 2 – für seine Bestandteile des Deutschen Bundes eine eigene Verfassung, Regierung und Verwaltung einsetzen müssen. Jeder sah auf den ersten Blick, daß nicht durch die Hintertür die Spaltung des Habsburgerreiches eingeschmuggelt werden konnte, nachdem sie zuvor bereits offen abgelehnt worden war. Wien würde also zur Reichsverfassung nein sagen – was dann auch prompt geschah –, und das neue Reich würde auf ein Kleindeutschland ohne Österreich hinauslaufen. Wenn der König von Preußen zustimmte . . .

Auf diese Frage spitzte sich Sein oder Nichtsein der Reichsverfassung unausweichlich zu. War doch der preußische König Friedrich Wilhelm IV. ausersehen, dem neuen Reich als Staatsoberhaupt vorzustehen: als »Kaiser der Deut-

Links oben: Die erste Seite der Reichsverfassung vom 28. März 1848 mit der Bestimmung des Begriffs »Reich«.

Oben: Sitzung des Frankfurter Paulskirchen-Parlaments. Ein Zeitgenosse schrieb: »Die Versammlung machte einen durch-

weg würdigen Eindruck. Wenn man hier die Arbeiten und Anstrengungen der Versammlung in der Nähe sieht, wenn man alle diese großen Männer erblickt, die nur zusammengekommen sind, um mit einer Selbstlosigkeit sondergleichen für das Wohl des Vaterlandes zu wirken – wahrhaftig, dann muß man neue Hoffnung für Deutschlands Einigkeit schöpfen, muß sich dem schönen Gedanken hingeben, daß allen Wünschen, mit denen unsere Generation aufgewachsen ist, die Zeit Erfüllung bringen und der Traum des deutschen Vaterlandes dereinst als herrlichste Wirklichkeit dastehen wird!«

schen«. Das war der zweite Kernbestandteil der Reichsverfassung. Dieses Deutschland sollte eine Erbmonarchie sein mit »einem regierenden deutschen Fürsten« an der Spitze. Nach Lage der Dinge konnte dies nur der König mit dem größten und volkreichsten Teilgebiet in Deutschland sein.

Friedrich Wilhelm IV., der »Romantiker auf dem Thron«, war erfüllt vom Bewußtsein der hohen Würde seines Amtes und von seinem Gottesgnadentum. Kenner der Verhältnisse ahnten, daß er nie und nimmer eine Kaiserkrone der Revolution zu verdanken haben wollte. Mochten die Männer in Frankfurt noch so hehre Ziele vor Augen haben, sie waren durch Volksaufruhr dorthin gelangt. Der König hielt einer Abordnung der Paulskirche eine wohlgesetzte, keineswegs abfertigende Rede, aber durch die vollmundigen Worte klang vernehmlich das Nein. Im privaten Zirkel soll er drastischer formuliert haben: vom »Hundehalsband«, sprach er, »mit dem man mich an die Revolution ketten will.«

So folgte also der Absage aus Wien die Absage aus Berlin, und damit waren die Achtundvierziger endgültig um den ersehnten Erfolg gebracht. Daran änderte auch die Zustimmung von 28 deutschen Regierungen nichts. Mit diesen reichlich zwei Dritteln konnte man kein Reich zimmern, wenn das restliche Drittel, an Umfang und Stärke weit überlegen, sich stemmte; wenn vor allem Preußens Monarch die königliche Väterkrone für wertvoller hielt als die nationale Kaiserkrone. Das sollte sogar 22 Jahre später noch für seinen Bruder und Nachfolger Wilhelm gelten...

Die Einigung durch das Volk, sehnlichster Wunsch der Achtundvierziger, war mißlungen, und ob die Chance wiederkehren würde, war höchst zweifelhaft. Das Klima wurde härter, die anfänglich betäubten Kräfte der bisherigen Ordnung hatten sich vom Schock erholt und sammelten sich zum Gegenstoß. Schnell begann das qualvolle Sterben der Revolution, das sich von Ende März 1849 bis in die Junimitte hinzog. Aufstände und Barrikadenkämpfe tobten in Dresden, in Baden, in der bayerischen Pfalz. Sogar reguläre Einheiten solidarisierten

Links: Eine Karikatur aus dem Revolutionsjahr 1848. Gestützt auf das Militär, verschließt Preußens König Friedrich Wilhelm IV. dem Volk die Tür der konstitutionellen Freiheit; die Abgeordneten, mit dem klassischen Instrument bürgerlicher Willensbekundung, der »Petition«, in der Hand, müssen draußen bleiben.

Oben: Gefangene Aufständische werden in Dresden über die Elbbrücke abgeführt. Von Baden und Sachsen aus machten im Frühjahr und Sommer 1849 radikaldemokratische Kräfte den letzten Versuch, die deutsche Revolution zu retten. Ein Zeitgenosse dichtete:

Wach auf, mein Volk! Es naht der Tag der Rache,
Erhebe dich und nimm dein Schwert zur Hand!
Es gilt der Freiheit große heil'ge Sache,
Gilt deine Ehre, gilt dem Vaterland.
Hinaus in Kugelregen!
Die Blutsaat wird zum Segen!
Und ob auch unser Aug' im Tode bricht,
Auf unsern Gräbern strahlt der Freiheit Licht.

Militär schlug die Aufstände nieder. Preußische Truppen, die in vorderster Linie standen, zogen sich dabei den besonderen Haß des Volkes zu.

Zwei Karikaturen zum Ende der Revolution.

Oben: »Gegen Demokraten helfen nur Soldaten«, aus dem »Kladderadatsch«.

Rechte Seite: Die »gestrenge Mama« Germania ruft ihre Kinder zur Ordnung, sie müssen ihre Waffen abgeben.

sich; andere Truppen besiegten die Rebellen und stellten die Ordnung gewaltsam wieder her. In Baden wurden 27 Todesurteile vollstreckt. Ein Aufständischer entging dem Standgericht nur in tollkühner Flucht durch einen Abwasserkanal. Später wanderte er aus und wurde einer der berühmtesten Deutsch-Amerikaner: Carl Schurz. Zuvor hatte er noch seinen verehrten Lehrer Gottfried Kinkel (der die Verse vom »Unterthan« geschrieben hat) aus lebenslänglicher Haft im Gefängnis Spandau befreit. Ganz Deutschland sprach von dem tollkühnen Unternehmen. Aber solche Bravourtaten waren nur der heroische Abgesang des tragischen, wohl unvermeidlichen Scheiterns. Gewonnen hatte »das Beharrungsvermögen der auf Dynastien, Bürokratien, Armeen und partikulare Tendenzen gestützten Einzelstaaten« (Werner Conze).

»Gelegt hat sich der starke Wind...«

Derselbe Historiker hält aber zugleich fest: »In keiner wesentlichen Frage kann die folgende Ära der ›Reaktion‹ tatsächlich hinter den März 1848 zurück.« Das will sagen: Die Revolution hatte Bewegungen hervorgerufen, die nicht mehr zur Ruhe kamen. Sie hatte Klärungen gebracht, die seither zum Bestand politischen Grundwissens in Deutschland gehören.

So war schwarz auf weiß eine Reichsverfassung da (wenn auch nicht in Kraft getreten), die für das ganze Volk erstmalig einen Katalog von Grundrechten formuliert hatte. In den Rededuellen der Paulskirche war Klarheit gewonnen worden, wie ein künftiges Deutsches Reich aussehen, genauer: wie es *nicht* aussehen würde. Österreich jedenfalls wollte, wie die Dinge mit den allein in Frage kommenden Reichsteilen lagen, nicht dabei sein. Seine Staatsinteressen waren aus dem alten deutschen Staats- und Volkskörper hinausgewachsen. Bei solchem Eigenverständnis konnte nur Preußen der Staat sein, von dem Deutschlands Einigung ausgehen mußte; das sahen viele jetzt klarer als früher. Doch bedeutete Österreichs Verweigerung bestimmt nicht, daß es sich kampflos aus Deutschland zurückziehen würde. Es wollte eben beides: hier vorherrschen und gleichzeitig eine eigenständige Großmacht sein. Der Zeitpunkt war absehbar, daß dieses Nebeneinander sich nicht würde aufrechterhalten lassen.

Preußen selber konnte die politischen Uhrzeiger nun auch nicht einfach zurückdrehen. Der König hatte höchstpersönlich eine Verfassung gegeben, besser: auferlegt (»oktroyiert«). Beachtlich, daß darin »Von den Rechten der Preußen« eher die Rede ist als »Vom Könige«; der kommt erst in späteren Paragraphen dran. Daraus spricht ein Staatsverständnis, an dem die neue Zeit, die Revolution nicht spurlos vorübergegangen war. Störend nur, daß er ein Dreiklassen-Wahlrecht erfunden beziehungsweise zur Erfindung seiner Berater seinen Segen gegeben hatte. Dreigeteilt nach Steuerkraft, stellte jede Gruppe die gleiche Anzahl Abgeordneter. Da die Begüterten aber an Zahl viel geringer waren als die Mittelverdienenden und die Armen, so war dadurch der parlamentarische Einfluß der obersten Schicht unverhält-

nismäßig überhöht. Dieses Ärgernis blieb bis 1918 erhalten und endete tatsächlich erst mit dem Kaiserreich.
In der preußischen Verfassung war nun auch im größten Teilstaat ein Instrument vorhanden, mit dessen Hilfe sich der Volkswille äußern und an der Herrschaft teilhaben konnte. Hier wurde politisches Denken geübt und wurden Meinungskämpfe ausgetragen. Langsam formierten sich nun politische Weltanschauungen zu parteiartigen Gruppen: die fortschrittlichen, nationalbewußten Liberalen aus Mittel- und Großbürgertum, die Konservativen, königstreu und standesbewußt mit dem grundbesitzenden Adel, und eine katholische Fraktion, die später »Zentrum« genannt wurde, weil diese Partei in der Sitzordnung des Parlaments zwischen »linken« Fortschrittlern und »rechten« Konservativen die Mitte besetzte. Wählervertretungen der Arbeiterschaft gab es noch nicht.
Zusammengefaßt war demnach die Zeit der »Reaktion« nicht der pure Stillstand und die völlige Vergeblichkeit, obwohl es, an den großen Hoffnungen gemessen, so aussehen konnte. Die spitzeste Zunge des Zeitalters reagierte natürlich mit Ironie. Heine schrieb:

> Gelegt hat sich der starke Wind,
> Und wieder wird's stille daheime;
> Germania, das große Kind,
> Erfreut sich wieder seiner Weihnachtsbäume.

Heinrich Heine in Paris war politisch ebenfalls nicht viel besser dran, trotz seines Spotts. Eine Weile konnte es so aussehen, als würde der republikanische Geist der Februarrevolution von 1848 dem Zeitalter auffordernd vorangehen, während im deutschsprachigen Raum die Throne wieder stabil wurden. Doch kam es anders. Der vom Volk gewählte Staatspräsident Louis Napoleon, ein Neffe Bonapartes, beseitigte durch Staatsstreich die demokratischen

Einrichtungen, ließ sich noch einmal zum Präsidenten (auf zehn Jahre) wählen und machte sich anschließend mit einer ebenso fadenscheinigen neuerlichen Volksabstimmung zum Kaiser (Napoleon III.). Diese Schrittfolge ähnelte wie eine Kopie derjenigen seines Onkels und sollte auch bewußt an das Vorbild des unvergessenen ersten Kaisers der Franzosen erinnern.
Diese Art des An-die-Macht-Kommens hatte einen Nachteil: Sie war in den Augen der Herrscher Europas nicht legitim, sie war Aufsteigertum, parvenühaft. Dem Inhaber einer solchen nicht ererbten oder durch althergebrachtes Wahlzeremoniell errungenen Monarchenwürde saß dadurch ein Stachel im Fleisch. Er sah sich nicht für voll genommen und mußte den Makel durch Erfolge wettmachen. Auch gegenüber dem eigenen Volk war ja Gewalt angewendet worden; auch dort lauerten Mißgunst und Feindschaft. Doppelter Zwang also für Napoleon III., sich zu bewähren, Triumphe heimzubringen. Alle Politik des im Grunde gutmütigen Lebemanns mit den müden Augen stand dadurch unter Prestigedruck. Das sollte Folgen auch für Deutschland haben.
Unruhe stiftete Napoleon schon Mitte der fünfziger Jahre; davon soll kurz gesprochen werden, weil es für die künftige Entwicklung in Zentraleuropa Bedeutung erhielt. Der Franzose war besonders verärgert über den Zaren Nikolaus I., der ihm, dem Emporkömmling, sogar die standesübliche Anrede »Mein Herr Bruder« (»Mon frère«) verweigerte. Vor allem aber erkannte er im Mächtesystem der Heiligen Allianz eine konservative Verkrustung, die seinem Fortschrittswillen zuwider war. Louis Napoleon wollte Frankreich seine führende Rolle in der Welt wiedergeben. Eine Chance, jenes System aufzubrechen und Rußlands bedrohlich anwachsendes Gewicht in Europa zu mindern, schien ihm gekommen, als Spannungen zwischen Rußland und der Türkei ausbrachen. Äußerer Anlaß: ein Ultimatum des Zaren an den Sultan, die russische Schutzherrschaft über die orthodoxen Christen in der islamischen Türkei anzuerkennen. Frankreich und England schlugen sich auf die türkische Seite, so daß eine verkehrte Front entstand: Zwei christliche Völker unterstützten ein mohammedanisches Land gegen den Anspruch eines dritten christlichen, die Christen zu schützen . . . Aber hier ging es nicht um Glaubensfragen, sondern um Macht. Rußland verlor den Krimkrieg und büßte sein kontinentales Übergewicht ein. Österreich hatte, ohne teilzunehmen, eine drohende Haltung gegen Rußland eingenommen, weil dessen Ausgreifen die eigenen Balkan-Interessen empfindlich berührte. Dadurch waren Rußland und Österreich nun entzweit. Preußen hatte sich neutral verhalten und Rußlands Wohlwollen bewahrt. Obendrein wurde bald auch Österreich geschwächt, weil mit Frankreichs entscheidender Hilfe die italienische Einigungsbewegung unter Camillo Cavour der Monarchie die Herrschaft über die Lombardei entriß (Schlacht bei Solferino, 1859).
Beide Geschehnisse zusammen, Krimkrieg und italienischer Einigungskrieg, veränderten die europäische Szenerie zugunsten Preußens. Sie eröffneten eine weltpolitische Chance, die nur des Mannes bedurfte, der sie nutzte. Nur wenn die günstigen Umstände und die geeignete Persönlichkeit zusammentreffen – zu Segen oder Unsegen –, bewegt sich das Zeitalter. Jener Mann stand schon in der Kulisse, ohne seine künftige Bedeutung zu ahnen. Soviel zumindest erkannte er mit sicherem Gespür, daß die Schwächung anderer seinem eigenen Land nützen würde.
»Die großen Krisen bilden das Wetter, welches Preußens Wachstum fördert.« Der das schrieb, hieß Otto von Bismarck-Schönhausen und war seit 1851 preußischer Gesandter am Frankfurter Bundestag, der nach dem Scheitern des Paulskirchen-Parlaments wiedereröffnet worden war. Den Anstoß, die Dinge voranzutreiben, gaben allerdings nicht die auswärtigen Beziehungen, sondern die innerpreußischen. Dort entstand zum Ende des Jahrzehnts entscheidende Bewegung – diesmal nicht von unten, sondern von oben.

Ein König in Not

Es muß eigentümlich um Charakter und Schicksal eines Mannes bestellt sein, der in mittleren Jahren vor dem Volkszorn ins Ausland flieht,

aber vierzig Jahre später bei seinem Tod vom ganzen Volk betrauert wird; dem keine Königskrone in die Wiege gelegt war und der dann sogar die Kaiserkrone bekommt; der in den Untergang des ersten deutschen Kaiserreichs hineingeboren wurde und dann der Souverän des zweiten wird. Diese verschlungenen Wege zu gehen, war Wilhelm I. von Preußen bestimmt.
Als Franz II. die deutsche Kaiserkrone des Hauses Habsburg-Lothringen 1806 niederlegte, war Wilhelm, Sohn Friedrich Wilhelms III. und der Königin Luise, neun Jahre alt. Im preußischen Herrschaftsanspruch ging ihm sein Bruder Friedrich Wilhelm (IV.) voraus, der aber kinderlos blieb. Damit zeichnete sich schon lange vor der Mitte des 19. Jahrhunderts Wilhelms Nachfolge ab. Sie schien allerdings 1848 gefährdet, als der soldatisch erzogene und soldatisch denkende Prinz der Meinung war, den Forderungen des Volkes sei nicht anders beizukommen als mit Waffen. Der Spottvers Merckels von 1848:

Gegen Demokraten
Helfen nur Soldaten

hätte – ernst gemeint – von ihm stammen können. Tatsächlich so verwendet hat ihn Wilhelms Bruder ein Jahr später im Brief an einen Freund. Als die revolutionäre Bewegung rückläufig geworden war und die Kräfte der Reaktion erstarkten, führte Prinz Wilhelm die preußischen Truppen gegen die Aufständischen in Baden und in der Pfalz. Er wurde dann Generalgouverneur der Rheinprovinz und Westfalens und residierte in Koblenz.
Einem Menschen solchen Zuschnitts hätte man nicht zugetraut, daß er sich liberalen Ideen gegenüber öffnen könnte. Wilhelm aber war lernfähig und nahm Rat an. Unter dem Einfluß seiner Gemahlin Augusta von Sachsen-Weimar, Enkelin des liberalen Großherzogs Carl August, mißbilligte er immer mehr die Starrheit der preußischen Verhältnisse unter der Herrschaft des Bruders. Als dessen Geisteskrankheit deutlicher hervortrat, übernahm Wilhelm erst die Stellvertretung (1857) und dann die Regentschaft (1858). Schon im vorletzten Lebensjahr des Königs leitete Wilhelm die »Neue Ära« ein und setzte sie, selber König geworden (1861), fort.
Darunter dürfen wir uns nicht zu viel vorstellen. Ein Mann, der aus dem Geistesraum des 18. Jahrhundert stammte und im siebten Lebensjahrzehnt zur Herrschaft gelangte, konnte selbst bei innerer Wandlungsfähigkeit nicht mehr »moderne« Vorstellungen in sich entwikkeln. Die liberalen Einflüsse reichten auch nicht tief bei ihm. Er besaß eine hohe Auffassung von der Herrscherwürde, freilich auch von seinen Pflichten als Monarch. Gedanken an eine Volksherrschaft lagen ihm sternenfern. Das Königtum war immer noch von Gottes Gnaden, und alle Staatsbürger hatten in Treue zu dienen. Seine Zugeständnisse an den Geist der Zeit mußten sich demnach in Grenzen halten. Immerhin, zur Verfassung stand er fest, nicht weil er alles darin gut fand, sondern weil sie da war und der König in seinen Augen Recht und Gesetz zuallererst und vorbildhaft zu achten hatte. Er berief ein neues Ministerium von liberaler Zusammensetzung. Der Landtag erhielt bei den fälligen Wahlen ebenfalls eine starke liberale Mehrheit.
So setzte man Hoffnungen auf den neuen Herrn, trotz seiner anrüchigen Vergangenheit. Aber die Zuversicht währte nicht lange, denn ein schwerer Konflikt brach aus, der die liberalen Hoffnungen wieder dämpfte.
Indirekt spielte die italienische Einigung hinein. Der Krieg, den Frankreich und Piemont-Sardinien gegen Österreich führten, hatte auch Preußen so beunruhigt, daß es teilmobilisierte. Diese Vorbereitung auf den möglichen Ernstfall offenbarte Schwächen im preußischen Militärwesen, die dem Auge des Fachmanns nicht entgingen. Von da an strebte Wilhelm, zunächst noch als Regent, dann als König, zusammen mit seinem Kriegsminister Roon eine umfassende Heeresreform an.
Die allgemeine Wehrpflicht, so hatte die »Generalprobe« erwiesen, war reine Theorie, denn die Zahl der Rekruten war seit 1815 gleich geblieben, die Bevölkerung aber hatte stark zugenommen. Nun sollte die Friedensstärke von 140 000 auf 213 000 Mann anwachsen. Die dreijährige Wehrpflicht stand nur auf dem Papier, währte praktisch nur zwei Jahre; Wilhelm und

»Bis wann denkt ihr denn mit der Arbeit fertig zu werden?« – »I nu! Ein paar dicke Knubben haben wir schon hinter uns. Bei jute Witterung denken wir zum Frühjahr ordentlich aufgeräumt zu haben.« – Karikatur von 1856 auf den langsamen Fortgang der Verfassungsrevision in Preußen.

Roon wünschten sie voll auszunutzen. Die Landwehr, das Reserveheer mit einem ihrer Ansicht nach zu bürgerlichen Einschlag, sollte umgestaltet werden.

Das alles würde Geld kosten, und das mußte der Landtag bewilligen. Dessen liberale Mehrheit war gegen die erhöhten Ausgaben und wünschte außerdem, daß die Dienstpflicht weiterhin praktisch nur zwei Jahre dauere. Um aber dem Vorwurf zu entgehen, man gefährde die Sicherheit des Vaterlandes, gewährte das Abgeordnetenhaus die benötigten Gelder vorläufig auf ein Jahr, dann, schon weitaus zögernder, nochmals so lange – vorbehaltlich der endgültigen Regelung.

Das war ein fauler Kompromiß. Aufwendungen solcher Art, einmal in Gang gesetzt, können nicht beliebig widerrufen werden; das Heer drohte dabei zur Investitionsruine zu werden.

Jetzt spitzen sich die Ereignisse zu. Wilhelm I.,

Vorhergehende Seiten: Die Krönung Wilhelms I. in Königsberg am 18. Oktober 1861. Stich nach einem Gemälde von Adolph Menzel. Der »Kartätschenprinz« des Revolutionsjahres 1848 hatte bereits seit 1857 in Vertretung seines leidenden Bruders Friedrich Wilhelm IV. die Regentschaft in Preußen inne.

verärgert über die Widerborstigkeit der Parlamentarier und im Zweifel, ob liberale Politik noch sinnvoll sei, entläßt die fortschrittlicheren Minister seiner Regierung und ersetzt sie durch konservative Beamte. Den Landtag löst er auf. Die jüngst gegründete Fortschrittspartei profitiert von der Erregung im Land über das Ende der »Neuen Ära« und kehrt nach den Wahlen gestärkt ins Abgeordnetenhaus zurück. Das Dilemma ist in diesem Frühjahr und Sommer 1862 größer als zuvor. Die Parlamentarier verwerfen die Regierungsvorlage über die Heeresreform endgültig mit der überwältigenden Mehrheit von 308 zu 11 Stimmen. König Wilhelm sieht keinen Ausweg mehr. Weit weniger begabt als sein verstorbener Bruder, dafür aber nicht so sprunghaft wie jener, sondern gradlinig, grundsatztreu und beständig, kann er sich nicht entschließen zu tun, was jenem in gleicher Lage vielleicht eingefallen wäre: die Volksboten zum Teufel zu jagen. Er steht zur Verfassung. Also bleibt nur eins: selber den Abschied zu nehmen. Der König entwirft seine Abdankungsurkunde. Kriegsminister Roon weiß einen Ausweg, er hat einen Geheimtip. Bismarck könnte den Karren aus dem Dreck ziehen. Aber der Minister weiß auch, daß der König den Junker nicht mag. Er ist ihm zu reaktionär, noch ganz so, wie er, Wilhelm, 1848 gewesen war. Eine tiefe Wesensfremdheit spielt hinein. Dem schlichten Naturell des Königs ist jener hochtalentierte, aber gefährlich einfallsreiche, nicht prinzipienfeste, unkonventionelle Politiker einfach nicht geheuer. Aus dieser seiner Abneigung heraus hatte er Bismarck 1859 von Frankfurt abberufen und nach Sankt Petersburg versetzt. Das ist zwar von Preußen aus der vornehmste Gesandtschaftsposten, aber Bismarck fühlte sich strafversetzt. Hatte er in Frankfurt nicht gute preußische Politik gemacht? Nach drei Jahren Rußland wurde er im Frühling dieses Jahres nach Paris geschickt, in gleicher Funktion. Dort – beziehungsweise im Urlaub in Biarritz – hält Roon den Gesinnungsfreund auf dem laufenden. Ein telegraphisches Stichwort ist verabredet, falls eine Chance kommen sollte: »Gefahr im Verzuge. Beeilen Sie sich.« Darauf wartet der Diplomat in Biarritz vergeblich, kehrt nach Paris zurück.

Es ist Mitte September. Da kommt es, das Telegramm, in seiner kuriosen lateinisch-französischen Mischform: »Periculum in mora. Dépèchez-vous.« Am nächsten Tag trifft Bismarck in Berlin ein.

Roon schlägt dem König vor, es mit Bismarck zu versuchen. Wilhelm, schon resignierend: »Bismarck wird jetzt auch nicht mehr wollen, und er ist nicht da.« – »Er ist da«, triumphiert Roon. Eine Audienz wird vereinbart, in Schloß Babelsberg. In den Erinnerungen Bismarcks heißt es dazu:

»Der König stellte nach einigem Erwägen und Hin- und Herreden die Frage, ob ich bereit sei, als Minister für die Militär-Reorganisation einzutreten, und nach meiner Bejahung die weitere Frage, ob auch gegen die Majorität des Landtags und deren Beschlüsse. Auf meine Zusage erklärte er schließlich: ›Dann ist es meine Pflicht, mit Ihnen die Weiterführung des Kampfes zu versuchen, und ich abdiziere nicht.‹ . . . Der König forderte mich auf, ihn in den Park zu begleiten . . . Es gelang mir, ihn zu überzeugen, daß es sich für ihn nicht um Konservativ oder Liberal in dieser oder jener Schattierung, sondern um Königliches Regiment oder Parlamentsherrschaft handle, und daß die letztre unbedingt und auch durch eine Periode der Diktatur abzuwenden sei. Ich sagte: ›In dieser Lage werde ich, selbst wenn Eure Majestät mir Dinge befehlen sollten, die ich nicht für richtig hielte, Ihnen zwar diese meine Meinung offen entwikkeln, aber wenn Sie auf der Ihrigen schließlich beharren, lieber mit dem Könige untergehn, als Eure Majestät im Kampfe mit der Parlamentsherrschaft im Stich lassen.‹«

Bismarck gibt sich dem König ganz als preußischer Lehnsmann, uralter Adel unter sich. Es ist eine mittelalterliche Treuebekundung, die hier in moderne Zeiten herüberreicht, und das darin feinentwickelte Ohr des Monarchen hört das altdeutsche Gefolgschaftsversprechen mit Wohlwollen heraus. Das muß ihn endgültig überzeugt haben: Ich versuche es mit ihm. Es ist eine in ihrer Dramatik noch nicht abzuschätzende Stunde in der deutschen Geschichte. Nach einer Weile erst wird man wissen, daß sie entscheidende Veränderungen im Lande und in Europa eingeleitet hat.

Revolution in Berlin

Die Revolution, die in Paris im Februar 1848 das Regiment des »Bürgerkönigs« Louis Philippe hinwegfegte, griff im März auch auf die deutschen Staaten über. In Berlin kam es in der Nacht vom 18. März zu schweren Unruhen, und eine Zeitlang sah es so aus, als sollte von der Monarchie nichts übrigbleiben.

Aus dem Tagebuch des Diplomaten und Schriftstellers Varnhagen von Ense

28. Februar 1848. Besuch bei der Gräfin von Königsmarck. – Wir sind im besten Sprechen, da kommt Gräfin Elisabeth und verkündet die Nachricht, in Paris sei die Republik ausgerufen! – Bald kam Graf von Königsmarck und erzählte mir die ganze telegraphische Depesche: Republik, an der Spitze der Sachen Lamartine und unbekannte Namen, die Königliche Famiie geflüchtet, Palais Royal in Flammen.
1. März. Louis Philippe, aus den Tuilerien in einem Fiaker geflüchtet, soll in England angekommen sein. – Hier ist Bestürzung und Unruhe, General von Radowitz ist nach Wien abgegangen... Vom Gesandten in Paris, Herrn von Arnim-Strick, ist nur eine Depesche hier angekommen und der König mit ihm sehr unzufrieden; überhaupt aber fehlen Briefe und Zeitungen aus Paris seit einigen Tagen, und man fühlt die peinlichste Ungewißheit...
3. März. Jetzt bewilligt Baden Pressefreiheit und läßt die frühere Rücksicht auf den Bundestag augenblicklich fallen, verspricht Geschworenengerichte, gibt Bürgerbewaffnung und Volksversammlung zu! Jetzt redet der Bundestag – seit dreißig Jahren zum erstenmal – die Deutschen an, verspricht nationale Förderung! Jetzt sind sie alle so artig, so willig! Schande, Schande über die jetzige Freiheit wie über den früheren Trotz!
6. März. Eines kränkt und beschämt mich immerfort, daß wir Deutschen nichts aus uns selbst, daß wir alles aus Frankreich bekommen als Nebenwirkung und Nachtrag der dortigen Ereignisse. Jedes Zugeständnis der bestürzten Regierungen ist mir ein Stich durchs Herz. Schande über Schande, daß sie alle jetzt eilig geben, was sie mehr als dreißig Jahre mit dünkelvollem Trotz verweigert haben! Und das bißchen Pressefreiheit, das bißchen Vereinigungsrecht, das bißchen Freiheit für die Stände, wie bald werden sie es wieder verkümmern! Vielleicht kommt aber auch bei uns dieser elende gute Wille zu spät; verhängnisvoll ist es doch, daß sie heute nichts geben können, ohne sich zu erniedrigen, ohne sich schuldig zu bekennen der langen Versäumnisse und der jetzigen Angst!
16. März. In Wien hat der Aufstand gesiegt, Metternich dankt ab... Merkwürdig ist es, daß das Volk (in Berlin) wenig erklärte Abneigungen kundgibt. Merkwürdig ist auch die Beharrlichkeit und Zähigkeit, mit der sich der Auflauf alle Tage erneuert, ohne Waffen, ohne Brandlegung. Nach und nach wird die Bewegung politisch bedeutender; der Eindruck der Nachrichten von außen wirkt auch mächtig ein!
18. März. Bei Halle sind Truppen zusammengezogen; einen Teil derselben hat man in die Umgebung Berlins beordert, sie lagern in den Dörfern. Auch aus Potsdam sind Truppen hierher gekommen.

Adresse einer Bürgerversammlung in Berlin an den König, 7. März 1848

Wir drängen mit Besonnenheit alle Wünsche zurück, welche erst die weitere Entwicklung des geistigen und materiellen Fortschritts im Volke an den Tag bringen wird, und schließen uns den Wünschen der übrigen deutschen Völker an, welche bereits an die deutschen Fürsten gelangt und von Einzelnen gewährt sind.
Die Wünsche sind:

1) Unbedingte Preßfreiheit.
2) Vollständige Redefreiheit.
3) Sofortige und vollständige Amnestie aller wegen politischer und Preßvergehen Verurteilten und Verfolgten.
4) Freies Versammlungs- und Vereinsrecht.
5) Gleiche politische Berechtigung Aller, ohne Rücksicht auf religiöses Bekenntnis und Besitz.
6) Geschwornengericht und Unabhängigkeit des Richterstandes.
7) Verminderung des stehenden Heeres und Volksbewaffnung mit freier Wahl der Führer.
8) Allgemeine deutsche Volksvertretung.
9) Schleunigste Einberufung des Vereinigten Landtages.

Nur die Gewährung dieser Wünsche wird im Stande sein, die Eintracht zwischen König und Volk zu sichern, auf welcher allein die Kraft der Nation nach Innen und nach Außen beruht.
In tiefster Untertänigkeit gegen Ew. Majestät verharren wir.

Bekanntmachung des Gouverneurs und Polizeipräsidenten von Berlin, 14. März 1848

Eine auf gestern abend im Tiergarten unter den Zelten verabredete Volksversammlung hatte eine so bedeutende Menge von Menschen in Bewegung gesetzt, daß zur Vorbeugung etwaiger Unruhen die Aufstellung von Truppen notwendig wurde. Dieselbe entsprach ihrem

Zweck, und nur an einzelnen Punkten war die Zerstreuung der Volksmassen nötig. Da Volksversammlungen unerlaubt sind, so ergeht hiermit die Aufforderung an das Publikum, sich an derartigen Zusammenkünften nicht zu beteiligen, indem nicht allein die dabei betroffenen Rädelsführer und Teilnehmer, sondern auch die aus Neugierde anwesenden Personen sich denjenigen Folgen aussetzen, welche die Überschreitung der gesetzlichen Bestimmungen nach sich zieht. Außerdem finden wir uns veranlaßt, nachstehende Verordnung in Erinnerung zu bringen: »Sobald bei einem Auflauf von Seiten des kommandierenden Offiziers die Aufforderung an die Versammelten ergangen, auseinander zu gehen, oder dieser Zuruf durch dreimaligen Trommelschlag oder Trompetenschall erfolgt ist, verfallen diejenigen, welche dieser Aufforderung nicht augenblicklich Folge leisten, schon deshalb in eine Freiheitsstrafe bis zu sechsmonatlicher Gefängnis- oder Strafarbeit.«
Zugleich wird den Hauswirten in Erinnerung gebracht, bei entstehendem Auflauf ihre Häuser zu schließen. An Eltern, Schullehrer und Herrschaften ergeht die Aufforderung, ihre Kinder, Zöglinge und Gesinde zurückzuhalten und ihnen unter keinerlei Vorwand zu gestatten, die Volksmenge durch ihr Hinzutreten zu vergrößern. Die Inhaber von Fabriken und die Gewerkmeister sind verpflichtet, solche Vorkehrungen zu treffen, daß ihre Arbeiter, Gesellen und Lehrlinge verhindert werden, sich aus den Werkstätten und Wohnungen zu entfernen.
Mutwillige Buben, welche bei Gelegenheit eines Auflaufs auf den Straßen und an öffentlichen Orten Unruhe erregen und Unfug begehen, wohin auch Aufforderungen durch Geschrei und Pfeifen zu rechnen, werden nach § 183, Tit. 20, T. II Allgemeinen Landrechts bestraft.

Der Arzt Rudolf Virchow an seinen Vater

Charité. 19. März, abends 11 Uhr
Als ich am Freitag vor 8 Tagen hier ankam, war die Aufregung ziemlich bedeutend. Die Volksversammlungen, welche nicht so unbedeutend gewesen sind, als die Zeitungen sie darstellten, hatten lebhaft gewirkt; der Widerstand der Regierung und des Magistrats, die schlaffe Haltung der Stadtverordneten regten mehr und mehr auf. Die empörende Sprache, welche der König in seinem Erlaß über die Presse und in seinem Aufruf an das Volk führte, steigerten diese Stimmung, die durch die ungeheuren Truppenmassen, welche man allabendlich entfaltete, noch erhoben wurde. Das Schloß und das Zeughaus wurden förmlich in Soldaten eingepackt. Die letzteren, durch die fortwährenden Anstrengungen, durch die Aufreizungen der Offiziere und die Verhöhnungen des Pöbels aufgestachelt, durch unzeitige Befehle überdies genötigt, machten bald Angriffe auf das Volk, welches immer noch wehrlos war; es kamen Verwundungen von solcher Bedeutung und an so unschuldigen und geachteten Menschen vor, daß nur die äußerste Wut oder die äußerste Brutalität sie erklären konnte.

Versammlung des Demokratischen Klubs in Berlin vor der Revolutionsnacht.

Immer noch war die Haltung des Volks ruhig; man begann wohl hie und da Barrikaden zu bauen; man fing an von Angriffen zu sprechen, aber es geschah nichts. Die Maßregeln, welche die Regierung u. der Magistrat trafen, erbitterten um so mehr, als die Bekanntmachungen derselben offenbare Lügen enthielten, z.B. daß das öffentliche Eigentum gefährdet sei, welches niemals sicherer gewesen ist, als in dieser Zeit.
Die ersten Barrikaden wurden am Dienstag, in der Nähe des Schlosses gebaut. Mittlerweile kamen die Nachrichten von Wien an, die Regierung sah, daß ein so großartig angelegtes Spiel, wie das ihrige, nicht zu halten sei u. als nun Deputationen von Berlin und Breslau kamen, gestand man die Einberufung des Landtages auf den 27. April u. die baldige Publikation eines Preßgesetzes zu. Die Aufregung wurde dadurch nicht besänftigt, hauptsächlich weil die Entwicklung von Truppenmassen immer grandioser wurde, u. am Donnerstag Abend vor der Hauptwache auf eine unverantwortliche Weise 3 Menschen erschossen wurden, nachdem schon am Abend vorher in der Umgebung des Schlosses viele verwundet u. mehrere getötet waren. Es wurden nun schnell Schutzkommissionen von Bürgern gebildet, die das Volk überall zur Ruhe aufforderten, und zwar mit so großem Erfolg, daß der ganze Freitag vollkommen ruhig hinging. An diesem Tag erschien eine Deputation von Köln, die dem König am Sonnabend früh das Ultimatum der Rheinlande überbrachte: Wenn er nicht bis zum Abend alle Forderungen (die bekannte Petition)

erfüllt hätte, so würden sich die Rheinlande an die süddeutschen Staaten anschließen u. von Preußen abfallen. Schon war der König so schwach, diesen ungestümen Forderungen keinen Widerstand mehr leisten zu können; er konzedierte; es erschien eine Proklamation in hochtrabendem Stil, die Du lesen wirst, u. man war allgemein hoch erfreut. Alles sammelte sich vor dem Schloß, jubelte u. rief, der König erschien und man schrie ihm Hurrah's zu. Die Bürger hatten nur noch einen Wunsch, daß das Militär zurückgezogen würde. Das war dem König zuviel. Er sagte dem General Möllendorf, er möchte ihm Ruhe verschaffen; der Prinz von Preußen gab den Befehl zum Angriff u. plötzlich wurde das nichtsahnende Volk von den Dragonern mit Säbelhieben auseinander getrieben. In einer dies betreffenden Proklamation des Königs, die Du in den Zeitungen lesen wirst, steht die Lüge, daß die Dragoner mit eingesteckten Säbeln geritten seien; das ist direkt gelogen.
Von diesem Moment begann die Revolution. Alles schrie Verrat und Rache. In wenigen Stunden war ganz Berlin unter Barrikaden, u. wer Waffen bekommen konnte, rüstete sich. Leider war die Zahl der größeren Schießgewehre außerordentlich klein, da die Waffenhändler ihren Vorrat hatten abliefern müssen und die Berliner nur ausnahmsweise Büchsen oder Flinten besitzen. Gegen 4 Uhr standen in Berlin etwa 25000 Mann Militär unter den Waffen, da durch Zuzug von Potsdam, Charlottenburg, Spandau, Stettin, Frankfurt, Guben u. Halle die Garnison bedeutend verstärkt war. Die Zahl der kämpfenden Bürger läßt sich nicht angeben. Der Kampf begann, ich weiß nicht mehr genau wann, es mag gegen 5 Uhr gewesen sein. Zum erstenmal seit der französischen Revolution des vorigen Jahrhunderts, zum erstenmal seit dem Beginn der deutschen Geschichte ist es vorgekommen, daß ein Landesfürst auf seine Untertanen mit Kanonen hat schießen lassen; das Kleingewehrfeuer genügte nicht – nein, Kartätschen u. Granaten ließ er in das Volk schleudern. Der Kampf wütete gleichzeitig an 3 Punkten: in der Nähe des Schlosses, in der Königsstadt u. in der Friedrichstadt; erst in der Nacht um 2 Uhr begann er an einem 4ten Punkt, an der Marschallsbrücke in unserm Viertel. 12 Stunden lang krachte Schuß auf Schuß, u. des Morgens um 4 Uhr waren doch nur 4 Barrikaden in der Friedrichsstraße, eine an der Marschallsbrücke, eine auf dem Kölnischen Fischmarkt u. einige in der Königsstraße genommen. Vor der Barrikade, welche die Friedrichsstraße von der Taubenstraße sperrte, u. hinter der ich mich befand, stand das Königs-Regiment aus Stettin mit 2 Kanonen; in der Barrikade waren nur 12 Büchsen, u. doch wurde das Militär vor derselben länger als 2 Stunden zurückgeworfen. Der Oberst Graf Schulenburg ist getötet, der eine Major tödlich verwundet, 3 oder 4 Offiziere u. 19 Gemeine getötet. Gegen den Morgen hin hatte das Regiment alle Munition verschossen; die Leute waren zum Umfallen matt, u. doch hatten sie nur 4 oder 5 Barrikaden genommen, die ganz schwach besetzt waren.
Da, wo hinreichende Mannschaft war, wie namentlich

Barrikadenkampf vor dem Köllnischen Rathaus in Berlin in der Nacht vom 18. zum 19. März 1848.

in der Königsstadt, ist garnichts erreicht worden u. der Verlust an Mannschaft soll ungeheuer sein. Überall haben sich die Berliner wie Löwen geschlagen; es sind soviel Heldentaten geschehen, daß man von einzelnen nicht reden kann.
So standen die Sachen, als gegen 4 Uhr in der Königsstadt, wo ein sehr entschlossener Mann, der Tierarzt Urban kommandierte, der General Möllendorf gefangen genommen wurde. Man brachte ihn in das Schützenhaus, wo er einen Befehl an die Regimenter Kaiser Franz u. Alexander unterzeichnete, das Feuer einzustellen u. sich in die Kasernen zurückzuziehen. Gleichzeitig wurde dem König angezeigt, daß, falls noch ein Schuß auf die Bürger fiele, der General zugleich erschossen würde. Von diesem Augenblick hörte das Feuer auf u. schon am heutigen Morgen erschien die Absetzung der Minister, Amnestie, Einberufung des Landtags auf den 2ten April etc. Schon befand sich der König so bedrängt, daß, als das Volk gegen 10 Uhr Wagen mit getöteten Bürgern vor das Schloß brachte, er genötigt wurde, auf dem Balkon zu erscheinen und sie unter den Verwünschungen des Volkes anzusehen.
Die Zahl der Verwundeten und Getöteten läßt sich in diesem Augenblick noch nicht übersehen. In der Charité befinden sich 52 Verwundete u. 11 Getötete vom Zivil, 24 Tote liegen in der Werderschen Kirche, wenigstens ebensoviel im Schloß etc. Die Beschädigungen an den Gebäuden, namentlich durch die Kanonen, sind

Werbeplakat für Pfaff-Nähmaschinen, um 1885.

Gießerei des Hauses Friedrich Krupp in Essen. Gemälde von Otto Bollhagen, 1873.

Schmuckblatt zur Vollendung der 300. Lokomotive in der Lokomotivenfabrik von Georg Krauss, 1863.

zum Teil sehr bedeutend: in den Straßen sieht es noch jetzt fürchterlich aus u. Wagen können nur in einem kleinen Teil der Stadt passieren. Privat-Eigentum ist nirgends auch nur im geringsten beschädigt worden; die Volksjustiz hat einige eklatante Beispiele statuiert, von denen die Zeitungen wohl näher berichten werden. Grausamkeiten von Seiten des Volkes sind nicht bekannt, während von den Soldaten die brutalsten Dinge gemacht sind. Namentlich da, wo die Kämpfenden in die Häuser verfolgt sind, haben sie wie Banditen gemordet.

Friedrich Wilhelms IV. Aufruf »An meine lieben Berliner«, 18./19. März 1848

An meine lieben Berliner! Durch mein Einberufungspatent vom heutigen Tage habt Ihr das Pfand der treuen Gesinnung Eures Königs zu Euch und zum gesamten deutschen Vaterland empfangen. Noch war der Jubel, mit dem unzählige treue Herzen mich begrüßt hatten, nicht verhallt, so mischte ein Haufen Ruhestörer aufrührerische und freche Forderungen ein und vergrößerte sich in dem Maße, wie die Wohlgesinnten sich entfernten. Da ihr ungestümes Vordrängen bis ins Portal des Schlosses mit Recht arge Absichten befürchten ließ und Beleidigungen wider meine tapferen und treuen Soldaten ausgestoßen wurden, mußte der Platz durch Kavallerie im Schritt und mit eingesteckter Waffe gesäubert werden, und zwei Gewehre der Infanterie entluden sich von selbst; gottlob ohne irgend jemand zu treffen. Eine Rotte von Bösewichtern, meist aus Fremden bestehend, die sich seit einer Woche, obgleich aufgesucht, doch zu verbergen gewußt hatten, haben diesen Umstand im Sinne ihrer argen Pläne durch augenscheinliche Lüge verdreht und die erhitzten Gemüter von vielen meiner treuen und lieben Berliner mit Rachegedanken um vermeintlich vergossenes Blut erfüllt und sind so die greulichen Urheber von Blutvergießen geworden. Meine Truppen, Eure Brüder und Landsleute, haben erst dann von der Waffe Gebrauch gemacht, als sie durch viele Schüsse aus der Königsstraße dazu gezwungen wurden. Das siegreiche Vordringen der Truppen war die notwendige Folge davon.
An Euch, Einwohner meiner geliebten Vaterstadt, ist es jetzt, größerem Unheil vorzubeugen. Erkennt, Euer König und treuester Freund, beschwört Euch darum, bei allem, was Euch heilig ist, den unseligen Irrtum! Kehrt zum Frieden zurück, räumt die Barrikaden, die noch stehen, hinweg und entsendet an mich Männer, voll echten alten Berliner Geistes, mit Worten, wie sie sich Eurem König gegenüber geziemen, und ich gebe Euch mein königliches Wort, daß alle Straßen und Plätze sogleich von den Truppen geräumt werden sollen und die militärische Besetzung nur auf die notwendigen Gebäude, des Schlosses, des Zeughauses und weniger anderer, und auch nur auf kurze Zeit beschränkt werden wird. Hört die väterliche Stimme Eures Königs, Bewohner meines treuen und schönen Berlins, und vergeßt das Geschehen, wie ich es vergessen will und werde in meinem Herzen um der großen Zukunft willen, die unter dem Friedenssegen Gottes für Preußen und durch Preußen für Deutschland anbrechen wird. Eure liebreiche Königin und wahrhaft treue Mutter und Freundin, die sehr leidend darniederliegt, vereint ihre innigen, tränenreichen Bitten mit den meinigen.

Aufruf sämtlicher Maschinenbau-Arbeiter an die Bürger Berlins, 17. April 1848

Bürger von Berlin! Fällt Euch endlich die Binde von den Augen! Seht Ihr endlich ein, daß Ihr von A bis Z betrogen wurdet? Die Hohen sogen Euch das Mark aus den Gliedern, und um nicht das Schwert der Vergeltung auf ihren Nacken fallen zu lassen, wollen sie Euch mit den Arbeitern zusammenbringen. Wir sollen unsre Knochen aneinander wetzen, damit sie die Früchte davon tragen können. Bürger, Bürger werdet wach! Man lauert wie ein Luchs auf den ersehnten Augenblick, um über unsre junge Freiheit herfallen und sie vernichten zu können. Darum auch die steten Einflüsterungen, welche Euch wurden, daß wir, die Arbeiter, an Eurem Eigentum, Eurer Habe uns vergreifen und bereichern wollen. Nichtswürdige, Schurken, die solche Äußerungen unter Euch aussprechen und verbreiten. Werft sie hinaus aus Euren Kreisen, denn sie sind nur feile Diener der gefallenen Macht, sie sind nur Gedungene, um Euch von dem Arbeiter noch mehr zu entfernen, noch mehr mit ihm zu entzweien.
Hätten wir Euren Plunder gewollt, so hätten wir ihn ungestört und ungestraft schon vor vier Wochen uns nehmen können, wo die Reichsten des Landes noch unter uns waren, die Ihr aber nach und nach habt ausreißen lassen. Wir hätten uns zu Herren Eures Vermögens, Eurer Habe machen können, wir hatten die Macht dazu. Aber Schmach auf den, dem ein solch unlauterer, gemeiner Gedanke in der Seele aufstiege.
Wir haben ein anderes, ein besseres Streben, wir wollen wahrhaft frei werden, da hierin nur allein die Verbesserung der Lage aller zu suchen ist. Ihr, wir, mit einem Wort: das Volk soll eine bessere Lage sich selbst schaffen und sich nicht auf die Staats-Bedienten verlassen. So denkt, so fühlt der Arbeiter!
Glaubt es uns, Bürger von Berlin, wir haben hellsehendere Augen, als Ihr vermeint; wir sehen das Grab, was man für uns beide, für den Bürger und Arbeiter, bereitet, im voraus bereitet, weil man in den höheren Schichten der Gesellschaft noch immer die Hoffnung nicht aufgegeben hat, uns so zu entzweien, daß ein völlig anarchischer Zustand hereinbricht, in welchem wir wutentbrannt uns beiderseits aufreiben würden. Darum auch jetzt die Hohlheit, diese Halbheit; anekelnd, bejammernswert! Darum unter Euch die Federfuchser in Waffen, aktenbestäubt und bleich, bis auf den Tod erschrocken, wenn ihnen zufällig drei Arbeiter auf einmal begegnen.

Ablehnung der Kaiserkrone

In dem Maße, wie die demokratische Bewegung von 1848 sich zerstritt und schließlich versandete, gewann das preußische Königtum wieder an Boden. Friedrich Wilhelm zwang seinem Land eine Verfassung auf und lehnte die ihm von den Abgeordneten der Paulskirche angetragene Kaiserkrone ab. Sie sei, so sagte er, »mit dem Ludergeruch der Revolution« behaftet. Und im Sommer 1849 schlugen preußische Truppen unter dem Prinzen Wilhelm den Aufstand in Baden, der letzten Bastion der Demokraten, nieder.

Friedrich Wilhelm IV. an den Großherzog Karl Friedrich von Sachsen-Weimar, 10. Januar 1849

Ich glaubte zu träumen, als ich gestern abend Eurer königlichen Hoheit offizielles Schreiben erbrochen und darin las, daß Sie in den Vorschlag des Verfassungsausschusses zu Frankfurt am Main einstimmten, kraft welchem man mich an die Spitze Deutschlands stellen will. Es hat mich eine tiefe Rührung ergriffen, als ich Eurer königlichen Hoheit eigenhändige Unterschrift unter so gewichtigen Worten sah, und dann eine Wehmut über die verdrehte Zeit und dann die Besorgnis, von Ihnen mißverstanden zu werden. Eure königliche Hoheit sind der erste, der mir, um es rundheraus zu sagen, die Krone von Deutschland anbietet, und Sie sind mein alter, gütiger Freund – wird da mein Nein nicht verletzen, nicht übel gedeutet werden? Von allen übrigen Schwierigkeiten und Unmöglichkeiten abgesehen, hab ich in Wahrheit mit meinen mir »von Gottes Gnaden« anvertrauten 16 Millionen Untertanen so über und über zu tun, daß ich nicht einsehen kann, wie ich meine gebundene Pflicht und Schuldigkeit gegen dieselben noch erfüllen könnte, wenn ich über 45 Millionen gesetzt würde. Dies Argument, mein gnädigster Herr, ist, glaub ich, allein schon zur Entschuldigung meines Neins für einen Herrn hinreichend, der so wenig wie ich selbst seinen fürstlichen Beruf »für einen Raub« ansieht. Zählen Sie nun gütigst die anderen Argumente gegen die Annahme hinzu. Entspringt das vorige Argument aus dem lauteren Quell der Gewissenhaftigkeit, so mag der deutsche altfürstliche Stolz beim Diktieren der anderen Argumente vielleicht seinen Einfluß geübt haben. Aber ich schäme mich auch der Quelle nicht. Deutschlands Königskrone (denn eine deutsche Kaiserkrone existiert, wie bekannt, gar nicht) ist nie anders als durch die Wahl der Principes imperii vergeben worden, und das zwar seit 1000 Jahren (excusez du peu). Erlauben mir Eure königliche Hoheit jetzt zu fragen: »Was bietet man mir? Wer bietet mir?« Antwort: Eine Versammlung von pp. 600 »Untertanen« der 38 deutschen rechtmäßigen Obrigkeiten bietet mir eine sogenannte Krone. Diese Krone ist, ihnen selbst bewußt, nicht die Krone, die das Haupt des großen Heinrich von Sachsen oder Rudolfs von Habsburg schmückte, ist nicht die tausendjährige Krone »deutscher Nation«, sondern eine Geburt des »scheusäligen« Jahres 1848, nicht älter und nicht jünger. Die mag Hecker oder Struve annehmen, aber kein Lothringer, kein Wettiner, kein Welf, kein Hohenzoller. Sie ist wie das Aas zu schlecht, um von solchen Händen berührt zu werden. Untertanen können keine Krone vergeben.

Das ist mein Bekenntnis. Folglich sind die Hände, die sie bieten, so gut wie die Krone, die geboten wird, für mich nicht geeignet. Und was würd ich denn, nähme ich die Krone an? Eine Kreatur der 600 in der Frankfurter Paulskirche versammelten Männer. Ihr Recht wäre älter als mein deutschköngliches Recht; die Obrigkeit stünde unter den Untertanen; der Hase jagte den Jäger. Der kann nur Obrigkeit sein, wenn er oben steht. Hiermit sei es genug der Dinge, die der altfürstliche Stolz richtet. Jetzt zu den Argumenten der Poliltik und Fürsicht. Ist denn der dermalige Zustand Deutschlands so, daß ein gekrönter Popanz, dem eine Konstitution (du cru de 48) die Hände auf dem Rücken zuschnürt, das mindeste Gute für Fürsten und Volk leisten kann? Nein. Gewiß sagen auch königliche Hoheit: »Nein«. Und nun das Hauptargument dieser Klasse. Diese verderbliche Krone kann nur für den Preis des »Ausscheidens Österreichs aus Deutschland« errungen werden.

Unten: Die Kaiserdeputation der deutschen Nationalversammlung unter Eduard Simson wird am Anhalter Bahnhof von der Berliner Bevölkerung begrüßt.
Rechte Seite: Artillerieschanze der badischen Revolutionsarmee bei Kuppenheim, Juni 1849.

Prinz Wilhelm als Oberbefehlshaber der preußischen Truppen in Baden

Zum Oberbefehlshaber derjenigen Truppen, welche sich sammelten, um auf den Wunsch Bayerns und der Großherzogtümer Baden und Hessen der offenen Rebellion entgegenzutreten, sandte Preußen den ersten Prinzen des königlichen Hauses. Einen kräftigeren Beweis seines ernsten Willens, nichts mit der Revolution zu tun zu haben, ja nicht einmal mit ihr unterhandeln zu wollen, konnte Preußen wohl nicht geben.

Daniel Staroste, Tagebuch der Ereignisse in der Pfalz und Baden im Jahre 1849. Potsdam 1852/53

Ludwig Pfau, Badisches Wiegenlied, 1849

Schlaf, mein Kind, schlaf leis,
dort draußen geht der Preuß!
Deinen Vater hat er umgebracht,
deine Mutter hat er arm gemacht,
und wer nicht schläft in guter Ruh,
dem drückt der Preuß die Augen zu.
Schlaf, mein Kind, schlaf leis,
dort draußen geht der Preuß!

Schlaf, mein Kind, schlaf leis,
dort draußen geht der Preuß!
Der Preuß hat eine blutge Hand,
die streckt er übers badsche Land,
und alle müssen wir stille sein,
als wie dein Vater unterm Stein.
Schlaf, mein Kind, schlaf leis,
dort draußen geht der Preuß!

Schlaf, mein Kind, schlaf leis,
dort draußen geht der Preuß!
Zu Rastatt auf der Schanz,
da spielt er auf zum Tanz,
da spielt er auf mit Pulver und Blei,
so macht er alle Badener frei.
Schlaf, mein Kind, schlaf leis,
dort draußen geht der Preuß!

Schlaf, mein Kind, schlaf leis,
dort draußen geht der Preuß!
Gott aber weiß, wie lang er geht,
bis daß die Freiheit aufersteht,
und wo dein Vater liegt, mein Schatz,
da hat noch mancher Preuße Platz!
Schrei, mein Kindlein, schrei's:
Dort draußen liegt der Preuß!

Prinz Wilhelm an den General v. Natzmer, 20. Mai 1849

Wer in Deutschland regieren will, muß es sich erobern, à la Gagern geht es nun einmal nicht. Ob die Zeit zu dieser Einheit schon gekommen ist, weiß Gott allein! Aber daß Preußen bestimmt ist, an die Spitze Deutschlands zu kommen, liegt in unserer Geschichte. Aber wann und wie? Darauf kommt es an. Daß ich bei meiner ledernen Natur, die man vielleicht praktisch nennen wird, viel Anstoß in der phantastischen Professorenzeit gebe, können Sie denken. Wir wollen nur abwarten, wer zuletzt recht behält.

Friedrich Wilhelm IV.

Als Romantiker und im Grunde unpreußischen Schwärmer für das Mittelalter schildert der Historiker Heinrich von Treitschke den Preußenkönig Friedrich Wilhelm IV., der von 1840 bis 1858 regierte.

Seine politischen Ansichten hatte er sich erlebt in den Leidensjahren seiner Jugend, darum waren sie mit seinem ganzen Wesen fest verwachsen. Niemals vergaß er, wie seine Mutter, die unaussprechlich geliebte, einst auf der Treppe des Schlosses von Schwedt den Söhnen die Schreckensnachricht aus Jena mitgeteilt und wie sie nachher ihnen ans Herz gelegt hatte, den preußischen Degen zu führen, um ihre unglücklichen Brüder, die Österreicher, zu rächen. Alle die Demütigungen, welche sein Vater von dem übermütigen Sieger erlitten, blieben dem Sohn unauflöslich ins Herz gegraben; ganz vergeblich hatte der Imperator auf der Dresdener Zusammenkunft 1812 den gütigen Oheim gespielt und dem Prinzen gesagt, wie ähnlich er Friedrich dem Großen sähe. Napoleon galt dem Erben der preußischen Krone als der Held der Revolution, als der Vertreter jenes »Lügengeistes«, der, Glauben und Recht verneinend, die alte glückliche Ordnung Europas in einem Meere von Blut und Tränen ertränkt hatte, und es bedurfte kaum der Lehren Ancillons, um den Prinzen in diesem Urteil zu bestärken. In solcher Gesinnung nahm er teil an dem Befreiungskriege und bemerkte nicht, daß die erwachenden Nationen in Bonaparte den Despoten haßten, daß sie von dem Siege nicht die Wiederkehr der alten Zustände, sondern das unbestimmte Glück der Völkerfreiheit erwarteten. Nun stand es wieder aufrecht, das alte Königtum von Gottes Gnaden, und der Drache der Revolution lag gebändigt vor dem blanken Schild der christlichen, legitimen Monarchie. Nimmer wieder durfte ein Usurpator den Thron des heiligen Ludwig besteigen, und noch auf lange hinaus mußte der Bund der vier Mächte aufrechtbleiben, unter der weisen Führung Metternichs, dem der Kronprinz eine unbegrenzte Verehrung widmete. So konnte vielleicht nach dem großen Schiffbruch der letzten Jahre doch etwas wiederhergestellt werden von den alten Formen der christlich-germanischen Welt.

Von dem alten heiligen Reich hatte sich der Prinz ein Bild entworfen, das ebenso geistvoll und farbenprächtig, aber auch ebenso willkürlich war wie jene bezaubernde Schilderung des romantischen Schwärmers Novalis von den »schönen, glänzenden Zeiten, wo Europa ein christliches Land war, wo eine Christenheit diesen menschlich gestalteten Weltteil bewohnte«. Er dachte sich einen Kaiser aus dem alten Erzhause, frei gewählt durch die durchlauchtigen Genossen, und begriff nicht, warum der Kurfürstkämmerer von Brandenburg nicht auch jetzt noch, trotz seines königlichen Titels, Kaiserlicher Majestät das silberne Becken reichen sollte. Unter dem Kaiser sodann »freie Fürsten über freien Völkern«; überall ein mächtiger Adel, der seine Bauern väterlich regierte und auf den Tagen der getreuen Landstände den Ausschlag gab; die Bürgerschaft endlich in Innungen gegliedert und ihres alten Zunftbrauchs froh. An solchen Träumen hing sein Herz. Er lebte in Zeiten, die gewesen. Er sah den Lausitzer Stier und den Löwen von Jülich, das klevische Kleerad und alle die weißen, roten und grünen Streifen der pommerschen Herzogtümer, ein glänzendes Gewimmel althistorischer Landschaften unter den Flügeln des schwarzen Adlers vereinigt und gedachte, diese Fülle geschichtlichen Lebens wiederherzustellen, in jeder Landschaft des Reiches die Gliederung der Stände neu zu beleben. Er war nicht müde, überall in der Heimat die Stätten großer Erinnerungen oder die Spuren alten Volksbrauchs aufzusuchen. Bald besuchte er in den Marken die Gräber der Askanier oder in Quedlinburg die Wiege der Sachsenkönige, bald nahm er fürlieb am Tisch eines westfälischen Hofschulzen und freute sich der alten unverstümmelten Cheruskersitte; mit besonderer Vorliebe verweilte er am Rhein und in Altpreußen, in den grandiosen Hallen der gotischen Dome oder der Ordensburgen.

Neben solchen Bildern alter deutscher Herrlichkeit blieb in seinem Herzen nur wenig Raum für die lebendige preußische Staatsgesinnung. König Friedrichs tatenfroher Genius hatte sich den Werdegang der deutschen Geschichte so zurechtgelegt, als ob die zwei letzten Jahrhunderte immer nur in vergeblichen Anläufen nach einem Ziele gestrebt hätten, das jetzt endlich, durch die schlesischen Kriege, erreicht werden sollte. Vor dem Künstlerauge dieses jungen Prinzen dagegen gestaltete sich das Bild der vaterländischen Vorzeit so wunderreich und prächtig, daß der Staat der Gegenwart und die stolzen Hoffnungen der preußischen Zukunft daneben fast verschwanden. Der Kronprinz war zuerst ein legitimer, christlicher Fürst, dann ein Deutscher und zuletzt ein Preuße. Wohl beglückte ihn der Gedanke, daß er dereinst als der Siebzehnte an die erlauchte Reihe von sechzehn Kurfürsten und Königen sich anschließen sollte. Aber außer den Befreiungskriegen hatten Preußens Annalen doch nur wenige Blätter aufzuweisen, die er mit ungemischter Freude betrachten konnte.

Heinrich von Treitschke, Deutsche Geschichte im 19. Jahrhundert. Bd. 1. Leipzig 1879

Rechte Seite: Preußens König Friedrich Wilhelm IV.

Der Weg ins Reich

Bismarcks Werdegang

Wenn Otto von Bismarck, 47 Jahre alt, sich überzeugt als der Diener seines Königs verstand, so erfüllte es ihn doch mit Stolz, daß die Bismarcks weit länger in der Mark Brandenburg lebten als die Hohenzollern – und das waren immerhin auch schon viereinhalb Jahrhunderte (seit 1415). Die märkische Uradelsfamilie wurde spätestens 1270 urkundlich erwähnt. Später siedelte sie jahrhundertelang am rechten Elbufer der Altmark auf Gut Schönhausen im Kreis Havelberg. Otto von Bismarck, mütterlicherseits Enkel eines bürgerlichen Beamten am Preußenhof, verlebte die Kindheit auf dem ererbten Nebenbesitz Kniephof in Pommern, wohin die Familie im Jahr 1816 übergesiedelt war. Die Natur, in die er hineinwuchs, blieb ihm zeitlebens eine Quelle der Kraft und Erholung; hier regenerierte er sich von den Anstrengungen und Mißhelligkeiten seines politischen Handwerks, er liebte Blumen, Bäume, Tiere, verstand viel von Ackerbau und Viehzucht, Entwässerung und Gutswirtschaft – und war ein tollkühner Reiter. Die Mutter Wilhelmine, geborene Mencken, von modernerem Geist erfüllt, auch willensstärker als der Vater Ferdinand, wollte ihren Söhnen Wissen und Erkenntnisse des anbrechenden bürgerlich-technischen Zeitalters zukommen lassen. So schickte sie die Knaben nach Berlin auf das Plamannsche Internat, dessen Geist national und liberal war. Ein Liberaler ist Bismarck dort nicht geworden, und sein deutsches Nationalgefühl entwickelte sich erst spät. In jungen und mittleren Jahren galt sein politisches Zugehörigkeitsempfinden allein Preußen, nicht einem wie auch immer verstandenen »Deutschland«. Bei Plamann, anschließend im Friedrich-Wilhelm-Gymnasium und zuletzt im Grauen Kloster, der berühmten Lehranstalt, lernte er leicht und gut, obwohl nicht allenthalben mit gleichem Interesse. Mathematik, Naturwissenschaften und die griechische Sprache bedeuteten ihm nicht viel. Hingegen wurden ihm in den anderen Fächern gute Zensuren mitgegeben, als er im April 1832, kurz vor dem Hambacher Fest, eben 17jährig sein Abitur bestand. Französisch und Englisch hatte er, laut Abschlußzeugnis, »mit besonderem Erfolg getrieben«. Später beherrschte er diese Sprachen meister-

Bismarck (rechts) und Friedrich Wilhelm IV. im Jahr der revolutionären Unruhen 1848. Schon damals war Bismarck ganz der Mann der Krone, des Staates und des Einsatzes militärischer Macht. Die zunächst schwächliche Haltung des Königs lehnte er ab. Die Entschuldigung der Königin, der König habe in den entscheidenden Märztagen zu wenig geschlafen, stieß bei ihm auf kein Verständnis. »Ein König muß schlafen können.«

lich. Lateinische Schriftsteller las er im Original. In Deutsch wurde ihm eine »sehr erfreuliche Gewandtheit« bescheinigt: erster Hinweis auf einen der besten Stilisten des 19. Jahrhunderts, besser als die meisten Schriftsteller von Beruf.

Für sein Herkommen aus der junkerlichen Schicht, deren Bildungshorizont begrenzt war, besaß er schon jetzt weit über den Durchschnitt reichende Kenntnisse, die er in langen Mußezeiten auf Gut Kniephof – von 24 bis zu 32 Jahren – zu einem Fundus guter zeitgenössischer Bildung und zitierbereiten Wissens ausweitete. Zunächst aber ging der überschlanke, hochaufgeschossene Jüngling von 1,92 Metern mit den »besten Segenswünschen« seiner Lehrer in das Jurastudium nach Göttingen, wo er drei Semester mit ebenso geringem Lerneifer verbrachte wie nochmals drei Semester in Berlin. Er gewann der Hochschule nichts ab, meinte den Lehrstoff sich auch anders aneignen zu können, vor allem beim Repetitor – was bis heute viele Jurastudenten angestrengter tun als im Hörsaal und Seminar. Bei Bismarck kam hinzu, daß sein Naturell überhaupt nicht die Wissenschaft, ihren Reichtum und ihre Grenzen, auszumessen imstande war. Er zielte auf anderes, ohne schon zu wissen, wohin. Einstweilen fand er seine Interessen und Zerstreuungen auf dem studentischen Paukboden als überlegener und furchtloser Fechter, bei akademischen Kneipgelagen, bei denen er seine Zechgenossen in souveräner Manier unter den Tisch trank, in nicht tiefgehenden Liebesleidenschaften, im Schuldenmachen und in zynisch-gelangweilter Weltbetrachtung.

Die Referendarzeit beim Berliner Stadtgericht, in Aachen und Potsdam vermochte ihm den ungeliebten, trockenen Stoff, der seiner Phantasie keine Nahrung gab, nicht näherzubringen. Auch sein Ehrgeiz – schlummernd und ziellos noch – sah zu wenig Befriedigung, denn: »Die Wirksamkeit des einzelnen Beamten bei uns ist wenig selbständig, auch die des höchsten. Der preußische Beamte gleicht dem einzelnen im Orchester, mag er die erste Geige oder den Triangel spielen . . . Ich will aber Musik machen, die ich für gut erkenne, oder gar keine . . .«

So hegte die Mutter berechtigte Zweifel, ob Otto ihrem Wunsch gemäß in der höheren Beamtenschaft Karriere machen werde. Noch vor ihrem frühen Tod 1838 gestand er ihr seine überwindliche Abneigung gegen den bürokratischen Staatsdienst, quittierte ihn ohne Assessor-Examen, diente noch sein Militärjahr bei den Gardejägern ab und zog sich als Landwirt nach Kniephof zurück.

Befreit vom Druck, Herr seiner selbst, in Maßen vermögend und naturnah: So erlebte er stille, nicht unergiebige Jahre, wenn auch von innerer Erfüllung weit entfernt. Später, im Trubel der Welt, konnte diese Lebensphase zur Sehnsuchtstätte aufgewertet werden: ohne Erfolgserlebnisse zwar, aber ebenso ohne die Nervenkrisen, die sich wie ein Schatten an seine Triumphe hängten. In dem mächtigen Körper wohnte ein höchst reizbares Naturell mit überempfindlicher Galle. Er fraß Ärger geradezu in sich hinein, lag dann schlaflos, während er weit zurückliegende Begebenheiten wieder durchkämpfte, und gestand am nächsten Morgen, er habe die ganze Nacht gehaßt. Reines Genießen jedenfalls gab es späterhin nicht mehr für ihn, weil seine großen Erfolge zugleich durch unablässige Sorgen, Kämpfe und Feindschaften verdunkelt wurden. Dann fühlte er sich vom Schicksal böse verfolgt, verkennend, wieviel sein eigenes Wesen, sein hypersensibles Nervenkostüm dazu beitrug. Der überreich begabte Mensch war höchst zwiespältig und zerrissen. Aber Genie hat meistens einen hohen Preis, sowohl für den Besitzer selber als für die Umwelt. Nun, das alles lag noch lange voraus in den Jahren der Gärung und Suche, der Selbstfindung, als Otto von Bismarck neben landwirtschaftlicher Kulturarbeit seinen Tag zum Teil damit verbrachte (nach eigenen Worten)

. . . die Junker zu besuchen
Zum Essen, Spielen, Trinken, Fluchen.

Eine innere Wende trat erst ein, als er im Kreise pommerscher Pietisten auf die glaubensstarke Marie von Thadden stieß, die sich sehr bemühte, seinen rein äußerlichen Christenglauben – er war vom großen Theologen Schleiermacher konfirmiert worden – nach innen auszubauen und zu festigen. Erfolge darin erlebte Marie, mit einem seiner Freunde verlobt, dann verheiratet, noch bevor sie jung an Typhus starb. Durch Marie wurde Bismarck mit Johanna von Puttkamer bekannt. Eine Freundin charakterisierte die 20jährige Johanna als »frischen, sprudelnden Springbrunnen, eine wahre Arznei für uns arme kranke Herzen. Eine schöne pikante Blume, über die noch nie ein Gifthauch gegangen ist. Sie hat nichts Schönes im Äußern als Augen und lange schwarze Lokken, sieht sonst alt aus, spricht viel, witzig und munter mit jedem Menschen, Mann und Weib.«

Wie stark Maries Einfluß auf Bismarcks damals noch formbares Wesen war, beweist der Brautwerbebrief, den er zu Weihnachten 1846 an Johannas Vater schrieb, nachdem er deren Jawort empfangen hatte. Er legte wie in einer Beichte sein bisheriges Leben offen. Rückhaltlose Bekenntnisse kamen Herrn von Puttkamer vor Augen, kaum geeignet, seinem schlichten christlichen Herzen den 31jährigen Standesgenossen als Schwiegersohn genehm zu machen: ». . . mit keinem anderen Zügel als etwa dem der gesellschaftlich konventionellen Rücksichten, stürzte ich mich blind in das Leben hinein, geriet, bald verführt, bald Verführer, in schlechte Gesellschaften jeder Art und hielt, auch in den bewußtesten Augenblicken, alle Sünden für erlaubt, sobald sie mir die Rechte anderer nicht zu beeinträchtigen schienen; der Bibel legte ich keine beweisende Kraft bei, sie war für mich nur ein Buch aus Menschenhänden, dessen Lesung mir nur stets neuen Stoff zu Kritik und Zweifel gab . . . Daß ich bei diesem Glauben nicht Frieden fand, brauche ich nicht zu sagen.« Dann spricht er vom Bekanntwerden mit der geistigen Geborgenheit im Hause Maries und gesteht: »Was sich in mir regte, gewann Leben, als sich, bei der Nachricht von dem tödlichen Erkranken unserer Freundin, das erste inbrünstige Gebet, ohne Grübeln über die Vernünftigkeit desselben, von meinem Herzen losriß, verbunden mit dem schneidenden Wehgefühl über meine eigene Unwürdigkeit zu beten und mit Tränen, wie sie mir seit den Tagen meiner Kindheit fremd gewesen waren . . . Mit Versprechungen für die Zukunft kann Ihnen nicht gedient sein, da Sie die Unzuverlässigkeit des menschlichen Herzens besser kennen als ich, und meine einzige Bürgschaft für das Wohl Ihrer Fräulein Tochter liegt nur in meinem Gebet um den Segen des Herrn.«

Bismarck war tiefer Empfindungen fähig, wie vor allem seine zeitlebens starke und beständige Bindung an Johanna beweist, die zu überdauern er verurteilt war. Doch waren Gemüt und Wärme eher auf diesen innersten Zirkel seines Daseins beschränkt; in seinen Außenbeziehungen überwog bei weitem die intellektuelle Kühle oder gar Kälte, die das Erbe der Mutter war; und vor allem diesen Bismarck kennt die Welt. Naheliegend daher die Frage, die die Biographen schon immer erörtert haben: Schrieb er hier ganz ehrlich oder nicht vielmehr diplomatisch berechnend? Man wird antworten dürfen: sowohl als auch. Ein geborener Diplomat kann gar nicht anders, als sich auf den jeweiligen Adressaten in der Ansprache geschickt einzustellen. Doch ist festzuhalten, daß Bismarcks Selbstzeugnisse der nächsten Jahre seine Glaubenseinkehr, wie der zitierte Brief sie offenlegt, bestätigen. Seither hatte sein Wesen einen deutlich theistischen Einschlag: er glaubte also an einen den Weltgang lenkenden und ihn, Otto von Bismarck, auch persönlich leitenden Gott. Seine außenpolitischen Erfolge, die er mit unvergleichlichem Geschick errang, wurden immer auch begleitet von der demutvollen Überzeugung, Werkzeug höheren Willens zu sein.

Vater Puttkamer las in dem Brief vor allem den Sünder heraus, der seiner selbst sogar für die Zukunft nicht einmal sicher war. Nach allem, was in der Umgebung über den »tollen Bismarck« kursierte, konnte ihm solch Bewerber um die Hand seiner Tochter nicht geheuer sein. Bei der ersten Begegnung im eigenen Hause allerdings unterlag er dem überlegenen Draufgänger ohne ernsthafte Gegenwehr, und die heimliche Verlobung wurde offiziell.

Noch vor der Hochzeit im Juli 1847 ging Bismarck als Abgeordneter in den Ersten Vereinigten Landtag. Zum inneren Werden, vornehmlich in religiöser Hinsicht, gesellte sich nun das äußere, politische.

1847 war Preußen noch eine absolute Monarchie. Friedrich Wilhelm III. (1840 gestorben) hatte sein wiederholtes Versprechen, dem Land eine Verfassung zu geben, nicht eingelöst, da-

Auf Schloß Schönhausen, dem Stammsitz der Familie (*oben*), wurde Otto von Bismarck am 1. April 1815 geboren. Kindheit und Jugend verliefen keineswegs so harmonisch, wie es der Bismarck-Kult später wahrhaben wollte. »Ich bin meinem elterlichen Haus in frühester Kindheit fremd und nie wieder völlig darin heimisch geworden«, schrieb er seinem Brautvater. Vornehmlich lag das am Einfluß der Mutter, die, aus alter Gelehrtenfamilie stammend, ihren Sohn nicht in der engen Welt des Landadels aufwachsen lassen wollte und ihn schon als Sechsjährigen in ein Internat in Berlin gab. *Links* Bismarck als Schüler, *rechts* als Student.

Der Fürstentag in Frankfurt am 16. August 1863 (*oben*) sollte den Deutschen Bund reformieren. Bismarck, ehemals Preußens Gesandter beim Bund (*kleines Bild*), seit dem Herbst 1862 aber preußischer Ministerpräsident, bewog seinen König, dem Treffen fernzubleiben. Preußens Interessen, die auf ein deutsches Reich ohne Österreich zielten, konnten nach Bismarcks Auffassung in der »Versumpfung in bundestägiger Reaktion« nur untergehen.

mit auch die Forderung der Deutschen Bundesakte mißachtet. Sein Sohn Friedrich Wilhelm IV. entschloß sich aus Gründen einer Gesetzesvorschrift, diesen Zustand zu ändern. Für Staatsanleihen nämlich, so bestimmte sie, müßten die Stände befragt werden. Als jetzt die Notwendigkeit erkannt wurde, eine Eisenbahnverbindung zwischen Berlin und Ostpreußen herzustellen, berief der König die ständischen Abgeordneten der acht Provinzial-Landtage zum »Vereinigten Landtag« nach Berlin ein. Ersichtlich war dies keine direkte Repräsentation, sondern nur eine indirekte auf dem Umweg über die Ständekammern der Provinzen. Aus eben diesem Grunde lehnten die Parlamentarier mit ihrer liberalen Mehrheit die Bewilligung der Anleihe im Verlauf der ersten Sitzungsperiode ab. Zunächst aber wurde eifrig diskutiert. Bismarck war nicht von Anbeginn dabei, wurde erst nachträglich für einen erkrankten Standesherrn des pommerschen Ständehauses, dem er selber nicht angehörte, nach Berlin gerufen. Hier machte er sich unverzüglich im höchsten Grade unbeliebt.

So brachte er die vaterländischen Liberalen gleich in der ersten Rede gegen sich auf durch die Bemerkung, aus dem Feldzug von 1813 habe sich keinerlei Recht auf eine Volksvertretung, also gegen den königlichen Anspruch, herleiten lassen. Die Bewegung des Volkes von 1813 sei keinem anderen Grunde zuzuschreiben, »als daß Fremde in unserem Lande geboten«. Die Liberalen hörten aus dem zutreffend wiedergegebenen Sachverhalt sofort die antidemokratische Spitze heraus. Bismarck versäumte grundsätzlich keine Gelegenheit, sich Feinde zu verschaffen; das lag in seiner polemischen Natur, in seiner sarkastischen Ausdrucksweise. Mit sichtlicher Freude forderte er heraus, formulierte absichtsvoll hochmütig und verletzend. Sein cholerisches Temperament ging oft mit ihm durch.

Dabei flossen ihm die Worte nicht beredsam von den Lippen. Er gehörte nicht zu den glatten, geölten Rhetorikern. Er kämpfte mit seinem Gegenstand, setzte wiederholt an, verbesserte sich, holte Atem, sprach stockend, bis er endlich seinen Gedanken dort hatte, wo er ihn haben wollte: eingekleidet in einen schlagenden Vergleich von leuchtender, mitunter unvergeßlicher Bildkraft. Bismarck war ein Redner, der sich das Reden schwer werden ließ und dennoch oder gerade deswegen zu den besten Rednern gehört, die die politische Geschichte Deutschlands aufzuweisen hat.

Schon als Anfänger sprach er »mit einer konzentrierten Schärfe und einem aggressiven Sarkasmus, dessen keiner der anderen konservativen Redner fähig war« (Erich Eyck). Kein Wunder, daß »Bismarck-Schönhausen« (so wurde er bekannt und so hieß er lange im öffentlichen Bewußtsein) von Anbeginn ein hochkonservatives, reaktionäres Image gewann, als Bürgerschreck galt, aber im gleichen Maße von König und Hof wohlgelitten war.

In der Revolution von 1848 finden wir ihn selbstverständlich im Lager der Beharrenden, der Legitimisten. Im April 1849 sprach er für seine Person in der preußischen zweiten Kammer gegen die Übernahme der Kaiserwürde durch Friedrich Wilhelm IV. Mochte auch die Frankfurter Krone »sehr glänzend« sein, so wehrte er sich doch dagegen, daß »das Gold erst durch Einschmelzen der preußischen Krone gewonnen« werde. »Preußen sind wir, und Preußen wollen wir bleiben«, erklärte er an gleicher Stelle einige Monate später. Sein deutsches Herz hatte Bismarck noch lange nicht entdeckt. Deshalb fiel es ihm auch nicht schwer, seinem König rednerisch aus der Patsche zu helfen, als jener auf den Trümmern der Revolution seinerseits eine kleindeutsche Einigung »von oben« anstrebte, mit dieser sogenannten preußischen Unionspolitik aber am Widerstand des erstarkten Österreich scheiterte. Dankbar für die Hilfe schickte Friedrich Wilhelm den treuen Paladin 1851 als Gesandten zum wiedereröffneten Bundestag; Bismarck-Schönhausen werde das alte Einvernehmen mit Österreich schon wieder herstellen.

Aber es kam ganz anders. Der 36jährige Diplomat mit dem Titel »Geheimer Legationsrat« (Bismarck: »eine Ironie, mit der mich Gott für all mein Lästern über Geheime Räte straft«) beendete gleich nach seinem Eintreffen in Frankfurt die zufriedene Gewißheit der österreichischen Diplomatie, von hier aus weiterhin Deutschland beherrschen zu können wie zu Zeiten des jetzigen Pensionärs Metternich. Empfand zwar jedermann den neuen preußischen Delegationschef als personifizierte »Garantie dafür, daß die Revolution abgewehrt worden sei« (Lothar Gall), so wurde dessen ungeachtet das politische Klima zwischen Berlin und Wien von nun an gereizt. Das hatte noch nichts mit dem Kampf um Vorherrschaft in Deutschland zu tun; es war einfach die vitale Kraftentfaltung eines Mannes, der keinerlei Zurücksetzung seines Königreiches hinter irgendein anderes dulden wollte – und sei es auch nur in Formalien. So bestand Bismarcks erster Auftritt im Sitzungssaal darin, dem österreichischen Vorsitzenden das ungeschriebene Vorrecht streitig zu machen, als einziger zu rauchen: er erbat von ihm Feuer für seine Zigarre . . .

Sachlich kam bei solch einem Rivalitäts-Geplänkel natürlich hinzu, daß die Uhr nicht mehr hinter das Jahr 1849 zurückzustellen war, in dem die deutsche Nationalversammlung mehrheitlich für eine deutsche Einigung unter Preußens Führung plädiert hatte. Mochte dieses Plädoyer auch keinerlei Tatsachen verändert haben und die Paulskirche nur noch romantische

Erinnerung sein – atmosphärisch hatte sie ein Zeichen gesetzt. Der Bismarck-Forscher Erich Eyck betont daher mit Recht, daß fortan keine Politik mehr möglich gewesen sei, welche diese Entscheidung außer acht ließ. Es war, als habe eine gewaltige Hand den Zug Preußen aufs deutsche Schienennetz gestellt und ihm einen Stoß gegeben. Nun rollte er, und es hing von den Umständen ab, wohin und wie weit. Wenn man im Bildvergleich bleibt, so glich Bismarck schon jetzt dem Lokomotivführer, denn der Frankfurter Posten war die außenpolitische Schlüsselstellung innerhalb Deutschlands, der Einfluß weit größer, als er dem damaligen Bekanntheitsgrad des Gesandten entsprach.

Den liebenswürdigen österreichischen Vorsitzenden Leo Graf Thun störte Bismarck so aus seiner präsidialen Ruhe auf, daß er krank wurde. (»Meinen Freund Thun habe ich ins Bett geärgert, welches er nur ausnahmsweise wieder verließ; gestern habe ich [es] ihm gegeben, nun liegt er fest.«) Der böhmische Edelmann wünschte nichts sehnlicher, als von dem »schrecklichen Bismarck« (den er gleichwohl menschlich ebenso schätzte wie dieser ihn) durch Abberufung befreit zu werden. Das geschah denn auch, und der preußische Gesandte schlug sich von da an mit seinem Nachfolger Anton Freiherr von Prokesch-Osten herum, einem hochkultivierten Grazer von weitester Bildung, politisch dem Norddeutschen ebensowenig gewachsen wie der Vorgänger.

Für Bismarck war es nicht leicht, Repräsentant eines Königs zu sein, von dem Zar Nikolaus I. während des Krimkrieges geäußert hatte: »Mein lieber Schwager geht jeden Abend als Russe zu Bett und steht jeden Morgen als Engländer wieder auf.« Dennoch vermochten es die vereinten Kräfte der Vernunft, den schwankenden Monarchen vor einer kriegerischen Intervention zu bewahren und Preußen neutral zu halten. Bismarck schrieb damals den schon zitierten Satz vom europäischen Krisenwetter, welches Preußens Wachstum fördere. Er drückte die Sachlage noch mit einer anderen Metapher treffend aus, im selben Brief, gerichtet an den preußischen Ministerpräsidenten Otto von Manteuffel: »Es würde mich ängstigen, wenn wir vor dem möglichen Sturm dadurch Schutz suchten, daß wir unsere schmucke und seefeste Fregatte an das wurmstichige alte Orlog-Schiff von Österreich koppelten.«

Zu diesem Zeitpunkt war ihm, dem Konservativen, längst klar, daß Österreich ein Hemmnis in der deutschen Frage und der Deutsche Bund ein unbewegliches Verfassungsinstrument zu Lasten Preußens sei. So kam es 1856 zu einer Aussage, die von uns aus gesehen weit in die Zukunft blendet: »Deutschland ist zu eng für uns beide. Beide pflügen denselben, streitigen Acker, und Österreich bleibt der einzige Staat, von dem wir nachhaltig gewinnen könnten . . . Der deutsche Dualismus hat seit tausend Jahren gelegentlich, seit Karl V. in jedem Jahrhundert regelmäßig durch einen gründlichen inneren Krieg seine gegenseitigen inneren Beziehungen reguliert, und auch in diesem Jahrhundert wird kein anderes als dieses Mittel die Uhr der Entwicklung auf ihre richtige Stunde stellen können.«

Klar ersichtlich war der Gleichberechtigungsanspruch zum Vorrangstreben geworden.

Niemand kann sagen, wie die Reibereien im Deutschen Bund sich in den fünfziger Jahren weiterentwickelt hätten, wäre der preußische Chefdelegierte nicht vor ihrem Ende abberufen worden. Grollend ging er von Frankfurt weg, wurde indes als Gesandter am Zarenhof bald heimisch und gewann für seine noch im Zeitenschoß ruhende Schicksalsaufgabe den unschätzbaren Vorteil, die dortige Mentalität genau einschätzen zu lernen. Das gleiche gelang ihm anschließend in Paris. Es war, als habe der Einiger Deutschlands nacheinander seine Lehrjahre auf den drei Posten absolvieren müssen, die für das Einigungswerk am wichtigsten waren – und vielleicht wäre es ohne diese Erfahrungen und gespeicherten Kenntnisse nicht gelungen. Er erfuhr dort, was ihm später so nützlich wurde: mit wem er es jeweils zu tun hatte. Er kannte die Kräfteverhältnisse und die verantwortlichen Persönlichkeiten. Es war zum Beispiel ganz entscheidend für sein späteres Handeln, daß er von der betriebsamen Machtentfaltung Napoleons III. nicht eingeschüchtert wurde. »Er ist ein intelligenter und liebeswürdiger Mann«, steht in einem Brief des preußischen Gesandten an seinen Förderer General von Gerlach, »aber sein

Kiselak
Via mala.
Comissionsbericht
Militär
Budget
a. Herrn Twesten
Reorganisation
W. S.

Verstand wird auf Kosten seines Herzens überschätzt . . . Der Mann imponiert mir durchaus nicht.« Etliche Jahre weiter, und diese Überzeugung wurde zum Motor seines unerschrokkenen und taktisch raffinierten Machtspiels . . .

Die berühmte Rede

Der neue preußische Ministerpräsident hatte sich dem König gegenüber vor der Ernennung bereit erklärt, ihm in dem Konflikt mit dem Landtag – »Konfliktzeit« ist ein Schlagwort zur Kennzeichnung der frühen sechziger Jahre in Preußen – nach Kräften beizustehen. Zunächst versuchte er es mit Überzeugungskraft. Seine erste Rede vor der Budgetkommission des Landtags gewann Berühmtheit durch Worte, die wie eine Fortsetzung jener anderen vom »streitigen Acker« wirken, vom deutschen Dualismus und »gründlichen inneren Krieg«. Nicht auf Preußens Liberalismus schaue Deutschland, so sagte er zu den Mitgliedern des Finanzausschusses, sondern auf seine Macht. »Preußen muß seine Kraft zusammenfassen und zusammenhalten auf den günstigen Augenblick, der schon einige Male verpaßt ist; Preußens Grenzen nach den Wiener Verträgen sind zu einem gesunden Staatsleben nicht günstig; nicht durch Reden und Majoritätsbeschlüsse werden die großen Fragen der Zeit entschieden, sondern durch Eisen und Blut.«
Die Wirkung der Rede auf die Liberalen war derart negativ, daß der neue Regierungschef seinen neuerlich verunsicherten König erst wieder ins Gleichgewicht bringen mußte. Denn die Liberalen, die so sehr auf Rechtsstaatlichkeit achteten, hörten hier deutlich die Parole »Macht kommt vor Recht« heraus. In Bismarcks Eigenverständnis war diese Rangfolge wohl tatsächlich gegeben, und er hatte in seiner Rüstung eine Blöße aufgedeckt, auf welche die oppositionelle Mehrheit sofort einschlug.
Da er mit Überredung nicht weiterkam, versuchte er es mit der »Lücken-Theorie«. Die Heeresreform war ja seit Jahren im Gange, wenngleich mit Geldern auf Vorläufigkeit. Jetzt zeigte sich die schwache Stelle solcher Landtagspolitik. Die Realitäten forderten ihr Recht. Also tat die Regierung so, als sei das Geld bewilligt, und gab es einfach aus. Gedeckt durch die Verfassung war sie dabei nur insoweit, daß bei nicht vorhandenem, nicht verabschiedetem Haushalt weiterhin Steuern im bisherigen Umfang erhoben werden durften. Über das Wiederausgeben der Steuern für die notwendigen Staatszwecke schwieg die Verfassung. Es bestand also eine Gesetzeslücke; man hatte beim Formulieren dieses Paragraphen an solchen Fall nicht gedacht. In dieser Gesetzeslücke richteten Bismarck und Roon sich nunmehr häuslich ein. Die Liberalen schäumten, aber sie besaßen keine rechtliche Handhabe, die Lücken-Theorie anders zu bekämpfen als mit heftigen Worten.
Bismarck hoffte insgeheim, die Verhältnisse würden den Konflikt von selber regeln. Würde das verstärkte Heer erst einmal seine Bewährungsprobe im Sinne von »Eisen und Blut« abgelegt haben, dann verstummten die Kritiker sicher und er bekäme nachträglich gewiß Entlastung (»Indemnität«).
Die Bewährungsprobe schien schon im nächsten Jahr gekommen zu sein, doch wurde dann nichts daraus: Während des polnischen Aufstands 1863 blieb es beim Säbelrasseln, jedenfalls in Preußen.
Polens Freiheitswille stand in äußerstem Mißverhältnis zu seiner geographischen Beschaffenheit. Das Land lag eingezwängt zwischen Preußen, Rußland und Österreich; jeder der drei beherrschte Teile Polens. Der größte Teil wurde von Rußland mitregiert, praktisch die ganze Mitte, das sogenannte Kongreßpolen

Der Widerstand im preußischen Landtag gegen den neuen Ministerpräsidenten Bismarck hielt auch nach dessen ersten außenpolitischen Erfolgen an. So waren die Abgeordneten nicht bereit, weder vorher noch nachträglich, die Kriegskosten für das Unternehmen gegen Dänemark im Jahr 1864 zu bewilligen. Darauf bezieht sich die Karikatur aus dem »Kladderadatsch« von 1865: »Die verhängnisvolle Begegnung«. Der Abgeordnete mit dem Bericht über das Militärbudget wird demnächst wieder auf den Ministerpräsidenten mit seinen kostspieligen Reorganisationsplänen treffen.

(weil der Wiener Kongreß solcherart die russische Vormundschaft verbrieft hatte). Preußen besaß Westpreußen und die Provinz Posen. Der deutsche Herrschaftsbereich berührte nach Osten hin ungefähr die Linie Thorn-Kalisch-Tschenstochau. Das deutsche – sprich: preußische – Regiment war korrekt. Bei allem traditionell germanischen Hochmut über die Slawen, der aus zivilisatorischem Vorsprung herrührte, unterschied sich die Behandlung der Polen durch die Deutschen sternenweit von der Knechtung, zu der im 20. Jahrhundert der Nationalsozialismus fähig sein sollte. Zivilisatorisch übertraf der Zustand der polnischen Provinzen unter preußischer Oberhoheit um ein Vielfaches denjenigen im (milde regierten) österreichischen Herrschaftsgebiet und im (relativ gemäßigten) russischen. Hier, im preußischen Machtraum, blieb es daher auch ruhig, als polnische Nationalisten sich gegen die Oberhoheit des Zaren auflehnten. Darin lag ein tragischer Widersinn, denn Alexander II. war wesentlich entgegenkommender in der polnischen Volkstumspolitik, als es sein despotischer Vater Nikolaus je gewesen. Aber gerade diese Ausgleichsbemühungen beunruhigten die polnischen Nationalisten; sie fürchteten, das Volk könne sich vielleicht mit der Fremdherrschaft abfinden. So erreichten sie, was sie in ihrem Radikalismus gewünscht hatten: neuerliche Härte und Repression.

Bismarck stand der polnischen Frage rein machtorientiert gegenüber. Da er für nationalistische Beweggründe und Stimmungen ohnehin nichts übrig hatte, war er auch weit entfernt, Politik unter völkischen oder rassischen Gesichtspunkten zu betreiben. Westpolen war für ihn ein territorialer Besitzstand, den es zu verteidigen galt, wenn er gefährdet war. Die Polen als Menschen interessierten ihn nicht, weder im positiven noch im negativen Sinn. Er lernte sogar Polnisch, weil weite Teile des Landes eben unter preußischem Zepter standen und man, zumal in hohen Positionen, die Sprachen seiner Landesbewohner sprechen sollte; das war ja auch guter habsburgischer Brauch.

Aber wehe, wenn jene polnischen Untertanen sich erdreisteten, Freiheitswillen zu zeigen! Da verstand der preußische Junker keinen Spaß.

Kaiser Franz Joseph I. von Österreich (1830-1916) war Oberhaupt des Staates, auf den die Dynamik der Bismarckschen Reichseinigungspolitik unausweichlich treffen mußte. Prophetisch sagte er Ende 1865: »Solange Bismarck bleibt, wird keine vollständige Ruhe.« Und im Mai 1866: »Es geht immer mehr dem Krieg entgegen, und ich kann mir nicht denken, wie er noch mit Ehre zu vermeiden sein könnte. Man tut in Berlin zwar jetzt sehr freundlich, um Zeit zu gewinnen und uns mürbe zu machen, allein es wird mir täglich klarer, daß jeder Schritt in Berlin und Italien ein berechneter und das Glied einer Kette von Maßregeln ist, die von lange her verabredet ist. Nur eine gründliche, Dauer versprechende Verständigung mit Preußen könnte in unserer Lage von Nutzen sein, und eine solche scheint mir rein unmöglich ohne Abdizierung unserer Großmachtstellung, und so muß man dem Kriege mit Ruhe und mit Vertrauen auf Gott entgegensehen, denn nachdem wir schon so weit gegangen sind, verträgt die Monarchie eher einen Krieg als einen langen, aufreibenden faulen Frieden.«

Er sah einzig, daß Preußens östliches Machtgleichgewicht gefährdet war, wenn Polen die Eigenstaatlichkeit (zurück)gewänne. Und so hatte er schon 1861 aus Sankt Petersburg jene wahrhaft fürchterlichen Sätze geschrieben, die zwar »nur« an seine Schwester Malwine gerichtet waren und die Privatsphäre nicht verließen, aber mit brutaler Deutlichkeit seinen Machtwillen beleuchten:

»Haut doch die Polen, daß sie am Leben verzagen; ich habe alles Mitgefühl für ihre Lage, aber wir können, wenn wir bestehen wollen, nichts anderes tun, als sie ausrotten. Der Wolf kann auch nichts dafür, daß er von Gott geschaffen ist . . .« Bismarcks Worte klangen immer härter, als seine Taten heute vor Augen liegen, und niemand hat in späteren Machtjahren mehr Ruhm gewonnen als er durch sein außenpolitisches Maßhalten und durch seine weise Einsicht in das, was »zumutbar« war. Aber derartige Worte lassen in Abgründe schauen. Immer hat er mit den Dämonen in seinem Inneren gekämpft und sie zumindest ungehemmt und oftmals sehr unvorsichtig reden lassen.

In der Polenkrise schlossen Preußen und Rußland ein Übereinkommen (die »Alvenslebensche Konvention«), sich gegenseitig beizustehen. Zu praktischer Anwendung des Vertrages kam es nicht. Die preußenfreundliche Partei am Zarenhof aber und der Zar selber dankten dem preußischen Ministerpräsidenten für die moralische Beihilfe durch vermehrtes Wohlwollen. Er sollte es bald benötigen.

Konflikt im Norden

Der Deutsche Bund glich einer schwachen Eisenklammer, welche ein einsturzgefährdetes Gebäude zusammenhält. Die kleindeutschen Mieter dachten an Abriß, die großdeutschen an Umbau. Da aber zu unterschiedliche Vorstellungen herrschten, blieb man einstweilen noch unter demselben Dach beisammen.

Der Bildvergleich will sagen: 1863 ergriffen die österreichischen Politiker und ihre deutschen Gesinnungsgenossen die Initiative zur Revision des Bundes. In Wien herrschte ja kein Zweifel, wohin Bismarcks Streben zielte. Um nicht Preußen die Einigung Deutschlands und damit die Vorherrschaft zu überlassen, schlugen Kaiser Franz Joseph und seine Berater einen Fürstentag in Frankfurt vor, auf welchem Neuerungen beraten und möglichst verabschiedet werden sollten. Österreich hatte gewisse Anpassungen an den Zeitgeist im Sinn (eine Art Zweikammersystem mit Fürsten- und Volksvertretung), aber unter weitgehender Wahrung der Souveränität der Einzelstaaten und somit in konservativem Geist. Das bisherige Gefüge wäre im Grundriß erhalten geblieben; Österreich hätte seinen Einfluß in Deutschland, vielleicht beherrschend, fortgesetzt. Preußen wäre über Gleichberechtigung nicht hinausgelangt.

Bismarck erkannte sofort die Stolperdrähte auf dem Weg nach Frankfurt und überredete seinen König dazu, fernzubleiben. Wilhelm, wie immer zögernd, ringend, zweifelnd über Richtig und Falsch, dazu von seinen fürstlichen Standesgenossen dringend zum Kommen aufgefordert, kämpfte mit Bismarck wie Jakob mit dem Engel des Herrn – und unterlag, unter Weinkrämpfen, dem stärkeren Willen seines leitenden Ministers. Damit war der Fürstentag in Frankfurt gescheitert, ehe er begonnen hatte. Kaiser Franz Josephs persönliche Anwesenheit rettete nichts mehr. Da Preußen nicht mitmachte, konnte der Deutsche Bund nicht reformiert werden. Er konnte nur weitervegetieren bis zum Ende. Zuvor erlebte er allerdings noch die unerwartete Bewährung, daß Preußen und Österreich gemeinsam gegen Dänemark Krieg führten. Es ging um Schleswig-Holstein.

Die Verhältnisse waren kompliziert. Der britische Premierminister Lord Palmerston spottete: »Die schleswig-holsteinische Frage haben nur drei Menschen verstanden: der Prinzregent Albert, aber der ist tot, ein deutscher Professor, aber der ist darüber verrückt geworden; und ich, aber ich habe die Sache wieder vergessen.«

Seit Jahrhunderten waren die Herzogtümer Schleswig und Holstein mit dem Königreich Dänemark durch denselben Herrscher in Personalunion verbunden, ohne staatsrechtlich Bestandteile der Monarchie zu sein. Ihre althergebrachten Sonderrechte verbrieften ihnen außerdem seit 1460 die Untrennbarkeit: »dat se bliven ewich tosamende ungedelt«. Als König

Friedrich VII. 1848 den Thron bestieg, zeichnete sich sogleich ein schwerwiegendes Problem ab: er war kinderlos. Mutmaßlich würde ihm seine Schwester folgen; die weibliche Nafolge galt aber nicht in den Herzogtümern. In Kopenhagen fürchtete man, sie könnten sich dann aus dem Staatsverband lösen. Die Dänen, vom Nationalismus ergriffen wie so viele andere im 19. Jahrhundert auch, wollten der Gefahr vorbeugen, indem sie wenigstens das gemischtsprachige Schleswig einverleibten. Als diese Gefahr akut wurde – in Deutschland hatte eben die Revolution begonnen und die Gemüter ohnehin erhitzt –, erhoben sich die Schleswig-Holsteiner zur Verteidigung ihrer Unabhängigkeit. Preußen kam den Landsleuten mit Truppen zu Hilfe und war anfänglich siegreich. In dem populären Lied von Matthäus Friedrich Chemnitz hieß es:

Schleswig-Holstein, stammverwandt,
Wanke nicht, mein Vaterland!

Allein, das Vaterland wankte doch. Preußen, unter dem Druck der Großmächte, die eine Niederlage Dänemarks fürchteten, und schließlich auch die Frankfurter Nationalversammlung ließen die stammverwandten Freiheitskämpfer fallen. Alleingelassen, kämpften diese bis zur Niederlage bei Idstedt (Juli 1850). Im Friedensschluß von 1852 (Londoner Vertrag) wurde den Dänen eine neue Thronfolgeordnung und das Recht auf eine gesamtstaatliche Verfassung zugebilligt, welche die Herzogtümer jeweils einbegriff. Doch verpflichteten Preußen und Österreich den dänischen König gleichzeitig zu dem Zugeständnis, Schleswig *nicht* einzuverleiben und den Herzogtümern ihre eigenen Ständevertretungen zu belassen. Bismarck nannte den widersprüchlichen Kompromiß von 1852 die »Quadratur des Kreises«.

Die moralische Niederlage Preußens ermutigte die Dänen, ihre Überfremdungspolitik in Schleswig, wo auch viele Landsleute wohnten, fortzusetzen. Sie spekulierten wohl darauf, daß ihnen das Herzogtum eines Tages wie eine reife Frucht in den Schoß fallen würde, ungeachtet der Zusagen, die noch dagegenstanden. Für die nationalbewußten Deutschen im nördlichsten Lande war es eine schwierige Zeit. Viele trennten sich von der Heimat, so auch der Rechtsan-

Die Erstürmung der Düppeler Schanzen am 18. April 1864 entschied den Deutsch-Dänischen Krieg. Die Tat eines preußischen Pioniers, der seinen Kameraden den Weg ins dänische Bollwerk bahnte, indem er sich mit einer Sprengladung gegen die Palisaden warf, verherrlichen Fontanes Schulbuchverse:

Palisaden starren die Stürmenden an,
Sie stutzen; wer ist der rechte Mann?
Da springt von achtern einer hervor:
›Ich heiße Klinke, ich öffne das Thor!‹
Und er reißt von der Schulter den Pulversack,
Schwamm drauf, als wär's ein Pfeif' Tabak!
Ein Blitz, ein Krach – der Weg ist frei –
Gott seiner Seele gnädig sei!
Solchen Klinken für und für
Öffnet Gott selbst die Himmelsthür!

walt Theodor Storm in Husum, einer der größten deutschen Lyriker. 1852 verlor er wegen seines Eintretens für die Erhebung der Herzogtümer sein Mandat und ging als Assessor nach Potsdam. Als Denkmal an diese Lebensspanne und Notzeit schrieb er Verse, die Thomas Mann als den »reinsten und bezwingendsten Ausdruck« bezeichnet, »den deutsches Vaterlandsgefühl je gefunden hat«:

Wir scheiden jetzt, bis dieser Zeit Beschwerde
Ein andrer Tag, ein besserer, gesühnt;
Denn Raum ist auf der heimatlichen Erde
Für Fremde nur und was den Fremden dient.

Doch ist's das flehendste von den Gebeten,
Ihr mögt dereinst, wenn mir es nicht vergönnt,
Mit festem Fuß auf diese Scholle treten,
Von der sich jetzt mein heißes Auge trennt!

Und du, mein Kind, mein jüngstes, dessen Wiege
Auch noch auf diesem teuren Boden stand,
Hör mich! – denn alles andere ist Lüge –
Kein Mann gedeihet ohne Vaterland!

Elf Jahre nach dem Fortgang aus der nordfriesischen Heimat kann er den »anderen Tag, den besseren« noch erleben. Die Entwicklung dahin setzt mit dem Tod Friedrichs VII. im November 1863 ein. Sein Vetter Christian IX., schon im Londoner Vertrag von 1852 zum Nachfolger bestimmt, will zwar die Lage von sich aus nicht verschärfen; er ist deutschstämmig und sieht die Dinge auch mit den Augen der Schleswig-Holsteiner; doch bleibt ihm unter dem Druck des dänischen Parlaments und der nationalistischen Stimmung in Kopenhagen nichts übrig, als die neue »Gesamtstaats-Verfassung« zu unterschreiben, welche die völlige Eingliederung Schleswigs vorsieht. Damit ist der Konflikt verfassungsrechtlich sogar über den Punkt hinausgelangt, an welchem 1848 die Krise ausgebrochen war. Damals war die Einverleibung der nördlichsten deutschen Provinz nur eine Absicht gewesen; jetzt ist sie sogar offiziell mit königlicher Unterschrift beglaubigt.

Was die Wirrnis noch vergrößert, ist der gleichzeitig erhobene Anspruch des Erbprinzen Friedrich von Schleswig-Holstein-Sonderburg-Augustenburg, die Herzogtümer zu regieren, obwohl sein Vater vor elf Jahren auf alle Rechte verzichtet hatte. Nur: Die Stände im meerumschlungenen Schleswig-Holstein hatten dem Londoner Vertrag nie zugestimmt, und darauf kann er sich jetzt berufen. Ein Kampf mit juristischen Hilfsbataillonen über Für und Wider entbrennt, und eine mächtige Volksstimung in Deutschland tritt für den Augustenburger ein. Er ist ein unbedeutender Mann. In den Herzog-

tümern hält man ihn zwar für den rechtmäßigen, aber für einen recht mäßigen Herzog; er nennt sich Friedrich der Achte, sie nennen ihn Friedrich der Sachte.
Bismarck verfolgt seine eigenen Pläne, und vom Erbrecht des Augustenburgers hält er gar nichts. Er überdenkt vielmehr – und in aller Heimlichkeit –, wie Preußen sich nach Norden hin vergrößern könne, wenn schon die Dänen so unklug sind, nach Jahren erfolgreicher preußischer Heeresverstärkung zum Krieg herauszufordern. Aber die Widerstände auf dem Weg zu dem Traumziel sind national und international gewaltig. Gemessen daran, findet es Erich Eyck, unter den Bismarck-Kritikern einer der

Eine Ordonnanz überbringt dem Kronprinzen Friedrich Wilhelm die Nachricht vom Sieg bei Düppel. Der preußische Thronfolger, dem Oberkommandierenden Wrangel attachiert, schrieb nach dem Feldzug: »Nie werde ich die Erlebnisse, die unbeschreiblich grellen Gegensätze der Gefühlsmomente vergessen, die am 18. April bei Düppel sich meiner bemächtigten. Ich habe Gott gedankt, daß 1864 Preußen nach 50 Jahren dasselbe Volk in Waffen geblieben ist, wie zur großen Freiheitszeit, so daß die aus einem ganz einzig in der Welt dastehenden Material gebildete Armee ihre Schuldigkeit gethan, dem in sie gesetzten Vertrauen vollständig entsprochen hat.«

klügsten und schärfsten, »fast wie ein Wunder, wie er es fertiggebracht hat, alle (Probleme) zu überwinden und als Triumphator aus ihnen hervorzugehen. Seine Verschlagenheit und seine Virtuosität, seine Energie und sein Mut, seine Geschmeidigkeit und zugleich seine Festigkeit in der Verfolgung des einmal gesetzten Zieles, sein Reichtum an taktischen und dialektischen Hilfsmitteln, seine Skrupellosigkeit und sein Selbstvertrauen waren nie in seinem Leben größer.«

So zerstritten Preußen mit Österreich in allen deutschen Angelegenheiten ist: Bismarck bringt den Kaiser und dessen Regierung in der dänischen Sache auf seine Seite zu gemeinsamem Vorgehen. Anfang Februar 1864 überschreiten – auf ein ergebnisloses Ultimatum hin – Truppen beider Länder die dänische Grenze.

Rechtliche Handhabe für das militärische Vorgehen bietet die Verfassung mit der Strafklausel der »Bundesexekution«. Sie wird anwendbar bei schweren Rechtsverstößen von seiten eines Mitgliedstaates oder in einem Mitgliedstaat. (Der König von Dänemark gehört als Herzog von Holstein dem Deutschen Bund an.) Am Verlauf des Feldzuges kann von vornherein kein Zweifel bestehen, wenn man nicht verblendet ist. Zwar weiß noch niemand, daß der preußische Generalstabschef Helmuth von Moltke sich zu einem der größten Strategen der deutschen Militärgeschichte entwickeln wird, aber schon die Überlegenheit der Angreifer an Menschen, Waffen und Reserven müßte der dänischen Seite zu denken geben. Sie mißt Preußen immer noch an den Eindrücken von 1850 und hofft außerdem auf britischen Beistand, der aber trotz Palmerstons Befürwortung von der Königin Victoria und der Kabinettsmehrheit abgelehnt wird.

Allerdings führt Feldmarschall Wrangel das preußisch-österreichische Heer nicht glücklich. »Papa Wrangels« militärisches Talent ist geringer als seine Volkstümlichkeit. So kommt es gegen Moltkes Willen zum verlustreichen Direktangriff auf die Düppeler Schanzen nordöstlich von Flensburg. Nach Aufgabe der Wallanlagen kann das dänische Hauptheer sich zurückziehen

Der Sozialistenführer Ferdinand Lassalle (*links*), Gründer des Allgemeinen Deutschen Arbeitervereins, fiel 1864 im Duell um eine Frau (*rechts* eine zeitgenössische Pressezeichnung).
Dem 23jährigen hatte Heinrich Heine bereits 1846 die prophetischen Zeilen gewidmet: »Herr Lassalle ist nun einmal so ein ausgeprägter Sohn der neuen Zeit, der nichts von jener Entsagung und Bescheidenheit wissen will, womit wir uns mehr oder minder heuchlerisch in unserer Zeit durchgehungert und hindurchgefaselt. Dieses neue Geschlecht will genießen und sich geltend machen im Sichtbaren.«
Nach Lassalles Tod schrieb Karl Marx: »Was den Lassalleschen Verein anbetrifft, so war er gestiftet in einer Zeit der Reaktion. Nach fünfzehnjährigem Schlummer rief Lassalle – und dies bleibt sein unsterbliches Verdienst – die Arbeiterbewegung wieder wach in Deutschland. Aber er beging große Fehler. Er ließ sich zu sehr durch die unmittelbaren Zeitumstände beherrschen. Der ›Staat‹ verwandelte sich ihm daher in den preußischen Staat. So wurde er zu Konzessionen an das preußische Königtum, die preußische Reaktion (Feudalpartei) und selbst die Klerikalen gezwungen. Er gab ferner von vornherein seiner Agitation einen religiösen Sektencharakter.«

(Moltke hatte es umfassen und einschließen wollen). Dennoch ist der Feldzug an diesem 18. April 1864, fünf Tage nach Wrangels 80. Geburtstag, so gut wie beendet.
Eine Friedenskonferenz in London verläuft ergebnislos. Dänemark, das hier noch auf vorteilhafte Kompromisse gehofft hat, steht nun allein und muß um Frieden bitten. Die Herzogtümer werden von Dänemark getrennt und gehen in die gemeinsame Verwaltung der Siegermächte über. Mehr kann Bismarck für den Augenblick nicht erreichen. »Friedrich den Sachten« allerdings, den Augustenburger, schiebt er unschwer von der politischen Bühne ins private Abseits. Dort bleibt er, wie schon zuvor, bis zu seinem Tod 1880 ein Prinz ohne Land.

Geburtsstunde der deutschen Sozialdemokratie

Am 31. August 1864, kurz nach dem dänischen Krieg, erschien in Genf eine Todesanzeige in deutscher Sprache: Ferdinand Lassalle sei »in der Blüthe seiner Kraft, inmitten seines großartigen Wirkens für das Wohl der Menschheit« verstorben, »heute früh 7 Uhr«. Der 39jährige Sozialist war tödlich verwundet worden im Duell um eine junge Frau, Helene von Dönniges, Tochter eines preußischen Geschichtsforschers in München, Verlobte eines rumänischen Fürsten. Dieser Ausgang entsprach ganz dem abenteuerlichen Lebensstil des jüdischen Kaufmannssohnes aus Breslau, welcher schon als junger leidenschaftlicher Anwalt der zwanzig Jahre älteren Gräfin Hatzfeldt in deren sensationellem Scheidungsprozeß zu rednerischem Ruhm und zu einer auskömmlichen Rente gekommen war. Zugleich bedeutete das frühe Ende des reichbegabten Politikers einen schweren Verlust für die sozialistische Bewegung, die in Deutschland gerade erst in ihren Anfängen stand.
Der Sozialismus war die geistige und politische Antwort auf das Elend der Arbeiterschaft. Er hatte in England begonnen, als Zwillingsgeburt der Industrialisierung im frühen 19. Jahrhundert, und war dem Vordringen des »Maschinen-

wesens« (Goethe) wie ein Schatten gefolgt. In den vierziger Jahren war die Industrie auslösend gewesen für den Weberaufstand in Schlesien: indem der Preisverfall der handgewebten Erzeugnisse, die mit der Maschine nicht mehr konkurrieren konnten, den ganzen Berufsstand in den nackten Hunger getrieben hatte. Ein knappes halbes Jahrhundert danach setzte Gerhart Hauptmann der Sozialrevolution in seiner Heimatprovinz das Denkmal mit seinem frühen Drama »Die Weber«: »Mir kenn nich leben und nich sterben hier oben. Uns geht's leider beese, kannst's glooben. Eener wehrt sich bis ufs Blutt. Zuletzt muß man sich drein geb'n. De Not frißt een 's Dach ieberm Koppe und a Boden unter a Fießen... Drei Taler muß ich hinschmeißen uf Haussteuer, een'n Taler uf Grundabgaben, drei Taler uf Hauszinse. Vierzehn Taler kann ich Verdienst rechnen. Bleib'n fer mich sieben Taler ufs ganze Jahr. Dadervon soll ma sich nu bekochen, beheizen, bekleiden, beschuhn, ma soll sich bestricken und beflikken, a Quartier muß man hab'n und was da noch alles kommt... Ich bin ein braver Mensch gewest mei Lebelang, und nu seht mich an! Was hab ich davon? Wie seh ich aus? Was hab'n se aus mir gemacht? Hier wird der Mensch langsam gequält. Dahier, greift amal an, Haut und Knochen. Ihr Schurken all, ihr Satansbrut!...«

Im Aufstand der schlesischen Weber 1844 wurden kurzzeitig die Umrisse eines revolutionären Proletariats sichtbar (*oben* Lithographie von Käthe Kollwitz, 1897). Das Ergebnis hatte wenig

praktische, aber um so mehr theoretische Folgen: In die Gesellschaftslehre von Karl Marx (*links oben*), vor allem sein »Kommunistisches Manifest« von 1848, gingen die Erfahrungen der Kämpfe in Schlesien ein, im Weberaufstand sieht die marxistische Geschichtsschreibung den Beginn der deutschen Arbeiterbewegung.

Oben: Ein Agitator ruft die Arbeiter zum Widerstand auf.

Rechte Seite: Unvermutetes Zusammentreffen von Reich und Arm. Indigniert betrachtet die feine Dame durchs Lorgnon die sich in der Feldarbeit plagenden Arbeiterinnen: »Sieh, lieber Eduard, welch gemeines Volk! Den ganzen Tag nichts als arbei-

Der Historiker ergänzt den Dichter, indem er schreibt: »Die Weber waren in aussichtsloser Lage; sie symbolisierte sich ihnen in den Gestalten der ›Kapitalisten‹, von denen sie abhängig waren. Einer von ihnen, der neureiche Zwanziger, wurde das Opfer. Mobiliar, Kleider, Staatskarossen, Vorräte, Geschäftspapiere, ein älteres Anwesen wurden von einem Zug von 300 Webern zerstört, aber keine Person wurde angegriffen, kein Feuer gelegt. Militär hat den ›Aufstand‹ niedergeschlagen, schwere Strafen wurden verhängt, aber der Eindruck dieses Verzweiflungsausbruches auf die gesamte Öffentlichkeit war nachhaltig, nicht nur bei Radikalen wie Heine, sondern auch und gerade bei den Konservativen.«

So Thomas Nipperdey in seiner »Deutschen Geschichte 1800-1866«, und er druckt Heines Gedicht »Die Schlesischen Weber« ab:

> Im düstern Auge keine Thräne,
> Sie sitzen am Webstuhl und fletschen die Zähne...

Ein Blick auf Berlin: Um die Jahrhundertmitte waren die Brauknechte und Bäckergesellen 18 Stunden beschäftigt; Buchdrucker, Schuhmacher, Schneider 14 bis 16 Stunden – um einige Beispiele zu nennen bei lohnabhängigen Handwerkern. Aus Geldmangel konnten sie sich nicht selbständig machen, und die abhängige Fron riß sie nur tiefer ins Elend. Vor dem Oranienburger Tor reihten sich vierstöckige Mietskasernen, von Spekulanten errichtet, um der Wohnungsnot zuwandernder Arbeitsuchender aus der übervölkerten und zum Teil brotlosen Landwirtschaft abzuhelfen, besser: um die Not auszunutzen. Mehrere Handwerkerfamilien bewohnten einen einzigen Raum, der durch

ten!« (»Fliegende Blätter« 1856). In einem satirischen Dialog des Schriftstellers Moses Hess von 1852 heißt es: »Frage: Leben die armen Leute von den reichen oder die reichen Leute von den Armen? Antwort: Die Reichen leben von den Armen, welche arbeiten und durch ihre Arbeit allen Reichtum der Welt schaffen.«

Seile unterteilt war und gleichzeitig zum Wohnen, Schlafen, als Küche und Werkstatt diente. »Die Pfennige der schrecklichsten Armut müssen eine reiche, bequeme Existenz düngen«, heißt es in einer zeitgenössischen Kritik mit dem Blick auf die Nutznießer des Jammers.
In den Fabriken lagen die Arbeitzeiten bei 12 bis 14 Stunden, einschließlich der Pausen, die insgesamt zwei Stunden erreichen konnten. Der Fabriksklave hatte es demnach relativ noch etwas leichter als der abhängige Handwerker, wenn auch sein Lebensunterhalt nicht minder kärglich war. Setzt man eine Indexzahl 100 für das Realeinkommen eines Arbeitnehmers im Jahr 1913, der sich das Nötigste leisten konnte, so liegt die Vergleichszahl für 1850 bei 64. (1851: 58; 1852: 45; 1853: 53; 1854: 44; 1855: 43; 1856: 52). Nach dem absoluten Tiefpunkt 1818 mit dem Index 41 – aber noch unter rein vorindustriellen Lebensbedingungen – war die Talsohle mit dem Jahr 1855 erreicht. Von da an ging es unter Schwankungen leicht aufwärts. Insgesamt jedoch: welch trauriges Dasein spricht aus solchen Zahlen!
Brachte der Familienvater schon wenig genug nach Hause, so wurde die werktätige Frau, ob in der Fabrik oder in der Heimarbeit, noch schlechter entlohnt als der unterste männliche Leidenskollege. Die Kinderarbeit hatte um die Jahrhundertmitte, zumindest in Preußen, schon die ärgsten Auswüchse hinter sich. Ein Gesetz von 1839 bestimmte, als erstes dieser Art in Deutschland, daß niemand vor dem vollendeten neunten Lebensjahr in einer Fabrik oder in Berg- und Hüttenwerken regelmäßig beschäftigt werden dürfe. Der Arbeitstag für Kinder wurde auf zehn Stunden begrenzt, Sonntags- und Nachtarbeit untersagt. Ein zweites Gesetz

von 1853 setzte das Mindestalter auf zwölf Jahre fest und drückte die Maximal-Arbeitszeit für Kinder unter 14 Jahren auf sechs Stunden herab. Fabrikinspektoren sollten die Einhaltung des Gesetzes überwachen, doch die Fabrikherren überlisteten ihre Kontrolleure, wo es nur ging.

Das alles können nur Ausschnitte sein aus einem Gesamtbild vielfältiger Einzelerscheinungen. Es war die große Epochenwende, als Jahrtausende reiner Agrarkultur endeten und die Maschine, erst vereinzelt, bald unaufhaltsam, vorzudringen begann. Ihre Faszination für erfindungsreiche Köpfe, vor allem für geschickte Organisatoren und Planer, lag in der Zauberkraft der Massenfertigung. Produzierte sie doch mehr, schneller und vielfach besser, als die »normale« Handarbeit es vermochte. Um die bedrückenden sozialen Folgen kümmerten sich anfänglich nur wenige. Zunächst schlang die Maschine Menschenfutter wahllos in sich hinein. Bei uns, wie gesagt, begann dies alles mit Verzug. Um die Mitte des Jahrhunderts bot Deutschland, trotz der geschilderten Trübsal der Frühindustrie, noch ein überwiegend agrarisches Gesamtbild. »Vom großen Sprung in die industrielle Produktion konnte noch nicht die Rede sein« (Nipperdey). Erst die Grundlagen waren gelegt. Daher bildeten die deutschen Arbeiter in der März-Revolution 1848, anders als die französischen, noch keine Klasse, die sich ihrer selbst bewußt war. Sie litten überwiegend noch stumm.

Jede Krankheit indes ruft nach Heilmitteln. Die Arznei für das Maschinenleiden waren die revolutionären Lehren des Sozialismus, am leidenschaftlichsten formuliert und propagiert von dem bürgerlichen Intellektuellen Karl Marx aus Trier. Der philosophisch hochbegabte Schüler Hegels (nicht mehr persönlich, aber geistig) dachte zeitlebens in dessen Denkkategorien, nur mit einer völligen Umkehrung des Denkansatzes: nicht die Ideenkämpfe treiben in Marx' Weltverständnis den Gang der Geschichte voran, sondern die Klassenkämpfe, die Widersprüche zwischen den Produktivkräften und den Produktionsverhältnissen. Aus dem »Idealisten« Hegel wird so der »Materialist« Marx. Die Verlagerung der Antriebskräfte des Ge-

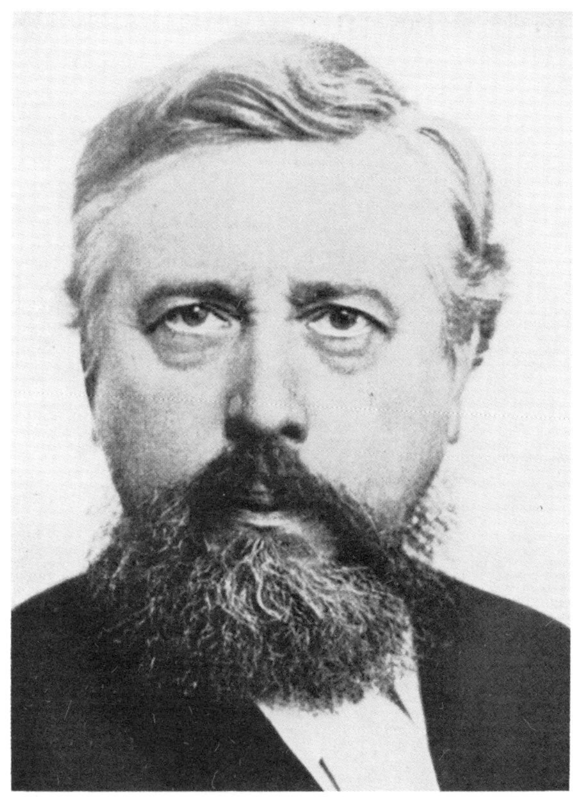

Der Drechsler August Bebel (*links oben*) und der Journalist Wilhelm Liebknecht (*oben*) gründeten 1869 in Eisenach die Sozialdemokratische Arbeiterpartei. Bebel brachte dabei die demokratischen Arbeitervereine, Liebknecht Teile des Lassalleschen Allgemeinen Deutschen Arbeitervereins ein. Mit dem Anschluß der restlichen Gruppen des ADAV beim Vereinigungskongreß in Gotha 1875 bekam die sozialistische Bewegung eine einheitliche Partei. (Den bekannten Namen »Sozialdemokratische Partei Deutschlands« legte sie sich erst 1890 zu.) Ihr Programm folgte der ökonomistischen Gesellschaftslehre von Marx und Engels, lehnte aber den gewaltsamen Umsturz der bestehenden Verhältnisse ab. Nach Liebknechts geflügeltem Wort »Wissen ist Macht« legte die Partei größtes Gewicht auf Agitation und Schulung.

Linke Seite: Ein Steuerflugblatt der Sozialdemokratischen Arbeiterpartei macht den Unterschied von Arbeiter und Millionär klar: Der eine zahlt im Verhältnis zu seinem Einkommen gewaltige Steuern und bekommt vom Nationalvermögen nur wenig zurück, der andere gibt dem Finanzamt fast nichts und schröpft anschließend kräftig den Staatssäckel.

schichtsprozesses vom ideellen auf das materielle Gleis nennt Marx: Hegel »vom Kopf auf die Füße stellen«. Jeder, der nicht dogmatisch denkt, erkennt natürlich, daß die eine These so einseitig ist wie die andere und daß der historische Verlauf bei einiger Vorurteilslosigkeit nur im Sowohl-Als-Auch zu begreifen ist. Mal sind Ideen mächtig und vorantreibend, mal sind es die materiellen Verhältnisse, und meistens wirken beide untrennbar ineinander. Für Marx jedenfalls entsprang die Sichtweise dem neuen Zeitalter, dessen entscheidende Umwälzungen Hegel (gestorben 1831) nicht mehr erlebte. Unbedenklich nahm er die vorherrschenden Eindrücke der Gegenwart zum Maßstab und Richtwert für die ganze bisherige (und zukünftige) Geschichte, wobei die Ironie darin liegt, daß er selber aus diesem Erleben heraus Ideen in die Welt setzte, die nicht wenig Veränderungen hervorgebracht, seinen Denkansatz also widerlegt haben. Indem Marx die Welt verändert hat, beweist er schlagend, was Ideen vermögen...

Die Heilung vom Elend kann für Marx nur in der Revolution liegen. Dabei gehört er nicht zu denen, die vom Schreibtisch aus zum Umsturz aufrufen oder gar aktiv vorangehen und buchstäblich auf die Barrikaden steigen. *Seine* Revolution ist trotz der zündenden Parolen keine Revolution von jetzt und heute. Marx braucht den Umsturz nicht, denn die Geschichte wird ihm das blutige Geschäft abnehmen, wenn die Zeit gekommen ist. Sie kommt, denn er hat ein ökonomisches Gesetz gefunden, welches die Verhältnisse unerbittlich in der gewünschten Richtung vorantreibt: Immer mehr Kapital wird sich in immer weniger Händen ansammeln (»akkumulieren«), bis die Verelendung einen Grad erreicht haben wird, bei der es zum revolutionären Umschlag kommt. Dann setzt die Diktatur des Proletariats ein, alles kapitalistische Eigentum wird dem Gemeinwohl zugeführt. Die Übergangszeit wird mit Terror einhergehen, bis zuletzt in der klassenlosen Gesellschaft Frieden, Freiheit und Wohlstand herrschen werden und der Staat gleichsam abstirbt; man braucht ihn nicht mehr.

Marx lehnte die Sozialordnung seiner Zeit radikal ab und hoffte auf die zwingend erkannte geschichtliche Entwicklung. Er hatte sie gleichsam wissenschaftlich vorausberechnet, und diese Wissenschaftsgläubigkeit ist ja bis heute das Kennzeichen des sozialistischen Dogmatismus (ebens wie die Faszinationskraft der Marxschen Paradiesesvorstellungen).

Nun gab es einen anderen Sozialisten jener Epoche, der realistischer dachte; der Staat und Gesellschaft in der gegebenen Form nicht einfach ideologisch fortzauberte, sondern als Tatsachen anerkannte: Ferdinand Lassalle. Ebenso wie Marx ein Schüler Hegels, war er, Lassalle, dem gemeinsamen Lehrer viel treuer geblieben, indem er den Staat als die tragende Säule aller Gemeinschaft anerkannte. Lassalle wollte ebenso eine sozialistische Gesellschaft erreichen wie der von ihm verehrte Marx, nur nicht gegen den Staat, sondern mit dem Staat. So ging es ihm vor allem darum, das Wahlrecht zu demokratisieren. Das preußische Dreiklassenwahlrecht stützte ja die Herrschaft der Besitzenden; würde es reformiert werden, dann hätten die Proletarier mehr Stimme und Gewicht. Eines Tages würden sie stark genug sein, die Herrschaft zu übernehmen.

Hinter allem stand bei Lassalle die Denkweise der Entwicklung, der Evolution, im Gegensatz zur Vorstellung der Revolution bei Marx. Der erste erkannte Möglichkeiten, den gewünschten Zustand innerhalb vorgegebener Verhältnisse zu erreichen, der zweite nur durch radikale Überwindung dieser Verhältnisse. Mit Mißbilligung sah der Erzvater im Londoner Exil, wie hier sein eiserner Kurs unterlaufen wurde. Lassalle erdreistete sich sogar, Staatskredite als Startkapital für Produktionsgenossenschaften der Arbeiter zu fordern. Das war geradezu Verrat an der gemeinsamen Sache. Unterstützung also konnte der sieben Jahre Jüngere vom sozialistischen Olymp nicht erwarten, im Gegenteil.

Unterstützung bot freilich auch nicht das Lager derer, die Lassalle bekämpfte und deren Macht er brechen wollte. Wer reicht schon freiwillig die Hand dazu, seine Vorrechte zu verlieren? Die »linkeste« Partei war die Deutsche Fortschrittspartei, die mit Bismarck erbittert um die Verfassungsrechte und die Heeresreform stritt. Eine Weile hoffte Lassalle, mit Hilfe der Linksliberalen seine eigenen Ziele vorantreiben zu

Statut

des

Allgemeinen Deutschen Arbeitervereins.

§. 1.

Unter dem Namen

„Allgemeiner Deutscher Arbeiterverein"

begründen bie Unterzeichneten für die Deutschen Bundesstaaten einen Verein, welcher, von der Ueberzeugung ausgehend, daß nur durch das allgemeine gleiche und direkte Wahlrecht eine genügende Vertretung der sozialen Interessen des Deutschen Arbeiterstandes und eine wahrhafte Beseitigung der Klassengegensätze in der Gesellschaft herbeigeführt werden kann, den Zweck verfolgt,

auf friedlichem und legalem Wege, insbesondere durch das Gewinnen der öffentlichen Ueberzeugung, für die Herstellung des allgemeinen gleichen und direkten Wahlrechts zu wirken.

§. 2.

Jeder Deutsche Arbeiter mird durch einfache Beitrittserklärung Mitglied des Vereins mit vollem gleichen Stimmrecht und kann jeder Zeit austreten.

Oben: Statut des Allgemeinen Deutschen Arbeitervereins, 1863. Darunter ein Plakat des englischen sozialistischen Künstlers Walter Crane. *Rechte Seite*: Programm der Sozialdemokratischen Arbeiterpartei, Eisenach 1869.

Programm
der sozial-demokratischen Arbeiterpartei.

I. Die sozial-demokratische Arbeiter-Partei erstrebt: die Errichtung des freien Volksstaats.

II. Jedes Mitglied der sozial-demokratischen Arbeiter-Partei verpflichtet sich, mit ganzer Kraft einzutreten für folgende Grundsätze:

1) Die heutigen politischen und sozialen Zustände sind im höchsten Grade ungerecht und daher mit der größten Energie zu bekämpfen.
2) Der Kampf für die Befreiung der arbeitenden Klassen ist nicht ein Kampf für Klassenprivilegien und Vorrechte, sondern für gleiche Rechte und gleiche Pflichten und für die Abschaffung aller Klassenherrschaft.
3) Die ökonomische Abhängigkeit des Arbeiters von den Kapitalisten bildet die Grundlage der Knechtschaft in jeder Form, und es erstrebt deshalb die sozial-demokratische Partei unter Abschaffung der jetzigen Produktionsweise (Lohnsystem) durch genossenschaftliche Arbeit den vollen Arbeitsertrag für jeden Arbeiter.
4) Die politische Freiheit ist die unentbehrliche Vorbedingung zur ökonomischen Befreiung der arbeitenden Klasse. Die soziale Frage ist mithin untrennbar von der politischen, ihre Lösung durch diese bedingt und nur möglich im demokratischen Staat.
5) In Erwägung, daß die politische und ökonomische Befreiung der Arbeiterklasse nur möglich ist, wenn diese gemeinsam und einheitlich den Kampf führt, giebt sich die sozial-demokratische Arbeiter-Partei eine einheitliche Organisation, welche es aber auch jedem Einzelnen ermöglicht, seinen Einfluß für das Wohl der Gesammtheit geltend zu machen.
6) In Erwägung, daß die Befreiung der Arbeit weder eine lokale noch nationale, sondern eine soziale Aufgabe ist, welche alle Länder, in denen es moderne Gesellschaft gibt, umfaßt, betrachtet sich die sozial-demokratische Arbeiter-Partei, soweit es die Vereinsgesetze gestatten, als Zweig der Internationalen Arbeiterassoziation, sich deren Bestrebungen anschließend.

III. Als die nächsten Forderungen in der Agitation der sozial-demokratischen Arbeiter-Partei sind geltend zu machen:

1) Ertheilung des allgemeinen gleichen direkten und geheimen Wahlrechts an alle Männer vom 20. Lebensjahre an, zur Wahl für das Parlament, die Landtage der Einzelstaaten, die Provinzial- und Gemeindevertretungen, wie alle übrigen Vertretungskörper. Den gewählten Vertretern sind genügende Diäten zu gewähren.
2) Einführung der direkten Gesetzgebung (d. h. Vorschlags- und Verwerfungsrecht) durch das Volk.
3) Aufhebung aller Vorrechte des Standes, des Besitzes, der Geburt und der Konfession.
4) Errichtung der Volkswehr an Stelle der stehenden Heere.
5) Trennung der Kirche vom Staat, und Trennung der Schule von der Kirche.
6) Obligatorischer Unterricht in den Volksschulen und unentgeltlicher Unterricht in allen öffentlichen Bildungsanstalten.
7) Unabhängigkeit der Gerichte, Einführung der Geschwornen- und Fachgewerbegerichte, Einführung des öffentlichen und mündlichen Gerichtsverfahrens und unentgeltliche Rechtspflege.
8) Abschaffung aller Preß-, Vereins- und Koalitionsgesetze; Einführung des Normalarbeitstages; Einschränkung der Frauen- und Verbot der Kinderarbeit. Beseitigung der durch die Zucht- und Arbeitshausarbeit den freien Arbeitern geschaffenen Konkurrenz.
9) Abschaffung aller indirekten Steuern und Einführung einer einzigen direkten progressiven Einkommensteuer und Erbschaftssteuer.
10) Staatliche Förderung des Genossenschaftswesens und Staatskredit für freie Produktivgenossenschaften unter demokratischen Garantien.

können, denn sozial aufgeschlossen waren ja auch sie. Der ausgeprägte Machtinstinkt Lassalles erkannte aber bald die innere Schwäche der Fortschrittler. Diese rechts-versessenen Männer unter der geistigen Führung von Max von Forckenbeck, Hermann Schulze-Delitzsch, Heinrich von Sybel, Karl Twesten, Rudolf Virchow, Benedikt Waldeck waren in seinen Augen keine Realisten. Sie glaubten, die Verfassung selber sei schon Politik, obwohl sie in Wirklichkeit immer nur so viel wert ist, wie an stützender Macht hinter ihr steht. Gerade jetzt meinte er wahrzunehmen, »daß immer nur reale Mächte, nie der Paragraph und das Parlamentsgeschwätz herrschen«.

Die Kritik an den Liberalen machte Bismarck auf Lassalle aufmerksam. Obwohl beide in entgegengesetzten Lagern standen – hier gab es Berührungspunkte. Jeder von ihnen achtete im Gegenüber den Politiker von Geblüt und überschlug, ob man in ihm einen Verbündeten für die eigenen Zwecke finden könnte. Insbesondere Bismarck war verblüffend vorurteilslos, wenn er Chancen vermutete, auf solchem Wege weiterzukommen.

So lud er den geistvollen Demagogen wiederholt zu Unterredungen ein, bei denen Lassalle für das allgemeine und gleiche Wahlrecht warb. Er versuchte den Ministerpräsidenten zu überzeugen, daß die Fortschrittspartei dabei zu Bruch gehen würde. Die geheimen Unterredungen blieben nicht ganz geheim, doch dauerte es fünfzehn Jahre, ehe es darüber im Reichstag zu einer regelrechten parlamentarischen Auseinandersetzung zwischen August Bebel und Bismarck kam. Der Reichskanzler fand rühmende Worte für den längst Verstorbenen:

»... er war einer der geistreichsten und liebenswürdigsten Menschen, mit denen ich je verkehrt habe... Lassalle war ehrgeizig im hohen Stil, und ob das deutsche Kaisertum gerade mit der Dynastie Hohenzollern oder mit der Dynastie Lassalle abschließen solle, das war ihm vielleicht zweifelhaft.« Von Heiterkeit unterbrochen, erläuterte Bismarck weiter: »Unsere Unterredungen haben stundenlang gedauert... Von Verhandlungen war schon deshalb nicht die Rede, weil ich in unseren Unterredungen

wenig zu Worte kam. Er trug die Kosten der Unterhaltung allein...«
»Verhandelt« werden konnte nach Bismarcks Worten auch gar nicht, weil Lassalle im Sinne der Redewendung »ich gebe, damit du gibst« (do ut des) nichts zu bieten gehabt habe; »er hatte nichts hinter sich«. Gemessen an Bismarcks Machtgewicht stimmte das natürlich. Zumindest dem Namen nach hatte Lassalle aber doch etwas hinter sich: eine kleine Partei. Sie hieß Allgemeiner Deutscher Arbeiterverein und war am 23. Mai 1863 in Leipzig gegründet worden. Als allererster in Deutschland hatte Ferdinand Lassalle organisatorisch die Antwort auf die Not des Proletariats erteilt. Nur die Arbeiterschaft war nach seiner Auffassung berufen und in der Lage, die soziale Demokratie zu erkämpfen, auf dem Wege über das allgemeine und direkte Wahlrecht, welches für den Gründer der entscheidende Punkt aller Agitation zu sein hatte. Der 23. Mai 1863 wurde für die deutsche Sozialdemokratie zum Stichtag und Beginn ihrer Zeitrechnung. Im Widerspruch zu den demokratischen Absichten stand nur, daß Lassalle Präsident mit diktatorischen Vollmachten wurde. So etwas hat es später in der Sozialdemokratie nicht mehr gegeben, und außerhalb des sozialistischen Lagers erzwang nur Hitler als Vorsitzender der NSDAP vergleichbare Vollmachten.
Die Bundesfahne der Lassalleaner zeigt einen Ährenkranz, darin zwei Hände, die einander umschließen. Wir finden das Symbol des Händedrucks erst wieder beim Zwangszusammenschluß von KPD und SPD in der Sowjetzone von 1946. Man sieht: das Vorbild war 83 Jahre alt. Auch ein »Bundeslied« entstand im Jahr der Parteigründung aus der Feder des Dichters Georg Herwegh:

Bet und arbeit! ruft die Welt.
Bete kurz! denn Zeit ist Geld.
An die Thüre pocht die Noth –
Bete kurz! denn Zeit ist Brot.

So fängt es an. Darin stehen auch die bekannten Zeilen: »Alle Räder stehen still, / Wenn dein starker Arm es will« – der erste Aufruf zum Streik nach der Parteigründung... Der weitere Weg der Lassalleaner – wie wäre er ohne den frühen Tod des Vorsitzenden (schon 15 Monate später) verlaufen? Der Arbeiterverein geriet unter seinem Nachfolger Johann Baptist von Schweitzer in heftige innere Kämpfe, überstand sie aber. Doch draußen erwuchs ihm Konkurrenz. Wilhelm Liebknecht und August Bebel gründeten 1869 in Eisenach die Sozialdemokratische Arbeiterpartei. Sie stand stärker unter dem Einfluß von Marx, sie war »marxistischer« als der Arbeiterverein, ohne sich allerdings der Autorität in London völlig zu unterwerfen. Stets blieben die deutschen Sozialdemokraten auf dem Boden der sozialen Wirklichkeit, verloren sich nicht in Utopien. Sie wollten die Lebensverhältnisse der Arbeiter verbessern, ohne erst auf die Revolution zu warten. Ihre Parteiprogramme waren radikaler als ihre Handlungsweise. Sie predigten Marx und lebten nach Lassalle.

Deutschland vor der Entscheidung

Hatte Bismarck darauf spekuliert, daß der militärische Sieg im Norden die Fortschrittspartei im Verfassungskonflikt versöhnen würde, so sah er sich getäuscht. Bei der Mehrheit waren die bisherigen Grundsätze unerschüttert. So lehnte sie selbstverständlich auch den Antrag der Regierung ab, zehn Millionen Taler für den Bau einer Flotte zu bewilligen, nachdem der Ostseehafen Kiel jetzt verfügbar geworden war. Neuerliche Rededuelle im Landtag gingen so weit, daß Bismarck den Liberalen Virchow, den berühmten Pathologen, auf Pistolen forderte. Das Parlament lehnte jedoch Ehrenhändel um Äußerungen, die in diesem Hause gefallen waren, ab. Virchow erklärte genüßlich, mit dem Operationsmesser stehe er dem Herausforderer zur Verfügung.
Die von Dänemark abgetretenen Herzogtümer grenzten an Preußen, und der Mitverwalter Österreich war geographisch weit entfernt, tausend Kilometer. Jeder nüchterne Beobachter mußte spätestens zu diesem Zeitpunkt erkennen, welches die nächsten Ziele des preußischen Ministerpräsidenten waren: den administrativen Konkurrenten loszuwerden und das

eigene Territorium um ansehnlichen Zuwachs zu vergrößern. Aber konnte es ohne Gewalt geschehen? Hätten diese Beobachter geahnt, daß der leitende Minister in Preußen schon ein Jahrzehnt zuvor, als Diplomat noch, den Kampf um den Vorrang in Deutschland vorausgesagt hatte, so wäre ihnen die nun einsetzende Entwicklung noch zwangsläufiger erschienen.
Bismarck ging schrittweise vor, sich alle Möglichkeiten und Optionen offenhaltend, auch die friedlichen. Selbst im Nachhinein läßt sich nicht behaupten, er habe allein auf Krieg gesetzt. Der kam erst in Betracht, wenn Diplomatie oder Druck versagten. Der Krieg war ihm nicht moralisch verwerflich; so dachte das Zeitalter nicht. Doch allein aus Zweckmäßigkeitsgründen sollte er eine »letzte Karte« sein, eine »ultima ratio regis«, wie die Inschrift auf den bronzenen Kanonen des Königreiches lautete.
Zuerst provozierte er Reibereien in der nördlichen Doppelherrschaft. Sie führten schließlich zum Übereinkommen, die Herzogtümer getrennt zu verwalten (Konvention von Gastein, 1865). Preußen übernahm Schleswig, Österreich Holstein. Das kleine Herzogtum Lauenburg, von dem bisher im Gesamtzusammenhang nicht gesprochen worden ist, weil es sich nur um ein bescheidenes Ländchen im Südosten Holsteins handelt, ging für zweieinhalb Millionen Taler, die der preußische König dem österreichischen Kaiser als Ausgleich zahlte, an Preußen über. Das war noch keine Einverleibung, erst der staatsrechtliche Zustand einer Personalunion.
Über den Vertrag von Gastein empörten sich viele im In- und Ausland. Administrativ waren die Herzogtümer damit geschieden, nicht mehr »ungedelt«. Wofür hatte man eigentlich, fragten die Kritiker, Blut vergossen? Das Auseinanderreißen durch Dänemark hatte doch die ganze Krise erst hervorgerufen! Die Erregung änderte nichts, und sie flaute auch wieder ab. Gerieten doch die Ereignisse so in Fluß, daß gar keine Zeit blieb, sich zu lange mit dem eben Gewesenen aufzuhalten; Österreichs Verwaltungsgebiet Holstein war nun von preußisch beherrschtem Territorium im Norden und Süden umschlossen, außerdem übernahm Preußen im Bundeshafen Kiel – also in der österreichischen Hoheitszone – den Oberbefehl. Schließlich war noch vereinbart worden, alle diese Regelungen als vorläufig zu betrachten. Bismarck behielt damit einen Hebel in der Hand, jederzeit neue Unruhe stiften zu können.
So angefeindet auch der leitende Staatsmann Preußens damals in ganz Deutschland war (viele bedauerten, daß das Revolverattentat des Studenten Ferdinand Cohen-Blind am 5. Mai 1866 Unter den Linden mißlungen war, weil die Kugeln in der Kleidung des Überfallenen steckenblieben) – er fand jetzt sogar unter den Liberalen manche Parteigänger für die Annexion der Herzogtümer. Trotz überwiegender Unversöhntheit sprach die Fortschrittspartei nicht mehr mit *einer* Stimme. Die Realisten unter ihnen, wenige freilich, räumten ein, daß ein weiterer Gliedstaat, eine weitere Dynastie im Deutschen Bund die deutsche Einigung nicht gerade erleichtern würde. Der prominente Linke Benedikt Waldeck plädierte jetzt ebenso für die Vergrößerung Preußens nach Norden wie der Jurist und Historiker Theodor Mommsen, ein Nordschleswiger, der 1848 an der dortigen Erhebung teilgenommen hatte. Am lautesten rief der Geschichtskundler Heinrich von Treitschke nach der Gewaltlösung. Er wirkte im badischen Freiburg als Professor; im übrigen war er gar kein Preuße, sondern Sohn eines sächsischen Generals.
Die Sehnsucht nach Einheit, welche die Deutschen allmählich wie eine Neurose peinigte, vertrug sich durchaus mit dem Zorn auf Bismarck. Daß er, von heute aus geurteilt, sicher der einzige war, der die Sehnsucht erfüllen konnte, sahen die Mitlebenden nicht. Gerade die Liberalen als die Vorkämpfer der Einheit waren darauf fixiert, beim Zusammenschluß zum Reich unter preußischer Führung müsse eine Nationalversammlung maßgeblich mitsprechen. Sie besaßen nicht den nüchternen Blick einzusehen, daß ein Gefüge von 39 Einzelstaaten, darunter 35 zum Teil uralte Dynastien, sich nicht durch parlamentarische Beschlüsse aus den Angeln heben ließ. Ihr guter Wille war stärker als ihr Realitätssinn, stärker erst recht als ihr Durchsetzungsvermögen. In Bismarck aber sahen sie nur den Volksfeind.
Er selber indes verkannte nicht, daß das Volk

eine moralische und atmosphärische Kraft geworden war. Er verabscheute zwar alles, was irgend nach Volksherrschaft aussah, er dachte auch gar nicht »national«, sondern preußisch; gleichviel: beide marschierten doch im Grunde in dieselbe Richtung, nur auf getrennten Wegen. *Sie*, die Liberalen, wollten die Einheit über das Volk; *er* wollte Preußen zur führenden Kraft in Deutschland machen. Im Ergebnis führte auch dies zur Einheit. Also war das Ziel dasselbe.

Konnte man da nicht, erwog sein unermüdlicher Verstand, die populäre Strömung als Antriebskraft mitverwenden, sich von ihr tragen lassen? Ein tollkühner Plan erwuchs daraus. Im April 1866 trat der Ministerpräsident damit hervor: Das allgemeine Wahlrecht solle den Deutschen Bund umgestalten! Dann wäre Preußen im Bund nicht mehr nur ein Gliedstaat unter anderen Gliedstaaten, mit der Gefährdung, jederzeit überstimmt zu werden, sondern besäße aufgrund seiner Volkszahl ein ganz anderes Gewicht. Natürlich nahm er nicht einen Augenblick an, daß die anderen Bundesglieder zustimmen könnten; sie hatten ja nichts dabei zu gewinnen. Dafür bestand wenigstens Aussicht, Verwirrung ins Lager der Liberalen zu tragen. Trotz ihrer Zugewandtheit zum Volk konnten sie sich nämlich beim allgemeinen Wahlrecht keine Vorteile errechnen; da hatte Lassalle durchaus recht gehabt. Der hätte, wenn er noch lebte, bei diesem sensationellen Vorstoß die meiste Genugtuung empfunden, schien hier doch die Saat seiner Anregungen aufzugehen.

Die meisten anderen schätzten den Vorschlag als das ein, was er mutmaßlich auch war: ein taktisches Verwirrspiel. Die satirische Zeitschrift »Kladderadatsch« in Berlin erklärte, es müsse sein Erscheinen einstellen; mit Bismarcks Witzen könne niemand konkurrieren. Eine Zeitung schrieb – auf seine Unbeliebtheit anspielend –, er gleiche einem Arzt, der ein Inserat drucken lasse: Suche neue Patienten, da meine bisherigen alle gestorben sind.

Während der innere Meinungskampf tobte, klärten sich allmählich die auswärtigen Frontstellungen in der deutschen Frage. Die große Auseinandersetzung, die offenkundig näherrückte, konnte das Ausland nicht unbeteiligt

Oben: »Frei nach der Victoria auf dem Brandenburger Tor« stellt die Karikatur von 1865 den Siegeslauf Bismarcks vor, der nach der Niederwerfung Dänemarks nun gegen Österreich und die mit diesem verbündeten Mittelstaaten ziehen wird.

Rechte Seite: Das Revolverattentat des Studenten Ferdinand Cohen-Blind am 5. Mai 1866 in einer zeitgenössischen Zeichnung. »Die Abneigung gegen die Lösung des gordischen Knotens der deutschen Politik durch das Schwert war in weiten Kreisen verbreitet«, schreibt Bismarck in seinen »Gedanken und Erinnerungen«. »Damals«, so fährt der Fürst fort, »hing in den Berliner Bilderläden eine Lithographie aus, in der das Attentat so dargestellt war, daß der Teufel die für mich bestimmten Kugeln auffing mit den Worten: Der gehört mir!«

lassen. Seit Jahrhunderten waren die umwohnenden Völker an eine schwache und manipulierbare Mitte Europas gewöhnt. Jetzt bestand Gefahr, daß Zentraleuropa in Bewegung geriet. Monarchen und Regierungen blickten höchst aufmerksam auf die deutschen Streitigkeiten, die »querelles allemandes«.

Um Rußland sorgte Bismarck sich am wenigsten; es war seit dem Krimkrieg preußenfreundlich und österreichfeindlich, seit dem polnischen Aufstand Bismarck speziell gewogen. Aber der ehrgeizige, beutelüsterne Franzosenkaiser – würde er stillhalten, wenn es darum ging, Österreich aus Deutschland hinauszudrängen? Er hatte zwar die italienische Einigung unterstützt; das gleiche hingegen in Deutschland zu dulden, war eigentlich zuviel verlangt, wenn man die französische Politik seit Kardinal Richelieu im 17. Jahrhundert überblickte. Daher ließ der genaue Kenner der Psyche Napoleons III. in unverbindlichen, auslegungsfähigen Äußerungen über Mittelsmänner durchklingen, er könnte sich für wohlwollende französische Neutralität erkenntlich zeigen: zum Beispiel auf linksrheinischer Seite. Der Kaiser hörte heraus: freie Hand in Belgien, eventuell in Luxemburg.

Napoleon III. fühlte gleichermaßen bei der Konkurrenz vor: Was konnte Österreich bieten, wenn er sich heraushielte? Lohnzusagen von seiten Wiens schienen aussichtsreicher zu sein, weil die Wetten in Paris vier zu eins für einen Sieg Österreichs standen. Man nahm einfach die dreifach höhere Volkszahl der Donaumonarchie (alle Untertanen zusammengezählt) zum Maßstab für die Überlegenheit der Waffen, so, als habe es Friedrich den Großen nie gegeben. Napoleon forderte Venetien, zur Weitergabe an Italien nach errungenem österreichischem Sieg. Über der oberitalienischen Provinz wehte ja immer noch der habsburgische Doppeladler. Napoleon stünde dann im Lichte des großzügigen Gönners da. In Wien wurde die Preisgabe Venetiens verbindlich zugesagt, na-

türlich mit dem Seitenblick auf die Italiener, die davon erfahren und sich dann nicht mit Preußen verbünden würden.
Sie hatten es aber schon getan – zum selben Preis! Venetien, das unerlöste Heimatgebiet, war der jungen Monarchie also in jedem Fall sicher, wie der Krieg auch ausgehen würde. Nur vertraute sie den preußischen Waffen mehr als den österreichischen und war dafür auch zur Gegenleistung bereit. Am 8. April hatten die beiden Königreiche ein geheimes Angriffsbündnis geschlossen, befristet auf drei Monate. Bis zum 8. Juli also mußte der Krieg ausgebrochen sein; dann würde Italien von Süden her Österreich angreifen.
Bei diesem Allianzvertrag hatte Bismarck sich kühn über die Bundesakte hinweggesetzt, sie kaltblütig gebrochen. Nach Artikel 11 waren die Bundesmitglieder verpflichtet, »in keine Verbindungen einzugehen, welche gegen die Sicherheit des Bundes oder einzelner Bundesstaaten gerichtet wären«. Paragraphen zählten für Bismarck immer nur so lange, wie sie Ausdruck einer lebendigen Lebensordnung waren. Diese jedoch erschien ihm altersschwach und überholt. Nach außern hütete er sich natürlich, als Friedensbrecher dazustehen, und drängte lieber Wien in diese Position.
Von heute aus ist es tragikomisch, die allseitigen geheimen Fühlungnahmen und Absprachen zu überschauen, die in ihrer Gesamtheit auch dem eingeweihtesten Zeitgenossen verborgen waren. Bismarcks eigene Aktivität beweist zugleich, was man über seinen bald sichtbaren Triumphen leicht vergißt: Er war seines Erfolges nicht so sicher, wie es im strahlenden Licht von Königgrätz nachträglich scheinen mag. Preußens neuorganisierte Armee hatte sich bisher einzig bei Düppel bewährt, und nicht einmal überzeugend. Nur eine Minderheit rundum glaubte daran, daß der Staat Wilhelms I. und seines listenreichen Ministerpräsidenten die Kraftprobe meistern werde, und wenn, dann sicher nicht schnell.
Der rastlose Drahtzieher fand daher kaum Verbündete in Deutschland. Niemand wollte mit in den Abgrund gerissen werden. Dies erklärt, warum er bis hart an die Schwelle des Krieges mit den verschiedensten, auch friedlichen Möglichkeiten operierte. Bismarck war furchtlos, aber nicht halsbrecherisch. Er wollte die große Nummer nicht ohne Netz riskieren. Die Eleganz, mit der sie dann vor dem staunenden Publikum ablief, macht es schwierig, die ungeheuren Nervenkämpfe und die Einsamkeit Bismarcks im Vorfeld der Entscheidung sich noch bewußt zu machen. Weil der Weg zum Krieg viel schwerer und länger war als der Krieg selber, ist es wohl vertretbar, die Vorbereitungszeit ausführlicher beleuchtet zu haben. Nur so läßt sich auch der Schock der Verblüffung begreifen, der bald darauf Europa durchzuckte.

Die Würfel rollen

Ganz zuletzt ist es Österreich, das den Nervenkrieg nicht länger erträgt und voll Selbstvertrauen die Entscheidung sucht. Nachdem beiderseitige Truppenbewegungen schon in einen Beinahe-Kriegszustand münden, beantragt der Wiener Gesandte in Frankfurt Anfang Juni 1866, das Schicksal der Herzogtümer durch den Bundestag klären zu lassen. Damit ist die Konvention von Gastein praktisch zerrissen. Preußen wertet diesen Vorstoß als indirekte Kriegserklärung und läßt seine Truppen von Schleswig aus in Holstein einmarschieren. Der preußische Befehlshaber Edwin Freiherr von Manteuffel gibt seinem österreichischen Kollegen Ludwig Freiherr von Gablenz einen Wink; der zieht sich rechtzeitig zurück. Blutvergießen bleibt aus, der gedachte Kriegsbeginn hat nicht stattgefunden. Bismarck schreibt empört an General Manteuffel, nicht ohne in der größten Nervenanspannung noch Sinn zu haben für Manteuffels Schiller-Vorliebe, so daß er sich den »Wallenstein« vom Bücherbord holt und die Verse zitiert:

> ... Notwendigkeit ist da, der Zweifel flieht,
> Jetzt fecht ich für mein Haus und für mein Leben.

Preußen beantragt in Frankfurt, den Bund neu zu ordnen und Österreich auszuschließen. Wiens Gegenzug: Der Bundestag möge beschließen, das Bundesheer (soweit nichtpreußisch) »zum Schutz der inneren Sicherheit Deutschlands« zu mobilisieren. Die Mehrheit stimmt zu. Der preußische Gesandte Karl Friedrich von Savigny kontert mit der Erklärung, die Bundesakte sei »gebrochen« und »erloschen«. Es ist der 14. Juni 1866. Die Würfel rollen.

Der Blick auf die Landkarte stimmt nicht gerade freudig. Um die österreichische Hauptmacht zu schlagen, muß das preußische Heer nach Süden vorstoßen. Dabei ist die rechte Flanke offen gegen die Truppen der vier anderen deutschen Königreiche, die im Lager Österreichs stehen: Hannover, Sachsen, Bayern, Württemberg, nicht gerechnet die kleineren und kleinen Staaten: Baden, Kurhessen, Hessen-Darmstadt, Nassau, Sachsen-Meiningen, die Stadt Frankfurt. Preußens Westen (Westfalen, Rheinprovinz) ist vom größeren Kernland durch Hannover und eine Reihe Splitterterritorien geschieden. Die Kampfkraft aller innerdeutschen Gegner braucht einstweilen nicht bedrohlich eingeschätzt zu werden, weil sie uneinheitlich ist; aber sie kann es werden, wenn Preußen nicht schnelle Erfolge erzielt.

Daher ist Moltkes Konzeption klar: zum Sieg zu gelangen, bevor die anderen sich gesammelt haben. »Wir müssen einen einzigen starken Schlag gegen Österreich führen. Ist Österreich besiegt, liegt uns Deutschland zu Füßen.« Da er Frankreichs Neutralität vorerst sicher sein kann, zieht er sogar die westlichen Korps ab und läßt sie mit nach Böhmen vorrücken. Dort beginnt sein Gegner Ludwig August Ritter von Benedek erwartungsgemäß einen weit vorgelagerten Sperriegel zu errichten. Benedek hat nur widerstrebend das Oberkommando übernommen; er kennt sich in Italien besser aus. Der Kaiser aber bestand darauf. Moltke wendet eine Strategie an, die erstmals Scharnhorst formuliert hat: getrennt marschieren – vereint schlagen. Die Armee wird in Marschsäulen aufgeteilt, welche sich erst am gedachten Ort der Entscheidung treffen sollen. Er erhofft sich größere Beweglichkeit und schnelleres Operieren davon. Auch sind moderne Massenheere leichter zu versorgen, wenn der Nachschub teilbar ist.

Moltke hat es eilig. Zu lange war sein Feldzugplan verzögert worden, weil König Wilhelms sittliche Bedenken, als Aggressor dastehen zu können, wertvolle Zeit hatten verstreichen lassen. Der Stratege sieht naturgemäß weniger auf die Positionskämpfe der Politik als auf die vorteilhafteste operative Ausgangslage.

Weit auseinandergezogen, stoßen die »Elbarmee«, die I. Armee und die II. Armee im großen Elbbogen nach Böhmen hinein, ins Herz Europas, das so oft Schlachtfeld gewesen ist. Nach ersten Gefechten wird klar, daß das österreichische Hauptheer mit sächsischem Hilfskorps vor Königgrätz Stellung bezieht, näher zum Dorf Sadowa hin. Zum erstmöglichen Zeitpunkt befiehlt der Generalstabschef den Angriff, obwohl die herbeieilende II. Armee des Kronprinzen Friedrich noch 15 bis 20 Kilometer entfernt ist. Das »vereinte Schlagen« erfüllt sich also vorerst noch nicht. Dieser Verstoß gegen das Konzept scheint sich zu rächen. Um elf Uhr vormittags an jenem 3. Juli 1866 erlahmt der preußische Angriff im Feuer der überlegenen und zielgenauen österreichischen Artillerie. Die königliche Suite auf dem Feldherrnhügel bei Sadowa richtet die Fernrohre immer sehnsüchtiger nach Nordosten: Wird der Kronprinz rechtzeitig eintreffen? Die Situation erinnert an Waterloo 1815, nur mit dem Unterschied, daß damals die Feldherren beider Seiten verzweifelt auf Hilfe warteten; Wellington auf die Preußen, Napoleon auf sein Ersatzkorps unter Grouchy. Wem zuerst geholfen würde, der hätte den Sieg; damals bekam ihn Wellington.

Während des nervenzehrenden Wartens reitet Bismarck zu Moltke, der in Schweigen gehüllt auf einer Rappstute sitzt, und bietet ihm aus seinem Etui eine Zigarre an. Der General hat die Wahl zwischen den beiden letzten: einer schlechteren und einer guten. Bedachtsam und wortlos wählt er die gute. Bismarck legt diese Gelassenheit des »großen Schweigers« so aus, daß die Partie gut stehen müsse. Aber König Wilhelm lamentiert: »Moltke, Moltke, wir verlieren die Schlacht!« Nun kann er nicht länger verschlüsselt antworten, er muß sich äußern, und er tut es in aller Deutlichkeit: »Eure Majestät gewinnen heute nicht nur die Schlacht, sondern den Feldzug.«

Noch sind dies Lorbeeren auf Vorschuß. Um

Fortsetzung Seite 114

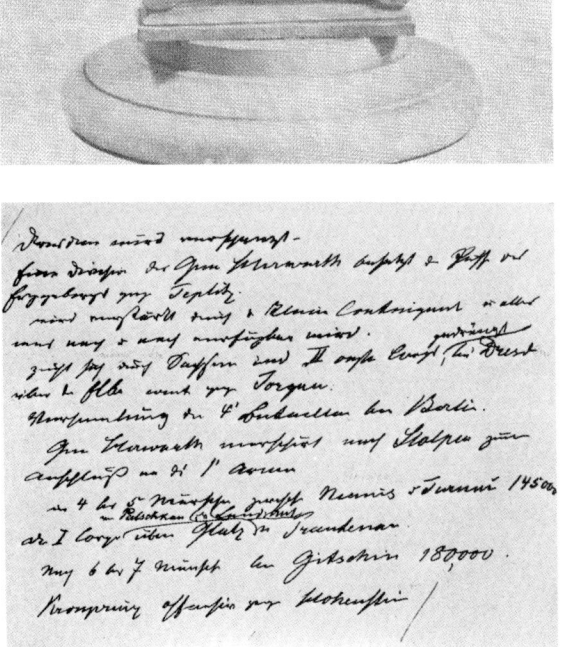

Links oben: Helmuth von Moltke. Gipsbüste von Reinhold Begas. Der preußische Generalfeldmarschall leitete die militärische Operationen in den Feldzügen von 1866 und 1870/71. Seine persönliche Bescheidenheit und Wortkargheit trugen ihm den Beinamen »Der große Schweiger« ein, und die nach dem Sieg gegen Frankreich gewaltig einsetzende Heldenverehrung erfand angesichts der genialen Moltkeschen Strategie das Wort vom »Schlachtendenker«.
Links: Der Operationsplan für den Krieg gegen Österreich 1866: »Dresden wird verschanzt. Eine Division des Gen(erals)

Herwarth besetzt die Pässe des Erzgebirges geg(en) Teplitz, wird verstärkt durch d(ie) kleinen Contingente u(nd) alles, was nach u(nd) nach verfügbar wird, zieht sich, (wenn) durch (die) Sachsen und II oester(reichisches) Corps gedrängt, bei Dresd(en) über die Elbe, event. geg(en) Torgau. Versammlung der 4. Bataillone bei Berlin. Gen(eral) Herwarth marschiert nach Stolpen zum Anschluß an die 1. Armee in 4 bis 5 Märschen zwisch(en) Niemis (Niemes) u(nd) Turnau 145 000 (Mann). Das 1. Corps von Patschkau über Glatz ev. Landshut n(ach) Trautenau, nach 6 bis 7 Märsch(en) bei Gitschin 180 000 (Mann). Kronprinz offensiv geg(en) Hohenstein (Hohenstadt).«

Oben: Hannoversche Dragoner greifen im Gefecht von Langensalza ein preußisches Infanterie-Karree an. Die Teilnahme Hannovers am Krieg von 1866 endete mit der Kapitulation seiner Truppen am 29. Juni. Das Land wurde von Preußen annektiert, das Privatvermögen des Königs Georg V. beschlagnahmt. Als »Welfen«- oder auch »Reptilienfonds« diente es Bismarck zur Finanzierung von regierungsfreundlichen Presseartikeln.

Bismarcks Ernennung

Als 1862 die liberale Mehrheit im Preußischen Landtag die von Wilhelm I. geforderten Mittel zur Heeresreform nicht bewilligte, der König bereits resignieren wollte, schlug Bismarcks Stunde. Er sei entschlossen, »lieber mit dem König unterzugehen, als Eure Majestät im Kampf mit der Parlamentsherrschaft im Stich zu lassen«, erklärte er seinem Souverän. Am 22. September ernannte ihn der König zum Staatsminister. In seinen Memoiren berichtet Bismarck von einem Gespräch mit Wilhelm I. in diesen Tagen.

In den ersten Tagen des Oktobers fuhr ich dem König, der sich zum 30. September, dem Geburtstage seiner Gemahlin, nach Baden-Baden begeben hatte, bis Jüterbogk entgegen und erwartete ihn in dem noch unfertigen von Reisenden dritter Klasse und Handwerkern gefüllten Bahnhofe im Dunkeln auf einer umgestürzten Karre sitzend. Meine Absicht, indem ich die Gelegenheit zu einer Unterredung suchte, war: Seine Majestät über eine Aufsehen erregende Äußerung zu beruhigen, welche ich am 30. September in der Budget-Kommission getan hatte und die zwar nicht stenographiert, aber in den Zeitungen ziemlich getreu wiedergegeben war.

Ich hatte für Leute, die weniger erbittert und von Ehrgeiz verblendet waren, deutlich genug gesagt, wo ich hinaus wollte. Preußen könne – das war der Sinn meiner Rede – wie schon ein Blick auf die Karte zeige, mit seinem schmalen langgestreckten Leibe die Rüstung, deren Deutschland zu seiner Sicherheit bedürfe, allein nicht länger tragen. Diese müsse sich auf alle Deutschen gleichmäßig verteilen. Dem Ziele würden wir nicht durch Reden, Vereine, Majoritätsbeschlüsse näher kommen, sondern es werde ein ernster Kampf nicht zu vermeiden sein, ein Kampf, der nur durch Eisen und Blut erledigt werden könne. Um uns darin Erfolg zu sichern, müßten die Abgeordneten das möglichst große Gewicht von Eisen und Blut in die Hand des Königs von Preußen legen, damit er es nach seinem Ermessen in die eine oder andere Wagschale werfen könne.

Ich hatte einige Mühe, durch Erkundigungen bei kurz angebundenen Schaffnern des fahrplanmäßigen Zuges den Wagen zu ermitteln, in dem der König allein in einem gewöhnlichen Coupé I. Klasse saß. Er war unter der Nachwirkung des Verkehrs mit seiner Gemahlin sichtlich in gedrückter Stimmung, und als ich um die Erlaubnis bat, die Vorgänge während seiner Abwesenheit darzulegen, unterbrach er mich mit den Worten: »Ich sehe ganz genau voraus, wie das alles endigen wird. Da vor dem Opernplatz unter meinen Fenstern wird man Ihnen den Kopf abschlagen und etwas später mir.«

Als er schwieg, antwortete ich mit der kurzen Frage: »Et après, Sire?« – »Ja, après, dann sind wir tot«, erwiderte der König. »Ja«, fuhr ich fort, »dann sind wir tot, aber sterben müssen wir früher oder später doch und können wir anständiger umkommen? Ich selbst im Kampf für die Sache meines Königs und Eure Majestät, indem Sie Ihre königlichen Rechte von Gottes Gnaden mit dem eigenen Blute besiegeln. Ob auf dem Schafott oder auf dem Schlachtfeld ändert nichts an dem rühmlichen Einsetzen von Leib und Leben für die von Gottes Gnaden verliehenen Rechte.«

Je länger ich in diesem Sinne sprach, desto mehr belebte sich der König und fühlte sich in die Rolle des für Königtum und Vaterland kämpfenden Offiziers hinein. Er war äußeren und persönlichen Gefahren gegenüber von einer seltenen und ihm absolut natürlichen Furchtlosigkeit, auf dem Schlachtfeld wie Attentaten gegenüber. Seine Haltung in jeder äußeren Gefahr hatte etwas Herzerhebendes und Begeisterndes. Der ideale Typus des preußischen Offiziers, der dem sicheren Tode im Dienste mit dem einfachen Wort »Zu Befehl« selbstlos und furchtlos entgegengeht, der aber wenn er auf eigene Verantwortung handeln soll, die Kritik des Vorgesetzten oder der Welt mehr als den Tod und dergestalt fürchtet, daß die Energie und Richtigkeit seiner Entschließung durch die Furcht vor Verweis und Tadel beeinträchtigt wird. Dieser Typ war in ihm in höchstem Grade ausgebildet. Er hatte sich bis dahin auf seiner Fahrt nur gefragt, ob er vor der überlegenen Kritik seiner Frau Gemahlin und vor der öffentlichen Meinung in Preußen mit dem Weg, den er mit mir einschlug, würde bestehen können. Dem gegenüber war die Wirkung unserer Unterredung in dem dunklen Coupé, daß er die ihm nach der Situation zufallende Rolle mehr vom Standpunkt des Offiziers auffaßte. Er fühlte sich bei dem Portepée gefaßt und in der Lage eines Offiziers, der die Aufgabe hat, einen bestimmten Posten auf Tod und Leben zu behaupten, gleichviel, ob er dabei umkommt oder nicht. Damit war er auf einen seinem ganzen Gedankengange vertrauten Weg gestellt und fand in wenigen Minuten die Sicherheit wieder, um die er in Baden-Baden gebracht worden war, und selbst seine Heiterkeit. Das Leben für König und Vaterland einzusetzen war die Pflicht des preußischen Offiziers, umsomehr die des Königs als des ersten Offiziers im Lande...

Er fühlte sich ganz in der Aufgabe des ersten Offiziers der preußischen Monarchie, für den der Untergang im Dienst ein ehrenvoller Abschluß der ihm bestimmten Aufgabe ist. Der Beweis der Richtigkeit meiner Beurteilung ergab sich daraus, daß der König, den ich in dieser Nacht niedergeschlagen und entmutigt gefunden hatte, schon vor der Ankunft in Berlin in eine heitere, man kann sagen fröhliche und kampflustige Stimmung geriet.

Bismarck, Gedanken und Erinnerungen. Stuttgart 1898

Otto von Bismarck im Jahre 1858.

Deutsch-Dänischer Krieg

Als 1863 durch eine neue dänische Verfassung die beiden Herzogtümer Schleswig und Holstein in das Königreich Dänemark inkorporiert werden sollten, ergab sich für Bismarck die erste Gelegenheit, mit »Eisen und Blut« seinem Ziele näherzukommen. In einem der damals zahlreichen Verklärungsbücher wird die Eroberung der Insel Alsen am 29. Juni 1864 durch preußische Truppen und die Siegesparade in Berlin beschrieben.

Alles bleibt am gegenseitigen Ufer noch still; schon haben die Boote ungehindert eine Strecke von 300-400 Metern zurückgelegt. Da plötzlich kommt Leben in die gespenstisch stille Szene. Ein Schuß blitzt auf, dem wie ein hundertfaches Echo zahlreiche andere folgen. Das ganze feindliche Ufer scheint im Nu zu einer langen Feuerkette geworden zu sein. Die Angreifer in den Kähnen werden mit einem förmlichen Eisenhagel von Kartätschen, Granaten, aus Wallbüchsen und kleinen Gewehren überschüttet. Nun lassen auch die preußischen Strandbatterien, welche bestimmt waren, den Übergang zu decken, ihre eherne Stimme ertönen, und ihre wohlgezielten Schüsse richten Tod und Verderben in den Reihen der Dänen an. Es ist ein schwerer Stand, den die Mannschaften auf den Booten auszuhalten haben; zwei gefährlichen Elementen haben sie die Stirn zu bieten, dem Feuer und dem Wasser. Aber ob auch manch Geschoß des Feindes prasselnd in dieses oder jenes Boot schlägt und es zum Kentern bringt, unbehindert dringen die Braven weiter vorwärts, dem nahen Ziele zu. Die zehn Minuten, welche die unheimliche Fahrt bereits gedauert, scheinen ihnen eine Ewigkeit; aber kaum sind sie dem Ufer so weit nahe, daß sie auf Manneshöhe Grund fühlen, als die ungestümen Insassen über Bord springen und, bis unter die Arme im Wasser watend, das jenseitige Ufer zu gewinnen suchen.

Eben haben die Boote das Ufer erreicht, als sie wieder umkehren, um neue Mannschaften herüberzuholen. Unterdessen erhebt sich am feindlichen Ufer in den Laufgräben und an den Wallabhängen ein wütender Einzelkampf, Mann gegen Mann. Verzweifelt verteidigen die Dänen jeden Fußbreit ihrer Insel. Bald aber vermögen sie dem mächtigen Ansturm der in immer größerer Menge auftretenden Streitkräfte nicht mehr standzuhalten und suchen in wilder Flucht landeinwärts ihre Rettung. Um 7 Uhr morgens war die ganze Insel von den Dänen geräumt.

Der Trotz Dänemarks war aber auch nach dieser glänzenden Waffentat noch nicht gebrochen. Sich auf das Eingreifen der ihm befreundeten, vermittelnden Mächte verlassend, wollte es noch immer als besiegte Macht den Frieden nach seinen eigenen Wünschen diktieren; aber die Sieger dachten nicht daran, in irgend einem Punkte nachzugeben. Erst nachdem diese die ganze Halbinsel bis zum Kap Skagen erobert hatten und nun Miene machten, auch nach der Insel Fünen überzusetzen, wurde die Stimmung des dänischen Kabinetts

Erstürmung der Düppeler Schanzen.

eine andere. Endlich mußte es dem Drucke der Volksmeinung nachgeben; denn als man verbündeterseits sogar eine Landung nach Seeland ins Auge faßte und die Kopenhagener Bevölkerung aus Furcht, der Feind könnte der Hauptstadt einen unliebsamen Besuch machen, sogar einen Volksaufstand plante, bequemte sich das dänische Kabinett zum Frieden, der endlich am 30. Oktober zu Wien zustande kam. Dänemark mußte in diesem Frieden Schleswig-Holstein an Österreich und Preußen zu gemeinsamem Besitze abtreten.

Am 7., 17. und 30. Dezember 1864 erfolgte in verschiedenen Abteilungen der Einzug der siegreichen Truppen in die preußische Königsstadt Berlin. Am Brandenburger Tor empfing der Oberbürgermeister von Berlin die Heimgekehrten – an ihrer Spitze Prinz Friedrich Karl – mit einer begeisterten Ansprache. Der Prinz antwortete in seiner kurzen, kernigen Weise, wobei er den Leistungen der »Berliner Kinder«, welche sich als Angehörige des 35. Regiments besondere Verdienste erworben, gerechte Anerkennung zuteil werden ließ.

Mit Kränzen und Girlanden war die Straße »Unter den Linden« geschmückt, jene prächtige Allee, welche nachmals im wahrsten Sinne des Wortes zu einer via triumphalis werden sollte. Von den hochragenden Masten flatterten im kalten Winterwind lustig die bunten Wimpel und Flaggen.

Ganz Berlin schwamm in Wonne. Es war der erste Siegeseinzug nach den glorreich beendeten Befreiungskriegen von 1813, 14 und 15; niemand ahnte damals, daß dies der Anfang einer glänzenden Reihe vaterländischer Feste werden sollte, wie sie in ähnlicher Begeisterung und in derselben schnellen Aufeinanderfolge keine Stadt der Welt gesehen. Als sie so nacheinander ankamen, die braven Stürmer von Düppel und Alsen, welche der grause Tod verschont hatte, da hob sich jede Brust vor vaterländischem Stolze.

Mit meisterhafter Anschaulichkeit und frischem Humor hat Theodor Fontane, der Sänger der deutsch-nationalen Kämpfe, den Einzug der einzelnen Regimenter in die Reichshauptstadt geschildert:

Wer kommt? Wer? –
Fünf Regimenter von Düppel her,
Fünf Regimenter vom dritten Korps
Rücken durchs Brandenburger Tor,
Prinz Friedrich Karl, Wrangel, Manstein,
General Röder, General Canstein,
Fünf Regimenter vom Sundewitt
Rücken sie an in Tritt und Schritt.

Wer kommt? Wer? –
Zuerst die Achter. A la bonne heure!
Die Achter! Hut ab, Sapperment,
Hut ab vor dem Leibregiment!
Was sich Vater Yorck nicht scheute,
Können wir auch, müssen wir heute.
Schanze Neun und Schanze Drei
War keine Spielerei.
Hut ab und Hurra ohne End'
Allemal hoch, das Leibregiment!

Wer kommt? Wer? –
Hurra, die Vierundzwanziger,
Guten Tag, guten Tag, ganz gehorsamst Ihr Diener,
Hurra, das sind ja meine Ruppiner,
Flinke Kerle ohne Flattusen,
Grüß dich Gott, Görschen und Brockhusen! –
Möchte manchen von Euch umhalsen,
Düppel war gut, besser war Alsen, –
's war keine Kunst, Euch half ja die Fee,
Die Wasserfee vom Ruppiner See.

Wer kommt? Wer? –
Hurra, die Vierundsechziger.
Hurra, die sind wieder breiter und stärker,
Das macht, es sind richtige Uckermärker.
Die sind schon mehr für Kolben und Knüppel,
Conferatur Wester- und Osterdüppel,
Verstehen sich übrigens auch auf Gewehre,
Siehe Fohlenkoppel und Arnkiel-Oere,
Fünfzig dänische Feuerschlünde
Können nichts gegen Prenzlau und Angermünde.

Wer kommt? Wer? –
Füsiliere Fünfunddreißiger.
Hurra, das wirbelt und schreitet geschwinder,
Gewiß, – das sind die Berliner Kinder!
Jeder, als ob er ein Gärtner wäre,
Trägt drei Sträuße auf seinem Gewehre.
Gärtner freilich, – begraben, geschanzt,
Dann sich selber eingepflanzt,
Eingepflanzt auf Schanze Zwei –
Die flinken Berliner sind vorbei!

Wer kommt? Wer? –
Hurra, unsere Sechziger.
Oberst von Hartmann, fest im Sitze,
Grüßt mit seiner Säbelspitze.
Hut ab und heraus die Tücher
Weiß Gott, das sind unsere Oderbrücher.
Keine Knatterer und bloße Verschluser,
Lauter Barnimer und Labuser,
Fest im Tritte, frank und frei,
Major von Jena ist nicht dabei.

Wer kommt? Wer? –
Artillerie und Ingenieur; –
Elfte Ulanen, Zieten-Husaren,
Paukenwirbel und Fanfaren.
Halt! – Der ganze Waffenblitz
Präsentiert vor König Fritz.
Alles still, kein Pferdegeschnauf,
Zehntausend blicken zu ihm auf,
Der neigt sich leise und lupft den Hut:
»Concediere, dat war jut!«

Hermann Müller-Bohn (Hrsg.), Deutschlands Ruhmeshalle. Berlin o.J.

Soldat Wilhelm I.

Die persönliche Tapferkeit des Preußenkönigs und späteren Kaisers Wilhelm I. war allgemein bekannt. Noch im hohen Alter von 73 Jahren nahm er am Deutsch-Französischen Krieg 1870/71 teil und errang durch Unerschrockenheit und Einsatz die Bewunderung seiner Soldaten. Zwei seiner Mitkämpfer berichten darüber in ihren Memoiren: Bismarck und der Artillerie-General Prinz Kraft zu Hohenlohe-Ingelfingen.

Von dem Augenblicke des Antritts der Regentschaft an hatte Prinz Wilhelm den Mangel an geschäftlicher Vorbildung so lebhaft empfunden, daß er keine Arbeit Tag und Nacht scheute, um demselben abzuhelfen. Wenn er »Staatsgeschäfte erledigte«, so arbeitete er wirklich, mit vollem Ernst und voller Gewissenhaftigkeit. Er las alle Eingänge, nicht bloß die, welche ihn anzogen, studierte die Verträge und Gesetze, um sich ein selbständiges Urteil zu bilden. Er kannte keine Vergnügung, die den Staatsgeschäften Zeit entzogen hätte. Er las niemals Romane oder sonst Bücher, die nicht Bezug auf seinen Herrscherberuf hatten. Er rauchte nicht, spielte nicht Karten. Wenn nach einem Jagddiner in Wusterhausen die Gesellschaft sich in das Zimmer begab, in dem Friedrich Wilhelm I. das Tabakskollegium zu versammeln pflegte, so ließ er sich, damit die Anwesenden in seiner Gegenwart rauchen durften, eine der langen holländischen Tonpfeifen reichen, tat einige Züge und legte sie mit einem krausen Gesichte aus der Hand. Als er in Frankfurt, damals noch Prinz von Preußen, auf einem Balle in ein Zimmer geriet, in dem Hasard gespielt wurde, sagte er zu mir: »Ich will doch auch einmal mein Glück versuchen, habe aber kein Geld bei mir, geben Sie mir etwas.« Da auch ich kein Geld bei mir zu tragen pflegte, so half der Graf Theodor Stolberg aus. Der Prinz setzte einige Male einen Taler, verlor jedesmal und verließ das Zimmer. Seine einzige Erholung war, nach einem arbeitsvollen Tage in seiner Theaterloge zu sitzen; aber auch dort durfte ich als Minister ihn in dringenden Fällen aufsuchen, um ihm in dem kleinen Zimmer vor der Loge Vortrag zu halten und Unterschriften entgegenzunehmen. Obschon er der Nachtruhe dermaßen bedürftig war, daß er schon über eine schlechte Nacht klagte, wenn er zweimal, und über Schlaflosigkeit, wenn er dreimal erwacht war, so habe ich niemals den leisesten Zug von Verdrießlichkeit wahrgenommen, wenn man ihn unter schwierigen Verhältnissen um zwei oder drei Uhr weckte, um eine eilige Entscheidung zu erbitten.

König Wilhelm, der mich während der schleswig-holsteinischen Episode einmal vorwurfsvoll fragte: »Sind Sie denn nicht auch ein Deutscher?« weil ich mich seiner durch häusliche Einflüsse bedingten Neigung, ein neues gegen Preußen stimmendes Großherzogtum in Kiel zu schaffen, widersetzte, derselbe Herr war, wenn er, ohne durch politische Gedanken angekränkelt zu sein, in naturwüchsiger Freiheit seinen Empfindungen folgte, einer der entschlossensten Partikularisten unter den deutschen Fürsten, in der Richtung eines patriotischen und konservativ gesinnten preußischen Offiziers aus der Zeit seines Vaters. Der Einfluß seiner Gemahlin brachte ihn in reiferen Jahren in Opposition gegen das traditionelle Prinzip, und die Unfähigkeit seiner Minister der neuen Ära und das überstürzende Ungeschick der liberalen Parlamentarier in der Konfliktszeit weckte in ihm wiederum den alten Pulsschlag des preußischen Prinzen und Offiziers, der zumal mit der Frage, ob die Bahn, die er einschlug, gefährlich sei, niemals rechnete. Wenn er überzeugt war, daß Pflicht und Ehre, oder eins von beiden, ihm geboten, einen Weg zu betreten, so ging er ihn ohne Rücksicht auf die Gefahren, denen er ausgesetzt sein konnte, in der Politik ebenso wie auf dem Schlachtfelde. Einzuschüchtern war er nicht...

Das Schwergewicht, das nach dem Antritt der Regentschaft der Wille und die Überzeugung des Prinzen von Preußen und späteren Kaisers auf dem außermilitärischen, dem politischen Gebiete darstellte, war das eigenste Produkt der mächtigen und vornehmen Natur, die diesem Fürsten, unabhängig von der ihm zuteil gewordenen Erziehung, angeboren war. Der Ausdruck »königlich vornehm« ist prägnant für seine Erscheinung. Die Eitelkeit kann bei Monarchen ein Sporn zu Taten und zur Arbeit für das Glück ihrer Untertanen sein.

Eine Eitelkeit der Art war dem Kaiser Wilhelm I. durchaus fremd; dagegen war ihm die Furcht vor berechtigter Kritik der Mit- und Nachwelt in hohem Maße eigen. Er war darin ganz preußischer Offizier, der, sobald er durch höheren Befehl gedeckt ist, ohne Schwanken dem sicheren Tode entgegengeht, aber durch die Furcht vor dem Tadel des Vorgesetzten und der öffentlichen Meinung in zweifelnde Unsicherheit gerät, die ihn das Falsche wählen läßt. Niemand hätte gewagt, ihm eine platte Schmeichelei zu sagen. In dem Gefühl königlicher Würde würde er gedacht haben: wenn einer das Recht hätte, mich ins Gesicht zu loben, so hätte er auch das Recht, mich ins Gesicht zu tadeln. Beides gab er nicht zu.

Monarch und Parlament hatten einander in schweren innern Kämpfen gegenseitig kennen und achten gelernt; die Ehrlichkeit der königlichen Würde, die sichre Ruhe des Königs hatten schließlich die Achtung auch seiner Gegner erzwungen, und der König selbst war durch sein hohes persönliches Ehrgefühl zu einer gerechten Beurteilung der beiderseitigen Situationen befähigt. Er war ein gentleman ins Königliche übersetzt.

Bismarck, Gedanken und Erinnerungen. Stuttgart 1898

Unser Plauderstündchen im Zelt wurde durch einen großen Lärm unterbrochen, der aus der Richtung von Floing her zu uns herüberschallte, wo das V. und XI. Armeekorps biwakierten. Man vernahm deutliche Hurrahs, und es konnte keinem Zweifel unterliegen, daß der König die Biwaks beritt und die siegreichen Truppen begrüßte.
Ich lief eiligst nach Illy hinein und benachrichtigte den Prinzen von Württemberg von dem, was ich gesehen, und dieser überzeugte sich von der Richtigkeit meiner Vermutung. Alsbald befahl der Prinz, daß die Truppen in Mütze vor den Biwakplätzen antreten sollten, und begab sich schleunigst zu Fuß nach dem rechten Flügel des Korps, auf dem Wege nach dem Calvaire d'Illy hin, denn es war keine Zeit, das Satteln der Reitpferde abzuwarten, welche nachbestellt wurden.
Wir waren draußen auf dem Platze, auf dem rechten Flügel der Kavallerie, als schon die riesenhafte Staubwolke sichtbar ward, die der König mit seinem endlosen Gefolge herangaloppierend aufwirbelte, denn es begleiteten ihn nicht nur seine Adjutantur, Generalstab, Kriegsministerium usw., sondern auch alle deutschen Fürsten und deren Familienglieder mit ihren Gefolgen, die dem Kriege beiwohnten. Es ist schwer, die Begrüßung des Königs zu beschreiben. Wir standen stramm und militärisch grüßend da, als er ankam. Er parierte, begrüßte den Prinzen von Württemberg zärtlich, dann winkte er mich zu sich und sprach mit mir in tiefster Bewegung. Die Tränen strömten unaufhaltsam aus seinen Augen, und er beklagte die schrecklichen Verluste, welche das Gardekorps erlitten. Ich war auch sehr ergriffen, ihn wiederzusehen, sagte ihm aber, die Verluste seien ja nicht umsonst, bei dem, was er fürs Vaterland erreicht. Er konnte vor Schluchzen nur schwer sprechen und sagte nur noch: »Aber Ihr Scherbenring, der gute vortreffliche Scherbenring!« »Der ist zu beneiden«, erwiderte ich, »denn wir sterben ja alle gern für Euer Majestät!« »Das weiß ich«, sagte der König, »und darum tut es mir eben so wehe«. Sobald der König sich weiterwandte und andere begrüßte, faßte mich der Kronprinz. Er hatte von der Höhe von Frénois aus, wo er gestern seinen Aufstellungspunkt genommen, über Sedan hinweg mein Vorgehen in der graden Entfernung von einer deutschen Meile ebenso mit dem Fernrohr beobachtet. Unterdessen waren unsere Pferde angekommen, und wir konnten zu Pferde steigen und den König begleiten. Sein Weg führte ihn zunächst zum Biwak der Kavallerie. Die Kommandos »Stillgestanden! Richt Euch!« wurden befolgt, die Begrüßung des Königs: »Guten Morgen!« lauter als gewöhnlich beantwortet, und dann folgte ein wohlgeleitetes, mächtiges, dreifaches Hurra. Weniger diszipliniert zeigten sich meine Kanoniere. Sobald das Kommando »Stillgestanden!« erfolgte, weil der König sich ihnen näherte (denn der Weg führte von der Kavallerie zur Korpsartillerie), standen sie gar nicht still, sondern brüllten endlos »Hurra«, warfen die Mützen in die Höhe, die Trompeter bliesen Tusch und Nationalhymne, und es ward dem Könige recht schwer, sich verständlich zu machen, als er mit den Stabsoffizieren sprach, denen er jedem einige Worte sagte. Aber er bemerkte die Indisziplin der Truppe nicht ungnädig. Die Ereignisse waren zu gewaltig gewesen, die Freude, ihn wiederzusehen, zu groß, als daß er nicht nachsichtig sein mußte, wenn sie mächtiger war als die Disziplin. Von der Artillerie kam der König auf dem Wege von Illy nach Givonne, den er einschlug, zur 1. Garde-Infanterie-Division. Da lag zunächst links auf dem Felde das 1. Garde-Regiment, rechts im Waldrand des Bois de la Garenne das 3. Garde-Regiment. Die beiden Musikkorps dieser Regimenter standen vor der Front, einander gegenüber, also zu beiden Seiten des Weges. Sobald hier das Kommando »Stillgestanden!« erfolgte, war die Indisziplin noch größer als bei meinen Kanonieren. Die Mannschaft beider Regimenter stürzte auf dieses Kommando, Offiziere, Unteroffiziere, Gemeine, alles durcheinander, auf den König zu, brüllte Hurra, die Leute weinten und lachten und jubelten zugleich und umringten den Monarchen und umdrängten ihn, und sein Pferd konnte keinen Schritt vor- oder rückwärts. Der König war überwältigt durch diesen Ausbruch der Verehrung. Er ließ die Zügel seines Pferdes fallen und reichte die beiden Hände nach unten den Leuten entgegen. Alles drängte sich herzu, ihm die Hände zu küssen, und da es nicht jeder konnte, so waren die zufrieden, die ihm die Stiefel oder den Schweif des Pferdes küssen konnten, andere drängten sich unter das Pferd und achteten es nicht, von demselben getreten zu werden.

Prinz Kraft zu Hohenlohe-Ingelfingen, Aus meinem Leben. Berlin 1907

König Wilhelm und seine Soldaten nach der Schlacht.

Der Tag von Königgrätz

Der kühnen Strategie Moltkes – getrennt marschieren, vereint schlagen – und der hohen Kampfmoral der preußischen Truppen war der Sieg in der Schlacht von Königgrätz am 3. Juli 1866 zu danken. Sie entschied den preußisch-österreichischen Krieg. Die entscheidende Phase der Schlacht, die Erstürmung von Chlum, wurde in den Lesebüchern der Wilhelminischen Ära immer wieder gefeiert. Hier die Version des Publizisten Müller-Bohn.

Die Schlacht bei Königgrätz am 3. Juli 1866 bezeichnet nicht nur einen Wendepunkt in der politischen Geschichte Preußens und des mittleren Europa, insofern sie Österreich die Führung in Deutschland entriß und dadurch die nationale Wiedergeburt Deutschlands vorbereitete – sie ist auch mit ihrem merkwürdigen Beginn, ihrer dramatischen Entwicklung und ihrem grandiosen Verlauf eine der interessantesten Schlachten, die die Kriegsgeschichte aller Zeiten und Länder kennt.

Während König Wilhelm mit der preußischen Heeresleitung auf dem Roskos-Berge bangen Herzens das blutige Schauspiel verfolgte, das sich dort unten zu ihren Füßen abspielte, schienen für Benedek, den österreichischen Heerführer, welcher mit seinem Stabe auf der Höhe von Lipa hielt, die Aussichten sich mit jedem Augenblick günstiger zu gestalten. Jetzt wäre es an der Zeit gewesen, den schon lange von dem österreichischen Oberfeldherrn geplanten Offensivstoß auszuführen. Während man im österreichischen Hauptquartier über die Frage nicht einig werden konnte, ob und wann man damit beginnen sollte, und der General Baumgarten sogar dafür eintrat, den Angriff bis gegen Abend oder auf den nächsten Morgen zu verschieben, wurde ihre Aufmerksamkeit plötzlich auf eine höchst überraschende Erscheinung hingelenkt. Es war mehreren Mitgliedern des Stabes aufgefallen, daß seit einiger Zeit, von nordöstlicher Richtung her, anscheinend aus der Gegend von Maslowed, Granaten über die Köpfe des Stabes hinweggegangen waren.

Es waren die Geschosse der heranrückenden kronprinzlichen Armee, welche, durch die Berge verdeckt, den Blicken der österreichischen Heeresleitung noch verborgen war. Nicht ahnend, welche verhängnisvolle Bedeutung diese Geschosse für ihn haben würden, legte Benedek denselben anfangs keine Bedeutung bei. Da kam plötzlich der zur Erkundigung ausgeschickte Oberst Neuber auf schnaubendem Rosse zurück mit der aufregenden Nachricht: »Chlum sei von den Preußen besetzt; er habe dort sein Pferd wechseln wollen und sei bei der Annäherung an den Ort beschossen worden.« Ungläubig fährt ihn Benedek mit den Worten an: »Plauschen Sie nit so dumm!« Aber die wiederholte Versicherung des sehr ernst dreinschauenden Neuber, daß er sich leider nicht irre, veranlaßt den unglücklichen Heerführer, sein Pferd zu wenden, und mit den Worten: »Es ist ja nicht möglich, reiten wir selbst hin!« nach dem nur 700 m entfernten Orte hinzujagen. Kaum hundert Schritte von dem Dorfrande entfernt, prasselt ihm eine mörderische Salve entgegen; tödlich getroffen sinkt sein Adjutant Graf Grünne neben ihm nieder; die Pferde des Erzherzogs Wilhelm und anderer Mitglieder seines Stabes stürzen verwundet zusammen, und das Hauptquartier stiebt nach allen Richtungen auseinander.

Wie war es möglich, daß unbemerkt von dem österreichischen Hauptquartier, nur etwa 700 m entfernt von demselben, die wichtigste Position der ganzen Schlacht, der Schlüsselpunkt ihrer Stellung, so unbemerkt in feindliche Hände fallen konnte? Der Grund lag in den eigentümlichen Terrainverhältnissen, die über das Gelände nur immer auf kurze Entfernungen einen Überblick gestatteten. Während die österreichische Heeresleitung sich noch in kühnen Hoffnungen erging, hatten die ersten Gardetruppen der kronprinzlichen Armee die Höhe von Maslowed genommen. Auf ihrem Siegeswege weiter stürmend, den Hang der Masloweder Höhe hinab, waren sie unten im Tale den Geschossen der österreichischen Batterien, von denen sie nicht bemerkt werden konnten, auf längere Zeit entzogen, denn auf dem von den Gardetruppen in stürmender Eile zurückgelegten Wege Maslowed–Chlum ist nach angestellten Beobachtungen auf eine Strecke von 200 m von dem letztgenannten Dorf weder Baum noch Haus, nicht einmal der Kirchturm zu sehen. Erst als die vier gezogenen Batterien des Prinzen Hohenlohe wieder auf der Höhe von Chlum erschienen, gefolgt von den vier Batterien der ersten Garde-Division, ahnte man österreichischerseits, daß dem Feinde eine Überraschung gelungen sei, die ihnen selbst gefährlich werden konnte. Sofort begannen sämtliche 120 Geschütze zu spielen, die Andringenden mit einem mörderischen Feuer empfangend.

Aber aus dem eigenen Pulverdampfe der österreichischen Batterien schlug ihnen plötzlich ein verheerendes Schnellfeuer entgegen, Bedienungsmannschaften und Bespannungen zu Boden reißend; nur zwei von sechzehn Geschützen waren imstande gewesen, sich vor diesem gewaltigen Ansturm zu retten. Es waren das zweite Bataillon des dritten Garderegiments, ein Zug des zweiten Garderegiments und die vierte Kompanie der Leibjäger gewesen, die so urplötzlich erschienen waren. Andere Abteilungen folgten ihnen auf dem Fuße. Und als darauf aus dem Pulverdampfe, Gespenstern gleich, die reckenhaften Gestalten des ersten Garderegiments auftauchten, Salve auf Salve krachte und die Reihen niedermähte, da war kein Halten mehr; zurück

Romantische Vorkämpfer der deutschen Einheit: Theodor Körner (links am Baum) mit seinen Freikorpskameraden Friesen und Hartmann (stehend) auf Vorposten. Gemälde von G. F. Kersting, 1815.

Die Bayern stürmen Bazailles, eine Episode aus dem Kampf um Sedan. Gemälde von Carl Röchling, 1894.

ESTAMINET
DU
COMMERCE
RESTAURANT

»Hoch leben die Soldaten«. Militärehrenblatt, das den Sieg über Frankreich verherrlicht.

Österreichische Batterie in der Schlacht von Königgrätz.

stürzen sich die fliehenden Mannschaften auf die erste Division der Geschütz-Reserve, deren Offiziere vergeblich an sie die Bitte richten, den Schutz der Batterien zu übernehmen. Sie müssen das Feuer einstellen und sind gezwungen, hinter den Hohlweg Rosberitz-Nedelist zurückzugehen.
Aber dies war nur das Vorspiel der blutigen Kämpfe um Chlum gewesen. Als dem österreichischen Heerführer Benedek durch das plötzliche, gänzlich unerwartete Erscheinen der preußischen Garde in seinem Rücken das Gefährliche seiner Lage klar wurde, sprengte er selbst den Abhang hinunter, dem General von Remming den Befehl gebend, unverzüglich mit dem sechsten Korps anzugreifen. Der Moment war für die Preußen äußerst kritisch. Das Gros der zweiten Armee war noch nicht heran, und die Garde, insbesondere das erste Garderegiment, hatte einen äußerst schweren Stand. Da, im rechten Moment, traf die Avantgarde des ersten Armeekorps, bestehend aus dem ostpreußischen Grenadierregiment, und dem fünften ostpreußischen Regiment Nr. 41 auf dem bedrohten Punkte ein, und der Kronprinz, der gegen Chlum vorgeritten war, schickte sie sofort ins Feuer. Bald war Chlum in den Händen der Preußen und der Feind auf allen Punkten im vollen Rückzuge.
Die Wegnahme von Chlum inmitten der österreichischen Schlachtstellung ist in der Tat eine der merkwürdigsten militärischen Begebenheiten, die die Kriegsgeschichte zu verzeichnen hat. Das plötzliche Auftreten der markigen Gestalten des ersten Garderegiments im Rücken des nur einige Hundert Meter weit entfernten feindlichen Hauptquartiers war etwas so Unerwartetes, ans Wunderbare streifende, daß der Volksglaube sofort daraus den »Nebel von Chlum« gestaltete, hinter welchem verborgen, die preußischen Garden plötzlich, wie Geister aus der Erde gestampft, ihren kecken Überfall ausführen konnten.
Aber teuer war der Sieg erkauft. Tausende und Abertausende bedeckten das weite Schlachtfeld, unter ihnen der Generalleutnant Hiller von Gärtringen, Kommandeur der ersten Garde-Division, der hier den Heldentod gestorben war.
Allmählich begann der Himmel sich aufzuklären, und die Sonne neigte sich in ihrer ganzen Pracht zum Untergang. Im Hintergrunde zeigte sich, von den letzten scheidenden Strahlen beschienen, die Festung Königgrätz. »Dem König gerät's« nannten es die Soldaten mit tiefsinnigem Volkshumor; und wahrlich, es war ihm ein Werk gelungen, dessen große weltgeschichtliche Bedeutung die Sieger in diesem Augenblicke noch nicht im entferntesten zu ahnen vermochten. Der König sprach seinen Truppen in einem Armeebefehle seinen Dank aus. »Der Tag von Königgrätz«, sagte er, »hat schwere Opfer gekostet, aber er ist ein Ehrentag für die ganze Armee, auf die das Vaterland mit Stolz und Bewunderung blickt.« Und an diesen Ehren hatte das erste Garderegiment hervorragenden Anteil.

Hermann Müller-Bohn (Hrsg.), Deutschlands Ruhmeshalle. Berlin o.J.

halb zwei Uhr mittags aber kommt Bewegung in die Szene. Die II. Armee stößt in das unentschiedene Ringen hinein und zwingt Benedek zum Rückzug. Mißverständliche Anweisungen und Erschöpfung der Sieger verhindern, daß das weichende Heer eingeschlossen wird. Wie bei Düppel fehlt also der I-Punkt zum vollen Sieg, aber er reicht auch diesmal aus. Mit Königgrätz, zahlenmäßig eine der größten Schlachten der Geschichte (220 000 Preußen, 178 000 Österreicher und Sachsen), ist der Feldzug tatsächlich gewonnen; Kaiser Franz Joseph, erschüttert über die Niederlage und den Verlust von 30 000 Toten und Verwundeten, will den Krieg beenden. Der Sieg seiner Truppen gegen die Italiener bei Custoza (24. Juni) nützt da auch nichts mehr.

Auch die preußischen Einbußen, knapp ein Drittel der gegnerischen, schmerzen. Moltke schreibt: »An manchen Stellen war das Feld förmlich bedeckt mit Leichen von Menschen und Pferden. Gewehre, Tornister, Mäntel und so weiter lagen überall herum. Es gab schreckliche Verwundungen, niemand konnte helfen. Ein Offizier flehte uns an, ihn totzuschießen.«

Das Elend der Verwundeten war die grausige Nachtseite des vielbesungenen Heldentums. Die Narkose-Medizin stand erst in den Anfängen. Noch immer glich die Chirurgie eher einer Folter als einer Heilkunst. Wenigstens war das Zeitalter angebrochen, in dem die Hilfe für den Verwundeten auf dem Schlachtfeld als eine Aufgabe der Humanität erkannt wurde. Seit den Erlebnissen der Krankenschwester Florence Nightingale aus England im Krimkrieg und des Kaufmanns Henri Dunant aus Genf auf dem Seufzerfelde von Solferino waren die Gewissen erwacht. Dunants Energie hatte die Genfer Konvention zuwege gebracht und, seit 1864, die Einrichtung mit dem welterobernden Symbol der Leidenshilfe: das Rote Kreuz.

»Setzen wir Deutschland in den Sattel...«

Das preußische Hauptquartier im mährischen Schloß Nikolsburg erlebte erbitterte Auseinandersetzungen zwischen König Wilhelm und seinem leitenden Minister. Der König hatte sich schwer zum Krieg entschließen können; nach errungenem Sieg aber wollte er dem Verlierer Österreich auch nach gutem alten Brauch etwas abzwicken.

Wären die Opfer sonst nicht vergeblich gewesen? Bismarcks Denkweise war umgekehrt. Der Krieg hatte ihm moralisch keine Beschwerden bereitet, nachdem alle anderen Lösungsmöglichkeiten ohne Erfolg durchgespielt waren; den Besiegten aber wollte er schonen, keine Revanchegedanken züchten. Könnte man ihn nicht eines Tages sogar als Verbündeten benötigen? Schon sechs Tage nach Königgrätz hatte er seiner Frau geschrieben: »Wenn wir nicht übertrieben in unseren Ansprüchen sind und nicht glauben, die Welt erobert zu haben, so werden wir auch einen Frieden erlangen, der der Mühe wert ist. Aber wir sind ebenso schnell berauscht wie verzagt, und ich habe die undankbare Aufgabe, Wasser in den brausenden Wein zu gießen und geltend zu machen, daß wir nicht allein in Europa leben, sondern mit noch drei Mächten, die uns hassen und neiden.«

Das sind schon die Umrisse des großen europäischen Staatsmannes, der hier erstmals bewies, daß er mehr war als ein einfallsreicher, kühner, um keine Listen und Schliche verlegener Machtpolitiker. Im Siege maßvoll zu sein, ist eine seltene Eigenschaft in der Macht- und Staatengeschichte. Immer wieder erweist sich, daß das Friedenschließen schwerer ist als das Kriegführen. Bismarck stand in Nikolsburg wieder einmal allein gegen fast alle. Der Monarch stöhnte, sein Ministerpräsident wolle ihn zu einem »schmachvollen Frieden« nötigen, er lasse ihn »vor dem Feind im Stich«. Der Kronprinz schrieb in sein Tagebuch: »Gestern hat Bismarck in meiner Gegenwart geweint.« Kriegsminister Roon notierte: »Die maßgebenden Nervensysteme sind dermaßen überreizt, daß es bald hie, bald da lichterloh zum Dachstübchen hinausbrennt und jeder Wohlmeinende mit dem Löscheimer herzueilen muß.« Am meisten sahen die Generale sich bei Bismarcks störrischer Haltung um die Früchte des Sieges betrogen. Der Staatsmann dagegen konnte sich nicht darüber täuschen, daß allein

Verhandlungen über den Vorfrieden von Nikolsburg, Juli 1866. Am Tisch stehend Bismarck, links neben ihm Moltke, der Sieger von Königgrätz, rechts König Wilhelm. Größere Mühe als mit den österreichischen Unterhändlern hatte der preußische Ministerpräsident mit der Kriegspartei im eigenen Lager, die den Sieg »auskosten« wollte.

schon die Machtvergrößerung Preußens in Deutschland ein harter Brocken für Europa war. Um die Großmächte nicht noch mehr zu verärgern, durfte nichts Unbilliges gefordert werden.

Zum Glück sah dies als erster der Kronprinz ein. Nachdem er, der Liberale, seinen politischen Gegner schon auf dem Schlachtfeld »gerettet« hatte, war er es auch, der jetzt dem Vater gegenüber die Haltung Bismarcks als die staatsmännisch klügere verteidigte und den König zum Umdenken brachte. Das war um so dringender geboten, als bereits der ruheloseste Ränkeschmied Europas sich einzumischen begann. Napoleon III., dessen Steinleiden ihm zunehmend das Leben verbitterte, er, der im Wortsinn nicht »gesund« reagierte, sondern unter neurotischem Erfolgshunger litt, wollte gern Schiedsrichter sein. So ließ er seinen Friedensplan bekannt werden: Ausscheiden Österreichs aus Deutschland, Unabhängigkeit der süddeutschen Staaten, dafür Vergrößerung Preußens im Norden. Sachsen, das sich für Österreich fast als einziger Verbündeter wacker geschlagen habe, müsse erhalten bleiben.

So mißmutig Bismarck über die Einmischung war, über den Inhalt ließ er mit sich reden. Immerhin zeigte sich ja, daß die Neuordnung, wie sie hier vorgeschlagen wurde, nicht so weit ab von seinen eigenen Plänen lag. Das Unglück des Welfenkönigs Georg V. war, daß sein Land sich bestens eignete, die getrennten Teile Preußens zu verbinden. Außerdem hatte er in diesem Krieg auf der falschen Seite gestanden: keine Chance also, den Thron zu behalten. Für die Wegnahme Hannovers und für die Annexion Schleswig-Holsteins konnte Bismarck somit der Zustimmung Napoleons sicher sein. Kurhessen, Nassau und das extrem preußenfeindliche Frankfurt wurden gleichfalls einverleibt. Neben der ruhmvollen Eigenständigkeit der alten Reichsstadt verschwanden also einige ehrwürdige Dynastien sang- und klanglos aus der deutschen Geschichte. Vor allem im Welfenlande Hannover blieb mancher hartnäckige Stachel gegen den Überwinder Preußen.

Österreich, das erwartungsgemäß Venetien an Italien verlor, wurde von preußischer Seite territorial nicht geschädigt, mußte jedoch 20 Millionen Taler Kriegsbuße zahlen. Gemessen an anderen Friedensschlüssen, war dies eine wirklich großzügige Siegerpolitik. Das Ausscheiden Österreichs aus dem politischen Kraftfeld Deutschlands fügte sich in die Logik jahrhundertelanger Entwicklung des Habsburgerlandes. Seit es durch Erbschaft im 16. Jahrhundert in den ungarischen und böhmischen Raum hinausgewachsen war, durch die Türkenkriege schließlich auch den Balkan als Interessensphäre entdeckt hatte, verlor der zentraldeutsche Raum für Österreich zunehmend an existentiellem Gewicht. Dennoch konnte und wollte es nicht freiwillig einen Einflußbereich aufgeben, in dem es so lange durch die Kaiserwürde, wenn auch schließlich ohne »Macht«, sowie durch Territorialbesitz anwesend gewesen. Das hätte aller geschichtlichen Erfahrung widersprochen. Andererseits: In eben diesem deutschen Zentralraum wuchs Preußen mit der Jugendfrische des historischen Aufsteigers zu einer Gegengröße heran. Die Rivalität, der Dualismus waren vorgezeichnet. Was 1740 begonnen hatte, ging nun 1866 mit dem Sieg der jüngeren Kraft zu Ende. Bismarck vollendete, was Friedrich II. von Preußen – noch längst nicht »der Große« – in anfechtbarer Herausforderung durch den Einfall in Schlesien in Gang gesetzt hatte.

Daß eine vielhundertjährige politische Gemeinschaft – nicht die Kulturgemeinschaft! – durch Bruderkrieg endete, war tragisch. Im Gegensatz jedoch zu den Schlesischen Kriegen des 18. Jahrhunderts, deren auslösender Grund zunächst im Ruhmbedürfnis eines jugendlichen Königs zu suchen war, trägt Königgrätz den Stempel des geschichtlichen Zwanges. Selbst sehr nüchterne Beurteiler Bismarcks, denen Heroisierung fernliegt, sehen keinen realistischen Weg, der die deutsche Frage, jenseits von Wunschvorstellungen, hätte friedlich lösen können. Dabei spielt es dann letztlich keine Rolle, ob der Motor der Veränderung im preußischen Vormachtstreben oder in der Einigungssehnsucht der deutschen Nationalbewegung zu suchen war oder im ungewollten Zusammenwirken beider lag: Wie es war, konnte es nicht bleiben. Infolge des übernationalen österreichischen Staatsprinzips waren Kaiser und Kabinett in Wien für keinerlei nationale Politik zu gewinnen. Auch fortan hätte sich in Deutschland nichts bewegt, so, wie der Deutsche Bund als typische Wiener Konstruktion angelegt war. Der Drang zum »Vaterland« jedoch lag in der Luft. Was die Lateinamerikaner erreicht hatten, die Griechen, Belgier, die Italiener: den Deutschen sollte es vorenthalten bleiben? In tieferem Sinn erfüllte Bismarck, wenn auch aus anderen Beweggründen, doch das zeitgemäße Ideal. Alle Bismarck-Kritik muß sich dessen bewußt bleiben. Noch heute, wo die Deutschen abermals von Trennung beherrscht sind, geht jeder Wiedervereinigungswille unausgesprochen vom Bismarckstaat aus, von dem, was 1866 eingeleitet wurde. Wer die Einheit Deutschlands nach wie vor erstrebenswert findet, sollte nicht zugleich die Mittel verurteilen, mit denen sie damals vorbereitet worden ist.

Daß der Prager Friede vom 23. August maßvoll war, wurde in Wien anerkannt. Die Zeitung »Die Presse« schrieb nicht lange danach: »Unglaublich, wie rasch wir die Prügel von Königgrätz vergessen haben.« Zwei Jahre später hörte der Geschichtsschreiber Leopold von Ranke an der Donau kein feindseliges Wort gegen Preußen.

Noch im Spätsommer wurden die Umrisse der Neuordnung in Deutschland sichtbar. Preußen und seine norddeutschen Kriegsverbündeten schlossen den »Norddeutschen Bund«. Die

Kriegsgegner nördlich der Mainlinie, soweit ihnen die Selbständigkeit erhalten geblieben war, schlossen sich diesem Bund nach Abschluß der Friedensverträge an, auch das Königreich Sachsen. Nur handelte es sich jetzt nicht mehr um einen Staatenbund, sondern um einen Bundesstaat mit 22 Mitgliedern. Wichtige Bestandteile von »Souveränität« entfielen, wurden föderativ vereinigt.

Zeitgleich mit der sichtbaren Umgestaltung Deutschlands geschah eine unsichtbare. Während Napoleon in der verbleibenden Souveränität der süddeutschen Staaten ein Gegengewicht gegen Preußen sichern wollte (und auch nur unter dieser Bedingung zufriedenzustellen war), wurde diese Souveränität insgeheim schon unterwandert und ausgehöhlt. Bismarck nötigte die zwei Königreiche Bayern und Württemberg sowie das Großherzogtum Baden unter der Drohung von Teilannexionen zu geheimen »Schutz- und Trutzbündnissen«: Im Falle äußerer Kriegsverwicklungen wollten sie und Preußen einander beistehen. Damit verhinderte der nun schon sehr mächtige Mann in Berlin eine mögliche Wiederholung der Konfliktlage vom Frühsommer. Zugleich schlug er dadurch vom Norddeutschen Bund aus, noch ehe dessen Verfassung entworfen war, »Brücken nach dem Süden« (Gordon Craig). Die Verträge wurden im April 1867, als niemand mehr von außen dreinreden konnte, offengelegt. Wer nicht blind war, sah das künftige Deutsche Reich im groben Umriß vor sich.

Zerreißproben kamen auf die Liberalen zu, kaum daß der Krieg beendet war. Was tun, wenn man erkennen muß, daß die Regierung mit dem »unrechtmäßig« ausgegebenen Geld einen großen Sieg errungen hat, einen Sieg, der Preußen entscheidend stärkt und vergrößert? Schließlich schlug auch in der Brust der erbittertsten Bismarck-Gegner im Landtag ein preußisches Herz, nur daß es mit dem Rechtsgefühl in derselben Brust im Streit lag. Erfolg macht es den Grundsätzen stets schwer; das ist eine alte Erfahrung. Noch bevor die Liberalen sich über ihr weiteres Verhalten im klaren waren, zeigte ihnen die Wählerschaft, daß das Wetter umgeschlagen war. Die Konservativen gewannen bei den Landtagswahlen 101 Sitze dazu, die Fortschrittspartei und der linke Flügel der katholischen Fraktion (Zentrum) verloren genau diese Zahl an Mandaten. Es war eine Erdrutschwahl. Bemerkenswert, daß das Wahlverhalten an jenem 3. Juli, zufällig dem Tag von Königgrätz, noch nicht einmal von der Tatsache des Sieges bestimmt war, weil er noch nicht bekannt sein konnte. Einige Tage später wäre die Niederlage der Linken noch eindeutiger ausgefallen.

Der Meinungsumchwung im Lande Preußen zwang die Liberalen zur Antwort auf die Gretchenfrage: Wie hältst du's mit der Indemnität? Sollten sie auf seinen Antrag hin nachträglich für die Rüstungsausgaben Entlastung gewähren und dadurch den Verfassungskonflikt beenden? Die Regierung suchte Verständigung. Konnte die Opposition dem patriotischen Appell widerstehen und zugunsten der Rechtsmoral vor dem historischen Erfolg die Augen verschließen? Über dem Zwiespalt zerbrach die Partei.

Die Hälfte der bisherigen Neinsager erkannte an, daß »die Geschichte selber Indemnität erteilt« habe (wie der Abgeordnete Twesten zugestand). Die Regierungsvorlage wurde mit 230 zu 75 Stimmen angenommen. Die 75 abermaligen Verweigerer blieben unversöhnt. Bald danach trennten sich die anderen Fortschrittler, die ihren Frieden mit Bismarck geschlossen hatten, und gründeten die Nationalliberale Partei. Unter der Führung der Hannoveraner Rudolf von Bennigsen und Johannes Miquel, auch von Eduard Lasker und dem bisher engagierten Linksliberalen Max von Forckenbeck wurde sie für mehr als ein Jahrzehnt Bismarcks wichtigste parlamentarische Stütze. Als Wahlspruch über dem Kurswechsel von 1866 könnten Mommsens Worte stehen: »Es ist ein wunderbares Gefühl, dabei zu sein, wenn die Weltgeschichte um die Ecke biegt.«

Das letzte Opfer der Weltgeschichte im Schicksalsjahr 1866 war der preußische Ministerpräsident. Nach den übermäßigen Anstrengungen des Sommers brach er zusammen und zog sich in die ländliche Stille zurück. Seine Frau Johanna schrieb: »Politik erregt ihm gleich Wehmuts- und Ärgergefühle. Wenn er aber still sitzt, in blauen Himmel und grüne Wiesen sieht und Bilderbücher blättert, geht's leidlich.« Erst

Bismarckiana

Sitzung des Abgeordneten-Hauses vom 6. Februar.

„Wir haben den Muth gehabt, hier mit elf Conservativen drei Jahre lang zu stehen.“

„Was hat denn die conservative Partei diesem Ministerium geopfert, und was aufgegeben?“

„Wir können dagegen vieles aufzeigen. Wenn Sie da mit uns abrechnen wollen, wir sind in einem starken Credit.“

„Wollen wir constitutionell regieren, so bedürfen wir einer Majorität. Verweigern Sie sie uns, so ist die Regierung genöthigt, sich auf andere Parteien zu stützen, mit denen sie innerlich nicht so consolidirt ist.“

im Dezember kehrte »Ottochen« nach Berlin zurück und widmete sich wieder seiner Leidenschaft, der Politik, mochte sie auch seine Gesundheit ruinieren.
Es galt nun, das neue Staatsgebilde auszuformen. War der Norddeutsche Bund die Keimzelle des Deutschen Reiches, so läßt sich die jetzt erarbeitete Verfassung als der Zellkern bezeichnen. Der Bund hatte drei Verfassungsorgane: das Bundespräsidium, den Bundesrat und den Reichstag. Das Präsidium war mit der Krone Preußens verbunden. Ihm standen Befugnisse zu, die die übrigen Mitgliedstaaten nicht besaßen: Vertretung nach außen (also Außenpolitik), militärischer Oberbefehl, Entscheidung über Krieg und Frieden. Der Bundesrat bestand aus der Gesamtheit der verbündeten Regierungen und stellte den Souverän des Norddeutschen Bundes dar (eine »Volksherrschaft« kannte Deutschland im 19. Jahrhundert nirgends, selbst die Stadtrepubliken Bremen, Hamburg, Lübeck gründeten sich auf die Herrschaft einer Elite, einer »Aristokratie«). Im Bundesrat beanspruchte Preußen nur 17 von 43 Stimmen, konnte demnach überstimmt werden. Die Konzession an den Zeitgeist war der aus allgemeinen und direkten Wahlen hervorgegangene Reichstag (so hieß er nicht erst seit 1871, sondern schon seit 1867, nur mit dem Attribut »Norddeutsch« davor). Hingegen war der leitende Staatsmann jetzt noch nicht »Reichskanzler«, sondern »Bundeskanzler«.
Der Reichstag wurde nicht erst nach Verabschiedung der Verfassung gewählt, sondern vorher, und er beriet und entschied mit. Bismarck mußte sich mit einer Fülle von Abänderungsanträgen von seiten der Volksvertreter auseinandersetzen. Sie machten es ihm nicht leicht, waren aber ganz anders als in der Konfliktzeit zu schöpferischer und konstruktiver Mitarbeit von Anbeginn bereit. Das Parlament des Norddeutschen Bundes leistete auch nach Inkrafttreten der Konstitution gute Arbeit im Willen zur Verständigung. Zu den wertvollsten Gesetzen der folgenden Jahre gehörten die Aufhebung des Paßzwanges und die Freizügigkeit von der Küste bis zum Main, die Beseitigung der Schuldhaft, die Gewerbeordnung und das große Strafgesetzbuch von 1870.
Während der heißen Debatten hielt Bismarck jene Rede, in der er am Schluß ausrief: »Meine Herren, arbeiten wir rasch! Setzen wir Deutschland, sozusagen, in den Sattel; reiten wird es schon können!« Die Volksvertreter spendeten lebhaften Beifall. Er war ehrlich und traf die Stimmung im Lande weit gerechter, als die sarkastischen Worte des badischen Ministers von Roggenbach es taten: Angesichts einer Zahlenrelation von 24 Millionen Preußen und sechs Millionen Nichtpreußen im Norddeutschen Bund spottete er: »Wie kann man denn einen Bund bilden aus einem Hund und den Flöhen auf seinem Rücken?« Der Vergleich war witzig, aber er verfehlte die Wirklichkeit. Die tritt aus anderen Äußerungen weit zeitgemäßer hervor.
Der baltendeutsche Publizist Julius von Ekkardt begeisterte sich in der Rückschau: »Frischere, stärkendere Luft als diejenige, die im Spätherbst 1866 durch den deutschen Norden wehte, habe ich niemals im Leben geatmet. Die bis ins Mark strömende Wärme der politischen Temperatur des Herbstes 1866 hatte einen stillen Zauber, der mit keinem anderen verglichen werden konnte. Man stand am Eingange einer neuen Zeit, die Wunder versprach, unter dem Eindruck einer Überraschung, die in so überreicher Fülle eingetreten war, daß den Patrioten zumute war wie Träumenden.«
Der Nationalliberale Gustav Freytag aus Schlesien, Geschichtsschreiber und Schriftsteller, beendete damals seine fünfbändige Kulturgeschichte »Bilder aus der deutschen Vergangenheit« und schrieb am Ende beglückt: »Es ist große Freude, in solcher Zeit zu leben. Eine herzliche Wärme, das Gefühl junger Kraft erfüllt Hunderttausende. Es ist eine Freude geworden, Deutscher zu sein; nicht lange, und es mag auch bei fremden Nationen der Erde als eine hohe Ehre gelten.«

»Bismarckiana«. Eine Serie von Karikaturen aus der satirischen Zeitschrift »Kladderadatsch« von 1868. Der politische Hintergrund ist die Abneigung der Konservativen gegen Bismarcks Reichseinigungspolitik, die diesen veranlaßte, das Bündnis mit den Liberalen (im großen Bild symbolisiert durch den Abgeordneten Lasker) zu suchen.

Wir sollten nicht ironisch oder bitter lächeln über Freytags hochgemute Worte.
Jedes Zeitalter ist aus seinen Gesetzen, seinen inneren Antrieben und Stimmungen zu begreifen; so war eben das Zeitklima Ende 1866. Jeder spürte, vor allem der Geschichtskundige: Erstmals seit 1648 hatte in Deutschland, einem Teil wenigstens, der Zustand aufgehört, daß nur völkerrechtlich souveräne Einzelstaaten miteinander verkehrten. Die Einheit des Ganzen war in Sicht; diese Hoffnung und Aussicht überwältigte. Der Nationalliberale Johannes Miquel sagte 1867 in diesem Sinne voraus: »Die Mainlinie ist eine Haltestelle für uns, wo wir Wasser und Kohlen einnehmen, Atem schöpfen, um nächstens weiterzugehen.«
Nach Bismarcks übermenschlichen Anstrengungen – einer gegen alle – bedurfte es nun keiner Prophetengabe mehr, sich das halbe Deutschland als ganzes Deutschland vorzustellen. Der Norddeutsche Bund wirkte wie ein Magnetfeld. So, und nur so, werden Fontanes Zeilen verständlich, die er einem anderen in den Mund legte:

Das bißchen Deutschland zusammenschweißen,
Das lag in der Zeit, das will nicht viel heißen . . .

Von daher gesehen, muß es geschichtlich unnötig und belastend erscheinen, daß dieses Deutschland erst durch neuerliches Blutvergießen eins wurde. War der Krieg 1866 zwanghaft und unvermeidlich gewesen, so wirkte derjenige von 1870/71, als schlüge man mit einem Vorschlaghammer eine Reißzwecke ein. Der Aufwand war zu groß für das Ergebnis. Oder anders: Das erstrebenswerte Ergebnis benötigte den Aufwand nicht, um zustande zu kommen. Warum dann dennoch ein Krieg?

Die Emser Depesche

Die Antwort kann auf eine kurze Formel gebracht, ja mit einem einzigen Wort umrissen werden: Napoleon. Er hätte zu gern aus der großen deutschen Krise etwas Vorzeigbares für sein Land gewonnen. Eine Karikatur im »Kladderadatsch« aus dem Jahr 1866 beleuchtet ironisch sein Drängen und seine Bedrängis: Bismarck stopft eine Kiste, die die Aufschrift »nach Berlin« trägt, mit Reisegut voll. Die Stücke, die er einpackt, sind mit Namen versehen, Hannover, Hessen, Nassau, Frankfurt. Napoleon erscheint in der Tür, weist auf einen am Boden stehenden Kohleneimer, auf welchem »Saarbrücken« steht, und spricht: »Ich wollte Ihnen zu der schönen Erbschaft gratulieren und sehen, ob nicht eine Kleinigkeit – – « Bismarck unterbricht mit abwehrender Armbewegung: »Ach was! Hier wird nichts gegeben!« So schroff, wie der Zeichenstift die Verweigerung der erbetenen »Kleinigkeit« markiert, war sie gar nicht. Über Luxemburg hätte der Kistenpacker mit sich reden lassen. Das Ländchen hatte zum Deutschen Bund gehört, in Personalunion mit den Niederlanden. Der Bund war aufgelöst; Ansprüche auf Luxemburg hatte niemand. Die Bevölkerung war deutschstämmig, genauer: der jetzt verbliebene Teil des Landes, nachdem die französischsprachigen Teile 1839 an Belgien angegliedert worden waren. Mehr der französischen Kultur zuneigend, wären die (restlichen) Luxemburger bei einem Anschluß an Frankreich sicher nicht »verraten und verkauft« gewesen. Allein, es kam nicht dazu. Der König der Niederlande, der die kleine Provinz gern für bares Geld an Napoleon verkauft hätte, fürchtete Bismarcks Unwillen. Dieser wiederum verweigerte eine offene, vor allem schriftliche Zustimmung. Er begann die deutsche Nationalbewegung mehr und mehr in sein Kalkül einzusetzen; Nationalbewegungen aber geben nie ein Stück eigenen Landes preis, nicht einmal, wenn es nach historischen Gesichtspunkten gar nicht so eigen erscheint. Kurz, aus dem Verkauf wurde nichts. Eine Konferenz in London neutralisierte Luxemburg, wobei Preußen seine dortige Festung zu räumen und zu schleifen versprach. Den Rückzug konnten die Patrioten hinnehmen; er nützte ja nicht demjenigen, der sich so gern dorthin vergrößert hätte. Beim Franzosenkaiser blieb tiefe Verstimmung zurück. Er wußte nun, daß er von Bismarck nichts mehr zu erwarten hatte. Bismarck, vor die Wahl gestellt zwischen öffentlicher Meinung in Deutschland und gutem Verhältnis zu Napoleon, hatte für »Deutschland« optiert. Gemessen an seiner bisherigen Gleichgültigkeit gegenüber nationalen Empfindungen oder der Zugehörigkeit dieser oder jener Grenzprovinz, ist der Wandel beachtenswert. Er mußte erkannt haben, daß das Nationalgefühl zum entscheidenden Antrieb für die Regelung der deutschen Frage werden konnte. »Der Streit um Luxemburg bezeichnet den Wendepunkt in der Entwicklung Bismarcks vom preußischen zum deutschen Staatsmann« (Erich Eyck).

Er zweifelte nicht, daß der Kaiser in Paris, solange er regierte, eine Gefahr darstellte. Illegitim in seinem Aufstieg und daher gegen Mißstimmung im Lande empfindlich, gab Napoleon erst recht populären Strömungen nach. Der Unterschied bestand nur darin, daß er dem Volk mit immer wachsender Unruhe einen außenpolitischen Erfolg schuldig zu sein meinte, zumal nach der Katastrophe seiner mexikanischen Politik (das »Kaisertum« seines Protegés Maximilian war 1867 untergegangen), während sein preußischer Widersacher nun vor dem Wind populärer Schubkraft segelte. Bismarck schien die Kraftprobe beider Länder unter dem knatternden Banner von Napoleons krankhaftem Ehrgeiz unvermeidlich zu sein. Zum zweitenmal seit seinen Anfängen sah er sich vor dem Zwang, daß ein verworrener Knoten nur mit dem Schwert durchschlagen werden konnte. 1866 war es die innerdeutsche Frage, jetzt das Prestigeverlangen eines Emporkömmlings, der nach immer neuen Wegen suchte, doch noch zu einem Triumph zu gelangen.

In der latenten Konfliktlage kam ein fernes Ereignis Bismarck äußerst gelegen. 1868 vertrieben die Spanier die Bourbonenkönigin Isabella II., wollten aber an der Monarchie als Staatsform festhalten. Die Regierung hielt Ausschau nach einem geeigneten Kandidaten für den vakanten Thron. Unter denen, die in Madrid in die Diskussion kamen, war der Erbprinz Leopold von Hohenzollern-Sigmaringen, aus dem katholischen Strang der Dynastie. Die Spanier trugen den Vorschlag König Wilhelm an, ohne dessen Zustimmung eine Kandidatur aus eigenem Geschlecht nach dem hohenzollernschen Hausgesetz nicht statthaft war. Wilhelm I. lehnte den Antrag ebenso ab wie der Prinz selber.

Dem Machtinstinkt des preußischen Ministerpräsidenten mußte augenblicklich klargeworden sein, daß sich hier der Weg eröffnete, den unvermeidlichen Zusammenprall mit Frankreich schneller herbeizuführen. Wenn schon Mars die Stunde regierte, dann ergriff man lieber die Initiative und legte die Rüstung an, um nicht vielleicht zu politisch unliebsamerem Zeitpunkt vom Gegner überrascht zu werden. So beharrlich der König sich weigerte, so hartnäckig bearbeitete Bismarck ihn. Endlich hatte er sowohl ihn wie den Thronprätendenten umgestimmt.

Als die geheim behandelte Sache ruchbar wurde, war Napoleon geradezu elektrisiert. Ein Hohenzoller in Madrid, das war ja wie zu Zeiten der Habsburger Doppeldynastie: die eine in Spanien, die andere im Reich! Welche Kämpfe und Leiden hatte Frankreich dadurch gehabt! Das Habsburg-Syndrom ergriff die Gemüter in ganz Paris, und Bismarck sah befriedigt, daß seine Spekulation auf das französische Einkreisungstrauma richtig war. Jetzt fehlte nur noch ein Kurzschluß dort. Und er kam . . .

Als der arglose König von Preußen die Aufregung in Paris bemerkte, schreckte er vor seiner ohnehin nur widerstrebend erteilten Genehmigung zurück. Sie könnte ja Krieg bedeuten! Der französische Botschafter Benedetti hat es nicht schwer, den Monarchen, der in Bad Ems zur Kur weilt, vom Ernst der Lage zu überzeugen. Bismarck seinerseits, der auf seinem 1867 erworbenen ostpommerschen Gut Varzin Sommerurlaub macht, beobachtet höchst besorgt die Reaktionen seines Oberherrn. Wird er auch nichts zugestehen, was Preußen demütigen könnte? Denn darauf ist Napoleon bedacht. Beunruhigt, ob in dieser von ihm selber herbeigeführten Kontroverse auch kein falscher Schritt getan werde, reist Bismarck nach Berlin und erfährt, daß Prinz Leopold soeben auf Anraten des Königs von der Kandidatur zurückgetreten ist.

Frankreich jubelt über den diplomatischen Erfolg. Das Gefühl momentaner Überlegenheit verleitet die maßgebenden Männer an der Seine zur Unvorsicht. Mitgerissen vom nationalistischen Toben in Kammer und Presse wollen der Kaiser und sein Außenminister Gramont noch

»Das Gleichgewicht Europas«. Lithographie von Honoré Daumier, 1867. Hellsichtig benennt der französische Künstler die Gefahr, die Napoleons III. hektische Politik über Europa bringen wird.

mehr erreichen: die Unterwerfung. So fordert Graf Benedetti, auf der Kurpromenade von Bad Ems, von der preußischen Majestät die Zusicherung, daß der Hohenzollernprinz sich auch künftig nie wieder um die Kandidatur bewerben werde. Wilhelm lehnte das Verlangen ab; darauf einzugehen, sähe ja wie eine Entschuldigung für Fehlverhalten aus. Die Zurückweisung geschieht sachlich, ohne Schärfe. Der Vorgang ereignet sich am 13. Juli 1870 vormittags. Am frühen Abend erfährt Bismarck davon durch telegraphischen Bericht des Legationsrates Heinrich Abeken. Während ihm die »Emser Depesche« entschlüsselt überreicht wird, sitzt er gerade mit Roon und Moltke zu Tisch.

In seinen Erinnerungen erzählt der Altkanzler von der Wirkung der Depesche auf die Generale: daß »deren Niedergeschlagenheit so tief wurde, daß sie Speise und Trank verschmähten«. Trotz der Verwahrung Wilhelms gegen das Ansinnen des Botschafters sind beide überzeugt, daß der Rückzug aus der Kandidatur eine schwere außenpolitische Schlappe bedeute. Bismarck empfindet das gleiche – nur weiß er sich zu helfen. In Gegenwart der Gäste beginnt er in der Depesche herumzustreichen, strafft sie und stellt eine verkürzte Fassung her, in der Benedettis Verhalten noch aggressiver und des Königs Reaktion entschiedener wirkt. Jetzt liest es sich, als habe der Monarch dem Diplomaten eine Abfuhr erteilt.

»Nachdem ich meinen beiden Gästen die konzentrierte Redaktion vorgelesen hatte, bemerkte Moltke: ›So hat das einen anderen Klang; vorher klang es wie Schamade [Signal für Kapitulationsbereitschaft], jetzt wie eine Fanfare in Antwort auf eine Herausforderung.‹ Ich erläuterte: ›Wenn ich diesen Text . . . sofort nicht nur an die Zeitungen, sondern auch telegraphisch an alle unsere Gesandtschaften mitteile, so wird er vor Mitternacht in Paris bekannt sein und dort nicht nur wegen des Inhalts, sondern auch wegen der Art der Verbreitung den Eindruck des roten Tuches auf den gallischen Stier machen. Schlagen müssen wir, wenn wir nicht die Rolle des Geschlagenen ohne Kampf auf uns nehmen wollen. Der Erfolg hängt aber doch wesentlich von den Eindrücken bei uns und anderen ab, die der Ursprung des Krieges hervorruft; es ist wichtig, daß wir die Angegriffenen seien . . .‹ Diese meine Auseinandersetzung erzeugte bei den beiden Generalen einen Umschlag zu freudiger Stimmung, dessen Lebhaftigkeit mich überraschte. Sie hatten plötzlich die Lust zu essen und zu trinken wiedergefunden und sprachen in heiterer Laune. Roon sagte: ›Der alte Gott lebt noch und wird uns nicht in Schande verkommen lassen.‹ Moltke trat so weit aus seiner gleichmütigen Passivität heraus, daß er sich, mit freudigem Blick gegen die Zimmerdecke und mit Verzicht auf seine sonstige Gemessenheit in Worten, mit der Hand vor die Brust schlug und sagte: ›Wenn ich das noch erlebe, in solchem Kriege unsere Heere zu führen, so mag gleich nachher die alte Carcasse (= Gerippe) der Teufel holen.‹ Er war damals hinfälliger als später und hatte Zweifel, ob er die Strapazen des Feldzuges überleben werde.«

Die gestraffte Form der Emser Depesche wirkt wie eine diplomatische Ohrfeige. Erwartungsgemäß nimmt der französische Nationalstolz sie nicht hin. Am 19. Juli wird in Berlin die französische Kriegserklärung überreicht.

Über Sedan nach Versailles

In beiden Ländern überschlug sich die patriotische Begeisterung. Nicht erst 1914 war das so; schon das Jahr 1870 lieferte Proben dieser gefährlichen Volkskrankheit, die im Rausch alle Barrieren der Vernunft überrennt und selbst diejenigen Staatsmänner, welche kühlen Kopf bewahren, in ihren Entscheidungen einengt und unfrei macht. Der öffentliche Meinungsdruck wird so stark, daß er die Kriegsziele weitersteckt, als es die Klugheit gebietet. Das sollte sich bald zeigen. Schon reimte der national hochgestimmte Historiker Heinrich von Treitschke:

> Holt uns wieder Straßburgs Dom
> Und befreit den deutschen Strom!

Noch vor der französischen Kriegserklärung war König Wilhelm nach Berlin zurückgereist. Über die Eindrücke auf dieser Fahrt schrieb er

sogleich der Königin, die noch nicht wieder zu Hause war:
»Meine Reise glich einem Triumphzuge, ich habe so etwas nicht geahnt, nicht für möglich gehalten. Alle Bahnhöfe überfüllt, auch die, wo nicht gehalten wurde; in Kassel eine Adresse des Magistrats, in Göttingen die ganze Universitätsjugend; von Braunschweig hatte ein Extrazug Hunderte von Menschen nach meiner Station gebracht; in Magdeburg waren alle Transportwagen mit Menschen besetzt; in Potsdam der Perron Kopf an Kopf, und nun hier! Mich erfüllt eine komplette Angst bei diesem Enthusiasmus, denn was für Chancen bietet nicht der Krieg, wo all dieser Jubel oft verstummen könnte und – müßte!«
Der König dachte besorgt an die Unwägbarkeiten des Feldzuges mit der Gefahr auch von Niederlagen, ebenso aber verantwortungsbewußt an das unvermeidliche Leid für viele. Was uns der Brief im übrigen deutlich macht, ist die leidenschaftliche Zustimmung selbst in den Provinzen, die zur Kriegsbeute von 1866 gehörten: Kassel, Hannover (denn Göttingen war die Universität des einverleibten Königreiches). Daraus ist unschwer zu schließen, daß auch in den süddeutschen, selbständig gebliebenen Staaten ein vaterländisches Gemeinschaftsgefühl geweckt sein mußte. So war es auch. Nachträglich betrachtet wären die erzwungenen Verträge Bismarcks über gegenseitigen Beistand im Kriegsfall gar nicht nötig gewesen. Die öffentliche Meinung in Süddeutschland hätte die dortigen Fürsten und Regierungen von ganz allein an Preußens Seite gedrängt. Und im neutralen England, einem wichtigen Gradmesser für die klimatischen Verhältnisse bei den Unbeteiligten, schrieb die »Times«: »Über das eine kann gegenwärtig kein Zweifel herrschen, daß aller Welt Sympathien sich jetzt dem angegriffenen Preußen zuwenden. Napoleon hat sich zu einer unpolitischen und verbrecherischen Tat hinreißen lassen, die Gedanken des Ersten Kaiserreiches scheinen der Fluch des Zweiten werden zu wollen . . .«
Die französische Generalität ging nicht allein furchtlos, sondern freudig in das Kräftemessen; sie hielt das eigene Heer für weit überlegen in Erinnerung an den Waffenruhm von Sewastopol im Krimkrieg und von Solferino im italienischen Einigungskampf. Moltke ließ sich von diesem Selbstbewußtsein nicht einschüchtern. Direkte Vergleiche gab es zwar seit 1815 nicht mehr, was die Kampfstärke preußischer und französischer Truppen anbetraf, die seither nicht gegeneinander gefochten hatten, sondern jeweils nur gegen Dritte. Moltke wußte aber, was er sich und seinem Heer nach einem reichlichen Jahrzehnt systematischer Aufbauarbeit zutrauen konnte. Vor allem durfte der Stratege, der kurz vor dem 70. Geburtstag stand, sicher sein, daß die militärische Befehlsgewalt uneingeschränkt bei ihm selber liegen werde, nur nominell beim König. Das war schon bei Königgrätz so gewesen und galt nach dem Sieg gegen Österreich erst recht. Das Bemerkenswerte an dieser Konstruktion der Heeresführung hebt der Moltke-Biograph Franz Herre bereits im Zusammenhang mit dem Feldzug von 1866 hervor:
»Dies war der erste große Sieg der Kriegsgeschichte, der nicht in alter Tradition von einem Feldherrn, sondern von einem Generalstabschef gewonnen wurde, der die Operationen fachwissenschaftlich geplant und im Auftrage des königlichen Oberbefehlshabers in Oberleitung ausgeführt hatte.«
Auch das gehört in der Lebensgeschichte Wilhelms I. zum Rühmenswerten, daß er, der keineswegs »groß« war, die Männer seines Vertrauens gewähren ließ und ihnen nicht hineinredete, wenn sie ihn überzeugt hatten. Bis dahin allerdings nahm er sich das königliche Recht, durch Zweifel, Einwände und Gewissen die Überzeugungskraft des Gegenübers aufs äußerste zu fordern.
Keine Frage, daß der bevorstehende Waffengang schwerer sein würde als derjenige von 1866; das war auch dem Optimisten Moltke klar. Aber er hatte die Zeit nicht vertan. In einer »Weltgeschichte der Schlachten und Kriegszüge«, verfaßt unter der verantwortlichen Leitung des Feldmarschalls Montgomery, heißt es über Moltke:
»Er war ein hochintelligenter, begabter Generalstabsoffizier, der ganz in seiner Arbeit aufging, und seine Untergebenen verehrten ihn wie Jünger ihren Meister. Er zeichnete sich

»Der Partikularist«. Eine Bilderserie von Wilhelm Busch, in der die hannoverschen Welfen verspottet werden, die zu Beginn des Deutsch-Französischen Krieges noch hofften, er werde mit einer Demütigung Preußens enden.

durch universale Bildung und eiserne Selbstdisziplin aus und hatte sich zum gewissenhaftesten und anspruchsvollsten Spezialisten herangebildet. Er selbst war das Vorbild für jeden deutschen Generalstabsoffizier. Alljährlich wurden die zwölf besten Absolventen der Kriegsakademie in einem Sonderlehrgang von Moltke persönlich weitergebildet. Wer den Anforderungen nicht entsprach, wurde zur Truppe zurückversetzt. Aber jeder Generalstabsoffizier mußte eine Zeitlang in seinem Regiment Dienst tun, ehe er befördert wurde. So blieb der Generalstab in ständiger Verbindung mit der Truppe, und Moltkes Ideen und Grundsätze durchdrangen die ganze Armee, die 1870 seinen Vorstellungen entsprach. Die meisten Brigade- und Divisionskommandeure hatte er selbst ausgebildet, und neben jedem Korpskommandeur und Armeebefehlshaber stand ein Chef des Stabes.«

Diesem Blick auf die deutsche Seite folgt in dem zitierten Buch eine Betrachtung der französischen. Dabei kommen die Franzosen nicht so gut weg, was ihren Leistungsstand von 1870 betrifft. »Ausrüstung und Bewaffnung waren

Links oben: »Wilhelm der Schlächter«. Französische Karikatur auf Preußens König Wilhelm I., 1870.

Oben: Kaiser Napoleon III. und Bismarck am Morgen nach der Schlacht von Sedan. Gemälde von Wilhelm Camphausen. Die Szene, da sich der Franzose, krank und deprimiert, in die Gefangenschaft der Deutschen begibt, inspirierte einen anonymen Berliner Poeten zu folgendem Spottgedicht:

Wer sitzt dort vor das jelbe Haus
Mit jene Habichtsjurke?
Er schaut mir schon von ferne aus
Wie'n janz jemeener Schurke. –
Ich kenne Dir, Napolium,
Mit Deine trüben Oogen –
Die Schand' drückt Dir den Buckel krumm,
Wie'n ollen Fiedelbogen.

Wie'n Schusterjunge sitzt'st Du nu
Dort neben Deinem Meister:
Sein Knieriem kriegt jetzt endlich Ruh,
Du weest doch, »Otto« heißt er?
Du hast jetzt mal Dein Fett jekriegt,
Und weeßt, wie Prüjel schmecken; –
Für fuffzig Dahler möcht ich nich
In Deine Stiebeln stecken.

gut . . . Andererseits hatte man trotz der ständigen Warnungen des Militärattachés in Berlin kaum mit der Generalstabsarbeit begonnen, durch die sich die Preußen so auszeichneten. Es gab Mängel in der Offiziersausbildung, beim Nachschub, bei der Organisation der Eisenbahn [deren Bedeutung als Transportmittel Moltke voll erkannt hatte] und bei der Planung der Mobilmachung und des Aufmarsches. Der französische Soldat war tapfer, aber undiszipliniert . . . 1870 war die französische Armee besser gerüstet als jemals seit Napoleon I., aber nicht für den modernen Krieg.«

War Europa schon überrascht gewesen, wie schnell die Österreicher sich geschlagen gegeben hatten, so verlief der neue Feldzug noch staunenerregender. Drei Armeen stießen von der Pfalz aus ins Unterelsaß und nach Lothringen vor und warfen den Gegner zurück, bevor der sich überhaupt offensiv entfalten konnte. Nach den ersten kleineren Siegen bei Weißenburg, Wörth und Spichern Anfang August 1870 folgten die blutigen Gefechte bei Mars-la-Tour, Vionville, Gravelotte und St. Privat Mitte August, Namen, die im Kaiserreich zu Schulbuch-Legenden wurden. Generationen von Schulkindern lernten das Gedicht von Ferdinand Freiligrath, »Die Trompete von Vionville«:

Doch ein Blutritt war es, ein Todesritt;
Wohl wichen sie unseren Hieben,
Doch von zwei Regimentern, was ritt
und was stritt,
Unser zweiter Mann ist geblieben . . .

Zum letzten Mal in der Kriegsgeschichte entschied an diesem 16. August Reiterei eine Schlacht. Mit 50 Prozent Verlusten war es ein schmerzreicher Abschied. Die französische Rheinarmee unter Marschall Bazaine mußte sich auf die Festung Metz zurückziehen. Als Marschall MacMahon Befehl erhielt, die Eingeschlossenen (173 000 Mann) freizukämpfen, reagierte Moltke durch blitzartige Umgruppierung. Eben noch im Begriff, mit allen Verbänden, die nicht zur Belagerung von Metz benötigt wurden, auf Paris zu marschieren, vollzog er bei der westlothringischen Stadt Bar-le-Duc eine scharfe Rechtsschwenkung, ließ nach Norden marschieren und zwang MacMahon zum Rückzug auf Sedan. Zwei deutsche Armeen schlossen ihn mit seinen über hunderttausend Mann in der Festung ein. Damit war die französische Hauptmacht nun an zwei Brennpunkten rettungslos umzingelt. Was Moltke in den früheren Feldzügen mißlungen war, hier hatte er es geschafft: die vollständige Umklammerung. Nur wenige Tage, und Sedan kapitulierte, wobei sich zur Überraschung der Belagerer herausstellte, daß auch Kaiser Napoleon in der Festung saß. König Wilhelm empfing einen Brief, der nur einen Satz enthielt: »Mein Herr Bruder! Nachdem es mir nicht vergönnt war, inmitten

meiner Truppen zu sterben, bleibt mir nichts übrig, als meinen Degen in die Hände Eurer Majestät zu legen. Ich bin Eurer Majestät freundwilliger Bruder Napoleon.«
Der König antwortete ebenfalls als »Eurer Majestät freundwilliger Bruder« und ließ Moltke die Übergabe vollziehen. Von da an begingen Generationen den 2. September als Staatsfeier, als »Sedantag«: das größte Erfolgserlebnis des Krieges 70/71. Beide Monarchen trafen in einem nahegelegenen Schlößchen zusammen. Geschichtsbewußt, wie Wilhelm I. war, könnte er dabei wohl daran gedacht haben, wie das Rad der Fortuna sich binnen 63 Jahren einmal voll-

Preußische Belagerungsgeschütze im Winter 1870/71 vor Paris. Gegen die Stimmen der Militärs, die zum Abwarten rieten, setzte Bismarck die Beschießung der französischen Hauptstadt durch. Um andere Staaten an der Einmischung zu hindern, sollte der Krieg so rasch wie möglich beendet werden, und zwar mit einem vollständigen Sieg. »Wenn der Abschluß des französischen Krieges ein weniger günstiger für Deutschland gewesen wäre«, so rechtfertigte er sich später, »blieb auch dieser gewaltige Krieg mit seinen Siegen und seiner Begeisterung ohne die Wirkung, die er für unsre nationale Einigung haben konnte. Es war mir niemals zweifelhaft, daß der Herstellung des deutschen Reiches der Sieg über Frankreich vorhergehen mußte, und wenn es uns nicht gelang, ihn diesmal zum vollen Abschluß zu bringen, so waren weitere Kriege ohne vorgängige Sicherstellung unsrer vollen Einigung in Sicht.«

ständig gedreht hatte. Im Juli 1807 mußte sein Vater Friedrich Wilhelm III. in Tilsit die harten Friedensbedingungen Napoleons I. entgegennehmen; jetzt bei Sedan stand der Sohn des Besiegten dem Neffen des Siegers von damals gegenüber, und die Rollen waren vertauscht: Sic transit gloria mundi . . . Selten war das Sprichwort so augenfällig am Platze wie hier.

Jubel in ganz Deutschland, Trauer und Verzweiflung in ganz Frankreich. Zwei Tage nach den Ereignissen an der Front brach in Paris die Revolution aus, die Republik wurde proklamiert. Während Kaiser Napoleon als Gefangener das Schloß Wilhelmshöhe bei Kassel zugewiesen bekam, ging die Kaiserin Eugenie, deren Ehrgeiz mit dazu beigetragen hatte, den Gemahl in den Krieg zu treiben, nach England ins Exil. Europa aber und Deutschland standen vor einer unerwartet neuen politischen Lage. Als erstes Land nutzte sie Italien. Ein Übereinkommen mit Napoleon stand bisher der Vollendung des italienischen Nationalstaates entgegen: die französische Besatzung in Rom. Als diese zur Verteidigung der eigenen Heimat abgezogen wurde und der Kaiser stürzte, fühlte Italien sich an das Abkommen nicht mehr gebunden. Rom wurde durch Einmarsch italienischer Soldaten mit dem übrigen Land vereinigt und anstelle des Provisoriums Florenz zur Hauptstadt erklärt; der »Kirchenstaat« wurde bis auf eine winzige Enklave fortbestehender päpstlicher Staatshoheit der Monarchie einverleibt. Papst Pius IX. protestierte vergeblich. Noch ehe also der deutsche Nationalstaat proklamiert war, hatte Italien Vorteil aus den Siegen der Deutschen gezogen und die Einigung des Landes abgeschlossen. »Risorgimento« nannten die Italiener sie, das »Wiedererstehen«.

Das deutsche »Risorgimento« war allerdings auch nur noch eine Frage des passenden Zeitpunktes. Zunächst einmal ging der Krieg weiter. Die Verantwortlichen der Dritten Republik in Frankreich waren zwar zum Friedensschluß bereit, doch nur unter der Bedingung, daß ihr Land territorial unversehrt bleibe. Das aber wollte Preußen nach den schweren Blutopfern nicht zugestehen. Am 7. September sprach Wilhelm in einem Brief an Königin Augusta unverhohlen aus, daß der Besiegte nicht heil davonkommen werde: ». . . um Deutschland vor Frankreichs steten Gelüsten auf Einfälle in Deutschland endlich sicherzustellen, muß jene Länderabtretung verlangt werden, Elsaß vor allem.«

Auch Bismarck war sich im klaren, daß ein zweites Nikolsburg mit so weitgehender Schonung ausgeschlossen sei. Nicht nur hätte er diesmal außer dem König und den Militärs, die er damals überwunden hatte, die ganze Nationalbewegung gegen sich gehabt, darüber hinaus auch die süddeutschen Staaten, die jahrhundertelang erlebt hatten, wie das Elsaß als französisches Einfallstor nach Deutschland benutzt wurde. Die Süddeutschen aber brauchte er, wenn die Einigung vollendet werden sollte; ihre Besorgnisse durfte er nicht mißachten. So stellte auch er sich hinter die Forderung nach Annexion.

Um nicht amputiert zu werden, kämpfte Frankreich verbissen weiter – und mußte nur noch Schlimmeres erdulden. Paris wurde belagert, und alle Entsatzoffensiven scheiterten an Moltkes überlegener Strategie. Um die Stadt schneller zur Übergabe zu zwingen, ehe die Neutralen sich einmischten, setzte Bismarck gegen Moltkes Aushungerungstaktik die Beschießung der Metropole durch. In der übrigen Welt wurde dieses Vorgehen meist scharf verurteilt, und es steigerte eher die gegnerische Entschlossenheit. Der Hunger erwies sich am Ende doch als die stärkere Waffe.

Während die Kämpfe in Frankreich sich hinzogen, brachte Bismarck die süddeutschen Staaten mit Zugeständnissen dazu, der politischen Einigung Gesamtdeutschlands unter preußischer Führung mit Wilhelm I. als Kaiser zuzustimmen. Vor allem Bayerns König Ludwig II. mußte mit allen diplomatischen Künsten bearbeitet werden. Außerdem versprach Bismarck, was damals nicht bekannt wurde, ihn von seinen Schulden zu befreien, die aus den kostspieligen Schlösser-Prachtbauten des Bayernkönigs rührten. Die erforderlichen Gelder entnahm Bismarck dem »Welfenfonds«, dem beschlagnahmten Privatvermögen des entthronten Königs von Hannover.

So ist der Weg frei zur Gründung des Deutschen

Der bayerische König Ludwig II. fügte sich nur unwillig in die Rolle, die ihm in Bismarcks diplomatischem Spiel zugedacht war: Er sollte dem Preußenkönig die Kaiserkrone antragen. An seinen Bruder Otto schrieb er darüber im November 1870: »Könnte Bayern allein, frei vom Bunde stehen, dann wäre es gleichgültig, da dies aber geradezu eine politische Unmöglichkeit wäre, da Volk und Armee sich dagegen stemmen würden und die Krone mithin allen Halt im Lande verlöre, so ist es, so schauderhaft und entsetzlich es immerhin bleibt, ein Akt von politischer Klugheit, ja von Notwendigkeit im Interesse der Krone und des Landes, wenn der König von Bayern jenes Anerbieten stellt; da, nachdem Bayern nun doch einmal aus politischen Gründen in den Bund muß, hinterher der nun doch nicht mehr fernzuhaltende Kaiser von mir wohl oder übel anerkannt werden muß.«

Reiches, die staatsrechtlich am 1. Januar 1871 erfolgt. Im Gedächtnis der Deutschen ist dagegen viel stärker der 18. Januar bewahrt: die Kaiserproklamation im Spiegelsaal des Schlosses von Versailles. In jedem älteren deutschen Geschichtsbuch ist die Szene im Bilde festgehalten: hochgeschwungene Degen und Kopfbedeckungen, brausendes Hurra, eine kriegerische Versammlung, in deren Mitte Bismarck, in weißer Kürassieruniform das Gemälde optisch beherrscht. Dabei gilt der Jubel des Augenblicks nicht ihm, sondern dem preußischen Monarchen. Gerade hat der Großherzog von Baden, Friedrich I., ausgerufen: »Seine Majestät, der Kaiser Wilhelm, lebe hoch!« Das war eine Formel, mit der die Titelfrage elegant gelöst wurde. Der schwierige Bayernkönig und Bismarck hatten sich auf die Formel »Deutscher Kaiser« geeinigt, der (Norddeutsche) Reichstag hatte zugestimmt. Noch einen Tag vor der Proklamation bestand Wilhelm auf dem Titel, »Kaiser von Deutschland«, worüber sich erbitterter Streit mit seinem Staatsarchitekten entzündete. Nun also umging der Großherzog das Protokollproblem mit dem verbalen Kompromiß, der die Situation entschärfte, ohne an dem, was ausgehandelt worden war, irgend etwas zu ändern.

Wilhelm aber ist noch so verärgert, daß er Bismarck in dem höchsten Augenblick seines königlichen Lebens, der ohne den Staatsmann gar nicht möglich geworden wäre, keines Blickes würdigt, ihm nicht die Hand gibt. Von Fürsten, Generalen, Abgeordneten des Reichstages gefolgt, verläßt er den Saal unter den Klängen des »Hohenfriedbergers«. Der Altpreuße Wilhelm zeigt sich an seinem größten Tage so »moros [verdrießlich], den preußischen Titel verdrängt zu sehen«, daß er »drauf und dran war zurückzutreten«; weshalb Bismarck in einem Brief an Johanna sich boshafter Bemerkungen nicht enthalten kann: ». . . diese Kaisergeburt war eine schwere, und Könige haben in solchen Zeiten ihre wunderlichen Gelüste, wie Frauen, bevor sie der Welt hergeben, was sie doch nicht behalten können. Ich hatte als Accoucheur [Geburtshelfer] mehrmals das dringende Bedürfnis, eine Bombe zu sein und zu platzen, daß der ganze Bau in Trümmer gegangen wäre. Nötige Geschäfte greifen mich wenig an, aber die unnötigen verbittern.«

Trotz aller Widrigkeiten: der neue Staatsbau hat nun sein Dach. Der 18. Januar 1871 löst das Wort Bismarcks nach Abschluß der Verhandlungen mit Bayern am 23. November 1870 ein: »Die deutsche Einheit ist gemacht – und der Kaiser auch.«

Kriegsausbruch 1870

Obwohl am deutsch-österreichischen Konflikt nicht direkt beteiligt, fühlte sich Frankreich doch als Verlierer im politischen Spiel des preußischen Ministerpräsidenten. Das fortan sich intensivierende Spannungsverhältnis zwischen Frankreich und Deutschland erreichte im Streit um die spanische Thronkandidatur eines Hohenzollern einen Höhepunkt. Preußen mußte schließlich nachgeben. Doch Frankreich war damit immer noch nicht zufrieden. Bismarck läßt in seinen Erinnerungen die dramatische Entwicklung wieder lebendig werden, die schließlich über die »Emser Depesche« zum Kriege führte.

Ich glaubte nunmehr an Frieden; wollte aber die Haltung nicht vertreten, durch welche dieser Friede erkauft gewesen wäre. In gleichem Sinne sprach ich zunächst mit dem Kriegsminister von Roon: Wir hätten die französische Ohrfeige weg und wären durch die Nachgiebigkeit in die Lage gebracht, als Händelsucher zu erscheinen, wenn wir zum Kriege schritten, durch den allein wir den Flecken abwaschen könnten. Meine Stellung sei jetzt unhaltbar und das eigentlich schon dadurch geworden, daß der König den französischen Botschafter unter dem Drucke von Drohungen während seiner Badekur (in Bad Ems) vier Tage hintereinander in Audienz empfangen und seine monarchische Person der unverschämten Bearbeitung durch diesen fremden Agenten ohne geschäftlichen Beistand exponiert habe. Zum Rücktritt entschlossen trotz der Vorwürfe, die mir Roon darüber machte, lud ich ihn und Moltke zum 13. ein, mit mir zu drei zu speisen, und teilte ihnen bei Tische meine An- und Absichten mit. Beide waren sehr niedergeschlagen und machten mir indirekt Vorwürfe, daß ich die im Vergleiche mit ihnen größere Leichtigkeit des Rückzuges aus dem Dienste egoistisch benutzte. Ich vertrat die Meinung, daß ich mein Ehrgefühl nicht der Politik opfern könne, daß sie beide als Berufssoldaten wegen der Unfreiheit ihrer Entschließung nicht dieselben Gesichtspunkte zu nehmen brauchten wie ein verantwortlicher auswärtiger Minister. Während der Unterhaltung wurde mir gemeldet, daß ein Ziffertelegramm, wenn ich mich recht erinnere von ungefähr 200 Gruppen, aus Ems, von dem Geheimrat Abeken unterzeichnet, in der Übersetzung begriffen sei. Nachdem mir die Entzifferung überbracht war, welche ergab, daß Abeken das Telegramm auf Befehl Sr. Majestät redigiert und unterzeichnet hatte, las ich dasselbe meinen Gästen vor, deren Niedergeschlagenheit so tief wurde, daß sie Speise und Trank verschmähten. Bei wiederholter Prüfung des Aktenstücks verweilte ich bei der einen Auftrag involvierenden Ermächtigung Seiner Majestät, den Inhalt ganz oder teilweise zu veröffentlichen. Ich stellte an Moltke einige Fragen in bezug auf das Maß seines Vertrauens auf den Stand unserer Rüstungen, respektive auf die Zeit, deren dieselben bei der überraschend aufgetauchten Kriegsgefahr noch bedürfen würden. Er antwortete, daß er, wenn Krieg werden sollte, von einem Aufschub des Ausbruchs keinen Vorteil für uns erwarte; selbst wenn wir zunächst nicht stark genug sein sollten, sofort alle linksrheinischen Landesteile gegen französische Invasion zu dekken, so würde unsere Kriegsbereitschaft die französische sehr bald überholen, während in einer späteren Periode dieser Vorteil sich abschwächen würde; er halte den schnellen Ausbruch im ganzen für uns vorteilhafter als eine Verschleppung.

Der Haltung Frankreichs gegenüber zwang uns nach meiner Ansicht das nationale Ehrgefühl zum Kriege, und wenn wir den Forderungen dieses Gefühls nicht gerecht wurden, so verloren wir auf dem Wege zur Vollendung unsrer nationalen Entwicklung den ganzen 1866 gewonnenen Vorsprung, und das 1866 durch unsere militärischen Erfolge gesteigerte deutsche Nationalgefühl südlich des Mains, wie es sich in der Bereitwilligkeit der Südstaaten zu den Bündnissen ausgesprochen hatte, würde wieder erkalten. Das in den süddeutschen Staaten neben dem partikularistischen und dynastischen Staatsgefühle lebendige Deutschtum hatte bis 1866 das politische gewissermaßen mit der gesamtdeutschen Fiktion unter Österreichs Leitung beschwichtigt, teils aus süddeutscher Vorliebe für den alten Kaiserstaat, teils in dem Glauben an die militärische Überlegenheit desselben über Preußen. Nachdem die Ereignisse den Irrtum der Schätzung festgestellt hatten, war gerade die Hilflosigkeit der süddeutschen Staaten, in der Österreich sie beim Friedensschluß gelassen hatte, ein Motiv für das politische Damaskus, welches zwischen Varnbülers »Vae Victis« zu dem bereitwilligen Abschlusse des Schutz- und Trutzbündnisses mit Preußen lag. Es war das Vertrauen auf die durch Preußen entwickelte germanische Kraft und die Anziehung, welche einer entschlossenen und tapfern Politik innewohnt, wenn sie Erfolg hat und dann sich in vernünftigen und ehrlichen Grenzen bewegt. Diesen Nimbus hatte Preußen gewonnen; er ging unwiderruflich oder doch auf lange Zeit verloren, wenn in nationaler Ehrenfrage die Meinung im Volke Platz griff, daß die französische Insulte »La Prusse cane« (= Preußen kneift) einen tatsächlichen Hintergrund habe.

In derselben psychologischen Auffassung, in welcher ich 1864 im dänischen Kriege aus politischen Gründen gewünscht hatte, daß nicht den altpreußischen, sondern den westfälischen Bataillonen, die bis dahin keine Gelegenheit gehabt hatten, unter preußischer Führung ihre Tapferkeit zu bewähren, der Vortritt gelassen werde, und bedauerte, daß der Prinz Friedrich Karl meinem Wunsche entgegen gehandelt hatte, in derselben Auffassung war ich überzeugt, daß die Kluft, welche die Verschiedenheit des dynastischen und Stammesgefühls und der Lebensgewohnheiten zwischen dem Süden und dem Norden des Vaterlandes im Laufe der Geschichte geschaffen hatten, nicht wirksamer überbrückt werden könne als durch einen gemeinsamen nationalen Krieg gegen den seit Jahrhunderten aggressiven Nachbar. Ich erinnerte mich, daß schon in dem kurzen Zeitraum von 1813 bis 1815, von Leipzig und Hanau bis Belle Alliance, der gemeinsame und siegreiche Kampf gegen Frankreich die Beseitigung des Gegensatzes ermöglicht hatte zwischen einer hingebenden Rheinbundspolitik und dem nationaldeutschen Aufschwung der Zeit von dem Wiener Kongreß bis zu der Mainzer Untersuchungskommission, unter der Signatur Stein, Görres, Jahn, Wartburg bis zu dem Exzeß von Sand. Das gemeinsam vergossene Blut von dem Übergange der Sachsen bei Leipzig bis zu der Beteiligung unter englischem Kommando bei Belle Alliance hatte ein Bewußtsein gekittet, vor welchem die Rheinbundserinnerungen erloschen.

Dieser Rückblick bestärkte mich in meiner Überzeugung, und die politischen Erwägungen in betreff der süddeutschen Staaten fanden mutatis mutandis auch auf unsere Beziehungen zu der Bevölkerung von Hannover, Hessen, Schleswig-Holstein Anwendung. Daß diese Auffassung richtig war, beweist die Genugtuung, mit der heute, nach zwanzig Jahren, nicht nur die Holsteiner, sondern auch die Hanseaten der 1870er Heldentaten ihrer Söhne gedenken. Alle diese Erwägungen, bewußt und unbewußt, verstärkten in mir die Empfindungen, daß der Krieg nur auf Kosten unserer preußischen Ehre und des nationalen Vertrauens auf dieselbe vermieden werden könne.

In dieser Überzeugung machte ich von der mir durch Abeken übermittelten königlichen Erlaubnis Gebrauch, den Inhalt des Telegramms ganz oder teilweise zu veröffentlichen, reduzierte in Gegenwart meiner beiden Tischgäste das Telegramm durch Streichungen, ohne ein Wort hinzuzusetzen oder zu ändern, auf die nachstehende Fassung:

»Nachdem die Nachrichten von der Entsagung des Erbprinzen von Hohenzollern der kaiserlich französischen Regierung von der königlich spanischen amtlich mitgeteilt worden sind, hat der französische Botschafter in Ems an Seine Majestät den König noch die Forderung gestellt, ihn zu autorisieren, daß er nach Paris telegraphiere, daß Seine Majestät der König sich verpflichte, niemals wieder seine Zustimmung zu geben, wenn die Hohenzollern auf ihre Kandidatur wieder zurückkommen sollten. Seine Majestät der König hat es darauf abgelehnt, den französischen Botschafter nochmals zu empfangen, und demselben durch den Adjutanten vom Dienst sagen lassen, daß Seine Majestät dem Botschafter nichts weiter mitzuteilen habe.«

Der Unterschied in der Wirkung des gekürzten Textes der Emser Depesche im Vergleich mit der, welche das Original hervorgerufen hätte, wenn es bekannt wurde, war kein Ergebnis stärkerer Worte, sondern der Form, welche die Kundgebung als eine abschließende erscheinen ließ, während die Redaktion Abekens nur als ein Bruchstück einer schwebenden und in Berlin fortzusetzenden Verhandlung erschienen sein würde.

Nachdem ich meinen beiden Gästen die konzentrierte Redaktion vorgelesen hatte, bemerkte Moltke: »So hat das einen andern Klang, vorher klang es wie Schamade, jetzt wie eine Fanfare in Antwort auf eine Herausforderung.« Ich erläuterte: »Wenn ich diesen Text, welcher keine Änderung und keinen Zusatz des Telegramms enthält, sofort nicht nur an die Zeitungen, sondern auch telegraphisch an all unsere Gesandtschaften mitteile, so wird er vor Mitternacht in Paris bekannt sein und dort nicht nur wegen des Inhalts, sondern auch wegen der Art der Verbreitung den Eindruck des roten Tuches auf den gallischen Stier machen. Schlagen müssen wir, wenn wir nicht die Rolle des Geschlagenen ohne Kampf auf uns nehmen wollen. Der Erfolg hängt aber doch wesentlich von den Eindrücken bei uns und anderen ab, welche der Ursprung des Krieges hervorruft; es ist wichtig, daß wir die Angegriffenen seien, und die gallische Überhebung und Reizbarkeit wird uns dazu machen, wenn wir mit europäischer Öffentlichkeit, soweit es uns ohne das Sprachrohr des Reichstags möglich ist, verkünden, daß wir den öffentlichen Drohungen Frankreichs furchtlos entgegentreten.«

Diese meine Auseinandersetzung erzeugte bei den beiden Generalen einen Umschlag zu freudiger Stimmung, dessen Lebhaftigkeit mich überraschte. Sie hatten plötzlich Lust zu essen und zu trinken wiedergefunden und sprachen in heiterer Laune. Roon sagte: »Der alte Gott lebt noch und wird uns nicht in Schande verkommen lassen.« Moltke trat so weit aus seiner gleichmütigen Passivität heraus, daß er sich, mit freudigem Blick gegen die Zimmerdecke und mit Verzicht auf seine sonstige Gemessenheit in Worten, mit der Hand vor die Brust schlug und sagte: »Wenn ich das noch erlebe, in solchem Kriege unsre Heere zu führen, so mag gleich nachher ›die alte Carcasse‹ der Teufel holen.« Er war damals hinfälliger als später, hatte Zweifel, ob er die Strapazen des Feldzuges überleben werde.

Wie lebhaft sein Bedürfnis war, seine militärisch-strategische Neigung und Befähigung praktisch zu betätigen, habe ich nicht nur bei dieser Gelegenheit, sondern auch in den Tagen vor dem Ausbruch des böhmischen Krieges beobachtet. In beiden Fällen fand ich meinen militärischen Mitarbeiter im Dienste des Königs abweichend von seiner sonstigen trocknen und schweigsamen Gewohnheit heiter, belebt, ich kann sagen, lustig. In der Juninacht 1866, in der ich ihn zu mir eingeladen hatte, um mich zu vergewissern, ob der Aufbruch des Heeres nicht um 24 Stunden verfrüht werden könnte, bejahte er die Frage und war durch die Beschleunigung des Kampfes angenehm erregt.

Bismarck, Gedanken und Erinnerungen. Stuttgart 1898

Moltke

Helmuth Graf von Moltke (1800-1891), seit 1858 Chef des Großen Generalstabes, leitete die siegreichen militärischen Operationen in den Kriegen von 1866 und 1870/71. Besonders verpflichtet wußte er sich dem preußischen Kriegstheoretiker Clausewitz, den er in seinen Schriften oft zitiert. Immer wieder beschäftigt er sich dabei mit dem Problem des Zusammenwirkens von Strategie und Politik.

Legationsrat Heinrich Abeken über Moltke

Was Du über Bismarck sagst im Vergleich mit Moltke ist wohl richtig. Vor dem Letzteren liegt seine Aufgabe klarer und einfacher da und es gehört nur ein einfacherer Charakter dazu, sie zu lösen, im Gegensatz zu den verworrenen Wegen der Politik, die immer nach den verschiedensten Seiten blicken muß. Dazu hat der liebe Gott wohl eben auch kompliziertere Charaktere, wie Graf Bismarck es ist, an diese Stelle gesetzt, wie er Moltke an seinen Platz gestellt hat. Leichter möchte ich die eine oder andere Aufgabe nicht nennen, wohl aber die von Moltke eine erfreulichere, trotz des Blutvergießens, auf das sie gerichtet ist. Das Blutvergießen ist ja nicht Zweck, sondern Mittel und die Aufgabe ist eben, mit dem möglichst geringen Blutvergießen den Zweck zu erreichen.

Um Blut zu sparen, darf man manchmal Blut nicht schonen. Und die Strategie, wie Moltke sie übt, ist nicht bloß eine Kunst des Verstandes und der Berechnung, sondern es gehören auch große Charaktereigenschaften dazu, Festigkeit und Energie des Willens, die Herrschaft über sich selbst.

Heinrich Abeken, Ein schlichtes Leben in bewegter Zeit. Berlin 1898

Alfred Schlieffen über Moltke

Die Lehre hat uns der Feldmarschall hinterlassen: nicht eine Methode, ein Mittel, eine Aushilfe, sondern viele. An Aushilfen hat es dem Feldmarschall nicht gefehlt und es würde ihm auch später nicht daran gefehlt haben. Davon waren alle in der Armee überzeugt.

Keiner zweifelte oder hoffte nur, jeder wußte, daß auch in der schwierigsten Lage die glatte eiserne Stirn und das durchsichtige Auge die Aushilfe finden würde, daß im rechten Augenblick der rechte Entschluß gefaßt werden würde. Dieser Entschluß muß einfach sein und darüber hat uns der Feldmarschall belehrt und gewiß waren seine Entschlüsse einfach. Einfach nach Inhalt und Form. Was ist einfacheres zu denken als jenes Telegramm vom 22. Juni (1866): »Seine Majestät befehlen, daß beide Armeen in Böhmen einrücken und die Vereinigung in der Richtung auf Gitschin aufsuchen.«

Mit diesen wenigen Worten riß er sich aus einer bedenklichen Lage, in welche ihn zögernde Politik versetzt hatte und brachte einen der gewagtesten und folgenschwersten Entschlüsse zur Ausführung. So leicht und glatt, wie die Worte des Telegramms sich abrollen, wird der Entschluß im einsamen Arbeitszimmer nicht erkämpft, in zweifelnder Brust nicht errungen sein, denn im Krieg ist alles schwer; aber an dem Erwogenen und Errungenen hielt er mit gleichmütiger Zuversicht eines begnadeten Feldherrn fest.

Aber hinter dieser philosophischen Ruhe, hinter der Gelassenheit des Gelehrten, brannte das Feuer eines hartnäckigen Willens zum Siege, eines wilden Drängens nach Vorwärts, eines erbarmungslosen Strebens nach Vernichtung des Feindes.

Nur an der Wirkung war das zu erkennen. Die Außenseite behielt die Ruhe und Gelassenheit, in welcher sein ganzes Leben dahinfloß.

Welch ein Unterschied gegen andere Feldherrn, deren Leben sich als Drama abspielt und die als Helden eines Trauerspiels untergehen. Zu einem solchen Ausgang fehlte ihm alles: die Leidenschaft, der Ehrgeiz, die Selbstsucht. Er lebte nicht sich selbst, er lebte einem andern. Er suchte nicht das Seine, sondern das eines Höheren. Er war Diener seines Königs, seiner treuesten einer.

Alfred Schlieffen, Rede zum 100. Geburtstag Helmuth von Moltkes 1900

Moltke über die Kunst des Feldherrn

Die Politik bedient sich des Krieges für Erreichung ihrer Zwecke, sie wirkt entscheidend auf den Beginn und das Ende desselben ein, so zwar, daß sie sich vorbehält, in seinem Verlauf ihre Ansprüche zu steigern oder aber mit einem minderen Erfolg sich zu begnügen.

Bei dieser Unbestimmtheit kann die Strategie ihr Streben stets nur auf das höchste Ziel richten, welches die gebotenen Mittel überhaupt erreichbar machen. Sie arbeitet so am besten der Politik in die Hand, nur für deren Zweck, aber im Handeln völlig unabhängig von ihr.

Die nächste Aufgabe der Strategie ist die Bereitstellung der Streitmittel, der erste Aufmarsch der Armee. Es kommen dabei die vielseitigsten politischen, geographischen und staatlichen Erwägungen in Betracht. Ein Fehler in der ursprünglichen Versammlung der Heere ist im ganzen Verlauf des Feldzugs kaum wieder gutzumachen.

Aber diese Anordnungen lassen sich lange vorher erwägen und – die Kriegsbereitschaft der Truppen, die Or-

Generalfeldmarschall Helmuth von Moltke.

ganisation des Transportwesens vorausgesetzt – müssen sie unfehlbar zu dem beabsichtigten Resultat führen.
Anders verhält er sich bei der weiteren Aufgabe der Strategie, der kriegerischen Verwendung der bereitgestellten Mittel, also bei den Operationen.
Hier begegnet unserem Willen sehr bald der unabhängige Wille des Gegners. Diesen können wir zwar beschränken, wenn wir zur Initiative fertig und entschlossen sind, vermögen ihn aber nicht anders zu brechen, als durch die Mittel der Taktik, durch das Gefecht.
Die materiellen und moralischen Folgen jedes größeren Gefechts sind aber so weitgreifender Art, daß durch dieselben meist eine völlig veränderte Situation geschaffen wird, eine neue Basis für neue Maßregeln. Kein Operationsplan reicht mit einiger Sicherheit über das erste Zusammentreffen mit der feindlichen Hauptmacht hinaus. Nur der Laie glaubt in dem Verlauf eines Feldzuges die konsequente Durchführung eines im voraus gefaßten, in allen Einzelheiten überlegten und bis ans Ende festgehaltenen, ursprünglichen Gedankens zu erblicken.

Gewiß wird der Feldherr seine großen Ziele stetig im Auge behalten, unbeirrt darin durch die Wechselfälle der Begebenheiten, aber die Wege, auf welchen er sie zu erreichen hofft, lassen sich weit hinaus nie mit Sicherheit feststellen. Er ist im Laufe des ganzen Feldzuges darauf angewiesen, eine Reihe von Entschlüssen zu fassen auf Grund von Situationen, die nicht vorherzusehen sind. Alle aufeinanderfolgenden Akte des Krieges sind sonach nicht prämeditierte Ausführungen, sondern spontane Akte, geleitet durch militärischen Takt. Es kommt darauf an, in lauter Spezialfällen die in den Nebel der Ungewißheit gehüllte Sachlage zu durchschauen, das Gegebene richtig zu würdigen, das Unbekannte zu erraten, einen Entschluß schnell zu fassen und dann kräftig und unbeirrt durchzuführen.
Zu der Rechnung mit einer bekannten und einer unbekannten Größe – dem eigenen und dem feindlichen Willen – treten noch dritte Faktoren, die sich vollends jeder Voraussicht entziehen, Witterung, Krankheiten und Eisenbahnunfälle, Mißverständnisse und Täuschungen, kurz alle die Einwirkungen, welche man Zufall, Verhängnis oder höhere Fügung nennen mag, die aber der Mensch weder schafft noch beherrscht.
Über den Ruf eines Feldherrn freilich entscheidet vor allem der Erfolg.
Wieviel davon sein wirkliches Verdienst, ist außerordentlich schwer zu bestimmen. An der unwiderstehlichen Gewalt der Verhältnisse scheitert selbst der beste Mann, und von ihr wird ebensooft der mittelmäßige getragen.
Aber Glück hat auf die Dauer doch zumeist wohl nur der Tüchtige.
Wenn nun im Kriege, vom Beginn der Operationen an, alles unsicher ist, außer was der Feldherr an Willen und Tatkraft in sich selbst trägt, so können für die Strategie allgemeine Lehrsätze, aus ihnen abgeleitete Regeln und auf diese aufgebaute Systeme unmöglich einen praktischen Wert haben.
Erzherzog Carl zwar erklärt die Strategie für eine Wissenschaft, die Taktik für Kunst. Er mutet der »Wissenschaft der obersten Feldherrn« zu, daß sie »den Gang der kriegerischen Unternehmungen bestimmen«, die Kunst habe nur die strategischen Entwürfe auszuführen.
General v. Clausewitz hingegen sagt: »Strategie ist der Gebrauch des Gefechts zum Zweck des Krieges«, und in der Tat gewährt die Strategie der Taktik die Mittel zum Schlagen und die Wahrscheinlichkeit, zu siegen durch die Leitung der Armeen und ihr Zusammentreffen auf dem Kampfplatz. Anderseits aber eignet sie sich auch den Erfolg jeden Gefechts an und baut auf demselben weiter.
Die Strategie ist ein System der Aushilfen. Sie ist mehr als Wissenschaft, ist die Übertragung des Wissens auf das praktische Leben, die Fortbildung des ursprünglich leitenden Gedankens entsprechend den stets sich ändernden Verhältnissen, ist die Kunst des Handelns unter dem Druck der schwierigsten Bedingungen.

Moltke, Strategie und Politik. Potsdam 1936

Schlacht bei Wörth

Der Schlacht von Weißenburg vom 4. August 1870, dem ersten Sieg auf französischem Boden, folgte zwei Tage später der Tag von Wörth mit einem der blutigsten Kämpfe des ganzen Deutsch-Französischen Krieges. Mehr als 24 000 Mann betrugen die Verluste beider Seiten. Wie sich in dieser Durchbruchschlacht vor allem die Bayern auszeichneten, liest sich als wahres Heldenlied in einer zeitgenössischen Schilderung.

Marschall MacMahon war unmittelbar nach der Nachricht von der Weißenburger Niederlage von Metz, wohin ihn der Kaiser Napoleon gerufen hatte, zu seiner Armee geeilt. Es kam ihm unter allen Umständen darauf an, Wörth, den Schlüssel zu dem Vogesentor, zu halten. Seine Absicht ging deshalb dahin, in möglichster Eile das im südlichen Elsaß stehende siebente Korps und das unter Failly in Bitsch stehende fünfte Korps zu den Resten der bei Weißenburg geschlagenen Division Douay heranzuziehen. Der Kronprinz von Preußen hatte ihm dazu aber nicht Zeit gelassen, und so besetzte er denn in aller Eile die umliegenden Höhen von Wörth. Seine Schlachtlinie dehnte sich von Wörth über Fröschweiler und Elsaßhausen bis Mörsbrunn aus. Seine Stellung war durch die umliegenden, zum Teil steil aufsteigenden, mit Wald bedeckten Höhen, sowie durch die Gebäude zahlreicher kleiner Gehöfte eine außerordentlich sichere und gedeckte. Wörth selbst erschien als ein vor die Mitte geschobener Posten.
Schon in aller Frühe des 6. August hatten einzelne kleinere Vorposten-Scharmützel stattgefunden. Während aber um 8 Uhr durch Generalleutnant von Kirchbach der Befehl ergangen war, den Kampf einzustellen, da ein Angriff für diesen Tag nicht beabsichtigt wäre, hatten inzwischen bereits das zweite bayrische und elfte preußische Korps, nachdem sie durch die ersten Schüsse bei Wörth auf den Feind aufmerksam geworden, den Feind angegriffen.
An die Entfaltung längerer Frontlinien war unter den gegebenen Voraussetzungen wenig zu denken. Das Gefecht wird zum Einzelkampf. Mann gegen Mann, Bajonett gegen Bajonett, Kolben gegen Kolben, bis man schließlich an der Erde rang. Der Kampf wird zum Gemetzel; die Toten bleiben liegen, wie die Streitenden gegeneinander gestanden hatten, Deutsche und Franzosen auf demselben Fuß Erde, hier und da noch als Leichen in den Stellungen, in denen die Gegner sich ergriffen; der ganze Weg bis Elsaßhausen ist gekennzeichnet durch eine fortlaufende Blutlache. Zuletzt aber gelingt es doch, im Verein mit den tapferen Hessen, Nassauern und Thüringern, den Wald zu säubern; der Feind wird nach Elsaßhausen abgetrieben, die Artillerie ist den Berg hinaufgefolgt; sie sendet ihre Granaten in das Dorf, und um 2 Uhr muß der Feind das Dorf verlassen.
1/2 3 Uhr war es geworden, als das Vorgehen der sämtlichen Flügel so weit gediehen war, daß das Oberkommando an einen konzentrischen Angriff denken konnte. Mit voller Wucht entfaltete sich derselbe; die ganze dritte Armee nimmt daran teil: das zweite bayrische Korps auf dem äußersten rechten Flügel, über Langensulzbach heranziehend, das erste bayrische Korps rechts von der Wörtherstraße über Lobesam, Lambertsloch, Görsdorf auf Fröschweiler vordringend. Auf der Ostseite ist das Dorf schon vom fünften Korps umzingelt; gegen Süden und Westen zieht das elfte Korps heran, um dem Feind den Rückzug zu verlegen. Die Badenser, schon in Sulz, bewegen sich gegen Oberdorf, während die württembergische Brigade Starkloff, gefolgt von der Brigade Hügel, über Hochwiller und Gunstett unaufhaltsam vorrückt. Das ganze Deutschland soll es sein; hier vor Wörth erhalten die süddeutschen Brüder unter der Führung des Kronprinzen Friedrich Wilhelm die Feuertaufe.
Es war bewundernswert, mit welcher Präzision der Angriff von statten ging. Nicht einen Augenblick länger, als man beim Oberkommando berechnet hatte, verzögerte sich der Aufmarsch dieser mächtigen Heeressäulen. Mit der überlegenen Ruhe, die sein Wesen auszeichnet, hält Generalleutnant von Blumenthal die Uhr in der Hand und zeigt auf die Minute, wo rechts und links der Pulverdampf aufhören werde, zum sicheren Zeichen, daß dort die Bayern, hier die Württemberger und das elfte Korps ins Gefecht eingetreten wären. Der Zeiger hatte die Stelle noch nicht erreicht, als der Kanonendonner auf beiden Flanken bewies, daß die Verkündigung Blumenthals richtig gewesen. Fröschweiler war gleich nach 3 Uhr von allen Seiten umzingelt. Zunächst erfolgte ein wahrhaft grandioser Artilleriekampf, minder ausgedehnt als später bei Sedan, aber noch ungleich intensiver. Die Anhäufung der Batterien von allen Korps bewirkte, daß die Detonationen sich in Intervallen von wenigen Sekunden folgten. Man hätte glauben mögen, daß die ganze Hügelreihe dicht umher von zahllosen Hammerwerken besetzt sei, deren rasselnde Maschinen im gleichmäßigen Takt ihre Arbeit verrichteten.
Es war ein großer, überwältigender, wenn auch furchtbarer Anblick, wie, etwa nach einer halben Stunde, mehrere große Gehöfte Fröschweilers in Brand gerieten, die lichte, dunkelrote Flammenglut aus der Mitte des Dorfes aufschlug, und wie gleichzeitig durch das Zünden der Granaten auf der ganzen weiten Flucht der Schlachtaufstellung die Rauchsäulen aufstiegen, ein

Kampf Mann gegen Mann in einer der Durchbruchschlachten des Deutsch-Französischen Krieges.

Eindruck, der viele Tage lang dem inneren Blick der Schauenden nicht entschwinden konnte. Als das Feuer bemerkt wurde, erscholl das letzte Signal: »Alles avancieren!«
Der Kronprinz, der vom Pferde gestiegen war, schwang sich in den Sattel und sprengte quer über das Feld vorwärts, durch Wörth auf die Brücke über den Sauerbach. Jeder Zoll ein Held! Sein Erscheinen reißt überall die Truppen mit sich fort. Selbst die Verwundeten raffen sich noch einmal auf und stürmen mit.
Gegen 4 Uhr sieht MacMahon, der Sieger von Magenta, daß seine Stellung verloren sei; er muß sich zum Rückzug entschließen. Aber kaum ist er noch imstande, denselben zu decken. Von allen Seiten brausen die deutschen Kavalleriemassen zur Verfolgung heran. In höchster Verzweiflung, in der Absicht, den Rest seines Heeres zu retten, wirft er dem deutschen linken Flügel, um ihm die Verfolgung auf der Straße von Reichshofen abzusperren noch zwei glänzende Kavallerieregimenter, die Brigade Michel, entgegen. »Il faut que je sacrifie la brigade pour sauver le reste!« »Ich muß die Brigade opfern, um das Übrige zu retten«, hatte MacMahon dem sich anfänglich weigernden Kommandeur der Brigade entgegengerufen. Der brave Offizier, die Nutzlosigkeit dieses Versuchs einsehend, ergibt sich nach dreimaliger Aufforderung in sein Verhängnis, und während der kleinere Teil der Truppen Miene macht, gegen die Offiziere zu meutern, wird die große Masse von der Aufregung des Augenblicks mit fortgerissen. Sie stürmen in ihr sicheres Verderben. Zwischen dem Niederwalde und Mörsbrunn geraten die Regimenter in doppelzeiliges Feuer, hier deutsche Infanterie, dort Artillerie: Roß und Mann werden im buchstäblichen Sinne niedergemäht: wie sie in Reih und Glied angeritten waren, so lagen sie da auf dem Leichenfelde, eine wohlgeordnete Totenwacht. Das Opfermahl, welches der Herzog von Magenta dem Kriegsgott bereitet hatte, war vergeblich gewesen, bald befand auch er sich in wilder Flucht auf Richthofen.
Hatten aber die Angehörigen der übrigen deutschen Heere schon bei Weißenburg vor ihren bayerischen Waffenbrüdern hohen Respekt bekommen ob ihrer kaltblütigen und dennoch so temperamentvollen Kampfesweise – hier bei Wörth war der Respekt zur Bewunderung geworden.

Hermann Müller-Bohn (Hrsg.), Deutschlands Ruhmeshalle, Berlin o.J.

Zu viele der Opfer

Die blutigen Durchbruchschlachten der ersten Kriegstage 1870 bescherten der Bevölkerung in den Kampfgebieten eine grausige Aufgabe: Sie mußte Tausende von Toten bestatten. Der Pfarrer von Fröschweiler im Elsaß erzählt von der tagelangen Totengräberarbeit in der brennenden Septemberhitze.

Es sind in der ersten Schreckensnacht vom 6. zum 7. August schon manche Tote, namentlich deutsche Offiziere und Soldaten, von ihren Kameraden und Mannschaften bestattet worden. Auch haben wir gesehen, wie am Sonntag, auf Befehl des Generals v.d. Tann, in der Nähe des Dorfes einige größere Gräber gemacht und mit Leichnamen angefüllt worden sind. Den Totenwagen haben wir zum Dorfe hinausbegleitet. Auch die vielen Verwundeten, welche seit Samstagabend gestorben sind, schlummern bereits im Schoße der Erde. Im Ganzen ist also doch schon, allein in Fröschweiler, eine große Anzahl von Opfern zur Ruhe gebettet. In den umliegenden Ortschaften Wörth, Görsdorf, Spachbach, Gunstett ist dasselbe geschehen. Aber was sind die paar Hunderte gegen die Masse, gegen die Tausende von Menschen und Pferdeleichen, die noch draußen auf dem Schlachtfelde liegen? Und in welchem Zustande sind bereits, nach drei Tagen, diese entseelten Opfer des blutigen Tages! Die brennende Hitze, dann Regen, dann wieder dieselbe Hitze... Man darf sie nicht beschreiben... Der Verwesungsgeruch verpestet die Luft... Das kann unmöglich noch länger dauern. Wir sind auch schon mehrmals aufgefordert worden, die Toten zu begraben und das Schlachtfeld zu reinigen. So eben ist wieder ein Befehl ergangen: Wenn die Einwohner nicht Hand anlegen, daß alle Leichname gesammelt und verscharrt werden, so wird das ganze Dorf übern Haufen geschossen! – O goldwertes Wort für so manchen, der bis jetzt sorglos und selbstsüchtig hinterm Laden gelegen und gemächlich zugeschaut hat, während andere allein sich in die Bresche gestellt haben. – Jetzt werden die Leute zusammengetrommelt: ›Es wird bekannt gemacht, es soll jeder Bürger, der schaffen kann, hinunter auf den Kirchplatz kommen und soll Haue und Spaten und Schaufeln mitbringen, daß die Toten begraben werden.‹ – Im Nu sind alle versammelt, Männer, Jünglinge, Weiber, Jungfrauen, ein ganzes Heer von Totengräbern – und hat sich wieder der eine oder der andere verschlüpft und ist nicht erschienen, so wird er an den Ohren geholt, mit Gewalt herangezogen: »Du mußt, sonst wird dir dein Haus überm Kopf zusammengebrannt.« Und ist's auch mit dem Zusammenschießen und Niederbrennen nicht so ernstlich gemeint... es gibt Menschen in solchen Zeiten, die nur marschieren, wenn sie müssen, wenn der Schrecken ihre Füße beflügelt.

Wo fangen wir nun aber zuerst an? Vor allen Dingen müssen die toten Pferde, die schon so abscheulich aufgeschwollen sind und einen so gräßlichen Gestank verbreiten, fortgeschleppt und verschwarrt werden. – »Wie wär's«, sagt einer, »wenn wir Feuer unter die Tiere machten und verbrennten sie da, wo sie liegen?« Wir schleppen Holz hinaus, machen einen Scheiterhaufen, versuchen das Pferd darauf zu bringen – es geht nicht! Man kann das stinkende Aas nicht mehr anrühren. Das Tier ist zu groß, man müßte für jedes Pferd eine ungeheure Menge Holz verbrauchen... Der Versuch wird aufgegeben. – »So wollen wir sie hinunter ins Hummelloch schleifen, in die tiefen Waldgräben werfen und mit Erde überschütten...« – Das könnte besser gelingen. »Wer hat noch Vieh?« – »Geh, hol deine Ochsen; spann sie an die Pferdeleichen – schaff sie fort, so schnell, so viel du kannst!« Der macht ein Gesicht und wehrt und sperrt sich... »Du mußt! ich sag dir, du mußt! oder ich verklag dich auf der Stelle, und Gott soll dir gnaden...« – Das wirkt, er geht und holt seine Ochsen, ein anderer seine Kuh – ein dritter spannt zum zweiten... sonderbar, das Vieh sträubt und bäumt sich vor Ekel – will nicht stehenbleiben, nicht ziehen... Es geht wieder nicht... aber es muß gehen; endlich gehts, und mit Gewalt und Schlägen bringen wir doch einige Pferdeleichen fort – hinab gegen den Großenwald, in die tiefen Gründe des »Hummelloch«; dort werden von beiden Seiten große Erdmassen drauf geworfen. Die sind aus dem Wege. Aber leider bleiben die meisten noch liegen.

Unsern Tieren fehlt die Kraft zum Fortschleppen und im Hummelloch mangelts an Raum zum Verschütten. Wir müssen uns bescheiden, Gruben auf dem Schlachtfelde zu machen und die Pferde da, wo sie gefallen sind, so gut es gehen kann, zu vergraben. Das ist eine Arbeit! in die harte Erde ein solch großes, steifes, stinkendes Tier zu verscharren! Was wir da sehen, riechen, verschlucken müssen! du mein Gott! es dauern einen nur die Weiber und Mädchen; der Ekel wird sie noch umbringen; aber es muß sein, wir haben ja das Schlimmste zu befürchten.

Zugleich geht's ans Begraben der gefallenen Krieger. Wie treiben wir's da, daß alles in Ordnung zugehe, daß die kostbare Zeit und die vorhandenen Kräfte gehörig benutzt werden, daß keine Toten im Walde, in Gräben und an Zäunen liegen bleiben? Das beste ist, wir sondern uns in größere Abteilungen und übergeben einer jeden ihr besonderes Gebiet. Unmittelbar hinter den Häusern fangen wir an und patrouillieren, die einen rechts bis dahin, die andern links bis dorthin! Andere wieder in anderer Richtung zunächst im engen Kreise, ums Dorf herum, dann in weiteren Kreisen, durch Gärten, in die Felder, Wiesen, Weinberge, Wälder hinaus. Wo Tote liegen, wird Halt gemacht; die Leichname werden zusammengetragen, 4, 6, 10, 18, 30, je nachdem der Kampf gerade an dieser Stelle heftiger gewütet hat. Ein Grab wird, unter unsäglichen Mühen, ausgeworfen, und die starren, entstellten Schlachtopfer, aus beiden Nationen, von allen Waffengattungen, werden samt ihren Kleidern neben und übereinander in die Tiefe gesenkt. Wer sind sie alle, diese teuern, in der Blütezeit des Lebens dahin gerafften Helden? Wo ist ihre Wiege gestanden? Welches Eltern- oder Geschwisterherz wird bei der Todeskunde bluten und brechen? In welchem Seelenzustand ist der Gefallene von hinnen gefahren? Wir wissen es nicht! Wir können es im Drang der Arbeit und des Jammers nicht untersuchen – Gott weiß es. – Wir betten sie als Unbekannte in unsere heimatliche Erde, da mögen sie ruhen im stillen Todesschlummer bis zum großen Tage der Auferstehung. Wie gerne würden wir alle diese Leichen mit jener Pietät und Liebe behandeln, welche getauften Christen gebührt und überall zuteil wird. Wie gerne würden wir sie von ihrem Blute reinigen, mit Sterbekleidern schmükken, in Särge legen, begraben, jeden einzelnen in sein eigenes Grab und ihre Namen auf die Kreuze schreiben, unter denen sie schlafen! Aber von dem allen kann keine Rede sein. Es sind der Opfer zu viele, und sie müssen, wegen der Gefahr für die Lebendigen, von der Erde verschwinden. Wir ziehen weiter in der eingeschlagenen Richtung. Schon wieder sind's 6, 8, 12-15 Leichen. Überall, wo ein Erdhügel sich erhebt, ein Graben sich öffnet, ein Zaun oder eine Baumgruppe sich befindet, liegen die Gefallenen zahlreicher. Die schwere Arbeit beginnt auf's neue; die einen schleppen die Toten heran, die andern schaufeln, allemal zwei Stunden, bis eine Grube fertig ist... und warum sollten wir's verhehlen? nicht sechs, sondern höchstens drei bis vier Fuß tief sind die allermeisten; was nicht menschenmöglich ist, kann niemand verlangen. Wie das erste Mal, werden die Leichname so fest als möglich zusammen- und aufeinandergelegt, und über den Erschlagenen wölbt sich der Erdhügel mit dem grünen Reis.

Während wir so auf unserem Gebiete die Beute des Todes verscharren, gehen die anderen Abteilungen ihres Weges und vollbringen dasselbe Tagwerk; den härtesten Frondienst, wenn's nicht ein Liebesdienst wäre, der eine ruinierte Bevölkerung treffen kann. Es wird Abend; erschöpft an Leib und Seele kehren wir heim; was haben wir ausgerichtet? Nicht der zehnte Teil unserer Gemarkung ist durchzogen. Unsere Kräfte sind zu schwach und der Arbeiter sind zu wenig. Es bleibt nichts übrig, als einen Hilferuf an auswärtige Gemeinden zu richten; sie möchten um Gotteswillen kommen und uns beistehen morgen, übermorgen, wer weiß wie viele Tage noch, bis endlich das letzte Grab gegraben und der letzte der Gefallenen bestattet ist! Das geschieht denn auch; sie rücken scharenweise heran, aus allen Ortschaften ganze Kolonnen von Totengräbern und marschieren kreuz und quer durch Wiesen und Felder. An manchen Stellen liegen enorm viele Tote. Bei Elsaßhausen, gegen den Niederwald hinab, werden 10-12 Meter lange Gräber ausgeworfen. An der Straße von Elsaßhausen nach Wörth verschlingt ein einziges Grab etliche Hunderte von Leichnamen; am nördlichen Ausgang von Wörth wird ein großer Garten in einen Gottesacker umgewandelt; in den Rebgeländen, Schluchten, an den Abhängen gegen das Turkohäuschen, im Bergwald erheben sich ganze Gruppen von Totenhügeln! Es schaudert einen heute noch, wenn man durch diese Gefilde wandelt.

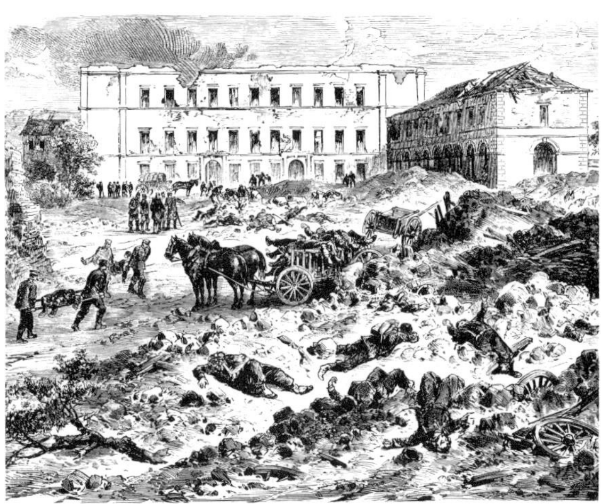

Abtransport von Verwundeten und Toten im Deutsch-Französischen Krieg.

Wie wir in Fröschweiler mit Hilfe auwärtiger Menschenfreunde an der Bestattung der Gefallenen arbeiten, so mühen sich jetzt unter derselben Aufgabe die Einwohner der benachbarten Gemeinden. Allenthalben gilt's, die niedergemähten Garben einzuheimsen, damit der fahle Reiter mit der Pestilenzfackel uns nicht ereile.

Endlich, nach acht bis zehn der qualvollsten Tage unseres Lebens, ist die düstere Arbeit vollendet, sind sie geborgen in der stillen Erde, die Opfer des blutigen Tages. Requiescant in pace! – Aber sag an: Sind sie jetzt alle, alle begraben? Nein, nicht alle. Wochen, Monate später finden wir noch einzelne, verirrt im Walde, verkrochen in Höhlen, sitzend unter Bäumen im Großenwald – einsam verschmachtet – Totengerippe, denen keine Ruhestätte geworden. – Sie soll ihnen werden: Requiescant in pace! – Doch wie viele sind's denn, junge, hoffnungsreiche Menschenleben, die der 6. August hinweggerafft hat? Wir haben auf dem ganzen Schlachtfelde 800 offizielle aufgenommene Krieger-Grabstätten. Ganz selten liegt einer allein, in vielen Gräbern liegen 30, 40, 50, 80 und weit über 100 Mann. Nimmt man durchschnittlich 10 Mann, so kommt obige Zahl heraus; nimmt man, was nicht übertrieben ist, zwölf, so beziffert sich die Gesamtzahl der Gefallenen auf 9600 Mann. Sind's zu viel? Sind's zu wenig? Die Tränen Tausender von Familien rufen laut: Es sind ihrer genug, übergenug!

Karl Klein, Kriegs- und Friedensbilder aus dem Jahr 1870. Nördlingen 1885

Auf dem Weg zur Reichseinheit

Selbst in Preußen herrschte nicht einhellige Begeisterung über die Aussicht auf ein geeintes Deutschland unter preußischer Führung. Wieviel größer mußten daher die Vorbehalte der süddeutschen Fürsten sein, die sich allerdings massivem Druck der eigenen Bevölkerung gegenübersahen. Kronprinz Friedrich Wilhelm, der nachmalige Kaiser Friedrich III., hielt in seinem Tagebuch einige Stationen auf dem Weg zu »Kaiser und Reich« fest.

3. September 1870. Unser Ehrgeiz bestand in Preußen nicht in dem unausgesetzten Trachten nach der deutschen Kaiserkrone, wohl aber drängt die neueste Entwicklung der deutschen Geschichte jetzt unaufhaltsam auf eine baldige Wiederherstellung von »Kaiser und Reich« durch unser Haus, welches Ereignis in keinem günstigeren Augenblick eintreten kann, als in dem, wo unser König an der Spitze des deutschen Heeres als Sieger über Frankreich auf französischem Boden steht...

13. November 1870. Wir sind alle in größter Bestürzung über den möglichen Ausgang der deutschen Frage. Die beiden württembergischen Minister sind nämlich plötzlich abgereist, nachdem sie schon während der letzten Tage angedeutet hatten, daß sie wenig aufmunternde Nachrichten und Befehle aus Stuttgart erhalten hätten... Auch Bayern scheint immer abgeneigter zu werden, ein geeinigtes Deutschland zustande kommen zu lassen und verharrt bei partikularistischen Bedenken und Bedingungen...

16. November 1870. Ich ging zu Graf Bismarck, mit dem ich über eine Stunde im Garten seines Hauses auf und ab wandelnd, ein sehr ernstes, lebhaftes Gespräch über den nach meiner Meinung nicht zu verantwortenden Stand der deutschen Angelegenheiten führte. Ich fragte ihn hierbei, ob er denn eigentlich die Kaiserfrage überhaupt jetzt zum Abschluß bringen wolle, und erhielt hierauf eine bejahende Antwort. Gleichzeitig aber entwickelte Graf Bismarck unter mehrfachem Achselzucken die Schwierigkeiten, welche der augenblicklichen vollkommenen Lösung entgegenständen, namentlich also die Weigerung Bayerns und eventuell Württembergs, unter annehmbaren Bedingungen in den Norddeutschen Bund zu treten, so daß also auch in der Kaiserfrage eine Übereinstimmung aller deutschen Fürsten vorläufig nicht zu erreichen wäre. Ich bemerkte ihm, wie diese Auseinandersetzung mir den Eindruck mache, als ob er gesonnen sei, vor den Reichstag mit dem Eintritt des halben Hessens und Badens zu treten und dies Flickwerk dem so heroisch kämpfenden deutschen Volke als Lohn für die großen Opfer dieses Krieges zu bieten. Hierbei konnte ich die Frage nicht zurückhalten, ob er wohl glaube, daß Österreich, wenn es sich heute in unserer Lage befände, sich solch einen Widerstand süddeutscher Staaten gefallen lassen würde. Der Minister tat als Erwiderung seinerseits die Frage, was man denn gegen diese Staaten unternehmen solle, und ob ich etwa wünsche, daß man ihnen drohe? »Jawohl«, erwiderte ich, »und zwar ist gar keine Gefahr dabei im Spiel, wenn wir nur jenen Staaten unseren festen Willen zeigen wollen... Treten wir einmal entschlossen und gebietend auf, so werden Sie sehen, daß ich recht hatte, als ich behauptete, daß Sie sich Ihrer Macht noch gar nicht genügend bewußt seien.« Graf Bismarck wies die Möglichkeit einer Drohung gegen Bundesgenossen, mit denen man noch dazu verbündet im Felde stände, weit von sich und meinte, wenn man sich jemals wirklich zu den äußersten Maßregeln gegen die renitenten Staaten entschließen wolle, so dürfte man am wenigsten vorher damit drohen. Eine solche Drohung würde jene Staaten nur ganz von uns fort und Österreich in die Arme treiben...

20. November 1870. Württemberg scheint wieder Lust zur Unterzeichnung der Verträge zu haben, und Bayern bricht die Verhandlungen nicht ab, sondern lenkt wirklich ein. O Wunder! Von Einfluß auf die Haltung der Kabinette jener Staaten wird wohl die Sprache der Gesamtpresse Deutschlands gewesen sein, der von hier aus Winke erteilt wurden, um endlich einmal die öffentliche Meinung daheim über den wahren Grund der Schwierigkeiten aufzuklären...

21. November 1870. Am heutigen Tage konnte mich keine Nachricht mehr freuen als die, daß in den deutschen Angelegenheiten eine wesentliche Wendung zum Guten eingetreten ist... Beide Königreiche haben wirklich eingelenkt und werden in den Bund eintreten. Bayern stellt viele Bedingungen partikularistischer Art, will beispielsweise seine eigene Diplomatie wie auch seine sämtlichen militärischen Rechte behalten; dies ist zwar unerfreulich, aber gegenwärtig doch von untergeordneter Bedeutung, weil jenes Königreich dafür andererseits das Anerbieten der Kaiserkrone an unseren König bewerkstelligen will...

24. November 1870. Gestern abend ist hier der Vertrag mit Bayern unterzeichnet worden. So wären wir denn endlich einmal im Einigungswerk einen Schritt weiter. Württemberg setzt seine Verhandlungen in Berlin fort und ist wohl bereits mit uns handelseinig geworden. Gottlob, daß ganz Deutschland endlich im Bunde vereint ist, und es keine Mainlinie mehr gibt; wenn nun noch »Kaiser und Reich« bald hinzukommen, so ist unendlich viel erreicht und gewonnen.

Über den Main führt Preußen die süddeutschen Waffengefährtinnen an den bedrohten Rhein. Allegorie von Richard Knötel zum Ausbruch des Deutsch-Französischen Krieges.

1870
R. Knötel
1895.

Kaiserproklamation

Die historische Feier der Kaiserproklamation im Spiegelsaal von Versailles war erst nach einem heftigen Ringen hinter den Kulissen möglich geworden. Die Kämpfe um die Titulatur »Deutscher Kaiser«, »Kaiser von Deutschland«, »Kaiser der Deutschen« zerrten gewaltig an Bismarcks Nerven. Daß ihm die Titelfrage letztlich gleichgültig sei, äußerte er im schönsten Küchenlatein: »Nescio quid mihi magis farcimentum esset« (Ich weiß nicht, was mir mehr Wurst wäre). Ein Augenzeugenbericht schildert die nationale Weihestunde von Versailles.

Geleitet von seinem Sohne betrat der König die Antichambre de la Reine, die hier versammelten fürstlichen Herrschaften zu begrüßen... Nach kurzem Aufenthalt meldeten die beiden Hofmarschälle, daß alles bereit sei, und von ihnen geleitet betrat der König die Galerie. Er trug die Uniform seines 1. Garde-Regiments zu Fuß mit dem Bande des Schwarzen Adlerordens und geschmückt mit allen Kriegsorden, Kriegsehrenzeichen und -denkmünzen. Bei seinem Eintritt ertönte, vom Soldaten-Sängerchor unter Leitung des Musikdirektors Goldschmidt mit volltönender, wohlklingender Stimme vorgetragen, der auf Wunsch des Königs gewählte 66. Psalm: »Dank gegen Gott für die wunderbare Führung seines Volkes: Jauchzet Gott alle Lande! Lobsinget zu Ehren seinem Namen; rühmet ihn herzlich! Sprecht zu Gott: Wie wunderbar sind Deine Werke! Es wird Dein Frieden fester vor Deiner großen Macht. Alles Land bete Dich an und lobsinge Dir, lobsinge Deinem Namen.«

Der König war in das Halbrund gegenüber dem Altar getreten, er trug den Helm in der linken Hand, verbeugte sich gegen die Geistlichen und ließ, während er den weißen Schnurrbart strich, seinen Blick über die Versammlung gleiten. Die Fürsten ordneten sich hinter ihm. Die beiden Flügelpunkte des offenen Halbrunds nahmen rechts der Kronprinz, links Graf Bismarck ein. Das Gefolge des Königs füllte die ganze Breite des Ganges auf der ersten Hälfte des Saales, bis nahe an den Altar...

Der Kronprinz kommandierte: »Helm ab zum Gebet!« Hofprediger Rogge trug die Liturgie nach dem Militär-Kirchenbuche vor, in die sich der vierstimmige Chor der Soldatensänger schön einfügte, und schloß sie mit der Vorlesung von Psalm 21, dessen auf die Feier dieses Tages und auf die persönlichen Erlebnisse des Königs beziehungsreiche Worte großen Eindruck auf die Anwesenden machten. Sodann hielt er mit kräftiger Stimme die Weiherede... Nun erklangen, von dem Musikkorps begleitet, die drei Verse des Chorals: »Nun danket alle Gott!« ... Der Segen des Geistlichen und das dreifache Amen des Chores schloß die kirchliche Handlung. Der König hob während derselben den Blick nicht vom Boden; er war in demütige Andacht versunken gewesen...

Die Minister und höchsten Würdenträger waren unmittelbar gefolgt und ordneten sich, unter Vorantritt des Grafen Bismarck, im offenen Halbkreis gegen die Stufen, jedoch so, daß sie mehr die nach der Spiegelwand gelegene Hälfte des Raumes füllten. Es konnte nicht fehlen, daß im Drange, der feierlichen Handlung so nahe wie möglich zu sein, auch die Versammlung selbst nachzufolgen suchte, so daß mancher von der Mitte her bis an die letzten Fenster des Saales gelangte. Die Hofbeamten taten dem allmählich Einhalt, sie veranlaßten die Versammelten vielmehr, am Platze zu bleiben und nur eine Schwenkung halbrechts zu machen.

Während so die Versammlung sich neu ordnete, musterte der König die Aufstellung auf dem Hochtritt. Halblaut gab er den Trägern der Fahnen, die er sich zunächst hatte sehen wollen, den Befehl, noch zwei Schritte vor, dicht hinter ihn zu treten. So stellte er sich in die Mitte der Erhöhung; an seine Rechte trat der Kronprinz, zur Linken der Großherzog von Baden. Es herrschte tiefe, ehrfurchtsvolle Stille. König Wilhelm wandte sich den versammelten Fürsten zu, vor ihnen die Ansprache, die er in der Rechten hielt, zu verlesen. Wenn er dabei auch dem Saale halb den Rücken zuwenden mußte, so verlas er die folgenden Worte doch mit so fester, lauter Stimme, daß sie bis in den entferntesten Winkel des großen Saales deutlich vernehmbar waren: »Durchlauchtigste Fürsten und Bundesgenossen! In Gemeinschaft mit der Gesamtheit der deutschen Fürsten und Freien Städte haben Sie sich der von des Königs von Bayern Majestät an Mich gerichteten Aufforderung angeschlossen, mit Wiederherstellung des Deutschen Reiches die deutsche Kaiserwürde für Mich und Meine Nachfolger an der Krone Preußen zu übernehmen. Ich habe Ihnen, durchlauchtigste Fürsten, und Meinen andern hohen Bundesgenossen bereits schriftlich Meinen Dank für das Mir kundgegebene Vertrauen und Meinen Entschluß ausgesprochen, Ihrer Aufforderung Folge zu leisten. Diesen Entschluß habe ich gefaßt in der Hoffnung, daß es Mir, unter Gottes Beistand, gelingen werde, die mit der kaiserlichen Würde verbundenen Pflichten zum Segen Deutschlands zu erfüllen. Dem deutschen Volke gebe ich Meinen Entschluß durch eine heute von Mir erlassene Proklamation kund, zu deren Verlesung ich Meinen Kanzler auffordere.«

Graf von Bismarck trat näher an die Stufen des Hochtritts; aller Augen waren auf ihn gerichtet. Er trug den blauen Waffenrock der Magdeburger Kürassiere mit den Abzeichen eines Generalleutnants, zu welcher Würde er am heutigen Tage befördert worden war, darüber das Orange-Band des Schwarzen Adlerordens, dazu hohe Reiterstiefel. Mit der Linken umfaßte er die Spitze seines Kürassierhelms, in der Rechten hielt er

Wilhelm I. im Schloßpark zu Versailles.

die Urkunde, deren Pergament er nach tiefer Verbeugung gegen seinen Königlichen Herrn entrollte und deren Wortlaut er, immer dem König zugewendet, mit kräftiger, ausdrucksvoller Stimme also verlas: »An das Deutsche Volk! Wir Wilhelm, von Gottes Gnaden König von Preußen, nachdem die Deutschen Fürsten und Freien Städte den einmütigen Ruf an Uns gerichtet haben, mit Herstellung des Deutschen Reiches die seit mehr denn sechzig Jahren ruhende Deutsche Kaiserwürde zu erneuern und zu übernehmen, und nachdem in der Verfassung des Deutschen Bundes die entsprechenden Bestimmungen vorgesehen sind, bekunden hiermit, daß Wir es als eine Pflicht gegen das gemeinsame Vaterland betrachtet haben, diesem Ruf der verbündeten Deutschen Fürsten und Städte Folge zu leisten und die Deutsche Kaiserwürde anzunehmen. Demgemäß werden Wir und Unsere Nachfolger an der Krone Preußen fortan den Kaiserlichen Titel in allen Unsren Beziehungen und Angelegenheiten des Deutschen Reiches führen und hoffen zu Gott, daß es der Deutschen Nation gegeben sein werde, unter dem Wahrzeichen ihrer alten Herrlichkeit das Vaterland einer segensreichen Zukunft entgegenzuführen. Wir übernehmen die Kaiserliche Würde in dem Bewußtsein der Pflicht, in Deutscher Treue die Rechte des Reiches und seiner Glieder zu schützen, den Frieden zu wahren, die Unabhängigkeit Deutschlands, gestützt auf die geeinte Kraft seines Volkes, zu verteidigen. Wir nehmen sie an in der Hoffnung, daß dem Deutschen Volke vergönnt sein wird, den Lohn seiner heißen und opfermutigen Kämpfe in dauerndem Frieden und innerhalb der Grenzen zu genießen, welche dem Vaterlande die seit Jahrhunderten entbehrte Sicherung gegen erneute Angriffe Frankreichs gewähren. Uns aber und Unsern Nachfolgern an der Kaiserkrone wolle Gott verleihen, allzeit Mehrer des Deutschen Reiches zu sein, nicht an kriegerischen Eroberungen, sondern an den Gütern und Gaben des Friedens auf dem Gebiet nationaler Wohlfahrt, Freiheit und Gesittung. Wilhelm.«

Die Stille in der Versammlung hielt nach dieser Verkündigung noch einen Augenblick an. Da verneigte sich der Großherzog von Baden gegen den Kaiser und bat um die Erlaubnis, an die Versammlung sich zu wenden. Indem er mit freudig lauter, klangvoller Stimme rief: »Seine Kaiserliche Majestät, Kaiser Wilhelm, lebe hoch! hoch! hoch!« entzündete er die allgemeine Begeisterung. Aber wie könnte man den Jubel schildern, der jetzt den Saal durchbrauste! Was aller Herzen erfüllte und überschwellte, brach sich in einem Hoch und Hurrah Bahn, das dem Glücksgefühl dieses Augenblicks, der Liebe zum greisen Herrscher und dem Treueschwur für ihn Ausdruck gab. Die Helme wurden hoch geschwenkt, alle Augen leuchteten dem geliebten Herrn zu; sie füllten sich mit Tränen der Rührung und der Freude, die Fahnen senkten sich ihm zu Häupten; »Heil Dir im Siegerkranz« erscholl es von den Musikkorps. Und wahrlich, die tiefe Bewegung des hohen Herrn selbst entfachte immer neue Zurufe. Der Kronprinz wollte der erste sein, der im neuen Reich dem Kaiser huldigte; er beugte sich, vor seinem Herrn niederzuknien und ihm die Hand zu küssen; aber schnell hob der Vater ihn mit beiden Händen in seine Umarmung und küßte ihn auf beide Wangen; er reichte dann seinem Schwiegersohne die Hand und dankte ihm mit warmen Worten für seine hülfreiche Unterstützung; ebenso ehrte er seinen Bruder, den Prinzen Carl und die ihm verwandten Fürsten. Ehe aber noch die andern Fürsten huldigend sich ihm nahten, hatte vielmehr der Kaiser selbst sich ihnen zugewandt; er ging von einem zum anderen, ihnen die Hand drückend, als danke vielmehr er einem jeden, daß er dieser Wiedererneuerung des Reichs zugestimmt und zu des Vaterlandes Wohl auf Herrscherrecht verzichtet habe, und als füge er sich ihrem Rufe, trotz seiner hohen Jahre und seiner Anhänglichkeit an das Überkommene.

Still, in tiefer Rührung, sah die Versammlung dieser Begrüßung, dieser Verbrüderung zu. Unwillkürlich zog es jeden, die Nächststehenden zuerst, allen voran den Grafen von Moltke, dem Kaiser die Huldigung darzubringen. Es war nicht etwa eine Defiliercour – nichts der Art war in der Festordnung vorgesehen – es war das ursprüngliche Verlangen, die Gefühle des Herzens auszudrücken, was die Versammelten an die Stufen leitete: so traten, in Gruppen vereinigt, die Offizierkorps, so die Militärgeistlichen, ebenso aber auch einzelne vor, je nach der auf den Hochtritt zuflutenden Bewegung, verbeugten sich und schritten dann zur Seite. Aber diese Huldigung, unerwartet, unwillkürlich wie sie geschah, konnte nicht von allen Anwesenden gewärtigt werden; ebendieselbe tiefe Bewegung, die aus der Versammlung ihm entgegenflutete, lenkte vielmehr die Schritte des Kaisers sehr bald in die Mitte der Seinigen; er stieg die Stufen herab und nahm im Saale selbst Glückwünsche von allen Seiten entgegen...

Th. Toeche-Mittler, Die Kaiserproklamation in Versailles am 18. Januar 1871. Berlin 1896

Die Berliner und die Reichsgründung

»Wir alle«, stellten die »Historisch-politischen Blätter« 1871 fest, »atmen jetzt eine ganz andere Luft, als vor den großen Ereignissen.« Jeder, der mit den siegreichen Truppen in Berlin einmarschierte, meinte Berthold Auerbach, spürte wohl, wie er »eine neue Zeit mitgeschaffen« habe. Über die Reaktion der Berliner Bevölkerung notierte die Baronin Spitzemberg in ihrem Tagebuch indes weniger Enthusiastisches.

20. Januar 1871
...Während sonst überall die Wiedererstehung des deutschen Kaisertums mit Sang und Klang gefeiert wurde, war hier sowohl Beflaggung als Beleuchtung keineswegs dem wichtigen Ereignis entsprechend. Die Berliner sind ein ekelhaft blasiertes, nüchternes Volk; um sie zu begeistern, muß man ganze Heere und Kaiser fangen, und außer dem Falle von Paris und dem Friedensschluß wird nichts mehr die Flaggen hervorzaubern.

29. Januar 1871
Die große Menge wird wahrscheinlich enttäuscht sein, daß der Übergabe nicht der Einzug des Kaisers an der Spitze des Heeres in Paris folgt, ebenso urteilen wohl die Soldaten, denen zuliebe aber hauptsächlich so gehandelt worden sein wird: sie inmitten des fanatisierten, hungernden, arbeitslosen Pariser Pöbels, dem diese Schmach über alles andere gegangen wäre, würden jeder Niederträchtigkeit preisgegeben gewesen sein. Daß die Machthaber so jeden kleinlichen Übermut beiseite setzend den besiegten Feind schonten, wird ihnen von dem vernünftigen Teile beider Völker gewiß hoch angerechnet werden... Unsere Flaggen wehten wieder einmal lustig, diesmal inmitten von Schnee und Eis; in der Stadt war wenig von Volksjubel zu sehen, den freilich 10 Grad Kälte und ein eisiger Ostwind abzukühlen wohl geeignet sind...

1. Februar 1871
...Aus Nord und Süd laufen Nachrichten ein über die begeisterten Kundgebungen des Volksjubels bei Empfang der Kapitulationsdepesche. Nur hier in der neuen Kaiserstadt ist alles sang- und klanglos verlaufen; erstens wußte man seit drei Tagen durch die englischen Telegramme, daß sie kommen würde, war also vorbereitet und obendrein zornig, daß direkt gar keine Kunde kam; das Telegramm des Kaisers traf also eigentlich post festum ein und war auch so kurz und wenig eingehend auf die näheren Bedingungen, z.B. über die Verhältnisse im Süden, daß man abermals enttäuscht war; zudem fehlte dem großen Publikum etwas, weil der »Einzug« in Paris, für ihn die Verkörperung des endlichen Sieges, nicht angezeigt war. Diese Motive, vereint mit der eisigen Kälte, sind wohl die Ursache des kühlen Empfanges jener großen Nachricht gewesen, abgesehen davon, daß der Berliner ohnedem ekelhaft nüchtern, kritisch, unzufrieden und launisch ist.

3. März 1871
Die Sonne ging strahlend am wolkenlosen Himmel auf; mittags fand die Verlesung der kaiserlichen Depesche vom Schlosse aus statt, Viktoria ward geschossen und mit allen Glocken geläutet. In der Stadt wogte die Menge auf und ab und wurden in aller Eile noch überall Dekorationen angebracht. Ich saß mit den Meinen im Hotel...
Rasch eilte ich dann heim, um meine Beleuchtung in Gang zu setzen, in allen Fenstern und auf dem Balkon Kerze an Kerze, die Fahnen mit Kränzen geschmückt...
Um 7 Uhr ging ich mit dem Vater, Elisabeth und Konrad durch die Leipzigerstraße, die Linden, den Schloßplatz bis an die Kurfürstenbrücke; weiter aber drangen wir nicht, denn das Geschrei der halberdrückten Frauen und Kinder auf der Brücke klang nicht sehr ermutigend.
So sahen wir den in rotem bengalischem Feuer leuchtenden Rathausturm nur von ferne; dann gings durch die Französische und Behrensstraße und über den Pariser Platz ins Hotel zurück...
Überall war schön und reich beleuchtet, es war viel Volk in den Straßen, das sich der Anordnung des Magistrates, immer rechts zu gehen, ziemlich getreu, nur selten zu festen Klumpen staute. Aber der Volksjubel, das Schreien, Singen etc. war dem Taumel nach Sedan nicht annähernd zu vergleichen, trotz der mondhellen, lauen Nacht...
Und was für ein Friede für uns Deutsche! Herrlicher und glorreicher als wir je einen geschlossen! Vereint zu einem Reiche, dem größten, mächtigsten, gefürchtetsten in Europa, groß durch seine physische Macht nicht allein, größer noch durch seine Bildung und den Geist, der das Volk durchdringt!
Jedes deutsche Herz hatte das erhofft, keines geahnt, daß seine Träume sich in dieser Weise, so bald und so herrlich erfüllen würden. Glücklich sind wir, daß wir nicht nur den Stern deutscher Größe und Herrlichkeit aufgehen sahen, sondern daß wir noch jung genug sind, um uns unter seinen Strahlen zu wärmen, um die, so Gott will, recht reichen und segensvollen Früchte zu genießen, die aus dieser unter Blut und Tränen gesäten Saat hervorgehen.
Möge Gott den Geist meines Volkes also lenken, daß seine Entwicklung eine friedliche und zivilisatorische bleibe, sein Reich ein Reich des Lichts, der Freiheit, der wahren, christlichen Gesinnung sei!

Rudolf Vierhaus (Hrsg.), Das Tagebuch der Baronin Spitzemberg. Göttingen 1960

Empfang der Gardelandwehr auf dem Potsdamer Bahnhof, 22. März 1871.

Bismarcks Staat und Herrschaft

Frankreichs blutende Wunde

Das deutsche Haus stand, die Hausordnung fehlte noch. Um zu wissen, wie sie aussehen würde, gehörte nicht viel Sehergabe. Die Verfassung des Norddeutschen Bundes hatte sich bewährt, der Bund war das Deutsche Reich im kleinen gewesen; entsprechend brauchte die jetzt außer Kraft gesetzte Verfassung des Bundes nur auf die neuen, veränderten Bedürfnisse ausgeweitet zu werden.

Oberster Repräsentant des Bundesstaates war der Deutsche Kaiser. Seine Befugnisse waren begrenzt. Die Ernennung des Kanzlers (und, unausgesprochen, dessen Entlassung) kann als Hauptvorrecht bezeichnet werden. Der Bundesrat änderte seinen bisherigen Namen nicht, nur umfaßte er fortan 58 Stimmen statt bisher 43. Preußen hatte nach wie vor 17, war also relativ schwächer als zuvor, doch wurde die optische Minderung durch das außerordentliche Machtgewicht ausgeglichen, das Bismarck in der Verfassung dem Leiter der Staatsgeschäfte – das hieß zunächst einmal: sich selber – sicherte. Der Reichskanzler war zugleich preußischer Ministerpräsident und preußischer Außenminister, somit verantwortlich für die auswärtigen Angelegenheiten des Reiches. Ferner führte er den Vorsitz im Bundesrat der vereinigten Regierungen. Neben Preußen als größtem Gliedstaat waren darin weitere 21 Territorialstaaten und drei Stadtstaaten (die Hansestädte) zu einem Bundesstaat zusammengeschlossen. Beim Bundesrat lag die Souveränität, die höchste Herrschaftsgewalt im Reich.

Der Reichstag, als Vertretung des ganzen Volkes aus allgemeinen und direkten Wahlen hervorgehend, mußte sich wiederum mit der geringsten Rolle begnügen: Der Kanzler war dem Parlament gegenüber nicht verantwortlich. Das Reich war eben nicht vom Volk geeint und gegründet worden, sondern vom preußischen Ministerpräsidenten und – vorwiegend – von den preußischen Waffen. Manchmal kann eine einzelne kleine Szene Schlaglicht für ein ganzes Zeitalter werden. Golo Mann lenkt den Blick auf den Spiegelsaal von Versailles: »Das Deutsche Reich wurde proklamiert unter Fürsten und Generalen, im Heerlager, in dem eine Bürgerdeputation sich grau und schüchtern ausnahm.« Das war's: Abgeordnete zählten mit zu den Ehrengästen des 18. Januar, aber zu sagen hatten sie nichts; sie waren Zuschauer, »grau und schüchtern«. Vielleicht hätten sie sich diese Einschätzung verbeten, aber sie trifft in der leicht ironischen Abwertung den Kern.

Man mag das beklagen. Es ist wahrscheinlich, daß eine stärkere politische Mitsprache des Volkes im Zweiten Kaiserreich, mehr Demokratie, dem Land die schweren inneren Auseinandersetzungen erspart hätte, die Bismarcks Übergewicht, seine übersteigerte Freund-

Bismarck beim Vortrag vor Wilhelm I. Die Beziehungen des Kanzlers zu seinem Kaiser beschrieb jener später als eine »Spezialität des Royalismus«, wie sie nur möglich war »unter der Wirkung einer gewissen Gegenseitigkeit des Wohlwollens zwischen Herrn und Diener«.

Feind-Politik, hervorgerufen hat. Und mutmaßlich wäre Kaiser Wilhelm II. daran gehindert worden, in der Außenpolitik so viel Unheil anzurichten wie Bismarck zeitweilig im Innern. Solche Gedanken können den Betrachter streifen; sich darüber in Spekulationen zu verlieren, ist fruchtlos. Die Geschichte kennt keine Konjunktive, sie geht *einen* Weg und läßt alle anderen unbeachtet. In den unendlich komplizierten Verhältnissen der deutschen Szene ist, nachträglich gesehen, kein anderer Weg zum ersehnten Ziel der Vereinigung möglich gewesen als derjenige Bismarcks. Damit hatten sich die Nationalliberalen schon 1866 versöhnt, hatten die Träume von 1848 in die historische Ablage gelegt. Unversöhnt blieben nur die radikalen Linksliberalen und, natürlich, die Sozialdemokraten, beide als Verfechter der Volksherrschaft. Mit ihnen mußte Bismarck in jedem Fall als einer hartnäckigen Opposition rechnen.

Die erste Kraftprobe ließ nicht auf sich warten. Kaum hatte der Reichstag mit seinen 382 Abgeordneten am 16. April 1871 die Reichsverfassung angenommen, da mußte er sich mit der wesentlichsten Bestimmung des deutsch-französischen Friedensvertrages auseinandersetzen: der Annexion von Elsaß und Lothringen.

Die Rechnung der Annexionisten war einfach: Deutschland hatte den von Frankreich erklärten Krieg mit 1817 Offizieren und 26 397 Soldaten bezahlt. Zu diesen 28 214 Gefallenen kamen 88 488 Verwundete. Für so hohen Preis an Opfern durfte der Sieg nicht milde sein; da durften nicht nur Kriegsentschädigungen verlangt werden wie 1866. Waren Elsaß und Lothringen nicht jahrhundertelang deutsch gewesen? Hatte nicht Ludwig XIV. das obendrein deutschstämmige Elsaß mit fragwürdigen Rechtstiteln unter Ausnutzung der deutschen Machtlosigkeit im späten 17. Jahrhundert Stück für Stück an sich gerissen? Und waren die Franzosen nicht bei jeder sich bietenden Gelegenheit von dorther nach Deutschland eingefallen?

Bismarck, wie schon erwähnt, konnte gerade den letzten Punkt nicht ignorieren, wollte er die Süddeutschen nicht schwer verstimmen. Und so erklärte er am 2. Mai 1817 im Reichstag:

»Es blieb daher nichts anderes übrig, als diese Landstriche mit ihren starken Festungen vollständig in deutsche Gewalt zu bringen, um sie selbst als ein starkes Glacis Deutschlands gegen Frankreich zu verteidigen und um den Ausgangspunkt etwaiger französischer Angriffe um eine Anzahl von Tagemärschen weiter zurück zu legen, wenn Frankreich entweder bei eigener Erstarkung oder im Besitz von Bundesgenossen uns den Handschuh wieder hinwerfen sollte.«

Geschichte ist in dauerndem Fluß. Es gibt keine Stunde Null. Auch das Deutsche Reich begann nicht erst jetzt. Es hatte Erinnerungen, die weit zurückreichten. Und dazu gehörte eben die Generationserfahrung, daß Frankreich jahrhundertelang sein militärisches Übergewicht gegen Deutschland ausgespielt hatte. Dieses Erlebnis sollte nie wiederkehren: Das Einfalltor wurde zugesperrt.

Die Logik hatte einen seltsamen Widerspruch: Die Elsässer selber, obwohl doch deutsch in Sprache und Kultur, wollten gar nicht zu Deutschland (von den französischen Lothringern ganz zu schweigen). Der Reichskanzler selber gestand die eigentümliche Tatsache ein: »Es ist nicht meine Aufgabe, hier die Gründe zu untersuchen, die es möglich machten, daß eine urdeutsche Bevölkerung einem Lande fremder Sprache und mit nicht immer wohlwollender und schonender Regierung in diesem Maße anhänglich werden konnte . . . Tatsache ist, daß diese Abneigung [gegen Deutschland] vorhanden war und daß es unsere Pflicht ist, sie mit Geduld zu überwinden.«

Der Reichskanzler – übrigens seit kurzem Fürst Bismarck, zum Dank für seine Leistungen – dachte nicht uneingeschränkt so, wie er sprach. Vor dem Reichstag mußte er die Ergebnisse der Friedensverhandlungen verteidigen. Seiner Frau aber hatte er Ende Februar geschrieben, Deutschland habe »mehr erreicht, als ich für meine politische Berechnung nützlich halte. Aber ich muß nach oben und nach unten Stimmungen berücksichtigen . . .« Insbesondere die Einverleibung von Metz erschien ihm zu weitgehend. Die deutsche Grenze verlief jetzt westlich der Festung; französisch sprechende Bevölkerungsteile waren damit von ihrem Mutterland und Vaterland, von ihrer Kulturbindung und ihrer nationalen Zugehörigkeit getrennt.

Die Stunde der Rache, wenn das Schwert der französischen Republik den deutschen Kaiser trifft, beschwört eine englische Zeichnung von 1871.

Für den Sozialisten August Bebel war der Wille der Bewohnerschaft höherrangig als jede militärische und politische Erwägung. Und so antwortete er dem Reichskanzler in der Debatte mit Ausführungen, die in dem Satz gipfelten: »Ich von meinem Standpunkte aus protestiere entschieden gegen die Annexion, weil ich sie für ein Verbrechen gegen das Völkerrecht halte, weil ich sie für einen Schandfleck in der deutschen Geschichte halte.« Schon im November 1870, als der militärische Sieg sich abzeichnete und die politischen Ziele des Feldzuges heiß diskutiert wurden, hatte Bebel im Norddeutschen Reichstag sehr nachdenkenswerte, aber natürlich höhnisch zurückgewiesene Sätze gesprochen:

»Es ist notwendig, daß all das, was dazu beitragen kann, Frankreich auf das Äußerste zu treiben, unterlassen wird, und daß dasjenige, was es einmal seit Jahrhunderten besitzt, heute ihm auch gelassen wird, um so mehr, da ja Elsaß und Lothringen, mit Ausnahme von ein paar Dutzend Leuten, also die ganze Bevölkerung, entschieden gegen diese Annexion ist. Die gesamte Bevölkerung hat unzweifelhaft nicht im mindesten Lust, in diesen deutschen Staat unter den Hohenzollern einzutreten, und von meinem Standpunkte aus ist der Wille der Bevölkerung für diese Frage entscheidend . . . Meines Erachtens wird es Deutschland keineswegs Nutzen und Vorteil bringen, diese Annexion von Elsaß und Lothringen zu vollziehen. Es wird auf der anderen Seite aber sehr viel dazu beitragen, die Feindseligkeit zwischen zwei der edelsten Nationen zu verlängern . . .«

Bebels ernste und weitsichtige Argumente mußten aus zwei Gründen unterliegen, aus militärischen und gefühlsmäßigen. Kommen militärische Erwägungen ins Spiel, dann hat der Wille der Bevölkerung keine Chance; das ist heute nicht anders als damals. In der Sicherheitsfrage siegte Moltke über Bismarck und machte sein Zukurzkommen von Nikolsburg wett. Und was die Gefühle betrifft, so können sie in der Politik auch in vordemokratischen oder halbdemokratischen Staaten erheblich zur Geltung gelangen. Als der Historiker Leopold von Ranke im Herbst 1870 in Wien war, traf er mit seinem Fachkollegen Adolphe Thiers zusammen, der

Umseitig: Bismarck in Versailles. Gemälde von Carl Wagner. Soeben hat der Kanzler des Norddeutschen Bundes die Abtretung von Elsaß-Lothringen gefordert. Wie vor den Kopf geschlagen sitzt der französische Unterhändler Thiers im Sessel, während sein Kollege Favre den zu erwartenden Zornausbruch dämpfen will. Dem deutschen Patriotismus tat der Anblick solch hochdramatischer Szenen wohl; keine zeitgenössische Darstellung der Reichsgründung ließ Bilder dieser Art aus. Daß umgekehrt in Frankreich die Erinnerung an die erlittene Demütigung ebenso wachgehalten wurde, übersah man geflissentlich.

bald darauf in Paris zum ersten Präsidenten der III. Republik gewählt wurde. Ranke sagte zu dem alten Freund: ». . . der König von Preußen kämpft nicht mehr gegen Napoleon, der gefangen ist, noch auch gegen Frankreich an sich; er bekämpft die Idee Ludwigs des Vierzehnten, der in der Zeit deutscher Zerrissenheit und Schwäche ohne alles Recht Straßburg und das Elsaß an sich brachte . . . Es ist eine gemeinsame Forderung der Nation.«
Nirgends ist bedrückender zu sehen als im deutsch-französischen Gegeneinander über Jahrhunderte, wie Unheilstaten wechselseitig mit langem Gedächtnis abgerechnet werden. Nicht nur Bebel sah jetzt voraus, daß die Annexion »die Feindseligkeit zwischen zwei der edelsten Nationen verlängern« werde; der liberale britische Premierminister Gladstone schrieb an den Außenminister Lord Granville, »daß diese gewaltsame Losreißung den Zustand Europas noch verschlimmern und (daß) eine neue Kette europäischer Verwicklungen beginnen wird«.
Der Verlust der Provinzen mit ihrem Reservoir tüchtiger Staatsdiener und ihren geschätzten »deutschen« Tugenden grub sich tief ins Bewußtsein Frankreichs. Mag aus allem Gesagten deutlich geworden sein, daß 1871 kein Weg an der Einverleibung vorbeiführt, daß sie zwangsläufig geschah; verhängnisvoll war sie trotzdem. Sie erweist, daß die Geschichte unausweichliche Zwänge kennt, aus denen ebenso unausweichlich neues Unheil erwächst. Jahrzehntelang ging das berühmte Wort des Staatsmannes Léon Gambetta in Frankreich wie eine Verschwörerparole um: »Immer daran denken, nie davon sprechen!« Der Revanche-Gedanke hielt Frankreichs blutende Wunde offen, bis der Sieg von 1918 Balsam darauf legte. Fortan brannten die Wunden der Demütigung am *deutschen* Volkskörper – bis jener Adolf Hitler kam, der seinerseits Heilung versprach . . .
Im Siegestaumel von 1871 wurden nur wenige von den Traumgespenstern eines künftigen Verhängnisses heimgesucht. War die Einigung Deutschlands auch nicht von unten her geglückt – sie war geglückt, und das erfüllte Millionen mit Stolz und Dankbarkeit. Zu den Außenseitern, die unter den Nachtschatten düsterer Ahnungen litten, gehörte Georg Herwegh, der Verfasser des sozialistischen »Bundesliedes«. 1871 schrieb er seinen »Epilog zum Kriege«:

Schwarz, weiß, rot! um *ein* Panier
Vereinigt stehen Süd und Norden;
Du bist im ruhmgekrönten Morden
Das erste Land der Welt geworden:
Germania, mir graut vor dir!

Machtkampf mit Rom

Bismarck war im außenpolitischen Felde von unfehlbarem Spürsinn für Gefahren und Möglichkeiten. Keinen Augenblick verkannte er, daß die umstürzende und tiefgreifende mitteleuropäische Gewichtsveränderung seit 1866, erst recht seit 1871, die umwohnenden Völker beunruhigte. Sein eherner Grundsatz seit 1871 war daher, das Reich über den errungenen Machtumfang auf keinen Fall mehr hinauswachsen zu lassen, keiner Versuchung nachzugeben. Er hielt Deutschland für »saturiert«; mehr sei niemandem draußen zuzumuten. Die aus dieser Einsicht fließende Außenpolitik läßt Erick Eyck, der zwischen dem Außen- und dem Innenpolitiker Bismarck scharf trennt, uneingeschränktes Lob aussprechen. Diese maßvolle Beschränkung müsse »zu seinen höchsten Ruhmestiteln gerechnet werden«, denn sie zeige, »daß er sich freihielt von dem Rausch, welcher so oft den ergreift, der von Sieg zu Sieg geeilt ist«. Der Verfasser denkt dabei vorrangig an Napoleon I. und hebt hervor, wie dieser vom Siegesrausch überwältigt wurde und daran scheiterte; wie er schon sechs Jahre nach dem glanzvollen Fürstentag von Erfurt (1808) abdanken mußte, indes Bismarck, hochangesehen, noch 19 Jahre regiert hat. Gewiß, Bismarck war nicht Alleinherrscher wie der Korse, wer aber wird zweifeln, daß Anlaß zu einem neuen Krieg gefunden worden wäre, wenn er gewollt hätte?
Wie man Maß und Umsicht des Außenpolitikers Bismarck nicht genug rühmen kann, ist zu bedauern, daß ihm die gleichen Tugenden, daß ihm Blickschärfe und Selbstkontrolle im Inneren oft fehlten. Kaum war das Deutsche Reich

gegründet, stürzte der Reichskanzler sich mit Leidenschaft in den ersten großen nationalen Konflikt. Er besaß zugleich eine übernationale Dimension dadurch, daß seine Gegner, die katholische Kirche und die Zentrumspartei, Rückhalt in Rom fanden. Der Kanzler kämpfte also im Grunde gegen eine Weltmacht, und so konnte er die Auseinandersetzung noch weniger gewinnen, als es ihm wohl selbst bei geistiger Eigenständigkeit dieser großen konfessionellen Minderheit möglich gewesen wäre.

Die Ereignisse begannen nicht mit dem Jahr 1871, in dem die Krise ausbrach, sondern hatten tiefere Voraussetzungen. Der liberale Zeitgeist war es, der aus seiner innersten Natur die gefügten Ordnungen von Sitte, Glauben, Tradition bedrohte – Ordnungen, die gerade von der katholischen Kirche verteidigt wurden. Sie ihrerseits war beharrend, konservativ und fortschrittsfeindlich. Mit unmißverständlicher Schärfe hatte Papst Pius IX. in einem Verzeichnis von »Zeitirrtümern« (Syllabus Errorum) vor sieben Jahren, 1864, den gesamten Liberalismus als schädlich für die Seelen der Gläubigen verworfen.

Der autokratische Papst erließ dann 1870 sein Unfehlbarkeits-Dogma: Lehrentscheidungen von höchster römischer Instanz, ex cathedra, seien frei von Irrtum. Der Anspruch, der sogar in (gemäßigten) katholischen Kreisen mit Bedenken und Sorge aufgenommen wurde, war natürlich nichts anderes, als der Ausfluß äußerster Bedrängnis. Aus Angst vor der sittlichen Gefährdung der Kirche (und ihrer Macht über die Seelen), aus Sorge vor der Verweltlichung des Lebens steigerte sich der Bischof von Rom in eine schrankenlose Selbstbestätigung.

Der Kulturhistoriker Ferdinand Gregorovius aus Ostpreußen, seit 1852 in Italien zu Hause, allerdings nicht gerade ein Bewunderer des neunten Pius, notierte in seinem Tagebuch: »Der Papst hat vor kurzem seine Unfehlbarkeit probieren wollen. Auf einem Spaziergang hat er einem Paralytischen zugerufen: ›Erhebe dich und wandle!‹ Der arme Teufel versuchte es und stürzte zusammen. Dies hat den Vizegott sehr verstimmt. Die Anekdote wird bereits in den Zeitungen besprochen. Ich glaube wirklich, daß er verrückt ist.« Auch wer diese Einschätzung für übertrieben erachtet und die Anekdote für boshaft erfunden hält, kann dem Päpste-Biographen Hans Kühner aus dem katholischen Lager zustimmen, wenn er dem Papst »verhärteten Konservativismus« und »Haß gegen alles gestaltungsfähige Neue« zuschreibt. Das längste Pontifikat der Geschichte (31 Jahre) sei in seinen monarchischen Formen am Ende überlebt gewesen.

Liegt schon in der Bedingungslosigkeit solchen geistlichen Herrscheramtes Konfliktstoff angehäuft, so steigerte die Gefahr sich durch die Politisierung des deutschen Katholizismus. Auch er war besorgt um den Rückgang des Christentums in einer zunehmend sich verweltlichenden Gesellschaft mit wirtschaftlichem Profitdenken und den Lockungen der Zivilisation. Hinzu kam, daß ein ausgesprochen protestantisch-reformatorisches Staatswesen (lutherisch-calvinistisch) nun an der Spitze Deutschlands stand; Anlaß zur Furcht, die konfessionelle Balance in Deutschland könne von der nichtkatholischen Mehrheit zerstört werden. Um die konfessionellen Lebensrechte stärker zur Geltung zu bringen, schlossen sich die deutschen Katholiken von ihren lockeren Fraktionen zu einer regulären Partei zusammen. »Zentrum« nannte sie sich wegen ihres parteigeographischen Standortes und der parlamentarischen Sitzordnung zwischen den Liberalen und den Konservativen.

War aber der Antiliberalismus des Zentrums nicht automatisch konservativ? Gehörte die Partei nicht ganz auf die Rechte? So eindeutig wieder war die Färbung nicht. Die Partei hatte auch soziale Anliegen, wollte zum Beispiel die katholischen Bergarbeiter an der Ruhr nicht der atheistischen Sozialdemokratie überlassen. So entwickelten sich die »christlichen Gewerkschaften«, und es gab auch Zentrumsabgeordnete aus der Arbeiterschaft.

Für Bismarck zählte bei der Einschätzung der neuen Partei in erster Linie, daß sie, die im neuen Deutschen Reichstag mit gleich 63 Sitzen als zweitstärkste Fraktion unübersehbar war, den Staat nicht als alleinigen Oberherrn anerkannte, sondern ihm zur Seite, wenn nicht gar darüber, einen Oberherrn »Kirche«. Der protestantische Staatsmann hatte im Prinzip nichts

Fortsetzung Seite 184

Elsaß-Lothringen

Für die Abtretung Elsaß-Lothringens einschließlich der Festung Metz waren für Bismarck ausschließlich militärstrategische Gründe maßgebend. Der Erwerb sei nötig, um die deutsche Grenze für den Fall französischer Angriffe, mit denen Bismarck rechnete, weiter nach Westen zu schieben. Insbesondere galt es, die süddeutschen Staaten gegen französische Einfälle zu sichern, wie er in der Reichstagsrede vom 2. Mai 1871 ausführte. Dagegen trug der Sozialist August Bebel die Bedenken der Opposition gegen eine Annexion vor.

Bismarck

... Ich bleibe dabei, die Deutschen in ihrer Einstimmigkeit wollten den Frieden. Ebenso einstimmig waren sie, als der Krieg uns aufgedrängt wurde, als wir gezwungen wurden, zu unserer Verteidigung zur Wehr zu greifen, wenn Gott uns den Sieg in diesem Kriege, den wir mannhaft zu führen entschlossen waren, verleihen sollte, nach Bürgschaften zu suchen, welche eine Wiederholung eines ähnlichen Krieges unwahrscheinlicher und die Abwehr, wenn er dennoch eintreten sollte, leichter machen. Jedermann erinnerte sich, daß unter unseren Vätern seit dreihundert Jahren wohl schwerlich eine Generation gewesen ist, die nicht gezwungen war, den Degen gegen Frankreich zu ziehen, und jedermann sagte sich, daß wenn bei früheren Gelegenheiten, wo Deutschland zu den Siegern über Frankreich gehörte, die Möglichkeit versäumt worden war, Deutschland einen besseren Schutz gegen Westen zu geben, dies darin lag, daß wir den Sieg in Gemeinschaft mit Bundesgenossen erfochten hatten, deren Interessen eben nicht die unsrigen waren. Jedermann war also entschlossen, wenn wir jetzt, selbständig und rein auf unser Schwert und unser eigenes Recht gestützt, den Sieg erkämpften, mit vollem Ernste dahin zu wirken, daß unseren Kindern eine gesicherte Zukunft hinterlassen werde.

Die Kriege mit Frankreich hatten im Laufe der Jahrhunderte, da sie vermöge der Zerrissenheit Deutschlands fast stets zu unserem Nachteile ausfielen, eine geographisch-militärische Grenzbildung geschaffen, welche an sich für Frankreich voller Versuchung, für Deutschland voller Bedrohung war...

Der Keil, den die Ecke des Elsaß bei Weißenburg in Deutschland hineinschob, trennte Süddeutschland wirksamer als die politische Mainlinie von Norddeutschland, und es gehörte der hohe Grad von Entschlossenheit, von nationaler Begeisterung und Hingebung bei unseren süddeutschen Bundesgenossen dazu, um ungeachtet dieser naheliegenden Gefahr, der sie bei einer geschickten Führung des Feldzugs von seiten Frankreichs ausgesetzt waren, keinen Augenblick an-

Einzug General Werders in Straßburg, 30. September 1870.

zustehen, in der Gefahr Norddeutschlands die ihrige zu sehen und frisch zuzugreifen, um mit uns gemeinschaftlich vorzugehen. Daß Frankreich in dieser überlegenen Stellung, in dieser vorgeschobenen Bastion, welche Straßburg gegen Deutschland bildete, der Versuchung zu erliegen jeder Zeit bereit war, sobald innere Verhältnisse eine Ableitung nach außen nützlich machten, das haben wir Jahrzehnte hindurch gesehen...

Ein anderes Mittel wäre gewesen – und das wurde auch von Einwohnern von Elsaß und Lothringen befürwortet – einen neutralen Staat, ähnlich wie Belgien und die Schweiz, an jener Stelle zu errichten. Es wäre dann eine Kette von neutralen Staaten hergestellt gewesen von der Nordsee bis an die Schweizer Alpen... Frankreich hätte einen schützenden Gürtel gegen uns bekommen, wir aber wären, so lange unsere Flotte der französischen nicht gewachsen ist, zur See nicht gedeckt gewesen. Es war dies ein Grund, aber nur in zweiter Linie. Der erste Grund ist der, daß die Neutralität überhaupt nur haltbar ist, wenn die Bevölkerung entschlossen ist, sich eine unabhängige neutrale Stellung zu wahren und für die Erhaltung ihrer Neutralität zur Not mit Waffengewalt einzutreten... Diese Voraussetzung wäre bei den neu zu bildenden Neutralen, Elsaß und Lothringen, in der nächsten Zeit nicht zugetroffen, sondern es ist zu erwarten, daß die starken französischen Elemente, welche im Lande noch lange zurückbleiben werden, die mit ihren Interessen, Sympathien und Erinnerungen an Frankreich hängen, diesen neutralen Staat, welcher immer sein Souverän sein möchte, bei einem neuen französisch-deutschen Kriege bestimmt haben würden, sich Frankreich wieder anzuschließen, und die Neutralität wäre eben nur ein für uns schädliches, für Frankreich nützliches Trugbild gewesen. Es blieb daher nichts anderes übrig, als diese Landesstriche mit ihren starken Festungen vollständig in deutsche Gewalt zu bringen, um sie selbst als ein starkes Glacis Deutschlands gegen Frankreich zu verteidigen, und um den Ausgangspunkt etwaiger französischer Angriffe um eine Anzahl von Tagemärschen weiter zurückzulegen, wenn Frankreich entweder bei eigener Erstarkung oder im Besitz von Bundesgenossen uns den Handschuh wieder hinwerfen sollte.

August Bebel

Man hat die verschiedensten Gründe für die Annexion geltend gemacht. Man sagt, Elsaß und Lothringen müsse aus *strategischen* Gründen deutsch werden, es müsse aus *nationalen* Gesichtspunkten deutsch werden, weil es seinerzeit zu Deutschland gehört habe, es müsse aus *politischen* Gründen deutsch werden, es müsse womöglich noch aus *volkswirtschaftlichen* Gründen deutsch werden. In der Presse, soweit sie Gelegenheit hatte, ihre Meinung zu äußern, sind hinlänglich die Gegengründe gegen diese Ansicht aufgestellt. Man hat, meines Erachtens mit vollem Rechte, hervorgehoben,

Bismarck, die widerspenstigen Buben Elsaß und Lothringen vor den Reichstag zerrend: »Nun haben wir sie wieder, aber jetzt raten Sie mir, wie und wo wir sie unterbringen sollen!« Karikatur aus dem »Kladderadatsch« von 1871.

sowenig es bei dem gegenwärtigen Kriege Frankreich seinerseits möglich war, trotz Elsaß und Lothringen, trotzdem Straßburg und Metz in seinem Besitz war, den Einmarsch der deutschen Heere aufzuhalten, wird umgekehrt, wenn die Verhältnisse günstig sind, es eines Tages möglich sein, den Einmarsch der Franzosen in Deutschland zu verhüten, angenommen, daß Kombinationen getroffen sind und die Verhältnisse vielleicht günstiger sind, als sie für Frankreich jetzt waren.

Es ist notwendig, daß alles das, was dazu beitragen kann, Frankreich auf das äußerste zu treiben, unterlassen wird, und daß dasjenige, was es einmal seit Jahrhunderten besitzt, heute ihm auch gelassen wird, um so mehr, da ja Elsaß und Lothringen, mit Ausnahme von ein paar Dutzend Leuten, also die ganze Bevölkerung, entschieden gegen diese Annexion ist. Die gesamte Bevölkerung hat unzweifelhaft nicht im mindesten Lust, in diesen deutschen Staat unter den Hohenzollern einzutreten, und von meinem Standpunkte aus ist der Wille der Bevölkerung für diese Frage entscheidend. Das Selbstbestimmungsrecht ist die Hauptgrundlage, auf welcher wir von unserem Standpunkte fußen müssen, und wenn wir heute das Selbstbestimmungsrecht mit Füßen treten, wenn wir heute, was uns beliebt, ohne Ausnahme nehmen können, dann vergeben wir damit das eigene Selbstbestimmungsrecht, dann müssen wir es uns ebensogut gefallen lassen, wenn andere, wo die Gelegenheit sich bietet, auch Stücke unseres Lebens nehmen (große Heiterkeit), dieselben Gründe, die Sie jetzt für die Annexion angeben, sie können auch eines Tages *gegen* uns geltend gemacht werden. Das *Nationalitätsprinzip* ist meiner Ansicht nach ein durchaus *reaktionäres* Prinzip; wollen wir das Nationalitätsprinzip in Europa wirklich unverfälscht zur Geltung bringen, dann werden Sie zugeben, wäre des Krieges kein Ende abzusehen, dann wäre der Beruf der Völker nur, immer Krieg zu führen, zu arbeiten, nur, um den Krieg möglich zu machen.

Der Bundesrat

Ein besonderes Charakteristikum der Reichsverfassung war die Institution des Bundesrates, in Anlehnung an die Verfassung des Deutschen Bundes beibehalten, um die preußische Vormachtstellung zu sichern, den Partikularismus der Einzelstaaten zu schonen und ein Gegengewicht gegen das Parlament zu haben.

Kaiser, Reichskanzler, Reichstag sind die jedermann sicht- und hörbaren Organe des Reichs – nur ausnahmsweise ergreifen nichtpreußische Bevollmächtigte zum Bundesrate das Wort im Reichstag. Daher wird in der politischen Diskussion weiter Volkskreise der Bundesrat oft gänzlich ignoriert und vom Auslande wird sein Dasein oft entweder nicht gekannt oder mißverstanden. Am häufigsten wird er außerhalb des Reichs mit einem Oberhaus verglichen, ein hinkender Vergleich, da er viel mehr als ein solcher nicht nur staatsrechtlich, sondern auch politisch bedeutet. Weitaus der größte Teil der Gesetze entspringt seiner Initiative, sein Wille ist nicht nur staatsrechtlich, sondern auch praktisch-politisch bei der Gesetzgebung der ausschlaggebende. Der Bundesrat hat von seiner Befugnis, Gesetzesbeschlüssen des Reichstages die Sanktion zu verweigern, häufiger Gebrauch gemacht, als in den Einzelstaaten die Monarchen den Landtagen gegenüber. Ihm steht ferner bekanntlich ein ganz bedeutender Anteil an der Reichsregierung zu. Er erläßt wichtige Verordnungen, macht Vorschläge zur Besetzung von Reichsämtern, entscheidet Streitigkeiten, besorgt Verwaltungsgeschäfte mannigfaltigster Art. Das alles tut er gemäß der Instruktionen der ihn beschickenden Regierungen. Im Bundesrate macht sich allerdings, wie öfters hervorgehoben wurde, das Machtverhältnis der einzelnen Staaten geltend. Der Einfluß Preußens im Bundesrate ist viel bedeutender als ihm nach seiner Stimmenzahl zukommt, und indem die Kleinstaaten ihm keinen nennenswerten Widerstand leisten können, verständigt es sich mit den größeren Staaten außerhalb des Bundesrates.

Für die Beschlüsse des Bundesrats ist aber dem Reiche niemand verantwortlich, ganz ebenso wie der Reichstag. Der Reichskanzler vollzieht die Beschlüsse des Bundesrats, trägt aber für sie, insofern sie sich innerhalb der bundesrätlichen Zuständigkeit bewegen, keine wie immer geartete Verantwortlichkeit. Bismarck hat zwar einmal, als ihm ein Bundesratsbeschluß nicht paßte, eine derartige Verantwortlichkeit für sich in Anspruch genommen, es ist jedoch bisher bei diesem einzigen, staatsrechtlich nicht gerechtfertigten Versuch geblieben.

Die umfangreichen Befugnisse des Bundesrats hindern nun bei den gegenwärtigen Verfassungsverhältnissen ein parlamentarisches Regiment im Reiche, da ein großes Gebiet staatlicher Tätigkeit des Reichs existiert, für welches dem Reichstag gegenüber niemand die Verantwortlichkeit trägt. Wollte man den Parlamentarismus nach westlichem Muster durchführen, so wäre dies nur unter Zurückdrängung des Bundesrats und damit unter Preisgebung der bundesstaatlichen Gestaltung des Reichs möglich. Die einzelnen Bundesregierungen müßten sich dem durch die Reichsregierung repräsentierten Willen des Reichstags fügen und würden zu wesenlosen Schatten herabsinken. Das haben diese auch jederzeit wohl erkannt. So oft die Diskussion darüber eröffnet wurde, ob neben den Reichskanzler ein ganzes System von Reichsministern treten solle, haben die Bundesregierungen energischen Protest dagegen erhoben, weil sie neben einem kollegialischen verantwortlichen Reichsministerium gar keinen reellen Anteil an der Leitung der Reichsgeschäfte haben könnten. Unausweichliche Wirkung der parlamentarischen Regierungsweise im Reiche wäre daher Herabdrückung der Einzelstaaten zu politisch bedeutungslosen Gebilden.

Man sieht, die Frage: parlamentarische oder außerparlamentarische Regierung birgt für das Deutsche Reich noch eine andere höchst bedeutungsvolle in sich: Einheitsstaat oder Bundesstaat, Unitarismus oder Föderalismus. Nicht nur um das gegenseitige Verhältnis von Kaiser, Kanzler und Reichstag handelt es sich bei Lösung dieser Frage, sondern um Aufrechterhaltung oder völlige Umwälzung der historischen Grundlagen des Reiches. Darum sind auch die partikularistischen und föderalistischen Bestrebungen im Reichstage, die wiederum mit der Parteizersplitterung zusammenhängen, ein Wall gegen die Tendenz nach Vorherrschaft des Reichstages, die in einem unitarisch gefügten Reichsparlament mit historischer Notwendigkeit hervorbrechen müßte.

Georg Jellinek, Regierung und Parlament in Deutschland. Leipzig und Dresden 1909

Der Kaiser und die Repräsentanten der 24 deutschen Einzelstaaten, die sich gemeinsam mit Preußen 1871 zu einem »ewigen Bund« zusammengeschlossen haben, angefangen von den Königen bzw. Prinzregenten von Sachsen, Bayern und Württemberg in der obersten Reihe, über die Herzöge und Fürsten im Mittelfeld bis zu den hansestädtischen Bürgermeistern in der untersten Reihe.

Kulturkampf

Einer der Auslöser des »Kulturkampfes« zwischen preußischem Staat und katholischer Kirche war das Dogma von der päpstlichen Unfehlbarkeit. Die sich etablierende katholische Zentrumspartei sah der Reichskanzler Bismarck als verlängerten Arm des im Dogma formulierten Autoritätsanspruchs Roms. Der Briefwechsel zwischen Papst Pius IX. und dem deutschen Kaiser Wilhelm I. zeigt die tiefe Verstörung des protestantischen Monarchen durch die harte antievangelische und antiliberale Haltung des Vatikans.

Unfehlbarkeitsdogma vom 13.6.1870

... Daher, unter Billigung des Konzils, lehren wir und erklären als Glaubensdogma: Der römische Papst, welchem in der Person des hl. Petrus von eben diesem unserm Herrn Jesus Christus u.a. gesagt ist: »Ich habe für dich gebetet, daß dein Glaube nicht aufhöre, und daß du, dereinstmals bekehrt, deine Brüder stärkest« (Luc. 22,32), kann kraft des ihm verheißenen göttlichen Beistandes nicht irren, wenn er, des obersten Amtes als Lehrer aller Christen waltend, gemäß seiner apostolischen Autorität festsetzt, was in Dingen des Glaubens und der Sitten von der ganzen Kirche sowohl vom Glauben fernzuhalten als auch dem Glauben zuwiderlaufend zu verwerfen sei; und solche Dekrete oder Aussprüche, als an und für sich unwiderruflich, sind von jeglichem Christen, sobald sie zu seiner Kunde gelangt, mit dem vollen Gehorsam des Glaubens aufzunehmen und zu halten. Dieweil aber die Unfehlbarkeit dieselbe ist, ob sie in dem römischen Papst als Haupt der Kirche oder in der gesamten mit dem Haupte vereinigt lehrenden Kirche betrachtet wird, so bestimmen wir des ferneren: daß diese Unfehlbarkeit auch auf ein und dasselbe Objekt sich ausdehne. So aber einer, was Gott verhüte, dieser unserer Definition zu widersprechen sich unterwände, so wisse er, daß er von der Wahrheit des katholischen Glaubens und von der Einheit der Kirche abgefallen ist.

Pius IX. am 7.8.1873

Majestät!
Alle Anordnungen, welche seit einiger Zeit von der Regierung Eurer Majestät getroffen werden, zielen immer mehr auf die Zerstörung des Katholizismus hin. Wenn ich indessen bei mir selber über die Ursachen nachdenke, welche zu jenen sehr harten Maßregeln die Veranlassung gegeben haben können, so gestehe ich keine zu finden. Andererseits sagt man mir, daß Eure Majestät die Haltung Ihrer Regierung nicht billige und die Strenge der Maßregeln gegen die katholische Religion nicht gutheiße. Aber wenn es wahr ist, daß Eure Majestät dies nicht billigt, und die Briefe, welche sie in vergangener Zeit geschrieben hat, würden es zur Genüge beweisen, daß sie es nicht billigen kann, was alles jetzt geschieht; wenn Eure Majestät, sage ich, es nicht billigt, daß von Ihrer Regierung auf der begonnenen Bahn weiter fortgeschritten wird und die harten Maßregeln gegen die Religion Jesu Christi vervielfältigt werden, die indessen der letzteren zu so großem Nachteile gereichen, wird Eure Majestät dann versichert sein, daß dieselben nichts anderes zuwege bringen, als den Thron Eurer Majestät selber zu unterwühlen? Ich spreche mit Freimut, denn die Wahrheit ist mein Panier, und ich spreche, um einer meiner Pflichten in erschöpfendem Maße nachzukommen, die mir auferlegt, allen das Wahre zu sagen, und auch dem, der nicht Katholik ist; denn jeder, welcher die Taufe empfangen hat, gehört in irgend einer Art und in irgend einer Weise, welche (hier) nicht der Ort ist, darzulegen, gehört, sage ich, dem Papste an. Ich bin überzeugt, daß Eure Majestät mit Ihrer gewohnten Courtoisie meine Erwägungen entgegennehmen und diejenigen Maßregeln ergreifen wird, welche im vorliegenden Falle erfordert werden. Unterdessen bitte ich Gott mit der Fülle von Ehrfurcht und Ergebung, Sie mit mir mit den Banden der gleichen Liebe zu vereinigen. Pio, P.m.

Wilhelm I. am 3.9.1873

Ich bin erfreut, daß Eure Heiligkeit Mir, wie in früheren Zeiten, die Ehre erweisen, Mir zu schreiben; Ich bin es umsomehr, als Mir dadurch die Gelegenheit zuteil

»Wie man Raben fängt: Man streut ihnen Salz auf den Schwanz.« Karikatur zum Verbot des Jesuitenordens aus den »Berliner Wespen« 1872.

wird, Irrtümer zu berichtigen, welche nach Inhalt des Schreibens Eurer Heiligkeit vom 7. August an den Ihnen über deutsche Verhältnisse zugegangenen Meldungen vorgekommen sein müssen. Wenn die Berichte, welche Eurer Heiligkeit über deutsche Verhältnisse erstattet wurden, nur Wahrheit meldeten, so wäre es nicht möglich, daß Eure Heiligkeit der Vermutung Raum geben könnten, daß Meine Regierung Bahnen einschlüge, welche Ich nicht billigte. Nach der Verfassung Meiner Staaten kann ein solcher Fall nicht eintreten, da die Gesetze und Regierungsmaßregeln in Preußen Meiner landesherrlichen Zustimmung bedürfen. Zu meinem tiefen Schmerze hat ein Teil Meiner katholischen Untertanen seit zwei Jahren eine politische Partei organisiert, welche den in Preußen seit Jahrhunderten bestehenden konfessionellen Frieden durch staatsfeindliche Umtriebe zu stören sucht. Leider haben höhere katholische Geistliche diese Bewegung nicht nur gebilligt, sondern sich ihr bis zur offenen Auflehnung gegen die bestehenden Landesgesetze angeschlossen. Der Wahrnehmung Eurer Heiligkeit wird nicht entgangen sein, daß ähnliche Erscheinungen sich gegenwärtig in der Mehrzahl der europäischen und in einigen überseeischen Staaten wiederholen.

Es ist nicht Meine Aufgabe, die Ursachen zu untersuchen, durch welche Priester und Gläubige einer der christlichen Konfessionen bewogen werden können, den Feinden jeder staatlichen Ordnung in Bekämpfung der letzteren behilflich zu sein; wohl aber ist es Meine Aufgabe, in den Staaten, deren Regierung Mir von Gott anvertraut ist, den innersten Frieden zu schützen und das Ansehen der Gesetze zu wahren. Ich bin Mir bewußt, daß Ich über Erfüllung dieser Meiner königlichen Pflicht Gott Rechenschaft schuldig bin, und Ich werde Ordnung und Gesetz in Meinen Staaten jeder Anfechtung gegenüber aufrecht erhalten, so lange Gott Mir die Macht dazu verleiht; Ich bin als christlicher Monarch dazu verpflichtet, auch da, wo Ich zu Meinem Schmerz diesen königlichen Beruf gegen die Diener der Kirche zu erfüllen habe, von der Ich annehme, daß sie nicht minder wie die evangelische Kirche das Gebot des Gehorsams gegen die weltliche Obrigkeit als einen Ausfluß des uns geoffenbarten göttlichen Willens erkennt.

Zu Meinem Bedauern verleugnen viele der Eurer Heiligkeit unterworfenen Geistlichen in Preußen die christliche Lehre in dieser Richtung und setzen Meine Regierung in die Notwendigkeit, gestützt auf die große Mehrheit Meiner treuen katholischen und evangelischen Untertanen, die Befolgung der Landesgesetze durch weltliche Mittel zu erzwingen. Ich gebe Mich gern der Hoffnung hin, daß Eure Heiligkeit, wenn von der wahren Lage der Dinge unterrichtet, Ihre Autorität werden anwenden wollen, um der unter bedauerlicher Entstellung der Wahrheit und unter Mißbrauch des priesterlichen Ansehens betriebenen Agitation ein Ende zu machen. Die Religion Jesu Christi hat, wie ich Eurer Heiligkeit vor Gott bezeuge, mit diesen Umtrieben nichts zu tun, auch nicht die Wahrheit, zu deren von Eurer Heiligkeit aufgerufenem Panier Ich Mich rückhaltlos bekenne.

Noch eine Äußerung in dem Schreiben Eurer Heiligkeit kann Ich nicht ohne Widerspruch übergehen, wenn sie auch nicht auf irrigen Berichterstattungen, sondern auf Eurer Heiligkeit Glauben beruht, die Äußerung nämlich, daß jeder, der die Taufe empfangen hat, dem Papste angehöre. Der evangelische Glaube, zu dem Ich Mich, wie Eurer Heiligkeit bekannt sein muß, gleich Meinen Vorfahren und mit der Mehrheit Meiner Untertanen bekenne, gestattet es uns nicht, in dem Verhältnis zu Gott einen anderen Vermittler als unseren Herrn Jesum Christum anzunehmen. Diese Verschiedenheit des Glaubens hält mich nicht ab, zu denen, welche den unseren nicht teilen, in Frieden zu leben und Eurer Heiligkeit den Ausdruck Meiner persönlichen Ergebenheit und Verehrung darzubringen.

Wilhelm.

Das Tischtuch wird zerschnitten. Karikatur zum »Kulturkampf«.

Gründerboom

Fünf Milliarden Goldfrancs »Kriegsentschädigung« mußte Frankreich nach dem verlorenen Waffengang von 1870/71 zahlen. Die damit ausgelöste Geldschwemme und der Nachholbedarf der deutschen Wirtschaft setzten einen Boom in Gang, der unter dem Etikett »Gründerjahre« in die Geschichte einging. Eine zeitgenössische Studie beschreibt den »epidemischen Charakter« dieser Spekulationswelle.

Als am Anfang des Jahres 1871 der Frieden mit Frankreich geschlossen war, da kam der Unternehmungsgeist in vollem Maße zum Durchbruch und die berühmte Hausseperiode nahm ihren Anfang.

Wenn man sich die Zustände vor dem Kriege genau vergegenwärtigt, so wird man zu der Überzeugung gelangen, daß der bedeutende Aufschwung des gesamten Verkehrslebens, der nunmehr eintrat, zum großen Teil die natürliche Folge früherer Verhältnisse war. Wie der während langer Jahre in Fesseln schmachtende Gefangene sich schwelgend der lange ersehnten Freiheit hingibt, so fühlte sich jetzt die gesamte Nation unendlich gehoben durch die Beseitigung eines Drucks, der lange Zeit auf alle Verhältnisse lähmend gewirkt hatte. Mit der Aussicht auf einen lange gesicherten Frieden trat das Bedürfnis hervor, die vieljährigen Versäumnisse in der wirtschaftlichen Tätigkeit wieder einzuholen und der mit Mühe und Ruhm erworbenen politischen Größe eine wirtschaftliche zur Seite zu stellen, um auch nach dieser Richtung hin den übrigen Nationen ebenbürtig zu sein. Der starke nationale Zug, der seit dem Kriege alle Klassen der Bevölkerung durchdrang, bemächtigte sich namentlich des ehemals so kosmopolitischen Kapitals, und es wandte sich in der Hoffnung auf reichen Gewinn mit Vorliebe inländischen Unternehmungen zu. Reiche Mittel, in den vorhergegangenen Jahren vorsichtig zurückgehalten, faßten Zutrauen zu den gesicherten politischen Zuständen und bewirkten gemeinsam mit der aus Frankreich einströmenden Kriegsentschädigung eine nie gekannte Flüssigkeit des Geldmarktes.

Auch der Geist der Kapitalassoziation durchdrang plötzlich alle Kreise, und in vielen Industriezweigen trat das Bestreben hervor, durch Vereinigung von Kapitalskräften den gestiegenen Anforderungen der Zeit zu entsprechen. Bei alledem wirkten die fünf Milliarden gleichsam betäubend auf das Publikum. Ein solches Glück war noch keinem Lande widerfahren; das war eine Summe, welche Deutschland mit einem Schlage zu einem der reichsten Länder machen und den Wohlstand jedes einzelnen Bürgers heben mußte. Die Milliarden waren es, um die sich auf einmal alles drehte und welche die Phantasie des Publikums unaufhörlich beschäftigten.

Kein Wunder, daß hierdurch die ohnedies schon bestandene Spekulationslust auch künstlich angefacht wurde und daß ein allgemeines Börsenspiel, wie es sich bald in großem Umfange entwickelte, ein in günstigster Weise vorbereitetes Feld vorfand...

Die wiederholt geschilderte Tatsache, daß bedeutende Aufwendungen für Eisenbahnzwecke am ersten geeignet sind, einen allgemeinen industriellen Aufschwung herbeizuführen, trat auch im Jahre 1871 zu Tage. Durch die umfangreichen Truppentransporte war das Betriebsmaterial der Bahnen in größerem Maße als in normalen Zeiten abgenutzt worden, und dies war nicht nur bei den deutschen, sondern auch bei den französischen Gesellschaften der Fall. Es konnte daher nicht ausbleiben, daß von dieser Seite außergewöhnlich große Bestellungen gemacht wurden und daß alle diejenigen Werke und Etablissements, welche dem Bedarf der Eisenbahnen direkt oder indirekt dienen, namentlich Eisen- oder sonstige Hüttenwerke, sowie die mit diesen in engem Zusammenhang stehenden Kohlenwerke, nicht minder Maschinen- und Wagenbauanstalten plötzlich mit sehr bedeutenden Aufträgen überhäuft wurden. Damit war auf einem der wichtigsten Gebiete der industriellen Tätigkeit der erste Anstoß zu einer steigenden Konjunktur gegeben, die sich bei den zahlreichen Erwerbszweigen, welche indirekt mit einer so großen Branche in Verbindung stehen, bald auf andere Gebiete fortpflanzte.

Der Saal der Neuen Börse in Frankfurt, erbaut in der »Gründerzeit«.

Sigurds Sieg über Fafnir. Wandgemälde von W. Hauschild (1882) im Schloß Neuschwanstein.

Frauenbilder der Wilhelminischen Zeit (aus »Moderne Kunst in Meisterholzschnitten«): Die großstädtische Dame (»Auf der Potsda-

mer Brücke«, *links)* und das romantische Mädchen (»Treu bewacht«, *rechts)*.

Titelbild der »Jugend«. Die 1896 gegründete Zeitschrift wurde zur Vorreiterin des Jugendstils.

Zu den Aufträgen der Eisenbahnen gesellten sich bald diejenigen eines bedeutenden Eisenkonsumenten, der Militärverwaltung, die ebenfalls mit Beendigung des Feldzuges große Neuanschaffungen zu machen hatte, so daß die Werke, kaum noch imstande, auf Grund ihrer früheren Leistungsfähigkeit den Anforderungen der Zeit zu entsprechen, einer Erweiterung ihres Betriebes nahetreten mußten. An die Stelle der langjährigen, gleichmäßigen Entwicklung war auf einmal ein ungeahnter Aufschwung getreten, und alle Hände rührten sich, um von dem eingetretenen Wechsel nach besten Kräften Nutzen zu ziehen. Begünstigt wurde die allgemeine Lage durch die auch in andern eisenproduzierenden Ländern sich vollziehende Preissteigerung... Das Bestreben der Börse, ihrerseits von jenen Verhältnissen größeren Nutzen zu ziehen, als bei der geringen Zahl von Kohlen- und Eisenaktien möglich war, traf mit den Wünschen zahlreicher Bergwerksbesitzer zusammen, welche mit Rücksicht auf die chancenreiche Lage der Eisenindustrie Erweiterungen vorzunehmen beabsichtigten. Die Umwandlung in Aktiengesellschaften war hier das gegebene Mittel, um den beiderseitigen Wünschen zu entsprechen...

Im Zusammenhang mit dem oben geschilderten Aufschwung, der sich zunächst bei der Eisen- und Kohlenindustrie geltend machte, gehörten denn auch die ersten bedeutenden Gründungen des Jahres 1871 dieser Industriebranche an, und sie repräsentierten nach Zahl und Betrag über ein Drittel aller gleichzeitig an die Berliner Börse gebrachten Industriewerte. In derselben Zeit hatte sich aber bereits auf dem Gebiete des Bankaktienmarkts eine im hohen Grade produktive Tätigkeit geltend gemacht. Nicht weniger als einundvierzig neue Banken, jede einzelne mit Millionen ausgestattet, waren innerhalb des erwähnten Jahres an der Börse eingeführt worden, wodurch die Zahl der Spekulationseffekten eine entsprechende Vergrößerung erfuhr. Dazu kam, daß auch in den älteren Werten eine erhebliche Kurssteigerung sich vollzog, so daß die Börse bereits kurze Zeit nach Beendigung des Krieges zum Schauplatz der zügellosesten Spekulationen wurde. Durch die Anschaffungen der Eisenbahnen und der Militärverwaltung, durch die Kündigung früherer Anleihen, nicht minder durch die übrigen Ausgaben für Gehaltsverbesserungen, Bauten etc., zu welchen sich die Regierungen durch die reichen ihr zur Verfügung gestellten Mittel entschlossen, gelangten die aus Frankreich einströmenden Abschlagszahlungen innerhalb kurzer Zeit in die verschiedenen Kanäle des Verkehrslebens.

So befruchtete das Geld bald alle wirtschaftlichen Kreise, und mit der zunehmenden Nachfrage wurde wiederum die industrielle Tätigkeit erhöht.

Die fortwährenden Kurssteigerungen an der Börse verfehlten nicht, die Aufmerksamkeit des Publikums auf sich zu ziehen und dasselbe stärker als zuvor für Börsenwerte zu interessieren. In demselben Maße, in welchem die Befürchtungen, daß man es lediglich mit einer vorübergehenden Steigerung zu tun habe, abnahmen, vermehrte sich die Kauflust, und nachdem erst hier und da

»Du sollst nicht gründen«, ruft der als »Krach« kostümierte Moses. Karikatur auf das Spekulationsfieber der »Gründerjahre« aus der satirischen Zeitschrift »Berliner Wespen«.

ein versuchsweise gemachtes Geschäft in Aktien mit Nutzen realisiert worden war, nahm man keinen Anstand, immer größere Summen in diesen Werten zu engagieren.

Die Spiellust nahm zu und gewann bald – das charakteristische Zeichen bei Spekulationsgeschäften – einen epidemischen Charakter. Das war der Moment, wo die Börse die Früchte ihrer Saat ernten sollte. Waren es bis dahin vorzugsweise die Finanzkreise und die ihnen nahestehende Kulisse gewesen, die sich an den neu gegründeten Banken und anderen Werten beteiligt hatten, so wurden es nunmehr auch die Privatkapitalisten, welche kräftig in die Bewegung eingriffen... Ein Verdienst reizte zu neuen Geschäften, ein Glücklicher regte den andern an, und so war bald die Börse kaum noch imstande, die aus allen Schichten der Bevölkerung sich zusammensetzenden Besucher zu fassen, während die Bankiers und Banken nur mit Mühe die Aufträge ausführen konnten.

Adolf Berliner, Die wirtschaftliche Krisis, ihre Ursachen und ihre Entwicklung. Hannover 1878

Die Junker

Das Übergewicht Preußens im deutschen Kaiserreich verhalf einer spezifisch preußischen Gesellschaftsschicht und Interessengruppe, den ostelbischen Junkern, zu fortdauerndem Einfluß auf die Geschicke der Nation. In der alten Agrarwelt des Ostens, so befindet der liberale Politiker und Publizist Friedrich Naumann, hatte der »grimmigste, entschlossenste Feind der deutschen Demokratie« den Anbruch der neuen Zeit überlebt und war drauf und dran, durch sein Bündnis mit der Schwerindustrie seine Macht auch noch zu erweitern.

Der ostdeutsche Adel ist eine Erobererkaste, die sich eine slawische Fläche germanisiert hat, damit sie ihr diene. Im Eroberer aber steckte politischer Lebenssaft, sowohl im Angelsachsen, der übers Wasser ging, wie im Deutschritter, der Ostpreußen unterwarf. *Diese politische Rasse ist es, die heute der grimmigste, entschlossenste Feind der deutschen Demokratie ist, nicht weil es ihr Spaß macht, sondern weil sie muß.* In der Demokratie erhebt sich der Industrialismus zur politischen Massenerscheinung, im Sozialismus kommen Maschine und Volksrechte; die neue Zeit will über die alte Agrarwelt triumphieren. Noch aber ist die konservative Welt fest genug, um den Millionen von Belagerern ihre Wälle nicht preiszugeben.

Das Schachspiel des preußischen Grundadels ist gut aufgestellt, es hat in der Mitte den König, der der größte Grundbesitzer ist und der es gewöhnt ist, seine Springer, Läufer und Türme um sich zu sehen. Auch die Bauern werden mit unleugbarem Geschick vorgeschoben. Alles, was nicht konservativ ist, fühlt sich als kaum geduldet. Der Liberalismus zahlt die meisten Steuern, aber zu sagen hat er wenig. Die Sozialdemokratie stellt die meisten Soldaten von allen Parteien, aber mitzureden hat sie noch weniger. Die »geborene Herrschaft« hat so viele politische Kastelle und Mauern gebaut, daß eine lange, schwere Belagerung nötig sein wird, um sie Schritt für Schritt zurückzudrängen. Hier hilft nichts als eine neue politische Leidenschaft, die zu neuen Rechten führt.

Der alte Adel lagert um den König herum wie die gezähmten Löwen um ihren Bändiger. Dieser geht an ihnen vorbei und streichelt sie und sagt: Leo, du bist mein Freund! Leo weiß ganz genau, daß er gar nichts anderes mehr sein kann, denn die Zeiten, wo er sein eigenes Gefilde beherrschte, sind vergangen. Er braucht den König, denn er selber ist waffenlos. Seine Burg hat nur noch dekorativen Wert. Er kann keinen Bauern mehr zwingen, ihm den Zehnten zu geben, er darf nicht einmal den Pferdejungen mehr auspeitschen lassen, wenn er ihm wegläuft. Zu Hause in Schlesien oder an der Lahn hängen im Burgsaale noch alte Hellebarden, Armbrüste, Schilde und vorn auf der Terrasse stehen zwei kleine nette Kanonen, aber das alles ist doch nur wie eine Sage voll Rost und Schimmer. Er heißt Herzog oder Fürst oder Graf, aber kommandieren darf er doch nur, wenn der König ihn zum Obersten macht. Und die gutsherrliche Polizei hat er im Auftrag des Staates, den der König vertritt. Er ist in seinen Wäldern an das Wald- und Jagdgesetz gebunden, überall begegnet auch ihm das öffentliche Recht, und die Einnahmen seines Rentamtes hängen von den Zöllen ab, die vom Staate beschlossen werden. Ja selbst seine Steuerfreiheit und sein Fideikommißrecht ruht auf schwachen Grundlagen, wenn einmal der König über diese Dinge anders denken sollte. Deshalb ist er der Freund des Königs, nicht immer der Herzensfreund, aber der politische Freund auf Tod und Leben, solange der König ihn schützt. Abends am Feuer im Marmorkamin gegenüber dem dunkel gewordenen Ölbilde des Ahnen, der vielleicht noch selber Burgen berannte, mag er wohl gelegentlich seine eigenen Gedanken über die Könige haben. Aber was hilft es? Geschichte ist Geschehenes, Geschichte ist Schicksal!

Den Konservativen ist es durch ihre ganze Vorgeschichte leicht, die Erinnerung der Kämpfe zu wecken, in denen ihre Ahnen siegten. Von ihrer Minderwertigkeit bei Jena sprechen sie seltener. Auch die Väter der Proletarier haben ihr Blut bei Leipzig, Königgrätz und vor Paris vergossen, aber die Proletarier sind weniger stolz auf das Blut ihrer Väter.

Was der Kern des Konservatismus heute ist, läßt sich viel leichter praktisch sagen als theoretisch, es ist praktisch der *Selbsterhaltungstrieb des preußischen Großgrundbesitzertums.* Die alte Herrenschicht von etwa 24000 Köpfen ist in Verteidigungszustand geraten und benutzt nun alle möglichen Mittel, um sich in einem demokratisch werdenden Zeitalter über Wasser zu halten. In dem Bestreben, sich Hilfskräfte heranzuziehen, wird sie bauernfreundlich und handwerkerfreundlich, ja zuzeiten sogar arbeiterfreundlich. Aus demselben Grunde macht sie Bündnisse mit dem industriellen Kapitalismus und mit dem Zentrum. Sie versteht die Kunst des Angliederns von Mitinteressenten besser als irgendeine sonstige politische Gruppe... Der Kohlebaron hilft dem Junker, seine Landarbeiter unter der Gesindeordnung halten, um dafür seine Bergarbeiter in eine Abhängigkeit zu bringen, die sich von der alten Schollenpflichtigkeit in der Praxis nur wenig unterscheidet. Wenn ihnen beiden dabei gelegentlich das Zentrum hilft, so wird das mit Dank angenommen, aber der Kern des Konservatismus ist der Bund von Eisen, Kohle und Garn mit Getreide.

Friedrich Naumann, Das Blaue Buch von Vaterland und Freiheit. Königstein 1913

Junker-Karikatur aus dem »Simplicissimus«: »Sie engagieren einfach billige Polen! Für mich ist jeder Arbeiter fremde Nation.«

Schutzzollpolitik

Noch bis in die 70er Jahre des 19. Jahrhunderts galten in Deutschland weitgehend die Prinzipien des freien Handels. Dann führten die Wirtschaftskrise im Gefolge des Gründerbooms 1871-73 und die zunehmende überseeische Getreidekonkurrenz zu einer Neuorientierung. Zeugnis dafür ist die Industriellen-Eingabe vom 12. Juli 1877 an Kaiser Wilhelm I., in der Schutzzölle gefordert wurden.

Ew. Kaiserliche und Königliche Majestät erlaubt sich der ehrerbietigst unterzeichnete Vorstand des Zentralverbandes deutscher Industrieller zur Beförderung und Wahrung nationaler Arbeit mit nachstehender Bitte ehrfurchtsvoll zu nahen.

Seit fünf Jahren herrscht in unserem deutschen Vaterlande eine gewerbliche Krisis, wie sie heftiger und verheerender seit Menschengedenken nicht aufgetreten ist. Von der Börse ausgehend, hat sie einen Industriezweig nach dem anderen ergriffen, und was etwa bis jetzt noch verschont geblieben ist, wird unausbleiblich in ihren vernichtenden Strudel hineingezogen werden. In den Kreisen der Industriellen und bei allen denen, welche dem praktischen Erwerbsleben nahestehen, waltet die Überzeugung ob, daß die durch die Beschlüsse des Reichstags veranlaßte Handelspolitik diese beklagenswerte wirtschaftliche Krankheit zwar nicht hervorgerufen, daß sie aber wesentlich dazu beigetragen hat, dieselbe zu verschärfen und zu verlängern.

Fast unausgesetzt ist der vaterländische Gewerbsfleiß in den letzten zwölf Jahren durch das Zusammentreffen widriger Umstände das Opfer zollpolitischer Experimente geworden, welche notwendigerweise die Stabilität der Verhältnisse erschüttern und den heimischen Markt dem ungewissen Erfolge einer völlig uneingeschränkten auswärtigen Konkurrenz preisgeben mußten. Die Industrie weiß den Vorzug einer internationalen Verkehrsfreiheit, welche die Kräfte der Völker anspornt und den Austausch der überschießenden Produkte ermöglicht, zu schätzen; allein ein einseitiges Vorgehen eines einzelnen Staates auf diesem Wege wird diesen Erfolg niemals zustande bringen.

Abstrakte und radikale Theorien, die den Verhältnissen des Lebens nicht Rechnung tragen, haben noch niemals den Völkern Glück und Segen gebracht, und es heißt eben abstrakten und radikalen Grundsätzen huldigen, wenn ein Land freiwillig und ohne Not seine Grenzen der auswärtigen Konkurrenz öffnet, während alle Nachbarstaaten sich durch hohe Zölle fast hermetisch gegen uns abschließen. Es ist gegenwärtig eine allgemein anerkannte Tatsache, daß diese Wirtschaftspolitik dazu beigetragen hat, den Franzosen nicht allein die Zahlung der Kriegskontribution zu erleichtern, sondern dieselben auch in Stand gesetzt hat, mit Hilfe ihres gewaltigen Exportes dem deutschen Volke einen großen Teil dieser Summe wieder abzunehmen. Auf diese Weise haben wir durch die Einseitigkeit unserer wirtschaftlichen Maximen die großen Erfolge unserer ruhmreichen Armee wieder wettgemacht, und wir hören nicht auf, dem Nationalfeinde die Mittel zuzuführen, mit denen er neue Kriege gegen uns ausrüsten kann.

Der Notstand ist bei den Industriezweigen, welche von den zollpolitischen Experimenten direkt betroffen worden sind, keineswegs stehengeblieben, er hat sich vielmehr über das ganze Feld wirtschaftlicher Tätigkeit verbreitet. Wie konnte dies auch anders sein? Der Haushalt eines Volkes ist ein wirtschaftlicher Organismus, und wenn ein wesentlicher Teil desselben leidet, müssen auch alle übrigen von der Kalamität ergriffen werden. Wenn man erwägt, daß nach einer von uns veranlaßten Erhebung bei 102 Aktiengesellschaften der Eisenindustrie und des Maschinenbaus, die ein Aktienkapital von 452 000 000 Mark repräsentieren, im Jahre 1876 35 000 Arbeiter weniger beschäftigt und 45 000 000 Mark weniger Löhne gezahlt worden sind als im Jahre 1873, so ist von selbst einleuchtend, daß eine Rückwirkung auf andere Industriezweige nicht ausbleiben konnte.

Die Konsumtionsfähigkeit des deutschen Volkes ist augenblicklich so geschwächt, daß auch andere Gewerbsbranchen, insbesondere die Spinnereien und Webereien aus Mangel an Absatz bereits gezwungen worden sind, einen Teil ihrer Arbeiter zu entlassen, und daß sie, wenn nicht bald eine Besserung sich zeigt, nach der Versicherung ehrenhafter und hervorragender Industrieller genötigt sein werden, ihren Betrieb immer mehr und mehr einzuschränken. Die Arbeitslosigkeit nimmt somit von Tag zu Tag größere Dimensionen an, und im Gefolge derselben mehrt sich trotz der Wachsamkeit der Behörden die öffentliche Unsicherheit und die Zahl der Verbrechen.

Wenn man einwendet, daß dieser Zustand lediglich durch Überproduktion hervorgerufen ist, und daß eine gleiche Kalamität in allen übrigen Ländern herrscht, so trifft dies nicht zu, denn in Frankreich, in England und selbst in Rußland ist der Notstand keineswegs ein so drückender wie bei uns und angesichts der Tatsache, daß Deutschland alljährlich im Durchschnitt für eine Milliarde Mark fremde Industrieprodukte bei sich einführt, ist es nicht gerechtfertigt, von einer heimischen Überproduktion zu reden. Wohl aber hat das einseitige und radikale Niederreißen so vieler notwendiger Zollschranken es der ausländischen Industrie ermöglicht, die Erzeugnisse ihrer überaus beträchtlichen Überproduktion auf den deutschen Markt zu werfen und da-

Die Industrie im Schutze der Krone. Gemälde von Hugo Vogel.

durch die Nachteile ihrer übertriebenen Spekulation auf unsere Schultern zu wälzen. Die Absicht der verbündeten Regierungen, von der notleidenden vaterländischen Industrie wenigstens die Nachteile abzuwenden, welche durch völlig ungerechtfertigte und vertragswidrige Ausfuhrbegünstigungen benachbarter Regierungen zugefügt werden, ist an der Haltung des Reichstags gescheitert.

Die Wortführer der radikalen Freihandelsdoktrin haben die Bestrebungen der verbündeten Regierungen zunichte gemacht. Begreiflicherweise hat diese Haltung die gesamte Industrie Deutschlands mit den lebhaftesten Besorgnissen erfüllt; Gewerbetreibende aller Gattungen haben sich zu einem Zentralverbande deutscher Industrieller zusammengetan, und aus allen Gauen des deutschen Reichs sind die ersten angesehensten und renommiertesten Firmen aller Industriebranchen zu der am 16. Juni in Frankfurt a.M. stattgehabten Generalversammlung geeilt, um Rat zu pflegen, wie diesen trostlosen wirtschaftlichen Zuständen abgeholfen werden könne. Es waren dort nach der ehrfurchtsvoll beigeschlossenen Präsenzliste 499 Firmen vertreten, deren Etablissements einen Gesamtwert von Milliarden besitzen und die eine Arbeiterzahl beschäftigen, welche nach Hunderttausenden zu schätzen ist. Auch aus den neuen Reichslanden waren einige der angesehensten Industriellen zugegen, und von allen Anwesenden wurde einstimmig der Beschluß gefaßt, da unsere Bitten und Beschwerden an anderer Stelle keine Berücksichtigung gefunden, und alle übrigen Instanzen erschöpft sind, vertrauensvoll an die Weisheit und Gerechtigkeit unseres erhabenen Kaisers zu appellieren.

Kaiserliche und Königliche Majestät, wir sind uns bewußt, daß wir nicht einseitig unseren eigenen Vorteil anstreben, sondern daß wir zugleich auch die Interessen einer zahlreichen Arbeiterbevölkerung, ja diejenige der ganzen bürgerlichen Gesellschaft vertreten. Der deutschen Industrie hat es sicherlich niemals an Opferwilligkeit und Patriotismus gefehlt: wenn aber dem allgemeinen Notstande nicht bald begegnet wird, und wenn alle Hilfsquellen versiegen, aus welchen das Nationaleinkommen fließt, dann wird die Steuerverwaltung nicht mehr imstande sein, ohne unaufhörliche Vermehrung der Anleihen die Mittel zur Deckung des progressiv steigenden Staatshaushaltes zu beschaffen!

Kohle und Eisen

Es wird allgemein angenommen, Deutschland verdanke seinen raschen Aufstieg zur ersten Wirtschaftsmacht auf dem europäischen Festland der Reichsgründung von 1871. Im großen ganzen stimmt das, aber es wäre ein Mißverständnis, wollte man meinen, Deutschland sei vor der Reichsgründung ein armes Agrarland gewesen und in seiner Wirtschaftsentwicklung weit hinter den anderen Ländern Westeuropas zurückgeblieben. Gewiß lag vor 1870 der Schwerpunkt der europäischen Industrialisierung westlich des Rheins, und Deutschland empfing den Anreiz zur eigenen Industrialisierung erst von dort, in erster Linie von England. Aber als Bismarck das Reich mit »Blut und Eisen« zusammenschmiedete, waren, wie John Maynard Keynes 1920 bemerkte, »Kohle und Eisen« schon emsig am Werk und bauten die wirtschaftlichen Grundlagen dieser neuen Großmacht.

Die Vereinheitlichung der Währung

Zur Zeit der Reichsgründung zerfiel Deutschland noch in sieben getrennte Währungsgebiete. Ferner gab es dreiunddreißig Notenbanken, die miteinander nicht in Verbindung standen und ihre Notenausgabe unter verschiedenen Vorschriften und Gesetzen betrieben.

Mit einem derart verworrenen Währungssystem konnte man in einem Industriestaat keine vernünftige Währungspolitik durchführen. Die verschiedenen Währungen hatten ein einziges gemeinsames Merkmal: Silber war das gesetzliche Zahlungsmittel – nur in Bremen war es das Gold. Die Staaten schlossen untereinander gewisse Abkommen über den relativen Wert ihrer Währungen. Auch Goldmünzen liefen in allen Ländern um und zwar unter schwankenden Austauschverhältnissen mit den Landeswährungen – außer in Preußen, wo das Verhältnis zwischen Gold und Silber durch Gesetz festgelegt war.

Die einheitliche Währung des neuen Reiches beruhte auf dem Goldstandard. Der Übergang zum Goldstandard war von stärkster Bedeutung in einer Zeit, in der noch keine andere Großmacht außer Großbritannien ihn eingeführt hatte. Als Deutschland diesen Beschluß faßte, war die große Silberkrise schon im Anzug und es war zu erwarten, daß auch Frankreich und die Vereinigten Staaten sich bald dem Goldstandard anschließen würden. Indem das junge Deutsche Reich hier die Führung übernahm, leistete es der Weltwirtschaft einen wichtigen Dienst. Es legte den Weg zu einer einheitlich auf dem Gold beruhenden internationalen Währung frei, eine Tat von größter Tragweite für den raschen Aufschwung des Welthandels in der ganzen Epoche bis zum Ersten Weltkrieg. Der Entschluß ist in erster Linie dem liberalen Politiker und Wirtschaftstheoretiker Ludwig Bamberger zu verdanken, wenn auch einiges Verdienst Bismarck und seinem Staatssekretär Rudolf Delbrück zukommt, der bis zu seinem Rücktritt im Jahr 1876 einen liberalisierenden Einfluß auf die neue deutsche Wirtschaftspolitik ausübte. Für Deutschland selber brachte der Anschluß an den Goldstandard die »westliche Orientierung« zum Ausdruck, die in der frühen Zeit Bismarcks in Deutschland vorherrschte und Bismarcks damaliger persönlicher Einstellung entsprach.

Das neue Währungswesen wurde in drei Etappen aufgebaut. 1. Im Jahr 1871 wurde ein Gesetz über die Prägung von Goldmünzen erlassen. Die Mark wurde zur Währungseinheit bestimmt, ihr Verhältnis zu den umlaufenden Silbermünzen festgesetzt, und diese Münzen wurden aus dem Verkehr gezogen. 2. Im Jahr 1873 wurde der Goldstandard gesetzlich eingeführt und das Silber nur noch für kleinere Münzen zugelassen. 3. Im Jahr 1875 wurde eine der dreiunddreißig Notenbanken, die Preußische Bank, in die Reichsbank umgewandelt. Die übrigen Notenbanken gerieten dadurch in eine gefährdete Lage der Reichsbank wie den Privatbanken gegenüber. Man wollte einen Druck auf sie ausüben, auf die ihnen gesetzlich noch zustehenden Notenkontingente freiwillig zugunsten der Reichsbank zu verzichten. Bis 1910 hatten sich siebenundzwanzig Notenbanken dem gefügt, die Emissionsrechte der übrigen fünf wurden erst 1935 beseitigt. Die Notenausgabe der »privaten Notenbanken«, wie diese Institute nach der Gründung der Reichsbank hießen, war jedoch so unbedeutend und so streng geregelt, daß sie kaum ein störendes Element in der neuen Währungspolitik bildete.

Die Einigung des Reiches war für das deutsche Wirtschaftssystem unbestreitbar von dauerndem Nutzen. Dagegen waren die Vorteile, die dem Sieg über Frankreich entsprangen, zweifelhaft und keineswegs dauernd.

Die Früchte des Sieges

Die Annexion zweier der reichsten Provinzen Frankreichs, des Elsaß und Lothringens, wurde gewiß für anderthalb deutsche Generationen eine Quelle des Reichtums. Neben der Landwirtschaft war dort die Textilindustrie der am stärksten entwickelte Wirtschaftszweig. In dem neuen Reichsland arbeiteten mehr als halb so viele Baumwollspindeln und fast ebenso viele mechanische Webstühle wie im ganzen übrigen Reich zusammengenommen. So hatte Deutschland das Aufblühen seiner Textilindustrie vor allem den neuen Provinzen zu verdanken.

Dagegen war der elsaß-lothringische Reichtum an Naturschätzen noch fast unerschlossen. Erst als 1879 das

Walzwerk bei Eberswalde. Gemälde von Karl Blechen, um 1835.

neue, von den Engländern Thomas und Gilchrist erfundene Verfahren der Eisenerzverhüttung in Deutschland eingeführt wurde, konnten die lothringischen Eisenerze ausgebeutet werden. Auf dieser Grundlage wurde die deutsche Stahlindustrie ausgebaut und damit eine der wichtigsten Vorbedingungen für die rasche Entwicklung Deutschlands zu einer Industriemacht geschaffen. Die lothringischen Eisenvorkommen wurden auf 700 Millionen Tonnen Metallgehalt geschätzt – nach dem Versailler Vertrag verblieben Deutschland nur 300 Millionen Tonnen.

Zu Anfang des zwanzigsten Jahrhunderts wurde noch ein anderer Schatz entdeckt – die elsässischen Kalilager. Mit den mitteldeutschen Vorkommen zusammen verschafften sie Deutschland nahezu ein Monopol auf den Kalimärkten der Welt. Als Elsaß-Lothringen im Versailler Vertrag an Frankreich abgetreten wurde, verlor Deutschland gleichzeitig die Erzgrundlage seiner Stahlindustrie und die Hälfte seines bisherigen Monopolbesitzes an Kali.

Wenige Jahre nach dem Weltkrieg schlossen sich die französischen und deutschen Kali-Interessen zur gemeinsamen Ausbeutung der Auslandsmärkte zusammen. Unterdessen war aber dieses Monopol durch die Entdeckung und Ausbeutung von Kalivorkommen in anderen Ländern, den Vereinigten Staaten, Polen, Palästina, fast zerstört worden.

Die Frankreich 1871 auferlegte Kriegsentschädigung erwies sich für Deutschland nicht als ein reiner Segen. Es wird oft behauptet, Deutschland habe dieser Kriegsentschädigung von 5 Milliarden Goldfranken die feste Grundlage seiner Goldwährung zu verdanken gehabt. Deutschland konnte tatsächlich die 273 Millionen Francs, die Frankreich in Gold zahlte, zur Ansammlung einer Goldreserve verwenden, und die deutsche Zahlungsbilanz wurde durch den Zufluß der französischen Milliarden verbessert. Es ist auch richtig, daß auf diesen plötzlichen Milliardenregen aus dem Ausland im deutschen Wirtschaftsleben eine starke Konjunkturausweitung folgte, die mit der Begeisterung über die Reichsgründung nicht ausreichend zu erklären ist. Man kann sich leicht vorstellen, welchen Umschwung es auf dem engen deutschen Effektenmarkt bedeutete, als in kürzester Zeit die Staatsschulden der deutschen Bundesstaaten aus dem Erlös der Kriegsentschädigung zurückgezahlt werden konnten. Das Ergebnis war eine Gründungsspekulation von beispielloser Tiefe und Breite.

Von 1826 bis Mitte 1870 waren in Preußen Aktiengesellschaften mit einem Kapital von zusammen nur 3,0 Milliarden Mark gegründet worden. Bis 1874 kamen 857 neue Gesellschaften mit einem Kapital von 3,3 Milliarden Mark hinzu. Die Spekulationswut tobte sich besonders heftig in den Werten der Eisenbahnen und der Schwerindustrie aus.

Mechanisierte Landwirtschaft: Dampflokomobil beim Betreiben eines hölzernen Dreschwagens, 1873.

Es kann sein, daß die deutsche Wirtschaft in mancher Beziehung aus dieser Hochkonjunktur dauernden Nutzen gezogen hat. Das für jene Zeit charakteristische Fehlen aller gesetzlichen Beschränkungen reizte und verleitete aber in allzu zahlreichen Fällen zu schwindelhaften und tollkühnen Gründungen. Das Ergebnis war der Krach von 1873/74, dessen Folgen ebenso beispiellos waren wie der vorangegangene Aufschwung. Von den 857 Unternehmungen, die in den »Gründerjahren« entstanden waren, befanden sich im Dezember 1874 nicht weniger als 123 in Liquidation und 37 hatten Bankrott gemacht. Die Jahre 1873 und 1874 waren für alle Industrieländer der Welt eine traurige Zeit, der Beginn einer langwierigen Depression.

Die Industrialisierung Deutschlands

Am Vorabend der Reichsgründung trug die deutsche Wirtschaft noch vorwiegend landwirtschaftlichen Charakter, aber der Prozeß der Industrialisierung hatte begonnen. Von der Reichsgründung gingen die stärksten Anregungen für die deutsche Industrieentwicklung aus, und binnen wenigen Jahren war Deutschland in die erste Reihe der Industrieländer der Welt eingetreten. Aber im Gegensatz zum Vorgehen Englands opferte Deutschland dabei durchaus nicht seine Landwirtschaft der Industrieausweitung. Wie noch zu zeigen sein wird, kam die Reichsregierung um den Preis einer Verteuerung der Lebenskosten für die industrielle Arbeiterschaft den Landwirten mit einem Zolltarif zu Hilfe, sobald die amerikanische Konkurrenz auf den Getreidemärkten, auf die es vor allem ankam, fühlbar wurde. So konnte die deutsche Landwirtschaft ihren erstaunlichen Aufschwung sogar fortsetzen, hauptsächlich dank den Fortschritten in der landwirtschaftlichen Technik. Zwischen der Reichsgründung und dem Ersten Weltkrieg erfuhr die Getreide- und Kartoffelproduktion annähernd eine Verdoppelung, teils durch Vermehrung der Anbauflächen, mehr noch durch Steigerung der Hektarerträge. Ein Vergleich der Erträge von 1878 und 1879 mit dem Durchschnitt von 1901 bis 1910 zeigt, daß die durchschnittlichen Hektarerträge für Weizen von 13,5 auf 18,6 Doppelzentner, für Roggen von 10,6 auf 16,3, für Kartoffeln von 71,1 auf 135,1 Doppelzentner anstiegen.

Bevölkerungsbewegung nach Übersee: Auswanderer im Hamburger Hafen. Holzschnitt von ca. 1850.

Bevölkerungswachstum

Und doch war die deutsche Landwirtschaft nicht mehr imstande, den Bedarf der deutschen Bevölkerung an Nahrungsmitteln zu decken. Aus einem Getreide-Ausfuhrland verwandelte sich das Reich allmählich in ein Einfuhrland. So stürmisch war die Bevölkerungsvermehrung und so bedeutend die Verbesserung der Lebenshaltung, daß, um alle zu ernähren, selbst die Verdoppelung der Getreideerzeugung nicht genügte. Das Anwachsen der Bevölkerung als Folge der Industrialisierung hielt ohne Unterbrechung bis zum ersten Weltkrieg an und wurde seinerseits zur Grundlage für weitere Industrialisierung.

Die natürliche Zunahme der deutschen Bevölkerung war in Wirklichkeit noch größer, als die Zahlen der Tabelle 1 ausweisen. Dem natürlichen Zuwachs stand eine Auswanderung gegenüber, die zwischen den vierziger und achtziger Jahren zu einem mächtigen Strom anschwoll.

Erst gegen Ende der achtziger Jahre nahm der Wohlstand so stark zu und entfaltete die Industrie eine solche Nachfrage nach Arbeitskräften, daß das wirtschaftliche Motiv zur Auswanderung schwand. Von 1840 bis zum Ersten Weltkrieg wanderten fünf Millionen Deutsche nach Übersee, aber nach 1890 schrumpfte die Auswanderung immer mehr. (Siehe Tabelle 2.)

Seit dem Anfang des neunzehnten Jahrhunderts waren die Vereinigten Staaten fast ausschließliches Auswan-

Tabelle 1

Die Bevölkerung des Reichsgebiets

	Bevölkerung (in Millionen)	Zunahme im Jahrzehnt (in v. H.)
1816	24,8	
1825	28,1	13.2
1835	30,8	9.6
1845	34,3	11.3
1855	36,1	5.4
1865	39,5	9.4
1875	42,5	7.5
1885	46,7	9.9
1895	52,0	11.3
1905	60,3	16.0
1915	67,9	12.5

derungsziel. Von den annähernd 6 Millionen Deutschen, die zwischen 1821 und 1930 auswanderten, gingen 5,3 Millionen dorthin.
Die Auswanderung nach Übersee wurde zum Teil durch europäische Zuwanderung ausgeglichen, vor allem aus Österreich-Ungarn, Italien und den westlichen Teilen Rußlands, in erster Linie Polen. Diese Zuwanderung nahm ständig zu, bis sie in den letzten zwei Jahrzehnten vor dem Ersten Weltkrieg die Auswanderung übertraf. Deutschland war nach diesem Wanderungsgefälle zu schließen ein untervölkertes Land geworden.

Tabelle 2

Deutsche Auswanderung nach Übersee

	1821-1830	8 500
	1831-1840	167 700
	1841-1850	469 300
	1851-1860	1 075 000
	1861-1870	832 700
	1871-1880	626 000
	1881-1890	1 342 400
	1891-1900	529 900
	1901-1910	279 600
	1911-1920	91 000
	1921-1930	567 300
Insgesamt	1821-1930	5 989 400

Tabelle 3

Die Zahl der Erwerbspersonen

	1882	1907	1925	1933	1939[1]	1950[2]	1960[2]
	(in Millionen)						
Land- und Forstwirtschaft	7,1	8,6	9,8	9,3	8,9	5,2	3,5
Industrie und Handwerk	6,0	10,0	13,5	13,1	14,4	9,5	12,3
Handel und Verkehr	1,4	3,4	5,2	5,9	6,0	3,5	5,0
Öffentlicher Dienst und private Dienstleistungen	1,0	1,7	2,2	2,7	3,6	3,2	4,0
Häusliche Dienste	1,4	1,5	1,9	1,3	1,3	0,6	0,5
Insgesamt	16,9	25,2	32,0	32,3	34,3	22,1	25,5
	(in vom Hundert)						
Land- und Forstwirtschaft	43,3	34,0	30,5	28,9	26,1	23,7	13,9
Industrie und Handwerk	35,5	39,7	42,1	40,4	42,1	43,3	48,4
Handel und Verkehr	8,4	13,7	16,2	18,4	17,5	15,9	19,8
Öffentlicher Dienst und private Dienstleistungen	5,8	6,8	6,8	8,4	10,4	14,3	15,8
Häusliche Dienste	8,0	5,8	4,4	3,9	3,9	2,8	2,1
	100,0	100,0	100,0	100,0	100,0	100,0	100,0

[1] Gebietsstand des Deutschen Reichs, ohne Saarland, etc.
[2] Gebietsstand der Bundesrepublik Deutschland, ohne Saarland und West-Berlin.

Ein Ackerbauvolk verwandelt sich in ein Industrievolk

Trotz der Intensivierung der Landwirtschaft war der landwirtschaftliche Sektor nur ganz unbeträchtlich an der Bevölkerungsvermehrung beteiligt. Wie in anderen Industrieländern verlor das Landleben seine Anziehungskraft. Es setzte eine Landflucht ein, in deren Folge der natürliche Bevölkerungszuwachs von den Städten aufgesogen wurde. Dorthin wurden die Menschen durch die wachsende Nachfrage nach Arbeit zu steigenden Löhnen und durch die anderen Reize des städtischen Lebens gelockt. Tabelle 3, welche die Volkszählungen seit der ersten von 1882 bis zu der letzten von 1960 zusammenfaßt, zeigt diese Verschiebungen.
Die deutsche Eisenindustrie verdankte ihr Wachstum gleichermaßen ihrer Kohlengrundlage wie den lothringischen Erzgruben. Die Eisenerzförderung wuchs von 5,3 Millionen Tonnen im Jahresdurchschnitt 1871 bis 1875 auf 28,7 Millionen im Jahre 1913. Damit waren die Bedingungen für das Aufblühen der Eisenindustrie gegeben. Im Jahr 1871 wurden nur 1,6 Millionen Tonnen Roheisen erzeugt; 1910 war die Erzeugung (immer mit Einschluß von Luxemburg) auf 14,8 Millionen Tonnen gestiegen. Noch 1900 lag die britische Roheisenerzeugung mit 9,1 Millionen Tonnen über der deutsch-luxemburgischen mit ihren 8,5 Millionen Tonnen; aber für Stahl übertraf Deutschland schon damals (7,4 Millionen t) seinen britischen Konkurrenten (6,0 Millionen t). Im Jahr 1910 war die deutsche Eisenproduktion der aller anderen europäischen Länder weit vorangeeilt; Großbritannien war mit 10,2 Millionen Tonnen Roheisen und 7,6 Millionen Tonnen Rohstahl weit ins Hintertreffen geraten.
Mit Hilfe seiner Schwerindustrie baute Deutschland erstens seine Eisenbahnen aus (von 1870 auf 1912 wuchs ihr Netz von 18 560 auf 60 521 km); zweitens schuf es sich eine der mächtigsten Handelsflotten der Welt (von 1871 auf 1913 wurden aus den 147 Schiffen mit 81994 Bruttoregistertonnen 2098 Schiffe mit 4 380 348 Bruttoregistertonnen); drittens entwickelte sich der Maschinenbau in erstaunlichem Tempo zu einer der wichtig-

Formular für eine Ehrenurkunde der Oberbayerischen Aktiengesellschaft für Kohlenbergbau von ca. 1900. Zur künstlerischen Darstellung der Industrie griff man nach wie vor auf die traditionellen Mittel religiöser Malerei zurück.

angetreten am
verliehen am
Glück Auf!
Ehren-Diplom
verliehen dem
für
jährige
treue Dienstzeit.
Miesbach,
Oberbayrische Actiengesellschaft
für Kohlenbergbau.

Siegeszug der Elektrizität in den Großstädten: Fernsprechvermittlungsamt in Berlin.

sten Ausfuhrindustrien (1861 waren dort 51 000 Arbeiter beschäftigt, 1882 356 000 Arbeiter, 1907 1 120 000 Arbeiter). Schließlich sollte man die Rolle der Rüstungsindustrie nicht übersehen. Im Jahr 1912 beschäftigte die Firma Krupp in Essen 68 300 Arbeiter.

Mit besonderem Stolz sah Deutschland zu jener Zeit auf seine elektrotechnische und seine chemische Industrie. An der Zahl der beschäftigten Arbeiter gemessen waren beide kleiner als andere Industrien. Doch war ihre Bedeutung für die deutsche Industrialisierung, für den Außenhandel und für das Ansehen Deutschlands ungemein groß.

Der Fortschritt der Elektroindustrie ist an die Namen von Werner von Siemens und Emil Rathenau geknüpft. (Emil Rathenau war der Vater Walter Rathenaus, der 1921 als Außenminister der Republik einem nationalistischen Fanatiker zum Opfer fiel.) Siemens war ein genialer Erfinder, der schon 1867 eine Dynamomaschine konstruierte und 1879 das Problem des elektrischen Eisenbahnantriebes bearbeitete. Er wurde der Gründer des Siemens-Konzerns, der später mit der Allgemeinen Elektricitäts-Gesellschaft (A.E.G.) die deutsche Elektroindustrie vollständig beherrschte. Emil Rathenau gründete 1883 zusammen mit der Firma Siemens die Deutsche Edison-Gesellschaft für angewandte Elektrizität, die sich unter Rathenaus Führung bald von Siemens loslöste und später in die A.E.G. umwandelte. Diesen beiden Gruppen ist die Elektrifizierung Deutschlands zu verdanken, der Ausbau seines umfassenden Straßenbahnnetzes, der Kraftstromleitungen der Gemeinden und der Fernleitungsnetze, allgemein die Entwicklung der Stark- und Schwachstromtechnik.

Die chemische Industrie mußte nicht wie die Elektroindustrie aus ersten Anfängen aufgebaut werden. Man erinnere sich der Bedeutung Justus von Liebigs für die landwirtschaftliche Chemie. Aber auch die chemische Industrie erlebte in den fünf Jahrzehnten des Kaiserreichs ihren entsprechenden Ausbau. Die großen chemischen Konzerne, die sich später zur I.G. Farben-Industrie zusammenschlossen, haben ihren Ursprung in jener Zeit. Nach diesem Zusammenschluß übte die I.G. Farben-Industrie eine fast monopolistische Herrschaft über die deutsche chemische Industrie aus. Damals wurde der Weltruf der deutschen Farbenindustrie wie auch der pharmazeutischen Chemie und vieler anderer chemischer Produkte begründet.

Festliche elektrische Beleuchtung im Berliner Café Bauer. Stich von 1884.

Die Ausweitung des Außenhandels

Ein anderer bedeutsamer Zug im deutschen Bankenwesen vor dem ersten Weltkrieg war die führende Rolle, die die Banken bei der politischen und wirtschaftlichen Expansion Deutschlands über seine Grenzen hinaus spielten. Der Ausbau seiner Industrie hatte Deutschland nunmehr auf die gleiche Stufe wie England gehoben – beide waren jetzt für Industrieerzeugnisse die wichtigsten Exporteure der Welt. Noch 1880 war Deutschland als Ausfuhrland an vierter Stelle gestanden, hinter Großbritannien, Frankreich und den Vereinigten Staaten. Bald rückte es jedoch an die zweite Stelle hinter den Vereinigten Staaten und behauptete diesen Platz bis zum Ersten Weltkrieg.
Das Anwachsen des deutschen Außenhandels von der Reichsgründung bis zum Krieg von 1914 setzt die ungestüme Expansion der deutschen Wirtschaft in den letzten zwei Jahrzehnten dieser Epoche in helles Licht. Tabelle 4 zeigt, daß die deutsche Ausfuhr sich in den 28 Jahren von 1872 bis 1900 verdoppelt und dann in den folgenden 13 Jahren noch einmal mehr als verdoppelt hat.

Tabelle 4

Der deutsche Außenhandel
(ohne Wiederausfuhr; Milliarden Mark)

	Ausfuhr	Einfuhr
1872	2,5	3,5
1880	3,0	2,8
1890	3,4	4,3
1900	4,8	6,4
1910	7,5	8,9
1913	10,1	10,8

Auch in der Zusammensetzung des Außenhandels zeigt sich die rasche Industrialisierung. Das Verhältnis der industriellen Fertigwaren zur Gesamtausfuhr stieg von 1873 auf 1913 von 38 auf 63 v. H. Aber die industrielle Blüte des Landes und seine Ausfuhrtätigkeit standen in enger Abhängigkeit von der Einfuhr von Rohstoffen und Nahrungsmitteln, deren Wert die Ausfuhr von Fertigwaren übertraf; wie Tabelle 5 zeigt, trifft das sowohl auf die frühen wie auf die späteren Entwicklungsstufen zu.

Tabelle 5

Die Zusammensetzung des deutschen Außenhandels
(Milliarden Mark)

	Ausfuhr	Einfuhr	
	Fertige und halbfertige Waren	Nahrungsmittel	Rohstoffe
1890	2,1	1,4	1,8
1913	7,5	3,0	5,0

Die Banken als Vermittler im Außenhandel und bei der Kapitalausfuhr

Die Finanzierung eines Außenhandels von solchem Umfang erforderte einen ausreichenden Kreditapparat. Unvermeidlich mußte Deutschland dahin streben, sich allmählich von dem britischen Finanzierungssystem loszumachen, das im internationalen Handel damals praktisch ein Monopol besaß.

Zielbewußte Bemühungen der deutschen Banken um den Ausbau ihrer internationalen Beziehungen begannen mit der Reichsgründung, aber einzelne Bankiers hatten schon vorher ihre Verbindungen mit dem Ausland gepflegt. So gab es persönliche Beziehungen zwischen dem Frankfurter und dem New Yorker Bankhaus Speyer, später auch mit dem Londoner Haus. Ein Jahr nach ihrer Gründung, 1871, beteiligte sich die Deutsche Bank an einer Londoner Bank, und 1873 eröffnete sie eine Londoner Filiale. Andere deutsche Banken folgten diesem Beispiel. Im Jahr 1871 beteiligten sich deutsche an belgischen Banken. In Italien wurde 1894 die Banca Commerciale Italiana, eine der wenigen Großbanken des Landes, unter maßgebender Beteiligung deutscher Banken gegründet. In Österreich wurde die Mercur-Bank vom deutschen Bankkapital beherrscht. Die Beziehungen zu den Vereinigten Staaten wurden vor allem durch Privatbankiers gepflegt, die sich in New York niederließen, so Hallgarten & Co. und Ladenburg, Thalmann & Co. Die bedeutendste dieser Verbindungen war die des Hamburger Bankhauses M.M. Warburg & Co., gegründet 1798, mit dem New Yorker Haus Kuhn, Loeb & Co.

Der Hauptzweck dieser deutschen Verbindungen mit den Banken der westeuropäischen Länder war die Finanzierung des Außenhandels. Die Beziehungen zu den amerikanischen Banken waren dagegen darauf gerichtet, Anlagemöglichkeiten für deutsches Kapital in den Vereinigten Staaten zu suchen. Aus demselben Grund wurden Verbindungen mit wirtschaftlich schwach entwickelten Ländern aufgenommen. Amerikanische Wertpapiere wurden in wachsendem Umfang in Deutschland untergebracht. Insbesondere wurde der Ausbau der amerikanischen Eisenbahnen zu einem wesentlichen Teil von deutschem Kapital finanziert.

In ihrem Bemühen, ein Netz von Auslandfilialen für die Kapitalanlage im Ausland zu schaffen, betätigten sich die deutschen Banken besonders in drei geographischen Zonen: im Nahen Osten, in Latein-Amerika und im Fernen Osten.

Im Nahen Osten verdient die 1906 von deutschen Banken gegründete Deutsche Orientbank als erste erwähnt zu werden. Sie betrieb mehrere Zweigstellen in den Handelszentren der Vorkriegs-Türkei, in Ägypten und in Marokko. Ein weiteres Tätigkeitsfeld von besonderem Interesse für die Banken bot Rumänien wegen seiner reichen Erdölvorkommen. Schon 1890 beteiligte sich die Darmstädter Bank an der Banca Marmarosch, die sich allmählich zu einer der führenden rumänischen Banken entwickelte. Die Disconto-Gesellschaft spielte eine führende Rolle bei der Gründung der Banca Generala Romana im Jahre 1897.

Die Macht des deutschen Bankkapitals im Fernen Osten fand ihren wichtigen Ausgangspunkt in der Deutsch-Asiatischen Bank, die 1889 von einer deutschen Bankengruppe unter der Führung der Disconto-Gesellschaft gegründet worden war. Diese Bank erwarb das Recht der Notenausgabe für China und dehnte ihren Einfluß auf Japan und Indien aus.

Schließlich trugen zwei mächtige Bankorganisationen deutschen Kapitaleinfluß nach Südamerika: erstens die Deutsche Überseebank, eine Tochtergesellschaft der Deutschen Bank, gegründet 1886; zweitens die Deutsch-Südamerikanische Bank, gegründet 1906 unter der Mitwirkung der Dresdner Bank. Beide Banken errichteten, teils unter ihrem eigenen Namen, teils unter dem von Tochtergesellschaften, ein weites Netz von Zweigstellen, das fast alle lateinamerikanischen Länder mit Einschluß von Mexiko umspannte.

Vom Liberalismus zum Protektionismus

Daß die deutsche Einigung zu einer Zeit zustande kam, als das halbfeudalistische und militaristische Preußen seine Vorherrschaft über ganz Deutschland aufgerichtet hatte, ist wohlbekannt. Man sollte dabei jedoch nicht übersehen, daß in Preußen selbst, und noch mehr in den anderen deutschen Ländern, starke liberale Kräfte am Werke waren, die sich durch die Dynastie nie gänzlich ausschalten ließen. Es wäre ein grundsätzlicher Fehler, wollte man die zur Zeit der Reichsgründung vorherrschende Meinung als nationalistisch und autarkiefreundlich bezeichnen.

Wie bemerkt, brachte die Einführung der Goldwäh-

Fabrikhof der Firma Siemens & Halske in Berlin um die Jahrhundertwende. Aus der »Telegraphenbauanstalt« von 1847 hatte sich ein vielseitiger Elektrokonzern entwickelt.

Herstellung von astronomischen Geräten in den Carl-Zeiß-Werken Jena.

rung die »westlich-liberale Orientierung« zum Ausdruck. In der Epoche der Reichsgründung beherrschte diese Orientierung die gesamte Wirtschaftspolitik. Delbrück, der als Minister nach der Revolution von 1848 die preußische und nach 1871 die gesamtdeutsche Handelspolitik bestimmte, war ein liberaler Freihändler. Dieser Geist, der damals auch Bismarck bewegte, durchdrang seine ganze Haltung. In den sechziger Jahren und zu Anfang der siebziger Jahre wurde das Wirtschaftsleben von vielen gesetzlichen und verwaltungsmäßigen Fesseln befreit. Der Bewilligungszwang für Aktiengesellschaften wurde 1870 abgeschafft, und damit entfiel anfangs jede Art gesetzlicher Regelung der Statuten und Geschäftsordnungen.

Unter dem Eindruck der verheerenden Konkurrenz von seiten der englischen Textilindustrie und unter dem geistigen Einfluß des großen deutschen Volkswirts Friedrich List, des wichtigsten Vorkämpfers des Zollvereins, begannen bald nach dessen Begründung protektionistische Tendenzen in der deutschen Handelspolitik eine Rolle zu spielen. In den vierziger Jahren wurden auch wirklich ein paar Zölle eingeführt. Aber in den sechziger Jahren kehrte die europäische Handelspolitik allgemein zu liberalen Grundsätzen zurück, also zu mäßigen Zollsätzen und zur Meistbegünstigung.

Wendung zum Freihandel

Die entscheidende Wendung zum Freihandel wurde in dem berühmten Cobden-Vertrag vollzogen, der 1860 zwischen England und Frankreich zustande kam. Preußen folgte sofort auf derselben Linie nach und schloß 1862 einen gleichfalls auf der Meistbegünstigungsklausel beruhenden Handelsvertrag mit Frankreich. Dieser preußisch-französische Handelsvertrag sollte später große Bedeutung erlangen. Er wurde 1865 vom Zollverein übernommen und diente als Muster für mehrere Handelsverträge, die der Zollverein mit anderen wichtigen Handelspartnern, so mit Großbritannien, Österreich und Belgien abschloß. Alle diese Verträge erhielten die Meistbegünstigungsklausel, die eine Herabsetzung zahlreicher Zollpositionen und die völlige Beseitigung der landwirtschaftlichen Zölle bewirkte.

Nach der Reichsgründung setzte sich der Freihandelskurs anfangs sogar noch stärker durch. Der Krieg von 1870/71 hatte den deutsch-französischen Handelsvertrag außer Kraft gesetzt. An seine Stelle trat die bemerkenswerte Klausel des Frankfurter Friedens, welche die »ewige«, unkündbare, gegenseitige Meistbegünstigung festlegte und Zollbindungen ausschloß. Diese Klausel sollte für die Handelsverträge der beiden Länder mit al-

Färberei der Bayer-Chemiefabrik in Elberfeld.

len anderen Ländern gelten. Zwei Jahre später schaffte das Deutsche Reich die Zölle auf Roheisen, Schrott und Schiffsbaumaterialien ab und ermäßigte die auf Eisenhalbwaren und Maschinen. Auch diese Zölle sollten nach 1877 ganz wegfallen.

Wendung zum Protektionismus

Inzwischen setzte aber langsam die grundlegende Wendung ein, die in den folgenden Jahren für die deutsche Geschichte von höchster Bedeutung werden sollte. Im Jahr 1873 hatte sich die Spekulationskonjunktur überschlagen, und die deutsche Wirtschaft verfiel in eine tiefe, hartnäckige Depression. In demselben Jahr wurden die Eisenzölle abgeschafft. Aber auch in England herrschte Depression, und infolgedessen überschwemmte England, das an technischem Können noch voraus war, den deutschen Markt mit Eisen und Eisenerzeugnissen zu Preisen, die der deutschen Schwerindustrie den Wettbewerb unmöglich machten. Zur gleichen Zeit sah sich die deutsche Textilindustrie der überlegenen Konkurrenz der elsaß-lothringischen ausgesetzt, der sie jetzt ohne schützende Zollschranken begegnen mußte. Schließlich näherte sich die deutsche Landwirtschaft dem Punkt, an dem ihre traditionelle Ausfuhrfähigkeit zum Erliegen kam, sie gegen Einfuhr empfindlich und zugleich von ihr abhängig wurde. Obwohl der Deutsche Landwirtschaftsrat sich in den Jahren 1876 bis 1879 noch für die Beibehaltung des Freihandels in landwirtschaftlichen Erzeugnissen aussprach, brachten gerade diese Jahre gleichzeitig für West- und Mitteleuropa die endgültige Entscheidung zugunsten des intensiven Ackerbaus und in der übrigen Welt, vor allem in den Vereinigten Staaten, die Entscheidung für den extensiven Ackerbau. Gestützt auf englische Erfahrungen und gefördert durch die epochemachenden Untersuchungen Justus von Liebigs hatte die deutsche Landwirtschaft seit den zwanziger Jahren des neunzehnten Jahrhunderts bemerkenswerte Fortschritte erzielt. Von der extensiven Dreifelderwirtschaft, die alljährlich ein Drittel des Bodens brachliegen ließ, war die deutsche Landwirtschaft zur intensiven Fruchtwechselwirtschaft unter Anwendung von Kunstdünger fortgeschritten.

Intensive Nutzung eines seit Generationen unter Akkerbau stehenden Bodens bedeutet jedoch steigende Kosten je Produkteinheit. Sie bedeutete für die deutsche Landwirtschaft hohe Gestehungskosten im Vergleich mit den Kosten des extensiven Anbaus in Osteuropa und erst recht im Vergleich mit den Gestehungskosten der Landwirtschaft auf den jungfräulichen Böden jenseits des Meeres. Die steigende Kurve der Gestehungskosten in Deutschland und ihre fallende Kurve in Übersee kamen in den siebziger Jahren zum Schnitt. Besonders das amerikanische Getreide wurde nunmehr auf den offenen deutschen Markt geschleudert, kräftig gefördert durch die rasche Entwicklung des Eisenbahnsystems auf dem nordamerikanischen Kontinent und die scharfe Konkurrenz zwischen den transatlantischen Schiffahrtslinien. Deutschland, bis dahin das klassische Land der Getreideausfuhr, verwandelte sich plötzlich in ein Einfuhrland. Schon 1879/80 wurden 324 000 Tonnen Weizen und 160 000 Tonnen Mais aus den Vereinigten Staaten und weitere Mengen von Getreide aus Ungarn und Rußland eingeführt.

So trafen vielerlei Umstände zusammen, um in Deutschland den Glauben an den Freihandel zu entwurzeln: der Druck der weltweiten Depression, der Umschwung in den internationalen Konkurrenzbedingungen für die Landwirtschaft, das Vordringen des englischen Eisens, das die blühende deutsche Eisenindustrie zu ersticken drohte. Nicht der Triumph des Bismarckschen Preußen, sondern dieser Druck von allen Seiten brachte allmählich die Freihandelspolitik in Deutschland zu Fall. Denn – um das noch einmal zu betonen – Bismarck und seine soziale Schicht, die preußischen Junker, waren ursprünglich freihändlerisch und wurden erst in den siebziger Jahren unter dem Zwang der veränderten Verhältnisse zu Schutzzöllnern.

Es kam so weit, daß 1876 Rudolf Delbrück von dem Amt des Präsidenten der Reichskanzlei zurücktrat. Sein Ausscheiden hatte zwar nicht unmittelbar mit dem Streit über die Zollpolitik zu tun, sondern mit Gegensätzen in Eisenbahnfragen. Und doch war sein Rücktritt ein Symptom der beginnenden grundsätzlichen Schwenkung in der deutschen Wirtschaftspolitik und Ideologie. Die Propaganda für eine Wendung zum Schutzzoll fing an zu wirken. Sie wurde 1879, nur drei Jahre später, wirklich vollzogen. Das Zollgesetz von 1879/80 führte Agrarzölle, Eisenzölle und verschiedene Industriezölle neu ein und erhöhte die Textilzölle und andere Industriezölle.

Doch blieben diese Zölle, wenn man sie mit denen späterer Zeiten vergleicht, maßvoll. Die Weizen- und Roggenzölle betrugen nur zehn Mark je Tonne, nicht ganze 5 v.H. des Wertes. Der Eisenzoll betrug auch zehn Mark, war aber im Vergleich zum Wert etwas höher. Erst als es sich in den folgenden Jahren herausstellte, daß der mäßige Zolltarif nicht ausreichte, um den Rückgang der deutschen Getreidepreise aufzuhalten, wurde der Zollschutz verschärft. Bis 1887 wurden die Weizen- und Roggenzölle allmählich auf 50 Mark je Tonne erhöht, und trotzdem lagen die Preise für deutsches Getreide immer noch niedriger als in der Periode vor der Einführung der Zölle.

Faßt man die Geschichte der deutschen Handelspolitik bis zum Ersten Weltkrieg zusammen, so fällt auf, daß der deutsche Weg zum Schutzzoll nicht ohne Schwanken beschritten wurde. Auf die Entlassung Bismarcks im Jahr 1890 folgte in der Staatspolitik wie in der Wirtschaftspolitik eine wenn auch kurzlebige Wendung nach links. Nach Bismarck kam Caprivi. Die Sozialistengesetze wurden aufgehoben und die Landwirtschaftszölle sowie einige Industriezölle wurden ermäßigt in der Hoffnung, andere Länder könnten dadurch zur Herabsetzung ihrer Zölle auf deutsche Industriewaren bewogen werden.

Doch blieb die Ära Caprivi eine kurze Episode. Unter Fürst Bülows Kanzlerschaft wurden die Zölle im Jahr 1902 wieder erhöht. Aber auch jetzt und in der ganzen Zeit bis zum Beginn des Ersten Weltkriegs blieb der deutsche Zolltarif ziemlich mäßig – im Vergleich mit den Nachkriegszöllen und auch im Vergleich mit den gleichzeitigen Zolltarifen der Vereinigten Staaten, Frankreichs, Österreichs und Rußlands, die alle mehr oder weniger eifrig an ihrer Industrialisierung arbeiteten. Auch nachdem 1879 die deutsche Handelspolitik zum Schutzzoll übergegangen war, hatte das Deutschland der Vorkriegszeit sich weder in seinen Maßnahmen noch in seiner Gesinnung auf die Autarkie als Ziel festgelegt.

Der Staat als Eigentümer

Wie in allen übrigen europäischen Ländern gehörten auch in Deutschland Staatshilfe und Staatsinitiative beim Ausbau der Industrie zu den wichtigsten Triebkräften der kapitalistischen Entwicklung. Wie in anderen Ländern wurden auch in Deutschland zur Zeit des Merkantilismus staatseigene Manufakturen errichtet. Einige dieser Betriebe blieben bis zum Zweiten Weltkrieg im Staatseigentum, so die preußische und die sächsische Porzellanmanufaktur. Die besonderen politischen Zustände im damaligen Deutschland kamen dieser Art von Staatsbetrieb entgegen. Mehrere Dutzend Fürsten, die seit der Zeit des Feudalismus regierten, besaßen Domänen, Forste und auch einige Industriebetriebe, die in Wirklichkeit Staatseigentum waren, auch wo sie rechtlich als Privateigentum der regierenden Häuser angesehen wurden.

Die nüchternen Industriebauten verblendet mit einem »gotischen« Tor: Eingang zur AEG-Maschinenfabrik in Berlin.

ALLGEMEINE-ELEKTRICITAETS-GESELLSCHAFT

Hans Baluschek, »Der Bahnhof«. Gemälde von 1904.

So trat Deutschland mit einem verhältnismäßig großen Sektor staatlich beherrschter Wirtschaft in die liberale Ära ein, und selbstverständlich wurde dieses Staatseigentum dann nicht aus rein ideologischen Rücksichten abgestoßen. Für sein künftiges Schicksal blieb es von großer Bedeutung, daß Deutschland beim Abschied von seiner liberalen Zeit unmittelbar an alte merkantilistische Traditionen wiederanknüpfen und sie mit wachsendem Schwung fortführen konnte.

Verstaatlichung der Eisenbahnen

In dieser Richtung war der erste und wichtigste Vorgang die Verstaatlichung der Eisenbahnen. Mit europäischen Maßstäben gemessen muß die Entwicklung des deutschen Eisenbahnbaus in der Zeit von 1835, dem Eröffnungsjahr der ersten deutschen Eisenbahn zwischen Nürnberg und Fürth, bis zum Ersten Weltkrieg als außerordentlich rasch bezeichnet werden. Wie in anderen hochentwickelten Ländern nahm der Ausbau der Eisenbahnen mit dem Ersten Weltkrieg plötzlich ein Ende. Tabelle 6 zeigt das Tempo des Eisenbahnbaus.

Tabelle 6

Die deutschen Eisenbahnen

(Kilometer)

	Betriebslänge	Zunahme im Jahrzehnt
1835	6	
1845	2 300	2 300
1855	8 290	5 990
1865	14 690	6 400
1875	27 960	13 270
1885	37 650	9 690
1895	46 560	8 910
1905	56 980	10 420
1915	62 410	5 430

In manchen deutschen Ländern (Baden, Braunschweig, Württemberg, Oldenburg) war der Bahnbau von Anfang an ein staatliches Unternehmen. In anderen, wie Sachsen und Bayern, war nur ein Teil des Bahnnetzes im Staatseigentum oder wurde später vom Staat erworben. In Preußen begnügte sich der Staat zu-

Dampf- und Segelschiffe im Hamburger Hafen im Jahr 1911.

nächst (1838) damit, ein umfassendes Überwachungssystem für die Bahnen einzurichten und sich das Recht zur Übernahme nach dreißig Jahren zu sichern. Der Bahnbau blieb in privaten Händen, und erst 1847 begann der preußische Staat eigene Linien zu bauen. Durch die Einverleibung Hannovers und anderer Landesteile im Jahr 1866 kam Preußen in den Besitz einiger weiterer Staatsbahnlinien. Das Reich selbst erwarb bis zur Weimarer Verfassung eine einzige Staatsbahn, die Elsaß-Lothringische, die 1871 Reichseigentum wurde. Im Jahr 1875, am Vorabend der großen Verstaatlichungsperiode, befand sich etwa die Hälfte des deutschen Bahnnetzes noch in privaten Händen. Gerade damals, in der ersten Hälfte der siebziger Jahre, machte der private Bahnbau die schnellsten Fortschritte. Hier lag eben das wichtigste Betätigungsfeld der Gründerzeit. Tabelle 6 zeigt, daß sich das deutsche Bahnnetz in dem einen Jahrzehnt 1865 bis 1875 fast verdoppelte. Eisenbahnaktien waren deshalb das Hauptobjekt des Spekulationstaumels, und als 1873 der große Krach kam, sahen sich zahllose gutgläubige Aktionäre ihrer in Eisenbahn-»Werten« angelegten Ersparnisse beraubt. Gewiß wäre es möglich gewesen, in Hinkunft Emissionsschwindel, unlautere Geschäftspraktiken und chaotische Zustände anders zu verhüten als durch die unmittelbare Verstaatlichung der Eisenbahnen. Doch spielten wirtschaftsfremde Erwägungen, besonders solche militärischer Natur, eine wichtige Rolle in den Erörterungen. Es kennzeichnet die Lage, daß Bismarck persönlich für die Verstaatlichung der Bahnen eintrat, während sein liberaler Minister Delbrück dagegen war. Wie oben erwähnt, führte dieser Meinungsgegensatz im Jahr 1876 zu Delbrücks Rücktritt. Nun stand der Weg zur Verstaatlichung offen. Und wieder ist es bezeichnend, daß das Verstaatlichungsprojekt gerade in dem Jahr angenommen wurde, in dem die Wendung zum Schutzzoll sich ereignete.

Die Verstaatlichung wurde zuerst in Preußen durchgeführt. Die Privatbahnen wurden käuflich erworben, wie das in ihren Gründungsurkunden vorgesehen war. Die Regierungen verschafften sich das Geld durch Ausgabe von Schuldverschreibungen, die gegen die privaten Eisenbahn-Schuldverschreibungen ausgetauscht wurden. Im Jahr 1875 waren von den 27 956 km des Gesamtnetzes 12 062 km im Staatsbesitz, 3 253 km in privatem Besitz, aber in Staatsbetrieb, und 12 641 km in privatem

Besitz und Betrieb. Dagegen waren 1912 von einem Gesamtnetz von 60 521 km nur 3 631 km in Privatbesitz verblieben (an Hauptlinien nur 277 km).
Einer der wichtigsten Vorteile, die sonst aus der Verstaatlichung der Eisenbahnen eines Landes erwachsen, konnte allerdings in Deutschland bis in die Weimarer Zeit nicht voll durchgesetzt werden, nämlich die Vereinheitlichung des Systems. Abgesehen von den Privatbahnen blieben acht staatseigene Netze bestehen. Das größte wurde von Preußen und Hessen gemeinsam betrieben; sechs Netze gehörten anderen Bundesstaaten, und eines gehörte dem Reich. Die Verfassung des Norddeutschen Bundes wies dem Bund, wie später die des Bismarckschen Reichs dem Reich, die Oberaufsicht über alle Bahnen zu, und nach 1871 wurde der Bahnbetrieb in vielen technischen Einzelheiten einheitlich gestaltet. Aber der ursprüngliche Plan Bismarcks von 1866, alle Bahnen in Reichseigentum zu überführen, wurde durch die Gegnerschaft des Länderpartikularismus vereitelt.

Schwerindustrie, Versorgungsbetriebe, Banken

Nach der Verstaatlichung der Bahnen nahm die staatliche Unternehmertätigkeit auch in vielen anderen Wirtschaftszweigen rasch zu. Länder und Gemeinden beteiligten sich eifrig am Ausbau der Industrie, vor allem der staatlichen Bergwerke und Eisenwerke. Zum Beispiel gehörten dem preußischen Staat bei Ausbruch des Weltkrieges etwa vierzig Gruben und zwölf Hochöfen. Das Programm des »Gemeindesozialismus« begann schon in der kaiserlichen Zeit, nicht erst in der Weimarer Republik, die Geister zu beschäftigen. Die rasch wachsenden Städte »sozialisierten« immer mehr Elektrizitätswerke, Gas- und Wasserwerke, Straßenbahnen und Schlachthäuser, oder errichteten neue gemeindeeigene Betriebe.
Neben den Betrieben, die ganz der öffentlichen Hand gehörten, entstanden seit der Jahrhundertwende sogenannte gemischt-wirtschaftliche Gesellschaften. Sie wurden von privatem Kapital und von der öffentlichen Hand gemeinsam beherrscht. Versuche mit Eigentumsverhältnissen dieser Art wurden vor allem bei Versorgungsbetrieben wie Elektrizitätswerken, Gas- und Wasserwerken und Straßenbahnen unternommen. Gewöhnlich entsprangen solche Gesellschaften zunächst der Initiative privater Unternehmer, und die Gemeinden erwarben erst später eine Aktienbeteiligung, in der Regel als Gegenleistung für die Gewährung von Monopolrechten. Das wichtigste Beispiel eines solchen Unternehmens waren die im größten Industriezentrum Deutschlands gelegenen Rheinisch-Westfälischen Elektrizitätswerke, die mehrere Städte mit elektrischem Strom versorgten. Die Gesellschaft war 1905 mit privatem Kapital gegründet worden. Später erhielten die stromabnehmenden Städte Anteil an ihrer Verwaltung. Die örtliche Verteilung lag gewöhnlich in den Händen kommunaler Gesellschaften, die den Strom als Großabnehmer erwarben und aus diesem Geschäft namhafte Gewinne zogen. Sie entwickelten sich bald zu einer der wichtigsten Einnahmequellen der Gemeinden.
Die Republik erbte somit vom Kaiserreich ein eigenartiges gemischt-wirtschaftliches System, in welchem der Sektor des öffentlichen Eigentums insgesamt kaum weit hinter dem privatwirtschaftlichen zurückblieb. Am Vorabend des Ersten Weltkriegs waren ganz in Staatseigentum übergegangen: Post, Telephon, Telegraph (mit Ausnahme der überseeischen Kabelsysteme, die in privaten Händen waren) und Eisenbahnen. Fast ganz in Gemeindeeigentum oder in gemischt-wirtschaftlichem Eigentum standen Gas- und Wasserwerke und Straßenbahnen. Auch die Kraftwerke befanden sich vorwiegend in Gemeinde-, Staats- oder gemischtem Eigentum.
Im Bankwesen spielte der Staat gleichfalls eine bedeutende Rolle, auch wenn man von der Zentralbank absieht, die in der deutschen Volkswirtschaft eine weit mächtigere Stellung innehatte als in den Ländern mit angelsächsischem Bankensystem. Die Anteile der Reichsbank waren zwar in privaten Händen, aber der Präsident und seine Mitarbeiter wurden vom Kaiser ernannt, und die Aktionäre hatten keinen Einfluß auf die Geschäftsführung und die Entschlüsse der Bank. Neben der Reichsbank gab es mehrere starke Staatsbanken, die insgesamt eine beherrschende Rolle auf dem Berliner Geldmarkt spielten. Von ihnen war die Preußische Seehandlung, die 1772 gegründete preußische Staatsbank, die bedeutendste. Ferner war fast das ganze Sparkassenwesen kommunal. Das war wichtig, weil die Sparkassen weit größere Geldmittel zu betreuen hatten als alle Kreditbanken zusammengenommen.
Um dieses Bild abzurunden, sei hinzugefügt, daß der Anteil der staatseigenen Gruben und anderen Industrieunternehmungen an Bergbau und Industrie beträchtlich war, daß in der Forstwirtschaft Staats- und Gemeindebetrieb vorherrschten, und daß unter den landwirtschaftlichen Großbetrieben staatliche Güter eine gewisse Rolle spielten. Das kaiserliche Deutschland hatte sich allmählich eine Wirtschaftsordnung gemischten privaten und öffentlichen Eigentums geschaffen. Schon diese Geschichtsepoche legte die Fundamente, auf denen später die Kriegswirtschaft, die Experimente der Republik und schließlich das nationalsozialistische System errichtet werden konnten.

Gustav Stolper, Deutsche Wirtschaft seit 1870. Tübingen 1964

Kanonenfertigung in den Essener Krupp-Werken. Der vertikal gegliederte Konzern, zu dem Zechen, Erzgruben, Hütten- und Weiterverarbeitungsbetriebe gehörten, beschäftigte um die Jahrhundertwende 45 000 Menschen.

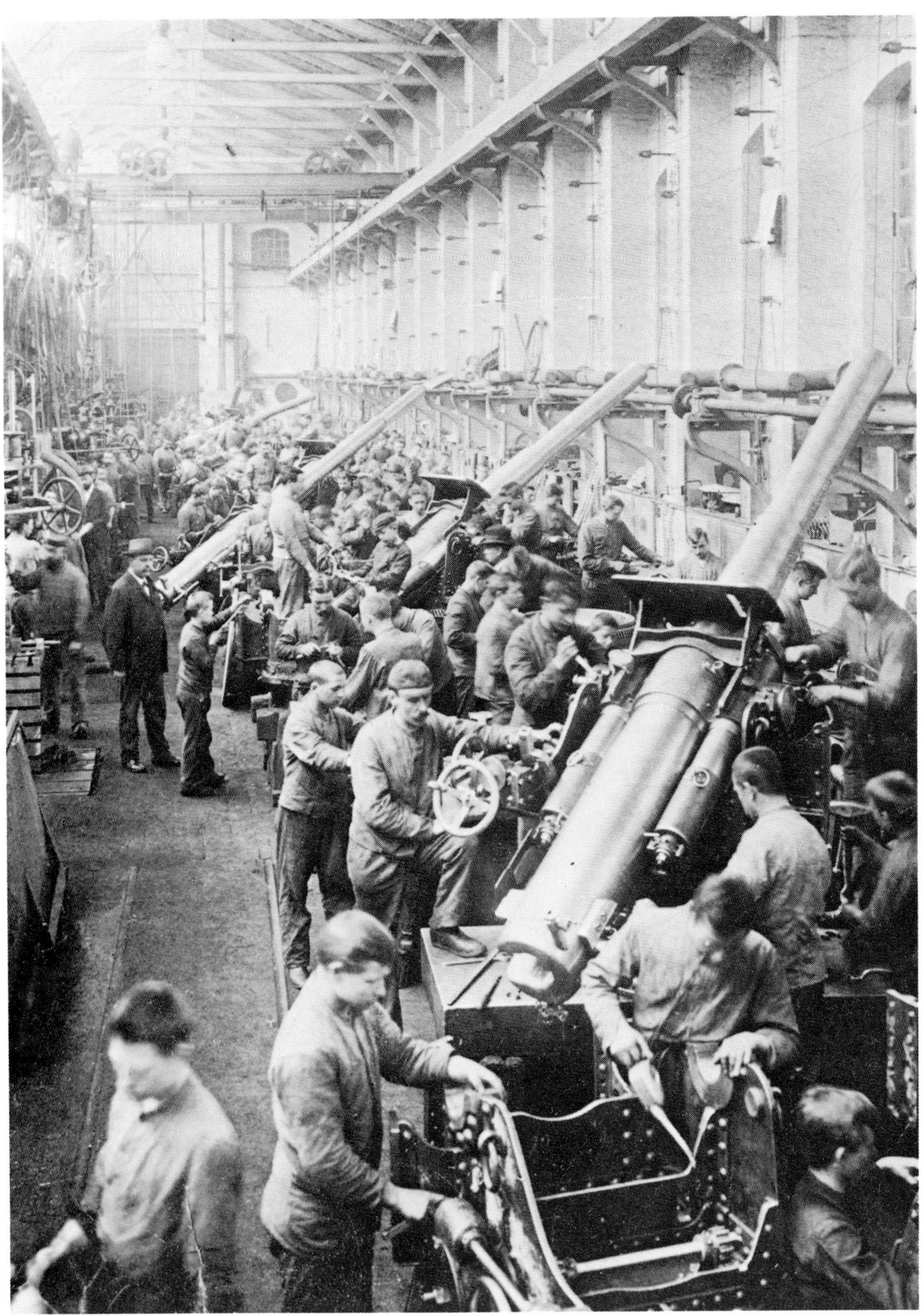

gegen Glaubensbindungen einzuwenden, fühlte er sich doch selber von Gott geleitet. Aber er duldete nicht, daß der Glaube deutscher Parlamentarier einen Orientierungspunkt außerhalb der Grenzen besaß. Unkontrollierbare Fremdbeziehungen waren seinem Machtinstinkt verdächtig. *Sein* Gott war ein preußischer, allenfalls deutscher Gott. »Fürst Bismarck glaubt fest und tief an einen Gott, der die merkwürdige Eigenschaft hat, immer seiner Ansicht zu sein«, spöttelte der jüdische Liberale Ludwig Bamberger.

Und so zog der Fürst beim ersten Anzeichen einer Rom-hörigen (und Rom-gesegneten) Zentrumspolitik im Panzer seines Gottvertrauens, der eigenen »gerechten Sache« völlig sicher, gegen die Klerikalen zu Felde: das heißt, mit leidenschaftlichen Worten und einschneidenden Gesetzen. Er wäre nicht ein geschichtskundiger Uradeliger gewesen, hätten ihn dabei nicht quälende Vorstellungen vom hochmittelalterlichen Machtkampf zwischen Kaiser und Papst heimgesucht. Der Schatten Heinrichs IV. und seiner Selbstdemütigung im Büßergewand vor Papst Gregor VII. in Canossa stieg herauf und gab dem Kanzler – unter völlig veränderten Verhältnissen – Worte ein, die denken ließen, man befände sich wieder im Jahre 1077:

»Die Frage, in der wir uns befinden, wird meines Erachtens gefälscht, wenn man sie als eine konfessionelle, kirchliche betrachtet. Es ist wesentlich eine politische; es handelt sich nicht um den Kampf, wie unseren katholischen Mitbürgern eingeredet wird, einer evangelischen Dynastie gegen die katholische Kirche, es handelt sich nicht um den Kampf zwischen Glauben und Unglauben, es handelt sich um den uralten Machtstreit zwischen Königtum und Priestertum, den Machtstreit, der die deutsche Geschichte des Mittelalters bis zur Zersetzung des Deutschen Reiches erfüllt hat . . .« Zehn Monate vorher, in einer anderen Rede, hatte er unter der tobenden Begeisterung seiner liberalen Anhänger im Reichstag den berühmten Satz hinausgeschleudert: »Seien Sie außer Sorge: nach Canossa gehen wir nicht, weder körperlich noch geistig!«

Die weltanschaulichen Grundgegensätze wurden damals zweifellos überspitzt gesehen; der

Fortschrittler Rudolf Virchow steigerte sich, darin Bismarck ähnlich, geradezu in die Auffassung von einem »Kulturkampf« hinein und stiftete damit den Begriff für die große Kontroverse. Obwohl die mittelalterliche Gleichung Kaiser-Papst im 19. Jahrhundert nicht mehr aufging, liegt im Kulturkampf dennoch »ein Lehrstück für die immer wiederkehrende Begegnung von Staat und Kirche« (Erich Schmidt-Volkmar). Die Auseinandersetzung trug sich zu auf der Zeitschwelle, an der die Gesellschaft endgültig von der argrarischen Vergangenheit Abschied nahm und sich stürmisch der Industriewelt ergab. Das Zerbrechen vertrauter Ordnungen, mit sozialer Entwurzelung, erzeugte erhöhte Temperatur im Lande. Dazu die umwälzende Veränderung der deutschen Landkarte: Verwunderlich war die allseitige Reizbarkeit nicht; nur wurde sie hoch übersteigert ausgetragen.

Eine Reihe scharfer Kampfgesetze, auf Bismarcks Geheiß vom preußischen Kultusminister Adalbert Falk entworfen, erregte die katholische Bevölkerung und erschütterte das eben erst geschaffene deutsche Gemeinschaftshaus bis in die Grundfesten. Der »Kanzelpara-

Linke Seite: Dem Papst Leo XIII. (1878-1903) fiel es zu, die Wogen zu glätten, die der »Kulturkampf« nach dem Unfehlbarkeitsdogma seines Vorgängers Pius IX. aufgerührt hatte.

Oben: Bismarck und der Zentrumsführer Windthorst auf einer Soiree, 1879. Der Reichskanzler hatte den politischen Katholiken schon als Rechtsvertreter des hannoverschen Königshauses in den Verhandlungen um den Welfenfonds kennengelernt. Im »Kulturkampf« mit der katholischen Kirche, der 1871 begann, gehörte dieser zu den schärfsten Gegnern der Bismarckschen Politik. Gefürchtet waren Windthorsts bissige Reden im Reichstag, denen auch Bismarck widerwillige Bewunderung zollte.

graph« von 1871 sollte staatsgefährdende Äußerungen im religiösen Dienst unterbinden; die geistliche Schulaufsicht wurde 1872 durch die staatliche ersetzt (das galt nun freilich auch für Schulen der evangelischen Kirche), und der Jesuitenorden wurde in Deutschland verboten. Die preußischen »Maigesetze« von 1873 unterstellten die kirchlichen Ausbildungsstätten staatlicher Kontrolle, verlangten für alle Geistlichen ein Studium an deutschen Universitäten und ermächtigten die Oberpräsidenten der preußischen Provinzen, eine Anstellung in religiösen Berufen zu verweigern (viele katholische Pfarrstellen blieben daraufhin unbesetzt); das »Expatriierungsgesetz« von 1874 erlaubte den Regierungen im Reich, Mitglieder dieses Personenkreises auszuweisen; im selben Jahr wurde die Zivilehe als Zwangsvoraussetzung einer kirchlichen Trauung eingeführt; das »Brotkorbgesetz« von 1875 sperrte der katholischen Kirche die öffentlichen Zuschüsse.

Mitten im Machtkampf Bismarcks mit Rom wurde er erneut das Ziel eines Attentats (ähnlich wie im aufgeheizten Klima des Jahres 1866). Am 13. Juli 1874 schoß der Böttchergeselle Eduard Kullmann, einen Tag vor seinem 21. Geburtstag, in Bad Kissingen mit der Pistole auf ihn und verletze ihn leicht. Der Täter büßte bis zu seinem Lebensende, fast achtzehn Jahre lang, im Zuchthaus Amberg.

Außer Reden, Gesetzen und einer Pistole gab es noch andere Waffen im Kulturkampf, humorvoll-bissige. Wilhelm Busch, in hannoverchen Landen, brachte durch seine Bildgeschichte vom Pater Filucius (der Ausdruck »filou« steckt boshafterweise darin) den antiklerikalen Kehrreim unters Volk:

> Ach, man will auch hier schon wieder
> Nicht so wie die Geistlichkeit

und spornte den Kanzler unverhohlen zur Härte an:

> Hochmütig ist der Pfaffen Zunft;
> O Bismarck, bring sie zur Vernunft!

Im Federkrieg antwortete der katholische Streiter Friedrich Beck, indem er den Geist des Missionars Bonifatius im Frankenreich des 8. Jahrhunderts beschwor, in deutlicher Anspielung auf die »Neuheiden« im Bismarckreich des 19. Jahrhunderts:

Zwei Karikaturen zum »Kulturkampf« aus dem »Kladderadatsch«.
Oben: Die antiklerikalen »Maigesetze« werden den Gegnern paragraphenweise aus den Zähnen gezogen (1873).

Rechts: Ein päpstlicher Kurier, mit den Zügen des Zentrumspolitikers Windthorst, meldet dem preußischen Kultusminister Puttkamer: »Der Wagen für die Fahrt nach Canossa steht bereit.« (1880)

Wir siegen in Christi Zeichen,
In dem auch du gesiegt!

War diese Erwartung vielleicht übertrieben, so steht außer Frage, daß Bismarck in den katholischen Organisationen »die schlummernden und tätigen Kräfte« (Schmidt-Volkmar) verkannte und unterschätzte. Die Kirche war in ihrer Rom-Treue nicht zu erschüttern, und das Zentrum wurde von Wahl zu Wahl stärker: 1871 noch 63 Reichstagsmandate, 1874 schon 91, 1877: 93, 1878: 94, 1881: 100! Damit war die katholische Partei unter stärksten Anfechtungen zur größten Fraktion im Reichstag geworden und blieb es auch noch 1884.

Die Erfolge beruhten nicht zuletzt in der Regiekunst und Taktik des Zentrumsführers Ludwig Windthorst, eines damals rund sechzigjährigen Katholiken aus der Nähe Osnabrücks. Golo Mann nennt Bismarcks Hauptgegenspieler im Kulturkampf den »genialste(n) Parlamentarier, den Deutschland je besaß: ein geriebener Idealist, ein frommer Fuchs, ein Mann der Grundsätze und erzschlauer Politikus, würdig und pfiffig . . .« Bismarck zollte dem Gegner unfreiwillig Respekt, indem er unaufhörlich seine Abneigung gegen ihn nährte: »Der Mensch muß etwas zum Lieben und etwas zum Hassen haben. Zum Lieben habe ich meine Frau und zum Hassen Windthorst.«

Im Grunde bildeten die Angreifer im Kulturkampf eine unheilige Allianz. Der religiös verwurzelte Kanzler verbündete sich mit Liberalen, die sehr oft ein weit geringeres Verhältnis zum Glauben besaßen als er, wenn sie nicht geradezu Freidenker waren. Obendrein verrieten sie ihre heiligsten Grundsätze, wenn sie einengenden Gesetzen staatlicher Kontrolle ihre Stimme schenkten. War doch ihr Lebensgesetz gerade das umgekehrte: Der Staat hatte die freie Entfaltung des einzelnen und der gesellschaftlichen Gruppen zu gewährleisten, hatte möglichst unsichtbar zu sein und allenfalls Schutzfunktionen auszuüben, damit es im Daseinskampf gesittet zugehe. Genau besehen kämpften die Liberalen im Kulturkampf mit verkehrter Front; nur war ihnen das zumeist nicht bewußt, weil sie fixiert waren auf die fortschrittshemmenden Tendenzen in der katholischen Kirche.

Als Bismarck längst gemerkt hatte, daß er nicht siegen könne, erleichterte ihm der Tod des 85jährigen Papstes 1878 (und damit das Ende des dramatischsten Pontifikats der neueren Geschichte) die Wiederannäherung an die römische Kirche. Die versöhnliche Haltung des Nachfolgers, Leo XIII. – eine Jahrhundertgestalt auf dem Stuhle Petri – begünstigte diesen Wunsch. Die Beendigung des Kampfes war ihm um so lieber, als die Abkehr vom Freihandel und die Hindwendung zur Schutzzollpolitik das Verhältnis zu seinen langjährigen Verbündeten im Reichstag nunmehr gefährdete; oder anders: Weil Aussicht auf Friedensschluß bestand, konnte der unverbesserliche Taktiker seine bisherigen Parteigänger fallen lassen und sich nach neuen Verbündeten umsehen.
Es greift zwar weit voraus, sollte doch aber schon hier im passenden Zusammenhang erwähnt sein: Als wahrer Meister diplomatischer Kunst erwies Bismarck sich gerade auf dem abschüssigen Terrain seines Mißerfolges: Wie er in den Kulturkampf eher unbedacht hineingestolpert war, nahm er sich nach dem Tod von Pius IX. ganze neun Jahre Zeit, bis er, ohne den Eindruck der Niederlage zu erwecken, mit höchster Behutsamkeit Boden preisgab. »Es ist zweifelhaft, ob es in Europa einen zweiten Politiker seiner Generation gab, der dies hätte durchziehen können, ohne dabei sein eigenes Ansehen so zu schädigen, daß er hätte zurücktreten müssen« (Gordon Craig).
Im Mai 1887 erklärte Leo XIII. den Kulturkampf für beendet. Fast die gesamte Kanzlerschaft Bismarcks war darüber hingegangen. Der Konflikt hatte dem Volkskörper tiefe Wunden geschlagen; manche heilten spät oder gar nicht. Wenn der katholische Rheinpreuße Konrad Adenauer, geboren mitten in der Zeit hitzigster Emotionen und bewußt aufgewachsen unter den Nachwirkungen, noch im hohen Alter heftige Abneigungen gegen das »heidnische« Berlin in sich trug, dann waren das noch immer Folgen des von Bismarck verdorbenen Klimas.
Nicht alle Kampfgesetze wurden zurückgenommen. Die Zivilehe, die staatliche Schulaufsicht blieben als wichtigste Neuerungen bestehen. Insgesamt waren Staat und Kirche damit durch Verlagerung von Rechten zugunsten des Staates ein Stück auseinandergerückt.
Übrigens verlieh der neue Papst dem so vehementen Streiter gegen die römische Kirche den Christusorden, eine hohe Auszeichnung des Vatikans, die noch kein Protestant je empfangen hatte . . .

Die Rache der Besiegten

In den Jahren 1871 und 72 sah man die Berliner Zeitungen und auch die größeren Provinzblätter unförmig anschwellen, nicht etwa den politischen Teil oder das Feuilleton – die vielmehr merklich zusammenschrumpften –, sondern die Börsenteile und die Anonncen. Blätter wie die »Vossische« oder die »Nationalzeitung« glichen in jeder Nummer einem dicken Aktenstück, brachten täglich fünf bis zehn Bogen Beilagen mit nichts anderem als Inseraten, und zwar in der Hauptsache mit solchen, die Gründungen und Emissionen verkündeten.
Diese Sätze stammen nicht von heute. Sie stehen in der berühmten »Gartenlaube«, dem Familienblatt des 19. Jahrhunderts, in einem Beitrag des Jahres 1875. Der Artikel aus der Feder von Otto Glagau ist überschrieben: »Der Börsen- und Gründungsschwindel in Berlin«. Damals lag der große »Krach« schon einige Jahre zurück. Als Stichdatum kann man den 9. Mai 1873 ansehen. Was war bis dahin geschehen und wodurch kam es zu dem wirtschaftlichen Rückschlag und Einbruch?
Fünf Milliarden Franc Kriegsentschädigungen hatte Deutschland den Franzosen auferlegt, zu zahlen binnen drei Jahren. Die Besiegten, deren Finanzkraft trotz des unglücklichen Krieges ungebrochen geblieben war, wollten ihre Schulden so schnell wie möglich loswerden, damit die deutschen Besatzungstruppen abrücken und ihr Faustpfand freigeben sollten: Nach zweieinhalb Jahren, im September 1873, verließ der letzte deutsche Soldat Frankreich.
Es floß also sehr schnell sehr viel Geld nach Deutschland. Nur wenige sahen darin Gefahren, so der liberale Reichstagsabgeordnete Ludwig Bamberger. Aus 20jähriger Bankierserfahrung warnte er davor, die Summen in die

deutsche Wirtschaft zu pumpen; man solle das Geld lieber in Auslandspapieren anlegen. Obwohl er Finanzberater des Reichskanzlers war, fand er kaum Gehör. Preußen deponierte zwar 120 Millionen Goldmark im Turm der ehemaligen Spandauer Zitadelle (»Juliusturm«) als »Kriegsschatz«, wo er tatsächlich bis 1914 verwahrt blieb. Im übrigen aber kaufte Preußen ebenso wie die anderen Bundesstaaten die Staatsanleihen zurück, die zur Finanzierung des Feldzuges oder anderer Vorhaben aufgelegt worden waren.

Mehreres traf jetzt zusammen – wie es schien, in glücklicher Ergänzung, in Wahrheit verhängnisvoll. Die freigewordenen Geldmengen, die eine neue Anlage suchten, stießen in einen Markt, der ohnehin in einem ungeheuren Aufbruch war. Das Eisenbahnnetz verdichtete sich mit unglaublicher Schnelligkeit. Maschinenfabriken von Weltruf entstanden oder wurden ausgebaut. Bei der Firma Krupp im Ruhrgebiet arbeiteten bereits 8000 Arbeiter. Der Riese Kapitalismus reckte sich. Er fand als Nahrung nicht nur Geld und Geldeswerte, sondern auch die Idee des Freihandels, die in ihrer Blüte stand. Unter ihrem Einfluß und verführt durch die Geldschwemme ließ man der wirtschaftlichen Entfaltung freien Lauf. So wurde 1871 der Konzessionszwang für die Gründung von Aktiengesellschaften aufgehoben. Die Folge war, daß solche Gesellschaften wie Pilze aus der Erde schossen. Waren in den 22 Jahren von 1848 bis 1870 dreihundert Aktiengesellschaften gegründet worden, so kamen in den kurzen »Gründerjahren« fast neunhundert dazu. Neben ernsten und dauerhaften Projekten erstrahlten zahllose schwächliche oder gar Schwindelunternehmen zu kurzlebiger Scheinblüte.

Im Rausch der Spekulationen stiegen die Kurse aufs Doppelte und Dreifache, bis mit dem Zusammenbruch einer Bank in Wien – nicht in Berlin – die Wende kam. Die Krise griff nach Berlin und Deutschland insgesamt über und stürzte das betriebsame Land in die erste schwere Depression des Industriezeitalters. Hier waren Mechanismen des Marktes verkannt und mißachtet worden, wie später in viel größerem Maßstab in den Vereinigten Staaten der zwanziger Jahre unseres Jahrhunderts. Ironisch könnte man urteilen: Die Franc-Reparationen waren Frankreichs Trojanisches Pferd: Militärisch erfolglos, hatten die Franzosen mit wirtschaftlichen Mitteln doch noch einen Sieg erfochten und Deutschland in Unruhe und Unsicherheit gestürzt, viele Existenzen ruiniert. Die Rache der Besiegten . . . Natürlich hatte den Gründerkrach kein französischer Odysseus bewirkt, sondern allein der leichtsinnige Umgang der Siegernation mit dem Geld. Für das Land als Ganzes war die Krise längst nicht existenzbedrohend, nicht vergleichbar mit jener der USA und Deutschlands 1929 bis 1932; aber weite Volkskreise spürten doch die Folgen sehr nachhaltig. Hunderttausende Sparer verloren ihre Einlagen, von 30 000 Metallarbeitern in Berlin wurden 12 000 arbeitslos, von 139 deutschen Kreditinstituten schlossen 73 ihre Schalter, von 475 Hochöfen in Oberschlesien und im Ruhrgebiet wurden 177 stillgelegt.

Vor allem das Arbeiterproletariat büßte für die Orgien des Kapitalismus. Daraus zog wiederum die junge Sozialdemokratie Gewinn. 1877 zählte sie 34 000 Mitglieder, und zwölf sozialistische Abgeordnete zogen in den Reichstag ein (Vorher: neun). 493 000 Stimmen waren für sie abgegeben worden. Der Hochkapitalismus fand seinen Gegenspieler, ohne daß dieser freilich die bürgerliche Grundstimmung des Zeitalters beeinträchtigen konnte; die behauptete sich, mit allem Glanz, mit allen Schatten. Theodor Fontane, der größte Porträtist der Bismarck-Ära, hat auch die Schatten mit Nachsicht gezeichnet. Nur manchmal spricht der Unmut deutlich aus seinen erdachten Dialogen. Im letzten Roman, im »Stechlin«, heißt es bissig von der profitgierigen Kaste der neureichen Bourgeois: »Sie sagen Christus und meinen Kattun.« Die Worte sind zwar auf englische Verhältnisse bezogen, aber ohne weiteres übertragbar und auch so zu verstehen: Der »Tanz ums goldene Kalb« drehte sich auch in Deutschland.

Nach jedem Unglück erhebt sich die Frage, wer schuldig sei. Die gründlich Denkenden suchen gründliche Antworten, die immer differenziert ausfallen; die oberflächlich Denkenden pressen die Ursachen auf leicht faßliche und möglichst populäre Antworten zusammen. Otto Glagau,

Hofprediger Adolf Stoecker (*links*) kam über den Kampf gegen die Sozialdemokratie zum Antisemitismus; seine »Berliner Bewegung« wurde zum Sammelbecken der judenfeindlichen Kräfte. Georg von Schönerer (*rechts*) führte in Wien die Schriftleitung der »Unverfälschten deutschen Worte«, betrieb einen Germanenkult und wirkte als einer der Begründer des Rassenantisemitismus bis hin zu Hitler.

Rechte Seite: Szene aus Wilhelm Buschs Bildergeschichte »Plisch und Plum« von 1882. Der Jude als komische Figur, über die man nach Herzenslust Witze machen kann.

derselbe, der in der »Gartenlaube« den »Börsen- und Gründungsschwindel« beleuchtete, kannte die Urheber des Debakels ganz genau: das Judentum. »Als ein fremder Stamm steht es dem deutschen Volk gegenüber und saugt ihm das Mark aus.«

Hier wurden möglicherweise durchaus zutreffende Einzelfälle von ausbeutenden jüdischen Unternehmern und profitgierigen Spekulanten demagogisch verallgemeinert. Natürlich waren viele Juden im Bannkreis des Kapitals zu finden, denn man hatte sie im christlichen Lebensraum bei jahrhundertelang »normalen« Betätigungen nicht geduldet, hatte sie auf Handel und Geldgeschäfte abgedrängt, weil sie ja Zinsen nehmen durften, was Christen verboten war. Da hatten sie nun gründlich Übung und entwickelten sich im 19. Jahrhundert zu kundigen Pionieren der kapitalintensiven Industriegesellschaft. Es wäre zuviel verlangt gewesen, wenn sie sich darin hätten moralischer verhalten sollen als ihre christlichen Konkurrenten. Nur: diesen ließ man üble Methoden leichter durchgehen als jenen. Bei den Juden zeigte sich, daß uralte Vorurteile und Schreckbilder aus dem Mittelalter über die Aufklärung hinweg bis zur Emanzipation und weitgehenden Assimilierung lebendig geblieben waren und nun bei passender Gelegenheit wieder aktiv wurden.

Eigentlich war die Zeit eine glückliche für die deutsch-jüdische Bevölkerung. Nie vorher hatte sie so frei in diesem Land gelebt. Die Ansätze einer Integration im 18. Jahrhundert (seit Friedrich dem Großen und der toleranten Berliner Gesellschaft des Rationalismus) waren zunächst nicht von Dauer gewesen. Nach den liberalisierenden Einflüssen der Französischen Revolution und der Napoleonzeit hatte die Reaktionsepoche nach 1815 manche Errungenschaften wieder beseitigt. Doch war der Prozeß, die Juden zu gleichberechtigten Mitbürgern zu machen, nicht aufzuhalten. Die letzten rechtlichen Schranken fielen 1871.

Spätestens seit der Zeit beginnt in Deutschland eine jüdische Energie-Entfaltung auf allen Gebieten von Kultur und Zivilisation, eine Verdichtung von Talenten, wie die Geschichte sie vorher in keinem Gastgeber- und Wirtsvolk dieser Schicksalsgemeinschaft gekannt hatte. In den Universitäten fast aller Disziplinen, besonders in den Naturwissenschaften, half jüdischer Verstand jenes deutsche Wissenschaftsansehen mitzuerarbeiten, das sich nach 1900 in einem Sterntalerregen von Nobelpreisen auswirkte.

Fünftes Capitel.

Kurz die Hose, lang der Rock,
Krumm die Nase und der Stock,
Augen schwarz und Seele grau,
Hut nach hinten, Miene schlau —

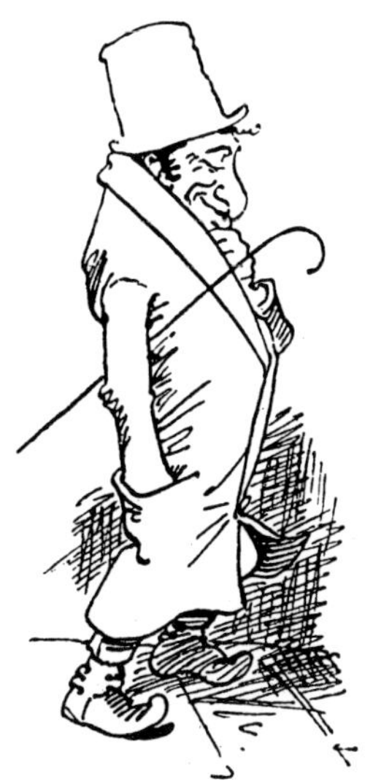

So ist Schmulchen Schievelbeiner.
(Schöner ist doch unsereiner!)

Er ist grad vor Fittigs Thür;
Rauwauwau! erschallt es hier. —
Kaum verhallt der rauhe Ton,

So erfolgt das Weitre schon.

Und, wie schnell er sich auch dreht,
Ach, er fühlt, es ist zu spät;

Unterhalb des Rockelores
Geht sein ganze Sach kapores.

»In der Rasse liegt die Schweinerei«

Die politischen Antisemiten der Zeit um die Jahrhundertwende, Liebermann von Sonnenberg, Ahlwardt und andere, hatten schon dieselben Schwierigkeiten, ihre Judenfeindschaft wissenschaftlich zu untermauern, wie später ihre mörderischen Nachfolger Hitler und Himmler. Auch Pamphlete wie Theodor Fritschs »Handbuch der Judenfrage«, als »Katechismus« der Antisemiten apostrophiert, halfen da nichts. Daß es daneben auch mit ihrer privaten Moral keineswegs zum besten stand, belegt das Zeugnis eines ehemaligen Parteigängers.

Theodor Fritsch

Wir besitzen heute keine gesellschaftliche Vereinigung, die ein ähnlich festes Band darstellte, wie es das Judentum umschließt und zusammenzwingt. Hier ist Rasse, Nationalität, Religion, Rechtswesen, wirtschaftliches Interesse und Geistesschulung zu einer Einheit verschmolzen, die mustergültig erscheinen könnte, wenn sie nicht die niederträchtigsten Mittel zur Anwendung brächte und den schlechtesten Zwecken diente: der Vernichtung der ehrlichen Menschheit. Und gegen solche Organisation ist auch der Stärkste und Beste wehrlos; selbst Heldensinn erliegt gegen die organisierte Schlechtigkeit.
Das Judentum gelangte zu solch fester Organisation notgedrungen: es war der Verzweiflungs-Anker für einen haltlos auf dem Lebensmeere Treibenden. Der Jude, ohne Arbeits-Talent, ohne schöpferischen Geist und Heldensinn, stand ratlos einer Welt gegenüber, die von ihm Kraft und Mut verlangte. Mit ehrlichem Schaffen sich zu erhalten, vermochte er nicht; so ging er den Weg aller Feigen und Schlauen: sich durch Verstellung und Trug die Lebensmöglichkeit zu erlisten. Dabei war er als Einzelner im Nachteil; er brauchte Schwarm-Genossen wie der Rabe. Der Dieb braucht Helfer und Hehler, Ausforscher und Aufpasser, Warner und Lügenzeugen, wenn er nicht allzu leicht dem Galgen verfallen will. Unehrliche Geschäfte, Dieberei und Falschspiel machen sich am besten durch Comparserie. So entstand die »Chawrusche«, die jüdische Diebes-Genossenschaft, die bis heute in Wirksamkeit ist. Sie brauchte eine strenge Satzung mit bindendem Schwur, um sich vor Verrat zu sichern; sie brauchte bei ihrer großen Ausdehnung und Verzweigtheit eine Oberleitung, die zugleich Richtergewalt hat und mit unerbittlicher Strenge schaltet. Der Erfolg unehrlicher Handlungen steigert sich progressiv mit der Zahl der Verschworenen; so hat sich das Judentum ausgewachsen zu einer weltumspannenden Organisation des Verbrechens.
Der Ehrliche hatte solche Künste nicht nötig. War er Jäger oder Ackersmann, Baumeister, Seefahrer oder Kriegsheld: er verließ sich auf seinen geraden Mut und die Kraft seines Armes. Er konnte auch als Einzelner seinen Weg durchs Leben finden – durch redliches Schaffen; für ihn war das Bedürfnis des Zusammenschlusses mit seinesgleichen nicht so brennend. Und der Geist der Ordnung und Redlichkeit, der der Gesamtheit innewohnte, sorgte für das Übrige. So blieb der organisatorische Sinn und das Gemeingefühl unter den Ehrlichen im Rückstande.
Nun aber ist das Leben verwickelter geworden; überall entscheidet das Gewicht der Massen; nun gibt es nur dort noch harmonisches Gedeihen, wo der organische Gedanke die Haufen zusammenfaßt. Aber das Bedürfnis der Organisation ist doppelt dringlich geworden, seitdem das organisierte Verbrechen in das Leben eingegriffen hat. Nun unterliegt die Redlichkeit des Einzelnen überall den Anschlägen der organisierten Banden, mögen sie Chawrusche oder Trusts heißen; und die ehrliche Menschheit kann sich nur noch die Zukunft sichern durch strenge planmäßige Gliederung.
Die Redlichen müssen neue Lebens-Gemeinschaften bilden, die ihre Kraft ebenso fest und sicher zusammenfassen wie der Bund der Schlechten. Und die Gemeinschaft muß nicht nur politisch, sondern auch wirtschaftlich und religiös fest verkittet sein; vor allem muß sie nach Bluts-Einheit streben.
Der Jude geht hinter der Menschheit, wie der Wolf hinter der wandernden Herde. Was matt und lahm wird und zurück bleibt, das fällt ihm zum Raube. Das ist seine Mission: Das Entartete in den Schlund des Verderbens hinab zu ziehen – die einzige ehrliche Mission, die er aufzuweisen hat. Jedem Wesen ward ein Feind erschaffen, der auf seine Vernichtung lauert. Der Wache und Gesunde hält sich den Feind lachend vom Leibe; dem Gebrochenen aber naht er als Erlöser, als ein Abkürzer der Untergangs-Schmerzen. Und so erscheint der Jude gleichsam als der verordnete Henker.
Wir wollen nicht trauern über die Sinkenden, denn sie sind des Versinkens wert. Es ist besser, daß das Leben von ihnen befreit wird. Wir wollen unseren Blick vorwärts und aufwärts richten zu den lichten Höhen, denen die geläuterte Menschheit entgegenstrebt. Das Leben ist ein unerschöpflicher Brunnen, der immer neue und reinere Wellen gebiert, wo er vor Trübung und Verschüttung bewahrt bleibt. Unreine Hände unerbittlich von ihm abzuschlagen, das sei unseres Wächer-Amtes!

Theodor Fritsch, Handbuch der Judenfrage, Hamburg 1886

Hellmuth von Gerlach

Mein Antisemitismus bekam gerade durch Liebermann von Sonnenberg den ersten starken Stoß. Nach irgendeinem Wahlsieg saßen wir zusammen. Ich war in einer Versammlung peinlich davon berührt gewesen, daß ich auf die Frage eines Diskussionsredners, was eigentlich das wissenschaftliche Programm der Antisemiten sei, mich nur mit faulen Redensarten über das Fehlen eines solchen Programms hatte herausreden können. Von meinen Gewissensschmerzen gab ich Liebermann Kunde. Er aber mit seiner Unbekümmertheit rief lachend: »Lieber Freund, darüber lassen Sie sich keine grauen Haare wachsen. Erst wollen wir eine politische Macht werden. Dann wollen wir uns die wissenschaftliche Grundlage für den Antisemitismus suchen.«

Ich war erschüttert. Die Wissenschaft war mir immer als das höchste erschienen. Mit heißem Bemühen hatte ich Karl Marx und Rodbertus und Adam Smith und Schopenhauer und Darwin und Dühring studiert, war von Zweifelsqualen geplagt. Nun aber sagte mir unser Führer: Erst Macht, dann Wissenschaft! Meine Augen begannen sich zu öffnen. Bald sah ich ringsum im antisemitischen Lager die grauenhafte wissenschaftliche Öde. Man eroberte einen Wahlkreis nach dem andern und wußte doch eigentlich nicht, wofür. Bei den Reichstagswahlen von 1893 hatten die Antisemiten 16 Sitze davongetragen. Aber als sie nun in Fraktionsstärke im Reichstag saßen und ich von ihnen Taten erwartete, da erlebte ich nur persönliche Zänkereien und Eifersüchteleien. Jeder von ihnen, Liebermann von Sonnenberg, Zimmermann, Dr. Böckel, Paul Förster, Ahlwardt, Köhler usw. war eigentlich eine Partei für sich. Der eine war Mittelständler, der andere Arbeiterfreund, der eine Aristokrat, der andere Demokrat. Der eine rief zum Kampf gegen Juden und Junker auf, der andere ging mit den Großagrariern durch Dick und Dünn. Bei jeder Abstimmung fiel die Fraktion auseinander. Kein einziger wesentlicher Antrag wurde eingebracht, vor allem keiner auf dem Gebiet, das die Grundlage der Agitation gebildet hatte: in der Judenfrage. Es stellte sich nämlich in der Fraktion heraus, daß man kein Antijudengesetz vorlegen konnte, weil man sich über den Begriff »Jude« zu einigen nicht imstande war. Alle stimmten darüber überein:

»Was er glaubt, ist einerlei,
In der Rasse liegt die Schweinerei«.

Auf die Konfession kam es also nicht an, nur auf die Rasse. Aber wie den Begriff Rasse gesetzgeberisch fassen? Dies Pentagramm hat schon den größten Geistern Pein gemacht. Und in der antisemitischen Fraktion saßen nur ganz kleine Geister. Weil man sich nicht darüber einigen konnte, was ein Jude sei, schimpfte man zwar weiter auf die Juden, brachte aber kein Gesetz gegen sie ein.

Ebenso groß wie meine intellektuelle Enttäuschung an den Antisemiten war meine ethische. In den Volksversammlungen wetterten die Herren gegen die »jüdische Unmoral«. Die Verführer der germanischen Jungfrauen, die Zerstörer der deutschen Familie, die Träger der orientalischen Lüsternheit wurden unter dem Jubel der Versammelten an den Pranger gestellt. War die Versammlung aus, so zog man zum deutschen Männertrunk in die antisemitische Weiberkneipe des Herrn Rieprich. Bald hatte jeder der deutschen Tugendwächter eine oder noch lieber zwei Kellnerinnen um sich

Das Zerrbild des jüdischen Kapitalisten: »Der Meyer arbeitet mit zu gemeinen Mitteln! Entweder muß er mein Kompagnon werden, oder ich zeig ihn der Staatsanwaltschaft an.« Karikatur aus dem »Simplicissimus« von 1907.

oder auf sich, wozu dann, mit leichter Variante, das Westfalen-Lied angestimmt wurde:

»Glückselig, wessen Arm umspannt,
Zwei Mägdlein aus Westfalenland.«

Als ich erst angefangen hatte, kritisch dem Antisemitismus gegenüber zu werden, entdeckte ich auf Schritt und Tritt faule Stellen in seinem Fleische.

Ahlwardt war Jahre hindurch der gefeiertste Redner der Antisemiten. In Neustettin, im dunkelsten Hinterpommern, war er in den Reichstag gewählt worden, gegen einen Konservativen. Mit seinem Sekretär hatte er systematisch die Bauernhöfe besucht und jeden Bauern gefragt, wieviel Morgen Landes er habe und wieviel Vieh. Dann wandte er sich zu dem Sekretär, der ein Riesennotizbuch zückte, und diktierte ihm: »Notieren Sie! Gussow hat 30 Morgen, 5 Kühe, 4 Schweine, müßte haben: 60 Morgen, 12 Kühe, 10 Schweine.« In ganz Deutschland berühmt geworden war er durch seine Bücher ›Judenflinten‹ und ›Eid eines Juden‹. Die Grundlagen dieser Bücher schienen meinem Freund Dallwitz und mir sehr unsicher, deshalb ging Dallwitz, selbst feurigster Antisemit, zu ihm, um die Beweise einzusehen. Ahlwardt wies einen Haufen Akten vor, fand sich in ihnen aber nicht zurecht. Als Dallwitz dringender wurde, brach Ahlwardt die Unterhaltung mit den Worten ab: »Wenn ich etwas nicht beweisen kann, behaupte ich es eben.«

Unter den antisemitischen Führern habe ich nur wenig wirklich anständige Leute kennen gelernt, und die, deren Charakter ohne Makel war, waren wissenschaftlich so ungebildet, daß mich jungen Menschen die Empörung packte, als ich Gelegenheit hatte, sie aus der Nähe zu beobachten. Demagogen waren sie alle, die einen wider besseres Wissen, die andern infolge mangelnden Wissens.

Hellmuth von Gerlach, Von Rechts nach Links. Zürich 1937

Im Pressewesen fielen die jüdischen Gründernaturen durch einfallsreiche Modernisierung auf; in der Wirtschaft allgemein, wie gesagt, gehörten ihr so lange gestauter Intellekt und ihre uralten Erfahrungen im Umgang mit Geld natürlich zu den wesentlichen Schrittmachern der Expansion, des Formenwandels vom alten Handwerk hin zur Massenfertigung. Ihr beweglicher Sachverstand betätigte sich ebenso im direkten Geldgeschäft des Bankwesens wie im indirekten: in der Umsetzung von Ideen in Produkte – mit dem entsprechenden Gewinn.

Da war es nun nicht schwer, schlummernde antijüdische Ressentiments wachzurufen, sowohl aus Mißgunst gegenüber den erfolgreichen Mitbewerbern am Markt wie auch aus allgemeiner Besorgnis in der unerwarteten Wirtschaftskrise. Die antisemitische Aufreizung ging um so leichter, als der verstaubte religiöse Haß gegen die Andersgläubigen sich inzwischen ein zeitgemäßes Gewand zugelegt hatte: den rassischen Judenhaß. Das Zeitalter der aufstrebenden Naturwissenschaften begann auch die Menschenrassen qualitativ zu sondern und zu werten. Nicht lange brauchte solch anthropologisches Sortierverfahren, und schon stand der blonde Germane hoch oben auf der Stufenleiter als Nobelrasse, während der dunkler gefärbte Semit den Prägestempel einer Minderrasse eingebrannt bekam – gleichgültig, ob seine Ahnenkette schon Hunderte von Jahren in die deutsche Vergangenheit zurückreichte.

Wie im Mittelalter religiöse Judenfeindschaft und wirtschaftlicher Neid oder Abhängigkeit (gegenüber jüdischen Geldverleihern) sich verbündet hatten, so schlossen nun rassischer Antisemitismus und abermals wirtschaftliche Mißgefühle eine Allianz. Natürlich waren die Zeitalter nicht vergleichbar. Plötzlich hereinbrechende Pogrome brauchten die Juden in der deutschen Gesellschaft, anders als in Rußland, nicht zu fürchten. Aber eine Stimmung kam auf, die viele von ihnen erschreckte, weil sie eine solche für endgültig überwunden hielten.

Und der Jud mit krummer Ferse,
Krummer Nas und krummer Hos
Schlängelt sich zur hohen Börse
Tiefverderbt und seelenlos.

Wilhelm Busch, wie hier in der »Frommen Helene« von 1872, war kein Antisemit, nur ein mitleidloser Spötter. Unbefangen suchte er sich das Material für seinen Stift und seine Verse, wo immer er es fand. Mit allen Sinnen in der Wirklichkeit, griff er arglos das Klischee auf, daß »der Jude« eben geldgierig sei. Damit trug er auf witzige Weise und damit um so eindringender dazu bei, daß das Zerrbild sich verfestigte. Autoritäten, die gehört, die gelesen werden, üben im Guten wie im Schlechten starken Einfluß.

Das galt leider, ebenfalls im Schlechten, auch von Heinrich von Treitschke, der Ende 1879 in den Preußischen Jahrbüchern, also einer wissenschaftlichen Publikationsreihe, einen kleinen Aufsatz schrieb, der durch seine antisemitischen Ausfälle im Gelehrtenkreise großes Aufsehen erregte. Eine regelrechte Flut von Streitschriften wurde dadurch in Gang gesetzt. »Keine andere Schrift hat solche publizistischen Folgen gehabt« (Walter Boehlich). Die Hochschul-Kollegen lehnten die Äußerungen des angesehenen Historkers fast ausnahmslos ab. Doch durch die breite öffentliche Resonanz gelangten die Giftkeime des von Treitschke propagierten rassischen Antisemitismus ins Volk. Vor allem ein Kernsatz nistete sich dort ein: »Bis in die Kreise der höchsten Bildung hinauf ertönt es heute wie aus einem Munde: die Juden sind unser Unglück!«

Am heftigsten verwahrte sich der Katheder-Kollege und Zunftgenosse Theodor Mommsen als Angehöriger jener Kreise »der höchsten Bildung« dagegen, mit der Behauptung gleichgesetzt zu werden, er halte die Juden für ein nationales Unglück. Seine geistvollen Entgegnungen enthalten Sätze wie: »So wenig, wie die Nachkommen der französischen Kolonie in Berlin in Deutschland geborene Franzosen sind, so wenig sind ihre jüdischen Mitbürger etwas anderes als Deutsche . . . Das ist der eigentliche Sitz des Wahnes, der jetzt die Massen erfaßt hat, und sein rechter Prophet ist Herr von Treitschke. Was heißt das, wenn er von unseren israelischen Mitbürgern forderte, sie sollen Deutsche werden? Sie sind es ja, so gut wie er und ich. Er mag tugendhafter sein als sie, aber machen die Tugenden den Deutschen? . . .« Und da auch der

Hofprediger Adolf Stoecker in Berlin in den Reihen der Antisemiten zu finden ist, bekommt er einen eleganten Seitenhieb: Die Vorsehung habe »weit besser als Herr Stoecker begriffen, warum dem germanischen Metall für seine Ausgestaltung einige Prozent Israel beizusetzen waren . . .« Umgekehrt ergießt Mommsen seinen Spott über diejenigen, die mit neogermanischem Hochmut eine »deutsche Rasse« propagieren: Es sei keineswegs so, daß erst »die germanische Ahnenprobe den Deutschen macht«; vielmehr werde »von der deutschen Nation noch allerlei mehr abfallen als die Kinder Israels, wenn ihr heutiger Bestand nach Tacitus' Germania durchkorrigiert wird . . .«

Damit spielt er auf die jahrtausendlangen Vermischungen des europäischen Kernvolkes an, eine Tatsache, die eigentlich jeder Rassenideologie den Boden entziehen mußte. Doch sind noch nie tiefsitzende Affekte durch Vernunft zu heilen gewesen. Auch der große Geschichtsschreiber Mommsen mußte dies erfahren. Zehn Jahre später räumte er entmutigt ein, man täusche sich, wenn man glaube, »daß man da überhaupt mit Vernunft etwas machen kann«.

Noch waren die erneuerten antijüdischen Stimmungen im Volk keineswegs bedrohlich, nicht mehr als »eine unterschwellige Infektion, die die Gesundheit des sozialen Organismus nicht ernsthaft gefährdete« (Gordon Craig). Wer aber von der Katastrophe aus rückwärts schaut, findet schon im Bismarckreich Wurzeln des Unheils.

Schiedsrichter Europas

Geschichtsschreibung kann nur im Trennverfahren vor sich gehen. Geschichte selber enthält alles in- und nebeneinander. Will man aber die Geschehnisse wiedergeben, so bleibt nichts übrig, als die parallel verlaufenen Entwicklungen zu sortieren und hintereinanderzuschalten. So, wie der Kulturkampf und die gleichzeitigen Gründerjahre samt ihrer Krise nur *nach*einander erzählt werden konnten, so stoßen auch am Ende der siebziger Jahre mehrere wichtige Ereignisse fast deckungsgleich aufeinander. Im Juni 1878 wird der »Berliner Kongreß« eröffnet; im selben Monat erleidet der 81jährige Kaiser schwere Verletzungen durch den Schuß eines Attentäters. Bismarck nimmt den Anschlag, den zweiten binnen drei Wochen, zum Anlaß, das Sozialistengesetz über die parlamentarischen Hürden zu bringen. – Berliner Kongreß: Das ist der ganze Komplex Bismarckscher Außenpolitik, der hier ins Licht rückt; Sozialistengesetz: Das betrifft die Arbeiterfrage im frühen Kaiserreich. Zunächst die Außenpolitik.

Die leidenschaftlichen Auseinandersetzungen in Deutschland, an denen Bismarck nicht unschuldig, im Gegenteil verantwortlich beteiligt war, ließen bei vielen kaum den Blick nach draußen zu; zumindest keinen ungetrübten Blick. Sie hätten sonst augenreibend festgestellt, welch überragendes Ansehen derselbe Mann, der ihnen hier das Leben schwermachte, außerhalb der Grenzen in den meisten Hauptstädten genoß. Die Meisterschaft, mit der die drei Kriege zugunsten Preußen-Deutschlands entschieden worden waren trotz aller diplomatischen Verwicklungen, und die überlegene Strategie, mit der Preußens leitender Minister das Land geeint hatte, fanden in der neueren Geschichte keine Parallelen an Staatskunst.

Daß Bismarck allen Versuchen widerstand, Deutschlands Macht noch weiter auszudehnen, wurde ihm hoch angerechnet. Zugleich wuchs ihm dadurch die Rolle eines europäischen Schiedsrichters zu. Wer selber keinerlei Ansprüche stellt und mit dem Besitzstand zufrieden ist, den rufen Dritte gern herbei, ihre Streitigkeiten zu schlichten. Die Rolle des Schiedsrichters spielte der Kanzler herunter; er wollte sich eher in derjenigen des »ehrlichen Maklers« betrachtet sehen. Der Ausdruck stammt aus einer Reichstagsrede vom Februar 1878. Ob Schiedsrichter oder ehrlicher Makler: Grund zum uneigennützigen, vermittelnden Eingreifen ergab sich aus dem Balkankrieg zwischen Rußland und der Türkei und dem Friedensschluß von San Stefano, einem Vorort von Istanbul, im März 1878.

Die historische Lage: Das Machtgebäude des Osmanenreiches ächzte in allen Fugen. Die erwachenden Nationen auf dem Balkan wollten ebenso frei sein wie die Griechen, die schon

1830 die Unabhängigkeit erlangt hatten. Seit 1875 waren nacheinander die Bosnier, Serben und Bulgaren gegen die Fremdherrschaft aufgestanden, unterstützt vom großen slawischen Bruder Rußland. Das Zarenreich hatte gleichzeitig die Gelegenheit genutzt, den Türken die Niederlage heimzuzahlen, die es im Krimkrieg hatte hinnehmen müssen. Diesmal war der Sultan der Verlierer, da ihm die mächtigen Verbündeten von damals fehlten. Im Frieden von San Stefano mußte er einem großbulgarischen Reich zustimmen, das bis ans Ägäische Meer reichte.

Jetzt schrillten die Alarmglocken sowohl in London wie in Wien. Beide Regierungen sahen eine panslawistische Brücke zum Mittelmeer entstehen. Hier drohte eine Verschiebung der Machtbalance, welche die konservative britische Regierung unter Disraeli in Aufregung versetzte und natürlich die Balkaninteressen Österreichs empfindlich berührte. Das war die Stunde der Diplomatie. Bismarck lud alle beteiligten Mächte zum Berliner Kongreß.

Er gestaltete den Südosten Europas neu. Aus der türkischen Liquidationsmasse erhoben sich Rumänien, Serbien und Montenegro als selbständige Staaten. Bulgarien, das neue Großraumgebilde aus der russischen Retorte, mußte von seinem geplanten Umfang auf den weit größeren Teil verzichten, hunderttausend Quadratkilometer. Die künstlichen Lösungen, die dafür gefunden wurden, hielten nur sieben Jahre vor. Am Ende dehnte Bulgarien sich doch bis zum Nordrand des Mittelmeers aus. Die vorherigen Ängste der Engländer und Österreicher, hieraus könnten böse Verwicklungen hervorgehen, bestätigten sich nicht. Die Verwicklungen der Zukunft sollten aus einer anderen Balkan-Ecke kommen.

Aus dem Abstand betrachtet, war nicht die bulgarische Frage die folgenreichste des Berliner Kongresses, sondern die bosnisch-herzegowinische. Die Konferenz übertrug die beiden bisher türkischen Provinzen im äußersten Nordwesten des altersmüden Großreiches an Österreich-Ungarn, nicht als Besitz, sondern als Verwaltungszonen. Ähnliches hatte vorher schon Zar Alexander II. der Regierung in Wien zugesagt, um sie wohlwollend zu stimmen, als die südslawischen Völker sich gegen die Türken erhoben hatten und dabei von ihm unterstützt worden waren. Äußerlich geschah also nicht viel: Die Türken gingen, die Österreicher kamen; zwei kleine Länder wechselten den Oberherrn. Die Delegierten am Berliner Konferenztisch ahnten nicht, daß sie die Saat zu einer Katastrophe legten. Die nordwestliche Balkanregion kam nicht mehr zur Ruhe, erst recht nicht, als Österreich drei Jahrzehnte nach dem Kongreß, 1908, aus der Verwaltungsherrschaft eine Annexion machte. Schließlich mündete die südslawische Dauerkrise in den Ersten Weltkrieg.

Niemand konnte 1878 so weit denken, und es ist auch kein Vorwurf daraus abzuleiten. Bismarck äußerte einmal, kein Staatsmann könne über zwanzig Jahre hinaus denken und planen. Man wäre 1878 sicher vorsichtiger gewesen mit der Übertragung von Hoheitsrechten, hätte man schon geahnt, wie militant die Ideen allslawischer Vereinigung aus dem relativ friedlichen 19. Jahrhundert emporwuchern würden, nicht

Linke Seite: Französisches Flugblatt auf das im Rhein sein Unwesen treibende »Meeresungeheuer« Bismarck, das eine französisch-russische Allianz zu verhindern trachtet. Bismarcks Angst war und blieb der »cauchemar des coalitions«, der »Alptraum der Koalitionen«, die sich gegen Deutschland richten und das Reich gefährden könnten.

Oben: Bismarck kommandiert den Dreibund. Crispi (Italien), Kaiser Franz Joseph I. (Österreich) und Kaiser Wilhelm II. (Deutschland) müssen auf seinen Rutenschlag parieren. Aus der französischen Zeitschrift »Le Grelot«.

Friedenssicherung

Nur einer geschickten Außenpolitik war es gelungen, die Kriege 1864, 1866 und 1870/71 ohne Interventionen dritter Mächte zu führen. Wiederholt und nachdrücklich hatte Bismarck nach der Reichsgründung betont: »Das deutsche Reich ist saturiert.« Durch sein kompliziertes Vertragssystem suchte er den Frieden unter den fünf europäischen Großmächten zu sichern. Wie schwierig dies war, zeigt seine Schilderung des deutsch-russischen Dialogs nach dem Berliner Kongreß, auf dem Bismarck als »ehrlicher Makler« aufgetreten war.

Bei den diplomatischen Verhandlungen über Ausführung der Bestimmungen des Berliner Kongresses wurde in Petersburg erwartet, daß wir jede russische Auffassung der österreichisch-englischen gegenüber ohne weiteres und namentlich ohne vorgängige Verständigung zwischen Berlin und Petersburg unterstützen und durchsetzen würden. Meine angedeutete, endlich ausgesprochene Forderung, die russischen Wünsche uns vertraulich, aber deutlich auszusprechen und darüber zu verhandeln, wurde eludiert, und ich erhielt den Eindruck, daß Fürst Gortschakow von mir, wie eine Dame von ihrem Verehrer, erwartete, daß ich die russischen Wünsche erraten und vertreten würde, ohne daß Rußland selbst sie auszusprechen und dadurch eine Verantwortlichkeit zu übernehmen brauchte. Selbst in Fällen, wo wir annehmen durften, der russischen Interessen und Absichten völlig gewiß zu sein, und glaubten, der russischen Politik einen Beweis unserer Freundschaft freiwillig geben zu können, ohne eigne Interessen zu schädigen, erfuhren wir statt der erwarteten Anerkennung eine nörgelnde Mißbilligung, weil wir angeblich in Richtung und Maß nicht das von unserem russischen Freunde Erwartete getroffen hatten. Auch wenn letzteres unzweifelhaft der Fall war, hatten wir keinen besseren Erfolg. In diesem ganzen Verfahren lag eine berechnete Unehrlichkeit nicht nur uns, sondern auch dem Kaiser Alexander gegenüber, dessen Gemüte die deutsche Politik als unehrlich und unzuverlässig erscheinen sollte. Ihre Freundschaft ist allzu platonisch, hat die Kaiserin Marie einem unsrer Vertreter vorwurfsvoll gesagt. Platonisch bleibt die Freundschaft eines großmächtlichen Kabinetts für die andern allerdings immer bis zu einem gewissen Grade; denn keine Großmacht kann sich in den ausschließlichen Dienst einer andern stellen. Sie wird immer ihre nicht nur gegenwärtigen, sondern auch zukünftigen Beziehungen zu den übrigen im Auge behalten und dauernde, prinzipielle Feindschaft mit jeder von ihnen nach Möglichkeit vermeiden müssen. Für Deutschland mit seiner zentralen, nach drei großen Angriffsfronten offenen Lage trifft das besonders zu.

Irrtümer in der Kabinettspolitik der großen Mächte strafen sich nicht sofort, weder in Petersburg noch in Berlin, aber unschädlich sind sie nie. Die geschichtliche Logik ist noch genauer in ihren Revisionen als unsre Oberrechenkammer. Bei Ausführung der Kongreßbeschlüsse erwartete und verlangte Rußland, daß bei lokalen Verhandlungen darüber im Orient die deutschen Kommissarien, bei Divergenzen zwischen russischen und andern Auffassungen, generell der russischen zustimmen sollten. Uns konnte in manchen Fragen allerdings die objektive Entscheidung ziemlich gleichgültig sein, es kam für uns nur darauf an, die Stipulationen ehrlich auszulegen und unsre Beziehungen auch zu den übrigen Großmächten nicht durch parteiisches Verhalten zu stören in Lokalfragen, welche ein deutsches Interesse nicht berührten. Die leidenschaftliche Bitterkeit der Sprache aller russischen Organe, die durch die Zensur autorisierte Verhetzung der russischen Volksstimmung gegen uns ließ es dann geraten erscheinen, die Sympathien, welche wir bei nichtrussischen Mächten noch haben konnten, uns nicht zu entfremden.

In dieser Situation nun kam ein eigenhändiges Schreiben des Kaisers Alexander, welches trotz aller Verehrung für den bejahrten Freund und Oheim an zwei Stellen bestimmte Kriegsdrohungen enthielt in der Form, welche völkerrechtlich üblich ist, etwa des Inhalts: Wenn die Weigerung, das deutsche Votum dem russischen anzupassen, festgehalten wird, so kann der Friede zwischen uns nicht dauern. Dieses Thema war in scharfen und unzweideutigen Worten an zwei Stellen variiert. Daß der Fürst Gortschakow, der am 6. September 1879 in einem Interview mit dem Korrespondenten des orleanistischen »Soleil«, Louis Peyramont, Frankreich eine sehr auffallende Liebeserklärung machte, auch an jenem Schreiben mitgearbeitet hatte, sah ich dem letzteren an und wurde durch zwei spätere Wahrnehmungen bestätigt. Im Oktober hörte eine Dame der Berliner Gesellschaft, die in dem Hôtel de l'Europe in Baden-Baden Zimmernachbarin Gortschakows war, ihn sagen: »Ich hätte wohl den Krieg gewollt, aber Frankreich hat andere Absichten.« Und am 1. November war der Pariser Korrespondent der »Times« in der Lage, seinem Blatte zu melden, vor der Zusammenkunft in Alexandrowo habe der Zar an den Kaiser Wilhelm geschrieben, sich über die Haltung Deutschlands beschwert und sich der Phrase bedient: »Der Kanzler Ew. Majestät hat die Versprechungen von 1870 vergessen.« Der Korrespondent, Herr Oppert aus Blowitz in Böhmen, wird die Verbreitung dieser ihm doch wohl von Gortschakow zugegangenen Nachrichten um so bereitwilliger übernommen haben, als er mir von dem Kongreß her grollte. Auf den Wunsch Lord Beaconsfields, der ihn bei guter Laune erhalten wollte, hatte ich ihm die dritte Klasse des Kronenordens verschafft. Er war über die nach preußischen Begriffen ungewöhnlich

Berliner Kongreß 1878. Gemälde von Anton von Werner.

hoch gegriffene Auszeichnung entrüstet, lehnte dieselbe ab und verlangte die zweite Klasse.
Angesichts der Haltung der russischen Presse, der steigenden Erregtheit der großen Massen des Volkes, der Truppenanhäufung unmittelbar längs der preußischen Grenzen wäre es leichtfertig gewesen, den Ernst der Situation und der kaiserlichen Drohung gegen den früher so verehrten Freund zu bezweifeln. Daß Kaiser Wilhelm auf den Rat des Feldmarschalls von Manteuffel am 3. September 1879 nach Alexandrowo ging, um die schriftlichen Drohungen seines Neffen mündlich begütigend zu beantworten, widerstrebte meinem Gefühle und meinem Urteil über das, was not tue.
Betrachtungen analog denen, welche den Versuch widerrieten, die komplizierten Schwierigkeiten von 1863 auf dem Wege eines russischen Bündnisses zu lösen, standen in der zweiten Hälfte der siebziger Jahre ebenfalls einer stärkeren Akzentuierung der russischen Freundschaft ohne Österreich entgegen. Ich weiß nicht, inwieweit Graf Peter Schuwalow vor Beginn des letzten Balkankrieges und während des Kongresses ausdrücklich beauftragt war, die Frage eines deutsch-russischen Bündnisses zu besprechen; er war nicht in Berlin beglaubigt, sondern in London, seine persönlichen Beziehungen zu mir gestatteten ihm aber, sowohl bei seinen vorübergehenden Berührungen Berlins auf der Durchreise wie während des Kongresses mit mir alle Eventualitäten rückhaltlos zu besprechen. Noch vor dem Kongreß berührte er die Frage eines russisch-deutschen Schutz- und Trutzbündnisses und stellte sie direkt. Ich besprach mit ihm offen die Schwierigkeiten und Aussichten, welche die Bündnisfrage und zunächst, wenn der Dreibund der Ostmächte nicht haltbar wäre, die Wahl zwischen Österreich und Rußland für uns habe. Er sagte unter anderm in der Diskussion: »Die Furcht vor Koalitionen verursacht Ihnen Alpdrücken«, worauf ich erwiderte: »Notwendigerweise.« Als das sicherste Mittel dagegen bezeichnete er ein festes, unerschütterliches Bündnis mit Rußland, weil bei Ausschluß der letzteren Macht aus dem Kreise unsrer Koalitionsgegner keine für uns lebensgefährliche Kombination möglich sei.
Ich gab dies zu, sprach aber meine Befürchtung aus, daß die deutsche Politik, wenn sie ihre Möglichkeiten auf das russische Bündnis einschränkte und allen übrigen Staaten den russischen Wünschen entsprechend absagte, Rußland gegenüber in eine ungleiche Stellung geraten könne, weil die geographische Lage und die autokratische Verfassung Rußlands demselben für das Aufgeben des Bündnisses stets mehr Leichtigkeit gewähre, als wir haben würden, und weil das Festhalten an der alten Tradition des preußisch-russischen Bundes doch immer nur auf zwei Augen stehe d.h. von dem Gemütsleben des jedesmaligen Kaisers von Rußland abhänge. Unsre Beziehungen zu Rußland beruhten auf dem persönlichen Verhältnis beider Monarchen zueinander und auf dessen richtiger Pflege durch höfische und diplomatische Geschicklichkeit, respektive Gesinnung der beiderseitigen Vertreter. Wir hätten das Beispiel gehabt, daß beim ziemlich hilflosen preußischen Gesandten in Petersburg durch die Geschicklichkeit von Militärbevollmächtigten, wie der Generale von Rauch und des Grafen Münster, die gegenseitigen Beziehungen intim geblieben wären, trotz mancher berechtigten Empfindlichkeit auf beiden Seiten. Wir hätten ebenso erlebt, daß jähzornige oder reizbare Vertreter Rußlands, wie Budberg und Oubril, durch ihre Haltung in Berlin und durch ihre Berichterstattung, wenn sie persönlich verstimmt waren, Eindrücke erzeugten, welche auf die gegenseitigen Gesamtbeziehungen zweier Völker gefährlich zurückwirken konnten.

Bismarck, Gedanken und Erinnerungen. Stuttgart 1898

anders übrigens als die ebenso verderblichen Utopien der Alldeutschen, der Pangermanismus.

Einstweilen hatte der Berliner Kongreß aus den widerstreitenden Interessen das Bestmögliche zu schaffen versucht. Allerdings blieb eine Verstimmung des Zaren gegen den »ehrlichen Makler« zurück, weil die Revision des Friedens von San Stefano in Petersburg als russische Niederlage empfunden wurde. Mißstimmungen aus östlicher Richtung waren für Bismarck eine ganz neue Erfahrung; bisher war ihm dort nur Wohlwollen begegnet. So markiert der Berliner Kongreß, das Jahr 1878, zugleich den Zeitpunkt, an dem er die außenpolitische Lage Deutschlands neu zu überdenken begann. Ein Blick zurück und voraus:

Durch den Siebenjährigen Krieg war Preußen in die Reihe der Großmächte aufgerückt. Seit 1763 zeigte die europäische Landkarte für ein reichliches Jahrhundert ein Mächte-Fünfeck zwischen Mittel- und Kleinstaaten: Preußen im Nordosten, Rußland im Osten, Österreich im Südosten, Frankreich im Westen und England im Nordwesten. Dieses Pentagramm veränderte sich 1871 nicht grundsätzlich, nur die Gewichte verschoben sich. Aus Preußen wurde das mächtige Deutschland; Österreich wurde schwächer, die übrigen behaupteten ungefähr ihre bisherige internationale Größenordnung, Frankreich trotz seiner Niederlage. Bismarcks Grundanliegen – und das aller deutschen Staatsmänner nach ihm – mußte sein, die geographische Zwangsjacke Deutschlands, zwischen zwei Großmächten in Ost und West, so dehnbar zu machen, daß Deutschland nicht bedroht wurde, aber auch niemanden bedrohte. In dieser überaus schwierigen Machtbalance lag die Daueraufgabe deutscher Außenpolitik. Je nach dem, wie sie gemeistert wurde oder ihre Bewältigung mißlang, verteilt die historische Forschung Lob oder Tadel. Keiner hat das geschichtliche Handicap unseres Landes, seine Mittellage, so souverän überspielt und austariert wie der erste Reichskanzler; keiner hat so verhängnisvolle Folgerungen aus dieser Lage gezogen wie der letzte Reichskanzler. Und so wurde das Reich des Gründers wieder zerstört...

Bismarck zog es gefühlsmäßig zu den Ländern, die monarchisch regiert wurden und vom schwankenden Volkswillen unabhängig waren. An einer Bindung zu England störte ihn, daß dort die Parlamentsmehrheiten wechselten und Einfluß auf den außenpolitischen Kurs des Landes nehmen konnten. Beim demokratisch-republikanischen Frankreich kamen störend noch die Landverluste von 1871 hinzu, die in weiten Kreisen den Gedanken an Revanche wachhielten. Stand der Kanzler England zumindest wohlwollend neutral gegenüber, so suchte er Frankreich diplomatisch zu isolieren und im Kreise der Monarchien bündnisunfähig zu halten. Wie die deutsch-französischen Verhältnisse nun einmal lagen, erschien ihm »die einzig richtige Politik, einen Feind, den man nicht zum aufrichtigen Freund gewinnen kann, wenigstens etwas unschädlicher zu machen...« Das hatte er zwar schon 1870 geschrieben, es galt aber auch jetzt und für die Zukunft, so wie er sie einschätzte.

Damit verengten sich die Optionen auf die beiden großen Monarchien Rußland und Österreich. Schon 1873 hatten die drei Kaiser – ganz im Sinne von Bismarcks außenpolitischer Vorliebe – ein Dreier-Abkommen geschlossen, wonach sie bei kriegerischen Verwicklungen mit Drittländern einander unterrichten und konsultieren wollten. In diesem Vertragsinhalt lag wenig Gewicht. 1878 war das Abkommen praktisch bedeutungslos geworden.

Schaute der Kanzler sich in der Runde der Großen um, dann konnte er nach dem Berliner Kongreß tatsächlich nur auf eine einzige Karte setzen: diejenige mit dem österreich-ungarischen Doppeladler. Dank seiner großzügigen Friedenspolitik von 1866, die sich nun auszahlte, waren die Beziehungen Berlin-Wien reibungsfrei. Natürlich hätte er sich nicht gern in die chronischen Balkanhändel hineinziehen lassen, wofür ihm »die gesunden Knochen« auch nur eines einzigen »pommerschen Musketiers« zu schade waren. Auf der anderen Seite brauchte er ein Gegengewicht, um dem Zaren den Nutzen deutscher Freundschaft vor Augen zu führen. Steht man allein, ist man nicht so begehrt wie in Eintracht mit einem Dritten. Die banale Alltagspsychologie gilt auch in der Poli-

tik, die das Allzumenschliche überall spiegelt.
So kam es 1879 zum Zweibund mit Österreich, gegen den Wunsch von Kaiser Wilhelm, der sein Verhältnis zu seinem Neffen Alexander II. gefährdet sah. Mit einer Rücktrittsdrohung – ein öfter gehandhabtes Druckmittel – setzte Bismarck sich wieder einmal gegen seinen Monarchen durch.
1881 trat Rußland unter dem neuen Zaren Alexander III. (der seinem ermordeten Vater auf dem Thron gefolgt war) dem Bündnis Deutschland-Österreich »passiv« bei: Die drei Kaiserreiche schlossen ein geheimcs Neutralitätsabkommen, wonach sie gegenseitig Frieden wahren wollten, wenn einer der Vertragspartner von einer außenstehenden Macht angegriffen würde. Der Vertrag wurde 1884 erneuert. Zwischen beiden Daten lag der Abschluß des Dreibundes: Italien trat 1882 dem Bündnis Deutschlands und Österreichs bei, allerdings ebenfalls geheim. Italien hatte die Initiative dazu ergriffen, um Rückendeckung zu erlangen gegen die Franzosen; beide Staaten hatten koloniale Interessen in Nordafrika, so daß es zu Reibungen kam.
In den achtziger Jahren war also nach Osten, Südosten und Süden ein Netz mehrfacher, einander überschneidender Bindungen geknüpft. 1887 entstand eine Variante gegenüber dem bisherigen Zustand. Das Neutralitätsabkommen der drei Kaiserreiche wurde nicht verlängert, weil die Gegensätze zwischen Rußland und Österreich in der Balkanpolitik unüberbrückbar geworden waren. Bismarck schuf Ersatz durch den geheimen »Rückversicherungsvertrag« mit Rußland. Er verpflichtete beide Partner zur Neutralität, falls einer von ihnen mit anderen Mächten in einen Krieg geriete. Ausnahmen: ein Angriff Rußlands gegen Österreich (dann durfte Deutschland dem Angegriffenen beistehen) sowie ein Angriff Deutschlands gegen Frankreich (dann war dem Zarenreich Beihilfe gegenüber Frankreich gestattet). Hier war also ein kunstvolles diplomatisches Mobile hergestellt worden. Diesem schwebenden Gebilde von Fäden und Figuren glich Deutschland außenpolitisch. Freilich läßt die verzwickte Überraffinesse fragen, ob das Kunstprodukt der äußeren Sicherheit und Abschirmung zum Gebrauch geeignet oder wirklich nur »zum Anschauen« war. Tatsache bleibt, daß die Nachfolger mit dieser Feinarbeit nicht zurechtkamen und sie schrittweise ruinierten. Die Gefahren heraufziehen zu sehen, war des alten Bismarcks Last und Leid.

Goliath unterliegt David

Im Scherz hat Kaiser Wilhelm einmal gesagt, eigentlich müsse er dem Attentäter Nobiling dankbar sein, daß er ihn so zur Ader gelassen habe; es gehe ihm seither viel besser. Der hohe Blutverlust durch die Schrotladung, die der wirrköpfige Dr. Karl Nobiling, 30 Jahre alt, von einem Fenster Unter den Linden abgefeuert hatte, glich tatsächlich auf etwas makabre Art dem Heilmittel des »Aderlasses«, das die ältere Medizin von jeher bei Bluthochdruck anwendete. Vielleicht war es das unfreiwillige Verdienst des promovierten Landwirts aus der Posener Gegend, daß der Kaiser noch zehn Jahre lebte, bis nahe an den 91. Geburtstag. Bismarck allerdings betrachtete die Sache nicht von der heilkundlichen Seite, sondern nahm sie hochpolitisch. Endlich sah er einen Weg, der »gemeingefährlichen« Sozialdemokratie mit gesetzlicher Schärfe entgegenzutreten. Zwar hatte Nobiling (der bald an den Verletzungen starb, die er sich selber bei der Festnahme beigebracht hatte) mit den Sozialdemokraten nicht das mindeste zu tun, gehörte sogar zu ihren politischen Gegnern; die aufgebrachte Öffentlichkeit stellte aber ohne Zögern solche Sympathie-Zusammenhänge her – wahrscheinlich, weil der vorherige Attentäter Max Hödel, ein Gelegenheitsarbeiter, dessen Revolver-Anschlag auf Wilhelm im Mai 1878 mißlungen war, der äußersten Linken eine Weile als Parteimitglied zugehört hatte.
Diesmal war der Reichstag williger als nach der ersten Tat, einen Gesetzentwurf gegen die politische Aktivität der Sozialdemokratie anzunehmen. Weil die Erbitterung im Volk so groß war, wurde die kühle Logik verdrängt. Zu den entschiedenen Gegnern des »Sozialistengesetzes«, wie es im Umgangston bald genannt wurde, gehörte der Fortschrittler Eugen Richter. Obwohl

»Ich habe in den sozialdemokratischen Elementen einen Feind erkannt, gegen den der Staat, die Gesellschaft sich im Stande der Notwehr befindet.« Mit dieser Begründung brachte Bismarck 1878 die Sozialistengesetze in den Reichstag ein. Darauf beziehen sich die beiden Karikaturen aus dem »Kladderadatsch«. *Oben*: »Friß Vogel oder stirb!« Das Messer »Auflö-

Gegner der Linksaußen-Konkurrenz, sagte er besorgt: »Ich fürchte die Sozialdemokratie unter diesem Gesetz mehr als ohne dieses Gesetz.« Dahinter stand die Erfahrung mit dem Kulturkampf, in dem sich 1878 schon deutlich abzeichnete, daß Bismarck ihn nicht gewinnen konnte. Auch die Sozialdemokraten hatten übernationale Bindungen, besaßen Rückhalt im Ausland, moralisch und materiell. Wollte der Kanzler etwa den marxistischen Internationalismus besiegen, die Hoffnung der Armen? Hatte er überhaupt ein Organ dafür, daß mit der Sozialdemokratie eine historische Aufsteiger-Schicht legitime Rechte forderte? Mit Theodor Heuss ist zu antworten: »Bismarck hat die innere geschichtliche Tragkraft der sich meldenden gewerblichen Arbeiterbewegung nicht erfaßt.« Die Fehlsicht teilte er mit vielen nicht allein konservativen, auch liberalen, auch katholischen (bürgerlichen) Zeitgenossen. Die Agitation der Sozialdemokratie für die Volksherrschaft, ihr erklärter Wille, das monarchische Deutschland »aus den Fugen zu treiben« (Bebel. 1871), erleichterte es breiten Volkskreisen, sich jetzt empört von den proletarischen Habenichtsen zu distanzieren und folglich über ihre berechtigten Ansprüche nicht weiter nachzudenken.

Was bedeutete nun das Gesetz für die deutschen Sozialisten, welche sich 1875 in Gotha aus den beiden älteren Richtungen (dem Arbeiterverein Lassalles und der Arbeiterpartei Liebknechts und Bebels) zu einer einzigen Partei vereinigt hatten? Sie verloren das Vereins- und Versammlungsrecht. Alle Druckschriften wurden verboten. Das Gesetz zielte also auf die Zerschlagung des Parteiapparates und der Öffentlichkeitsarbeit. Die Strafbestimmungen sahen neben Geldbußen auch die Ausweisung vor sowie Berufsverbote zum Beispiel für Drucker,

sung« zwischen den Zähnen, stopft der Reichskanzler dem Reichstags-Vogel die Ausnahmegesetze in den Hals. *Rechte Seite*: »Der verlorene und der wiedergefundene Sohn«. Ramponiert bekommt Bismarck sein Kind, die Sozialistengesetz-Vorlage, nach der dritten Lesung im Parlament zurück. »Junge, wie haben sie dich zugerichtet«, klagt der Vater.

Buchhändler oder Gastwirte, welche ihre Räumlichkeiten der Partei zur Verfügung stellten.

Bei alledem ist jedoch zu beachten, daß den sozialistischen Politikern das passive und aktive Wahlrecht nicht verlorenging. Die parlamentarische Redefreiheit blieb erhalten, der Maulkorb war porös. So konnten die führenden Männer der Partei, voran Liebknecht und Bebel, sich weiterhin öffentlich Gehör verschaffen und die Auswirkungen des Gesetzes anprangern.

Im Zusammenhang mit der Sozialistenfrage äußerte Bismarck in seiner plastischen Sprache: »Wenn ich keine Küken haben will, muß ich die Eier zerschlagen.« Obwohl er dies per Gesetz erreicht hatte, schlüpften bald mehr Jungtiere als zuvor; das heißt, nach einiger Zeit stiegen die Stimmenzahlen für die Sozialdemokraten an, statt daß sie weiter zurückgingen. So wiederholte sich der gleiche Vorgang wie beim Zentrum während der Jahre der großen Bedrängnis. Druck von oben – das scheint eine Art geschichtliches Naturgesetz zu sein – festigt und stärkt eher, als daß er schwächt und demoralisiert.

Vor dem Sozialistengesetz hatte die Sozialdemokratie (»SPD« wird sie erst von 1890 an heißen) eine halbe Million Wähler gehabt. Nachdem ihr ganzes Kommunikationsgefüge ruiniert wurde, gingen die Stimmenzahlen anfänglich zurück, bei den Wahlen von 1881 auf 312 000. Dann aber war der Tiefpunkt überwunden. 1884 stimmten schon wieder 550 000 Wähler für die ganz Linken, 1887 wurde fast die Dreiviertelmillion erreicht, und 1890 vereinigten die Verfemten 1,4 Millionen Stimmen auf sich.

Gemessen an den Absichten, wurde das mehrfach verlängerte Gesetz zur Niederlage seiner Befürworter. So hatte der Fortschrittsführer

Fortsetzung Seite 211

Sozialdemokratisches Parteileben in Sachsen

Die geduldige Arbeit der SPD »ganz unten«, ihre Agitation in den Dörfern und Stadtteilen, schildert ein junger Theologe, der 1890 drei Monate unter Fabrikarbeitern in Chemnitz lebte.

Die Agitation der Partei war durchaus planmäßig, kraftvoll und ins einzelne gehend. Allwöchentliche große öffentliche Versammlungen für Angehörige irgendeines Arbeitszweigs oder auch für Männer und Frauen überhaupt hielten die Aufmerksamkeit der gesamten arbeitenden Bevölkerung auf die Arbeiterpartei zunächst im allgemeinen lebendig. Freilich waren diese Versammlungen, wenigstens die, die ich mitgemacht habe, meist nur dürftig besucht; und nur wenn ein besondrer Anlaß eine Reihe bestimmter Berufszweige zugleich beschäftigte, oder ein bekannter von auswärts zitierter Redner, eine sozialdemokratische Größe auftrat, schwollen sie zu imposanten Massenversammlungen an; sonst schwankte die Durchschnittszahl der Besucher wohl immer zwischen 100-200 Mann; es waren die in der Bewegung voranstehenden Arbeiter, die immer den Ton angaben, wo etwas Sozialdemokratisches los war. Meist waren das gut situierte Leute. Ich erinnere mich, daß ich in der ersten solchen Versammlung, zu der ich als Arbeiter in die Stadt hineinkam, der einzige war, der im schmutzigen Arbeitszeug, ohne weißen Kragen und Schlips erschien; die andern hatten alle bessere Kleidung an. Jedenfalls aber erregten diese Versammlungen schon durch die ständigen großen roten Plakate, die sie vorher an allen Ecken und Enden der Stadt und Vorstädte ankündigten, ihren Zweck: die Aufmerksamkeit der Bevölkerung für die Bewegung wachzuhalten. Im übrigen bildeten sie nur den Rahmen für die intensivere besondre Agitation in den einzelnen Stadtteilen und Vorstadtdörfern.

Denn fast jeder dieser Bezirke hatte, und zwar nicht bloß bei herannahender Reichstagswahl, seinen sozialdemokratischen Wahlverein, der das ganze Jahr hindurch eine stille aber kluge und tiefgehende Tätigkeit entfaltete, und dessen Mitglieder sich aus den überzeugtesten und zielbewußtesten Anhängern der Partei zusammensetzten. Der Wahlverein hat die Agitation für die Reichstags- und neuerdings auch Gemeinderatswahlen in der Hand; er stellt bei großen Wahlversammlungen immer eine nie fehlende Schar, die bei allen Gelegenheiten in blinder Treue nach bekanntem, lärmendem Rezept die Partei ihrer Arbeiterredner ergreift; er ist eine der Sammelstellen für die Parteigelder und – das bedeutsamste an ihm – die Hochschule für die sozialdemokratischen Redner. Denn nicht nur die neugegründeten Arbeiterbildungsvereine, nicht nur besondre Institute, wie deren in Hamburg eines in der Stille blühen soll, dienen diesem Zwecke. Man kann dreist behaupten, daß jeder sozialdemokratische Wahlverein eine solche Rednerschule für Anfänger bildet. Wenigstens war das bei dem unsers Vorortes, der etwa 120 Mitglieder zählen sollte und eine Monatssteuer von zehn Pfennigen erhob, wirklich der Fall. Darum lag immer auch auf den Debatten, die sich an den jedesmaligen Vortrag oder die Vorlesung von Artikeln aus der sozialdemokratischen Volkstribüne knüpften, der von allen beherzigte Nachdruck. Ja der Vorsitzende unsers Vereins sprach das zu Beginn jeder Debatte geradezu aus, wenn er zur lebhaften Teilnahme an ihnen aufforderte und diese Aufforderung mit immer denselben Worten etwa so begründete: »Die Sitzungen unseres Wahlvereins sind in erster Linie der Debatten wegen da. Es wird gewünscht, daß jeder redet, jeder sich ausspricht. Und wenn das auch in der kläglichsten Form geschieht, jeder ist sicher, nicht ausgelacht zu werden, denn eben dazu sind wir allvierzehntägig hier zusammen, damit wir uns schulen, um in den großen Versammlungen unsern Gegnern mit Erfolg antworten zu können.« Und ich muß sagen, man kam dieser Aufforderung getreulich nach. Bis gegen zwölf Uhr nachts, von acht Uhr abends, zogen sich meist die Debatten der von des Tages Last und Mühe müden Leute hin. Wer immer etwas auf dem Herzen hatte, redete es herunter, alt und jung, ohne Unterschied. Oft in der holprigsten Form, in Sätzen, von denen kein einziger richtig gebaut war, Gedanken, die ein grauenhaftes Gemisch von Wissen und Unwissenheit, von praktischer Erfahrung und Mangel an Überblick über das große Ganze und oft eine Verranntheit in Ansichten zeigten, über die sogar die klaren, klugen Köpfe unter den Genossen erschraken. Daneben aber zeigte sich unter uns auch eine Zahl so gewandter, so schlagfertiger, so scharf und praktisch urteilender Redner, daß ich im stillen voll Bewunderung und Scham diesen einfachen Webern, Schlossern, Handarbeitern zuhörte, deren Beredsamkeit und Sicherheit im Denken und Auftreten nach meinen Erfahrungen wohl nur eine kleine Zahl unsrer Durchschnittsgebildeten gleichkommt. Und alle, die da redeten, auch wenn sie das tollste Zeug vorbrachten, wurden mit Ruhe und Aufmerksamkeit und fast kindlichem Ernst angehört und in dem, was sie nun eigentlich sagen wollten, zu meinem Verwundern auch deutlich und klar verstanden. Daß man sich in diesen Debatten mitunter tüchtig in die Haare fuhr, daß eine Reihe verschiedner Ansichten aufeinanderplatzte, ist ebenfalls und zwar darum besonders erwähnenswert, weil im Gegensatz dazu in großen Versammlungen mit ihren Gegnern unter den Sozialdemokraten immer die geschlossenste Einheit an den Tag gelegt zu werden pflegt. In gewissem Sinne die Fortsetzung dieser Debatten bildete die Beantwortung der Fragezettel, die während der Debatte von den Leuten in den Fragekasten geworfen wurden und meist irgendeine Aufklärung über einen in der Debatte berührten Punkt, über ein Fremdwort oder über eine in der Zeitung gefundne und nicht verstandne Notiz heischten. Meist waren die Antworten, die der Vorsitzende, der Redner oder ein andrer gab, leidlich zutreffend, manchmal aber auch, wie selbstverständlich, nur dürftig oder gar falsch. Aber sie wurden alle mit der siegesgewissen Sicherheit gegeben, die immer dem Halbgebildeten, an seine Sache oder sich selbst Glaubenden eigen ist. Hinter diesen Debatten trat der Wert der Vorträge selbst deutlich zurück. Sie waren meist kurz und wurden immer von Parteigrößen am Orte, also Chemnitzern, gehalten; oft taugten sie gar nichts und waren sichtlich aus den neuesten Zeitungsnachrichten zusammengestoppelt. Solch ein Vortrag pflegte dann, wie das auch anderwärts unter den Sozialdemokraten allgemeine Sitte ist, von dem betreffenden Verfasser nicht nur in unserm, sondern noch in fünf, ja zehn andern Brudervereinen mit dem gleichen Nachdruck und der gleichen Emphase fast wörtlich vorgetragen zu werden, eine Erscheinung, die sich nur aus dem geradezu fanatischen Agitationseifer und wiederum der Halbbildung erklären läßt, durch die den Leuten die Langeweile solchen Wiederkäuens nicht zum Bewußtsein zu kommen scheint.

Vortrag und Debatte wurden von den etwa vierzig Männern, die immer anwesend zu sein pflegten, wie gesagt, mit größter Aufmerksamkeit verfolgt. Man sah es diesen sinnenden, leuchtenden Augen an, wie die Köpfe mitarbeiteten, die vorgetragenen Gedankengänge aufzufassen und mitzudenken. Man rauchte viel Pfeife, doch auch Zigarren dazu und trank im Durchschnitt daneben ein, höchstens zwei Glas Bier, einfaches für 8 Pfennige oder Lagerbier für 15 Pfennige. Nur wenige verließen die Versammlung vor dem Schlusse, wenige auch, von den Mühen der Tagesarbeit überwältigt, schlummerten zuletzt ungestört ein. Sonst herrschte, wie gesagt, ungeteilte Aufmerksamkeit; denn solche Abende waren für diese Männer kein bloßes Vergnügen, sondern schwere Arbeit und immer Stunden eifrigen Lernens, scharfen Nachdenkens, der Auffrischung und Ermutigung in ihrem abwechslungslosen einförmigen Fabrikleben. Sie ersetzten, das kann man wohl ohne große Übertreibung sagen, vielen den früher gewohnten Kirchgang. Und darin liegt die große agitatorische Bedeutung dieser sozialdemokratischen Wahlvereine mit ihren regelmäßig wiederkehrenden Versammlungsabenden gerade in solchen Mittelstädten wie Chemnitz. Sie sind es, die den zur Sozialdemokratie sich neigenden Arbeiter dauernd, unaufhörlich, unauffällig bearbeiten, bis er mit seinem Dichten und Denken in den parteisozialistischen Gedankenkreisen aufgeht, und die den Befähigten schulen, daß er imstande ist, das Feuer der Überzeugung, das er an jenen Stätten in sich entfacht hat, nicht nutzlos verglühen zu lassen, sondern seine Kraft wieder zu verwerten in Agitation unter den Arbeitsgenossen und der eigenen Familie wie im Eintreten für die gemeinsame Sache bei Versammlungen mit den politischen Gegnern.

Äußerlich verliefen diese Abende immer gleichmäßig, unter immer derselben Tagesordnung: Aufnahme neuer Mitglieder, Verlesung des Protokolls über die letzte Sitzung, Vortrag, oder – in Fällen der Behinderung des angekündigten Referenten – Vorlesung einiger Artikel aus einer sozialdemokratischen Zeitung, meist der »Berliner Volkstribüne«, die sich gut dazu eignet, darauf Debatte und Fragekasten. Gleich einförmig und stereotyp waren die Worte, mit denen der sonst begabte Vorsitzende die Versammlung leitete, und der Schriftführer über den Verlauf der vergangenen Sitzung berichtete: man sah hier deutlich, wie äußerlich angelernt noch die parlamentarischen Formen an diesen einfachen Menschen waren. Gäste waren in den Sitzungen immer willkommen, kamen aber stets nur aus Arbeiterkreisen, doch auch nicht allzu zahlreich. Jede der Sitzungen wurde abwechselnd durch einen königlichen Gendarm und den Gemeindediener des Orts von einer bescheidnen Ecke des Zimmers aus überwacht. Doch rührten diese sich nie, und übrigens schien ihr persönliches Verhältnis zu den Arbeitern und das dieser zu ihnen nicht allzu feindlich zu sein. Man wünschte sich wenigstens fast immer gegenseitig einen guten Abend; auch sah ich denselben Ortsdiener manchmal an andern Abenden der Woche in einer gemütlichen Kneipe, die viel von uns Arbeitern besucht wurde, mit uns gemeinsam am runden Tische in Uniform sein Glas Bier trinken. Eine sehr wichtige Agitation wurde weiter bei den im Sommer fast allsonntäglich stattfindenden Arbeiter- und Kinderfesten entfaltet. Ich weiß nicht, ob das eine besondre Spezialität der Chemnitzer Sozialdemokraten ist; in Berlin treten ihnen zur Winterszeit wenigstens allerhand Bälle, Theateraufführungen, Konzerte und Maskenscherze mindestens gleichwertig an die Seite. Ich habe drei jener Sommerfeste mit erlebt, eines in unserm Dorfe, zwei in mehrere Stunden von Chemnitz entfernten, reizend gelegnen Orten. Man hat deutlich den Eindruck, wie sehr es bei diesen Festen gerade auf die dem rein Politischen und Volkswirtschaftlichen Fernstehenden, namentlich auf Arbeiterfrauen, Mädchen und Kinder abgesehen ist. Wer durch den Ernst des politischen Parteigedankens nicht gefesselt werden kann, soll durch die Freude an heiterer Geselligkeit und allerhand amüsanter Unterhaltung für die Partei gewonnen werden und so allmählich auf diesem leichten und luftigen Wege sozialdemokratischen Geist einsaugen. Noch eine besondre Aufgabe haben diese Feste. Sie sind alle zugleich ein finanzielles Geschäftsunternehmen der lokalen Parteileitung: denn ihr stets angestrebter und meist auch erzielter Überschuß muß die Parteikasse füllen helfen.

Paul Göhre, Drei Monate Fabrikarbeiter und Handwerksbursche. Leipzig 1906

Sozialistengesetz

Das »Gesetz gegen die gemeingefährlichen Bestrebungen der Sozialdemokratie«, 1878 »im Allerhöchsten Auftrag« erlassen und nach mehrmaliger Verlängerung bis 1890 in Kraft, vermochte die Ausbreitung der SPD nicht zu verhindern. Eher förderte es noch das Zusammengehörigkeitsgefühl der Arbeiterpartei und erzeugte in ihr eine Staatsfeindschaft, die historisch weitreichende Folgen haben sollte.

Auszüge aus dem Sozialistengesetz von 1878

Wir Wilhelm, von Gottes Gnaden Deutscher Kaiser, König von Preußen etc.
verordnen im Namen des Reichs, nach erfolgter Zustimmung des Bundesraths und des Reichstags, was folgt:

§. 1.

Vereine, welche durch sozialdemokratische, sozialistische oder kommunistische Bestrebungen den Umsturz der bestehenden Staats- oder Gesellschaftsordnung bezwecken, sind zu verbieten.

Dasselbe gilt von Vereinen, in welchen sozialdemokratische, sozialistische oder kommunistische auf den Umsturz der bestehenden Staats- oder Gesellschaftsordnung gerichtete Bestrebungen in einer den öffentlichen Frieden, insbesondere die Eintracht der Bevölkerungsklassen gefährdenden Weise zu Tage treten.

Den Vereinen stehen gleich Verbindungen jeder Art.

§. 3.

Selbständige Kassenvereine (nicht eingeschriebene), welche nach ihren Statuten die gegenseitige Unterstützung ihrer Mitglieder bezwecken, sind im Falle des § 1. Abs. 2 zunächst nicht zu verbieten, sondern unter eine außerordentliche staatliche Kontrolle zu stellen.

§. 4.

Die mit der Kontrolle betraute Behörde ist befugt:
1. allen Sitzungen und Versammlungen des Vereins beizuwohnen;
2. Generalversammlungen einzuberufen und zu leiten;
3. die Bücher, Schriften und Kassenbestände einzusehen, sowie Auskunft über die Verhältnisse des Vereins zu erfordern;
4. die Ausführung von Beschlüssen, welche zur Förderung der im §. 1 Abs. 2 bezeichneten Bestrebungen geeignet sind, zu untersagen;
5. mit der Wahrnehmung der Obliegenheiten des Vorstandes oder anderer leitender Organe des Vereins geeignete Personen zu betrauen;
6. die Kassen in Verwahrung und Verwaltung zu nehmen.

§. 5.

Wird durch die Generalversammlung, durch den Vorstand oder durch ein anderes leitendes Organ des Vereins den von der Kontrollbehörde innerhalb ihrer Befugnisse erlassenen Anordnungen zuwidergehandelt oder treten in dem Vereine die im §. 1 Abs. 2 bezeichneten Bestrebungen auch nach Einleitung der Kontrolle zu Tage, so kann der Verein verboten werden.

§. 9.

Versammlungen, in denen sozialdemokratische, sozialistische oder kommunistische auf den Umsturz der bestehenden Staats- oder Gesellschaftsordnung gerichtete Bestrebungen zu Tage treten, sind aufzulösen.

Versammlungen, von denen durch Thatsachen die Annahme gerechtfertigt ist, daß sie zur Förderung der im ersten Absatz bezeichneten Bestrebungen bestimmt sind, sind zu verbieten.

Den Versammlungen werden öffentliche Festlichkeiten und Aufzüge gleichgestellt.

§. 10.

Zuständig für das Verbot und die Auflösung ist die Polizeibehörde.

Die Beschwerde findet nur an die Aufsichtsbehörden statt.

§. 11.

Druckschriften, in welchen sozialdemokratische, sozialistische oder kommunistische auf den Umsturz der bestehenden Staats- oder Gesellschaftsordnung gerichtete Bestrebungen in einer den öffentlichen Frieden, insbesondere die Eintracht der Bevölkerungsklassen gefährdenden Weise zu Tage treten, sind zu verbieten.

Bei periodischen Druckschriften kann das Verbot sich auch auf das fernere Erscheinen erstrecken, sobald auf Grund dieses Gesetzes das Verbot einer einzelnen Nummer erfolgt.

§. 13.

Das von der Landespolizeibehörde erlassene Verbot einer Druckschrift ist dem Verleger oder dem Herausgeber, das Verbot einer nicht periodisch erscheinenden Druckschrift auch dem auf derselben benannten Verfasser, sofern diese Personen im Inlande vorhanden sind, durch schriftliche, mit Gründen versehene Verfügung bekannt zu machen.

Gegen die Verfügung steht dem Verleger oder dem Herausgeber, sowie dem Verfasser die Beschwerde zu.

Die Beschwerde ist innerhalb einer Woche nach der Zustellung der Verfügung bei der Behörde anzubringen, welche dieselbe erlassen hat.

Die Beschwerde hat keine aufschiebende Wirkung.

Polizeirazzia in der Umgebung von Berlin.

§. 16.

Das Einsammeln von Beiträgen zur Förderung von sozialdemokratischen, sozialistischen oder kommunistischen auf den Umsturz der bestehenden Staats- oder Gesellschaftsordnung gerichteten Bestrebungen, sowie die öffentliche Aufforderung zur Leistung solcher Beiträge sind polizeilich zu verbieten. Das Verbot ist öffentlich bekannt zu machen.
Die Beschwerde findet nur an die Aufsichtsbehörden statt.

§. 17.

Wer an einem verbotenen Vereine (§. 6) als Mitglied sich betheiligt, oder eine Thätigkeit im Interesse eines solchen Vereins ausübt, wird mit Geldstrafe bis zu fünfhundert Mark oder mit Gefängniß bis zu drei Monaten bestraft. Eine gleiche Strafe trifft denjenigen, welcher an einer verbotenen Versammlung (§. 9) sich betheiligt, oder welcher nach polizeilicher Auflösung einer Versammlung (§. 9) sich nicht sofort entfernt.
Gegen diejenigen, welche sich an dem Vereine oder an der Versammlung als Vorsteher, Leiter, Ordner, Agenten, Redner oder Kassirer betheiligen, oder welche zu der Versammlung auffordern, ist auf Gefängniß von Einem Monat bis zu Einem Jahre zu erkennen.

§. 18.

Wer für einen verbotenen Verein oder für eine verbotene Versammlung Räumlichkeiten hergiebt, wird mit Gefängniß von Einem Monat bis zu Einem Jahre bestraft.

§. 19.

Wer eine verbotene Druckschrift (§§. 11,12), oder wer eine von der vorläufigen Beschlagnahme betroffene Druckschrift (§. 15) verbreitet, fortsetzt oder wieder abdruckt, wird mit Geldstrafe bis zu eintausend Mark oder mit Gefängniß bis zu sechs Monaten bestraft.

§. 20.

Wer einem nach §. 16 erlassenen Verbote zuwiderhandelt, wird mit Geldstrafe bis zu fünfhundert Mark oder mit Gefängniß bis zu drei Monaten bestraft. Außerdem ist das zufolge der verbotenen Sammlung oder Aufforderung Empfangene oder der Werth desselben der Armenkasse des Orts der Sammlung für verfallen zu erklären.

§. 22.

Gegen Personen, welche sich die Agitation für die im §. 1 Abs. 2 bezeichneten Bestrebungen zum Geschäfte machen, kann im Falle einer Verurtheilung wegen Zuwiderhandlungen gegen die §§. 17 bis 20 neben der Freiheitsstrafe auf die Zulässigkeit der Einschränkung ihres Aufenthaltes erkannt werden.
Auf Grund dieses Erkenntnisses kann dem Verurtheilten der Aufenthalt in bestimmten Bezirken oder Ortschaften durch die Landespolizeibehörde versagt werden, jedoch in seinem Wohnsitze nur dann, wenn er denselben nicht bereits seit sechs Monaten inne hat. Ausländer können von der Landespolizeibehörde aus dem Bundesgebiete ausgewiesen werden. Die Beschwerde findet nur an die Aufsichtsbehörden statt.

Zuwiderhandlungen werden mit Gefängniß von Einem Monat bis zu einem Jahre bestraft.

§. 30.

Dieses Gesetz tritt mit dem Tage der Verkündigung in Kraft und gilt bis zum 31. März 1881.

Urkundlich unter Unserer Höchsteigenhändigen Unterschrift und beigedrucktem Kaiserlichen Insiegel.

Gegeben Potsdam, den 21. Oktober 1878.

Im Allerhöchsten Auftrage Seiner Majestät des Kaisers:

(L.S.) Friedrich Wilhelm, Kronprinz.
Fürst v. Bismarck.

August Bebel über die Arbeit im Untergrund

Wäre es unter der Herrschaft jenes Gesetzes jemand beigekommen, die Grundsätze festzustellen, nach denen polizeilicherseits Versammlungen verboten oder aufgelöst wurden, er hätte, auch wenn ein sehr hoher Preis auf die Lösung dieser Frage gesetzt wurde, erklären müssen: es gibt dafür keine Grundsätze. Laune und Willkür der Beamten sind dafür allein maßgebend. Die Gründe, die in einem Ort zu einem Verbot oder einer Auflösung führten, galten nicht an einem anderen Ort. Bald war es das Thema, bald die Person des Redners, bald die Natur des Lokals, was zu Maßregeln führte. Was der eine Beamte zuließ, verbot der andere, oft an ein und demselben Ort. Auch geschah es, daß Order gegeben wurde, der und der Redner dürfe ein für allemal nicht reden. Das geschah z.B. Paul Singer im Königreich Sachsen. Ich hatte in Dresden im Jahre 1886 eine Versammlung veranlaßt, in der ich einen Vortrag hielt. Im Laufe der Debatte nahm auch Paul Singer das Wort, dem in seiner Rede eine Beleidigung des Bundesrats entschlüpfte. Der überwachende Beamte entzog ihm sofort das Wort.

Ich rechnete mit einer Anklage und gratulierte meinem Freunde, daß er jetzt die Gewißheit habe, sich auch einmal die Mauern eines Gefängnisses von innen anzusehen. Ich täuschte mich. Es kam keine Anklage, dagegen eine Verordnung des Ministeriums des Innern, wonach Singer das öffentliche Reden innerhalb Sachsens ein für allemal zu verbieten sei.

Manchmal nahmen Versammlungsverbote auch einen amüsanten Verlauf, so ein solches in Großenhain in Sachsen. Ich war dort für eine Volksversammlung als Redner über das neue Unfallversicherungsgesetz angemeldet worden, also kein sozialistisches Thema. Gleichwohl wurde die Versammlung verboten, weil ich der Redner sein sollte. Auf meinen Rat legten die Großenhainer Genossen Beschwerde durch alle Instanzen ein, wurden aber überall abgewiesen. Sie wendeten sich nunmehr mit einer Beschwerde an den Landtag. Sie kam zur Verhandlung und kostete diesen eine lange Sitzung. Das Resultat war Zurückweisung unserer Beschwerde gegen unsere und einige liberale Stimmen. Ich machte nunmehr den Großenhainer Genossen den Vorschlag, eine neue Versammlung mit demselben Thema einzuberufen, aber mit einem Arbeiter als Berichterstatter. In der darauf folgenden Diskussion wollte ich dann das Wort ergreifen. Das geschah. Unter der Hand war aber bekannt gemacht worden, ich würde in der Versammlung anwesend sein. Die Versammlung war überfüllt, unter den Anwesenden befanden sich fast sämtliche Offiziere des in Großenhain garnisonierenden Husarenregiments, die in Zivil erschienen waren. Der Referent sprach etwa zwanzig Minuten, in der darauf eröffneten Debatte erhielt ich alsdann das Wort, ohne daß die Polizei zu intervenieren wagte. Ich sprach über eine Stunde unter stürmischem Beifall. Die Krönung des Ganzen aber war, daß nach Schluß der Versammlung der überwachende Polizeibeamte an mich herantrat und mir für meinen interessanten Vortrag dankte. Eine stärkere moralische Abfuhr konnte der Regierung und dem Landtag nicht zuteil werden. Als ich später bei einer Sozialistengesetzdebatte im Reichstag zur Beleuchtung der Handhabung des Gesetzes den Großenhainer Vorfall erwähnte und auch den Dank des Polizeibeamten hervorhob, der mir geworden, brach das ganze Haus in stürmische Heiterkeit aus einschließlich Bismarcks, der zugegen war. Ein so gemütlicher Polizeibeamter war ihm wohl doch noch nicht vorgekommen.

Neben den öffentlichen Versammlungen fanden aber unzählige geheime statt. Diese waren sogar die wichtigsten. Die gesamte Führerschaft war bei solchen beteiligt, und selten gelang es, eine solche Zusammenkunft zur gerichtlichen Aburteilung zu bringen. Einsam und abseits gelegene Lokale, der Wald, die Heide, die Kiesgruben und Steinbrüche waren gesuchte Versammlungsorte. Ich konnte z.B. unter dem Sozialistengesetz meinen Hamburger Parteigenossen über meine Reichstagstätigkeit gar nicht anders Bericht erstatten, als daß wir an solchen Orten zusammenkamen.

Aber einmal wurde ich doch gefaßt, als ich an einer geheimen Zusammenkunft der Mannheimer Parteigenossen auf der sogenannten Neckarspitze teilnahm, jene Stelle, an der der Neckar in den Rhein fließt. Wir wurden erkannt, und August Dresbach, ich und eine Anzahl Mannheimer Parteigenossen wurden zu Geldstrafen verurteilt. Dagegen blieb ungesühnt eine zahlreiche geheime Versammlung, die wir an einem Sonntagnachmittag auf einer unbewohnten Rheininsel unterhalb Mainz abhielten. Wohl versuchte die Staatsanwaltschaft einen Prozeß anzustrengen, aber die Zeugen versagten. So mußte die Anklage unterbleiben.

Mit den örtlichen geheimen Versammlungen war es aber dabei nicht getan. Auch Bezirks- und Landesversammlungen waren eine Notwendigkeit. So auch in Sachsen. Die Polizei war zwar solchen Zusammenkünften wiederholt auf der Spur, aber stets schlugen wir ihr ein Schnippchen. In besonderem Maße anläßlich einer Landeskonferenz, die wir scheinbar in der Höhle des

August Bebel spricht zu Berliner Sozialdemokraten.

Löwen, in Dresden, abhalten wollten. An einem trüben Novembersonntag kamen die Delegierten nach Dresden, von der Polizei beobachtet. Dort versammelten wir uns, vierzig bis fünfzig Mann stark, am Nachmittag an der Dampfschiffstation, um elbeaufwärts zu fahren. Selbstverständlich sah uns die Polizei, und selbstverständlich gab sie uns vier Geheime als Schutzwache mit. Trotz des unfreundlichen Wetters blieben wir auf Deck. Unsere Fahrkarten lauteten nach Pillnitz. Den Polizisten wurde es in unserer Gesellschaft ungemütlich. Das hatten wir erwartet. Sie verzogen sich in die Kajüte. Dorthin folgten ihnen vier unserer Genossen, die ein Kartenspiel begannen, ein Beispiel, dem die Polizisten folgten.

Unter uns war in aller Stille abgemacht, daß wir nicht nach Pillnitz fahren, sondern auf der vorhergehenden Station rasch das Schiff verlassen wollten. Unsere vier Genossen sollten zur Beruhigung der Polizei erst in Pillnitz aussteigen. Zusammenkunftsort war die mitten im Wald gelegene Maixmühle, bei günstiger Jahreszeit ein beliebter Ausflugsort der Dresdener. Als wir das Schiff von der Polizei unbemerkt verließen, war es schon bedenklich dunkel. Im Sturmschritt eilten wir nach der Maixmühle, wo Wirt und Wirtin über eine so zahlreiche Schar Gäste bei dieser Jahreszeit und Stunde nicht wenig überrascht waren.

Wir begaben uns nach dem Saal und erklärten den Wirtsleuten, wir seien ein Gesangsverein und wollten uns selbst bedienen. Um sie zu täuschen, wurde ab und zu ein Lied gesungen. Die Verhandlungen nahmen bei solchen Gelegenheiten stets einen raschen Verlauf. Mitten in der Beratung erschienen unsere vier Pillnitzer, die stürmische Heiterkeit erregten, als sie uns schilderten, welche verdutzten Gesichter die Polizisten gemacht, als sie sich mit ihnen allein an der Station Pillnitz sahen. Unsere Vier hatten sich sofort in den pechfinsteren Wald begeben und die Polizisten ihrem Schicksal überlassen. Wahrscheinlich waren sie mit dem nächsten Schiff nach Dresden zurückgefahren. Eine Nase hatten sie sicher von ihren Vorgesetzten zu erwarten.

Sobald wir mit unseren Beratungen zu Ende waren, ließen wir uns vom Wirte eine Laterne geben, die einer unserer Genossen an einem Stab uns vorantragen mußte, damit wir den kotigen Weg nicht verfehlten, und zogen singend unsere Straße. Nach Mitternacht kamen wir nunmehr zu Fuße wieder in Dresden an.

Die Polizei bedurfte keiner großen Kombinationsgabe, um zu erraten, wo wir getagt hatten; sie schickte am nächsten Tage eine Kommission nach der Maixmühle, um ein Verhör mit den Wirtsleuten vorzunehmen. Diese waren nicht wenig überrascht, als sie hörten, was für gefährliche Sonntagsgäste sie gehabt hatten. Sie konnten aber keine uns belastende Aussage machen, sie wußten von nichts. Ähnliche Vorgänge hat damals jeder erlebt, der unter dem Sozialistengesetz in einer tätigen Parteistellung war. Was ich hier erzähle, ist nur ein kleiner Ausschnitt aus dem Bilde.

Bebel, Aus meinem Leben. Stuttgart 1910-14

Lassalle und Marx als Ahnherren der sozialistischen Bewegung auf einem Schmuckblatt zur Erinnerung an den Gothaer Einigungskongreß 1875, bei dem die junge Sozialdemokratie »den freien Staat und die sozialistische Gesellschaft, die Abschaffung der Lohnarbeit, Aufhebung der Ausbeutung und Beseitigung der sozialen und politischen Ungleichheit« forderte.

Eugen Richter mit seinen Befürchtungen recht gehabt. Denn mit tausend Raffinessen überspielten die Unterdrückten ihre Wächter; sie waren meistens unsichtbar, dafür hochaktiv, vor allem im Hereinschmuggeln des Parteiorgans »Der Sozialdemokrat« vom Druckort Zürich her, später aus London. August Bebel schrieb im Rückblick: »Es bedurfte zahlreicher geheimer Zusammenkünfte und Versammlungen und energischer Agitatoren, um die mutlos Gewordenen aufzurichten und zu erneuter Tätigkeit anzuspornen. Und das gelang.«

In der zwölfjährigen Kraftprobe unterlag schließlich, wie in der Bibel, Goliath dem kleinen David. 1890, nachdem der Urheber des Sozialistengesetzes entlassen war, erlosch auch das Gesetz (im September). Der Reichstag hatte sich im Januar geweigert, es in der bisherigen Form ohne Abänderungen nochmals zu verlängern. Und so bewahrheitete sich der Satz, der am Beginn der großen Auseinandersetzung in einem sozialdemokratischen Flugblatt gestanden hatte. Damals, 1878, warnte es die Parteifreunde vor Provokationen, forderte zur Beachtung aller Gesetze, auch dieses Gesetzes, auf und fügte die Prophezeiung hinzu: »An unserer Gesetzlichkeit müssen unsere Feinde zu Grunde gehen.« Bebel selber, der nicht zu den Unterzeichnern des Flugblatts gehörte, betätigte sich nach den erfolgreichen Wahlen von 1884 gleichfalls als Prophet: »Sie wollen uns vernichten – das ist ihnen nicht gelungen, und es wird ihnen in aller Ewigkeit nicht gelingen. Ich bin überzeugt, daß die Sozialdemokratie nicht nur existiert, sondern auch blüht und gedeiht, wenn von dem System, das uns heute hudelt und büttelt, keine Spur mehr vorhanden ist...«

Der Gerechtigkeitssinn fragt nun allerdings, ob Bebel nicht bei aller Berechtigung, sich aufzulehnen, einseitig und unbillig urteilte. Hatte nicht derselbe Reichskanzler, der die Sozialisten »hudelte« (= schlecht behandelte) und »büttelte« (= polizeilich verfolgen ließ), zugleich eine Sozialgesetzgebung eingeleitet, die in Europa damals einzigartig war? Bebel und die Seinen übersahen nicht diese Tatsache, werteten sie aber dennoch negativ, weil sie dahinter Berechnung erkannten. Bismarck hoffte nämlich, die Arbeiterschaft durch soziale Fürsorge vom internationalen Sozialismus zu trennen. Moritz Busch, sein »Leibjournalist«, erfuhr aus Bismarcks Mund: »Wer eine Pension hat für sein Alter, der ist viel zufriedener und viel leichter zu behandeln, als wer darauf keine Aussicht hat.« So hatten die Fürsorge-Gesetze für ihn in erster Linie einen agitatorischen Zweck. Weil sie nicht mit politischer Anerkennung einhergingen, sondern diese gleichsam zu umgehen und zu ersetzen versuchten, wurden sie in der sozialdemokratischen Führung nicht als wirkliche Reformen anerkannt, sondern als Almosen gewertet, als Brosamen mit Kalkül. Dafür glaubten sie keinen Dank zu schulden.

Nun zählt aber in der Geschichte weder die gute noch die weniger gute Absicht, sondern das Resultat. Und das ist aller Achtung wert. Es eilte ähnlichen Erleichterungen in anderen Ländern weit voraus. Selbst heute ist dergleichen noch längst nicht überall erreicht. Was besagten jene Gesetze?

Die Regierung wollte ein Auffangnetz gegen soziale Abstürze knüpfen; es sollte an drei Pfosten befestigt sein. Sie trugen die Aufschrift: Krankenversicherung, Unfallschutz, Invaliditäts- und Alterssicherung. Als Stichdatum kann der 17. November 1881 gelten. In der Thronrede, die Bismarck verlas und die die Grundsätze seiner eigenen vorausliegenden politischen Absichten enthielt, hieß es – genau im Sinne seiner doppelwertigen Behandlung der Arbeiterfrge –, »daß die Heilung der sozialen Schäden nicht ausschließlich im Wege der Repression sozialdemokratischer Ausschreitungen, sondern gleichmäßig auf dem der positiven Förderung des Wohles der Arbeiter zu suchen sein werde«.

War schon das Einkommen für unselbständige Arbeit in Fabriken und Handwerksbetrieben sehr gering: bei Arbeitsunfähigkeit kam es in den Familien zur wirtschaftlichen Katastrophe. Hier sollten Rettungsanker ausgeworfen werden. Nun hing es nicht einfach vom Willen der Regierung ab, solche Gesetze zu verwirklichen. Seit der absolutistische Staat überwunden war, hatten die Volksvertretungen (wie im vorabsolutistischen Staat die Stände) über die Geldausgaben des Gemeinwesens mitzuentscheiden. Man sollte meinen, für fortschrittliche gesell-

schaftliche Neuerungen müßte in jedem Parlament Bereitschaft zur Mitarbeit vorhanden sein. Das Zeitalter des Liberalismus dachte aber nicht so. Alle dirigistischen Eingriffe des Staates waren der liberalen Gesinnung entgegen. Sie schwor auf das freie Spiel der Kräfte und somit auf das persönliche Risiko. Hatten die Liberalen im Kulturkampf viele ihrer Grundsätze verraten, so kehrten sie nun zu ihnen zurück – nur leider beim falschen Gegenstand. Sie sperrten sich gegen die Sozialgesetze aus weltanschaulichen Gründen, so, wie die Sozialdemokraten die Vorlagen ablehnten, weil sie darin nur Taktik und Spekulation auf Wohlverhalten vermuteten.

So war der sozialpolitische Gesetzesweg hindernisreich, und es vergingen acht Jahre, bevor die drei großen Vorhaben schließlich, unter erheblichen Veränderungen gegenüber den Erstentwürfen, nacheinander unter Dach waren. Zuerst wurde 1883 die gesetzliche Krankenversicherung eingeführt, ein Jahr später folgte der gesetzliche Unfallschutz. Mit der Rentenversicherung dauerte es am längsten. Erst 1889 kam eine Einigung zustande, wonach Arbeitgeber und Arbeitnehmer sich jeweils durch Vorauszahlungen in die Kosten für Invalidität und Ruhestand teilen und der Staat bei Invalidität einen Zuschuß leistet. Dabei ist es im Prinzip bis heute geblieben.

Im internationalen Vergleich waren es die fortschrittlichsten Gesetze der Welt. Wenn auch ihr Hintergedanke, die Spaltung der Arbeiterklasse, auf Selbsttäuschung beruhte, so wurden die sozialen Hilfen doch segensreich. Sie machen eine Epochenwende sichtbar. Die Gesellschaft übernahm Funktionen der Solidarität, die in der Vergangenheit der rein agrarischen Lebensformen der familiäre Großverband erfüllt hatte. Auch hierin, in der Gewichtsverlagerung des Beistands, war das Industrie-Zeitalter unumkehrbar geworden.

Linke Seite: Leistungsbilanz der deutschen Sozialversicherung von 1885 bis 1913. Die deutsche Sozialgesetzgebung war vorbildlich. Sie wurde von den meisten europäischen Ländern übernommen und konnte ihr sozialpolitisches Ziel, die materielle Sicherung der Arbeiter, im wesentlichen erreichen.
Oben: Groß war das Wohnungselend der Arbeiterfamilien in den rasch anwachsenden Industriestädten. In tristen Mietskasernen und Kellerwohnungen, in engen Schlafstellen und überbelegten Elendsquartieren hauste das Proletariat. »Den neuen Reichtümern steht neuer Jammer gegenüber. Verkümmerung, Verwahrlosung der Arbeiter in einer Ausdehnung und Intensität, wovon man früher keine Vorstellung gehabt«, schreibt der Brockhaus von 1875 über die Kehrseite des industriellen Fortschritts.

»Wären wir zwanzig Jahre jünger...«

Die frühen Denkmäler staatlicher Sozialpolitik können nicht verdecken, daß viel Armut im Kaiserreich herrschte; in der Bismarckzeit noch mehr als in der Wilhelminischen. Wohin schaute man im 19. Jahrhundert, wenn man sich aus der Not fortsehnte nach besserem Leben? Drüben, jenseits des Atlantiks, lockte der Kontinent »der unbegrenzten Möglichkeiten«.
»Wären wir zwanzig Jahre jünger, so segelten wir noch nach Amerika«, hatte Goethe 1819 in Weimar zu Johann Heinrich Meyer gesagt. Damals als 70jähriger sah er das Zeitalter der Massen und der Maschine bedrohlich am europäischen Horizont. Er fürchtete um die Möglichkeiten freier Entfaltung. Amerikas Weite schien ihm die Garantie zu bieten, daß hier die schöpferischen Kräfte noch lange den Spielraum fänden, der ihnen im angestammten Kulturbereich mehr und mehr verlorenging.
So dachten viele Europäer, besonders die Deutschen mit ihrem angeborenen Charakterzug romantischen Fernwehs. Aber der vorherrschende Grund, die Heimat zu verlassen, waren doch Hunger und Not, besonders in den kargen, rückständigen Landstrichen, die im Schatten wirtschaftlichen Wohlstands vegetierten. Dazu kamen in wachsendem Maß die Glücksritter aus den grauen Mietskasernen der Großstädte, Menschen, die nicht länger im Heer der Maschinenknechte dienen wollten oder arbeitslos geworden waren.
Aber auch die Politik sorgte für ansehnliche Auswandererzahlen, erst in den Jahrzehnten des Deutschen Bundes, danach im Kaiserreich. Unter den Motiven, Deutschland zu verlassen, war die Politik das kleinere Geschwisterkind des Mangels. In der Ära Metternich rieb sich der Geist der Freiheitskriege wund daran, daß die Einheit des Landes ein bloßer Wunschtraum blieb und die Versprechungen der Fürsten nur halbherzig oder gar nicht erfüllt wurden. Kleinstaatliche Gesinnungsschnüffelei, »Demagogenverfolgung«, die Knechtung des freien Wortes verdunkelten vielen die Zukunft. Nicht wenige dieser Demokraten oder liberalen Monarchisten verließen resigniert die Heimat; etlichen machte ein Haftbefehl den Abschied leichter. Als auch die Hoffnungen der Achtundvierziger von der Reaktion zerschlagen wurden, folgte wieder ein Schub Ernüchterter aus der bürgerlichen Bildungsschicht den Vorgängern nach Übersee – als eines der stärksten Talente Carl Schurz. »Übersee« bedeutete keineswegs nur Nordamerika; aber weit vor allen transozeanischen Alternativen waren die Vereinigten Staaten das Auswandererland Nummer eins.
Im letzten Viertel des Jahrhunderts gewann die politische Emigration eine andere soziologische Färbung. Da hatte sich das Bürgertum mehrheitlich mit dem Bismarckstaat arrangiert. Nun waren die Sozialdemokraten die schwarzen Schafe der Nation. Nach Erlaß des Sozialistengesetzes häuften sich in den Zeitungen Abschiedsannoncen wie diese: »Bei meiner Abreise nach Chicago sage ich allen meinen Freunden und Bekannten, insbesondere den Mitgliedern des Gesangvereins Liederhalle, herzliches Lebewohl. Braunschweig, 12. April 1882. Georg Gries.« Oder: »Allen meinen Freunden und Bekannten bei meiner Abreise nach New York ein herzliches Lebewohl! Carl Fleischer und Familie aus Klein-Zschocher bei Leipzig.«
Dann reiste man mit dem Personenzug nach Hamburg oder Bremerhaven, wo mitunter noch Wochen in den Massenquartieren der Auswandererlager zugebracht werden mußten, denn der Linienverkehr, zweimal wöchentlich, konnte die Menschenfracht nicht ohne Stau bewältigen. Endlich vertauschten die Reisenden die Pritschen der gekalkten Säle mit dem Zwischendeck, der billigen Passagemöglichkeit über dem Schiffsboden und unter dem Oberdeck. »Der Preis ist gegenwärtig 120 Mark«, pries die »Kaiserl. deutsche Dampfschiffahrt« den meist mittellosen Auswanderern das Zwischendeck in den frühen achtziger Jahren an. Der Betrachter der Annonce sieht einen schmucken Zweimastsegler mit rauchendem Schornstein auf den Wellen reiten, ein Mittelding aus Leinen und Dampf, optisch eher der vergehenden Ära zugehörig als der zukünftigen.
In dem schwankenden Reisegefängnis hausten die Passagiere wochenlang mit Kindern, Koffern und Kisten in schlechter Luft bei einer blakenden Petroleumfunzel und mit geringer Be-

Deutsche Auswanderer schiffen sich nach Amerika ein. Zeichnung von ca. 1880. Jahr für Jahr verließ etwa die Einwohnerzahl einer Großstadt das Reich. Gegenüber der gewaltigen Binnenwanderung, die im Gefolge der Industrialisierung die Bevölkerung ergriff und die nach Hunderttausenden jährlich zählte, nahm sich die Auswanderungsbewegung nach Übersee allerdings eher gering aus.

wegungsfreiheit. Ringsherum in den primitiven Unterkünften reihten sich Schlafkojen, mehrstöckig, mit Vorhängen davor, in der Mitte stand ein Tisch mit einer Anzahl von Stühlen. So verging die Überfahrt reizgeladen und in quetschender Enge, mit Seekrankheit als kostenloser Zugabe.

»Auswandern« ist ein unscharfer Sammelbegriff für die unterschiedlichsten Antriebe, einen neuen Anfang zu suchen. Die ungeschriebenen Biograpien im Zwischendeck hätten nicht nur Existenznot, politische Verfolgung und Freiheitsdrang, Abenteurergeist enthüllt, sondern zuweilen auch das dringende Bedürfnis, sich durch einen breiten Wassergraben vor den Paragraphen des Strafgesetzbuches in Sicherheit zu bringen. Ja, sogar die Behörden selber in den deutschen Einzelstaaten pflegten lange Zeit Häftlinge und Asoziale nach Übersee abzu-

schieben, als seien die Vereinigten Staaten eine Sträflingskolonie wie damals Australien für England.
Ob diese Minderzahl mitgezählt wird oder nicht: Immer sind die Mutigen, Entschlossenen aufgebrochen, nie die Trägen, Gleichgültigen. Tatwille, Energie und (meistens) jugendliche Kraft reisten im Handgepäck mit. Die Frage ist leicht zu beantworten, woher wohl der Menschenschlag der USA bis heute seine Dynamik herleitet, seinen Optimismus und Fortschrittsgeist, bis hin zu der fragwürdigen Mentalitätsbeigabe, daß nur der Erfolg zähle. Jedenfalls mündeten ununterbrochen Kraftströme aus ganz Europa in die junge Nation.
In dem Jahrhundert zwischen Waterloo (1815) und Erstem Weltkrieg (1914) verließen rund fünfeinhalb Millionen Deutsche die Heimat in Richtung USA, das größte nationale Einzelkontingent in dem Zeitraum, vor den Engländern, Italienern, Iren. 1831-1840 lag der Jahresdurchschnitt der Abgänge aus Deutschland bei 15 000, 1841-1850 bei 43 000, im nächsten Jahrzehnt bei 59 000, im übernächsten bei 82 000. Die größten Jahresraten, durchschnittlich 140 000, erreichte erst der Zeitraum 1880-1890, ausgerechnet die nationalstolze Epoche des geeinten Deutschland: Das war die Kehrseite der vaterländischen Medaille. Die Gründe fortzugehen wogen für sehr viele schwerer als diejenigen, zu bleiben. Daran änderte auch die innere Wahrheit nichts, die Ferdinand Freiligrath in seinem rührselig-patriotischen Gedicht »Die Auswanderer« aussprach, in Versen, die jedes Schulkind im Kaiserreich auswendig lernte:

Wie wird es in den fremden Wäldern
Euch nach der Heimatberge Grün,
Nach Deutschlands gelben Weizenfeldern,
Nach seinen Rebenhügeln ziehn!...

Anfänge deutscher Kolonialpolitik

So viele Auswanderer Deutschland auch verlor, die Geburtenzahlen stiegen sprunghaft an. Rein zahlenmäßig wurden die Emigrantenwellen mehr als ausgeglichen; die Existenznöte blieben bestehen. Die dreifache Dynamik von politischer Stärke, wirtschaftlicher Energie und Bevölkerungsüberschuß trieb das Reich auf Bahnen, wie sie Engländer und Franzosen beschritten hatten. Machten diese nicht nachahmenswert vor, wie man durch Kolonien billige Rohstoffquellen, Absatzmärkte und darüber hinaus »Lebensraum« für überschüssige Volkskraft gewinnen konnte? War es nicht besser, die Heimatmüden auf eigene Territorien in Afrika zu lenken, statt sie unwiederbringlich an die Neue Welt zu verlieren? Ob die Rechnung aufging, war fraglich, aber der Phantasie eröffneten sich Möglichkeiten, die bald in die Losung mündeten: »Wir brauchen Kolonien!« Hunderttausende Bürger organisierten sich in Kolonialvereinen. Die Forderung nach Kolonien wurde auch in Bremen gehört.
Freunde berichteten dem Handelsherrn Adolf Lüderitz, in Südwestafrika seien unter der wenig einladenden Oberfläche große Lagerstätten von Erz, Silber, Gold und Diamanten zu vermuten. Man brauche das Land nur einigen Häuptlingen billig abzuhandeln. Der Großkaufmann, im lateinamerikanischen Tabakgeschäft tätig, begeisterte sich für die Idee, kaufte ein Segelschiff, rüstete es aus und schickte es auf die Reise.
Im April 1883 segelte die Brigg »Tilly« mit deutscher Besatzung an der westafrikanischen Küste entlang. An Bord des Zweimasters lagerten viertausend Gewehre und dreihundert Revolver. Die kleine Besatzung plante keinen Kriegszug damit, sondern friedlichen Landerwerb im Tausch gegen diese begehrten Erzeugnisse der Zivilisation. Bald darauf wurden die Deutschen mit einem Eingeborenen-Häuptling handelseinig. Gegen einen Teil der Waffen und Bargeld in Höhe von hundert Pfund Sterling trat er die Meeresbucht mit dem Namen Angra Pequena ab, im Südwesten des Kontinents nördlich vom Oranje-Fluß gelegen, dazu einen Landstrich, der sich von jedem Punkt der Küstenregion aus fünf Meilen ins Innere erstreckte. Der Ort des Vertrages war Bethanien im heutigen Namibia.
Szenenwechsel: Über der Bucht, in der die Brigg ankert, hissen die neuen Eigentümer am 12. Mai 1883 eine deutsche Flagge. Sie ist vom Meer aus zu sehen. Von dort her hallen Salut-

schüsse. Aus der Brandung tauchen Robben und Pinguine auf, als wollten sie dem fremdartigen Treiben zuschauen. Eine Tagebuchnotiz der Kolonisatoren vermerkt: »So weit das Auge reicht, Sand, nichts als Sand, hügelartig, wie ein unendliches, totes Meer.« Im Anschluß an das Zeremoniell, so steht weiter geschrieben, »wurde unter großem Jubel und begeistert auf den deutschen Kaiser, auf das Haus Lüderitz... und auf die erste deutsche Colonie angestoßen«.

Kurz davor, aber ohne Kenntnis von diesem Vorhaben, hatte Bismarck einen bemerkenswerten Ausspruch getan: »Wenn es im deutschen Volke eine breite Strömung für Kolonien gibt, dann kann sich die Reichsregierung nicht fortwährend verschließen.« Das war der äußere Wendepunkt seiner bisherigen kolonialen Enthaltsamkeit gewesen. Er hatte hinzugefügt, und das traf deckungsgleich die Art der Landnahme von seiten des Adolf Lüderitz: Handelshäuser, Banken, große Firmen sollten nach britischem Vorbild auf eigene Verantwortung Kolonien gründen. Der Handel müsse vorangehen, die Flagge werde dem Handel folgen, und die Nation müsse dann zu der Flagge stehen.

Ganz in diesem Sinn telegraphierte der Kanzler Ende April 1884 an die deutsche Botschaft in London. Die britischen Behörden in Kapstadt hatten die Frage gestellt, ob die Landkäufe und Geschäfte des Herrn Lüderitz nördlich vom Oranje-Fluß Anspruch auf den Schutz des Reiches besäßen. Bismarck wörtlich: »Ich habe deshalb den Kaiserlichen Konsul in Kapstadt telegraphisch angewiesen, amtlich keinen Zweifel darüber zu lassen, daß dies der Fall ist.« Erst jetzt konnte man sagen, daß es in Deutschland nicht nur koloniale Initiativen von Privatseite, sondern auch Kolonial*politik* gab.

Der erste Kanzler des zweiten Kaiserreiches unterstützte die überseeischen Landerwerbungen nur halbherzig. Er paßte sich eher einem populären Trend an, als daß er aus Überzeugung handelte. Die Überlegungen waren nicht frei von Taktik. Im Vorfeld der Reichstagswahlen von 1884 wollte er die Nationalliberalen zu Lasten der Fortschrittler stärken, und bei jenen war eine überseeische Erwerbspolitik sehr geschätzt. Darüber hinaus wollte er für die voraussehbare – und möglicherweise lange währende – Thronfolge Friedrichs III. vorsorgen. Sollte Friedrich als Gemahl einer Engländerin einseitig englandfreundlich herrschen und damit die Balance gefährden, so konnten Kolonien als Hebel für einen Konflikt dienen. So jedenfalls hat Bismarcks Sohn Herbert 1890 rückschauend berichtet.

Letztlich tat der Kanzler den Schritt übers Meer nicht mit der Entschiedenheit und dem absoluten Gespür, womit er sonst in den äußeren Belangen des Reiches handelte. Dafür steht deutlich ein Wort von 1888, gegenüber einem Afrika-Enthusiasten: »Ihre Karte von Afrika ist ja sehr schön, aber meine Karte von Afrika liegt in Europa. Hier liegt Rußland und hier liegt Frankreich, und wir sind in der Mitte; das ist meine Karte von Afrika.«

Gleichviel, er hatte etwas in Gang gesetzt, genauer: gutgeheißen, hatte erwachten Energien seine Unterstützung geliehen. Daraus entwikkelte sich nun eine Kolonialpolitik von eigenem Gewicht. Deutsche Kaufleute, Forscher, Siedler und Abenteurer erwarben ein »Schutzgebiet« nach dem anderen – wobei die dunkelhäutigen Vertragspartner, von denen wenige lesen und schreiben konnten, den Vorgang und die Konsequenzen kaum hinreichend überblickten –, und das Reich sicherte die Erwerbungen dann mit seiner Macht.

In einem großformatigen Bild- und Textband, den die Hundertjahr-Rückschau auf die Anfänge deutscher Kolonialpolitik hervorgebracht hat, schreibt der Autor Jürgen Petschull, derartigen Vertragsabschlüssen habe sich »stets das gleiche Ritual der deutschen Machtergreifung« angeschlossen: »Flaggenhissung, Kanonendonner, ein dreifach kräftiges Hurra auf Kaiser und Vaterland«.

Nachdem die Reichsregierung im April 1884 den erwähnten ersten kolonialen Schutzbrief – telegraphisch – für die inzwischen erweiterten Besitzungen des Adolf Lüderitz ausgestellt hatte, reiste im Sommer desselben Jahres der Forscher Gustav Nachtigal als »kaiserlicher Kommissar« an der westafrikanischen Küste entlang. Im Juli 1884 pflanzte er die deutsche Flagge am Meeresrand von Togo, ebenso von Kamerun. Im Herbst flatterte deutsches Fah-

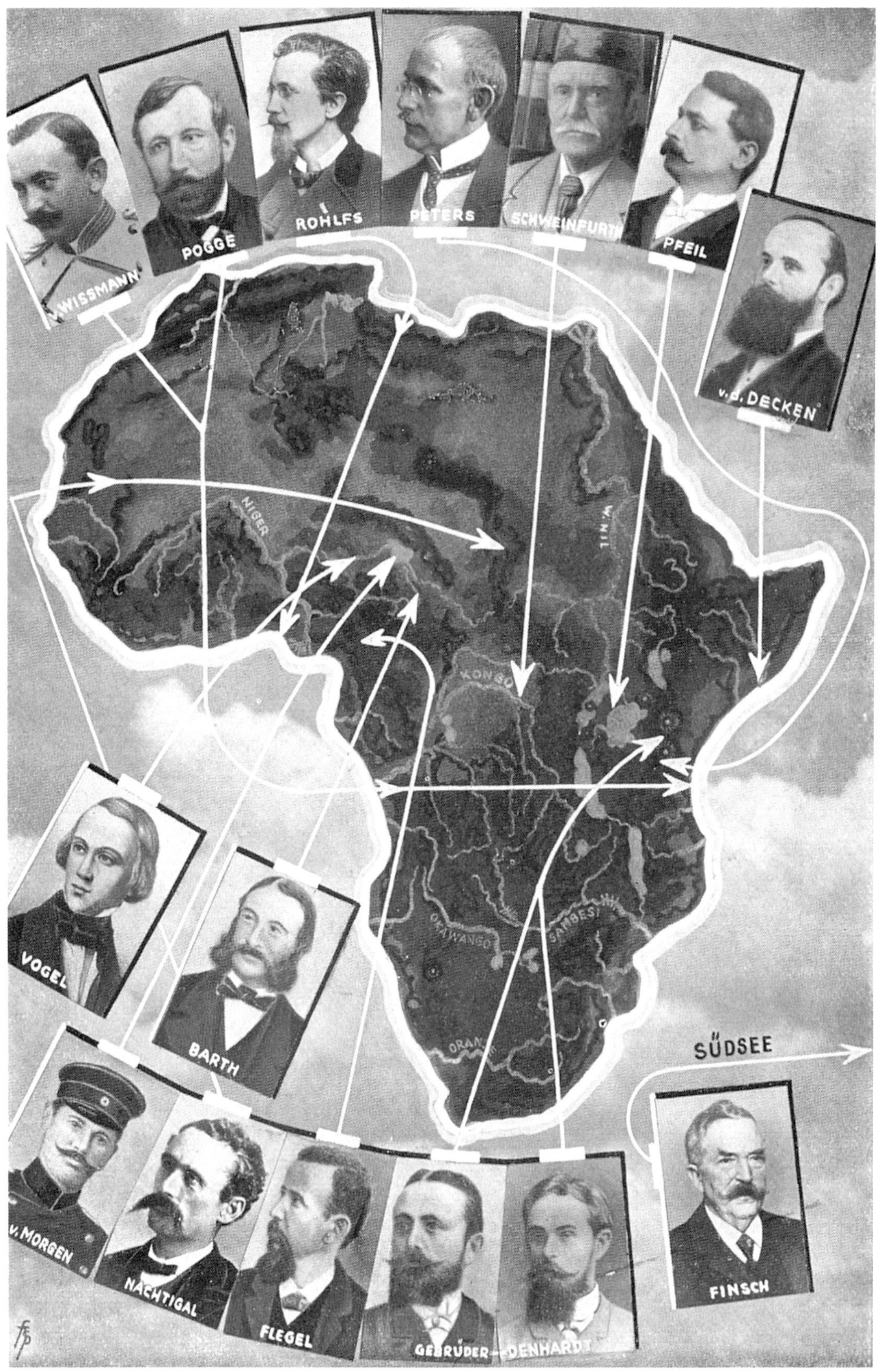

WISSMANN
POGGE
ROHLFS
PETERS
SCHWEINFURTH
PFEIL
v. d. DECKEN
NIGER
W. NIL
KONGO
OKAWANGO
SAMBESI
VOGEL
BARTH
SÜDSEE
v. MORGEN
NACHTIGAL
FLEGEL
GEBRÜDER DENHARDT
FINSCH

Oben: Eine Montage von 1934 zeigt den Ostafrika-Pionier Carl Peters, das erste Expeditionslager von 1884 und das ihm zu Ehren errichtete Denkmal in Hannover. Der deutsche Kolonialgedanke wurde nach dem Untergang des Kaiserreichs und dem Verlust der Schutzgebiete aufrechterhalten, kam aber auch und gerade im Dritten Reich, dessen Interessen wieder ganz auf Mitteleuropa zentriert waren, über bloße Deklamation nicht hinaus.

Links: Der schwarze Erdteil und seine Erforscher. Die auf dem Erinnerungsblatt aufgeführten Personen können jedoch nicht alle für den deutschen Kolonialismus reklamiert werden, weil ihr Wirken in eine Zeit fällt, da das Reich nach Bismarcks Worten »saturiert« war und an Erwerb von Schutzgebieten nicht dachte. Vogel und Barth gar waren in den 50er Jahren des 19. Jahrhunderts in englischem Auftrag unterwegs.

nentuch auch über dem nordöstlichen Neuguinea in der Südsee, 1885 auch über den Marshall-Inseln. Zur gleichen Zeit erwarb der Kolonialpionier Carl Peters Teile Ostafrikas im Bereich des heutigen Tansania für das Deutsche Reich. Im Pazifischen Ozean wurde der Kolonialbesitz noch um einige Inselgruppen erweitert, wenngleich nicht ganz konfliktlos. Deutschland mußte sich bis zum Ende des Jahrhunderts mit älteren Eigentumsansprüchen der Spanier auseinandersetzen und kaufte ihnen schließlich die Inseln ab: die Karolinen, Marianen und die Palau-Gruppe. Beim hilflosen Koloß China pachtete Deutschland die Region Kiautschou am Gelben Meer für 99 Jahre. Als letzte Erwerbung kamen am 1. März 1900 noch in der Südsee zwei der Samoa-Inseln dazu.
Ein weitgespanntes, im Weltmaßstab allerdings drittrangiges Kolonial»reich« war auf diese Weise über anderthalb Jahrzehnte hin Stück für Stück zusammengekommen.
Dem Überblick über Art und Zeitraum der Aneignung müssen zwei weitere Erkundigungen folgen: wie die deutsche Kolonialpolitik als Herrschaftsform ausgesehen hat und welche übernationalen Verwicklungen sich daraus ergaben. Der letzte Gesichtspunkt wird entscheidend werden für die gesamte Außenpolitik und Bündnislage der Wilhelminischen Ära; in deren Zusammenhang sollen diese Fragen abgehandelt werden.

Die Tragödie Friedrichs des Dritten

Wer in den alten Ausgaben der »Gartenlaube« blättert und bebilderte Artikel des Spätwinters 1888 auf sich wirken läßt, der erhält einen Begriff von der Trauer und Ergriffenheit, die weite Kreise, einen Großteil des Volkes, beim Tod Wilhelms I. befiel. Der Grund dafür lag, weit über die begrenzte Bedeutung seiner Persönlichkeit hinaus, im Symbolischen: Der greise Kaiser verkörperte die deutsche Reichseinigung; und zwar tat er dies in höherem Maß als der eigentliche Reichsgründer Bismarck. Dieser, versehen mit allem Spannungsreichtum des Genies, konnte nicht die Verehrung eines ganzes Volkes auf sich vereinen; dazu war er viel zu kämpferisch und unruhig, zu zorn- und haßfähig. Jener aber stand über dem Streit. Daher schwieg auch, als er starb, für Momente aller Hader. Es war einer der wenigen und seltenen Augenblicke in der deutschen Geschichte, da sich das von Parteiungen, Konfessionen und landsmannschaftlichen Gegensätzen zerrissene Volk in einer einzigen Gemütsregung – in schmerzlicher Betroffenheit – zusammenfand. Weit größeren Staatsmännern als Wilhelm I. ist eine so ungeteilte nationale Zuwendung bei ihrem Ableben versagt geblieben.

Wenngleich von konservativer Denkart, die ihre liberalen Anteile im Alter wieder weitgehend zurückgedrängt hatte, war der Kaiser doch ein ruhender Pol im ständigen Meinungskampf gewesen. Durch Redlichkeit, bescheidenen Lebensstil und natürliche Würde hatte er dem jungen Staat eine Mitte gegeben. Das sah man in Karlsruhe und Nürnberg nicht anders als in Leipzig, Braunschweig und Oldenburg, in der Pfalz genauso wie in der Mark Brandenburg und in Ostpreußen. An und in ihm ist Preußentum jener Art gewesen, die Deutschland nicht geschadet, sondern genützt hat. Auch hatte er Bismarcks Staatskunst immer als mahnendes Gewissen überwacht und dabei oft schwerste Bedenken überwinden müssen gegenüber Plänen und Vorschlägen, die seiner schlichten, gradlinigen Natur widerstrebten.

Die größte Leistung des Monarchen liegt darin, daß er Bismarck ertragen und gegen alle Anfechtungen verteidigt hat – nicht zuletzt gegen die eigene Gemahlin. Kaiserin Augusta verabscheute Bismarck, und der wiederum haßte sie von ganzem Herzen, um so mehr, als sie Einflußmöglichkeiten hatte, die er naturgemäß ohnmächtig ertragen mußte, weil sie bis ins kaiserliche Ehegemach reichten. Nur einmal sprach er in einer Reichstagsrede höchst anzüglich von den »Salon-Einwirkungen hoher Persönlichkeiten« und gab noch in seinen Erinnerungen ärgerlich zu verstehen, daß er bei Einwendung des Kaisers zu unterscheiden gelernt habe, ob der Widerstand aus Wilhelms eigener Überzeugung rührte oder auf Einflüsterungen Augustas beruhte. Im letzteren Fall seien nämlich die Argumente des Kaisers »unsachlich und unlogisch« gewesen und daher erkennbar »weiblicher Bearbeitung« entsprossen. In der liberalen, katholikenfreundlichen Kaiserin erblickte er den »Kristallisationspunkt« der unterschiedlichsten Feindschaften im Lande gegen sich.

Immerhin, Wilhelms Herrentreue widerstand im Grunde allen Einwendungen des Lebenspartners; er hielt den Pakt vom September 1862 ein Vierteljahrhundert lang bis zum letzten Atemzug. Wie zwei so grundverschiedene Naturen sich doch immer wieder zusammengerauft haben – manchmal in Weinkrämpfen – und miteinander alt geworden sind, in späten Jahren in einer Art protokollarisch bestimmter distanzierter Freundschaft: das ist im Rückblick nicht ohne Anteilnahme zu verzeichnen.

War diese Thronkarriere nach frühen und mittleren Lebensturbulenzen im Alter von Frieden, Beschaulichkeit und Verehrung überglänzt, so besitzt der geschichtliche Auftritt des Nachfolgers Friedrich Züge ausgesprochener Tragik. Von Geburt her nicht für die Herrschaft bestimmt, zeichnete sich aber wegen der Kinderlosigkeit seines Onkels Friedrich Wilhelms IV. schon in der Kindheit die spätere Thronfolge ab. Dann mußte er endlos warten, weil sein gekrönter Vater Wilhelm uralt wurde. Endlich, als die Nachfolge im 57. Lebensjahr doch noch eintrat, da war er todkrank und konnte wegen fortgeschrittenen Kehlkopfkrebses kaum noch sprechen. Nur eine Regierungszeit von 99 Tagen war ihm vergönnt.

So war das Jahr 1888 noch nicht zur Hälfte vergangen, als Deutschland binnen dreieinhalb Monaten den dritten Kaiser hatte. Der erste ist in vorteilhafter Erinnerung, der dritte trug wesentlich zum Verhängnis des Reiches bei, der zweite, mittlere, hinterließ Ungewißheit. In der

Vier Hohenzollern-Generationen im Schloßpark von Babelsberg. Eine Aufnahme von 1882. In der Mitte sitzend Kaiser Wilhelm I., der 91 Jahre alt wurde, links neben ihm sein Sohn Kronprinz Friedrich, der nur 88 Tage regierte, rechts stehend Friedrichs ältester Sohn Prinz Wilhelm, dessen Regierungszeit 30 Jahre währte. Auf dem Schoße des alten Kaisers sitzend Prinz Friedrich Wilhelm, sein ältester Urenkel, der nie den Thron besteigen sollte.

deutschen Geschichte steht Friedrich III. aus dem Hause Hohenzollern als ein zwar nicht unbeschriebenes, aber schwach leserliches Blatt. Seine Haltung zum Kaiserreich und zu Bismarck in der Zeit des langen Wartens schwankte zwischen Widerstand und Anpassung. Die Ehe mit der englischen Prinzessin Victoria, der Tochter der gleichnamigen Königin, trug ihm liberales Ideengut zu. So stand er dem Regiment seines Vaters und vor allem dem Ministerpräsidenten anfänglich in offener Ablehnung gegenüber. Nach einem Protest gegen die Einschränkung der Pressefreiheit 1863 schrieb er in sein Tagebuch: »Ich habe mich also laut als Gegner Bismarcks und seiner unheilvollen Theorien bekannt.« Ausgerechnet dieser verdankte ihm möglicherweise sein politisches Überleben, seine ganze weitere Laufbahn: dadurch, daß der Kronprinz mit seiner Armee bei Königgrätz gerade noch rechtzeitig erschien, um der Schlacht die entscheidende Wendung zu geben.

Friedrich blieb zwar bei seiner liberalen Denkweise, die den Kanzler angesichts eines Thronwechsels mit Sorge erfüllte; dennoch zögerte der Kronprinz nicht, sich den Tatsachen der Reichseinigung hinnehmend und anerkennend anzupassen; und das waren immerhin Bismarcks Tatsachen. Die Bewunderung für dessen Größe mischte sich dabei mit dem Bedauern, daß der Weg zum Kaiserreich von »Eisen und Blut« gezeichnet war. Er meinte, seinem Tagebuch zufolge, »daß Deutschland allein mit seinem guten Recht frei und mächtig werden konnte«. Das ist eine Frage, die man nicht beantworten kann, weil die deutsche Geschichte eben einen anderen Verlauf genommen hat. Es ist aber eine alte Erfahrung, daß Rechtsargumente und noch so starke moralische Gründe gegen widerstreitende Machtinteressen einen schweren Stand haben. Für die deutsche Einheit war jahrzehntelang mit den überzeugendsten Argumenten gestritten worden; bewegt hatte sich dabei nichts. Das »gute Recht« allein macht noch nicht Geschichte, und so spricht vieles dafür, daß Kronprinz Friedrich mit diesem Tagebuch-Seufzer einer Selbsttäuschung unterlag.

Dann brachte der Kronprinz die schöne Hoff-

Oben: Kronprinz Friedrich Wilhelm von Preußen im Alter von fünf Jahren. *Unten*: Friedrich Wilhelm als Kaiser Friedrich III. An Kehlkopfkrebs leidend, blieb ihm nach dem Tod seines Vaters zum Regieren nur die kurze Frist zwischen dem 11. März und dem 15. Juni 1888. Hoffnungen auf eine liberale »Ära Friedrichs des Dritten« blieben unerfüllt.

Oben: Victoria von England (1840-1901), Tochter der Queen Victoria und spätere Gattin Friedrichs III., im Alter von 6 Jahren. *Unten*: Als »Kaiserin Friedrich« versuchte Victoria nach dem Tod ihres Mannes im Sinne deutsch-englischer Verständigung zu wirken. Ihren Sohn Wilhelm II. bedachte sie dabei mit der schärfsten Kritik.

nung zu Papier, die Mitgefühl mit dem redlichen Mann aufzwingt: »Mein Vater wird für den Abend seines Lebens voraussichtlich nur die Ehren des neu erstandenen Reiches genießen. Mir und den Meinen aber erwächst die Aufgabe, Hand an den mächtigen Bau anzulegen, und zwar mit zeitgemäßen, vorurteilsfreien Grundsätzen.«

Je mehr freilich der liberale Geist der Achtundvierziger erlahmte und sich Bismarcks Realpolitik anpaßte, desto fragwürdiger wurde – und ist – es, über die Aussichten einer liberalen »Ära Friedrichs des Dritten« zu spekulieren. Immerhin darf man vermuten, der Kaiser hätte bei einer angemessenen Regierungsdauer die gärenden Kräfte der »verspäteten Nation« kontrollierter, wachsamer an die Zukunft weitergegeben, als es bei seinem tragischen Kurzauftritt möglich war. So wurden nirgends Konturen sichtbar, keine Akzente gesetzt. Die Zukunft begann schon in Gestalt seines 29jährigen Sohnes, ehe noch die Gegenwart in ihr historisches Recht treten konnte.

Das Ende einer großen Karriere

Der Enkel des »alten Kaisers«, wie der Abgeschiedene im Volk mit wachsender Verklärung genannt wurde, besaß Eigenschaften, die ihn im Guten wie im Schlechten über viele Vorgänger seiner Dynastie hinaushoben. Einige seiner Tugenden ließen eine glanzvolle Fortsetzung der Hohenzollern-Tradition erhoffen, überdies mehr Versöhnung zwischen den verfeindeten Gesellschaftsschichten, als Bismarcks Kämpfernatur sie zuließ. (Zwar stand er noch im Amt, doch selbst ein gutes Einvernehmen mit seinem dritten Kaiser ließ ein Ende der Ära Bismarck absehen; er war 73 Jahre alt.)

Wilhelm verfügte über ein weitgespanntes Interessenspektrum und bewies auch in der sozialen Frage eine viel größere Aufgeschlossenheit als die vorangegangenen Monarchen, deren Erlebnisumfeld der Jugend noch vorindustriell gewesen war. Er beeindruckte durch rascheste Auffassungsgabe und Hineinfinden in jedes beliebige Fachgebiet (allerdings ohne den Willen zu ernster Arbeit). Er bestach durch hervorra-

Sitzung des Deutschen Reichstages am 6. Februar 1888. Das Gemälde von R. Henseler hält den Moment fest, da Bismarck die denkwürdigen Worte spricht: »Wir Deutschen fürchten Gott, aber sonst nichts auf der Welt!« Bismarck selbst meinte,

sich nichts Besonderes gedacht zu haben, »er habe sich nicht träumen lassen, daß dadurch ein Schlagwort« entstehen könne. Dennoch hat dieses Wort schnellste Verbreitung gefunden. Es wurde zum Lieblingszitat ungezählter Bismarck-Bewunderer.

gende Rednergabe, durch seinen Charme im persönlichen Umgang, und er zeigte ausgesprochenes Talent in der Repräsentation.
Diese letzte Eigenschaft war auf Wilhelms Lebensstrang zugleich die Weiche, von der aus er in einer gefährlichen Richtung davonbrauste. Seine Virtuosität des öffentlichen Auftretens wurde vom Beifallbegehren gesteuert, von Eitelkeit; er nutzte das Herrscheramt zu dauernder Selbstdarstellung aus. Die bewährte preußische Tugend, in der Stille zu dienen und wenig hervorzutreten, verkam binnen kurzem zur Unsitte lärmender kaiserlicher Entfaltung und Zerstreuungssucht.
Dem Volk gefiel ein solch geschickter Bühnenkünstler, gut aussehend, hoch zu Roß oder in der Kutsche, in strahlender Uniform, huldvoll lächelnd. Unbewußt kam der Kaiser dem beginnenden Zeitalter der Massen und ihrem Schaubedürfnis entgegen. Mit den großen Parteien, dem Wachstum der Städte, den Menschenballungen wurde das Leben zunehmend »öffentlich«. Indem die Gesellschaft selber das herkömmliche Gefüge ihres Daseins auflöste, neu ordnete, wurden im – vielfach grauen – Alltag Sehnsüchte wach, die der Kaiser nach Kräften befriedigte. Ein viel reisender, fast zum Anfassen nahekommender und bewunderter Herrscher: So will das Volk seine Staatsmänner vor Augen haben, nicht irgendwo ahnen. Wilhelm II. war von Anbeginn ein fast fertiger Typus der demokratischen Massenzukunft.
Auf die Frage nach dem Grund seiner Sucht, sich immerzu feiern zu lassen, fällt die Antwort nicht schwer. In seinem Innersten herrschte ein quälender Drang nach Selbstbestätigung. Sein von Geburt her verkürzter linker Arm, dazu die verfehlte Erziehung durch einen Pädagogen, der von calvinistischem Erfolgsdenken erfüllt war und dies auf seinen Zögling übertrug – beides hatte zur Folge, daß er sich unentwegt als »gleichwertig« betätigen mußte. Der psychologische Mechanismus der Überkompensation trat in Kraft und ließ den Kaiser ununterbrochen nach Erfolgen und Triumphen eifern; nur sie konnten das tiefsitzende Minderwertigkeitsgefühl betäuben. Der Massenjubel hatte gleichsam den Effekt einer Droge, und an Schmeichlern, die sich solche Abhängigkeit der hochgestellten Persönlichkeit zunutze machen, fehlt es dann nie.
Der Psychoanalyse sind diese Phänomene wohlvertraut. In jedem Lehrbuch werden sie ausgebreitet. Was schon im normalen Alltag gilt, gerät zu einer hebelartigen Wirkung ins Große, wenn der psychisch Belastete eine herausragende Stellung einnimmt. Es ist nicht einzusehen, warum man hier mißachten sollte, was in der Privatpraxis ernst genommen wird. Die historische Forschung ist aber selten geneigt, bei den Persönlichkeiten der Geschichte nach seelischen Defekten zu fragen; alles wird rational erklärt. Demgegenüber sollte man gerade bei Wilhelm II. die traumatischen Belastungen seines Innern nicht unberücksichtigt lassen, wenn man über die verhängnisvollen Auswirkungen seines Geltungsdranges klagt.
Keine Frage, daß ein Herrscher mit dieser Grundanlage einem Land nicht guttat, welches ohnehin von geschichtlichem Nachholbedarf an »Erfolg« geplagt war. Soviel Bismarck erreicht hatte – dem aufbrandenden Nationalstolz war das nicht genug. In Kaiser Wilhelm fand er bald einen Anführer, der ihn lebhaft unterstützte, ja, der den Überpatrioten mit blitzendem Auge und feurigen Reden voranging. (Wobei hinzuzufügen ist, daß auch der maßvolle Bismarck mit manchen Reden und Formulierungen psychologisch ungeschickt handelte; so, wenn er zum Beispiel im Februar 1888 im Reichstag für das Büchmann-Zitat gesorgt hatte: »Wir Deutsche fürchten Gott, aber sonst nichts in der Welt!«)
Wilhelms Verhältnis zu Bismarck schien zunächst unkompliziert zu sein, denn im Gegensatz zu seinem Vater bewunderte er ihn. Sein bewußtes Erinnern war bestimmt vom jugendlichen Erleben der Reichsgründung: Kurz nach dem großen Tag von Versailles war er zwölf Jahre alt geworden. Die Krise im beiderseitigen Umgang mußte aber kommen, schon allein aus Wilhelms Absicht, selber Politik zu treiben – nicht andere Politik, nur eigene. Viel weniger als sein Vorvorgänger begnügte er sich mit der wachsamen Oberaufsicht. Und Bismarck? Der hatte in Jahrzehnten eine so überragende politische Stellung und ein so autokratisches Bewußtsein von Macht gewonnen, daß er der ehrgeizi-

Bismarck und der junge Kaiser Wilhelm II. im Oktober 1888 im Alterssitz Friedrichsruh. Anderthalb Jahre später war der Kanzler entlassen. Er schreibt in seinen »Gedanken und Erinnerungen«: »Ich nehme an, daß der Kaiser während der 21 Monate, da ich sein Kanzler war, seine Neigung, einen ererbten Mentor loszuwerden, nur mit Mühe unterdrückt hat, bis sie explodierte, und eine Trennung, die ich, wenn ich den Wunsch des Kaisers gekannt hätte, mit Schonung aller äußeren Eindrücke eingeleitet haben würde, in einer plötzlichen, für mich verletzenden, ich kann sagen beleidigenden Weise erzwang.«

gen Entfaltung des jungen Herrn erst mißtrauisch, dann gereizt und zuletzt in offener Konfrontation entgegentrat. Der Unterschied der Naturen, der Altersabstand – 44 Jahre – und die konträren Auffassungen von den politischen Befugnissen des Kaisers machten die weitere Zusammenarbeit unmöglich. Da ist es schon fast belanglos, welche Einzelvorgänge zum endgültigen Zusammenprall und zum Bruch führten. Es sind mindestens drei.

Der Kaiser ist erbost, daß Bismarck mit dem Zentrumsführer Windthorst über neue Kombinationen im Reichstag diskutiert hat, ohne ihn, Wilhelm, vorher über solche weittragenden Erwägungen informiert zu haben. Er ist ferner empört, daß der Kanzler eine alte, längst vergessene Kabinettsordre von 1852 hervorgekramt und wieder in Kraft gesetzt hat, wonach die Minister dem Monarchen nur in Gegenwart des Regierungschefs Bericht erstatten dürfen; er sieht darin mit Recht einen Informations-Sperriegel des Alten gegenüber seiner Person. Und schließlich gibt es da eine kränkende Unmutsäußerung des Zaren über Wilhelm. Als die Unterredung zwischen Kaiser und Kanzler am 15. März 1890 im Hause des Staatssekretärs Herbert von Bismarck bereits stürmische Formen angenommen hat (es geht um die Problemkreise eins und zwei), bringt der 74jährige das Faß zum Überlaufen, indem er die Charakterisierung Wilhelms durch Alexander III. vorzeigt: er sei ein schlecht erzogener und treuloser Bursche (»C'est un garçon mal élevé et de mauvaise foi«). Der gedemütigte 31jährige stampft wütend aus dem Hause, nicht ohne vorher noch auszurufen, Bismarck habe die Kabinettsordre unverzüglich aufzuheben.

Drei Tage später liest er das erwartete Entlassungsgesuch, dessen Tonfall zeitgemäßer und rangbedingter Untertänigkeit die Erbitterung des Verfassers verdeckt:

»... nach gewissenhafter Erwägung der Allerhöchsten Intentionen, zu deren Ausführung ich bereit sein müßte, wenn ich im Dienste bliebe, kann ich nicht anders, als Eure Majestät alleruntertänigst bitten, mich aus dem Amte des Reichskanzlers, des Ministerpräsidenten und des Preußischen Ministers der Auswärtigen Angelegenheiten in Gnaden und mit der gesetzlichen Pension entlassen zu wollen... Ich würde die Bitte um Entlassung aus meinen Ämtern schon vor Jahr und Tag Eurer Majestät unterbreitet haben, wenn ich nicht den Eindruck gehabt hätte, daß es Eurer Majestät erwünscht wäre, die Erfahrungen und Fähigkeiten eines treuen Dieners Ihrer Vorfahren zu benutzen. Nachdem ich sicher bin, daß Eure Majestät derselben nicht bedürfen, darf ich aus dem öffentlichen Leben zurücktreten, ohne zu befürchten, daß mein Entschluß von der öffentlichen Meinung als unzeitig verurteilt werde.«

Die Antwort ist ein vollendetes Beispiel publikumsbedachter Heuchelei: »... Ich hatte gehofft, dem Gedanken, Mich von Ihnen zu trennen, bei Unseren Lebzeiten nicht nähertreten zu müssen. Wenn Ich gleichwohl im vollen Be-

Ovationen für Bismarck beim Verlassen des Reichskanzlerpalais am 29. März 1890: der Beginn des Bismarck-Kultes, den der

Kanzler in seiner Amtszeit noch keineswegs erlebt hatte. Sehr zum Mißvergnügen seines ehemaligen Herrn Wilhelms II. brach nun überall der Jubel aus und flogen die Hüte, wenn sich der greise »Schmied des Reiches« irgendwo zeigte.

wußtsein der folgenden schweren Tragweite Ihres Rücktritts jetzt genötigt bin, Mich mit diesem Gedanken vertraut zu machen, so tue Ich dies zwar betrübten Herzens, aber in der festen Zuversicht, daß die Gewährung Ihres Gesuches dazu beitragen werde, Ihr für das Vaterland unersetzliches Leben und Ihre Kräfte so lange wie möglich zu schonen und zu erhalten. Die von Ihnen für Ihren Entschluß angeführten Gründe überzeugen Mich, daß weitere Versuche, Sie zur Zurücknahme Ihres Antrages zu bestimmen, keine Aussicht auf Erfolg haben...«

Wilhelm verleiht Bismarck den Herzogtitel, von dem er keinen Gebrauch macht, und ernennt ihn zum Generaloberst der Kavallerie im Range eines Feldmarschalls. Am 29. März 1890, drei Tage vor dem 75. Geburtstag, reist der Altkanzler vom Lehrter Bahnhof »unter den vom Kaiser angeordneten militärischen Ehrenbezeigungen, die ich ein Leichenbegängnis erster Klasse mit Recht nennen konnte«, von Berlin nach Friedrichsruh im Sachsenwald, seinem Besitztum seit 1871. Berlin verabschiedet ihn unter brausenden Hurrarufen, mit einem Blumenregen und Intonation des Deutschlandliedes sowie der »Wacht am Rhein«. Bismarck steht ergriffen auf dem Bahnsteig inmitten der Ovationen. Dann steigt er ein, und der Zug rollt aus der Halle. »Was sich heute in Berlin zugetragen«, so meldet der Korrespondent des »Figaro« nach Paris, »ist in Worten nicht zu beschreiben. Niemals hätte ich geglaubt, daß die Begeisterung der Deutschen solche Höhe erreichen könnte.«

Schule der Nation

Soldatische Werte und militärische Maßstäbe schoben sich in den Vordergrund. Moltke selbst nannte den Militärdienst »die Schule der Nation«. Doch hatten nicht alle Schüler die reinste Freude daran. Der später berühmte Soziologe Max Weber beispielsweise war nach Beendigung seines Dienstjahres »unglaublich froh«, endlich aus dem »widerwärtigen Zwangsverhältnis losgekommen zu sein«. Seine Briefe aus der Militärzeit sagen, warum.

Straßburg, 19. Januar 1884.

... Die körperlichen Anstrengungen des Militärlebens ertrage ich jetzt ganz gut, d.h. relativ erheblich besser als die meisten meiner Miteinjährigen, und wenn nicht der entsetzliche Stumpfsinn und der in unheimlichem Grade betriebene Zeittotschlag wäre, so könnte ich vorläufig verhältnismäßig zufrieden sein. Jedenfalls steht der kolossale Zeitverlust des einzelnen in keinem Verhältnis zu dem, was er dabei lernt, und dem, was der Staat oder das Regiment davon profitiert. Die Einjährigen an allen möglichen, für sie vollkommen zwecklosen Dingen, bei denen sie nichts tun als dreiviertel bis eine Stunde müßigstehn und zusehn, zu beteiligen, das nennt man hier »militärische Erziehung«. Man soll dabei »Geduld« lernen – als ob man – du liebe Zeit! nach einem Vierteljahr tagtäglichen stundenlangen Griffekloppens und nachdem man sich von den elendesten Halunken unzählige Frechheiten hat sagen lassen müssen, überhaupt noch in den Verdacht kommen könnte, an Mangel an Geduld zu leiden! Es soll eben den Einjährigen prinzipiell die Möglichkeit, sich während der Militärzeit geistig zu beschäftigen, abgeschnitten werden, wobei angeblich das Militär besser fährt...

Der Hohn des Berufsoffiziers auf den akademischen Kurz-Soldaten: »Sagen Sie, Kamerad, wer is eijentlich der Einjährige, der da immer rumwimmelt?« – »Einjährige? Der is – äh – Doktor der Philosophie oder sonst so'n Jehirnfatzke.« Zeichnung von E. Thöny.

Straßburg, 6. Februar 1884.

... schon bei dem bloßen Gedanken an mehrere fünf- bis sechsstündige Felddienstübungen in teilweise meilenweiter Entfernung von Straßburg wird mir wieder ganz müde und zerschlagen zumut. Solch eine Felddienstübung ist eben doch, wenn sie auch zur Abwechslung einmal ganz angenehm und nett ist, auf die Dauer eine Sache, die als Vorgeschmack der Manöver und des Krieges alle dem Soldaten zukommenden Eigenschaften in ganz hervorragendem Maße in Anspruch nimmt. Sie verläuft etwa folgendergestalt: Morgens bei fast noch vollkommener Dunkelheit tritt man in Helm, Tornister, Kochgeschirr, Brotbeutel und Mantel an und marschiert ab. Anfangs geht alles ganz gut... Auf die Dauer aber macht sich zunächst der als Wurst um Brust und Tornister geschlungene Mantel unangenehm fühlbar, der, wenn man eine einigermaßen starke Brust hat, direkt unter der rechten Achsel durchgeht und das Atmen sehr erschwert, außerdem das Tragen des Gewehrs auf der linken Schulter sehr schwierig macht. Dann fangen die beiden, schwer mit Platzpatronen gefüllten Patronentaschen, die bei jedem Schritt stark gegen die Leistengegend drücken, an, sich bemerkbar zu machen. Schließlich empfindet man doch auch den Druck der unteren Tornisterkante gegen die Kreuzgegend als eine auf die Dauer bei stundenlangem Gehen sehr unangenehme Belästigung.

Dazu kommen dann noch besondere Extrapläsiervergnügen, so z.B. wenn bei der Felddienstübung außer dem Leutnant der eigenen noch ein Premierleutnant von einer anderen Kompanie zugegen ist, dem die Leitung aufgetragen ist, und wenn beide Herrn Leutnants sich nicht bedeutend riechen können. Dann reitet der Premierleutnant rechts, der Sekondeleutnant links, und dann heißt es von links: »Der Einjährige da am Flügel, machen Sie einen längeren Schritt« – von rechts:

»Der Einjährige da, reißen Sie nicht so aus, da kann ja sogar mein Gaul kaum mit« – »Der Einjährige da, Schockschwerenot, Ihre Nase hängt ja vollkommen im Dreck!« – von rechts: »Der Einjährige Weber, wie halten Sie zum Himmelkreuzdonnerwetter denn Ihren Kopf? Sie wollen sich wohl die Nase von der Sonne austrocknen lassen« – von links: »Der Einjährige da, Ihr Seitengewehr hängt Ihnen wieder vorn am Bauchnabel! Pfundweise sollte Sie der Teufel holen, schieben Sie es zurück!« – von rechts: »Heiliges Rattenbeefsteak, der Einjährige da, Ihr Seitengewehr hängt Ihnen ja hinten herunter wie der Schwanz von einem weißen Elefanten« – usw. usw. So geht es denn weiter, und die Herren machen auf diese Weise ihre Scharmützel aus.

Straßburg, 8. Juli 1884.

... Ende nächster Woche rücken wir nach Pfalzburg zu einer sechstägigen Übung aus; daß das ein außerordentlich teurer Scherz sein wird, ist mir schon jetzt klar. Nach den neuen Verfügungen findet kein Gepäck von Einjährigen mehr im Offiziersgepäckwagen Aufnahme. Wenn ich nun alles im Tornister schleppen sollte, würde ich nur ein reines Hemd mitnehmen können, was bei meinem Transpirieren, infolgedessen ich jetzt wöchentlich sechs bis acht verbrauche, unmöglich sein würde. Ich muß mir also mein Gepäck nachexpedieren lassen – wie? weiß ich noch nicht, aber jedenfalls kostet es viel Geld. Auch muß ich beide Uniformen vollständig mitschleppen, da ich schon jetzt nach nur mäßig anstrengendem Dienst mich jedesmal ganz umziehen muß, um überhaupt nur auf die Straße gehen zu können.

Straßburg, 9. August 1884.

... Als ich abends todmüde von einem über zehnstündigen Marsch und vielem Landwein nach Hause kam, freute ich mich sehr mit Unrecht auf das Bett, denn ich konnte nachher auch nicht eine Minute darin schlafen vor der Menge lebendiger Mitbewohner und mußte eine Stunde nach der anderen herunterläuten hören, bis endlich Reveille geblasen wurde und ich zu einer überaus anstrengenden Übung herausmußte...

Auf die schweren Vorwürfe, die Du mir in Deinem letzten Brief, und mit Recht, gemacht hast, kann ich nur insofern etwas erwidern, als ich glaube, daß der Begriff der Rücksichtslosigkeit hier nicht anwendbar ist. Es war von meiner Seite keine Rücksichtslosigkeit, sondern einfach die Unfähigkeit, mich zu irgend etwas zusammenzuraffen, was die so auffallend lange Pause in meiner Korrespondenz eintreten ließ. Der Dienst, den ich körperlich ganz gut aushalte, hat auf mich nur den Einfluß, daß ich, kaum auf meiner Stube angelangt, anfange zu schlafen, wovon die Folge ist, daß ich nachts meist nicht einschlafen kann. Deshalb bin ich meist schmählich müde und entzwei und finde große Schwierigkeit, das Geringste, nicht rein Mechanische zu tun...

Begrüßung der Rekruten: »... und dann müßt ihr bedenken, als Zivilisten seid ihr hergekommen, und als Menschen geht ihr hier fort!«

Straßburg, 29. September 1884.

Nachdem unser Examen seit Sonnabendabend überstanden ist, und ich gestern abend beim Nachhausekommen hier meinen mit Tressen besetzten Rock als Zeichen, daß beim Mittagsapell meine Beförderung herausgekommen, vorgefunden habe, ist endlich alles vorbei, und dies Jahr neigt sich seinem wünschenswerten Ende zu. Die letzte Zeit, das Manöver und was damit zusammenhängt, so reich an Abwechslungen und neuen Erfahrungen jeder Art sie war, ist mir doch lediglich eine widerwärtige Erinnerung, nicht etwa der auch allerdings ausnahmsweisen Anstrengungen wegen, welche sie mit sich brachte, die ich aber gut, besser als ich dachte, und als mancher andere, ertragen habe, sondern weil man während dieser Zeit in allem, namentlich in der Richtung seiner Interessen, ganz auf das Niveau eines gewöhnlichen Soldaten herabsinkt. Das ganze Interesse konzentriert sich während der Dauer der Übung auf die Fragen, ob es noch weit bis zum Gefechtplatz, dann, ob wir in der Reserve gelassen oder ins Feuer vorgenommen werden, dann, ob unsere Attacke nicht zu oft als abgeschlagen betrachtet wird, dann, ob wir endlich in den Schatten kommen, ob wir endlich eine Pfütze finden, um sie auszutrinken, dann, ob nicht endlich »Sammeln!« geblasen wird. Nach der Übung beschränkt sich dasselbe auf die Frage, wie, wo und zu welchem enormen Preis man ein Bett für sich allein werde auftreiben können, ob und zu welchem noch enormeren Preis man etwas zu essen vorfinden wird. Damit ist der geistige Horizont erschöpft.

Max Weber, Jugendbriefe. Tübingen o.J.

Bei Hofe

Das neue Kaiserreich suchte nach adäquatem Ausdruck seines imperialen Selbstverständnisses. In Abkehr vom eher bescheidenen preußischen Hofzeremoniell bemühte man sich um glanzvolle Hofhaltung, angemessene Feste und prunkvolle Repräsentation. Höhepunkt des gesellschaftlichen Lebens war immer der Hofball. Die Schriftstellerin Marie von Bunsen erinnert sich in ihren Memoiren an ihren Auftritt als Debütantin.

Im folgenden Winter erlebten wir dann die Cour und die Hofbälle. Für die Eltern war es eine mühsame Anstrengung, ich bin ihnen für das Opfer dankbar, so ein Fest am Berliner Hof hatte Glanz, historische Überlieferung und eine gewisse phantastische Schönheit. Schon Unter den Linden langsames Vorrücken der Wagenreihe, bei jedem Stillstand wohlwollende oder schnoddrige Bemerkungen der dichtgedrängten Menge, aufgeregte berittene Schutzleute. Diplomaten und Würdenträger hatten Vorfahrkarten, kamen außer der Reihe weiter, solche Protektion ärgerte uns andere, deren Kutscher nur die üblichen Karten vorn im Hut eingesteckt trugen. Endlich, endlich durchfuhr man das gewaltige Portal und befand sich im Hof; das Licht ließ das Tiefgrau der alten Mauern, die Schneemassen, die aufgereihten Wachen undeutlich erkennen. Kaum gelangte man von der Stelle, schließlich hielt man vor der strahlend erleuchteten Tür, der Wagenschlag wurde aufgerissen, und unser eigener Diener nahm die Mäntel in Empfang.
Langsam schritten wir die Treppen hinauf, wärmten uns an den flackernden Kaminen. Es begann die unübersehbare, prachtvolle Flucht der Säle. Seit Jahrhunderten haben sie sich nicht allzu sehr verändert, damastbespannte Wände mit Ahnenbildern, schwere, goldene, geschnitzte Sessel aus der Zeit der ersten Könige. An allen Türpfosten zwei wachestehende Gardedukorps. Ausgesuchte reiche Bauernsöhne; wie angegossen umspannte die weiße und rote Uniform die herrlich gewachsenen Gestalten. Dicht an ihnen vorbei rauschten die Damen, Diamanten auf den bloßen Schultern, zogen die Exzellenzen mit ihren Sternen und Ordensbändern, sie standen regungslos monumental im silbernen Adlerhelm, den Säbel gezogen. Jugendlich schlank die Pagen in ihren rotbestickten Röcken, ihrem Spitzengefältel, die hübschesten Selektaner von Adel aus dem Lichterfelder Kadettenhaus wurden ausgesucht. Überall die goldbestickten Uniformen der Offiziere, der hohen Beamten, der Herren vom Hof. Von der Kleidsamkeit, der Schönheit jenes tausendfachen Kerzenlichtes macht die heutige Menschheit sich keinen Begriff, und in diesem strahlenden Geflimmer funkelten all die Diamanten, leuchtete der Farbenschmelz der seidenen und samtenen Kleider. Allerdings war der Umriß der Damen an den Courtagen nicht eigentlich gut, als großer Bausch wurde die zehn Fuß lange, aus zwei bis drei Stoffbahnen bestehende Schleppe über den Arm getragen. Mit preußischer Korrektheit verteilte man die Gäste, je nach der Kategorie, in verschiedene Säle: die Exzellenzendamen, die übrigen verheirateten Frauen, vorgestellte junge Mädchen und die noch vorzustellenden. Wir letzteren betrugen, da im vergangenen Jahr die Cour ausfiel, zwischen zwanzig und dreißig, das galt für viel, eine Generation später waren an hundert jährlich zur Stelle. Bei uns Unvorgestellten ging es ganz gemütlich zu. Man kannte sich oder lernte sich kennen, alle hatten etwas Courfieber, in einer Ecke, hinter den Säulen, probierte man noch einmal die große Verbeugung, man frug ängstlich, ob der Ausschnitt wirklich nicht zu tief sei?
Dann, in der Königinnenkammer, ließ eine jede die Courschleppe fallen, feierlich bewegte man sich vor. Im Thronsaal leise Musik, Lichtgeflirr, Goldglanz, ein geradezu unwahrscheinliches Diamantengefunkel; unter dem Thronhimmel stand groß, stattlich und gütig, der Kaiser, neben ihm halb sitzend, halb liegend, die gebrechlich gewordene Kaiserin Augusta. Zu beiden Seiten waren sämtliche Prinzen und Prinzessinnen aufgereiht und begrüßten durch ein Lächeln alle ihre vorbeiziehenden Bekannten, man erwiderte nur durch einen respektvoll freundlichen Gesichtsausdruck, denn nur vor dem Kaiserpaar sollte man sich verneigen. Unglaublich das Ausstrahlen, der Glorienschein aller Krondiamanten! Jetzt entfernte sich die Schleppe meiner Vorgängerin, mein Name wurde genannt, jetzt machte ich die langsame tiefe Verbeugung! –
Es folgte das Konzert im Weißen Saal, wieder saß man in Kategorien, wir Neulinge unter der Musikgalerie. Zweifellos waren die künstlerischen Darbietungen vorzüglich, alle waren jedoch zerstreut, es gab zuviel zu sehen. Auch nachher, als sich die Massen auflösten. So erinnere ich mich der berühmt schönen Gräfin Görz und ihres blassen, unvergleichlich klassischen Profils: sie war in Weiß, mit Perlen und Diamanten. Eine schlank-geschmeidige, seltsam aussehende Russin, Frau des niederländischen Gesandten, trug, aalglatt angeschmiegt, Goldbrokat, und aus Goldbrokat war auch die sie umschlängelnde Schleppe, so stand sie, ein Bild der Schlange, über das bronzen-marmorne Treppengeländer gelehnt, von Offizieren umgeben. Malerisch, prächtig der Hintergrund all dieser Gestalten, der farbig satte schwere Schlüterbarock.

Marie von Bunsen, Die Welt, in der ich lebte. Leipzig o.J.

Ballsouper. Gemälde von Adolph Menzel, 1878.

Menschenrechte für die Frauen

Konservativen und kirchlichen Kreisen galt die Frauenemanzipation als »die unberechtigtste und unsinnigste« aller Forderungen, als Rütteln »an den ewigen Grundlagen der Natur und Gottes selbst«. Dagegen beanspruchten Frauenrechtlerinnen wie Helene Lange das Recht der freien Entfaltung der Persönlichkeit im Sinne des deutschen Idealismus; im »Fortschritt vom Gattungswesen zur Individualität« sahen sie das Entscheidende der Emanzipation. Es war dies der leitende Gedanke des 1865 von Luise Otto gegründeten Allgemeinen Deutschen Frauenvereins, der bereits in den 70er Jahren über 10000 Mitglieder zählte.

Nicht Willkür, nicht zufällige Laune, nicht moderne Unzufriedenheit mit dem Bestehenden hat die gegenwärtige Frauenbewegung geschaffen: sie ist eine ethische Notwendigkeit, ein Suchen nach äußeren Lebensbedingungen, die einer inneren Wandlung entsprechen. Es ist keine müßige Arbeit, nach dieser inneren Wandlung zu forschen; mit dieser Arbeit ist zugleich die Erkenntnis der sittlichen Berechtigung der ganzen, so viel angefeindeten Frauenbewegung gegeben, und damit ein unerschöpflicher Quell von Selbstvertrauen und Zuversicht, wie sie nur die Erkenntnis geben kann, einer guten, gerechten Sache zu dienen; damit auch die Gewißheit eines endlichen Sieges, die es den einzelnen Kämpferinnen fast gleichgültig erscheinen läßt, ob ihnen persönlich Sieg oder Niederlage, Ehre oder Hohn beschieden ist. Suchen wir uns also dies einheitliche Moment, die ethische Bedeutung und Berechtigung der großen Frauenbewegung unseres Jahrhunderts klar zu machen.

Sie liegt in einem einzigen Wort: Die Frau wird sich ihrer vollen Bedeutung als Mensch bewußt; sie verlangt Menschenrechte. Das klingt absurd, wenn man unter Mensch nur das Gattungswesen versteht, das den großen Haufen ausmacht; das ist buchstäblich wahr, wenn man darunter die freie Persönlichkeit versteht, die Individualität, die imstande ist, eigenartig auf die Umwelt zu wirken; die aus sich heraus, nur dem höchsten ethischen Prinzip gehorchend, unbeeinflußt durch äußeren, unfrei machenden Tand, zu bilden und zu gestalten vermag, sei es in der äußeren Welt, sei es in der so viel reicheren, lohnenderen des Menschengemüts. Solche freien Persönlichkeiten haben unter besonderer Gunst der Verhältnisse einzeln unter den Frauen entstehen können; das Geschlecht als solches blieb innerlich unfrei. Wo wir bei einem Denker dem Worte Mensch im höheren Sinne begegnen, verrät dementsprechend auch immer irgendeine Wendung, daß nur der Mann gemeint sei; wie denn ja auch der Ausdruck, diese oder jene Frau sei ein tüchtiger Mensch, noch allgemein befremdet. Das höchste Sittlichkeitsideal, die freie Persönlichkeit, schien dem Manne vorbehalten. Sie steht ebenso hoch über dem Gattungswesen Mensch als der zivilisierte Gattungsmensch über dem bloßen Naturmenschen. Wie zwischen diesem und jenem die ganze Kluft gähnt, die durch die Worte Knechtschaft und Freiheit in Bezug auf die äußere Natur bezeichnet wird, so zwischen dem bloßen Gattungsmenschen und der sittlich freien Persönlichkeit die Kluft, die durch dieselben Worte in Bezug auf die sittliche Natur bezeichnet wird: der Gattungsmensch sucht seinen sittlichen Halt außerhalb, die freie Individualität findet ihn in sich selbst; sie hat den Übergang von geistiger und sittlicher Unmündigkeit zur Mündigkeit vollzogen. Zu diesem Übergang, dessen Endziel mit der Geistesfreiheit zusammenfällt, die Schiller als »Würde« bezeichnet, hielt selbst dieser trotz »Würde der Frauen« die Frau selten oder nie fähig; dies höchste Sittlichkeitsideal glaubt er dem Manne vorbehalten.

Wenn wir nicht irren, wird die Geschichte ihm unrecht geben. Denn eben in diesem Übergange, in dem Umstand, daß dieser Fortschritt vom Gattungswesen zur Individualität, zum freien Menschen, der das Recht der Selbstbestimmung fühlt und in Anspruch nimmt, sich in einer großen Anzahl von Frauen in unserer Zeit vollzieht, scheint uns das eigentliche Wesen, die ethische Bedeutung der Entscheidung zu liegen, die als Frauenemanzipation von der Gegenwart geächtet ist, und die von späteren Jahrhunderten als einer der größten Kulturfortschritte gefeiert werden wird...

Uns ist von außen bisher wenig Ermutigung zuteil geworden, und doch stehen wir hier zusammen mit festem Zielbewußtsein, in gemeinsamer Arbeit, dank denen, die ihre geschichtliche Aufgabe darin gefunden haben, uns so zu organisieren. In eben der Kraft, die uns so weit gebracht hat, liegt die Garantie einer glücklicheren Zukunft. Sie ist kein Wahn; mit diesem Bewußtsein und zugleich mit der stärkenden Überzeugung, daß die Befreiung der Frauen nicht nur ein Recht, sondern eine Pflicht ist, wollen wir weiterstreben, wollen wir ringen nach dem, was zunächst not tut: nach dem Rechte freier Bildung und freier Arbeit. Lassen wir uns von niemanden einreden, daß darin eine Gefahr für die Sitte und das Familienleben liege. Eine solche wäre nur dann vorhanden, wenn von dem Herzen der Frau das gelten würde, was wir in Bezug auf ihren Verstand und ihr sittliches Bewußtsein im Werden begriffen sehn. Das Herz der Frau aber wird nie in sich selbst Genüge haben, sondern immer seinen Mittelpunkt außerhalb suchen und finden. Wohl aber wird die Zeit kommen, und wir sehen sie langsam heraufziehen, wo die Zahl der geistig und sittlich auf sich selbst stehenden Frauen zum Heil der Menschheit ebenso groß sein wird wie die Zahl der geistig und sittlich auf sich selbst stehenden Männer. Zum Heil der Menschheit! Denn solche Menschen sind das Salz der Erde. Die Frauen sind bisher in geringer Zahl unter ihnen vertreten gewesen; ihre Aufgabe in der Kulturarbeit ist zum größten Teil noch ungelöst. Damit das anders werde, muß freilich manche äußere Schranke fallen, und ich denke doch zu hoch von der Intelligenz und – trotz allem – auch von dem Idealismus des Deutschen, um anzunehmen, daß der Widerstand dagegen noch lange fortgesetzt werden sollte. Wenn wir auch klagen müssen, daß wenig für uns geschieht, so ist doch kein Zweifel, daß unsere Sache anfängt, die Sympathie weiterer Kreise zu erregen, wo wir nur selbst energisch zufassen; das haben wir wenigstens in der Reichshauptstadt kürzlich erfahren dürfen. Und diese Sympathie, die öffentliche Meinung, ist doch schließlich das Ausschlaggebende. Es gehört aber eben darum zur Durchführung unserer Sache von unserer Seite der ganze Opfermut, der volle Nachdruck, den der feste Glaube an eine große Idee verleiht. Nur dieser Glaube kann Berge versetzen. In ihm lassen Sie uns auseinandergehen, eine jede in ihren besonderen Kreis, und jede in dem ihren und auf ihre besondere Weise die Hand ans Werk legen, immer das große Ziel vor Augen, die Frau mehr und mehr reif zu machen zur sittlichen Selbstbestimmung, sie zur freien Persönlichkeit zu gestalten. Denn eben damit machen wir sie zu ihrer höchsten Aufgabe fähig: ihre weibliche Eigenart zu lebendiger Wirkung zu bringen.

Helene Lange, Die ethische Bedeutung der Frauenbewegung. Berlin 1889

Oben: Versammlung sozialdemokratischer Frauen in Berlin, 1891.

Unten: Demonstration am Internationalen Frauentag, 1911.

Schamlose Mode

Der Geist des Zeitalters war prüde, aber die unterdrückte Sexualität suchte und fand Ventile. Räsonnements wie das des Ästhetikers Fr. Th. Vischer über den Einfluß der Dirnenmode auf den bürgerlichen Kleidungsstil (er überschrieb seinen Artikel »In Kleidern nackt«) blieben Randerscheinung. Um so weniger galten sie, als die Wirtschaft begann, mit entblößten weiblichen Reizen für ihre Produkte zu werben.

Wir hielten die Krinoline für das Symbol des Zweiten Kaiserreichs in Frankreich, seiner aufgeblasenen Lüge, seiner windigen und protzigen Frechheit. Es stürzte, und es fiel uns zwar nicht ein, mit etlichen Biederfrauen von einer deutschen Tracht zu träumen, aber... wir hofften, es werde etwas kommen, eine Form, welche irgendwie ausdrücke, daß die Wahrheit über die Lüge gesiegt habe. Ja freilich, so etwas ist auch gekommen, aber es ist eine andere Wahrheit, als die wir meinten. Die Pariser Welt hatte just vor dem Sturze des Kaiserreichs noch Zeit, in der weiblichen Mode eine andere Seite ihrer Stimmung hervorzukehren, und die Republik war sich nicht zu gut, sie aufzunehmen und zu behalten, aber auch die Frauen und Töchter der deutschen Heldensieger beeilten sich samt ihren Schwestern in Europa, das expressive Sinnbild einer liederlichen Gesellschaft, das falsche Gegenteil des Reifrocks, anzulegen und wie ein Heiligtum treu zu bewahren bis heute.

Das Kleid wird quer über den Leib geschnitten und spannt über – da haben wir's gleich! Wie wäre das zierlich auszudrücken? Sollen wir sagen: über die gewölbte Plastik des Mittelkörpers? oder: über die gewisse Gegend, wohinter sich die Verdauungsstätte befindet? Wäre das nicht zynischer, als wenn wir ehrlich schreiben: über den Bauch? So steht's mit dem guten Vorsatz, fein, elegant und graziös vorzugehen. Es wird dienlich sein, wenn wir ohne Verzug nachfragen, wie es bei einem solchen Schnitt den nicht Jungen, nicht Schlanken ergeht. Man sollte meinen, eine Mode müßte so beschaffen sein, daß auch diese sich darin sehen lassen können. Wie ist das möglich bei einem Schnitte, der den Bauch heraustreibt! Der castigatus venter der Jugend: da geht's noch an, läßt sich's zur Not hinnehmen. Aber die Formen der Reife, der Überreife, der Fettigkeit – nun, ich frage, wer sieht es nicht hundertmal des Tages mit Ekel, wenn so ein vorgewölbter tuchüberspannter Bauch vor ihm aufschwillt! Man hätte erwartet, daß sie mit Schwert, Spieß, Ofengabel auszögen gegen den Verräterschnitt, alle diese Verratenen! Aber Gott behüte! Die Alten pfeifen wie die Jungen singen, und ganz zufrieden und glücklich trägt die gedunsene Vettel ihre Trommel vor sich her über die Straße, Zimmer und Parkett des Salon. Es ist keine Schande, dick zu sein; wir sind keine Spartaner mehr, die einen dick gewordenen Mitbürger verbannten, aber wenn eine Dame diesen Umstand so akzentuiert, wie es durch den jetzigen Kleiderschnitt geschieht, darf sie sich über das derbe Wort nicht beschweren.

Es ist aus der Statistik der Prostitution bekannt, daß die verlorene Dirne einen Stolz darin sucht, von der Natur noch der Mutterschaft gewürdigt zu werden, ein Wunsch, womit nicht im Widerspruch steht, daß ihr die Beschwerlichkeit und das Entstellende in dieser Ehre nicht willkommen ist. Sie ergreift daher gern den Mittelweg, zu scheinen: sie legt auf pour deux mois, pour trois mois, nur natürlich nicht weiter. Das Spannen des Kleides über den Bauch erspart aber etwa das pour deux mois. Er erhellt mit unerbittlicher Logik, daß die Mode – und es hilft nichts, wir müssen deutsch reden – eine Hurenmode ist.

Weiter! Spannt das Kleid über den Bauch, so wird Hüfte, Schenkel und Schwellung gegen hinten in den Umrissen natürlich ganz anders aufgezeigt, als wenn ein Kleid in fließenden Falten fällt. Wir sind, versteht sich, nicht so absurd, zu verlangen, das Weib solle in ihrer Kleidung die schönen Linien verbergen, die schließlich mit seiner Geschlechtsbestimmung zusammenhängen; nicht so absurd, der Formenfreude zu zürnen, weil sie sich vom Reize nicht ganz trennen läßt; aber es sind Grenzen, und hier sind sie zugunsten des groben Reizes überschritten. – Die Spannung bringt beim Sitzen zugleich gewisse Buchten mit sich, Schattenzüge in der Leistengegend auf beiden Seiten und nach der Schrittstelle hin konvergierend – genug, genug, es ist so, daß der Anblick selbst einem Manne von nichts weniger als mädchenhaften Gesichtshautkapillargefäßen eine Schamröte für das Weib austreiben kann, das so vor ihm dasitzen mag, daß er sein ganzes Gehirn vergeblich anstrengt, sich einen Begriff zu bilden, wie in aller Welt es möglich sei, sich so in Kleidern nackt vor das andere Geschlecht hinzupflanzen. Leicht lesen wir die entrüstete oder boshafte Gegenrede, die bei einem so starken Wort auf mancher Lippe schweben wird: »Dem Reinen ist alles rein; ein sittsames Weib sieht und weiß das nicht, – es ist dein Blick, der das hereinträgt.« Wir werden die Antwort darauf nicht schuldig bleiben. Wir kennen das, wir wissen, wie sich die liebe Unschuld im Mitmachen unsauberer »Nouveautés« verhält.

Besagte Expression ist auch durch die Behandlung einer anderweitigen Partie des Kleides gegeben. Das weibliche Knie ist etwas eingezogen; dies ist durch die Breite der Hüfte bedingt und die Breite der Hüfte durch die Geschlechtsbestimmung; daher gehört diese Einziehung zu den Intimitäten des Körpers, die ein gleichmäßig fallendes Gewand schamhaft verbirgt. Die jetzige Mode hebt sie im Gegenteil hervor, denn nachdem sie dem Kleid ein Stück weit unterhalb der Hüfte wieder so viel Luft gegeben hat, als zur Hebung des Oberbeins absolut unentbehrlich ist, verengt sie es um die Knie. Von da aus geht denn notwendig ein ausdrucksvoller Faltenzug aufwärts nach hinten zu und vermerkt kräftig die Hebung des Profils der ganzen Gegend, die sich nach dem Sitzmuskel hin erstreckt. Und so haben wir wohl genug beisammen, um das Wort zu rechtfertigen: in Kleidern nackt. Empören wir damit eine Unschuld, so wäre sie vorläufig zu fragen, ob ihr unbekannt ist, daß weltfeine Damen jetzt statt des dichteren Unterrocks hirschlederne Hosen tragen, um alle Formen vom Gürtel bis zum Knie recht rein plastisch heraus und hinein zu modellieren. Es ist gleichgültig, ob wir das Leibchen noch hinzunehmen, wie man es bei großer Toilette öfters sieht oder wenigstens vor kurzem noch gesehen hat, Panzerleibchen genannt, wenn wir nicht irren, – ein Ding so pure und glattweg anliegend, daß man die Insassin schlechthin im Korsett vor sich zu haben meint. Also in Kleidern nackt. Warum nicht lieber ganz nackt? Nun, die Antwort ist nicht schwer: jenes ist pikanter, dieses wäre unschuldiger. Es ist dagewesen, wir wissen es ja. Der Klassizismus der ersten Revolution, fortgesetzt ins Erste Kaiserreich, hat das Kleid ebenso über die Hüfte gespannt, was damals auch mit der hohen Gürtung zusammenhing. Man kann in diesem Vergleich zugunsten unseres Tagesgeschmacks anführen, daß wir die Kleider nicht so frech ausschneiden, wie es damals geschah. Wir kommen darauf zurück, für jetzt

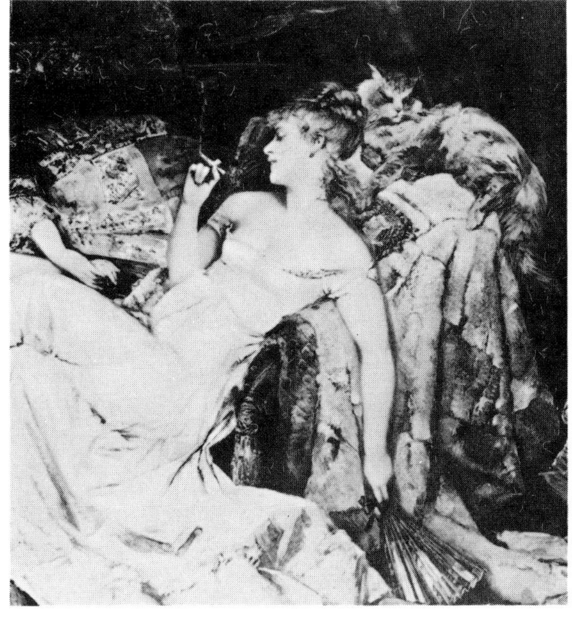

Oben: Bademode, die mehr enthüllt als verbirgt, in einer Zeichnung der »Lustigen Blätter«. *Unten:* Ausschnitt aus dem Gemälde »Marmorherzen« von Hans Makart.

Oben: Zwei Karikaturen zum Thema Erotik. Die Ehefrau beruhigt ihren Liebhaber: »Du sollst nicht auf meinen Mann schimpfen, Kurt! Ernährt er mich nicht?« Und die Jungvermählte soll nach der Hochzeitsnacht ihr Wissen weitergeben: »Nicht wahr, Liebste, Du schreibst mir dann sofort – der Brockhaus ist gar so lückenhaft!« *Rechte Seite:* Die Frau als Zubehör exklusiver Möbel auf einem Werbeplakat.

handelt es sich um den weit keckeren Naturalismus tagheller Zeichnung und Heraushebung der Gegend vom Gürtel ab zu den Knien. Was soll aber die Berufung? Jener Zeit dient immerhin zu einem Grad von Entschuldigung, daß sie ganz naiv meinte, die genannte Form sei antik. Die Mutter der Gracchen, die Portia, die Oktavia ist ja so gegangen, wie nachahmenswert! Unsere archäologisch bewanderte Zeit weiß das besser, sie greift nach dem pikant Reizenden um seiner selbst willen. Und übrigens ist Berufung auf frühere Unform überhaupt keine Ausrede. Jene ist durch die Zeit überwunden, verurteilt; das längst Gerichtete wieder aufnehmen, ist etwas anderes, als blind dem Gericht in die Hände laufen, Rückfall schlimmer als Lasters Anfang. Und wollen Sie, meine ungnädige Schöne, eine Wette eingehen, wenn ich behaupte: kämen heute wieder die Aspasien der ersten Revolution und ihres Vorabends, schnitten das Kleid auf einer Seite von unten bis ans Knie auf, trügen Sandalen und keinen Trikot, man tät's ihnen eben auch nach!? Top!

Offener Busen und Rücken ist allerdings jetzt in den Ballsaal und die Festabendräume verwiesen, hat sich da immer behauptet und wird sich leider wohl immer behaupten. Darum hier ein Wort über die eigentliche Entblößung. Noch einmal verwahren wir uns: nur ein Mukker kann zeternd eifern, die schönen Formen der weiblichen Gestalt seien geschaffen, um von niemand gesehen zu werden. Das Weib darf sich freuen, durch den vergönnten Anblick des Naturkunstwerks ihrer Gestalt zu beglücken. Aber wen? Jedermann? Auf einem Ball und auch im Festsaal der ausgewähltesten Gesellschaft ist der Jedermann, den ich hier meine, sie sind da, die jungen und älteren Herren, die nicht mit reinem Bildhauerauge, sondern mit innerem (und im Hintergrund auch mit äußerem) Bocksgemecker Ihre enthüllten Reize sehen, meine holde Sylphide! Und wären auch alle Tänzer und Salongäste idealgestimmte Skopas und Praxiteles, mögen Sie denn so vielen Bildhauern Modell stehen? Doch Sie werden so unerfahren nicht sein, nicht zu wissen, wie unsere liebe männliche Jugend jetzt im Café chantant sich bildet. Sie hängen aus wie den Wecken auf dem Laden das, womit Sie doch billig nur den einen beglücken sollten, der Sie liebt und den Sie lieben; sind Sie so unschuldig, daß Ihr künftiger Bräutigam Sie nicht dauert, wenn er in der Brautnacht denken muß: o, ein gut Stück davon hat mancher Ladenschwengel und vornehme Schwenkfelder auch schon gesehen und hat nachher ohne Zweifel bei einer Nymphe aus jenen Regionen davon erzählt und gespaßt.

Friedrich Theodor Vischer, Mode und Zynismus. Stuttgart 1888

Speisezimmer
Schlafzimmer

Spezialität der
Möbel-Fabrik

H·Wolff & Co

Engros
Export

Gegründet 1867.

Detail-Verkauf **BERLIN** S.W.
Ritterstr. 59.

Ständige Ausstellung
von 100 Musterzimmern in allen Preislagen.

TEL. IV No 2839 u. 10722.

Die Leidenschaft der höheren Tochter

»Poetisch durftig« seien seine Landschaftsschilderungen, die Gestalten »scharf ausgeprägt« – so rühmte die zeitgenössische Kritik den Autor Friedrich Spielhagen, dessen vielgelesener Roman »Sturmflut« von 1876 als typisch für den Lesergeschmack der Gründerzeit stehen kann.

Die Damen zogen sich, nachdem die Tafel aufgehoben, alsbald zurück. Frau von Strummin, die sonst um 9 Uhr zu Bett zu gehen pflegte, war ernstlich müde; Mieting behauptete, es ebenfalls zu sein. Aber ihre glänzenden Augen widersprachen; und so waren denn die beiden Mädchen kaum allein – die Zimmer der Damen standen in Verbindung, und Mieting wollte durchaus Elsen Kammerjungferdienste leisten – als sie dieser um den Hals fiel und erklärte, daß sie den Kapitän, der ja eigentlich ein Leutnant sei, zum Sterben liebe.

Das ist der Mann, den ich mir immer geträumt habe, rief sie: jung, aber nicht zu jung, so daß man Respekt vor ihm haben kann; klug, aber nicht zu klug, so daß man nicht eingeschüchtert wird; brav, aber kein Prahler – und dann die schönen weißen Zähne, wenn er lacht! und er lacht so gern und gutmütig! – Ich würde ihn immer zum Lachen machen.

Wie konntest du nur zu guter Letzt noch einmal so herauslachen?

Was sollte ich tun? ich war so lange ernsthaft gewesen; ich mußte lachen über irgend etwas... – Aber weißt du, als wir ihm eben gute Nacht sagten – mir war gar nicht lächerlich zumute – nein, ordentlich beklommen, ich hätte beinahe weinen können – ich hatte das Gefühl, als ob ich ihn nie wiedersehen würde und ihm vorher noch alle meine Ungezogenheiten abbitten müßte. Siehst du, nun bist du auch ernsthaft geworden; gestehe nur, du liebst ihn auch!

Ich unterschreibe alles, was du von ihm gesagt hast; aber bis zum Lieben – das ist doch noch ein weiter Schritt.

Bei mir nicht, in meinem Herzen nicht! Fühl' nur, wie es pocht. Das hämmert dergleichen in fünf Minuten zurecht. Ich weiß selbst nicht, wie das ist. Sehen – lieben – das ist bei mir eines. Aber man irrt sich dabei oft – sehr oft!

Mieting kauerte sich auf ein Taburett, begann ihre rotblonden Haare aufzuflechten und sagte in tragischem Tone: Das erste Mal – es ist unendlich lange her – ich war vielleicht zwölf Jahre – liebte ich den Kandidaten meines Bruders, ich habe nämlich auch einen Bruder. Er lebt jetzt in Hinterpommern – da, wo man für möglichst wenig Geld möglichst viel Sand kaufen kann. Der Kandidat ist natürlich schon lange verheiratet und Pastor und da habe ich ihn in diesem Winter gesehen, bei einer Kindtaufe – Gott, wie ich mich geschämt habe!

Und Mieting drückte ihr Gesicht in die Hände, schüttelte die eben aufgeflochtenen Haare nach vorn, daß sie wie ein dichter Schleier vor ihr nieder bis auf den Teppich wallten.

Wie ich mich geschämt habe! es war entsetzlich! und wenn es noch beim ersten Mal geblieben wäre! Aber dieselbe Geschichte hat mindestens schon zwanzigmal gespielt – das letzte Mal im Februar in Berlin – im Opernhause – in der ersten Loge. – Papa sagte: es sei ein Bauernfänger, aber Papa sieht überall Bauernfänger, wenn er in Berlin ist, und verleidet einem jede Stunde, zerstört einem jede Illusion – ach! und es ist doch so süß, Illusionen zu haben, wenn man siebzehn Jahre alt und darauf angewiesen ist! Schläfst du schon?

Nein, aber ich bin sehr müde; gib mir einen Kuß, und dann geh' auch zu Bett!

Mieting warf die Haare nach hinten, sprang auf, umarmte Else unter leidenschaftlichen Küssen und flüsterte ihr ins Ohr: Siehst du, ich weiß es so bestimmt, wie ich lebe: ich werde eine alte Jungfer werden, eine uralte mit krummem Rücken und einer großen Brille über den eingefallenen Augen und einem ewigen Strickstrumpf in den zitternden Händen! siehst du, das ist bitter, wenn man ein so warmes Herz hat und einen Mann, wenn er nur gut und brav wäre, auf der Stelle nehmen und ihm treu sein würde bis ans Grab und übers Grab hinaus, wenn er vorher stirbt und es durchaus haben will. Denn mit unserem Von und unseren adligen Prätensionen, weißt du, das ist ja alles dummes Zeug. Davon wird kein Mensch glücklich, besonders wenn so gar nichts dahinter ist, wie bei uns, und man eine Stumpfnase hat und rote Haare und Augen, von denen man selber nicht weiß, ob sie grau oder grün, oder blau oder braun sind. Du hast so wundervolles weiches, kastanienbraunes Haar und eine entzückend feine Nase und so himmlisch schöne lichtbraune Augen, daß sie hier ordentlich in dem Halbdunkel leuchten; und wenn du erst Frau Gräfin bist, mußt du sehr gut zu der armen häßlichen Miete sein und mich manchmal herüberkommen lassen, daß ich mich ausschwätzen und auslachen kann – das tut so gut! ach, so gut!

Und das wunderliche Kind verbarg ihr brennendes Gesicht an dem Busen der neuen Freundin und schluchzte bitterlich. Dann richtete sie sich plötzlich auf, strich die Haare aus dem Gesicht und sagte: ich glaube, ich bin auch müde; ich weiß gar nicht mehr, was ich rede. Gute Nacht! du Liebe, Schöne!

Sie erhob sich, sank aber alsbald wieder auf den Rand des Bettes zurück, beugte sich über Elsen und fragte im Flüsterton:

Zar Nikolaus II. von Rußland und der französische Staatspräsident Loubet auf einem Schmuckblatt von 1901.

Oben: Ludwig II. von Bayern landet mit seinem Schiff »Tristan« bei Schloß Berg. Gemälde von Erich Correns, 1867. Der Märchenkönig wurde, wenn auch nur zögernd und unwillig, zum Geburtshelfer des Reiches: 1870 trug er offiziell dem preußischen König die Kaiserkrone an.

Rechte Seite. Oben: Kaiser Franz Joseph von Österreich empfängt die deutschen Fürsten (in der Mitte Kaiser Wilhelm II.) anläßlich seines 60. Regierungsjubiläums 1908. Zehn Jahre später, im November 1918 traten Deutschlands regierende Häupter geräuschlos von der Bühne ab.

Unten: Amerikanische Karikatur von 1898 auf Kaiser Wilhelm II., die in der Plakataufschrift »Come and be saved« das Kaiserwort »Am deutschen Wesen soll die Welt genesen« ironisch aufnimmt.

COME
SAVED

Die Todesschüsse von Sarajewo. Kolorierte zeitgenössische Pressezeichnung.

»Heitere Lektüre«, ein Blatt aus der Illustrierten-Frühform »Moderne Kunst in Meister-Holzschnitten« von 1895.

Du hast noch nie geliebt? bei unserer Freundschaft!
Bei unserer Freundschaft! nein!
Ich dachte es mir. Schlafe wohl! träume süß!
Sie küßte Elsen noch einmal, raffte ihr Nachtgewand zusammen und huschte davon…
Es umwehte sie eine milde, weiche Luft, als sie durch die Glastür auf den Balkon traten, von dem ein eisernes Treppchen in ein Stück Garten hinabführte, der hier zwischen zwei Flügeln des Schlosses angelegt war.
Die Gittertür ist nie verschlossen, sagte Mieting, – dann sind wir gleich im Wald, weißt du, und in fünf Minuten auf dem Platz; aber wir müssen uns eilen, wenn wir noch etwas sehen wollen.
Sie zog die Widerstrebende rasch mit sich fort. – Fürchte dich nur nicht, rief sie; ich kenne hier jeden Schritt; wir begegnen hier keinem Menschen, höchstens einem Reh – siehst du.
Sie hielt Elsen am Arm zurück und deutete in die breite Schneise hinein. Da stand ein Reh, einhundert Schritte entfernt. Die beiden Gestalten schienen ihm nichts Schreckliches zu haben; es senkte den feinen Kopf, den es für einen Moment gehoben, und äste ruhig weiter.
Das ist nun meine Lust, sagte Mieting, als sie rasch auf dem schmalen Wege weiterschritten.
Das würde auch meine sein, sagte Else.
Dann mußt du den Grafen heiraten.
Das darfst du nicht wieder sagen, wenn wir uns lieb behalten sollen, sagte Else, stehen bleibend.
Du machst jetzt gerade solche ernsthafte Augen wie das Reh, sagte Mieting. – Nun lachst du wieder – siehst du! das kleidet dich doch noch besser. Nun aber die schönen Augen zu – fest zu! und nun gibst du mir deine Hand und gehst ohne Furcht und machst die Augen nicht eher auf, als bis ich sage: jetzt!
Else tat, wie ihr geheißen. Ein dumpfes Rauschen, das sich schon seit einiger Zeit hatte vernehmen lassen, wurde lauter und lauter; heftiger und heftiger umwehte sie der Wind, eine rosige Helligkeit drang durch ihre geschlossenen Lider: jetzt!
Else stieß einen Schrei aus.
Fürchte dich nicht, das Gitter ist fest, und ich halte dich! sagte Mieting.
Else war erschrocken, aber nur vor Entzücken über das wundersame Bild, das sich vor ihr auftat. Unter ihr, tief unter ihr ein Meer von rauschenden, rotglühenden Wipfeln, und jenseits des Wäldermeeres das wirkliche Meer, soweit das Auge reichte, in Wogen zerfurcht, deren schäumende Kämme hier und da purpurn aufblinkten im Widerschein der Purpurgluten, mit denen der Himmel übergossen war. Und purpurn glühte die Küste, die sich in anmutigem Bogen nach rechts schwang, bis zu dem kahlen Vorgebirge, an dessen steilen Wänden – man sah es deutlich trotz der großen Entfernung – die Brandung, zu Schaum und Gischt zerpeitscht, hoch empor leckte.
Nun, was sagst du? rief Mieting.
Else konnte nicht antworten; ihre Seele war so voll von dem wunderbaren Anblick, und doch, weil sie bei sich selbst immerfort sagte: wie schön! oh, wie schön! wurde ihr weher und immer weher um das sonst so frohe Herz. In die brausende Musik der im Winde rauschenden Wipfel zu ihren Füßen, in den dumpfen Donner der Wellen, die – ihrem Auge unsichtbar – auf dem flachen Strande zerschellten, mischte sich ein schwermutsvoller Ton… Lichter und lichter wurde es am Horizont; kaum konnte das Auge noch die Helligkeit ertragen. Und jetzt schoß es hervor – ein Strahlenbündel, eine Strahlengarbe, eine Flammenkugel, von der die Gluten am Himmel und auf dem Meere und der Erde, wie erschrocken, flohen und erloschen. Else mußte die Augen schließen…

Friedrich Spielhagen, Sturmflut. Leipzig 1909

Erziehung durch die Volksschule

Zucht und Ordnung und vor allem Gehorsam gegen die Obrigkeit zu lehren, galt seit jeher als Aufgabe der Volksschule. Daran änderten auch liberale Reformen nach 1870 wenig. Drill und nicht Wissensvermittlung bestimmten das äußere Bild des Unterrichts, wie ein Auszug aus einem Volksschulkunde-Handbuch von 1883 zeigt. »Gerade Haltung« ist darin einer der Zentralbegriffe.

In einer wohldisziplinierten Klasse wird sich die Schulordnung und -zucht etwa folgendermaßen gestalten und zeigen: Eine Viertel- oder höchstens eine halbe Stunde vor Beginn des Unterrichts – nicht früher – fangen die Kinder an, nach und nach sich in der Schulstube zu versammeln. Sie erscheinen sämtlich mit den erforderlichen Büchern und Gerätschaften versehen; es ist wichtig, daß der Lehrer die Vergeßlichkeit der Kinder in keiner Weise unterstützt oder ignoriert. Ebenso kommen alle Kinder gehörig gewaschen, gekämmt und mit heilen und sauberen Kleidern zur Schule. Der Lehrer wäre gewissenlos, welcher nicht auf Reinlichkeit und auch auf äußeren Anstand sähe, insbesondere bei den von Haus aus verwahrlosten Schülern. Auch muß der Lehrer darauf achten, daß die Kinder Schwämme an den Tafeln haben und nicht etwa auf die Tafeln speien und sie mit den Zipfeln ihrer Kleidungsstücke reinigen etc. Daß der Lehrer die Schwämme, welche für die großen Schultafeln bestimmt sind, täglich reinigen und auswaschen läßt, daß er ferner täglich auf gehörige Lüftung und auf Reinhaltung des Schulzimmers achtet, auch durchaus nicht leidet, daß die Kinder in die Schulstube mit unabgetretenen Füßen kommen oder sie durch Äpfelschalen, Papierschnitzel und dgl. beschmutzen, daß es ebenso seine Pflicht ist, auf die Gesundheit seiner Schüler liebevolle Rücksicht zu nehmen, indem er auf gehöriges Licht sieht (das Licht soll von der linken Seite fallen), darauf achtet, daß die Kinder richtig und ordentlich sitzen, nicht leidet, daß sie unmittelbar am Fenster ihren Platz haben oder daß sie im Sonnenschein sitzend schreiben oder ohne Ofenschirm der Hitze des Ofens ausgesetzt sind etc., ist schon im ersten Teile dieses Werkes genügend hervorgehoben. Die Schulstube muß überhaupt in einem solchen Zustande sein, daß Lehrer und Schüler sich in ihr wohlfühlen können. Ausdrücklich aber soll noch darauf hingewiesen werden, daß der Lehrer besonders auf die schwächlichen Kinder in gesundheitlicher Hinsicht Rücksicht nehmen sollte.
Die Kinder setzen sich sofort auf ihren Platz. Alles Lärmen und Toben ist hier verboten. Sie dürfen zwar miteinander reden, allein nur so, daß man vor der Stubentür wohl ein leises Gemurmel, aber keinen Lärm hört. Ist letzteres der Fall, so weiß man sofort, daß es mit der Disziplin der betreffenden Klasse übel bestellt ist. Einige von den ältesten Knaben und Mädchen haben die Aufsicht. Es wechselt das wochenweise, und es haben sich die Betreffenden schon eine Viertel- oder halbe Stunde vor dem Beginn des Unterrichts einzufinden. Sie unterstützen den Lehrer auch in anderer Hinsicht, wie denn überhaupt in größeren Klassen, besonders in einklassigen Schulen, der Beistand von Helfern nicht gut zu entbehren ist.
Hat die Schuluhr den Beginn der Unterrichtsstunden angegeben, so sind alle Kinder versammelt. Gewöhnlich schon etwas vor Beginn der Unterrichtszeit tritt der Lehrer ins Zimmer. Alle Kinder erheben sich, sprechen den Morgengruß und setzen sich erst auf ein Zeichen wieder nieder. Pünktlich beginnt der Unterricht. Der Anfang geschieht mit Gesang und Gebet. Darauf folgt die Religionsstunde. In derselben wird alles vermieden, was eine Störung und Unterbrechung hervorrufen könnte. Soviel es geschehen kann, werden etwa erforderliche Verweise oder Strafen erst nach absolvierter Unterrichtsstunde erteilt. In allen Stunden, insbesondere in den Religionsstunden, herrschen Aufmerksamkeit und möglichste Stille. Alle Kinder sitzen gerade, wobei sie aber natürlich an der Lehne der Bank eine Unterstützung für ihren Rücken finden, haben die gefalteten Hände auf dem Tische oder die Arme untergeschlagen vor der Brust und sehen beständig den Lehrer an, wenn sie sich nicht mit Lesen, Schreiben oder dergl. beschäftigen sollen. Nur dann können die Kinder recht auf die Fragen und Zeichen des Lehrers achten. Wer glaubt, eine Frage des Lehrers beantworten zu können, hebt stillschweigend die rechte Hand in die Höhe. Der Lehrer aber nennt immer erst den Namen des Kindes, welches antworten soll, nachdem er seine Frage vollständig ausgesprochen...
Nach dem Schluß der Religionsstunde werden die etwa gebrauchten Bücher auf Kommando weggelegt. Jetzt schreibt der Lehrer die Namen der fehlenden Schulkinder in die Absentenliste. Es geschieht dies in der Weise, daß er an die Helfer oder Bankobersten die Frage richtet: Wer fehlt? Die Bankobersten erheben sich darauf der Reihe nach und machen die erforderlichen Angaben, welche der Lehrer in das Absentenbuch einträgt. Nun erhält jede Abteilung ihre Aufgaben für die folgende Stunde, und es werden wieder auf Kommando (eins! zwei! drei!) die nötigen Utensilien unter dem Tische hervorgeholt, oder aber von den Helfern (Bankobersten) die Schreibhefte und dgl. ausgeteilt. Die Gewöhnung an Kommandos ist überhaupt in größeren Klassen nützlich und trägt zur Zeitersparung bei. Es muß aber darauf geachtet werden, daß die Kinder in dieser Hinsicht nur das tun, was ihnen wirklich geboten ist. So z.B. ist es ein Zeichen einer schlecht disziplinier-

Ländliche Volksschulklasse in Franken. Aufnahme von ca. 1900-1910.

ten Klasse, wenn der Lehrer von einem Gesange nur spricht und die Kinder sofort, ehe ihnen das ausdrücklich gesagt ist, den betreffenden Gesang aufschlagen wollen. Natürlich müssen die bezüglichen Kommandos möglichst rasch und ohne viel Geräusch ausgeführt werden. Diejenigen, welche früher fertig werden als die andern, legen ihre Hände auf den Tisch und haben keine Erlaubnis zum Plaudern. Wer von seinem Nachbarn dennoch durch Plaudern gestört werden sollte, wendet sich fort und antwortet nicht; geschieht es trotzdem wiederholt, so ist er verpflichtet, Anzeige zu machen...
Beginnt die Freiviertelstunde, so legen die Kinder auf Kommando die gebrauchten Utensilien unter den Tisch und verlassen je zwei und zwei die Klasse, indem entweder die Knaben oder die Mädchen vorangehen. Alles Toben und Drängen ist dabei zu vermeiden. Sollte es dennoch vorkommen, was leicht geschehen kann, da unser Landvolk nun einmal zu drängen pflegt, wo es nur möglich ist, so ist das als Rohheit ernstlich zu bestrafen. Während der Spielzeit überzeugt sich der Lehrer, daß keine Unzuträglichkeiten bei den Kindern vorkommen, auch die Spiele nicht in Gemeinheit ausarten. Lassen Stärkere gegen Schwächere ihre Kraft aus, so ist das umso strafbarer, wenn es von mehreren verübt wird. – Jede Selbstrache ist verboten; ebenso leidet es der Lehrer nicht, daß sich die Kinder gegenseitig Spitznamen geben. Dagegen sollte er auch keine Angebereien dulden. Es gibt kaum etwas Gemeineres als das Denunzieren und Spionieren! Hüte sich doch jeder Lehrer, daß er das ekelhafte Denunziantengezücht nicht noch vermehren hilft... Etwas anderes ist es aber, wenn der Lehrer einem Unfuge nachforscht. Dann hat jeder, der den Täter weiß, denselben zu nennen, wie es selbstverständlich Pflicht der zur Aufsicht gesetzten Helfer ist, die Übertreter anzuzeigen. – Nach Hause darf während der Freiviertelstunde kein Kind ohne Erlaubnis gehen. Ist die Freiviertelstunde abgelaufen, so kehren alle Kinder auf das Zeichen des Lehrers sofort in das Schulzimmer zurück; ohne zu drängen oder zu lärmen nehmen sie ihre Plätze wieder ein. In gerader Haltung, mit auf dem Tisch gefalteten Händen oder mit untergeschlagenen Armen harren sie nun der Dinge, die weiter kommen sollen. Jede Abteilung erhält wieder ihre Aufgaben usw.
Alle Schulbücher sowohl wie alle Schreibhefte müssen sich in möglichst reinlichem und geordnetem Zustande befinden. Wohl kann in letzteren die Schrift mangelhaft sein, wie das ja in einklassigen Schulen bei unbegabten Kindern die Regel bleiben wird, aber Tinte- und Schmutzflecken müssen möglichst vermieden werden, und ein Löschblatt muß jedes Heft haben. An den Büchern und Schreibheften kann man am meisten schon erkennen, wie es mit der Zucht und Ordnung in der Schule bestellt ist... Ist der Unterricht mit Gesang und Gebet geschlossen, so nehmen die Kinder vom Lehrer Abschied und entfernen sich aus dem Schulzimmer wieder je zwei und zwei. Es bleiben in der Klasse weder Bücher noch Schulutensilien der Kinder zurück, mit Ausnahme der in der Schule aufzubewahrenden Bücher und Sachen, welche zuvor von den Helfern eingesammelt und dem Lehrer übergeben sind.

Hermann Mehliss, Volksschulkunde. Hannover 1883

Wagner-Verehrung

Das deutsche Musikleben des letzten Jahrhundertdrittels war überstrahlt vom Namen Richard Wagners. Er führte die Romantik auf ihren höchsten Gipfel, in seinem universalen Geist trafen die wichtigsten Strömungen der Epoche wie in einem Brennspiegel zusammen. Eine schwärmerische Wagner-Gemeinde feierte jeden Ton des »Meisters« als Offenbarung. Aber es fehlte auch nicht an Kritikern, die über das »Poetastergenie« mit seiner »Hotthupoesie« und über den »parfümierten Qualm« seiner Musik spotteten.

Bayreuth, 12. August 1876

Die Wagnerianer stellen unter anderen Anforderungen auch die, daß man nur dann das Recht habe, mitzusprechen, wenn man den Text und die Partitur auswendig kenne; und auch dann nur, wenn man rückhaltlos bewundere. Die unleugbare Tatsache, daß hier ein außerordentliches Ereignis vor sich geht, veranlaßt sie zu der Forderung, daß nur außerordentliche Menschen darüber reden sollen. Sie versagen dem gewöhnlichen Sterblichen das Recht, mit Freimut und ohne Voreingenommenheit die Eindrücke wiederzugeben, die er, der Gewöhnliche, hier von dem Ungewöhnlichen empfängt, sobald diese Meinungsäußerung etwas anderes ist als lallendes Verzücken. Wer nicht auf die Worte des Meisters schwört, der gilt nicht etwa als oppositionell, als feindselig, der ist einfach ungebildet, der versteht nichts von der Sache, der muß seine Umgebung um Entschuldigung bitten, daß er überhaupt vorhanden ist.
Es ist charakteristisch genug, daß Richard Wagner, ohne daß man irgend etwas Auffälliges an der doch etwas veralteten Titulatur findet, beständig der »Meister« genannt wird. Der »Meister« ist hier nicht im Gegensatz zum »Schüler« zu verstehen, denn das wäre ja ganz gerechtfertigt, sondern als Magister im Verhältnisse zum Famulus. Es herrscht hier eine dienerhafte Unterwürfigkeit, von der man sich kaum eine Vorstellung macht.
Man spricht so oft vom Freistaate der Künstler. Nun, ich habe nie in meinem Leben so sehr die Empfindung des absoluten Regiments gehabt wie gerade hier. Es ist ein frischer, fröhlicher, ästhetischer Absolutismus mit allen Wirkungen der Alleinherrschaft: mit dem Stolze, dem Oberhaupte, das ohne Kontrolle schaltet und waltet, zu dienen, mit der ängstlichen Vertuschelung jeden Widerspruchs, der sofort eine Unehrerbietigkeit sein würde, mit der Ausrottung jeder individuellen Regung, die schon deshalb feindselig sein muß, weil sie eben individuell ist. Es kommt mir so vor, als sei die gute alte Zeit des beschränkten Untertanenverstandes wiedergekommen, und es würde mich gar nicht wundern, wenn ich am Eingange des Festspielhauses dieser Tage ein Plakat angeschlagen fände: »Es ziemt dem Festbesucher, vor dem Meister in weltvergessener Untertänigkeit zu ersterben, aber es ziemt ihm nicht, dessen Leistungen an den Maßstab seiner beschränkten Einsicht anzulegen und sich im dünkelhaften Übermut ein öffentliches Urteil über dieselben zu erlauben.«
Die Rechte des Bayreuther Festspielbesuchers sind ungefähr dieselben wie die des Untertanen im alten Preußen, die in den beiden Worten wiederzugeben waren: »Steuern zahlen«, »Maulhalten«. Gegen den Erwerb eines Patronatscheins ist nichts einzuwenden; damit gewinnt man die Vergünstigung, über die empfangenen Eindrücke unverbrüchliches Schweigen zu bewahren, es sei denn, daß Dein Mund sich öffne, um im Stile Davids das Lob des Meisters zu singen. Dazu darf man sich denn auch mit der Harfe begleiten, wenn man will. Wer nicht ganz zu den Orthodoxen gehört, der fühlt sich hier schwül und vereinsamt wie ein liberaler Berichterstatter in einer Arbeiterversammlung der Lassalleaner...
Zu den Auswüchsen des großen Nibelungenfestes gehört die Pflege des Stabreims. Ich fürchte, wir werden mit Bezug auf Wagner eine Alliteratur bekommen, vor der sich die Literatur immer mehr verkriechen wird. Was hier in Stabreimen geleistet wird, ist ganz erstaunlich. Es würde mich gar nicht wundern, wenn ich eines Morgens von einem Wagnerianer angeredet würde: »Wie weht's? Wohl?« Man hat auch mit Freuden bemerkt, daß der »Meister« bei der Besetzung der Rheinmädchen, durch seinen glücklichen Instinkt geleitet, nur alliterierende Damen auserkoren hat: Lilli Lehmann, Marie Lehmann, Minna Lammert, daß die beiden Helden der Walküre, Sigmund und Hunding, von den ebenfalls zweifellos alliterierenden Niemann und Niering dargestellt werden und daß unter den Walküren selbst Louise Jaide und Johanna Jachmann sich befinden. Heute haben sich die Straßen von Bayreuth mit Girlanden und Festons, auf dem der Buchstabe W. prangt, geschmückt. Uneingeweihte glauben, daß damit der deutsche Kaiser Wilhelm, der hier eingetroffen und mit einem Jubel empfangen worden ist, welcher ernsthafte Wagnerianer als zerstreuendes Moment beunruhigen darf, gefeiert werden soll. Die Wagnerianer erblicken darin nur eine neue Ovation für ihren Meister; die Gemäßigteren preisen es mindestens als ein besonderes Glück des Kaisers, daß Wilhelm und Wagner alliterieren...

Paul Lindau, Nüchterne Briefe aus Bayreuth. Berlin 1876

Oben links: Wagner-Karikatur aus »L'Eclipse« von 1869. *Oben rechts:* Szenenbild aus der »Götterdämmerung«. *Rechts:* Zeitgenössische Lösung des Problems, wie im Vorspiel des »Ringes« die Rheintöchter zum Schwimmen zu bringen sind.

Am Hofe des Märchenkönigs

Einer materialistischen, nur am Nutzen interessierten Zeit setzte König Ludwig II. von Bayern sein Reich der Schönheit und des Friedens entgegen. Der menschenscheue Schwärmer auf dem Königsthron, äußerstes Pendant zur rational-machtorientierten Preußenmonarchie, erregte zu seinen Lebzeiten und erst recht nach seinem geheimnisumwitterten Tod im Starnberger See (1886) die Phantasie des Volkes.

König Ludwig II. war eine majestätische Erscheinung. Seine Schönheit hat wesentlich dazu geholfen, ihm die Neigung des Volkes zu gewinnen, die er in so hohem Grade besaß. Sein Blick, sein „Augenaufschlag" wirkten so mächtig auf das weibliche Geschlecht, daß mehr als eine trotz seiner Kälte in Liebe zu ihm entbrannte und ihre vergebliche Schwärmerei durch eine Gemütskrankheit büßte. Manche trug heimlich abgeschnittene Haare eines von Ludwig II. gerittenen Pferdes in ihrem goldenen Medaillon oder Blumen, über die sein Fuß geschritten. Der König war ritterlich und liebenswürdig gegen Damen, aber keine vermochte es je, ihn zu fesseln, noch weniger, ihn zu beherrschen. Seine Verlobung mit Sophie, der liebreizenden Tochter des Herzogs Maximilian in Bayern, im Jahre 1867 löste sich nach wenigen Monaten aus nicht bekannten Gründen. Seine Unterhaltungsgabe war so gewinnend, daß Männer der verschiedensten politischen Richtungen von ihm bezaubert waren; war Absicht dabei, so freute sich der König des leichten Sieges.

Audienzen erteilte er in der Regel ungern; deshalb mußte mancher Hoch- und Niedriggestellte seine Geduld üben, bis er vorgelassen wurde, oder schließlich ohne Audienz abziehen. Auch hierin herrschte eine Mannigfaltigkeit, die den Psychologen den Ariadnefaden verlieren ließ. Denn huldvollst empfing Ludwig II. heute das Haupt der Ultramontanen, morgen Ignaz von Döllinger; fremden Majestäten ward die Besichtigung seiner Schlösser oder seines Wintergartens nicht vergönnt, einen republikanischen Studenten aus der Schweiz aber führte der Monarch in höchsteigener Person darin umher...

In Ludwig XIV. von Frankreich verehrte Ludwig II. das Musterbild eines Königs. Wie jener hielt er Pracht für das notwendigste Attribut eines Herrschers, und der Stolz, d.h. das Selbstgefühl, hoch über anderen Menschen zu stehen, war ihm ebenso zu eigen wie jenem... Das absolute Königtum, der unumschränkte Herrscher war sein Ideal. Bei einem Auftrag schrieb er zumeist: »Ich, der König, will es«, »Mein Entschluß steht fest«, »Ich befehle es«, »Yo el rey«...

Der König liebte leidenschaftlich die Wagnersche Musik, doch war sie ihm mehr Zutat als Selbstzweck. Der Schwerpunkt einer Oper lag für ihn in der Dichtung und in der Dekoration. Konzerte besuchte er spärlich. Wagnersche Opern fast regelmäßig. Bisweilen ließ sich der Monarch in seiner prunkvollen Einsamkeit von einer Diva des K. Hoftheaters, Fräulein Schefszki oder Fräulein Mallinger, vorsingen, desgleichen von seinem Lieblingssänger Nachbaur; auch ließ er sich von Hans von Bülow bevorzugte Melodien auf dem Klavier vorspielen. Und in den trüben November- und Dezembertagen zu Hohenschwangau erschien dann und wann die gefeierte Schauspielerin Bulljowski und deklamierte aus Schillerschen Dramen vor dem Könige. Dieser überraschte die Künstlerin hierbei durch sein merkwürdiges Gedächtnis, da er ein ihr entfallenes Wort sogleich einschaltete oder auch bei einem Dialoge eine der Rollen übernahm. Sein Vortrag soll hinreißend gewesen sein. War er in leutseliger Laune, so geschah es des öfteren, daß er seinen Kabinettssekretär nach dem Vortrage zurückhielt, um ihm diese oder jene Stelle, selbst einen ganzen Akt aus einem klassischen Stücke zu rezitieren. Er hatte eine eigentümliche, große Auffassung und verstand seine Stimme so meisterhaft zu modulieren, daß er die Seele des Zuhörers ergriff...

Wie vieles bei diesem Könige eigenartig war, so war es auch seine Tageseinteilung, denn er richtete sich dabei mehr nach dem Monde als nach der Sonne. Er schlief oder ruhte bis zwölf Uhr mittags, nach beendeter Toilette erledigte er täglich mit seinem Kabinettschef staatliche, zweimal in der Woche mit seinem Hofsekretär finanzielle und in die Künste einschlägige Angelegenheiten, wobei Ludwig II. eine äußerst rasche Auffassung, einen scharfen Einblick in die Verhältnisse und vielen Schönheitssinn bekundete.

Er nahm seine Mahlzeiten allein an einem kleinen, unbequemen Ecktischchen in seinem Schreibzimmer ein. Erteilte er nachmittags Audienzen, so speiste der König während des Vortrages seines Kabinetts- oder Hofsekretärs. Von fünf bis sechs Uhr fuhr er spazieren, dann besuchte er das Theater oder unterhielt sich in seinem Wintergarten mit Betrachtung eingesandter Baupläne, Aquarelle und Kupferstiche...

Unternahm der König von Berg aus einen Ausflug ins Gebirge, so wurde ihm der Geschäftseinlauf entweder durch einen reitenden Boten nachgesandt, oder der Kabinettschef und der Hofsekretär wurden zum Vortrage in eines der Jagdhäuser auf dem Hochkopf, Brunnenkopf, Herzogstand, Schachen usw. beschieden. Denn der König legte stets einen hohen Wert darauf, daß die Regierungsgeschäfte ohne Aufschub erledigt würden. Mitunter fand der Vortrag am Fuße eines Berges statt, in Krünn, Halbamer, vor allem in der Vorderriß, dem einzigen in der Ebene gelegenen Jagdhaus, das im Frühjahr zuerst schneefrei wurde. Welch reiches, le-

Ludwig II. in der Venusgrotte von Schloß Linderhof. Zeichnung aus der »Gartenlaube« von 1886.

bendiges Treiben zog dann plötzlich in eine stille Gegend, wo sonst wilde Bergeinsamkeit herrschte.
Ein paar Mal wickelten sich zur Sommerszeit die Staatsgeschäfte vor dem Forsthaus in Altach am Walchensee ab. Der Förster hatte Haus und Flur von oben bis unten scheuern lassen, Stühle und Tisch in eine Wiese gestellt, eine rote Wolldecke darüber gedeckt, einen riesigen Blumenstrauß darauf postiert, seine Dachshunde in eine Hundehütte verbannt, und ehrerbietig wartete dann der Förster der Dinge, die nun kommen sollten. Da sprengte der König mit seinem Pferd- und Wagentroß daher. Eisenhart [Kabinettssekretär Ludwigs II.] erschien mit seinem Portefeuille, und der Vortrag fand im Freien statt.
Die Szenerie war eigentümlich. Im Hintergrund der Wiese lagerten die Reitknechte und reihten sich die Fahrzeuge aneinander. Der König setzte sich, die schottische Mütze auf dem Kopf, im Reisekostüm an den Tisch, rückwärts von ihm, stramm aufrecht, zwei Lakaien, vor ihm stand sein Kabinettschef im schwarzen Frack, den Claquehut unter dem Arm, und berichtete mit lauter Stimme über die von den verschiedenen Ministern eingesandten Anträge und Vorschläge; dann und wann mischte sich das Tönen einer Kuhglocke darein oder das Gekläffe der über ihre Haft erbosten Hunde. Nachdem der König die letzte Entschließung getroffen und die Unterschriften gefertigt hatte, verabschiedete er leutselig seinen Sekretär, gab ein Zeichen, und wie durch eine Zauberformel verschwand die ganze Gesellschaft. Stumm blieb der Förster noch geraume Zeit vor seinem Hause stehen, hatte er geträumt, oder war es Wirklichkeit gewesen?...
Die Befürchtungen für seine Gesundheit und seine Sicherheit wies der König energisch zurück. Und doch stand sein Leben oft auf dem Spiele bei seinen nächtlichen Ausflügen. Einmal bei starkem Schneegestöber erfaßte den vor Kälte erstarrten Vorreiter, der den Weg nicht mehr von dem Abgrund unterscheiden konnte, eine derartige Verzweiflung bei dem Gedanken, der Monarch könnte verunglücken und er trüge als Vorreiter die Schuld daran, daß er die Laterne von sich werfen und blindlings davon jagen wollte, „gehe es wie es will". Nur dem mutigen Stallmeister Hornig gelang es, ihn wieder zur Besinnung zu bringen.
Und so sauste der König, als er im Spätherbst nach Hohenschwangau übergesiedelt, fast Tag um Tag in seinem prunkvollen Wagen oder Schlitten mit allegorischen Figuren, bald durch Nacht und Nebel, bald im hellen Mondlicht über Stock und Stein, bergauf, bergab, an eingeschneiten Gebirgen vorüber, an wilden Schluchten und finsteren Tannen vorbei, schnell wie ein Sturmwind fuhr er durch Dörfer und Weiler. Die Leute hörten schon von weitem den Hufschlag, verstohlen blickten sie hinter den kleinen Scheiben ihrer Häuser hervor. „Jetzt kommt der König", flüsterten sie. Dann sahen sie einen Fackelschein – ein Schimmern von Gold – die Umrisse einer Krone und schwebender Engel – und das Phantasieleben Ludwigs II. ergriff auch das Landvolk.

Luise v. Kobell, Unter den vier ersten Königen Bayerns. München 1894

Industrie gegen Handwerk

Die Verdrängung des Handwerks durch die Industrie hatte nicht nur wirtschaftliche und soziale Auswirkungen, sondern auch kulturelle. Ein Zeitgenosse beschreibt am Beispiel der Graveurkunst, wie industrielle Fertigung die ehemals vorhandene Geschmackssicherheit der Entwerfer und Hersteller ruinierte.

Um eben diese Zeit [Mitte der siebziger Jahre] vollzog sich im Gravierhandwerk eine tiefgehende Umwälzung. Das uralte Bedürfnis des Menschen, alles, was an ihm ist und was um ihn ist, zu schmücken, wurde damals in neue Bahnen gedrängt. Der Bürger, vom wirtschaftlichen Aufstieg der siebziger und achtziger Jahre hochgetragen, kannte dieses Bedürfnis des Schmückens ebenso wie seine Vorfahren, aber, im Gegensatz zu diesen, hatte er weder Zeit noch Fähigkeit, in behaglichem Austausch mit dem Handwerker-Künstler das Entstehen der Schmuckformen mit teilnehmendem Urteil zu begleiten und zu beeinflussen. Die schmückende Zutat mußte ihm vielmehr ebenso »fix und fertig« geliefert werden, wie die Gegenstände selbst, die geschmückt werden sollten. Darüber ging, wie hätte es anders sein können, in der breiten Masse der neuen Schmuckbezieher das Gefühl für echt und unecht im Schmuck, für organischen Zusammenhang zwischen Schmuck und Geschmücktem verloren. Guter Schmuck hieß nun vor allem: viel Schmuck und immer wieder auffällig neuer Schmuck. »Schmücke dein Heim« und alles, was dein ist, um jeden Preis! Die Industrie ließ sich das nicht zweimal sagen: es gab schlechterdings nichts, was sie nicht mit ornamentalem, figürlichem oder pflanzlichem Schmuck überzogen hätte; die gußeisernen Säulen der neuen Baukonstruktionen liefen in stolze Akanthuskapitäle aus, und die Becken der damals eben aufkommenden Wasserklosetts prangten im Schmucke malerischer Blumen- und Fruchtstücke. Es war eine richtige, wohlwollende Diktatur der Schmuckindustrie, derer sich Deutschland erfreute: eine Diktatur, die ihre Herrschaft auch bald auf die besser gestellten Schichten der Arbeiterschaft ausdehnte, und die in der Fabrikation unermeßlicher Mengen von »Hausgreuel« gipfelte.

Die nächstliegenden Darstellungsmittel für die Schmuckformen waren Linie und Farbe; dazu aber trat in sehr vielen Fällen das Relief: die Knöpfe an Kleidern und Mänteln der Frauenwelt wurden plastisch-ornamental übersponnen; den Glückwunschkarten, die sich die Bürger zu den Festen des Lebens zuzuschicken pflegten, waren kühne, in phantastisches Rokoko-Gitterwerk verflochtene Blumenarrangements aufgeprägt; die Griffe der Spazierstöcke, die Klinken der Türen, die Beschläge an den Möbeln – nichts konnte sich dieser plastisch-ornamentalen Dekorationswut entziehen. Daneben wurde das Relief auch im Dienste der zu gleicher Zeit aufgenommenen Markenartikel benötigt: Schokoladetafeln, Waffeln, Kekse trugen in kräftig-erhabenen Buchstaben die Namen der großen Genußmittelfabrikanten; die Flaschen des eben aufblühenden Flaschenbierhandels die Namen der rivalisierenden Brauereien; Dosen, Büchsen, Schachteln die Bezeichnungen von Nährmitteln, Medikamenten und Präparaten. Oft auch waren die plastischen Schriftzüge wiederum eingerahmt von plastisch-ornamentalen Verzierungen.

Alle diese Reliefformen aber mußten gegossen oder geprägt werden, und zur Herstellung der mannigfachen Guß- und Prägeformen benötigte man die Kunst des Graveurs. Das Arbeitsfeld der Graveure erweiterte sich in kurzer Zeit beträchtlich, und diese Gelegenheit ergriff mein Vater mit frischer Tatkraft.

Aber mit welchen Opfern mußte dieser geschäftliche Fortschritt erkauft werden! In der alten Berufs- und Lebensordnung trat der Graveur, ähnlich dem Künstler alten Schlages, mit dem eigentlichen Empfänger seiner Leistung in eine persönliche Berührung. Der Auftraggeber war oft Kenner und Liebhaber, nicht selten auch der Mann einer höheren allgemeinen Kultur. Der Graveur aber war in bezug auf die geforderte Leistung der Könner. Der Kenner und Liebhaber konnte den Könner anregen, der Könner konnte den Kenner und Liebhaber belehren. Das trieb den Graveur an, vor dem andern mit dem Besten seiner Leistung zu bestehen, und der Auftraggeber war dem Graveur, der für ihn wirklich ein »Meister« war, in sachlich-menschlicher Teilnahme verbunden. Das galt in den meisten Fällen auch dann, wenn, wie beim Silberstich, zwischen Graveur und eigentlichem Empfänger der Gold- und Silberschmied als Auftraggeber trat, der damals ja nicht, wie später zumeist, lediglich Händler der von den Silberwarenfabriken gelieferten Waren, sondern selbst Kunsthandwerker hohen Grades war.

Dieses sittlich hochstehende und sachlich fördernde Verhältnis fiel in dem industrialisierten Gravierbetrieb weg. Der unmittelbare Auftraggeber, mit dem der Graveur es jetzt zu tun hatte, war der Fabrikant. Der Fabrikant erhielt seine Aufträge vom Großhändler, der Großhändler vom Zwischenhändler, der Zwischenhändler vom Kleinhändler, der Kleinhändler aber von Seiner Majestät dem Publikum. Keine dieser Instanzen hatte mehr ein persönliches Verhältnis zum Graveur, zu seiner Leistung, zu seinen Arbeitsbedingungen. Der Fabrikant, meist ein von keiner Kultur beleckter Emporkömmling, war an den Erzeugnissen des Graveurs nur noch kommerziell interessiert; er horchte nur, ob sie seinem unmittelbaren Auftraggeber, dem Händler zusagten, und die Händler aller Stufen ließen nur das gelten, was ihrer Vorstellung vom Publikumsgeschmack entsprach. War in dem früheren Verhältnis zwischen Graveur und seinem Auftraggeber alles konkret und lebensvoll, so war jetzt alles abstrakt und leer; maßgebend war nicht mehr der Grad der handwerklich künstlerischen Leistung, sondern der ausmünzbare Erfolg bei einer anonymen Masse. Dieser Erfolg wiederum war in weitem Umfange abhängig vom Preise des Endproduktes, so daß es zuletzt darauf ankam, den verdorbenen oder unerzogenen Geschmack der Masse mit möglichst billigen Erzeugnissen zu befriedigen. Das Kennwort »Billig und schlecht«, das damals Releaux für die gesamte junge deutsche Fertigwarenindustrie prägte, galt auch für die Sparte, in die nun der Graveur als Kuli eingespannt war. Einen Maßstab, der aus der Sache, der Leistung selbst gewonnen worden wäre, gab es nicht mehr.

Die Entleerung und Entpersönlichung der Arbeit des Graveurs sollte bald noch einen Schritt weiter gehen. In der alten Praxis war der Graveur nicht nur für die technische Herstellung der Formen, sondern auch für deren Gestaltung selbst verantwortlich. Jetzt gingen die Fabrikanten in vielen Fällen dazu über, den »Entwurf« der Formen einem neuen Berufsstand, den »Musterzeichnern«, zu übertragen. Soweit sich der Fabrikant überhaupt über den Formencharakter Gedanken machte, legte er diese nun nicht mehr dem Graveur, sondern eben dem Herrn Musterzeichner vor. Der Graveur sank zum bloß ausführenden Techniker herab. Selbst wenn er früher gleichfalls nicht mehr als ausführender Techniker gewesen wäre, würde er doch auf einer höheren Stufe gestanden haben. Denn die Formen, die er als Siegelgraveur etwa schnitt, waren edel, und die Zwecke der Siegel standen im Dienste einer würdigen Lebensordnung. Hingegen die Formen, die nun der Abgott Publikum verlangte, waren in aller Regel formlos und die Zwecke, mit denen sie verbunden waren, waren banal. Die Andacht, die den Graveur erfüllte, wenn er das Siegel einer freien Reichsstadt, einer berühmten Universität, einer bischöflichen Kanzlei schnitt, eine solche Andacht war gänzlich unmöglich, wenn es galt, nach dem Entwurf eines kümmerlichen Musterzeichners Jacken- und Mäntelknöpfe mit geschmacklosen Ornamenten zu »verzieren«...

Änderte sich so der eigentliche Arbeitsstil der Graveure, so änderten sich nicht weniger die Bedingungen und Formen des geschäftlichen Verkehrs. Der Graveur alten Schlages stand in der Mitte eines verhältnismäßig festen, klar begrenzten Kundenkreises, dessen Zusammensetzung sich nur langsam und ohne erregende Erschütterung änderte. Der Graveur wurde von seinen Kunden mehr aufgesucht, als daß er diesen hätte nachlaufen müssen. Nun aber begann auch hier die »Jagd nach dem Kunden«. Und diese Jagd vollzog sich vielfach in einem verworrenen, schwer übersehbaren Gelände. Die Industrien, um die es hier ging, waren in hohem Grade von der Mode abhängig. Von Modewelle zu Modewelle mußte sich der Graveur »umstellen«, und derjenige riß die Aufträge an sich, der die neueste Konjunktur am frühesten witterte, am raschesten mit neuen »Dessins« herauskam, am schnellsten die erforderliche neue Technik entwickelte. Oft auch fielen ganze Industrien, die zu wichtigen Auftraggebern des Graveurs geworden waren, in kürzester Zeit überhaupt wieder aus. Als die Mode der großen dekorativ-ornamentalen Knöpfe vorüber war, versiegte mit einem Male auch für den Graveur, der die »Knopfstanzen« geliefert hatte, diese Einnahmequelle; das Punzenmaterial [Stahlstäbchen für Treibarbeit], das er sich für diese Zwecke erarbeitet hatte, wurde weithin wertlos – wiederum begann die Jagd nach einem neuen Arbeitsgebiet, mit neuen Auftraggebern, neuen geschäftlichen Bedingungen, neuen technischen Notwendigkeiten. So habe ich bei meinem Vater nacheinander die Knopfstanzenperiode, die Waffelplattenperiode, die Glückwunschkartenperiode, die Schokoladenformenperiode erlebt, kleinerer Zwischenspiele nicht zu gedenken. Ein immer erneuter Zusammenbruch eines mühsam erworbenen Kundenkreises, eine immer wiederholte Entwertung wertvoller Einrichtungen und Hilfsmittel, ein außerordentlicher, im Grunde unproduktiver Verbrauch der Kräfte. Und das alles, um einer urteilslosen Masse ein paar neue, gänzlich überflüssige Geschmacklosigkeiten zu liefern. So kam die Unruhe, das Gehetzte, es kam das Unsolide und Würdelose, das dieser ganzen Zeit des kapitalistischen Aufstieges eigen war, auch in die Werkstätten und Herzen der Graveure hinein.

Walter Hofmann, Mit Grabstichel und Feder. Geschichte einer Jugend. 1948

Ornamentfülle auf den Dingen des täglichen Gebrauchs: Tafelservice der Firma Hutschenreuther, um 1875.

Thronwechsel

Am 9. März 1888 starb im Alter von 91 Jahren Kaiser Wilhelm I. Als Friedrich III. bestieg sein an Kehlkopfkrebs erkrankter, bereits vom Tode gezeichneter Sohn den deutschen Kaiserthron. Der Dichter Rudolf Binding beschreibt in seinen Lebenserinnerungen die Stimmung jener schicksalsschweren Märztage.

Am 9. März 1888 starb Wilhelm I., den sein Enkel den Großen zu nennen befahl, der erste deutsche Kaiser. Ich war bei seinem Leichenbegräbnis gewesen.

Am Abend vor seinem Tode, einem Donnerstag, war ich mit meinem Vater auf dem Wege zum Gewandhauskonzert, als mir Bekannte entgegenkamen und sagten, das Konzert sei abgesagt, der Kaiser liege im Sterben, der Tod könne jeden Moment eintreten. In jedem Gesicht, in jeder Stimme war der gleiche ungeheure Ernst, ein Ernst, der das Land einzuhüllen begann, wie eine Finsternis bevor die Nacht kam. Es schneite ununterbrochen. Man ging bedrückt nach Hause und wußte nichts zu tun. Es wurden Extrablätter ausgerufen, die das sagten, was man wußte. In der Nacht wurde es unheimlich kalt, aber immer noch fiel Schnee. Im Laufe des Morgens kam die Todesnachricht – eine Zeile auf dem Extrablatt. Mein Vater las diese Zeile mit einem schauerlichen Ernst und feuchten Augen. Trauer setzte ein. Die Schulen, die Universität, die Läden, die Ämter, die Häuser schlossen sich von selbst. Nichts befahl oder ordnete sie, die sich selbst befahl und sich selbst ordnete. Es ist kein Mensch zu nennen, um dessen Tod je Menschen weinten, der so betrauert wurde. Wie nahe dieser jedem Menschen stand, das wurde wie in einem Wunder offenbar, in einer Ausgießung über alles Volk, die diese Trauer war. Sie wurde Ereignis seiner Geschichte, gleich ungeheuren Erhebungen und keines außer dem großen Kriege, den wir sahen, soll ein Dichter jemals größer heißen dürfen.

Mit jedem Tage wurde dieses deutlicher; von ihrer Tiefe, ihrer Größe wurde diese Trauer wie verklärt. Eine unbeschreibliche Woche folgte. Der Kronprinz und nunmehr Kaiser Friedrich III., todkrank und Opfer sicheren Tods, kam aus dem Süden herauf. Man sah ihn nicht. Er war schon stumm. Kein Wort erlaubten ihm die Ärzte, die ihn ständig umgaben. Wände umschlossen ihn. Man fühlte nur dieses heroische Herz, das jeder kannte, von Liebe und Pflicht zu letztem Dienste gerufen. Man las am dritten Tage: »Sicher in seiner Kraft ruhend steht Deutschland geachtet im Rate der Völker und begehrt nur des Gewonnenen in friedlicher Entwicklung froh zu werden.«

Die Welt las es, und kein Zweifel erhob sich. Es war des Kaisers Proklamation, die diese Worte enthielten. Sie war aus eigenem Herzen mit Bleistift vom Kaiser selbst geschrieben, nicht redigiert von der Klugheit anderer, und so den versammelten Ministern zur Veröffentlichung übergeben. In seiner Kraft ruhend stand Deutschland geachtet im Rate der Völker. Es war die Wahrheit. Als die Beisetzungsfeierlichkeiten feststanden – an einem der nächsten Tage – gab mir mein Vater Geld, und ich fuhr nach Berlin. – Das erste Mal in meinem Leben. Ich habe nichts von ihm gesehen. Es gab nur die via funeralis: das Brandenburger Tor, die Linden und den Dom, wo der tote Kaiser aufgebahrt war. Stadt und Land lag in tiefem Schnee. Es wurde schneidend kalt. Ein unbewegliches, starres und unheimlich nahes Grau hing bis zu den Häusern und verhüllte die Türme. Ich hatte mich mit einem Fähnrich meines bisherigen Regiments, der im nahen Potsdam auf der Kriegsschule war, verständigt; er holte mich vom Bahnhof ab.

An ein Unterkommen in der Stadt dachten wir nicht; es gab wohl auch keines. Es gab für uns ja nicht mehr Tag und Nacht; man wußte nichts von Tag und Nacht. Ich weiß nicht wann und wo wir gegessen haben, ob wir geschlafen haben – wahrscheinlich nicht. Nur wenn wir zu sehr froren, das wußte ich, schlupften wir in eine enge holländische Teestube, tranken heißen Tee mit Genever und aßen heißen Zwieback, wenn wir uns bis an den schmalen langen Schanktisch vorgedrängt hatten, wo er im Stehen verabreicht wurde. Aber oft mußten wir auch wieder hinaus in die Nacht oder in den Tag, weil es uns nicht so lange hielt bis wir den Tisch erreicht hätten.

Wir drängten uns zum Dom. Wir standen stundenlang. Es war unmöglich. Irgendwie standen wir immer neben dem Strom, der wie gefroren festlag und sich nicht zu bewegen schien. Wir schoben uns wieder heraus, gingen, tranken Tee und kamen wieder. Aber immer wieder war es gleich unmöglich. Frauen wurden ohnmächtig, in Höhe der Schultern von Menschen langsam nach hinten hinausgeschoben, hinausgezogen. Wir versuchten es in den verschiedensten Stunden. Die Menge war immer gleich groß. Schließlich gaben wir es auf... Ich habe den Kaiser einmal im Leben gesehen; sehr alt, sehr gütig, einfach und ehrfurchtgebietend; dies Bild konnte ich mir bewahren. Auch der Fähnrich hatte ihn gesehen.

Dort aber im Dom lag der tote Kaiser auf dem schwarzen Generalsmantel mit den großen roten Aufschlägen in der Uniform seine ersten Regiments der Garde. Langsam schob sich die schweigende Menge vorüber und blickte noch einmal in das feine greise Antlitz des Menschen, der sich mehr Liebe in der Welt gewonnen hatte als je ein Lebender, von dem wir wissen. Blumen von unbeschreiblicher Pracht bedeckten das ganze Schiff. Frauen sanken in Tränen nieder, und Szenen spielten sich ab, die keine Feder beschreibt. Der hier dahingegangen war, war die Güte und die Tugend in Person. Mit ihm verlor das Land seinen Beschützer.

»Ich habe keine Zeit müde zu sein.« Allegorische Darstellung Kaiser Wilhelms I.

Die Zukunft würde dunkel sein. Das wußte das ganze Volk.
Und Tag und Nacht rüstete Berlin die Straße der Trauer. Es sprach sich herum, daß Arbeiter aus dem Reich das Spalier vom Schloß bis zum Mausoleum in Charlottenburg bilden würden, die der Unfall- und Krankenversicherung teilhaftig geworden waren und der Initiative Wilhelms des Ersten diese Fürsorge verdankten. Es waren hundertundachtzigtausend Mann. Aber die Anregung fiel. Freiwillig, ohne Aufforderung und Kommandos, standen zwanzigtausend Jünglinge, Künstler, Studenten, Arbeiter Berlins, und hielten die Ordnung. Die Linden glichen einem schwarzen Strombett. Ein schwerer Trauerprunk von Schwarz und Gold faßte sie ein. Gasströme brannten Tag und Nacht wie aufwärts geworfene, in den Himmel stoßende Arme. Teerfeuer schwelten breit und leuchteten düster. Ein ausgespanntes Trauerzelt überbrückte die ganze Kreuzung der Friedrichstraße.
Das Brandenburger Tor schloß wie eine schwarze aufrechte Umarmung seine Säulen um die letzte Ausfahrt seines Königs... Der Stein verhüllte sich: Vale senex Imperator.

Binding, Erlebtes Leben. Frankfurt 1928

Kaiser gegen Kanzler

Zwischen dem stürmischen Tatendrang des jungen Kaisers und der weisen Mäßigung des alten Kanzlers konnte der Konflikt nicht ausbleiben. Anlaß zum endgültigen Bruch war der Streit um die Arbeiterfrage und die damit verbundene Forderung Wilhelms II. an Bismarck, eine Kabinettsorder von 1852 aufzuheben, nach der die Minister den preußischen Ministerpräsidenten über Immediatvorträge beim König zu informieren hatten.

Bismarcks Entlassungsgesuch

Bei meinem ehrfurchtsvollen Vortrage am 15. dieses Monats haben Eure Majestät mir befohlen, einen Ordreentwurf vorzulegen, durch welchen die Allerhöchste Ordre vom 8. September 1852, welche die Stellung des Ministerpräsidenten seinen Kollegen gegenüber seither regelte, außer Geltung gesetzt werden soll. Ich gestatte mir über die Genesis und die Bedeutung dieser Ordre nachstehende alleruntertänigste Darlegung:
Für die Stelle eines »Präsidenten des Staatsministerium« war zur Zeit des absoluten Königstums kein Bedürfnis vorhanden, und wurde zuerst auf dem Vereinigten Landtage 1847 durch die damaligen liberalen Abgeordneten (Mevissen) auf das Bedürfnis hingewiesen, verfassungsmäßige Zustände durch Ernennung eines ›Premierministers‹ anzubahnen, dessen Aufgabe es sein würde, die Einheitlichkeit der Politik der verantwortlichen Minister zu überwachen und herbeizuführen und die Verantwortung für die Gesamtergebnisse der Politik des Kabinetts zu übernehmen. Mit dem Jahre 1848 trat die konstitutionelle Gepflogenheit bei uns ins Leben und wurden ›Präsidenten des Staatsministeriums‹ ernannt, wie Graf Arnim, Camphausen, Graf Brandenburg, Freiherr von Manteuffel, Fürst von Hohenzollern, an deren Namen die Verantwortlichkeit in erster Linie haftete, nicht für ein Ressort, sondern für die Gesamtpolitik des Kabinetts, also der Gesamtheit der Ressorts. Die meisten dieser Herren hatten kein eigenes Ressort, sondern nur das Präsidium; so (zuletzt vor seinem Eintritt) der Fürst von Hohenzollern, der Minister von Auerswald, Prinz Hohenlohe. Aber es lag ihnen ob, in dem Staatsministerum und in dessen Beziehungen zum Monarchen diejenige Einheit und Stetigkeit zu erhalten, ohne welche eine ministerielle Verantwortlichkeit, wie sie das Wesen des Verfassungslebens bildet, nicht durchführbar ist. Das Verhältnis des Staatsministeriums und seiner einzelnen Mitglieder zu dieser neuen Institution des Ministerpräsidenten bedurfte sehr bald einer näheren, der Verfassung entsprechenden Regelung, wie sie im Einverständnisse mit dem damaligen Staatsministerium durch die Ordre vom 8. September 1852 erfolgt ist. Diese Ordre ist seitdem entscheidend für die Stellung des Ministerpräsidenten zum Staatsministerium geblieben, und sie allein gab dem Ministerpräsidenten die Autorität, welche es ihm ermöglicht, dasjenige Maß von Verantwortlichkeit für die Gesamtpolitik des Kabinetts zu übernehmen, welches im Landtage und in der öffentlichen Meinung ihm zugemutet wird. Wenn jeder einzelne Minister Allerhöchste Anordnung extrahieren kann, ohne vorgängige Verständigung mit seinen Kollegen, so ist eine einheitliche Politik, für welche jemand verantwortlich sein kann, im Kabinett nicht möglich. Keinem der Minister, und namentlich dem Ministerpräsidenten nicht, bleibt die Möglichkeit, für die Gesamtpolitik des Kabinetts die verfassungsmäßige Verantwortlichkeit zu tragen.
In der absoluten Monarchie war eine Bestimmung, wie die Ordre von 1852 sie enthält, entbehrlich und und würde es auch heute sein, wenn wir zum Absolutismus, ohne ministerielle Verantwortlichkeit, zurückkehrten. Nach den zu Recht bestehenden verfassungsmäßigen Einrichtungen aber ist eine präsidiale Leitung des Ministerkollegiums auf der Basis des Prinzips der Ordre von 1852 unentbehrlich. Hierüber sind, wie in der gestrigen Staatsministerialsitzung festgestellt wurde, meine sämtlichen Kollegen mit mir einverstanden und auch darüber, daß jeder meiner Nachfolger im Ministerpräsidium die Verantwortlichkeit für sein Amt nicht würde tragen können, wenn ihm die Autorität, welche die Ordre von 1852 verleiht, mangelte. Bei jedem meiner Nachfolger wird dies Bedürfnis noch stärker hervortreten wie bei mir, weil ihm nicht sofort die Autorität zur Seite stehen wird, die mir ein langjähriges Präsidium und das Vertrauen der beiden hochseligen Kaiser verliehen hat. Ich habe bisher niemals das Bedürfnis gehabt, mich meinen Kollegen gegenüber auf die Ordre von 1852 ausdrücklich zu beziehen. Die Existenz derselben und die Gewißheit, daß ich das Vertrauen der hochseligen Kaiser Wilhelm und Friedrich besaß, genügten, um meine Autorität im Kollegium sicherzustellen. Diese Gewißheit ist heut aber weder für meine Kollegen noch für mich selbst vorhanden. Ich habe deshalb auf die Ordre von 1852 zurückgreifen müssen, um die nötige Einheit des Dienstes Eurer Majestät sicherzustellen.
Aus vorstehenden Gründen bin ich außerstande, Eurer Majestät Befehl auszuführen, laut dessen ich die Aufhebung der vor kurzem von mir neu in Erinnerung gebrachten Ordre von 1852 selbst herbeiführen und kontrasignieren, trotzdem aber das Präsidium des Staatsministeriums weiterführen soll.
Nach den Mitteilungen, die mir der Generalleutnant von Hahnke und der Geheime Kabinettsrat von Luca-

nus gestern gemacht haben, kann ich nicht im Zweifel darüber sein, daß Eure Majestät wissen und glauben, daß es für mich nicht möglich ist, die Ordre aufzuheben und dennoch Ministerpräsident zu bleiben. Dennoch haben Eure Majestät den mir am 15. dieses Monats gegebenen Befehl aufrechterhalten und mir in Aussicht gestellt, mein dadurch notwendig werdendes Entlassungsgesuch zu genehmigen.
Nach früheren Besprechungen, die ich mit Eurer Majestät über die Frage hatte, ob Allerhöchstdenselben mein Verbleiben im Dienste unerwünscht sein würde, durfte ich annehmen, daß es Allerhöchstdenselben genehm sein würde, wenn ich auf meine Stellungen in Allerhöchstdero preußischen Diensten verzichte, im Reichsdienste aber bliebe. Ich habe mir nach näherer Prüfung dieser Frage erlaubt, auf einige bedenkliche Konsequenzen dieser Teilung meiner Ämter, namentlich bezüglich künftigen Auftretens des Kanzlers im Reichstage, in Ehrfurcht aufmerksam zu machen, und enthalte mich, alle Folgen, welche eine solche Scheidung zwischen Preußen und dem Reichskanzler haben würde, hier zu wiederholen. Eure Majestät geruhten darauf zu genehmigen, daß einstweilen »Alles beim Alten bleibe«. Wie ich aber die Ehre hatte auseinanderzusetzen, ist es für mich nicht möglich, die Stellung eines Ministerpräsidenten beizubehalten, nachdem Eure Majestät für dieselbe die capitis diminutio [hier Rangminderung] wiederholt befohlen haben, welche in der Aufhebung der Ordre von 1852 liegt.
Eure Majestät geruhten außerdem bei meinem ehrfurchtsvollen Vortrage vom 15. dieses Monats, mir bezüglich der Ausdehnung meiner dienstlichen Berechtigungen Grenzen zu ziehen, welche mir nicht das Maß der Beteiligung an den Staatsgeschäften, der Übersicht über letztere und der freien Bewegung in meinen ministeriellen Entschließungen und in meinem Verkehre mit dem Reichstage und seinen Mitgliedern lassen.
Aber auch wenn es tunlich wäre, unsre auswärtige Politik so unabhängig von unsrer inneren und unsre Reichspolitik so unabhängig von der preußischen zu betreiben, wie es der Fall sein würde, wenn der Reichskanzler der preußischen Politik ebenso unbeteiligt gegenüberstände wie der bayrischen oder sächsischen und an der Herstellung des preußischen Votums im Bundesrate und dem Reichstage gegenüber keinen Anteil hätte, so würde ich doch, nach den jüngsten Entscheidungen Eurer Majestät über die Richtung unsrer auswärtigen Politik, wie sie in dem Allerhöchsten Handbillet [Der Kaiser beschwerte sich darüber, daß ihm von Bismarck Berichte des Konsuls in Kiew nicht rechtzeitig vorgelegt worden seien, in denen von russischen Truppenansammlungen an der österreichischen Grenze die Rede war. Er verlangte Gegenmaßnahmen und wollte einen geplanten Besuch am russischen Hofe absagen], zusammengefaßt sind, mit dem Eure Majestät die Rückgabe der Berichte des Konsuls in Kiew begleiteten, in der Unmöglichkeit sein, die Ausführung der darin von Eurer Majestät vorgeschriebenen Anordnungen bezüglich der auswärtigen Politik zu übernehmen. Ich würde damit alle die für das Deutsche Reich wichtigen Erfolge in Frage stellen, welche unsre auswärtige Politik seit Jahrzehnten im Sinne der beiden hochseligen Vorgänger Eurer Majestät in unseren Beziehungen zu Rußland unter ungünstigen Verhältnissen erlangt hat und deren über Erwarten große Bedeutung für die Gegenwart und Zukunft Graf Schuwalow mir nach seiner Rückkehr von Petersburg soeben bestätigt hat.
Es ist mir bei meiner Anhänglichkeit an den Dienst des Königlichen Hauses und an Eure Majestät und bei der langjährigen Einlebung in Verhältnisse, welche ich für dauernd gehalten hatte, sehr schmerzlich, aus den gewohnten Beziehungen zu Allerhöchstdenselben und zu der Gesamtpolitik des Reichs und Preußens auszuscheiden; aber nach gewissenhafter Erwägung der Allerhöchsten Intentionen, zu deren Ausführung ich bereit sein müßte, wenn ich im Dienste bliebe, kann ich nicht anders als Eure Majestät alleruntertänigst bitten, mich aus dem Amte des Reichskanzlers, des Ministerpräsidenten und Preußischen Ministers der Auswärtigen Angelegenheiten in Gnaden und mit der gesetzlichen Pension entlassen zu wollen.
Nach meinen Eindrücken der letzten Wochen und nach den Eröffnungen, die ich gestern aus den Mitteilungen von Eurer Majestät Zivil- und Militärkabinett entnommen habe, darf ich in Ehrfurcht annehmen, daß ich mit diesem meinem Entlassungsgesuche den Wünschen Eurer Majestät entgegenkomme und also auf eine huldreiche Bewilligung meines Gesuches mit Sicherheit rechnen darf.

Wilhelm II. über den Bruch mit Bismarck

Als Prinz Wilhelm war ich des längeren zum Oberpräsidenten der Provinz Brandenburg v. Achenbach kommandiert, um in die innere Verwaltung eingeführt und in wirtschaftlichen Fragen orientiert zu werden, auch praktisch tätigen Anteil an den Arbeiten zu nehmen. Aus dieser Zeit habe ich mir, durch die fesselnden Vorträge Achenbachs angeregt, besonderes Interesse für die wirtschaftliche Seite der inneren Entwicklung des Landes bewahrt, während die rein juristische Seite der Verwaltung mich weniger fesselte. Meliorationen, Kanalbauten, Chaussee-Anlagen, Waldwirtschaft, Hebung aller Arten der Verkehrsverbindungen, Wohnungsverbesserung, Einführung der Maschinen in die Landwirtschaft und deren genossenschaftliche Entwicklung waren Fragen, die mich auch später andauernd beschäftigt haben; in ganz besonderem Maße der Wasserbau und die Entwicklung des Eisenbahnnetzes, zumal in dem sehr vernachlässigten Osten.
Alle diese Fragen wurden, nachdem ich den Thron bestiegen hatte, mit den Ministern besprochen. Ich hatte ihnen zur Aneiferung freies Arbeiten in ihren Ressorts zugesagt. Das stellte sich aber, solange Fürst Bismarck im Amte war, als kaum möglich heraus, da der Fürst sich in allen Angelegenheiten die Hauptentscheidung vorbehielt und dadurch die Selbständigkeit seiner Mit-

arbeiter lähmte. Es zeigte sich mir bald, daß die Minister, ganz in Bismarcks Hand befindlich, sich zu »Neuerungen« oder Ideen des »jungen Herrn«, die Bismarck ablehnte, nicht bekennen konnten. Das Ministerium war in der Tat ausschließlich ein Instrument in Bismarcks Hand und handelte nur nach seinem Befehl. Dieser Zustand war an sich natürlich, denn ein so überragender Ministerpräsident, der für Preußen und Deutschland so große politische Erfolge errungen hatte, beherrschte eben sein Ministerium und leitete es autoritativ. Ich befand mich dadurch aber in einer schwierigen Lage, denn bei meinen Anregungen wurden mir die typischen Antworten zuteil: »Das will der Fürst Bismarck nicht; das ist nicht bei ihm zu erreichen; das würde Kaiser Wilhelm I. nicht verlangt haben; das verstößt gegen die Tradition« usw. Ich erkannte mehr und mehr, daß ich eigentlich kein Staatsministerium zur Verfügung hatte, sondern daß sich die Herren – aus langer alter Gewohnheit – als die Beamten des Fürsten Bismarck ansahen.

Ein Beispiel möge erläutern, wie das Ministerium in jener Bismarckschen Zeit zu mir stand. Es handelte sich um die Erneuerung des Sozialistengesetzes, einer politischen Maßregel des Fürsten Bismarck, um den Sozialismus zu bekämpfen. Ein bestimmter Paragraph sollte gemildert werden, um das Gesetz zu retten. Bismarck wollte nicht. Es kam zu scharfen Auseinandersetzungen. Ich befahl einen Kronrat. Bismarck sprach im Vorzimmer mit meinem Adjutanten und erklärte: Seine Majestät vergesse ganz, daß er Offizier sei und ein Portepee trage; er müsse auf die Armee zurückgreifen und sie gegen die Sozialisten führen, falls diese zu revolutionären Taten schreiten sollten: der Kaiser solle ihm freie Hand lassen, dann werde man endlich Ruhe haben. Im Kronrat blieb Bismarck bei seinem Standpunkt. Die einzelnen Minister, zur Meinungsäußerung aufgefordert, sprachen sich lau aus. Es kam zur Abstimmung, und das ganze Ministerium stimmte gegen mich.

Diese Abstimmung zeigte mir wiederum die absolute Herrschaft, die der Kanzler über seine Minister ausübte. In tiefem Unmut besprach ich den Vorfall mit Exzellenz v. Lucanus, der ebenso betroffen über diese Erscheinung war. Lucanus suchte einige von den Herren auf und stellte sie über ihr Verhalten zur Rede. Die Herren machten geltend, sie seien »nicht in der Lage«, gegen den Fürsten Stellung zu nehmen, und erklärten, man könne ihnen doch unmöglich zumuten, gegen den Fürsten zu stimmen.

Späterhin habe ich mit Bismarck über sein Ansinnen, die Sozialisten im Falle revolutionärer Betätigung durch Kanonen und Bajonette zu bekämpfen, gesprochen und versucht, ihn davon zu überzeugen, daß ich, kaum daß Kaiser Wilhelm der Große nach gesegneter Regierung die Augen geschlossen, doch unmöglich meine ersten Regierungsjahre mit dem Blut meiner eigenen Landeskinder beflecken könne. Bismarck blieb dabei und erklärte, er werde das auf seine Kappe nehmen, ich sollte ihm die Sache nur überlassen. Ich erwiderte, daß ich das mit meinem Gewissen und meiner Verantwortung vor Gott nicht vereinbaren könnte, um so weniger, als ich genau wüßte, daß die Arbeiterwelt in einer schlechten Lage sei, die unbedingt gebessert werden müßte.

Der Gegensatz der Anschauungen des Kaisers und des Kanzlers über die soziale Frage, d.h. die Förderung des Wohles der Arbeiterbevölkerung unter Anteilnahme des Staates, ist der eigentliche Grund zum Bruche zwischen uns gewesen und hat mir die Feindschaft Bismarcks und damit die eines großen Teiles des ihm ergebenen deutschen Volkes und besonders des Beamtentums auf Jahre hinaus eingetragen.

Dieser Gegensatz zwischen dem Kanzler und mir entstand durch seine Meinung, daß die soziale Frage mit scharfen Maßregeln und eventuell mit der Truppe gelöst werden könne, nicht aber mit Grundsätzen allgemeiner Menschenliebe oder Humanitätsduselei, die er bei mir annehmen zu müssen glaubte. Bismarck war – das möchte ich nach dem Gesagten betonen – nicht etwa arbeiterfeindlich. Im Gegenteil! Er war ein viel zu großer Staatsmann, um die Wichtigkeit der Arbeiterfrage für den Staat zu verkennen. Er faßte diese ganze Angelegenheit aber rein vom staatlichen Zweckmäßigkeitsstandpunkte auf. Der Staat sollte für die Arbeiter sorgen, soweit und wie dies der Regierung gut schien. Von einer Mitwirkung der Arbeiter bei diesem Werke war kaum die Rede. Verhetzungen und Auflehnungen sollten scharf, nötigenfalls mit Waffengewalt, unterdrückt werden. Fürsorge auf der einen, die Panzerfaust auf der anderen Seite, das war die Bismarcksche Sozialpolitik. Ich aber wollte die Seele des deutschen Arbeiters gewinnen und habe um dieses Ziel heiß gerungen. Ich war von einem klaren Pflicht- und Verantwortlichkeitsbewußtsein meinem ganzen Volke, also auch den arbeitenden Klassen gegenüber, erfüllt. Was diesen von Rechts wegen und billigerweise zukam, sollte ihnen werden, und zwar, soweit es angängig oder notwendig war, wo der Wille und das Vermögen der Arbeitgeber aufhörten, von seiten des Landesherrn und seiner Regierung. Sobald ich erkannt hatte, daß Verbesserungen notwendig waren, zu denen sich die Industrie zum Teil nicht verstehen wollte, griff ich aus Rechtsgefühl für die Arbeiterschaft ein.

Ich hatte genügend in der Geschichte studiert, um nicht den Illusionen allgemeiner Volksbeglückungsmöglichkeit zum Opfer zu fallen. Daß es einem Menschen nicht möglich ist, ein Volk »glücklich« zu machen, war mir klar. Schließlich ist nur das Volk glücklich, das zufrieden ist oder wenigstens sein will, ein Wille, der allerdings ein gewisses Maß an Erkenntnis des Möglichen, also Sachlichkeit, voraussetzt. Leider gebricht es daran recht oft!

Ich wußte genau, daß bei den maßlosen Forderungen der sozialistischen Führer die unberechtigte Begehrlichkeit stets neu entfacht werden würde. Aber gerade um den unberechtigten Aspirationen mit reinem Gewissen und überzeugend entgegentreten zu können, durfte den berechtigten die Anerkennung und Förderung nicht versagt werden.

Wilhelms II. letzter Besuch bei Bismarck, 1897. Das Zerwürfnis war tiefgreifend; nach der Entlassung des Kanzlers gab es nur noch zeremonielle Begegnungen.

Die das Wohl der Arbeiter ins Auge fassende Politik hat zweifellos den gesamten Industriellen Deutschlands durch die bekannten Gesetze für den Arbeiterschutz schwere Lasten in der Konkurrenz auf dem Weltmarkt auferlegt – zumal einer Industrie gegenüber wie der belgischen, die ungehindert die Menschenreserven Belgiens mit billigen Löhnen bis zum letzten Tropfen ausquetschen konnte, ohne Gewissensbisse darüber zu empfinden und ohne Mitgefühl für die sinkende Moral des ausgeschöpften, ungeschützten Volkes. Solche Zustände habe ich für Deutschland unmöglich gemacht durch meine soziale Gesetzgebung, deren Einführung ich auch in Belgien während des Krieges durch Generaloberst Freiherr v. Bissing zum Wohl der belgischen Arbeiter veranlaßte. Diese Gesetzgebung ist aber zunächst, um einen sportlichen Ausdruck zu gebrauchen, ein Handicap auf der deutschen Industrie im Weltkonkurrenzkampf gewesen und verstimmte viele Großindustrielle, was von ihrem Standpunkte verständlich war. Der Landesherr muß aber stets das Gesamtwohl im Auge haben, und deshalb bin ich meinen Weg unbeirrt weitergegangen.

Diejenigen Arbeiter andererseits, die blindlings den sozialistischen Führern folgten, haben mir keinen Dank für den ihnen geschaffenen Schutz und für meine Arbeit gezollt. Uns trennt der Wahlspruch der Hohenzollern: »Suum cuique«. Das heißt: »Jedem das Seine«, aber nicht, wie die Sozialdemokraten wollen: »Allen dasselbe«!

Auch der Gedanke beschäftigte mich, wenigstens der kontinentalen Industrie Europas durch eine Art von Kontingentierung des Absatzes im Ausland einen Teil des Konkurrenzkampfes zu ersparen.

Auch im Kleinen habe ich auf Gebieten, die meinem Einfluß zugänglich waren, z.B. in der Verwaltung meines Hofes, im Kaiserlichen Automobil-Club u. dgl., den sozialen Gesichtspunkten zur Geltung verholfen. So habe ich u.a. aus den Geldern, die bei der Besichtigung der Schlösser den Dienern gegeben wurden, einen Fonds errichten lassen, der als lediglich der Dienerschaft gehörend angesehen wurde und im Laufe der Zeit eine stattliche Summe erreicht hat. Aus seinen Mitteln erhielten die Diener und ihre Familien Badereisezulagen, Kurkosten, Begräbniskosten, Aussteuern für Kinder, Konfirmationszulagen und ähnliche Zuwendungen.

Wilhelm II., Ereignisse und Gestalten. Leipzig 1922

Die Wilhelminische Ära

Der Altkanzler wird populär

Die ehrenvolle und tränenreiche Verabschiedung Bismarcks durch die Berliner darf nicht täuschen. Sie war mehr eine Regung des Bewußtseins, daß eine Ära ende, und verdeckte im Augenblick die verbreitete Ansicht, daß Bismarcks Regiment überlebt sei. Bald 28 Jahre preußischer Ministerpräsident, davon 19 Jahre zugleich Reichskanzler, das war eine Zeitspanne, an deren Ende sich auch den Befürwortern einer Wachablösung das Gefühl eines tiefen Einschnitts, einer Wende – und einer fragwürdigen Zukunft aufdrängen mußte. Dazu kam der unangenehme Eindruck, der jugendliche Kaiser habe dem alten Staatsmann einen Fußtritt versetzt; hätte er sonst so wenig Fingerspitzengefühl bewiesen und ihn drei Tage vor dem 75. Geburtstag (mit den zu erwartenden Ehrungen) ins Privatleben geschickt? Mochte die Trennung auf die Dauer unvermeidlich sein – Anzeichen gab es ja viele –: mußte sie ausgerechnet jetzt geschehen? Durfte man so mit dem Reichsgründer umgehen?

Von den Empfindungen in Berlin in diesen späten Märztagen 1890 abgesehen, war die Stimmung draußen im Land nicht pro-bismarckisch. Die Entlassung, so schreibt in seinen Erinnerungen der mit(er)lebende Graf Keßler, sei vom Volk ziemlich gleichgültig hingenommen worden; »... vielleicht die Mehrzahl empfand sie im Augenblick wie eine Befreiung aus unerträglichem Druck«. Keiner hat die zwiespältigen, zunehmend negativen Wahrnehmungen so überzeugend nebeneinandergestellt wie Fontane in einem Brief vom 1. Mai 1890:

»... Bismarck hat keinen größeren Anschwärmer gehabt als mich, meine Frau hat mir nie eine seiner Reden oder Briefe oder Äußerungen vorgelesen, ohne daß ich in ein helles Entzücken geraten wäre, die Welt hat selten ein größeres Genie gesehn, selten einen mutigeren und charaktervolleren Mann und selten einen größeren Humoristen. Aber eines war ihm versagt geblieben: Edelmut; das Gegenteil davon, das zuletzt die häßliche Form kleinlichster Gehässigkeit annahm, zieht sich durch sein Leben (ohne den begleitenden infernalen Humor wäre es schon früher unerträglich gewesen), und an diesem Nicht-Edelmut ist er schließlich gescheitert, und in diesem Nicht-Edelmut steckt die Wurzel der wenigstens relativen Gleichgültigkeit, mit der ihn selbst seine Bewunderer haben scheiden sehn. Es ist ein Glück, daß wir ihn los sind, und viele, viele Fragen werden jetzt besser, ehrlicher, klarer behandelt werden als vorher. Seine Größe lag hinter ihm; sie bleibt ihm in der Geschichte und in den Herzen des deutschen Volkes, aber was er in den letzten drei Jahren davon verzapft hat, war nicht weit her.«

Die ganze, auch heute noch bestehende Doppelwertigkeit spricht aus den Zeilen. Bis in unsere Gegenwart gibt es bei der Betrachtung des größten deutschen Staatsmannes immer zu-

»Dropping the pilot« – der Lotse geht von Bord, die berühmte Karikatur von John Tenniel im Londoner »Punch« auf die Entlassung Bismarcks.

gleich das enttäuschte »ja, aber...« Von den Historikern der letzten Jahrzehnte kann man beliebige Zitate aneinanderreihen, in denen neben den rühmendsten Worten über die Kunst des Möglichen in der Außenpolitik, die keinen größeren Meister gekannt hat, mit gleichem Recht die einschränkenden stehen.

Erich Eyck: »Aber der Sinn für Freiheit und persönliche Unabhängigkeit, für Gerechtigkeit und Menschlichkeit war in verhängnisvoller Weise geschwächt worden durch die Herrschaft des großen Staatsmannes...«

Gordon Craig: »Die Fehler, die Bismarcks Nachfolger begingen, (wären) vielleicht weniger folgenschwer gewesen, hätte er nicht zu ihren Schwierigkeiten beigetragen, indem er ihnen ein anachronistisches politisches System hinterließ, in welchem er jede fortschrittliche Regung zu ersticken versucht hatte...«

Michael Stürmer: »Es ging letztlich um Stabilisierung des paternalistischen Staates, die Bismarck wollte, oder um Öffnung zur industriellen Massengesellschaft, die Wilhelm II. für die Lebensfrage des Reiches hielt. Der Kaiser glaubte an die Notwendigkeit sozialer Versöhnung, und es gibt wenig Zweifel, daß die Vernunft diesmal auf seiner Seite stand.«

Gerhard Prause: »Für das Deutsche Reich liegt die Tragik darin, daß Bismarck gehen mußte, obgleich es für ihn keinen gleichwertigen Nachfolger gibt. Auch das ist Bismarcks Schuld. Er hat sich keinen Nachfolger herangezogen. Und – was entscheidender ist – er hat fast dreißig Jahre lang auch die Parteien wie Schachfiguren benutzt und sie in ihrer Entwicklung gestört. Als starrer Gegner der Demokratie hat Bismarck nur immer die Macht der Krone gestärkt. Und wer wollte verhindern, daß auf die Autokratie des großen Kanzlers der Absolutismus eines unerfahrenen Kaisers folgt?«

Das Wort »Absolutismus« müssen wir hier natürlich in Anführungszeichen setzen. Wilhelm II. konnte nicht mehr regieren wie sein Vorfahre Friedrich der Große, wie der Zar oder der Sultan. Aber sein Herrschertum wollte er wenigstens sichtbarer zur Geltung bringen, wohlmeinend, das darf man ruhig unterstellen. Die ebenfalls wohlmeinenden, dabei unbedeutenden Nachfolger Bismarcks hatten der Entschlossenheit eines »persönlichen Regiments« des Kaisers ebensowenig entgegenzusetzen wie der verfassungsmäßig nun einmal zweitrangige und immer kleingehaltene Reichstag. So fehlten Hindernisse gegen die Kapriolen und Eigenwilligkeiten des Monarchen. Obwohl er der Zeitgemäßere, Modernere war als der pensionierte Heros des Reiches und obwohl er volkstümlich war, konnte er den Erfordernissen der Zeit nicht überzeugend gerecht werden. Wer sich nicht vom äußeren Glanz blenden ließ, empfand mißmutig, daß Seine Majestät zu viele unbedachte Reden hielt und zu sprunghaft war. Später kleidete der spitzzüngige Kritiker Alfred Kerr diese Mängel in die giftigen Wortprägungen »phrasenfurchtbar« und »zickzackplötzlich« und spottete über die fehlgeleitete Anwendung seiner hohen Intelligenz:

> Was man klar an ihm erkannt,
> War der Mangel an Verstand.
> Sonst besaß er alle Kräfte
> Für die Leitung der Geschäfte.

Manche blickten auch mit Sorge auf den außenpolitischen Kurs des Staatsschiffs »Germania« und fürchteten, es könne auf die Klippen laufen, nachdem der Lotse von Bord gegangen. Wurde nicht leichtfertig gehandelt, indem der russische Wunsch, den Rückversicherungsvertrag zu verlängern, abgeschlagen worden war? Hatten die Russen sich daraufhin nicht prompt den Franzosen angenähert und Bismarcks »Alptraum der Koalitionen« (cauchemar des coalitions) berechtigt erscheinen lassen?

Ernüchterung breitete sich aus. Und im selben Maße vergrößerte sich der Schatten vom Sachsenwald her und verdunkelte Wilhelms Gestirn. Der Altkanzler erlebte ganz Ungewohntes: er wurde populär. Auf dem Wege der Menschheitserfahrung lag darin etwas Typisches: die Relativität des Erlebens. 1890 hätten die meisten Nachdenklichen den Versen Jakob Sterns zugestimmt:

> Dem großen Ganzen stellt vermessen
> Entgegen er sein trotzig Ich.
> Nicht Idealen, nur Int'ressen
> Dient' er, ein andrer Metternich.

Verglichen aber mit dem deutlichen Niedergang an Größe, verglichen mit dem Unsteten, Unbeständigen, dem Taktmangel in Wilhelms Regierungsstil wich von der Erinnerung an Bismarck mit einemmal das Drückende (das ja nicht mehr bedrohlich war), und statt dessen wurde das Bergende, Schützende seiner mächtigen Erscheinung bewußter. Er selber tat alles, sich der Mitwelt als Mahner und Wächter zu empfehlen, und förderte sein Image von Friedrichsruh aus nach Kräften. »Schon sehr früh hatte er die ständig wachsende Bedeutung der veröffentlichten Meinung, der Presse, erkannt und virtuos mit diesem Instrument umzugehen gelernt« (Lothar Gall). Im Zentrum seiner Aktivitäten stand die ihm ergebene Zeitung »Hamburger Nachrichten«, welche – neben anderen Publikationskanälen – regelrechte »Hofberichterstattung« betrieb. Nur, daß in diesem Fall der »Hof« in einem buchenbestandenen Revier vor den Hamburger Stadtgrenzen lag, an der Bahnlinie nach Berlin. Auf diesem Wege kamen die »Hamburger Nachrichten« alsbald an den »richtigen« Hof und wurden in jedem Ministerium aufmerksam studiert.

Der Kaiser war höchst ungehalten über die fortwährende publizistische Selbstinszenierung des grollenden Alten. Er spürte eine politische Gegenkraft, die ihn selber nicht recht mündig werden ließ und der er ohnmächtig ausgeliefert war. Ohnmächtig? Sein entlassener Kanzler hätte an gleicher Stelle rigoros eingegriffen und die Pressefreiheit eingeschränkt. Daß Wilhelm dergleichen nicht tat und nicht tun konnte, zeigt, daß der Prozeß der Emanzipation des Bürgertums – man kann auch sagen: der Demokratisierung – fortgeschritten war; daß ein Selbstverständnis von Geistesfreiheit im Lande herrschte, welches solche Eingriffe nicht mehr gestattete. Im Gegenteil, Zeitschriften kamen auf den Markt, die ganz unverblümt die politischen und gesellschaftlichen Zustände kritisierten und karikierten (Maximilian Hardens »Zukunft« in Berlin und die satirische Wochenschrift »Simplicissimus« in München). Am Ende spricht solche geistige Bewegungsfreiheit *für* den Staat, der sie duldet – bei aller Kritikwürdigkeit, die solche Druckerzeugnisse erst hervorgerufen hat.

Hoch schlugen die Wogen der Sympathie, sobald Bismarck in diesen Jahren seine gezielten Fernwirkungen aus der Nähe erprobte: also auf Reisen ging. Dann umtobte den Ruheständler die vaterländische Begeisterung, als hätte er soeben das Reich geeint. Dann stand er im Mittelpunkt von Ovationen, der Greis mit dem wuchtigen, fast kahlen Schädel, dem Seehundsbart, den übergroßen Augen, die der Alkohol feucht überglänzte, dem massigen Körper, aus dem eine überraschend dünne Stimme drang, deren Fistelhöhe gegen das Äußere vollkommen abstach.

Farbig beschreibt Harry Graf Keßler ein Ereignis dieser Art im August 1891 in Bad Kissingen, weil er ausgewählt worden war, zusammen mit anderen Studenten dem Altreichskanzler einen silbernen Humpen zu überreichen. Der Name Keßler war dem Empfänger vertraut, weil die Mutter des jungen Mannes dem alten Kaiser nahegestanden hatte. Am nachhaltigsten wirkt auf den Leser bei der Wiedergabe der Begebenheiten nicht der »delirienhafte Jubel« des zum Teil akademischen Publikums (obwohl das alles ebenso komisch wie nachdenkenswert beschrieben ist), sondern der Eindruck des 23jährigen von einem Gespräch mit dem Staatsmann beim nachmittäglichen Sekt in kleinerer Runde.

Zunächst das äußere Bild: »Seine Konversation war blendend, von einer Farbigkeit und Plastik, wie ich sie auch später selten erlebt habe. Leider kann eine Niederschrift keinen Begriff von ihrem seltsamen Zauber geben; denn er bestand aus einer Verbindung von meisterhafter Bildhaftigkeit der Sprache mit einer teils bewußten, teils unbewußten Schauspielkunst, die so vollendet war, daß sie wie knorrige norddeutsche Natur wirkte. Dabei half ihm ein durch vierzig Jahre Parlamentsreden entwickeltes sicheres Gefühl für Effekte, die oft nur durch raffiniert eingelegte Pausen erzielt wurden – und mehr noch die Romantik seiner Erscheinung, seines tief gefurchten, wie von tausend Stürmen zerrissenen Gesichts, seiner sonderbar großen, durch einen greisenhaften Schleier noch wetterleuchtenden Augen, seines weißen Halstuches nach der Mode von 1848. Er bediente sich dieser Vorteile bewußt, aber mit der bestrickenden Courtoisie, die an den Höfen

von Berlin und Petersburg zur feinsten Technik des Menschenfangs geschliffen worden war, und formte sie zu einem Gesamtwerk, das er gleichzeitig spielte und selber war . . .«

Die Bewunderung für die Art, wie er sprach, trübte dem jungen Beobachter nicht den Blick für das, *was* er sagte. »Alles war rückwärts gerichtet. Seine Konversation hatte trotz ihres Glanzes deshalb etwas Gespenstisches, als ob wir ihn von seinen verstorbenen Zeitgenossen fort aus dem Grabe geholt hätten. Bis auf die Außenpolitik umrückte sie alles in ein Licht, das nicht mehr von dieser Welt war. Uns, uns Jungen, hatte er offenbar nichts zu sagen.« Zum erstenmal seit seinem Sturz, vielleicht zum erstenmal seit Jahrzehnten sei er mit der deutschen Jugend zusammengetroffen, schreibt Keßler, und habe diese für die Jugend tief bewegende Situation vorübergehen lassen, »ohne ihr zu sagen, wie er sich ihren Weg, ihre Reife, ihre Aufgabe vorstellte. Kein Zweifel, er macht sich selbst darüber keine Gedanken . . . Er war, wie schmerzlich in die Augen sprang, kein Anfang, sondern ein Ende, ein grandioser Schlußakkord – ein Erfüller, kein Verkünder! . . .«

Linke Seite: So sah er sich am liebsten, in imperialer Pose, ordensgeschmückt, wie die Herrscher des Absolutismus: Wilhelm II. auf einem Gemälde von Max Koner (1890). Über seiner weißen Kürassieruniform trägt der Kaiser den preußischen Königsmantel, der mit dem Stern des Schwarzen Adlers geschmückt ist, über dem Brustharnisch das Band des gleichen Ordens, dessen Großmeister der preußische König war, und das Abzeichen des Johanniterordens von Jerusalem (protestantischer Kreis von Brandenburg). In der rechten Hand hält er den preußischen Marschallstab. Neben ihm liegen der Reichsapfel und die Krone von Preußen. Der Apfel stammt aus dem Jahr 1701, die Krone hat Wilhelm I. bei seiner Thronbesteigung 1861 getragen.

Rechts: Die ersten Kanzler der Nach-Bismarck-Ära. *Oben* Graf Leo von Caprivi (1890-1894), *unten* Chlodwig Fürst zu Hohenlohe-Schillingsfürst (1894-1900).

Caprivi und Hohenlohe

Der verdiente General, gebürtiger Charlottenburger von österreichisch-italienischer Abkunft, Leo Graf Caprivi, hatte sich nicht zur Nachfolge gedrängt. Wer wäre auch auf den Einfall gekommen, sich freiwillig am Vorgänger messen zu lassen. Im Geist von Befehl und Gehorsam erzogen, beugte sich der Kommandierende General des 10. Armeekorps in Hannover lediglich dem Wunsch Seiner Majestät als einer Pflicht, der ein Soldat nicht ausweichen durfte. Der Wechsel hätte kaum extremer ausfallen können (mit Ausnahme vergleichbarer Körpergröße) – vom unübertrefflichen Virtuosen der diplomatischen Kunst zu einem gutwilligen Staatsdiener, der vor dem Preußischen Landtag eingestand: »Mir waren die politischen Vorgänge bisher fremd, und ich bin in einen Wirkungskreis gestellt, den im allgemeinen zu überschauen mir bis heute noch nicht möglich geworden ist.« Mochte solch Mangel an Voraussetzungen vielleicht in der damaligen Innenpolitik, die nicht mehr so spannungsreich war, mit Hilfe tüchtiger Fachleute auszugleichen sein: In der Außenpolitik genügt dies nicht. Caprivis tröstende Zusatzversicherung, der junge Monarch erscheine geeignet, »die Lücke vollständig auszufüllen«, beweist den beklagenswerten Mangel an Gespür gerade auf dem Felde von Deutschlands Sicherheit. Sie war eben weit mehr als eine uniformierte Schutzhülle; sie war ein Bewegungsspiel mit ständig wechselnden Positionen und Figuren; sie war genau jene Jongleurkunst mit fünf Bällen, die Caprivi an Bismarck mit diesem treffenden Bild rühmte – um treuherzig hinzuzufügen, das könne er nicht nachmachen.

So vollzog sich denn unter seiner Kanzlerschaft, wenngleich ohne seinen aktiven Willen, eine Verkürzung der außenpolitischen Front: die schon erwähnte Nichtverlängerung des Rückversicherungsvertrages mit Rußland. Die Kränkung des Kaisers von seiten des Zaren spielte mit hinein; ebenso aber herrschte an der Spitze das Empfinden vor, die Vertragspolitik Bismarcks sei zu kompliziert geworden.

Falsch gesehen war das nicht; die Diagnose stimmte, nur das Heilmittel war verkehrt. Bismarck selber hätte einen Sicherheitspakt, auch wenn er fragwürdig geworden war oder wenig tragfähig erschien, nicht aufgegeben, ohne vorher für Ersatz zu sorgen. Hier lag doch auf der Hand, daß Rußland – mit Österreich zerstritten, von Deutschland offenbar nicht mehr erwünscht – sich nach einem anderen Partner umschauen würde, denn auch Rußland besaß ein tief verwurzeltes Sicherheitsbedürfnis. Wer konnte an Deutschlands Stelle treten? Frankreich natürlich. Frankreich wünschte nichts sehnlicher, als aus der Isolierstation, die Bismarck 19 Jahre geleitet hatte, entlassen zu werden. Vielleicht, daß eine Kontaktaufnahme mit Rußland irgendwann zu einem Bündnis führen und Frankreich dazu verhelfen könnte, die verlorenen Provinzen heimzuholen. Wer in Frankreich nationalistisch dachte, und das taten fast alle, erhoffte nichts sehnlicher. Elsaß und Lothringen bestanden nicht nur aus Land und Leuten; sie waren Symbole französischer Demütigung.

Die deutsche Seite hatte gegenüber Rußland leichtfertig gehandelt. Das Urteil gilt auch dann, wenn man dem Rückversicherungsvertrag keinen übertriebenen Wert beimißt. Sogar sein Urheber hatte an seiner Zukunft gezweifelt und einen Brückenschlag von Petersburg nach Paris auf die Dauer vorausgesehen. Aber gerade deshalb wäre ihm nicht in den Sinn gekommen, von sich aus das russische Verlängerungsangebot auszuschlagen.

Die Folge war eine Militär-Konvention zwischen Frankreich und Rußland; sie vereinbarten 1892, bei einem deutschen Angriff einander beizustehen. Jeder konnte nun erkennen, daß die europäischen Gewichte sich verschoben hatten; daß das »Mobile« mit Berlin als Balance-Mittelpunkt nicht mehr funktionierte. Mit einemmal war die Achse Berlin-Wien von einer zweiten, Petersburg-Paris, durchkreuzt und dadurch in ihrem Wert gemindert. Darin lag eine sichtbare außenpolitische Einbuße an Macht und Vorsprung. Übrigens auch an Einfluß: Unmerklich gab es einen politischen Ruck zugunsten Englands. Deutschlands souveräne Schiedsrichterrolle endete. Wenn alle Kontinentalmächte jetzt in Blockbildungen einander gegenüberstanden, »Partei« waren, dann gelangte automatisch England in die Position, als einziger Nichtgebundener souverän über den Rivalitäten zu stehen und die europäischen Waagschalen je nach eigenem Dafürhalten zu belasten.

Auch im Innern war Caprivi, obwohl um ausgleichende Politik über den Parteien bemüht, wenig vom Glück begünstigt, außer daß er durch Handelsverträge die Wirtschaft steigerte und durch Vermehrung von Arbeitsplätzen einen starken Rückgang der Auswanderung bewirkte. Entscheidend aber für das Innenklima war die abgewandelte Gretchenfrage: Wie hältst du's mit der Sozialdemokratie? Und da fiel die Antwort wider Erwarten negativ aus.

Kaiser Wilhelm war bei Regierungsantritt im sozialen Bereich aufgeschlossen und willig gewesen. Mit sozialen Erleichterungen wollte er auch dem Vierten Stand gegenüber ein fürsorglicher Herrscher sein. In einer Reihe von Gesetzen mit seiner ausdrücklichen Unterstützung wurde die Kinderarbeit für alle untersagt, die noch schulpflichtig waren, für Jugendliche von 14 – 15 Jahren auf zehn Stunden täglich, für Frauen auf elf Stunden begrenzt (immer noch übermäßig viel für heutige Begriffe, damals aber als fortschrittlich empfunden). Gewerbegerichte, Vorschriften für die Gesundheit am Arbeitsplatz engten den Ermessensspielraum der Fabrikherren und Handwerksmeister zugunsten der Abhängigen ein. Indes, das Mißtrauen beiderseits war nach so schweren Kämpfen nicht leicht abzubauen. Der Kaiser, wie die ganze adlige und bürgerliche Gesellschaft, zeigte nach wie vor keine Bereitschaft, die Arbeiterklasse samt ihren betrieblichen Interessenvertretern (den Gewerkschaften) und ihrer hauptgewichtigen politischen Repräsentation (der Sozialdemokratie) gleichberechtigt in den Staat einzugliedern, die ganze Schicht als historisch gewachsenen Bestandteil der Industriegesellschaft anzuerkennen. Die gesellschaftlichen Abschichtungen im zweiten Kaiserreich blieben klaffend und weit. Stellt man sich den Gesellschaftsbau als Treppe vor, so ging es von der obersten (adligen) Stufe vielleicht einen Absatz zum Bürgertum hinunter, von da aber zur proletarischen Schicht gleich drei Absätze. Auch den Fortschrittlern, abschätzig »Demokraten« genannt, ging es nicht viel besser. Insgesamt: Wie unter Bismarck sollten Fürsorgemaßnahmen die großen Integrationen ersetzen. Das war psychologisch erklärlich, aber unzeitgemäß.

Umgekehrt konnte die SPD – seit 1890 heißt sie so – nicht einfach vom Klassenkampf, ihrem aufgenötigten und anerzogenen Weltbild, kurzerhand Abstand nehmen, nur weil ein milderes Lüftchen der Entspannung wehte. Solche Denkbilder sind nur langfristig wandelbar; und schauen wir genau hin, so wirken sie noch heute nach, freilich als abgestandene Klischees, die man in Arbeitskämpfen aus der ideologischen Rüstkammer hervorzerrt.

Der Erfurter Parteitag von 1891 versuchte eine Standortbestimmung und Orientierungshilfe. Im »Erfurter Programm« gibt es zunächst einen grundsätzlichen Teil; er stammt aus der Feder von Karl Kautsky. Der Große Brockhaus von 1970 nennt ihn für die Zeit bis zum Ersten Weltkrieg den »Hüter des orthodoxen Marxismus.« Ganz im Sinne des verstorbenen Meisters Karl Marx heißt es denn auch in diesem Grundsatzteil, es gelte die »Befreiung des gesamten Menschengeschlechts« zu erwirken; zu diesem Zweck müsse die »Verwandlung des kapitalistischen Privateigentums in gesellschaftliches Eigentum« durchgesetzt werden – ganz so, wie später der Arbeiterdichter Heinrich Lersch in seiner »Hymne der Arbeit« formulieren wird.

In Millionen Menschenherzen
Zieht der Glaube freudig ein:
Was des Volkes Hände schaffen,
Soll des Volkes Eigen sein!

Das Erfurter Programm in Versform sozusagen. Daneben aber waren Kautsky und die Seinen bei aller ideologischen Schärfe nicht blind für die Realitäten. Im praktischen Teil des Programms ist nicht so sehr von hohen Menschheitszielen die Rede, als davon, den Staat zu demokratisieren und die Verhältnisse in der Gesellschaft zugunsten der arbeitenden Menschen zu verbessern. Im Grunde also wird hier nicht utopisch, sondern pragmatisch gedacht: Das Kaiserreich besteht nun mal, und die Sozialdemokratie muß zusehen, ihren Schutzbefohle-

Oben: Die Freiheitsgöttin, fußend auf den Schriften von Marx, Darwin und Lassalle, übergibt das Geistesschwert »Wissen ist Macht« den Arbeitern, während das verschlissene Banner der Sozialreform auf den Kehrichthaufen der Geschichte wandert. Allegorie der Sozialdemokratie, in der sich die Überzeugung ausdrückt, daß die Befreiung der Arbeit das Werk der Arbeiterklasse allein sein müsse, »der gegenüber alle anderen Klassen nur eine reaktionäre Masse« seien.

Rechte Seite: Carl Legien, seit 1890 Vorsitzender der Generalkommission der Gewerkschaften, hatte maßgeblich Anteil am Zusammenschluß der ehemals zersplitterten Lokalorganisationen zu einer schlagkräftigen Gewerkschaftsbewegung. 1891 waren 277 000 Arbeiter auf 62 Verbände verteilt. 1914 standen 2,5 Millionen in 46 zentralen Fachverbänden. Staat und Unternehmer erkannten sie, wenn auch widerwillig, als Ordnungsfaktor der Wirtschaft an.

nen darin befriedigende Existenzmöglichkeiten zu sichern.
Die politischen Gegner sahen nicht genau genug hin, um hinter den kämpferischen Formen die Anpassungsbereitschaft wahrzunehmen. Sie sahen nur den Klassenkampf und zogen erschreckt das halbgeöffnete Visier wieder herunter. So wurde das Klima im Lande wieder rauher. Als 1893 das soziale Drama »Die Weber« von Gerhart Hauptmann auf die Bühne kommen sollte, untersagte der Berliner Polizeipräsident eine öffentliche Aufführung, weil das Stück Tendenzen zum bewaffneten Umsturz fördere. Daher erblickten »Die Weber« zunächst nur in geschlossenen Vorstellungen in der freien Bühne das Licht der Theaterwelt. Preußische Gerichte hatten aber immer schon Mut vor Königsthronen bewiesen. Das Oberverwaltungsgericht hob das Verbot auf und ließ öffentliche Aufführungen zu, allerdings mit einer eher taktischen als grundsätzlichen Begründung. »Die Plätze im Deutschen Theater«, erklärten die hohen Robenträger mit Blick auf die vorgesehene Schauspielbühne, »sind überwiegend so teuer, daß dieses Theater vorwiegend von Mitgliedern derjenigen Gesellschaftskreise besucht wird, die nicht zu Gewalttätigkeiten neigen«.
Im September 1894 begannen »Die Weber« ihren Siegeszug auf den Theaterbrettern – und der Kaiser kündigte aus Protest seine Loge in dem angesehenen Haus in der Schumannstraße, nicht weit vom Brandenburger Tor im heutigen Ostberlin. Wie immer bei solchen Kontroversen um literarische Werke hatte der umstrittene Autor den Nutzen davon. Spätestens jetzt war der 31jährige Bühnendichter ein berühmter Mann. Sein Förderer Fontane vermerkte nur lapidar in einem Brief, Hauptmann »hat alle Angriffe überwunden und beherrscht die Situation. Schließlich bleibt doch das Ordentliche siegreich.«
Die »Weber«-Affäre fiel zeitlich zusammen mit dem Abtreten Caprivis von der politischen Bühne. Der Reichskanzler hatte sich gegen ein neues antisozialdemokratisches Ausnahmegesetz, die »Umsturzvorlage«, gewendet. Der vernünftige, lernfähige General wollte nicht auf Eindämmungsversuche seines Vorgängers zurückgreifen, die ja schon einmal erfolglos gewesen waren – und wurde entlassen. Wilhelm gab sich jetzt nach links hin so kämpferisch wie einst Bismarck. Die Umsturzvorlage allerdings kam im Reichstag nicht durch; sie war eben doch schon historische Makulatur.
Der Kaiser berief nun einen Mann auf den Kanzlerposten, der älter war als Bismarck beim Abschied, nämlich die Fünfundsiebzig schon vollendet hatte, auch den 80. Geburtstag noch im Dienst beging und den einundachtzigsten. Erst Konrad Adenauer sollte ihn dann bei weitem übertreffen. Chlodwig Fürst zu Hohenlohe-Schillingsfürst, ein hessischer Aristokrat aus Rotenburg an der Fulda, hatte neun Jahre als Statthalter im »Reichsland Elsaß-Lothringen« gewirkt, ausgleichsbemüht. Viel früher, 1866 bis 1870, war er bayerischer Ministerpräsident und ein Förderer der deutschen Einigung gewesen und 1874 bis 1885 Botschafter in Paris, einem damals wahrlich schwierigen Posten. Der zierliche, geistig bewegliche Standesherr von liberal-konservativem Zuschnitt hatte ihn versöhnungsbedacht verwaltet, wie er überhaupt

viel mehr die Milde eines abgeklärten Grandseigneurs um sich verbreitete, als daß er für politische Kämpfe geeignet war. Abgesehen von einigem Widerstand gegen das »persönliche Regiment« des Kaisers zeigte sich »Onkel Chlodwig«, wie Wilhelm ihn nannte, als recht bequemer, lenksamer Regierungschef, »kein Gestalter, sondern ein Verwalter« (Ernst Deulein). »Fürst Hohenlohe«, so schrieb die »Times« über ihn, »läßt den politischen Sturm rund um sich toben, bis der Augenblick der Entscheidung kommt. Dann schlägt er einen ihm vernünftig erscheinenden Kompromiß vor, und wenn er nicht angenommen wird, verliert er kein Wort mehr darüber, sondern läßt den ganzen Gegenstand fallen.«
Keine Frage, daß diese sympathische Laissez-faire-Gesinnung eher zur Leitung eines Kleinstaates mit mittleren Problemen getaugt hätte als zur verantwortlichen politischen Lenkung einer Großmacht an einer gefährlichen Wegkreuzung. In diesen Jahren nämlich wandte sich Wilhelms Ehrgeiz weiträumigen Zielen zu: dem

Oben: Nach zehnjähriger Bauzeit wurde 1894 der Neo-Renaissancebau des Reichstags, das Werk des Architekten Paul Wallot, eingeweiht.

Links: In den parlamentarischen Kämpfen um die Flottenvorlage 1898 schlugen sich Teile des Zentrums unter Führung von Ernst Lieber auf die Seite der Befürworter. Darauf spielt die Karikatur aus dem »Kladderadatsch« an: Tirpitz, Staatssekretär im Marineministerium, sammelt die Äpfel der Flottenvorlage ein, die ihm Lieber vom Baum wirft. Der Freisinnige Rich-

ter, ein Gegner der maritimen Aufrüstung, droht dem ehemaligen Parteigänger: »Komm herunter, es donnert«, worauf dieser antwortet: »Das kann ich von hier oben auch hören.« Dazu reimt das Blatt:

So kam es denn, wie ich gewettet
Schon lange, Tausend gegen Eins,
Und unsre Seemacht ist gerettet
Und sicher künftigen Gedeihns.
Ja, das Gesetz ist angenommen,
Beseitigt glücklich die Gefahr;
So ist's durchs Centrum nur gekommen,
Obgleich es nicht ganz einig war.
Zwei Drittel unter *Liebers* Führung,
Die waren brav und wohlgesinnt;
Sie folgten freudig der Regierung,
So wie der Mutter folgt das Kind.
Ein Drittel, ach, ließ sich umgarnen
Vom Geist, der auf der Linken stand,
Und wies, Trotz bietend allem Warnen,
Zurück die dargebotne Hand.

Meer, der Flotte, der Weltpolitik. Deutschland wollte – oder sollte – Weltmacht werden. »Unsere Zukunft liegt auf dem Wasser«, verkündete er in einiger Verkennung der geographischen Lage. In keinem Rollenbild sah er sich lieber als in dem des Beherrschers der Weltmeere: ein Neptun in Admiralsuniform vor dem Großmast, zum Beispiel in den pomphaft-naturalistischen Gemälden des sächsischen Malers Hermann Prell. In der Rückschau liegt in Wilhelms maritimer Begeisterung der Punkt, an dem Deutschlands Unheil erstmals deutlichere Umrisse gewann.

»Welch herrliche Saat fängt an aufzugehen . . .«

Die Flottenpolitik der neunziger Jahre und des ersten Jahrzehnts in unserem Jahrhundert schien die logischste Sache der Welt zu sein. Das Reich hatte Kolonien, bezog Rohstoffe von dort, führte Güter aus. Zehntausende Kolonisten, Verwaltungsbeamte, Soldaten reisten hin und her. Die deutschen Überseeinteressen lenkten den Blick aufs Meer. Man mußte ja dort nicht gleich die deutsche Zukunft erblicken, wie der Kaiser es tat, aber einige schützenswürdige Dinge fern der Heimat gab es doch. Womit aber sollten sie im Notfall geschützt werden? Eine Flotte existierte wohl; im Weltmaßstab war sie unzulänglich.

Hier nun tat der Kaiser personalpolitisch einen Griff, der Geschick bewies in des Wortes Doppelsinn – geschickt und schicksalhaft. Admiral Alfred von Tirpitz mit dem charakteristischen zweigeteilten Kinnbart, vor dem Jahrhundertende fünfzig Jahre alt, besaß höchste Organisationsgaben, sowohl darin, Schiffe zu bauen, als auch, sie populär zu machen, sie öffentlich zu »verkaufen«. War schon die Kolonialpolitik volkstümlich, so die Seemacht-Kampagne erst recht. Nicht allein die nationalorientierten Kreise des Bürgertums begeisterten sich für die Sache; bis tief in die Reihen der Sozialdemokratie fand Tirpitz Anhang. »Wenn es je eine überparteiliche Sache gab, dann war es die Flotte« (Michael Stürmer).

Über die unmittelbaren Zusammenhänge hinaus – Außenbesitzungen, »Schutzmacht«-Aufgaben – lag im ganzen Zeitdenken ein Hang zum Expansiven. »Imperialismus« ist nicht nur ein Ausdruck sozialistischer Geschichtsschreibung und politischer Alltagsangriffe gegen den Westen, sondern auch in der seriösen westlichen Historiographie eine geläufige Formel für jene Zeit. Vom Imperialismus sprach man damals zuerst in England in eigenkritischer Beleuchtung. Führten doch die Engländer gerade einen besitzstrebenden, durchaus imperialistischen Krieg gegen die Buren in Südafrika; Rußland hatte sich bis zu den Grenzen Persiens vorgearbeitet, wo es den Briten ins Gehege kam, und pochte an die Pforten Chinas im äußersten Nordosten. Mit Japan teilte es sich Korea in Einflußsphären. Frankreichs Kolonialreich in Afrika breitete sich wie ein Steppenbrand über »herrenlose« Gebiete aus und drang in strittige vor: im äquatorialen Westen, im Sudan, in der nördlichen Shararegion. Amerika eignete sich ohne Hemmungen Südseeterritorien an und intervenierte nach Belieben in Lateinamerika.

Es wäre den Deutschen unnatürlich vorgekommen, draußen als einzige Großmacht nicht »Flagge zu zeigen«. Man brauchte ja nicht gleich raumverschlingend wie die anderen auftreten; aber völlig abstinent? Nicht einmal Bismarck war so selbstgenügsam gewesen. Eingezwängt zwischen Rußland und Frankreich, verhielt Deutschland sich jetzt wie ein Ringer, der sich mit mächtiger Muskelkraft Luft zu schaffen sucht. Die Luft in diesem Fall war der Ozean.

Logisch war dies alles aber nur auf den ersten Blick. Wie ein Landtier nicht seinen Lebensraum von heute auf morgen ins Wasser verlegen kann, so war nicht aus der Kontinentalnation Deutschland ohne weiteres ein Seefahrervolk zu machen. Das lag weder in der Tradition und Mentalität noch in der politischen Klugheit: Denn die Flotte, die Tirpitz nun unter Gedröhn und heimischem Beifall erstehen ließ, berührte und beeinträchtigte im höchsten Grade Englands Sicherheitsgefühl.

Tirpitz verfiel keineswegs auf die Idee, eine Angriffswaffe zu schmieden. Er wollte nur ein starkes Verteidigungsinstrument haben; er huldigte dem »Risiko«-Gedanken: so wehrhaft zu sein, daß England einen Angriff nicht wagen, zumindest dabei empfindlich geschwächt werden würde. Nun war dieses Risiko-Konzept nicht zu Ende gedacht. Es ging ja nicht in erster Linie um Küstenverteidigung, sondern um weltweites Auftreten. Und da würde England stets überlegen sein. Es würde im Kriegsfall nicht nur die deutschen Kolonien vom Reich abschneiden können, sondern auch noch ausreichende Kräfte besitzen, ihm die deutsche Seepforte durch Blockade zu versperren. Einholen lassen würde es sich nie, sondern unter größten Anstrengungen seinen maritimen Vorsprung halten, weil die See sein Lebensnerv ist. Dazu gehörte nicht viel Voraussicht, außer man war im Wunschdenken befangen, der unglücklichsten Eigenschaft deutscher Staatsmänner seit dem Mittelalter. Auch dem Satiriker Heine war dies nicht entgangen:

> Franzosen und Russen gehört das Land,
> Das Meer gehört den Briten,
> Wir aber besitzen im Luftreich des Traums
> Die Herrschaft unbestritten.

Der dennoch eine Flotte baute, so mächtig und imposant, wie sie auf dem Reißbrett des Admirals schon fertig war, der konnte keinen wirklichen Vorteil gewinnen, mußte hingegen zwei Nachteile in Kauf nehmen: im Frieden das Mißtrauen, vielleicht gar Englands Feindschaft einzuhandeln und im Krieg unterlegen zu sein.
Nun hat zwar Michael Stürmer recht mit dem Urteil: »Wenn man alles hin und her wendet, war der Weg der [deutschen] Weltpolitik unaufhaltsam.« Und doch hätten bedachtsamere Staatsmänner, als sie derzeit an den Schalthebeln der Macht hantierten, sorgsam abgewogen, ob die »Weltpolitik« nicht unter der Reizschwelle jenes Landes zu bleiben habe, das seit der zweiten europäischen Blockbildung für Deutschlands Sicherheit den Ausschlag gab. Es ist sicher keine bloße Spekulation, daß Bismarck so weit nie gegangen wäre, wie es Kaiser Wilhelm, seine Kanzler Hohenlohe und Bülow samt ihrem Flottenarchitekten Tirpitz (Staatssekretär – damals gleichbedeutend mit dem Ministerrang – im Reichsmarineamt) taten und zuließen. Unglücklicherweise brachten sie gleich zweierlei zuwege: das See-Programm mit voller Kraft zu entwickeln und Bündnisangebote Englands im Frühstadium des Programms lustlos zu verschleppen, bis sie sich überlebt hatten. Beides, das erste Flottengesetz und die ersten Sondierungen von London aus, fielen ziemlich zeitgleich mit einer Nachricht zusammen, die zwar nichts in der Welt veränderte und doch gerade jetzt eigentümlichen Symbolwert besaß: Bismarcks Tod. Es war der 30. Juli 1898, und der Fürst war 83 Jahre alt, zuletzt Witwer und sehr leidend.
Das erste Flottengesetz vom März 1898 war noch vertretbar: Neubau von sieben Linienschiffen (Schlachtschiffen), zwei schweren Kreuzern, sieben kleinen Kreuzern. Die antibritische Stimmung wegen des Burenkrieges nutzte Tirpitz für eine weitere, diesmal überproportionale Vergrößerung der Seestreitmacht aus. Er setzte im Reichstag im Juni 1900 die zweite Flottenvorlage durch: Zuwachs bis auf 36 Linienschiffe! Das zielte auf ein Verhältnis von zwei zu drei gegenüber der Royal Navy und war entschieden zuviel für die britische Gemütslage, andererseits zuwenig, um im Ernstfall standzuhalten.
Hinter der zweiten Flottenvorlage stand obendrein der bedenkliche Gedanke einer »Politik der Stärke«, die Deutschlands Gewicht in den Bündnisgesprächen erhöhen und seine Freundschaft erstrebenswerter erscheinen lassen sollte. Wer aber empfindet gesteigerte Zuneigung, wenn ihm der andere bis an die Zähne bewaffnet entgegentritt, um sich ihm zu empfehlen? Und nicht einmal dies war eine wirklich entschlossene Handlungsweise, ein klares Konzept. Eigentlich wollten die führenden Männer im Deutschen Reich die Bindung an England gar nicht. Beim Kaiser spielte sein gefühlsmäßig schwankendes Verhältnis zum »Mutter«-Land hinein, heute Zuneigung, morgen Haß, bei den anderen teils ihr kontinentgebundenes Denken, teils die Sorge vor der Parlamentsabhängigkeit der britischen Politik, also die Furcht vor der demokratischen Komponente; hinzu kam die irrige Annahme, Großbritannien sei auf Deutschland angewiesen und könne sich mit Frankreich und Rußland wegen der überseeischen Reibungen unmöglich zusammentun. Weil in Berlin Dilettanten Außenpolitik trie-

Fortsetzung Seite 286

Weltpolitik

Als der Engländer Houston Stewart Chamberlain Kaiser Wilhelm II. um die Jahrhundertwende als »Berufenen« feierte und seine Laudatio mit den Worten schloß: »Im Anfang war die Tat«, meinte die Baronin Spitzemberg, ob es nicht eher heißen müßte: »Im Anfang, in der Mitte und am Ende waren – Worte und Reden!« In der Tat machte der Kaiser mit Vorliebe in unzähligen Reden und markigen Worten auf sich und seine Politik aufmerksam. Doch nicht die Reden des Kaisers und anderer Repräsentanten des Wilhelminischen Deutschlands machten den imperialistischen Konkurrenten England zum Feind des Reiches, sondern die wachsende deutsche Macht. Sie drohte, das von London immer sorgsam gehütete europäische Gleichgewicht zu zerstören.

Aus einer Tischrede Wilhelms II. in Köln am Tage der Enthüllung eines Denkmals für Kaiser Wilhelm I. (18. Juni 1897)

... An dem Postament des Denkmals sah Ich die beiden Figuren: Köln mit dem Ölzweig in der Hand, das Bild des Friedens, in dem der Gewerbefleiß des Bürgers unter dem Schutze des Monarchen sich entwickelt. Auf der anderen Seite: der Meergott mit dem Dreizack in der Hand, ein Zeichen dafür, daß seitdem unser großer Kaiser unser Reich von neuem zusammengeschmiedet, wir auch andere Aufgaben auf der Welt haben: Deutsche aller Orten, für die wir zu sorgen, deutsche Ehre, die wir auch im Auslande aufrechtzuerhalten haben. Der Dreizack gehört in unsere Faust...

Aus der Abschiedsrede des Kaisers an den Prinzen Heinrich, der am folgenden Tag an Bord der »Deutschland« nach Ostasien fuhr (15. Dezember 1897)

... Reichsgewalt bedeutet Seegewalt, und Seegewalt und Reichsgewalt bedingen sich gegenseitig so, daß die eine ohne die andere nicht bestehen kann.
Als ein Zeichen der Reichs- und Seegewalt wird nun das durch eine Division verstärkte Geschwader aufzutreten haben, mit allen Kameraden der fremden Flotten draußen im innigen Verkehr und guter Freundschaft, zu festem Schutz der heimischen Interessen gegen jeden, der den Deutschen zu nahe treten will. Das ist dein Beruf und deine Aufgabe. Möge einem jeden Europäer draußen, dem deutschen Kaufmann draußen, und vor allen Dingen dem Fremden draußen, auf dessen Boden wir sind oder mit dem wir zu tun haben werden, klar sein, daß der deutsche Michel seinen mit dem Reichsadler geschmückten Schild fest auf den Boden gestellt hat, um dem, der ihn um Schutz angeht, ein für allemal diesen Schutz zu gewähren; und mögen unsere Landsleute draußen die feste Überzeugung haben, seien sie Priester oder seien sie Kaufleute, oder welchem Gewerbe sie obliegen, daß der Schutz des Deutschen Reiches, bedingt durch die Kaiserlichen Schiffe, ihnen nachhaltig gewährt werden wird.
Sollte es aber je irgendeiner unternehmen, uns an unserem guten Recht zu kränken oder schädigen zu wollen, dann fahre darein mit gepanzerter Faust! und, so Gott will, flicht dir den Lorbeer um deine junge Stirn, den niemand im ganzen Deutschen Reiche dir neiden wird!!!!

Kaiser-Rede bei der Vereidigung von Marine-Rekruten in Wilhelmshaven (1. März 1898)

Ihr habt den Eid als Seeleute auf die Kriegsflagge geschworen, welche die Farben schwarz-weiß-rot trägt. So bedeutet Schwarz die Arbeit und die Trauer, Weiß Feiertag und Ruhe und Rot das Blut, welches viele Vorfahren für das Vaterland vergossen haben. Ich erinnere daran, daß brave Seeleute mit dem letzten Gedanken an das teure Vaterland und an die Flagge, zu welcher sie den Eid der Treue geschworen haben, den Tod in den Wellen gefunden haben. Viele von euern Kameraden sind hinausgezogen, um die Interessen des Vaterlandes zu schützen.
Denn wo der deutsche Aar Besitz ergriffen und die Krallen in ein Land hineingesetzt hat, das ist deutsch und wird deutsch bleiben.

Tischrede Wilhelms II. in Damaskus (8. November 1898)

Angesichts der Huldigungen, die Uns hier zuteil geworden sind, ist es Mir ein Bedürfnis, im Namen der Kaiserin und in Meinem Namen für den Empfang zu danken, für alles, was in allen Städten des Landes Uns entgegengetreten ist, vor allem zu danken für den herrlichen Empfang in der Stadt Damaskus.
Tief ergriffen von diesem überwältigenden Schauspiele, zu gleicher Zeit bewegt von dem Gedanken, an der Stelle zu stehen, wo einer der ritterlichsten Herrscher aller Zeiten, der große Sultan Saladin, geweilt hat, ein Ritter ohne Furcht und Tadel, der oft seine Gegner die rechte Art des Rittertums lehren mußte, ergreife Ich mit Freude die Gelegenheit vor allen Dingen dem Sultan Abdul Hamid zu danken für seine Gastfreundschaft. Möge der Sultan und mögen die 300 Millionen Mohammedaner, die auf der Erde zerstreut lebend, in ihm ihren Kalifen verehren, dessen versichert sein, daß zu aller Zeit der deutsche Kaiser ihr Freund sein wird...

Aus der Rede des Kaisers an den Prinzen Rupprecht von Bayern beim Festmahl aus Anlaß der Taufe des Linienschiffes »Wittelsbach« (3. Juli 1900)

... Eure Königliche Hoheit haben in diesen Tagen Gelegenheit gehabt, wichtigen Entschlüssen beizuwohnen und der Zeuge historischer Augenblicke zu sein, die einen Markstein in der Geschichte unseres Volkes bedeuten. Eure Königliche Hoheit haben sich dabei überzeugen können, wie mächtig der Wellenschlag des Ozeans an unseres Volkes Tore klopft und es zwingt, als ein großes Volk seinen Platz in der Welt zu behaupten, mit einem Wort: zur Weltpolitik.
Der Ozean ist unentbehrlich für Deutschlands Größe. Aber der Ozean beweist auch, daß auf ihm in der Ferne, jenseits von ihm, ohne Deutschland und ohne den Deutschen Kaiser keine große Entscheidung mehr fallen darf.
Ich bin nicht der Meinung, daß unser deutsches Volk vor dreißig Jahren unter der Führung seiner Fürsten gesiegt und geblutet hat, um sich bei großen auswärtigen Entscheidungen beiseite schieben zu lassen. Geschähe das, so wäre es ein für allemal mit der Weltmachtstellung des deutschen Volkes vorbei, und Ich bin nicht gewillt, es dazu kommen zu lassen. Hierfür die geeigneten und, wenn es sein muß, auch die schärfsten Mittel rücksichtslos anzuwenden, ist Meine Pflicht nur, Mein schönstes Vorrecht. Ich bin überzeugt, daß Ich hierbei Deutschlands Fürsten und das gesamte Volk festgeschlossen hinter Mir habe...

Die sog. Hunnenrede Wilhelms II. am 27. Juli 1900 bei der Besichtigung von Truppenteilen, die nach Ostasien aufbrachen

a) Offizielle Version

... Eine große Aufgabe harrt eurer. Ihr sollt das schwere Unrecht, das uns geschehen ist, sühnen. Die Chinesen haben das Völkerrecht umgeworfen; sie haben in einer in der Weltgeschichte nicht erhörten Weise der Heiligkeit des Gesandten [Anspielung auf die Ermordung des deutschen Gesandten in Peking, Freiherrn von Ketteler, am 20. Juni 1900] und den Pflichten des Gastrechts Hohn gesprochen. Es ist das um so empörender, als dieses Verbrechen begangen worden ist von einer Nation, die auf ihre uralte Kultur stolz ist. Bewährt die alte preußische Tüchtigkeit: Zeigt euch als Christen, im freudigen Ertragen von Leiden! Möge Ehre und Ruhm euren Fahnen und Waffen folgen! Gebt der Manneszucht und Disziplin aller Welt ein Beispiel! Ihr wißt es wohl, ihr sollt fechten gegen einen verschlagenen, tapferen, gut bewaffneten und grausamen Feind. Kommt ihr an ihn, so wißt: Pardon wird nicht gegeben, Gefangene werden nicht gemacht. Führt eure Waffen so, daß auf tausend Jahre hinaus kein Chinese mehr es wagt, einen Deutschen scheel anzusehen. Wahrt Manneszucht! Der Segen Gottes sei mit euch! Die Gebete eines ganzen Volkes und meine Wünsche begleiten euch und jeden einzelnen.

Wilhelm der Weltherrscher. Ungarische Karikatur von 1895.

b) Inoffizielle Version

... Kommt ihr vor den Feind, so wird derselbe geschlagen! Wer euch in die Hände fällt, sei euch verfallen! Wie vor tausend Jahren die Hunnen unter ihrem König Etzel sich einen Namen gemacht, der sie noch jetzt in Überlieferung und Märchen gewaltig erscheinen läßt, so möge der Name Deutscher in China auf 1000 Jahre durch euch in einer Weise betätigt werden, daß niemals wieder ein Chinese es wagt, einen Deutschen auch nur scheel anzusehen!

Aus einer Erklärung des Staatssekretärs von Bülow im Reichstag vom 27. März 1900

Unter Weltpolitik verstehe ich lediglich die Pflege und Entwicklung der uns durch die Ausdehnung unserer Industrie, unseres Handels und unserer Schiffahrt erwachsenen Aufgaben. Das Anschwellen der deutschen überseeischen Interessen könnten wir nicht hemmen. Unseren Handel, unsere Industrie, die Arbeitskraft, Regsamkeit und Intelligenz unseres Volks könnten wir nicht kappen. Wir dächten nicht daran, aggressive Expansionspolitik zu treiben. Wir wollten nur die schwerwiegenden Interessen schützen, die wir durch die natürliche Entwicklung der Dinge in allen Weltteilen erworben hätten. Der in manchen Zentrumskreisen herrschende Argwohn, daß wir eine »protestantische Weltpolitik« treiben wollten, wäre mir unverständlich. Ich triebe weder protestantische noch katholische, sondern nur deutsche Politik. Offensive Tendenzen lägen uns völlig fern.

»Deutschlands Zukunft liegt auf dem Wasser« – mit dieser Parole trieben die im Deutschen Flottenverein zusammengeschlossenen Interessenverbände das Reich in einen aberwitzigen Rüstungswettlauf mit den traditionellen Seemächten, an dessen Ende ein Krieg stand, in dem die deutsche Schlachtflotte, des ebenfalls marinebegeisterten Kaisers »schimmernde Wehr«, dennoch nicht stark genug war, den Blockadering der Gegner zu sprengen.

Linke Seite oben: Wichtigste Voraussetzung für den Aufbau einer Flotte war der Gewinn der Insel Helgoland (im Tausch gegen Sansibar 1890). Solange das Bollwerk vor der Nordseeküste sich noch in englischem Besitz befunden hatte, war an deutsche Marinepolitik nicht zu denken gewesen.

Linke Seite unten: Wilhelm II. (5. von rechts) an Bord der Kaiserjacht »Hohenzollern«, die als »Auxiliarkreuzer« auch einige Kanonen führte.

Oben: An Deck eines Panzerkreuzers.

Rechts: Die Karikatur aus dem »Simplicissimus« von 1898 meldet Kritik am Flottenprogramm an: Heer und Marine zugleich kann der Reichsadler nicht lange tragen.

Der Platz an der Sonne

Außenamtsstaatssekretär Bernhard von Bülow, der spätere Reichskanzler, war es, der 1897 anläßlich einer Erörterung der deutschen China-Politik im Reichstag das Wort vom Platz an der Sonne prägte, mit dem der Spätkömmling Deutschland seinen Anspruch anmeldete, in den Kreis der imperialistischen Mächte aufgenommen zu werden. Instrument künftiger Weltpolitik sollte eine Kriegsflotte sein, zu deren Schaffung 1898 der Staatssekretär des Marineamts Alfred von Tirpitz die erste Flottenvorlage durchsetzte. Wie dafür agitiert wurde und welche Motive hinter dem Wunsch nach »Seekriegsstärke« standen, erläutern die folgenden Dokumente.

Aus den Erinnerungen des Großadmirals Tirpitz

Dann habe ich es für mein Recht und meine Pflicht gehalten, den breiten Schichten begreiflich zu machen, welche Interessen hier auf dem Spiele standen; es galt, den verkümmerten Welthorizont des Volkes zu weiten; den durch unsre geschichtliche Entwicklung abhanden gekommenen oder doch zur Seite gedrängten Sinn für die Kulturwerte, die mit der See zusammenhingen, zu wecken; die Überzeugung zu vertiefen, daß wir gebieterisch auf diesen Weg gewiesen waren, wenn wir das zusammengedrängte Deutschtum ohne riesige Auswanderung in der Heimat so blühend erhalten wollten, wie es seit Bismarcks Schutzzoll-Gesetzgebung glücklich gedieh. Heeringen organisierte die Nachrichtenabteilung des Reichsmarineamts; er reiste an den Universitäten umher, wo sich fast alle Nationalökonomen bis zu Brentano hin in großartiger Weise zur Unterstützung bereit fanden. Schmoller, Wagner, Sering, Schumacher und viele andere wiesen nach, daß die Aufwendungen für die Flotte produktive Ausgaben wären, und stellten die Lage Deutschlands dar, die ungesicherte wirtschaftspolitische Grundlage unsrer ganzen Kultur und Macht, die Gefahr, daß unser Menschenüberfluß statt eines Reichtums eine unerträgliche Last werden könnte. Sie zeigten, wie sehr unsre Weltstellung auf Sand gebaut war, wie die Chamberlainschen Zollpläne u.a. uns zum Vegetieren als armes Kleinvolk verurteilten, wenn wir nicht die Macht hätten, ein eigenes Wort gegenüber den Überseemächten in die Wagschale zu werfen. So kam ein Schwung in die Erörterung nationalpolitischer Fragen, der ein gesundes Gegengewicht gegen unfruchtbare sozialpolitische Utopien schuf.
Von den großen Historikern, die in einem früheren Menschenalter die öffentliche Meinung führten, war keiner mehr am Leben, nachdem auch Treitschke gestorben war, der herrliche Mann, bei dem ich von 1876 ab an der Universität gehört und mir auch privatim, bei Josty neben ihm sitzend und meine Fragen auf einen Zettel kritzelnd, hatte Rat holen dürfen. Warum Treitschkes Geist in der deutschen Historie fast erloschen ist, verstehe ich nicht. Unsere Weltlage war doch so eindeutig. Wir hörten ohne eine durch Seemacht gedeckte Industrie auch auf, eine festländische Großmacht zu sein, und daß wir saturiert wären, wie die weltabgewandte Haltung mancher Gelehrter anzudeuten schien, konnte höchstens von der Frage der deutschen Einigung gelten. Nach der Lösung der Einheitsfrage stellte sich aber mit voller Gewalt die Frage, ob wir im Rahmen der Menschheit etwas bedeuten sollten. Es lag vielleicht in der Neuheit und raschen Entwicklung dieses politischen Problems, daß die Historiker in ihrer Mehrzahl es nicht so klar begriffen wie die Nationalökonomen.
Auch die Armee mit ihren festländischen Überlieferungen folgte dem Wandel der Weltlagen nicht gern, wovon ich bald darauf einen Anwendungsfall im kleinen erlebte durch die unbehilfliche Vorbereitung der leidigen Chinaexpedition, bei deren Durchführung die mangelhafte materielle und geistige Disposition der Armeeverwaltung für Aufgaben, die nicht zum Zweifrontenkrieg gehörten, nur infolge der weltmännischen Persönlichkeit des Grafen Waldersee weniger in die Erscheinung trat. Doch habe ich bei hervorragenden Militärs, mit denen ich, wie mit den Gelehrten, jedoch unter stärkerer Betonung des militärisch-politischen Gesichtspunktes sprach, z.B. bei dem Feldmarschall v.d. Goltz, Verständnis gefunden. Wir ließen Versammlungen und Vorträge abhalten, und bemühten uns namentlich, in großem Maßstabe Fühlung mit der Presse zu bekommen. Wir empfingen jede Zeitung ohne Unterschied und gaben allen sachliche Aufklärung ohne Polemik. Sie konnten damit machen, was sie wollten; eine gewisse Dankbarkeit für das von uns gegebene Material prägte sich doch aus, und so kamen wir vorwärts.
Die altherkömmliche Gastfreundschaft der Marine gab den Ton für die Behandlung der Öffentlichkeit. Wir wollten nicht Gitter um uns errichten, sondern grundsätzlich die Flotte als gute Sache des ganzen Volkes behandelt wissen. Wir ließen Reisen zur Wasserkante machen, zeigten die Schiffe und Werften, wandten uns an die Schulen, forderten Schriftsteller auf, für uns zu schreiben; es kamen Stöße von Romanen und Broschüren. Vom Kultusministerium sollten Preise an die Schulen gegeben werden. Die Reichsleitung, ohne welche ein nachgeordnetes Ressort wie das Reichsmarineamt ja nichts unternehmen konnte, unterstützte uns unter Bülow. Doch würde die Propaganda noch glücklicher gewesen sein, wenn das Staatsministerium sie übernommen hätte. Wir waren noch starke Außenseiter. In Preußen z.B. hatten wir kein Recht auf den Staatsapparat. Ferner konnte, um eine solche Propaganda zu machen, auf keine etatmäßige Bewilligung gerechnet werden. Ich habe denn auch den ganzen Werbefeldzug so-

zusagen kostenlos mit freiwilligen Spenden durchführen können. Auch das war in Deutschland ein neues Verfahren. Das Entscheidende war, daß der Gedanke zündete; dann trug sich der Funken von selbst weiter.
Es offenbarte sich ein gewisses Bedürfnis der Nation nach einem Ziel, nach einer vaterländischen Sammlungsparole. Das Volk war nicht saturiert. Wenn ein Volk saturiert ist, geht es nieder. Stillstand und Rückgang liegen hart beisammen. Das war bei uns nicht der Fall, und binnen kurzem war die Flotte als Lebensfrage anerkannt und ein selbstverständliches Besitztum der Nation. Freilich, der politisch naive Deutsche glaubte vielfach jetzt plötzlich, schon eine mächtige Flotte zu besitzen während es sich erst darum handelte, eine solche zu bauen. Übertreibungen und unzutreffende Vergleiche mit England, Herausforderungen und Taktlosigkeiten in der Presse, Parlament und sonstiger Öffentlichkeit waren trotz allen auch von mir unternommenen Warnungen nicht ganz zu unterdrücken.
Es war ja ein entscheidender Fortschritt, daß die Nation jetzt die See liebgewann. An nationalem Überschwang sündigt der Deutsche nur deshalb, weil er als unverbesserlicher politischer Illusionist zwischen den beiden Extremen der Machtscheu und des Machtrausches hin- und herschwankt...
Wir haben bei der Bearbeitung des zweiten Flottengesetzes lange geschwankt, ob wir den Risikogedanken gegen England in die Begründung aufnehmen sollten. Am liebsten hätte ich England aus dem Spiele gelassen. Aber eine so ungewöhnliche Forderung, wie sie hier vorlag, nämlich die Verdopplung unserer kleinen Seemacht, ließ es kaum umgehen, den eigentlichen Grund wenigstens anzudeuten. Eine schweigende Haltung England gegenüber war unsrer Öffentlichkeit doch nicht anzuerziehen, die, der eigenen friedfertigen Harmlosigkeit bewußt, über die Burenkämpfer glaubte sittliche Entrüstung ausgießen zu dürfen. Da wir uns vergeblich bemühten, das Poltern gegen England abzudämpfen, so empfahl es sich, anläßlich der Flottenberatung mit eigenen Erklärungen den Ton nüchterner zu stimmen.
Ich entschloß mich also in der Begründung zum Flottengesetz den Kampfzweck der Flotte, nämlich den einer ehrlichen politischen Defensive, klar auszusprechen und wies im Dezember 1899 auch im Reichstag darauf hin, daß für Umfang und Zusammensetzung der deutschen Marine die schwierigste Kriegslage zugrunde gelegt werden müsse. Diese trete ein, wenn wir dem größten unter den möglichen Gegnern zur See gegenüberstehen. Für diesen Fall müsse die Flotte so eingerichtet werden, daß ihre höchste Kriegsleistung, in einem Verteidigungskrieg, auf der Nordsee in einer Seeschlacht liege.
Politisch bot die beabsichtigte deutsche Flotte angesichts der doppelt und dreifach stärkeren britischen den Engländern jede Friedensgewähr, da es Wahnsinn gewesen wäre, bei einer so geringen Aussicht auf Überwältigung der britischen Flotte einen Krieg vom Zaun zu brechen.

Großadmiral Alfred von Tirpitz.

Was wir dagegen anstrebten war, so stark zu sein, daß auch für die gewaltige Übermacht der englischen Flotte das Anbinden mit uns ein gewisses Wagnis bedeuten sollte.

Alfred von Tirpitz, Erinnerungen. Leipzig 1919

Staatssekretär Bülow im Reichstag, 6.12.1897

In Ostasien schien der Herr Abgeordnete Dr. Schoenlank zu fürchten, daß wir uns in Abenteuer stürzen wollten. Fürchten Sie gar nichts, meine Herren! Der Herr Reichskanzler ist nicht der Mann, und seine Mitarbeiter sind nicht die Leute, irgend unnütze Händel zu suchen. Wir empfinden auch durchaus nicht das Bedürfnis, unsere Finger in jeden Topf zu stecken. Aber allerdings sind wir der Ansicht, daß es sich nicht empfiehlt, Deutschland in zukunftsreichen Ländern von vornherein auszuschließen vom Mitbewerb anderer Völker. (Bravo!)
Die Zeiten, wo der Deutsche dem einen seiner Nachbarn die Erde überließ, dem anderen das Meer und sich selbst den Himmel reservierte, wo die reine Doktrin thront (Heiterkeit – Bravo!) – diese Zeiten sind vorüber. Wir betrachten es als eine unserer vornehmsten Aufgaben, gerade in Ostasien die Interessen unserer Schiffahrt, unseres Handels und unserer Industrie zu fördern und zu pflegen.

Wir müssen verlangen, daß der deutsche Missionar und der deutsche Unternehmer, die deutschen Waren, die deutsche Flagge und das deutsche Schiff in China geradeso geachtet werden, wie diejenigen anderer Mächte. (Lebhaftes Bravo.)
Wir sind endlich gern bereit, in Ostasien den Interessen anderer Großmächte Rechnung zu tragen, in der sicheren Voraussicht, daß unsere eigenen Interessen gleichfalls die ihnen gebührende Würdigung finden. (Bravo!)
Mit einem Worte: wir wollen niemand in den Schatten stellen, aber wir verlangen auch unseren Platz an der Sonne. (Bravo!)

Alfred von Tirpitz an den früheren Chef der Admiralität Albrecht von Stosch, 13.2.1896.

In Berlin haben sehr dringende und unerwartete Geschäfte meine dortige Zeit vollkommen ausgefüllt. Wie ich Eurer Excellenz ganz vertraulich und nur für Euer Excellenz Person mitteilen möchte, habe ich Gelegenheit gehabt, an allerhöchster Stelle Eurer Excellenz Ansichten als solche über die erforderliche Marine-Entwicklung zur Geltung zu bringen, und ist Hoffnung vorhanden, daß der Faden da wieder aufgenommen werden wird, wo er im Jahre 1883 abgebrochen wurde. Unsere Politik rechnet als reale Unterlage zur Zeit nur mit der Armee, diese wirkt direkt aber nur auf unsere Landesgrenze, darüber hinaus nur mittelbar durch den von hier aus übertragenen Druck. Unsere Politik versteht nicht, daß der Alliancewert Deutschlands selbst für europäische Staaten vielfach nicht in unserer Armee, sondern in der Flotte liegt. Beispielsweise: wenn Rußland und Frankreich in einer Frage gegen England stehen. Das Hinzutreten unserer jetzigen Flotte ist dafür von zu geringer Bedeutung. Faßt England aber seine Politik nach Pitt'schem Muster auf, so wird es unsere Feindschaft lieber sehen als unsere strikte Neutralität. In ersterem Falle sind wir unter allen Umständen ein höchst wertvolles Objekt, im Falle der Neutralität würden wir außerordentlich als Konkurrent Englands gewinnen. Das weiß man in England auch ganz genau.
Unserer Politik fehlt bis jetzt vollständig der Begriff der politischen Bedeutung der Seemacht. Wollen wir aber gar unternehmen, in die Welt hinauszugehen und wirtschaftlich durch die See zu erstarken, so errichten wir ein gänzlich hohles Gebäude, wenn wir nicht gleichzeitig ein gewisses Maß von Seekriegsstärke uns verschaffen. Indem wir hinausgehen, stoßen wir überall auf vorhandene oder in der Zukunft liegende Interessen. Damit sind Interessenkonflikte gegeben. Wie will nun die geschickteste Politik, nachdem das Prestige von 1870

Stapellauf des Panzerkreuzers »Fürst Bismarck«.

verraucht ist, etwas erreichen ohne eine reale, der Vielseitigkeit der Interessen entsprechende Macht? Weltpolitisch vielseitig ist aber nur die Seemacht. Darum werden wir, ohne daß es zum Krieg zu kommen braucht, politisch immer den kürzeren ziehen. Es ist dabei zu berücksichtigen, daß England den Glauben wohl etwas verloren hat, daß wir unsere Armee zu seinen Gunsten gegen Rußland ins Feuer schicken. Umgekehrt kann England Rußland schon sehr erhebliche Konzessionen z.B. in Ostasien machen, wenn Deutschland die Zeche zahlt. In letzterem Umstand liegt die Gefahr, wenn wir z.Zt. in einen Konflikt verwickelt werden, der Rußland, Frankreich und England betrifft. Wenn wir auch sagen wollten, wir führen keinen Krieg wegen transatlantischer Interessen, so sagen dasselbe nicht die anderen drei Staaten und so arbeiten wir fortgesetzt im politischen Nachteil.

Kaiser Wilhelm an Philipp Eulenburg über die Propagierung des Flottengedankens, 20.8.1897

Tirpitz hat zunächst ein großes Büro konstruiert, was direkt, teils durch Mittelspersonen, gegen 1000–1500 Zeitungen und Blätter mit Maritima versorgt. In den großen Universitätsstädten ist überall das sehr bereitwillig entgegenkommende Professorenelement gewonnen für Mitwirkung, durch Wort, Schrift und Lehre, das Verständnis für die Daseinsberechtigung einer Flotte zu stärken. Ferner hat Tirpitz seinen Aufenthalt in St. Blasien benutzt, Onkel Fritz von Baden sich zu nähern und ihm Vorträge zu halten. Der Effekt derselben ist gewesen, daß der wie ein großer Teil unserer Fürsten und Völker völlig nichts ahnende und verstehende Großherzog so überrascht gewesen ist von der Kleinheit der Forderung, dem entsetzlichen Zustand der aktuellen Lage und der nationalen Notwendigkeit des Durchgehens dieses Gesetzes, daß er ein glühender Verfechter Meiner durch Tirpitz in Praxis umgesetzten Ideen geworden ist. Der Admiral kam mit der Message von Onkel an mich, daß er erfüllt sei von der Richtigkeit meiner Pläne und mit seiner ganzen Person uns in dem ›Kampf um die Flotte‹ (sic!) beistehen und helfen wolle. Er werde die badische Presse dirigieren, er werde aber noch mehr, ›sämtlichen Reichsfürsten‹ ungesäumt klarmachen, daß es ›ihre Pflicht und Schuldigkeit‹ sei, den Kaiser hierbei zu unterstützen. Und sollte das dadurch in Erscheinung treten, daß sämtliche Bundesratsgesandten im Parlamente energische Erklärungen abgeben sollen, welche demselben jeden Zweifel darüber benehmen sollen, daß die vereinigten Fürsten nicht hinter dem Kaiser stünden!! Jagemann werde dahin instruiert! Tirpitz geht von hier nach Friedrichsruh, um mit dem ›alten bösen Mann‹ wegen des Stapellaufes (gemeint sind Bismarck und der nach ihm benannte Panzerkreuzer) zu sprechen, von da nach München, Stuttgart, Darmstadt, um auch dort Vorträge an die Fürsten zu halten, und dieselben zu orientieren; Onkel Fritz hat ihm überall Empfehlungen mitgegeben und will auch für die Besuche das Terrain vorbereiten.
So weit Tirpitz und die deutschen Fürsten. Du siehst daraus, wenn solche Fürsprache in Aussicht steht, ich meinen Schnabel natürlich halten und nur zum Essen und Trinken und Rauchen benutzen werde! Welch herrliche Saat fängt an aufzugehen und welcher Lohn Gottes für alle die Mühen und Sorgen und den Kummer, den ich auf diesem Gebiet gelitten habe.

Der Präsident des Deutschen Flottenvereins, Otto Fürst zu Salm-Horstmar, an Tirpitz, 3.12.1901

Von Herren verschiedener Parteirichtungen bin ich gebeten worden, eine Bewegung einzuleiten, welche dahin geht, den Reichstag zu veranlassen, an die Regierung die Bitte zu richten, angesichts der schlechten Konjunktur u. der ungünstigen Geschäftslage von Handel u. Industrie u. der damit zusammenhängenden Arbeitslosigkeit vieler Tausender von Arbeitern den auf einen längeren Zeitraum verteilten Bau von Kriegsschiffen in möglichst beschleunigtem Tempo herbeizuführen.
Dadurch, daß der Bau der durch die letzte Marine-Vorlage bewilligten Schiffe so beschleunigt würde, wie es die deutschen Werften überhaupt leisten könnten, würden viele Industriezweige neue Aufträge erhalten, wodurch nicht nur diese über Wasser gehalten, sondern auch in den Stand gesetzt würden, ihre Arbeiter zu beschäftigen u. bereits entlassene wieder einzustellen. Einer der wichtigsten Faktoren, die hier zur Sprache kommen, wäre aber der, daß durch den Auftrag neuer Kriegsschiffe u. die dadurch herbeigeführte Belebung von Handel u. Industrie die betreffenden Börsen-Kurse steigen, viele Werte gerettet u. eine Konsolidierung des Marktes eintreten würde.
Eine einzelne Partei mag nun nicht mit dieser Bitte an die Regierung hervortreten, weil ihr sonst leicht selbstsüchtige oder parteipolitische Motive untergeschoben werden könnten.
Man hat daher geglaubt, eine diesbez. Anregung von neutralem Gebiet ausgehen lassen zu sollen u. hat daher den Deutschen Flottenverein, in dem alle Parteien vertreten sind, für den geeignetesten Boden gehalten, auf dem sich die Parteien in dieser Frage vereinigen können, um den Reichstag zu einer bez. Petition an die Regierung zu veranlassen. – Wenn ich ja auch fest überzeugt bin, daß der Regierung ein diesbez. Beschluß des Reichstages in höchstem Maße erwünscht sein wird, so möchte ich es doch nicht unterlassen, Ew. Exzellenz hierüber zu verständigen und die Bitte auszusprechen, dem Herrn Reichskanzler von diesem Schreiben Kenntnis zu geben, damit ich erfahre, wie sich die Reichsregierung zu einem Vorgehen meinerseits in der bezeichneten Richtung stellen würde. Bejahendenfalls wollte ich gleich nach Weihnachten versuchen, diese Sache in Fluß zu bringen und durch die Organe des DFV. [Deutscher Flottenverein] agitieren zu lassen.

Wilhelm II. als englischer Ehrendoktor ...

... als friederizianischer General ...

Wilhelm II.

Einer der zahlreichen Kritiker Wilhelms II., seiner Politik und seiner Hofhaltung war der preußische Jude Walther Rathenau. Er hat unmittelbar nach der Niederlage von 1918 in seinem Buch »Der Kaiser« die Fehlentwicklung der Wilhelminischen Epoche treffend beschrieben.

Man war reich geworden, mächtig geworden, und wollte es der Welt zeigen; so wie sich der reisende Neuling im Ausland benahm, kritisch, laut und maßgeblich, so wollte man sich in Welthändeln benehmen. Eine Politik der Telegramme und plötzlichen Entschlüsse lag in dieser Linie. Ein überhitztes, tatsachenhungriges Großstadtleben, auf Technik und sogenannte Errungenschaften gestellt, begierig nach Festen, Erstaunlichkeit, Aufzügen und lärmenden Nichtigkeiten, für die der Berliner die Spottnamen Klimbim und Klamauk erfunden hat, verlangte eine Repräsentation, die Rom und Byzanz, Versaillles und Potsdam auf einer Platte vereinigte. Die militärisch gedrillte Masse wollte ihre erlernten Künste in kriegerischen Glanzspielen zeigen und gezeigt sehen. Dem Steuerzahler tat es wohl, dem Kaufmann nützte es, wenn aus seinen Talern und Groschen die prachtvoll bedrohliche Flotte erwuchs. Der leichte Erfolg im Geldverdienen sollte in vierteljährlichen politischen Erfolgen seinesgleichen haben. Der Kunstgeschmack, der in den Bauten des Kurfürstendamms ins Kraut schoß, in brutalen Bismarcksäulen sich blähte, wollte in üppiger Hofkunst sein Abbild und Vorbild sehen, so wie die bürgerliche Prunksucht und Schwelgerei sich gern davon überzeugen ließ, daß es auch in den Höhen mit altpreußischer Einfachheit zu Ende sei, und daß auch dort alle Trivialitäten des Tages und der Mode so viel galten wie in den Tiefen. Die kindliche Folgsamkeit ländlicher Hintersassen und die nutzbringende Loyalität ihrer Beschützer, der Abhängig-

... in der Uniform der Gardes du Corps ...

... und als Oberster Kriegsherr im Felde.

keitssinn der Staats- und Hofpfründener, die Hurradisziplin der Kriegervereine labte sich an Erlassen, worin der Untertan allergnädigst zurechtgewiesen wurde, und an Hofberichten, worin allerhöchste Herrschaften auszufahren geruhten. Barhäuptige Oberbürgermeister hätten nicht am Brandenburger Tor jeden kleinen Raubfürsten im Namen einer gebildeten Bürgerschaft angewinselt und Gelübde der Huldigung und Treue bis zum letzten Blutstropfen ausgestoßen, preußische Grenadiere hätten nicht vor Säuglingen und angeheirateten Landprinzessinnen strammgestanden und getrommelt, wenn nicht ein Tropfen im deutschen Blut gewesen wäre, der von Würde nichts wußte und wollte, den der Knechtsdienst freute. Es hätte beim Monarchen einer unerbittlichen inneren Richtkraft, einer gewaltsamen Umstellung des dynastischen Denkens, einer sittlichen Genialität der Konzeption bedurft, um zu sagen: so will ich das Volk nicht. So will ich mich nicht inmitten des Volkes. Wenn sie schon gezwungen sein wollen, so werde ich sie zur Würde und Freiheit zwingen.

Es hätte einen Kampf gegeben mit allen jenen unglücklichen Halb- und Scheinexistenzen, deren Geburt man mit Kanonenschüssen begrüßte. Mit Magnaten und Aristokraten. Mit Hof- und Kommißgeneralen. Mit Bankdirektoren, Industrieherren, Hanseaten. Mit allen, denen ein byzantinisches Kaisertum Geld, Macht, Stellung und Glanz brachte. Hoffnungslos war der Kampf nicht, aber sehr gefährlich. Verloren, war er reine Tragik; gewonnen, die Rechtfertigung und Neubegründung deutscher Monarchie.

Es ist kein Vorwurf, daß dem Monarchen das Problem unsichtbar war. Aus dem, was er hätte bekämpfen sollen, zog er seine Bestätigungen, und die Lautverstärkung der höfischen Akustik sorgte dafür, daß er nichts als Bestätigung vernahm...

Nie hat eine Epoche mit größerem Recht den Namen ihres Monarchen geführt. Die Wilhelminische Epoche hat am Monarchen mehr verschuldet als der Monarch an ihr; sie waren verstrickt in Leben und Tod...

Walther Rathenau, Der Kaiser. Berlin 1919

Kolonialismus

Zur Niederschlagung des Herero-Aufstandes im Schutzgebiet Deutsch-Südwest sprach August Bebel am 30. Januar 1905 im Reichstag. Dabei beschäftigte sich der Sozialistenführer nicht nur mit dem gerade beendeten Ausrottungsfeldzug, sondern griff auch die ökonomischen, sozialen, politischen und kulturpsychologischen Probleme des Kolonialismus auf, die den Zeitgenossen noch kaum geläufig waren.

Meine Herren, heute befinden wir uns in der Lage, über die Vorkommnisse, die den südwestafrikanischen Aufstand hervorgerufen haben, etwas gründlicher urteilen zu können als im vorigen Frühjahr. Die verbündeten Regierungen selbst haben sich genötigt gesehen, in der Vorlage 518 uns eine Denkschrift über die Eingeborenenpolitik und den Hereroaufstand in Deutsch-Südwestafrika zu unterbreiten.

Ich muß schon nun im voraus erklären, daß der Inhalt dieser Denkschrift für jeden, der dieselbe mit Objektivität zu lesen versteht, klar die Ursachen bloßlegt, aus denen der Hereroaufstand entstanden ist und, ich füge hinzu, mit Notwendigkeit entstehen mußte. (Sehr richtig! bei den Sozialdemokraten.) Die Politik, die in Südwestafrika von seiten der Kolonialverwaltung wie von seiten der dortigen Beamtenschaft und namentlich auch von seiten eines Teils der Farmer gegenüber den Eingeborenen seit einer Reihe von Jahren eingeschlagen worden ist, würde unter gleichen Verhältnissen in jedem anderen Lande die gleiche Wirkung gehabt haben. (Sehr richtig! bei den Sozialdemokraten.) Wenn es denkbar wäre, daß die Bevölkerung eines europäischen Kulturstaates nur annähernd in ähnlicher Weise behandelt würde, wie es hier seitens der Eroberer den Eroberten, den Unterdrückten in Südwestafrika gegenüber geschehen ist, dann würde längst ein Aufstand oder eine Revolution ausgebrochen sein. (Sehr wahr! bei den Sozialdemokraten.) Wir haben ja im östlichen Nachbarlande eben die Beweise, wozu gegebenenfalls ein Volk, welches maßlos unterdrückt und gemartert wird, schließlich zu greifen gezwungen ist.

Meine Herren, es sind eine ganze Reihe von Ursachen, die zu dem Aufstand geführt haben. Es muß anerkannt werden, daß die Denkschrift der verbündeten Regierungen beziehentlich des Kolonialamts mit Objektivität die ganze Angelegenheit behandelt. Man hat vielfach gefragt, woher denn die betreffenden Eingeborenen ihre Waffen bekommen haben. Darüber wird in der Denkschrift die Auskunft gegeben: Es sind den Leuten die Waffen aus ähnlichen Gründen geliefert worden, wie ihnen andere Dinge auch gegeben wurden, nämlich um große Profite auf ihre Kosten zu machen, um vor allen Dingen ihr Land in möglichst großem Umfange in Besitz zu nehmen. So heißt es in der Denkschrift auf Seite 10, daß man den Leuten Waffen und Schießmaterial zu einem unverschämt hohen Preise geliefert hat, um auf diese Weise ihr Land in möglichst großem Umfange, wie man sagt, billig abkaufen zu können. Die verbündeten Regierungen gehen ganz mit Recht von der Ansicht aus, daß das Land das einzige ist, was die Bevölkerung für ihre Ernährung besitzt, daß, sobald sie kein Land mehr hat, ihre Existenz unmöglich ist; auf der anderen Seite sei aber auch für die Ansiedlung und Kolonisierung des Landes die Landfrage die erste Frage, und insofern, als die Ansiedler ihrerseits nach möglichst großem Landbesitz trachten, sei zwischen Ansiedlern und Eingeborenen ein starker Interessengegensatz vorhanden. Das ist unzweifelhaft richtig. Weil nun im Laufe der Jahre die Machenschaften eines Teils der Ansiedler und die der Gesellschaften, die in Südwestafrika Fuß gefaßt haben, wie die eines Teils der Regierungsbeamten darauf hinausgegangen sind, den Eingeborenen möglichst viel Land abzunehmen, um es in verschiedenen Formen bald den Gesellschaften, bald den Ansiedlern zu überweisen, haben sich die Eingeborenen in ihren Lebensinteressen auf das schwerste geschädigt gefühlt. Sie mußten sich sagen, daß auf diese Weise der Zeitpunkt bald herannahe, wo ihnen das letzte bißchen Land mit Ausnahme vielleicht von solchem, was gänzlich unfruchtbar war, genommen werden würde, und sie auf diese Weise zu Leibeigenen und Sklaven der ins Land gekommenen Weißen gemacht werden würden. Es versteht sich von selbst, daß ein solcher Zustand der Dinge von keinem Volk, mag sein Kulturgrad noch so tief sein, ertragen werden kann...

Meine Herren, in welcher Weise die Regierung selber zum Teil die Hand geboten hat, um gutes Land der Eingeborenen von denselben zu erwerben und den Gesellschaften zu überweisen, dafür liefert die Denkschrift auf Seite 15 ein sehr klares Bild. Dort heißt es z.B. bezüglich von Abtretung von Land an die Otavigesellschaft: Ohne allen Zwang, lediglich im Wege von Verhandlungen wurden die beteiligten Eingeborenenkapitäne zur unentgeltlichen Abtretung des fraglichen Landes bewogen. (Hört! hört! bei den Sozialdemokraten.) Es wird weiter an dieser Stelle auf den Vertrag hingewiesen, der zwischen der Regierung und einigen dieser Kapitäne abgeschlossen worden ist. Meine Herren, wenn man das liest, dann hört sich's leidlich an, da scheinen in der Tat die Eingeborenen ihre Zustimmung zu dem Handel gegeben zu haben. Nun ist aber darauf aufmerksam zu machen – und jeder, der die soziale Verfassung der Eingeborenen einigermaßen kennt, der weiß das –, daß die Kapitäne gar kein Recht haben, das Stammesland der Eingeborenen beliebig zu verkaufen oder zu verschenken.

In der Tat wird in der Denkschrift weiter unten noch eine Reihe solcher Beispiele mitgeteilt, wie die Händler es verstanden haben, durch schwindelhafte Käufe sich in den Besitz eines großen Teiles des Landes zu setzen. Der Gouverneur Leutwein hatte zwar unterm 1. Januar 1899 eine Verordnung erlassen, die bestimmt war, diesem schwindelhaften Treiben der Händler einigermaßen entgegenzutreten, und es sind die rheinischen Missionare, die erklären, daß, wenn diese Verordnung in Kraft geblieben wäre, zweifellos das eine sehr gute Wirkung für das ganze Land gehabt hätte. Aber offenbar hat der Einfluß der Weißen und vielleicht auch der Einfluß oder die Weisung von Berlin – ich weiß es nicht – dahin gewirkt, daß der Gouverneur Leutwein nach kurzer Zeit diese Verordnung wieder aufhob, so daß nunmehr die Händler in uneingeschränkter Weise die Eingeborenen ausbeuten konnten...

Meine Herren, es wird vielfach geklagt, ...daß unsere Kolonialpolitik mehr und mehr in die Hände und unter den Einfluß der Großkapitalisten, der großkapitalistischen Gesellschaften gelange, so daß der eigentliche Zweck der Kolonisation jener fremden Landesteile, wie ihn sich ein großer Teil der Kolonialenthusiasten – der »Kolonialidealisten«, will ich einmal sagen – vorgestellt hat, vollständig in den Hintergrund gedrängt werde, beziehentlich ganz außer Frage bleibe. Ja, meine Herren, wir leben eben in einer kapitalistischen Gesellschaft, und Sie können Gesetze machen und Bestimmungen erlassen, wie Sie wollen, und Sie werden nicht verhindern können, daß das Großkapital sich trotz alledem alle diese Dinge zunutze macht und gewaltige Profite aus diesen Unternehmungen zieht. Die Begeisterung für die Kolonialpolitik wird zu einem großen Teile gerade von diesen Gesellschaften, die in den Kolonien die großen Profite machen, begünstigt und unterstützt; sie sind es, die die betreffende Presse in der Hand haben und durch Artikel die Bevölkerung beeinflussen. Dann heißt es natürlich, es sei der »Wille der Nation«, es seien die »Interessen der großen Mehrheit der Nation«, welche diese Kolonialpolitik erheischten! In Wahrheit sind die gewaltigen Mittel, die das Reich seit zwei Jahrzehnten mit vollen Händen nach den Kolonien geworfen hat, soweit überhaupt ein Nutzen aus der Sache entstanden ist, ausschließlich den kapitalistischen Gesellschaften zugute gekommen. (Sehr wahr! links.)

Es ist noch weiter bezeichnend, was der »Reichsbote« wiederholt über die Ursachen des Aufstandes sagt. Da heißt es in einem Artikel: Nun schreibt man in gewissen Zeitungen über die Hereros, daß sie die Frauen der Ansiedler abgeschlachtet und auch Männer kastriert hätten. Was letzteres betrifft, so haben gewisse Hereros das getan an Weißen, die sich an ihren Frauen und Mädchen schändlich vergriffen hatten. (Hört! hört! bei den Sozialdemokraten.) Viele der unverheirateten Ansiedler lebten mit eingeborenen Weibern und stellten den Ehefrauen der Hereros nach. So sittlich tief der Herero auch steht, so hat doch auch bei ihm die Unzucht eine Grenze. Er steht also nach dieser Darstellung noch über

Oben: Theodor Leutwein, Gouverneur des Schutzgebietes Deutsch-Südwestafrika. *Unten:* Offizier der Schutztruppe mit Jagdtrophäen, die nicht ausschließlich von Tieren stammen.

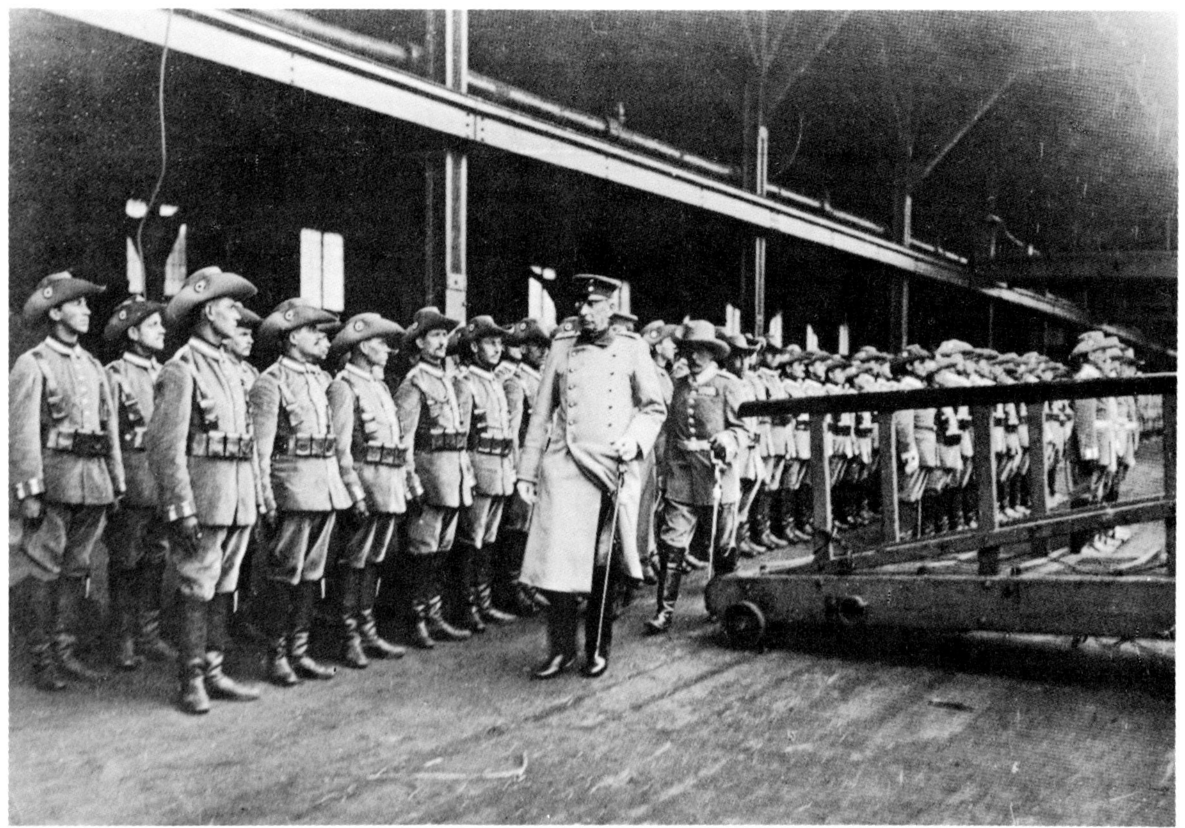

Verabschiedung der Truppen, die zur Niederschlagung des Herero-Aufstandes nach Afrika geschickt werden, durch Generaloberst Schlieffen.

einem Teil der Weißen. In einem anderen Artikel heißt es: Man hat in missionarischen Kreisen bisher zurückgehalten, was man über das Treiben der Weißen weiß, wodurch sie die Erbitterung, den Haß und die Rachsucht der Hereros hervorgerufen haben: das wüste Leben der Männer gegenüber den Hererofrauen, die brutale Behandlung der Hereros, ihre Ausbeutung durch die Händler usw...

In unzähligen Fällen wurden Mißhandlungen der Eingeborenen mit Latten, Stöcken, Rhinozerospeitschen usw. ausgeübt. 25 derartige Peitschenhiebe genügten, um den stärksten Mann zu Boden zu werfen. Auch dieser Berichterstatter wiederholt, daß das Niederknallen manches Unschuldigen vorgekommen sei, was naturgemäß den Haß der Eingeborenen aufs höchste hervorgerufen habe.

Meine Herren, das Recht zum Aufstand, das Recht zur Revolution hat jedes Volk und jede Völkerschaft, die sich in ihren Menschenrechten aufs alleräußerste bedrückt fühlt. (Sehr richtig! bei den Sozialdemokraten.) Wenn schließlich nach all diesen Taten, die ich hier vorgetragen habe, schließlich der Aufstand der Hereros ausbrach und dann eine Reihe der schlimmsten Greueltaten von seiten der Aufständischen begangen wurden, so ist das nur die natürliche Folge unserer Kolonialpolitik, des Verhaltens der Ansiedler, kurz, der ganzen Tätigkeit, die von uns aus in Südwestafrika ausgeübt worden ist. (Sehr wahr! bei den Sozialdemokraten.)

Meine Herren, dieser Krieg ist – das wird niemand bestreiten – auch von unserer Seite mit großer Rücksichtslosigkeit geführt worden; es ist in einem großen Teil der deutschen Presse erklärt worden, die Eingeborenen müßten vernichtet werden, nicht nur diejenigen, die Waffen tragen oder getragen haben, sondern auch diejenigen, die keine Waffen getragen haben, nicht nur die Männer, sondern auch die Frauen und Kinder, die ganze Rasse müßte mit Stumpf und Stiel ausgerottet werden.

Der Herr Reichskanzler hat allerdings am 6. Dezember in einer Rede erklärt: Eines möchte ich aber ausdrücklich sagen: Wir sind weder so grausam, noch sind wir so töricht, die einzige Möglichkeit für die Wiederherstellung geordneter Zustände darin zu erblicken, daß die jetzt aus den Wüsteneien des Sandfeldes hervorströmenden halbverhungerten und verdursteten Hererobanden erbarmungslos niedergeknallt werden. Meine Herren, ich finde es bezeichnend, daß der Herr Reichskanzler zu einer derartigen Äußerung genötigt wurde. Denn überall, wo Zivilisation herrscht – und in dieser Beziehung dürfen die europäischen Christen sich

Gefangene Aufständische in Ketten. »Mit eiserner Strenge«, so die Worte des Befehlshabers, ging die Schutztruppe gegen ihre Gegner vor.

an den Japanern ein Beispiel nehmen, an den heidnischen Japanern, die in einer Weise den Kampf führen, die einer ersten Kulturnation zur Ehre gereichen würde – (Sehr wahr! bei den Sozialdemokraten), kann es nicht vorkommen, daß man wehrlose Männer, auch wenn sie Waffen getragen haben, niederknallt; da kann es nicht vorkommen, daß man Frauen und Kinder erbarmungslos niederknallt, wie es bei uns in Südwestafrika notorisch geschehen ist und es nach Ansicht einiger Fanatiker in Deutschland mit der ganzen Bevölkerung dort geschehen sollte...

Im weiteren aber möchte ich an den Herrn Kolonialdirektor die Frage richten: Was gedenkt die Kolonialverwaltung in Zukunft zu tun, wenn endlich wieder Ruhe und Frieden im Lande eingekehrt ist? Freilich, ob das so rasch geschieht, wie wir alle wünschen, darüber habe ich einen Zweifel um deswillen, weil noch in den letzten Tagen, trotzdem es allgemein verlautet, daß der Aufstand, auch der der Witbois, so gut wie niedergeschlagen sei, erhebliche Verstärkungen nach Südwestafrika geschickt worden sind. Es wird allerlei davon gemunkelt, man schicke diese Verstärkungen um deswillen dahin, weil man gründlich aufräumen wolle; jetzt wolle man auch mit den Ovambos anbinden; bänden diese nicht mit den Deutschen an, dann sollten die Deutschen mit ihnen anbinden; die geplante Entwaffnung der gesamten eingeborenen Bevölkerung sei eine Notwendigkeit; es sei notwendig, daß auch die Ovambos davon betroffen würden, und zu diesem Zwecke sollten diese Verstärkungen nach Südwestafrika gehen. Ich kann mir nicht vorstellen, daß eine solche Auffassung in den leitenden Kreisen der Kolonialverwaltung beziehentlich der hiesigen Regierung vorhanden sein soll. Auf jeden Fall aber halte ich mich für verpflichtet, die Frage an den Herrn Kolonialdirektor zu stellen, ob in der Tat derartige Auffassungen in den leitenden Kreisen vorhanden sind. Das eine steht meines Erachtens fest, und darüber kann gar kein Zweifel bestehen: So wie bisher kann die Kolonisationswirtschaft in unseren Kolonien nicht weiterbetrieben werden. (Sehr richtig! bei den Sozialdemokraten.) Wenn sie so weiterbetrieben wird, dann hören auch die Aufstände nicht auf. Das zeigt, daß das System, das unserer Kolonialwirtschaft zugrunde liegt, ein durchaus verfehltes ist; das zeigt, daß die Kolonialverwaltung alle Ursache hat, einmal gründlich zu studieren, auf welcher Grundlage künftig die Kolonialpolitik getrieben werden muß, damit wir derartige traurige Tatsachen ferner nicht mehr zu verzeichnen haben. (Lebhafter Beifall bei den Sozialdemokraten).

Zwei deutsche Familien, porträtiert um etwa dieselbe Zeit (1898) und dennoch durch Welten voneinander entfernt. Kaiser Wilhelm II. (*oben* mit seiner Frau Auguste Viktoria von Schleswig-Holstein-Sonderburg-Augustenburg, den sechs Söhnen und der Tochter) repräsentierte das Reich, der sozialdemokratische Politiker Friedrich Ebert (*rechte Seite,* mit Frau und drei

Söhnen) die »Reichsfeinde«, die Arbeiterschaft. Zwanzig Jahre später, im Herbst 1918, floh der Kaiser mit seiner Familie nach den Niederlanden, und Ebert, zum Reichskanzler ernannt, sagte zu seinem Vorgänger Prinz Max von Baden, der ihm »das Deutsche Reich ans Herz« legte: »Ich habe zwei Söhne für dieses Reich verloren«.

ben, waren sie auch in ihrem Zögern wieder nicht eindeutig, sondern brüskierten die Londoner mit dem Vorschlag eines regulären Anschlusses an den Dreibund nach der Devise: wenn schon ein Zusammengehen, dann auch richtig. Dieses Aufs-Ganze-Gehen mit dem Verlangen, auch das Unterhaus müsse zustimmen, verkannte die Mentalität jenseits des Ärmelkanals. Wer so lange zur See gefahren ist, tritt beim ersten Landgang etwas schwankend, jedenfalls sehr vorsichtig auf . . . Premierminister Salisbury, ein Konservativer, und sein Kolonialminister Joseph Chamberlain (als federführendes Kabinettsmitglied bei den Sondierungen) wollen sich bis zu verbrieftem Bündnis nicht festlegen. Politik ist eben Kunst und nicht Bürokratie.

Daß England überhaupt aus seiner Inselgenügsamkeit heraustrat und auf dem Festland Anschluß suchte, hatte den Grund in den kolonialen Reibungen mit den anderen Großen. Chamberlain wollte eine europäische Entlastungsfront zugunsten der überseeischen Interessen aufbauen. Die beiden Rivalen, die sich in Europa sicher fühlten, sollten ihr Augenmerk wieder stärker dem hiesigen Spannungsgefüge zuwenden.

Die großartige Gelegenheit für Berlin, die europäische Pattstellung entscheidend zu eigenen Gunsten zu verändern – sie wurde vertan. 1901 nach nochmaliger Fühlungnahme von englischer Seite aus, versandeten die Gespräche endgültig. Die Chance war vorbei, und England sah sich anderwärts um . . .

Nun konnte Admiral Tirpitz seinen Lebensplan, die Kieler Förde mit Kruppstahl zu bedekken, um so ungehinderter verfolgen. Sicher hätten die Engländer nicht 1890 die Insel Helgoland den Deutschen überlassen im Tausch gegen das größere und fruchtbare Sansibar-Eiland vor Deutsch-Ostafrika, wenn damals die deutsche Seemachtbegeisterung zu ahnen gewesen wäre. Denn Helgoland: das war der Wächter in der Deutschen Bucht. Hätte angesichts eines britisch beherrschten Helgoland eine große deutsche Flotte entstehen können? Eine Flotte, die schließlich maßgebend wurde für Englands Abwandern ins gegnerische Lager? Es ist zweifelhaft; und Kaiser Wilhelm hätte nicht – im Hinweis auf seine schimmernde Eisenpracht – seinem Freunde Philipp Eulenburg im August 1897 schreiben können: »Welch herrliche Saat fängt an aufzugehen . . .« Wer an alles Folgende denkt, liest die Zeile mit bitterem Lächeln.

Boxer und Hereros

Wer am Wege baut, hat viele Meister; wer in fremden Erdteilen mitherrschend auftritt, braucht auf Konflikte nicht zu warten. Sie wurden frei Haus geliefert, das lag in der Natur der Wilhelminischen Weltmachtpolitik. Hatte die Bismarckzeit die wichtigsten Auseinandersetzungen im Inneren ausgetragen, bei äußerer Ruhe und Stabilität, so läßt sich etwas vereinfacht sagen, daß es in der Wilhelminischen Ära umgekehrt war. Die Innenpolitik war vergleichsweise friedlich; die Wunden im katholi-

Oben: »Er steckt seine Nase in alles.« Karikatur einer amerikanischen Zeitschrift auf das deutsche Engagement in Ostasien.

Rechte Seite: Nach der Niederwerfung des Boxeraufstandes wird der Mörder des deutschen Gesandten von Ketteler hingerichtet. Soldaten von Waldersees Expeditionskorps bilden die Zuschauer.

schen Lager begannen zu verheilen, die Sozialdemokratie wuchs mehr in den Staat hinein, fand auch viele Aufgaben im kommunalen Bereich, mehr noch in Süddeutschland als im Norden. Draußen aber, jenseits der Grenzen, zogen Wolken auf, und schließlich wurde der Himmel schwarz und schwer.

Am Beginn des Jahrhunderts wiegte sich noch fast jeder Deutsche in Sicherheit. Nicht England, nicht Frankreich oder Rußland bereiteten Sorgen; im Grunde niemand. Unruhe freilich gab es, ein bißchen Aufregung hier und dort, fremde Völker oder Völkerstämme wälzten der deutschen Kraftmaschine ein paar Steine in den Weg. Zwei Aufstände besonders sind erinnerlich: derjenige der Boxer in China und jener der Hereros in Deutsch-Südwestafrika.

Im späten 19. Jahrhundert glich China einem verendeten Großwild, an dem die Geier nagen. In der Agonie der seit 250 Jahren herrschenden Mandschu-Dynastie hatte ein Wettlauf der europäischen Mächte und des erwachten Japan um Einflußsphären begonnen. Sinnbildhaft der Name der zukunftreichen russischen Stadtgründung am Japanischen Meer: Wladiwostok – Herrscher des Ostens. Durch die Besitznahme – offiziell Pacht auf 99 Jahre – von Kiautschou mit dem Hafen Tsingtau (Leitgedanke: eine Marine- und Bunkerstation in Fernost verfügbar zu haben) war auch Deutschland Nutznießer von Chinas Stückelung.

Im nationalbewußten Reich der Mitte wuchs der Fremdenhaß. Ein Geheimbund, älteren Datums schon, gewann Zulauf. »Boxer« nannten zuerst die Engländer die Geheimbündler wegen ihres körperlichen Drills. Als in den Städten Plakate auftauchten mit dem Aufruf »Tod allen Fremden«, war es zu Gewalttaten nicht mehr weit. Sie mündeten im Juni 1900 in die Ermordung des deutschen Gesandten Freiherrn von Ketteler auf seinem Weg zum chinesischen Außenministerium. Daraufhin verein-

barten die fünf europäischen Großmächte nebst Italien sowie den Vereinigten Staaten und Japan eine bewaffnete Intervention. Die multinationale Streitmacht wurde dem deutschen Feldmarschall Alfred Graf Waldersee unterstellt, dem 68jährigen Nachfolger Moltkes als Chef des deutschen Generalstabes (1888-1891). Waldersee hatte bereits nach drei Jahren die Gunst des jungen Kaisers verloren und war durch General Schlieffen abgelöst worden.

Kaiser Wilhelm, der Meister falscher Zungenschläge, verabschiedete die deutschen Soldaten mit einer seiner schlimmsten Reden: »Pardon wird nicht gegeben, Gefangene werden nicht gemacht! . . . Möge der Name Deutscher in China auf tausend Jahre durch euch in einer Weise bestätigt werden, daß nie wieder ein Chinese es wagt, einen Deutschen auch nur scheel anzusehen!«

Der »Weltmarschall«, wie Waldersee spöttelnd genannt wurde, erwarb in Ostasien billigen Ruhm. Militärische Riesen zogen gegen einen Waffenzwerg zu Felde. Der ungleiche Kampf endete im August 1900 mit der Besetzung Pekings und der Befreiung der belagerten Euro-

Oben links: Generalfeldmarschall Alfred Graf Waldersee, auch als »Weltmarschall« verspottet, führte den Oberbefehl über die alliierten Truppen im Boxeraufstand 1900/01.

Oben: Angriff von deutscher Infanterie und britischen Lancers auf ein chinesisches Fort. Eifrig versuchte die zeitgenössische deutsche Publizistik die Erinnerung an ein gemeinsames Unternehmen der europäischen Staaten wachzuhalten, bei dem angeblich die Werte der abendländischen Zivilisation verteidigt worden waren.

päer. Der Kniefall der Besiegten war unausweichlich, sogar im wörtlichen Sinn, denn ein Prinz der kaiserlichen Familie mußte sich in Berlin bei Wilhelm II. entschuldigen. Den Unterworfenen wurde eine Sühne von 450 Millionen chinesischen Dollars auferlegt. Die dadurch wachsende Verschuldung des Landes fügte in die unselige Kausalkette ein weiteres Glied. Die unhaltbare Finanzlage nämlich war mitbestimmend für die Revolution von 1911, die Chinas nationale Wiedergeburt einleitete.

Das zweite Ereignis, das einen fernen deutschen Außenposten gefährdete, verlief blutiger. Es rührt an die früher zurückgestellte Frage nach dem Charakter der deutschen Kolonialpolitik: War sie besser, war sie schlechter als die der älteren Kolonialmächte? Warum erhoben sich die Hereros gegen ihre deutschen Herren? Die deutsche Kolonialherrschaft in Südwest unter dem Gouverneur Theodor Leutwein war um Verständigung und Zusammenarbeit von Weiß und Schwarz bemüht. Nachdem Leutwein in

den neunziger Jahren den Hottentotten-Aufstand unter Hendrik Witbooi niedergeschlagen und auch eine erste Herero-Rebellion überwunden hatte, war auch auf der Gegenseite Bemühen um Einvernehmen bemerkbar gewesen. Im neuen Jahrhundert verschlechterte sich das Klima. Bitter beklagte sich der Herero-Oberhäuptling Samuel Maharero beim »Großen Gesandten des deutschen Kaisers, Gouverneur Leutwein«, über Wegnahme des Landes, Mißhandlungen und viele Übergriffe der deutschen Siedler und Kolonialbeamten, mit oft tödlichem Ausgang. In einem Beschwerdebrief anderer Herero-Häuptlinge an den Gouverneur aus Baden stand: »Wir sehen mit Entsetzen, wie ein Platz nach dem anderen in die Hände der Weißen übergeht. Und nun, geehrter Herr Gouverneur, wo sollen wir bleiben, wenn alles Land uns abgenommen wird? Wir fragen nochmals, wo sollen wir Leute hin?«
Das hätte auch ein Apatschen- oder Sioux-Häuptling in Nordamerika schreiben können. Überall standen die Eingeborenen unterlegen und hilflos dem Vordringen der weißen Zivilisation gegenüber; ihre Lebensräume und Existenzbedingungen wurden immer mehr eingeengt. Dabei waren noch nicht einmal die großen Diamantenlager in Südwestafrika entdeckt, nach denen Adolf Lüderitz schon gesucht hatte, ehe er 1886 im Oranje ertrank.
Die Hoffnungslosigkeit trieb die Hereros 1904 zu einem zweiten, gefährlicheren Aufstand. Viele Deutsche wurden ermordet, bevor die Schutztruppe, verstärkt und unter neuer Führung (General Lothar von Trotha), zum Gegenschlag ausholte, nach Trothas Devise, »den hochmütigen Kaffernstamm für immer vernichtend aufs Haupt zu schlagen«. Nach der Schlacht am Waterberg (August 1904) verfolgte Trothas Unterbefehlshaber Berthold Deimling die Flüchtenden und trieb den ganzen Stamm in die wasserlose Omahekewüste, wo Zehntausende verdursteten, Männer, Frauen, Kinder. 1906 gab der Generalstab in Berlin einen Abschlußbericht heraus mit Formulierungen wie: »Die mit eiserner Strenge durchgeführte Absperrung des Sandfeldes vollendete das Werk der Vernichtung . . . Die Hereros hatten aufgehört, ein selbständiger Volksstamm zu sein.«
Im Deutschen Reichstag erhob sich der SPD-Vorsitzende August Bebel zu einer Anklage: »Meine Herren, dieser Krieg ist auch von unserer Seite mit großer Rücksichtslosigkeit geführt worden . . . Nun sagt man: Ja, aber die Greueltaten der Eingeborenen! Diese Greueltaten leugnet niemand. Aber erst durch die Greueltaten von unserer Seite ist das Volk der Eingeborenen zum Äußersten getrieben worden und hat seinerseits mit Greueltaten geantwortet.« Von Tumulten begleitet, endete die Rede des stets unerschrockenen Sozialisten Bebel mit der Voraussage: »Wenn es einmal vor der Geschichte ein Abwägen von Schuld und weniger Schuld gibt, dann kann kein Zweifel bestehen, daß das größtere Maß an Schuld auf unserer Seite ist.«
Die Parlamentsmehrheit und die Regierung rechtfertigten das harte Vorgehen der Schutztruppe trotz des heftigen Widerspruchs von links. Das heißt aber nicht, daß die herrschenden Schichten des Zeitalters immer und ausnahmslos stumpf waren gegenüber Klagen und Anklagen, die von den tropischen oder subtropischen Außenbesitzungen herüberdrangen. So hatte der rücksichtslos-draufgängerische Kolonialpionier Carl Peters seine Tätigkeit als Reichskommissar in Deutsch-Ostafrika zehn Jahre zuvor nach heftigen Vorwürfen gegen die Methoden seiner Amtsführung aufgeben müssen. Anklagen im Reichstag hatten zur Entlassung aus dem Staatsdienst geführt.
Die Logik müßte folgern, daß das deutsche Kolonialregime in Ostafrika verhaßt gewesen sei und die Eingeborenen danach gestrebt haben, es bei erster Gelegenheit loszuwerden. Die Chance kam 1914. Aber seltsam: Ausgerechnet dort hielt sich die deutsche Verteidigung länger als irgendwo sonst in den Kolonien, nämlich volle vier Jahre bis zum Kriegsende. General von Lettow-Vorbeck mit seiner Schutztruppe aus Weißen und Askaris konnte trotz erdrükkender britischer Überlegenheit allen Umklammerungen entweichen. Angesichts der vorzüglichen Nachrichtensysteme der Schwarzen untereinander wären die 2000 Weißen, mit ihren Askaris und Hilfskriegern vielleicht an die 14 000 Mann, hundertmal dem Verrat zum Opfer gefallen, hätten die dortigen Stämme bei diesem

Hendrik Witboi, Führer von mehreren Aufständen in Deutsch-Südwestafrika, gefallen 1905. Sein Gegner, der Gouverneur Leutwein, schrieb über ihn: »Sein hartnäckiger Widerstand gegen das mächtige Deutsche Reich an der Spitze einer kleinen, kriegsgewandten, aber ebenso zerlumpten wie bettelhaften Schar, dann sein zehnjähriges treues Festhalten an unserer Sache und endlich das Wagnis eines abermaligen Aufstandes gegen uns haben seinen Namen in gutem wie in bösem Sinne mit der Geschichte des Schutzgebietes untrennbar verbunden.«

Heldenstück von odysseischer Schläue und List nicht zumindest duldend mitgespielt. Aufs Ganze gesehen muß also die deutsche Herrschaft in Ostafrika trotz vieler Mängel doch akzeptiert worden sein.

Gewiß hatten in den deutschen Kolonien Recht und Fairneß oft keinen leichten Stand gegenüber Willkür und Brutalität, und es besteht nach allen Quellenzeugnissen kein Grund, die deutsche koloniale Herrschaft jenseits der Meere zu verklären. Das gilt aber ebenso für die Engländer, Franzosen, Portugiesen. Die deutschen Herren in Übersee waren nicht besser und nicht schlechter als die anderen Herrschaftsverwalter. Aktiva und Passiva des Kolonialzeitalters stehen bunt gemischt im Hauptbuch der Geschichte.

Ein kleiner Epilog hierzu: Im Herbst 1904, als die Tragödie der Hereros sich vollendete, las der Pfarrer, Dozent und Organist Albert Schweitzer in Straßburg einen Aufruf der Pariser evangelischen Mission, sich für christlichen Dienst im französischen Kongo zur Verfügung zu stellen. In seinen Erinnerungen erzählt er, der schon länger nach einer Betätigung rein menschlichen Dienens gesucht hatte, er sei nach der Lektüre ruhig an seine Arbeit gegangen in der Gewißheit, das Suchen sei beendet.

Wenige Monate danach, Anfang Januar 1905, kam Schweitzer in einer Predigt auf die Kolonien allgemein und auf Deutsch-Südwest im besonderen zu sprechen: »Was haben wir, das Deutsche Reich, in Südwestafrika getan, um diese Empörung heraufzubeschwören? Was tun wir jetzt? Nachdem wir sie (das heißt, die Schwarzen) aufgerieben haben, nehmen wir ihnen mit einem Federstrich ihr Land, daß sie nichts mehr haben.« In diesem Zusammenhang äußerte er, Mission sei auch »Sühne für die Gewalttaten, die die dem Namen nach christlichen Nationen draußen begehen . . .«

Kein Wort des Predigers, auch keines des Autobiographen von 1931 deutet an, daß zwischen den Nachrichten aus Südwest und seinem Entschluß, seinen heimischen Dreifach-Beruf zugunsten des Menschendienstes aufzugeben, ein Zusammenhang bestand. Vielleicht steht der Aufruf der Pariser Mission ausreichend und auslösend für sich allein. Aber es ist ebenso möglich, daß sein Empfinden, gerade jetzt geschehe Unrecht von seiten der Weißen im fernen Afrika, die Entscheidung mit beeinflußt hat. Der Sühnegedanke in der Predigt war jedenfalls aus aktuellem Anlaß formuliert. Und so ist erlaubt, einen geistigen Zusammenhang herzustellen zwischen dem kolonialen Aufruhr von 1904 und der berühmtesten humanitären Laufbahn des Jahrhunderts.

Furcht vor »Einkreisung«

Verglichen mit der einzigartigen Amtsdauer in verantwortlicher und zugleich abhängiger Position, wie wir sie an Bismarcks »Eckdaten« ablesen und wie sie erst der sowjetische Außenminister Andrej Gromyko wieder erreicht, nicht übertroffen hat – verglichen damit lieferten die Nachfolger nur kürzere oder längere Gastspiele im Amtssitz des Reichskanzlers in der Wilhelmstraße. Einer aber, ein Ministerialbeamter, übertraf alle Herrscher des Auswärtigen Amtes, auch seinen ersten Gebieter Bismarck, an Dienstalter und Seßhaftigkeit. Friedrich von Holstein aus Schwedt an der Oder wurde zum lebenden Aktenschrank dieser Behörde, zum wandelnden Gedächtnis, und kannte sich schließlich im Paragraphennetz, das hier gesponnen worden war, wie kein anderer aus. 30 Jahre amtierte er dort.

Solche Sachwalter sind im allgemeinen sehr geschätzt: Unbedingt zuverlässig, immer vorhanden, geradezu aufgehend in ihrem Dienst, erinnern sie sich an alle wichtigen Vorkommnisse über Jahrzehnte hin und bedeuten für den Minister oder Regierungschef (in diesem Fall für beide in Personalunion) eine zuverlässige, unentbehrliche Stütze. Sind die Vorgesetzten von schwächerem Format, dann wächst der Einfluß solcher Männer aus dem zweiten Glied. Verläuft die Politik am Ende unglücklich, so fragt man um so aufmerksamer nach der Mitverantwortung des nachgeordneten Gehirns.

Holstein wurde später regelrecht dämonisiert. Da er ein mißtrauischer Sonderling gewesen war, machten ihn Maximilian Harden und die Geschichtsforschung zur »grauen Eminenz«, zum lichtscheuen, betriebsamen Hintergrund-Aktivisten von verhängnisvoller Mitwirkung, zum gefährlichen Intriganten, der an hochgestellten Sesseln gesägt habe. Erst die Veröffentlichung der persönlichen Papiere des Geheimrates hat Holsteins Bild aus dem Dämmerlicht befreit. Geblieben ist der Eindruck vom kontaktarmen Eigenbrötler, aber ohne Hinterlist und Heimtücke. Er war eher menschenverachtend als bösartig, sogar besorgt um sein altes Preußen, das er vom neudeutschen Protzentum Wilhelms II. gefährdet sah.

In einem Punkt allerdings konnten auch die Selbstzeugnisse den Mann »mit den Hyänenaugen«, wie Bismarck seinen Vortragenden Rat

Oben: Bernhard von Bülow war Reichskanzler von 1900-1909. Seine Amtszeit steht für die Selbstisolierung des Reiches, da ungeschicktes Lavieren alle Bündnisoptionen verdarb und um Deutschland herum sich die Mächtekonstellationen herausbildeten, gegen die das Reich 1914 anzutreten hatte.

Links: Friedrich von Holstein, die »Graue Eminenz« im Auswärtigen Amt. Holsteins Charaktereigenschaften haben Geschichtsforscher immer wieder beschäftigt. Sein Verhältnis zum Hause Bismarck, dem er jahrelang glühend anhing und dem er am Ende der Amtszeit des Fürsten den Rücken kehrte, um in das Lager der Bismarck-Gegner überzuwechseln, hat ihm den Ruf eines skrupellosen Opportunisten eingetragen. In Wahrheit war Holstein eine unschöpferische Beamtennatur, sehr geschäftig, sehr klug und sarkastisch. Ein Schlüssel zu seinem Wesen ist wohl der von ihm geprägte Satz: »Daß ich überhaupt noch gelegentlich eigene Initiative habe nach mehr als 20jähriger Bismarckscher Disziplin, ist ein Beweis für meine Zähigkeit.«

abschätzig bezeichnet hat, nicht freisprechen von Mitschuld. Soweit sein Einfluß reichte, hat er unfreiwillig dazu beigetragen, Deutschland außenpolitisch zu isolieren. Holstein wollte nicht die englische Karte spielen und verdarb damit einen der besten Trümpfe, den die Geschichte dem Kaiserreich vermittelt hatte. »Ich bin gegen den jetzigen Freundschaftssturm von Chamberlain und Genossen deshalb besonders mißtrauisch, weil die angedrohte Verständigung mit Rußland und Frankreich so vollständiger Schwindel ist.« Mit dieser irrigen Überzeugung wirkte er auf den Kanzler Hohenlohe, den damaligen Staatssekretär im Auswärtigen Amt, Bülow, und den nachfolgenden *Kanzler* Bülow ein. Beide hatten ihre eigenen Ansichten und mußten nicht unbedingt auf Holstein hören. Wenn aber einer seit 1876 im Amt sitzt, alles weiß, alles kennt, dessen Rat hört man schon ganz gern. Tatsache ist, daß die beiden hochgestellten Herren samt dem Kaiser eben die englische Karte *auch* nicht spielten, und man mag spekulieren, wie hoch Holsteins Anteil daran war, unerheblich sicher nicht.

Ließ die leichte Hand des aalglatten Reichskanzlers von Bülow schon zu, daß die Bündnisgespräche ergebnislos endeten; hinderte er außerdem die Überdimensionierung der Hochseeflotte nicht, so tat er noch etwas, um die Engländer in Unruhe zu versetzen: Absprachen über eine einvernehmliche Orientpolitik scheiterten. Deutschland, gestützt auf gute Beziehungen zur Türkei, trieb das Projekt der Bagdadbahn (von Konstantinopel bis zum Persischen Golf) im Alleingang voran. Anfangs hatten die Engländer wohlwollend zugesehen, sich von der deutschen Aktivität sogar ein Gegengewicht zum Vordringen Rußlands in diesem Spannungsfeld erster Ordnung, ihrem Nervenstrang nach Indien, versprochen. In dem Maße, in welchem Deutschland sich hier aber wirtschaftlich und strategisch entfaltete, wurde in London umgedacht. Die dortige Regierung sah die traditionelle britische Balancepolitik (balance of power) nun zweifach gefährdet, zur See und zu Lande. Da die Weltbetrachtung im Inselreich sich nicht änderte, mußten die Verhältnisse der Sichtweise angepaßt werden; und das geschah.

Fortsetzung Seite 304

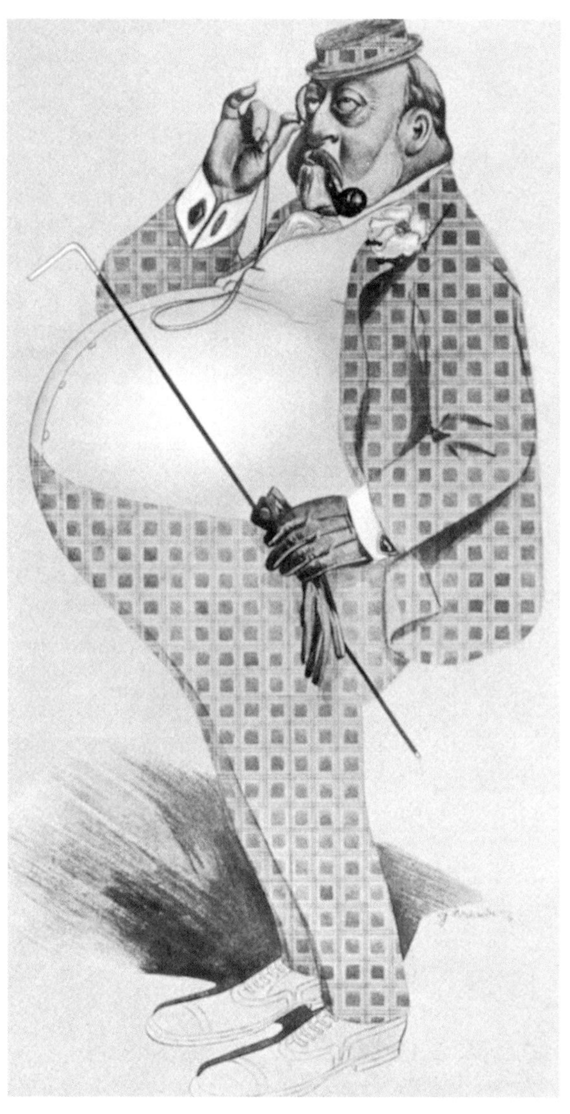

Links oben: Karikatur auf den englischen König Eduard VII. (1901-1910), der als Spiritus rector der Entente Cordiale, der englisch-französischen Übereinkunft von 1904, der deutschen Presse ein besonderer Dorn im Auge war.

Links: »Please, Mister Bethmann, mir ist mein Bein eingeschlafen.« Karikatur auf Englands Versuche, den Bau der Bagdad-Bahn zu behindern.

Oben: Die Streckenführung der Anatolischen und der Bagdad-Bahn in einer zeitgenössischen Darstellung. Es wurden jedoch nur ungefähr zwei Drittel der 3200 Kilometer langen Strecke verlegt. »Die Bagdad-Bahn, die – Ironie der Geschichte – niemals Bagdad erreichte, sollte als strategische Lebenslinie der Osmanenherrschaft das Marmarameer mit dem Persischen Golf verbinden, das überdehnte Reich im Südosten erstmals zu einer Einheit machen. 1899 erhielten die Deutschen die Konzession, und jene Teilstrecken der Bahn, die bis 1914 im Sandboden verlegt waren, wurden anschließend von den Briten mit Sorgfalt gesprengt. So hat die Bagdad-Bahn immerhin Lawrence von Arabien zu kurzem Ruhm verholfen. Wichtiger aber war, daß das technische Großprojekt, in das die deutsche Industrie Riesensummen investierte, Grundlage wurde für die dauernde wirtschaftliche und militärische Anlehnung der Türken an die Deutschen.« (Michael Stürmer)

Mangelnde politische Reife

Das deutsche Bürgertum, von seiner ökonomischen Macht her eigentlich berufen, die Geschicke der Nation in die Hand zu nehmen, blieb dennoch politisch ein Zwerg. Dies eigentümliche, aus der Geschichte fehlgeschlagener oder gar unterbliebener Revolutionen herzuleitende Mißverhältnis beleuchten die scharfsinnigen Analysen des großen Soziologen Max Weber und des Publizisten Bernhard Guttmann.

Max Weber

Die Erlangung ökonomischer Macht ist es zu allen Zeiten gewesen, welche bei einer Klasse die Vorstellung ihrer Anwartschaft auf die politische Leitung entstehen ließ. Gefährlich und auf die Dauer mit dem Interesse der Nation unvereinbar ist es, wenn eine ökonomisch sinkende Klasse die politische Herrschaft in der Hand hält. Aber gefährlicher noch ist es, wenn Klassen, zu denen hin sich die ökonomische Macht und damit die Anwartschaft auf die politische Herrschaft bewegt, politisch noch nicht reif sind zur Leitung des Staates. Beides bedroht Deutschland zur Zeit und ist in Wahrheit der Schlüssel für die derzeitigen Gefahren unserer Lage. Und auch die Umschichtungen der sozialen Struktur des Ostens, mit denen die im Eingang besprochenen Erscheinungen zusammenhängen, gehören in diesen größeren Zusammenhang.
Bis in die Gegenwart hinein hat im preußischen Staat die Dynastie politisch sich auf den Stand der preußischen Junker gestützt. Gegen ihn zwar, aber doch auch nur mit ihm, hat sie den preußischen Staat geschaffen. Ich weiß es wohl, daß der Name der Junker süddeutschen Ohren unfreundlich klingt. Man wird vielleicht finden, ich spräche eine »preußische« Sprache, wenn ich ein Wort zu ihren Gunsten sage. Ich wüßte nicht. Noch heute führen in Preußen für jenen Stand viele Wege zu Einfluß und Macht, viele Wege auch an das Ohr des Monarchen, die nicht jedem Staatsbürger sich ebnen; er hat diese Macht nicht immer so gebraucht, wie er es vor der Geschichte verantworten kann, und ich sehe nicht ein, weshalb ein bürgerlicher Gelehrter ihn lieben sollte. Allein trotz alledem war die Kraft seiner politischen Instinkte eines der gewaltigsten Kapitalien, welche im Dienst der Machtinteressen des Staates verwendet werden konnten. – Sie haben ihre Arbeit geleistet und liegen heute im ökonomischen Todeskampf, aus dem keine Wirtschaftspolitik des Staates sie zu ihrem alten sozialen Charakter zurückführen könnte. Und auch die Aufgaben der Gegenwart sind andere als solche, die von ihnen gelöst werden könnten. Ein Vierteljahrhundert stand an der Spitze Deutschlands der letzte und größte der Junker (Bismarck), und die Tragik, welche seiner staatsmännischen Laufbahn neben ihrer unvergleichlichen Größe anhaftete und die sich heute noch immer dem Blick vieler entzieht, wird die Zukunft wohl darin finden, daß unter ihm das Werk seiner Hände, die Nation, der er die Einheit gab, langsam und unwiderstehlich ihre ökonomische Struktur veränderte und eine andere wurde, ein Volk, das andere Ordnungen fordern mußte, als solche, die er ihm geben und denen seine cäsarische Natur sich einfügen konnte. Im letzten Grund ist eben dies es gewesen, was das teilweise Scheitern seines Lebenswerkes herbeigeführt hat. Denn dieses Lebenswerk hätte doch nicht nur zur äußeren, sondern auch zur inneren Einigung der Nation führen sollen, und jeder von uns weiß: das ist nicht erreicht. Es konnte mit seinen Mitteln nicht erreicht werden. Und als er im Winter des letzten Jahres, umstrickt von der Huld seines Monarchen, in die geschmückte Reichshauptstadt einzog, da – ich weiß es wohl – gab es viele, welche so empfanden, als öffne der Sachsenwald wie ein moderner Kyffhäuser seine Tiefen. Allein nicht alle haben diese Empfindung geteilt. Denn es schien, als sei in der Luft des Januartages der kalte Hauch geschichtlicher Vergänglichkeit zu spüren. Uns überkam ein eigenartig beklemmendes Gefühl, – als ob ein Geist herniederstiege aus einer großen Vergangenheit und wandelte unter einer neuen Generation durch eine ihm fremd gewordene Welt. –
Ich bin ein Mitglied der bürgerlichen Klassen, fühle mich als solches und bin erzogen in ihren Anschauungen und Idealen. Allein es ist der Beruf gerade unserer Wissenschaft, zu sagen, was ungern gehört wird, – nach oben, nach unten, und auch der eigenen Klasse, – und wenn ich mich frage, ob das Bürgertum Deutschlands heute reif ist, die politisch leitende Klasse der Nation zu sein, so vermag ich heute nicht diese Frage zu bejahen. Nicht aus eigener Kraft des Bürgertums ist der deutsche Staat geschaffen worden, und als er geschaffen war, stand an der Spitze der Nation jene Cäsarengestalt aus anderem als bürgerlichem Holze.

Max Weber, Freiburger Antrittsvorlesung, Mai 1895

Bernhard Guttmann

Für die Stagnation in der Verfassungsfrage ist gewiß der Kaiser mitverantwortlich, schwerlich trägt er die Hauptschuld. Die verhängnisvollen Seiten seiner Natur kamen von Anfang an zur Erscheinung, aber nicht von Anfang an mit der Rücksichtslosigkeit, die vieljähriges strafloses Sichgehenlassen, scheinbare Erfolge und die Schmeichelei um ihn her hervorbrachten. Er hatte martialische Worte, aber nicht die Charakterkraft, einem ihm entgegentretenden entschlossenen Nationalwillen standzuhalten. Wo fand sich der Nationalwille? Das maßgebende Bürgertum, hauptsächlich in der nationalliberalen Partei gruppiert, sah scheel auf seine eigene liberale Vergangenheit. Bismarcks Staat hatte ja nicht mit demokratischen, sondern mit militärischen Maßregeln die Reichseinheit gebracht; er brachte auch das wirtschaftliche Gedeihen. Preußen mochte sich großgehungert haben, Neudeutschland wurde alle Tage satt. Man brauchte nur in der Statistik nachzusehen, wieviel mehr Fleisch der Deutsche aß. Er konsumierte beim Thronwechsel jährlich, auf den Kopf gerechnet, sechzehn Pfund Zucker, ein Dutzend Jahre später dreiundzwanzig Pfund. Solche Durchschnittsziffern werden aber von den vielen Millionen heruntergedrückt, die weniger als ihren statistischen Anteil erhalten, sie sagen noch nichts über das Leben derer aus, die das Geld haben. Verglichen mit dem Reichtum und der realen Macht der rheinisch-westfälischen Industrieherren nahm sich jetzt der Adel in Brandenburg und Pommern kümmerlich aus. Aber Kohle und Stahl bezogen von Roggen und Zuckerrübe die Maßstäbe der Vornehmheit und politischen Korrektheit. Sich dem freiheitlichen Gedanken zuliebe Richtungen anzuschließen, die ihren Söhnen den Eintritt in das Offizierkorps der Reserve und ihren Töchtern das Tanzen mit Leutnants verwehrt hätten, waren die großen Bürgerlichen nicht geneigt. Die eben in diesen Jahren stark anschwellende nationalistische Bewegung kam hinzu. Die Reaktion hatte, erschreckt durch das Bestehen einer nicht verfassungsfeindlichen Reichsregierung, mit kolossalen Mitteln versehene Agitationsapparate aufgestellt, deren Demagogie die der Arbeiterführer bei weitem hinter sich ließ. 1891 erhob seine schallende Stimme der Herold des deutschen Verderbens, der Alldeutsche Verband, nachher entstanden innerhalb weniger Jahre der Bund der Landwirte, der Flottenverein, der Ostmarkenverein, der die schleunige und schonungslose Germanisierung der Provinzen Posen und Westpreußen betrieb. Aus der Bismarckzeit stammte die Gewohnheit, Leute, die nicht so redeten und schrieben, wie es gewünscht wurde, in ihrer persönlichen Ehre herabzusetzen. Unter den Liebkosungen, mit denen der Kaiser die Presse der Linken regalierte, waren die »Schafsköpfe« und »verkommenen Gymnasiasten« nicht die markantesten. Jedoch neuartige Organe wie die »Zukunft«, später der »Simplicissimus«, von großem Talent zeugend, nur nicht von dem Wunsche, aufbauend mitzuarbeiten, fanden die stärkste, wenn auch verstohlene Verbreitung in denselben Kreisen, denen die »Frankfurter Zeitung« auf dem Familientisch als mit dem gesellschaftlichen Fortkommen unverträglich erschien. Immer stärker bildete sich jenes fatale geistige Schielen aus, das für den Wilhelminismus so bezeichnend ist, das Neindenken und Jasagen. Theodor Fontane schreibt in einem Briefe: »Der märkische Adel, den ich weiß Gott nicht überschätze, ist in seinem Tun und seiner Lebenstüchtigkeit doch hochinteressant. Auch der sogenannte gemeine Mann ist hochinteressant und voll Mut, Charakter und Freisinn (Tyrann für andere), das Bürgervolk erbärmlich und der Bourgeois dreimal erbärmlich.« Erheblich schärfer hat sich, als das große Unglück geschehen war, Walther Rathenau über die Sphäre geäußert, zu der er nach seiner Lebensstellung gehörte: »Schmachvoll war die Haltung des Großbürgertums, das, durch Beziehungen und Vergünstigungen preiswert bestochen, seinen Vorteil im Ankriechen an die herrschende Schicht und in der Lobpreisung des Bestehenden suchte. Die geistige Verräterei des Großbürgertums, das seine Abkunft und Verantwortung verleugnete, das um den Preis des Reserveleutnants, des Korpsstudenten, des Regierungsassessors, des Adelsprädikats, des Herrenhaussitzes und des Kommerzienrats die Quellen der Demokratie nicht nur verstopfte, sondern vergiftete, das feil, feig und feist und durch sein Werkzeug, die nationalliberale Partei, das Schicksal Deutschlands zugunsten der Reaktion entscheiden ließ: diese Verräterei hat Deutschland zerstört, hat die Monarchie zerstört und uns vor allen Völkern verächtlich gemacht.«

Bernhard Guttmann, Schattenriß einer Generation, 1888-1919. Stuttgart 1950

Karikierter Adel im »Simplicissimus«: »Es gibt drei Arten des Adels. Erstens persönlicher Adel, das ist wenn jemand etwas Bedeutendes geleistet hat. Zweitens Briefadel, das ist wenn irgendein Vorfahr etwas Bedeutendes geleistet hat. Drittens Uradel, das ist wenn man weder selbst etwas geleistet hat noch irgendein Vorfahr – und das ist natürlich das Vornehmste.«

Ein Leutnant und zehn Mann für den Reichstag

Ein Schlüsselbegriff für die politische Kultur im kaiserlichen Deutschland war das Wort vom Leutnant und den zehn Mann, die genügen sollten, um den Reichstag zu schließen – Ausdruck einer obrigkeitlichen Gesinnung, der das Parlament als eine Spielwiese aufgeregter demokratischer Geister erschien, die man jederzeit nach Hause schicken konnte, wenn sie es zu toll trieben. Geprägt hat dies Wort im Januar 1910 der konservative Reichstagsabgeordnete Oldenburg-Januschau, der darüber in seinen Erinnerungen berichtet.

Der Aufbau des Bismarckschen Reiches zeigt zwei ganz getrennte Seiten, eine zivile, demokratische und eine militärische, autokratische. Die erste Seite hatte ihre stärkste Verkörperung in dem auf Grund des allgemeinen, gleichen und geheimen Wahlrechts gewählten Reichstage. Die zweite bestand aus der Krone und dem Heer. Die Verbindung zwischen Krone und Heer bildete die kaiserliche Kommandogewalt.

Von dieser Kommandogewalt war zwar nicht in der Reichsverfassung die Rede, wohl aber in einem Allerhöchsten Erlaß von 1861. In diesem Erlaß war bestimmt, daß die Anordnungen des Königs von Preußen in seiner Eigenschaft als oberster Kriegsherr nicht der Gegenzeichnung durch den Kriegsminister bedurften. Mit anderen Worten: Der Kriegsminister war der Volksvertretung nicht verantwortlich, soweit es sich um Befehle und dienstliche Vorgänge handelte. Seine Verantwortlichkeit beschränkte sich auf die finanziellen Folgen des Budgets.

Es bestand also ein gewisser Gegensatz innerhalb des Reichsaufbaues in dem Zusammenspiel zwischen der militärischen und der zivilen, zwischen der autokratischen und der demokratischen Macht. Wenn Bismarck über dieses Zusammenspiel keine gesetzlichen Bestimmungen getroffen hatte, so hatte er das nur deswegen unterlassen, weil er aus dem von ihm durchgefochtenen preußischen Verfassungskonflikt wußte, daß auch im Innenleben der Völker Zeiten kommen, in denen mit Blut und Eisen die Ordnung des Staates wiederhergestellt werden muß. Aus diesem Grunde erschien mir die Einrichtung der kaiserlichen Kommandogewalt von allergrößter Bedeutung. Mit ihr war der Kaiser, der die Verfassung ja nicht beschworen hatte, jederzeit imstande, natürlich nur im Notfall, durch einfachen Befehl an die Armee die Staatsordnung wiederherzustellen, während die zivilen demokratischen Einrichtungen an ihre Arbeitsform der Beschlußfassung gebunden waren. Diese Dinge kannten die Linke und im Zentrum die Leute von Erzberger sehr genau. Sie wußten, was sie taten, wenn sie mit ihren Angriffen auf die Abschaffung der kaiserlichen Kommandogewalt abzielten. Um so mehr hielt ich es für meine Aufgabe, für ihre Erhaltung mit aller Entschiedenheit einzutreten.

Elard von Oldenburg-Januschau.

Die Gelegenheit dazu bot sich anläßlich einer großen gegen die kaiserliche Kommandogewalt gerichteten Rede, die der freisinnige Abgeordnete Müller-Meiningen hielt. Diesem Angriff der Linken verdankt das im Zusammenhang mit meinem Namen so oft erwähnte Wort vom Leutnant und den zehn Mann seine Entstehung. Der Abgeordnete Müller-Meiningen war geschickt genug, um seinen Angriff gegen die kaiserliche Kommandogewalt in einen Angriff gegen das Offizierkorps überhaupt einzuhüllen. Zur Verteidigung dieses Offizierkorps sagte ich damals in der vollen Öffentlichkeit einer Reichstagssitzung:

»Wie ist es jetzt? Wenn ein Leutnant an einer Ecke laut hustet, hat er die Besorgnis, daß es im Reichstag zur Sprache kommt. Das ginge ja noch. Aber wir wollen doch dafür sorgen, daß er nicht die Besorgnis haben muß, daß nun auf das Urteil des Reichstags ein Gewicht gelegt wird, was früher nicht der Fall war.

Meine Herren, darunter leidet der Offizierstand. Er muß darunter leiden, ein Stand, der persönlich mit dem allerhöchsten Kriegsherrn zusammenhält, und den im übrigen die Öffentlichkeit nichts angeht! Ja, meine Herren, das ist auch eine alte preußische Tradition, und

»Simplicissimus«-Karikatur auf das Wort vom »Leutnant und den zehn Mann«: Der ironische »Entwuf eines Deckengemäldes für den deutschen Reichstagssaal«.

daß Ihnen diese Tradition nicht paßt, das glaube ich sehr gern. Der König von Preußen und der deutsche Kaiser muß jeden Moment imstande sein, zu einem Leutnant zu sagen: Nehmen Sie zehn Mann und schließen Sie den Reichstag!«
Das Wort vom Leutnant und den 10 Mann erregte großes Aufsehen. Es gab kaum eine Zeitung, die nicht ihre Spalten mit ihrer Stellungnahme zu diesem Wort anfüllte. Überall, wohin man kam, schallte es einem entgegen. Zu meinem eigenen Erstaunen hatte dieses Wort auch bei der Masse gezündet. Denn als wenige Tage später eine neue Reichstagssitzung stattfand, war der Platz vor dem Wallotbau schwarz vor Menschen. Es gelang mir aber, ohne erkannt zu werden, in den Reichstag hineinzukommen. Drinnen hörte ich dann von den Fraktionsgenossen, man habe irgendeinen Unbekannten für mich gehalten und verdroschen.

Elard von Oldenburg-Januschau, Erinnerungen. Leipzig 1936

»So'ne Uniform hebt entschieden«

Die Welt des Wilhelminischen Militarismus, in der sich schon der Reserveoffizier als Halbgott betrachtete, hat Carl Zuckmayer in seiner Hochstaplerkomödie von 1931 um den »Hauptmann von Köpenick« karikiert. Ein Requisit spielt darin die Hauptrolle, der Hauptmannsrock, den der ursprüngliche Träger hatte ablegen müssen und der nun in die Hände eines strebsamen Kommunalbeamten wandern soll. (Später wird er, bei einem Trödler gelandet, dem Schuster Voigt zu seinem Coup auf das Köpenicker Rathaus dienen.)

OBERMÜLLER *tritt ein. Er ist etwa dreißig Jahre alt, gut gewachsen, mit sichtbarer Anlage zur Korpulenz. Zwicker und blondes Schnurrbärtchen geben seinem Gesicht einen etwas besorgten Ausdruck, der auch seine Sprache und seinen Tonfall färbt. Trotzdem hat alles, was er sagt, den ernsten Klang einer wohlfundierten idealistischen Überzeugung. Er trägt die Uniform eines Einjährigen Vizefeldwebels.*
Guten Morgen, Herr Wormser!

WORMSER: Guten Morgen, guten Morgen, Herr Einjähriger – wie war doch rasch der Name –?

OBERMÜLLER: Obermüller, Doktor Obermüller aus Köpenick.

WORMSER: Richtig, verzeihense, lang nich mehr gesehn, und was wird gebraucht, Herr Doktor?

OBERMÜLLER: Nun, es handelt sich diesmal um –

WORMSER *unterbricht:* Darf ich raten? Kann ma gratulieren, sin mer so weit? Na, na, kann ich raten? Kann ich raten??

OBERMÜLLER: Allerdings. Der Bataillonsadjutant hat mir heute mitgeteilt, daß meine Ernennung zum Leutnant der Reserve soeben erfolgt ist, es kam mir etwas überraschend, ich muß nun sehn, wie ich mit der Equipierung fertig werde. Sie müssen mir da helfen, Herr Wormser –

WORMSER: Gemacht, gemacht, aber das sag ich Ihnen gleich, Herr Doktor, gute Arbeit braucht gute Zeit. Sie wollen doch auch was vorstellen in Ihrem neuen Glanz. Nein, das freut mich, das freut mich aber wirklich für Sie. War doch erst Ihre zweite Übung, nich?

OBERMÜLLER: Die dritte, Herr Wormser, die dritte. Ich hatte nämlich einige Schwierigkeiten mit dem Schießen, wegen meiner Kurzsichtigkeit. Aber – das hab ich nun Gott sei Dank hinter mir.

Zeitungsausriß zum Fall des »Hauptmanns von Köpenick«, 1906.

Der „Kommandant" von Köpenick.

2000 Mark Belohnung.

Auf die Ergreifung des Köpenicker Kassenräubers hat der Regierungspräsident von Potsdam eine Belohnung von 2000 Mark ausgesetzt. Die Bekanntmachung, die gestern auch an den hiesigen Anschlagsäulen veröffentlicht wurde, lautet:

Am 16. Oktober d. J. nachmittags hat eine Person in Hauptmannsuniform in Köpenick die Stadtkasse ausgeraubt. Der Täter ist zuletzt in Kietz-Rummelsburg gesehen worden. Ich setze eine Belohnung von 2000 Mark für denjenigen aus, der den Täter so ermittelt, daß er ergriffen wird.

Potsdam, den 17. Oktober 1906. (gez.) Der Regierungspräsident.

WORMSER: Recht so. Muß n schönes Gefühl sein, wenn man auf einmal mit Herr Leutnant angeredet wird, das schmeichelt den Gehörknöchelchen. Wissen Sie, ich sage immer: vom Gefreiten aufwärts beginnt der Darwinismus. Aber der Mensch, der Mensch fängt erst beim Leutnant an, is nich so, is nich so?

OBERMÜLLER: Das möchte ich nicht grade behaupten – aber – für meine Laufbahn ist es natürlich außerordentlich wertvoll. Ich brauche die Uniform wirklich besonders eilig, Herr Wormser, ich –

WORMSER: Wabschke, holense's Maßbuch. Sie sind doch Staatsbeamter, Herr Leutnant, nicht?

OBERMÜLLER: Meine Mutter kommt nämlich zu Besuch, sie legt besonderen Wert drauf, sie ist ja aus einer Offiziersfamilie. Ich? Kommunalbeamter, Herr Wormser. Nun ja, ich wollte eigentlich in die Politik gehn, – ich hätte mir vorgestellt, als Nationalökonom, etwa im Rahmen der Fortschrittlichen Volkspartei, für das Gemeinwohl zu wirken, – vor allem schriftstellerisch, – aber – dazu gehören Mittel.

WORMSER: Beamter is auch immer sehr schön.

OBERMÜLLER: Gewiß doch, man kann gut vorwärts kommen, – ich bin jetzt schon im Köpenicker Stadtmagistrat, wenn ich Glück habe, kann ich mal Bürgermeister von Köpenick werden, *mit leisem Lächeln,* so was ist natürlich auch eine Wirksamkeit zum Wohle des Volksganzen.

WORMSER: Na, zum Reserveleutnant hamses ja schon gebracht, das is die Hauptsache, das muß man sein heutzutage, – gesellschaftlich, – beruflich, – in jeder Beziehung! Der Doktor ist die Visitenkarte, der Reserveoffizier ist die offene Tür, das sin die Grundlagen, das is mal so!

WABSCHKE: Da beißt de Maus keen Faden ab.

WORMSER: Seinse still, Wabschke, Sie sind nich gefragt. Wissense was, Herr Leutnant, da fällt mir was ein, ich hätt was für Sie, – wennses so eilig haben, – schlupfense mal in den Rock rein! Der müßt Ihnen grad passen! *Nimmt Schlettows Uniform von der Stange.*

OBERMÜLLER: Das ist ja ein Hauptmannsrock, soweit sind wir noch nicht, Herr Wormser! *Lacht.*

WORMSER: Kommt noch, kommt noch! Wir müßten nur n paar kleine Änderungen machen, und andere Achselstücke, denn ist die Sache bong. Knöpfense mal zu, Wabschke.

WABSCHKE: Sitzt, als wär er for Ihnen zujeschnitten. Nur um de Hüften n bißchen knapp.

OBERMÜLLER: Ja, ich habe etwas starke Hüften, das ist eine Berufskrankheit sozusagen, das macht die sitzende Lebensweise.

WORMSER: Ich wer Ihnen mal was sagen. Die Uniform nehmense. Ne neue dauert acht Tage, drunter is nich zu machen. Und überhaupt es kost Sie billiger, und sie is noch gar nich getragen, funkelnagelneu, ich habe se in Kommission übernommen, der Herr hat quittieren müssen, *senkt die Stimme,* habense nichts von dem skandalösen Vorfall gehört – cherchez la femme, natürlich.

OBERMÜLLER: Nein, danke, ich interessiere mich gar nicht für Skandalaffären. Im Munde der Öffentlichkeit werden solche Dinge doch immer entstellt.

WORMSER: Meine Rede, Herr Leutnant, meine Rede! Was sag ich immer? Nur kein Klatsch, nur kein Geschwätz, die Hälfte ist gelogen, die andre Hälfte geht mich nichts an. Bei uns wird so viel ins Geschäft getragen – da hör ich einfach nicht zu. Na, schaunse mal in Spiegel, wie gefallense sich als Offizier?

OBERMÜLLER: Nicht übel! Nicht übel! *Tritt etwas zurück, nimmt den Zwicker ab, besieht sich von oben bis unten.* Kleider machen Leute, da ist nun doch was Wahres dran. So ne Uniform hebt entschieden, – es geht ein gewisser Zauber von ihr aus –.

WORMSER *macht indessen hinten ein paar Kreidestriche:* Sehnse Wabschke, hier – un da – un da – das is ne Kleinigkeit. Ja ja, da sieht ma, was ma wert is, Herr Leutnant, nich? Das Schöne is, daß man was geworden is, was nich jeder werden kann, das macht Spaß! Gebense mal de Stecknadeln, Wabschke!

OBERMÜLLER: Umgekehrt, lieber Herr Wormser, grad umgekehrt! Das Große ist bei uns die Idee des Volksheeres, in dem jeder Mann den Platz einnimmt, der ihm in der sozialen Struktur der Volksgemeinschaft zukommt! Freie Bahn dem Tüchtigen! Das ist die deutsche Devise! Die Idee der individuellen Freiheit verschmilzt bei uns mit der konstitutionellen Idee zu einem entwicklungsfähigen Ganzen. Das System ist monarchisch, – aber wir leben – angewandte Demokratie! Das ist meine Überzeugung!

WORMSER: Sicher, sicher, das will ich meinen, bei uns is mehr Freiheit wie in soner Republik, da könnten se all was lernen von. So, jetzt is alles in Ordnung. Also mit der Uniform habense Glück gehabt, Herr Leutnant.

OBERMÜLLER: Nun ja, wenns rascher geht, – ich hätte mir natürlich lieber eine neue, – aber – der Eile halber –

WORMSER: Sie könnense morgen fertig anziehn. Dann nehm wir gleich Offizierskoppel zum Unterschnallen, Bandelier, Degen, Mütze, Helm, wie is Ihre Koppnummer, Herr Leutnant?

OBERMÜLLER: Neunundfünfzig. Ich habe einen ziemlich ausgebildeten Schädel.

WORMSER: Da is auch was drin! Willy, helf m Herrn Leutnant in sein Rock, sei e biß je gefällig. *Militärmarsch, Blechmusik, näher kommend.*

»Schuhmacher Voigt, der Sieger von Köpenick«, Karikatur aus dem »Simplicissimus«.

WORMSER: Prachtvoll, son alter Preußenmarsch, was? Das reißt ein'n hoch, das geht ein'n in de Knochen!

WABSCHKE: Da kann n Laubfrosch Polka tanzen lernen.

WORMSER: Seinse ruhig, Wabschke, Sie sind unmusikalisch. Also nochmals, meinen herzlichsten Glückwunsch, Herr Leutnant, es hat mich sehr gefreut.

OBERMÜLLER: Danke, danke sehr, Herr Wormser.

WORMSER: Sagen wir, morgen um dieselbe Zeit is alles fertig. Is recht?

OBERMÜLLER: Das ist mir sehr lieb, Herr Wormser, meine Mutter kommt nämlich morgen zu Besuch, ich habe ihr depeschiert, da möchte ich natürlich gern –

WORMSER: In Uniform – freilich, selbstverständlich! Die Frau Mutter wird e Freud haben an son strammen Leutnant!

OBERMÜLLER: Ja ja – meine Mutter legt nämlich großen Wert – auf Wiedersehn, auf Wiedersehn, Herr Wormser!

WORMSER: Auf Wiedersehn, Herr Leutnant, auf Wiedersehn! *Komplimentiert ihn bis zur Tür.*

OBERMÜLLER *ab.*

WORMSER: Der hats geschafft. Was heutzutag nich alles Offizier wird! Nemm dir e Beispiel, Willy!

Dunkel. Militärmarsch nah, mächtig.

Carl Zuckmayer, Der Hauptmann von Köpenick, 7. Szene

Oben: Kaiser Wilhelm II. in Prachtuniform. Militärische Kleidung ging dem deutschen Monarchen über alles. Bei Besuchen fremder Souveräne pflegte er sogar in der entsprechenden Uniform, etwa als britischer Reiteroberst oder russischer Regimentskommandeur, aufzutreten.

Links: Eine Statistenschar für die kaierlichen Soldatenspiele, das Königin-Augusta-Gardegrenadierregiment. Im Vordergrund die Offiziere, links die Spielleute, dann die Regimentsmusik, anschließend drei Bataillone.

Am 8. April 1904 erwacht die deutsche Diplomatie aus der Illusion, daß »die angedrohte Verständigung mit Rußland und Frankreich so vollständiger Schwindel« sei, wie Holstein gemeint hatte. Mindestens im Verhältnis England-Frankreich stimmt die Behauptung von diesem bedeutungsvollen Tage an nicht mehr. Äußerlich ist gar nicht viel geschehen. Im Geiste britischer Vorsicht, sich weitgehend zu binden, haben beide Länder nicht mehr getan, als ihre Interessen in Afrika abzugrenzen. Aber gerade dies war ja den Zauberlehrlingen in Berlin undenkbar erschienen. Mit einemmal stehen sie vor einem Scherbenhaufen ihrer bisherigen Politik – und die neuen Freunde haben ihrer Vereinbarung den hübschen Namen »Entente cordiale« (Herzliches Einvernehmen) gegeben.
Da man atmosphärische Begleitumstände, Sympathien und Antipathien, die im Menschenleben eine große Rolle spielen, im politischen Handwerk viel stärker betrachten und berücksichtigen sollte als es üblicherweise geschieht, sollte auch dies gesehen werden: Der englische König Edward VII., ältester Sohn und Nachfolger der Königin Victoria, konnte seinen Neffen Wilhelm überhaupt nicht leiden. Er verabscheute bei ihm das Sporenklirrende, Fanfarenartige seines Wesens, die Renommiersucht, die Starallüren. Alles am deutschen Kaiser war dem zivilen Lebemann auf dem britischen Thron entgegen und zuwider. Der beliebte Herr war ein vorzüglicher Menschenkenner und bemerkte natürlich das zutiefst Unsichere in Wilhelms Natur, die Überkompensation seiner Minderwertigkeitskomplexe. Die Sprunghaftigkeit hielt er für gefährlich, weil unberechenbar. Verläßliche Partner erschienen ihm für Britanniens Sicherheit dringend geboten. Er liebte Frankreich seit der Kindheit schon, hatte Mitte der fünfziger Jahre des 19. Jahrhunderts bei seinem ersten Besuch in Paris als 14jähriger die Kaiserin Eugenie bestürmt, ihn dazubehalten; er habe so viele Geschwister, man werde gar nicht merken, wenn er fehle. Der Wunsch ließ sich nicht erfüllen, aber die Liebe war geblieben. Und sie trieb den König zu diplomatischer Aktivität. Obwohl seine Befugnisse nach der – ungeschriebenen – Verfassung seines Landes nur gering waren, er also »amtlich« kaum etwas bewirken konnte, so tat er doch privat, soviel er vermochte, um das Klima zwischen London und Paris zu verbessern. Die Entente cordiale war anteilig auch sein Werk.
Aber noch ist der Kelch, den die Nachfolger Bismarcks zu trinken verdammt sind, längst nicht geleert. Zweites Stichwort nach der Entente cordiale: Algeciras 1906. Kaiser Wilhelm verspricht den Marokkanern bei einem Besuch, für die Unabhängigkeit des Landes einzutreten. Hinter der tönenden Rede stehen deutsche Wirtschaftsinteressen, steht die Sorge, Marokko werde entgegen internationalen Abmachungen von 1880 zur französischen Einflußzone. Formal sind die Deutschen im Recht, und die Konferenz von Algeciras in Südspanien bestätigt rein äußerlich die Souveränität des Landes. Zugleich aber sieht Deutschland sich einer diplomatischen Front Frankreichs, Englands und Rußlands gegenüber, wogegen die Unterstützung durch Österreich viel zuwenig zählt, um den allgemeinen Eindruck zu vermeiden, daß Deutschland der Verlierer dieser (ersten) Marokkokrise ist. Der Hauptantreiber und Ohrenbläser in der Affäre und Verfechter eines harten Kurses – Holstein – muß seinen Abschied nehmen.
Ehe dieses Jahr 1906 endet, bereichert Reichskanzler von Bülow den politischen Schlagwortkatalog: Im Reichstag spricht er besorgt von der »Einkreisung« Deutschlands, mit dem Unterton, dem friedliebenden Reich geschehe großes Unrecht. Er ignoriert dabei, wie sehr der ziellose politische Aktivismus der führenden deutschen Staatsmänner und vor allem des Kaisers, die Aufrüstung, die explosionsartig anwachsende Bevölkerung und der wirtschaftliche Energieausbruch – wie sehr das alles zusammen die Nachbarn besorgt macht, so daß sie ihre Streitigkeiten hintanstellen und gegen den übermächtig Werdenden enger aneinanderrükken.
Das wird ein weiteres Mal deutlich, als England und Rußland 1908 Ähnliches tun wie zuvor England und Frankreich: Sie grenzen Interessengebiete gegeneinander ab und verbessern dadurch die beiderseitigen Beziehungen. Jetzt ist Deutschland, wenn man es so sehen will, erst

Am 31. März 1905 zog Kaiser Wilhelm II. auf einem weißen Pferd reitend in Tanger ein: Höhepunkt des deutschen Engagements in der ersten Marokkokrise. Das Kaiserreich verlangte bei internationalen Problemen mitzureden.

wirklich »eingekreist«: Dem Dreibund gegenüber steht, wenigstens im Rohbau, der Dreiverband, die Triple-Entente. Das Zahlengleichgewicht gibt ein falsches Bild. Im Grunde steht Deutschland allein gegen den Dreiverband. Österreich-Ungarn müßte, wie jeder Sachkenner weiß, im Ernstfall eher Hilfe empfangen, als daß es Hilfe bieten könnte. Und Italien hat bereits eine Hintertür entdeckt, um bei Kriegsausbruch nicht an Deutschlands Seite kämpfen zu müssen. Von dem geheimen Neutralitätsabkommen mit Frankreich (1902) weiß man allerdings in Berlin nichts. Doch eines sehen die Betrachter, die sich vom Jubelgeschrei, das jeden Auftritt des Kaisers begleitet, nicht blenden lassen: Nach zwanzig Jahren Wilhelminischer Herrschaft, 1888 bis 1908, ist von der stolzen außenpolitischen Position des Bismarckstaates nichts geblieben. Am Anfang seines Wirkens hatte Kaiser Wilhelm empfunden wie Goethes Faust:

> . . . Dieser Erdenkreis
> Gewährt noch Raum zu großen Taten.

Sein Tatendrang ist keineswegs erschöpft, nur die Möglichkeiten sind unterdessen sehr eingegrenzt.

Mit den außenpolitischen Bedingungen haben sich auch die militärischen verschlechtert. Die anderen Mächte rüsten ebenfalls zügig, und vereint werden sie zunehmend stärker als Deutschland mit seinen problematischen Bundesgenossen. So packt die Militärs Furcht vor der voraussehbaren Überlegenheit des Dreiverbandes an Menschen und Material. Ein wenig tröstet sie der Gedanke, daß wenigstens ein genialer Feldzugsplan in der Schublade liegt. Der Generalstabschef Alfred Graf von Schlieffen hat ihn hinterlassen, als er 1905 in den Ruhestand getreten ist.

Der Schlieffenplan wollte das Dilemma der Doppelfront, wie es seit 1892 vor Augen lag, kühn überwinden: durch blitzartiges Niederwerfen Frankreichs, bevor der (mutmaßlich langsame) russische Aufmarsch beendet sein wird. Schlieffen wußte die »Einkreisung« (von der er militärisch schon ausging, ehe Bülow den

Begriff prägte) nicht anders zu sprengen als mit einem Völkerrechtsbruch: Die deutschen Armeen mußten die Neutralität Belgiens und Luxemburgs verletzen, um schnell nach Nordfrankreich zu gelangen und Paris in großem Bogen zu umfassen. Der Generaloberst dachte rein militärisch. Belgien, das war ein politisches Problem. Es war Sache der Politiker, es gar nicht erst zum Krieg kommen zu lassen. Die aber verließen sich aufs Militär, und so kam ein Unglück zum anderen . . .

Der weltberühmte Streich

Völlig verkehrt wäre, von den objektiv verschlechterten außenpolitischen Bedingungen des Kaiserreiches auf das innere Klima zu schließen. Im Gegenteil: es herrschten Optimismus, Fortschrittsglaube und pralle Lebenslust. Gustav Freytags Ausruf von 1866, es sei eine Freude geworden, Deutscher zu sein, galt vierzig Jahre danach erst recht und vielleicht nie vorher und nachher mit größerem subjektiven Anspruch. Das Volk schaute mit Befriedigung und Hochgefühlen auf die Macht des Reiches, die strahlende Repräsentation, den sicherheitsversprechenden Glanz des Militärs, »der dem Hang des Monarchen zu einer immerwährenden festlichen Prunkentfaltung entgegenkam« (Gerhart Hauptmann). Und jedermann hatte das Aufschwunggefühl.

Dies rührte nicht zuletzt aus wachsendem Wohlstand. Der ist nicht mit heutigen Maßstäben zu messen, sondern nur mit dem zu vergleichen, was vorher gewesen war. Wenn der alte Kaiser sich seine Badewanne noch vom Hotel de Rome ausgeliehen hatte, weil solch Komfort für die altpreußische Lebensweise selbst im Herrscherhaus nicht üblich gewesen war (eher schon im neureichen Besitzbürgertum), dann beweist dieses kleine Beispiel, daß »Wohlstand« ein relativer Begriff ist. Aber hier kannte man eben ein sichtbares Vorankommen. Sogar das Proletariat war der grauen Tristesse des 19. Jahrhunderts ein Stück entwachsen, trotz der Mietskasernen mit mehreren Hinterhöfen und den ärmlichen Besitzverhältnissen.

»Der Vergleich mit der Vergangenheit war es«, so Michael Stürmer als Fachmann für Sozialge-

Die 1907 ausgeschriebenen Wahlen (wegen des Kolonialetats auch »Hottentottenwahlen« genannt) brachten der regierungsfeindlichen Sozialdemokratie empfindliche Stimmenverluste (*links* ein SPD-Wahlflugblatt). Daraufhin bildete Reichskanzler Bülow eine Koalitions-Regierung, den »Bülow-Block«, dessen Spektrum von konservativ bis linksliberal reichte. Theobald von Bethmann Hollweg (*links außen*), der Nachfolger Bülows, hatte in diesem Kabinett als Staatssekretär bereits eine Schlüsselposition inne. Der »Bülow-Block« brach 1909 auseinander. Bei den Reichstagswahlen 1912 rückte die SPD zur stärksten Fraktion auf. *Oben*: Karikatur aus dem »Ulk«: Sozialdemokraten und Liberale zu den in der Wählergunst gepurzelten Konservativen und Zentrum: »Sie gestatten doch, daß wir uns den Sonnenaufgang ansehen!«

schichte, »der die meisten Menschen mit ihrem Schicksal aussöhnte. Fast alle lebten ein wenig satter, ein wenig wärmer, ein wenig sicherer, ein wenig hoffnungsvoller auch als ihre Väter und Großväter, und viele Industriearbeiter hatten eine sichere Anwartschaft auf Versorgung im Alter, bei Krankheit und Berufsunfall, wo früher der Sturz in Armut und Elend gedroht hatte . . . So war die Epoche der Jahrhundertwende die Zeit, da die Seelenbilanz der meisten Deutschen, hätte man sie befragt, am meisten Zuversicht enthielt. Man hat sie nicht befragt. Meinungsumfragen waren unbekannt.«

Hier irrt der Fachmann. Die »Berliner Illustrirte« veranstaltete Ende 1898, ein Jahr vor der großen Kalenderwende, eine »Bilanz des Jahrhunderts« mit einem Fragebogen von 27 Einzelpunkten, die ein heutiger Soziologe natürlich in vielem anders formuliert hätte, eben stärker sozialkundlich. Aber interessant ist der Katalog dennoch, vor allem darin, daß die Antwort auf die letzte Frage (»Was erhoffen Sie vom kommenden 20. Jahrhundert?«) mehrheitlich genauso ausfiel, wie es heute geschehen würde. Die meisten Einsender erhofften – den Weltfrieden!

Leider ging jener – noch gewahrte – Weltfriede mit einer das ganze Staatsgebäude durchgärenden Militarisierung einher; und das war ja auch mit ein Grund, daß er schließlich verlorenging. Die Uniform war der heilige Rock der Nation, ehrfurchtgebietend, herzerhebend. Und weil jedermann vor dem bunten Soldatenkleid dienerte und buckelte, gelang einem gewitzten Berliner ein Streich, der Weltberühmtheit erlangte. Die Geschichte des Hauptmanns von Köpenick ist den meisten bekannt, entweder aus alten Geschichts- und Lesebüchern oder aus dem Rühmann-Film nach Zuckmayers großartigem Schauspiel. Der läßt den Wilhelm Voigt, nachdem er sich freiwillig den Behörden gestellt hat, sagen: »Na, det weiß doch'n Kind, daß man bei uns mitn Militär allens machen kann. Det hab ick immer jewußt, sone Uniform, die macht det meiste janz von alleene . . .«

Dreizehn Tage nach dem Handstreich im Rathaus Köpenick, der inzwischen sämtliche Zwerchfelle erschütterte, schilderte die »Berliner Illustrirte« in ihrer Ausgabe vom 28. Oktober 1906 den ganzen Coup in Versen. Dem Autor des originellen Beitrages floß auch dieser enthüllende Vierzeiler in die Feder:

> Während sonst die Uniformen
> Bürgten für die Sicherheit,
> Hat man jetzt nicht mehr enormen
> Furchtdrang vor dem bunten Kleid . . .

Auch der Kaiser amüsierte sich über den falschen Hauptmann, der seine Autorität beim Trödler gekauft hatte. Da sehe man doch, soll Wilhelm der Kaiser über Wilhelm den Schuster gesagt haben, wie gut die Disziplin im deutschen Heere sei. Er übersah die gefährliche Nachbarschaft von Überdisziplin und »Kadavergehorsam«, der zu allem benutzbar wird. Wenn das Nachdenken aufhört, dann ist dem Mißbrauch des Gehorsams Tür und Tor geöffnet . . .

Friedenspolitik am Abgrund

Ende Oktober 1908 druckte der Londoner »Daily Telegraph« Äußerungen des deutschen Reichsoberhauptes, die ungeheuren Wirbel verursachten. Wilhelm II. hatte im Vorjahr Gespräche mit dem Oberst Stuart Wortley geführt, und die Zeitung hatte sie nun in die Form eines Interviews gekleidet. Darin beklagte der Kaiser sich bitter darüber, daß ihm seine Freundschaftsbeteuerungen so übel gedankt würden und er im Inselreich nur Mißtrauen ernte. Mit welchem Recht? Er habe doch sogar während des Burenkrieges ein in Paris und Petersburg erwogenes Kontinentalbündnis einschließlich Deutschlands gegen England verhindert. Was solle er denn noch alles tun? Im übrigen verteidigte er die »machtvolle Flotte«, den deutschen Welthandel, den »berechtigten Ehrgeiz« der jungen Nation.

Die englischen Leser verstimmte der anmaßende Ton (»Ihr Engländer seid toll wie Märzhasen«), Franzosen und Russen argwöhnten, der Kaiser wolle einen Keil in den Dreiverband treiben. In Deutschland gingen die Wogen am höchsten; der Reichstag tobte, die öffentliche Meinung schäumte. Der »Simplicissimus« druckte eine Karikatur, worin man den Kaiser als kleinen Jungen auf einem Schreibtisch hok-

Fortsetzung Seite 334

„Wenn Ich Großadmiral der englischen Flotte bin,

Oberst der Royal-Dragoons

und Ehrendoktor der Universität Oxford – so werde ich auch das Recht haben, einen englischen Brief zu schreiben,

sonst werfe ich euch auf gut deutsch den ganzen Plunder vor die Füße!"

Kaiser Wilhelms Versuche, auf eigene Faust Unstimmigkeiten zwischen Berlin und London zu beseitigen, stießen beim englischen Gegenüber auf Irritation und Unverständnis. Die Karikatur aus dem »Kladderadatsch« von 1908 bezieht sich auf einen Briefwechsel, den der Kaiser mit König Eduard VII. führte, wenige Monate vor der »Daily-Telegraph-Affäre«, in der freimütige Interview-Aussagen des Monarchen das deutsch-britische Bündnis endgültig erschütterten.

Ein Mensch fliegt

»Schwerlich wird die Menschheit je fliegen.« Dies Verdikt des großen Physiologen Du Bois-Reymond von 1877 stand über den Bemühungen des Ingenieurs Otto Lilienthal. Ihm gelangen dennoch 1891 die ersten Gleitflüge in der Umgebung von Berlin, zum Teil über mehr als 300 Meter. 1896 verletzte er sich bei einem Absturz tödlich. Den letzten Flug des Luftfahrtpioniers schildert sein Bruder Gustav Lilienthal.

Als der Krieg 1870 ausbrach, zog Otto ins Feld als Gardefüsilier. Seine Kameraden erzählen von dem allgemein beliebten Genossen, der auch im Feld nie den großen Angelpunkt seines Lebens, das Flugproblem, aus dem Auge verlor. So kam er denn, mit Plänen beladen, aus dem Felde heim. Es war ein Tag vor dem großen Einzug in Berlin, als ich ihn wieder begrüßen konnte. Seine ersten Worte waren: »Jetzt werden wir es machen.« – So schnell ging es aber doch nicht. Nachdem er den Soldaten ausgezogen hatte, arbeiteten wir gemeinschaftlich in Berlin weiter. Jetzt hatten wir uns aber völlig zu der Erkenntnis durchgerungen, daß ohne Vorwärtsbewegung kein Fliegen möglich ist. Allen Versuchen, welche wir an kleinen Modellen machten, lag das Prinzip der Vorwärtsbewegung zugrunde. Da war ein mit Schlagflügeln versehener Apparat, mit Spiralfedern angetrieben, welcher auf einer schräg abwärts geneigten Anlaufbahn aus dem Fenster unseres vier Stock hoch gelegenen Zimmers fliegen mußte; natürlich morgens um vier Uhr, um Aufsehen zu vermeiden. Der Schwerpunkt des Systems lag zu tief. Die eintretende störende Pendelbewegung brachte die Flügel in fast senkrechte Stellung und dann zum Stillstand. Der Apparat pendelte zurück und nahm dann vermöge der Schrägstellung der federartigen Ventilklappen einen zweiten und dritten Anlauf, bis die treibende Feder abgelaufen war. Durch diesen Versuch wurden wir zum ersten Mal auf die Wichtigkeit der Schwerpunktsfrage aufmerksam. Das beste von den verschiedenen kleinen Modellen war mit zwei Taubenflügeln ausgestattet. Es konnte zwanzig Flügelschläge mittels einer aufgezogenen Feder machen und flog, wenn ein leichter Abstoß gegeben wurde, durch zwei Zimmer.

Otto Lilienthal trat jetzt ins Erwerbsleben... Ich war zu dieser Zeit in Österreich und England... Erst als ich 1874 aus England nach Berlin zurückkehrte, nahmen wir die flugtechnischen Arbeiten wieder auf. Auf dem zu unserer Wohnung gehörigen Dachboden richteten wir uns eine förmliche Werkstatt ein. Zunächst legten wir das Modell zu einem Schwingenflieger auf den Kiel. Die Flügel waren dem Vogelflügel getreu nachgeahmt. Die Schwungfedern bestanden aus einer Weidenrutenrippe mit schmaler Vorder- und breiter Hinterfahne. Die breite Fahne hatten wir aus wellenförmig gepreßtem Papier hergestellt, welches in einer Gummilösung erweicht worden war. Nach dem Trocknen wurde es mit Kollodium bestrichen. Das Ganze hatte die Größe eines Storches. Der Antrieb sollte durch einen leichten Motor bewirkt werden. Dieser Motor mußte aber erst geschaffen werden. Bei dieser Gelegenheit ersann Otto, im Dampfmaschinenbau erfahren, das Dampfkessel-Schlangenrohrsystem, damals völlig neu. Die Maschine hatte einen Hoch- und Niederdruckzylinder, ersteren für den Niederschlag, letzteren für den Aufschlag der Flügel. Ich glaube, wir hätten das Modell zum Fliegen gebracht, wenn der Motor nicht zu kräftig gewesen wäre. Beim ersten Probeanlauf wurden die beiden Flügel zerbrochen. Dem verstärkten Luftwiderstand der Schlagbewegung waren die Flügel nicht gewachsen...

Bald nach meiner Rückkehr von Australien 1886 und nachdem Ottos Geschäft so viel abgeworfen hatte, daß er sich ein eigenes Heim in Groß-Lichterfelde bauen konnte, wurden die Arbeiten wieder aufgenommen. Ein freundliches Laboratorium neben einem großen Rasenplatz lud förmlich zu diesen Arbeiten ein. Jetzt begannen wir die grundlegenden Arbeiten zur Untersuchung des Luftwiderstandes... In dem stark mit Bäumen bewachsenen Garten mangelte der Wind häufig. Wir verlegten die Versuche daher auf das Terrain hinter der Kadettenanstalt, später nach Großkreuz an der Magdeburger Bahn. Aber an der Erdoberfläche war der Wind zu unstet. Mein Bruder baute sich daher einen Schuppen an dem Rand der Sandgrube in Südende und konnte die Gleitflüge von dort erheblich weiter ausdehnen. 1894 wurde dann an der Hennersdorfer Ziegelei bei Groß-Lichterfelde ein besonderer, 15 m hoher Hügel aufgeschüttet unter beträchtlichen Unkosten. Die Spitze dieses Hügels nahm ein Schuppen ein, dessen Dach die Fortsetzung der Anschüttung bildete. Hierin wurden die Gleitflieger aufbewahrt...

Inzwischen hatten wir ein sehr günstig gelegenes Gelände bei Rinow und Stöllen zwischen Neustadt an der Dosse und Rathenow aufgefunden. Dort liegt eine Reihe kahler Kiesberge, welche bis 50 m über das umliegende Land ansteigen. Von hier aus gelangen meinem Bruder Gleitflüge bis zu 350 m. Als Absprungstelle wählte er aber nur Stellen in halber Höhe der Hügel, da der Wind auf dem Gipfel meistens zu stark war. Die Fallhöhe der Gleitflüge betrug nach meinen Messungen 18 m. Bei einem solchen Gleitflug brach einmal eine Armstütze ab, so daß der Apparat aus der Gleichgewichtslage kam und aus einer Höhe von 15 m herabstürzte. Eine speziell zur Verhinderung eines zu heftigen Aufstoßens angebrachte Vorrichtung, ein Prellbügel, bewährte sich dabei vorzüglich, so daß mein Bruder

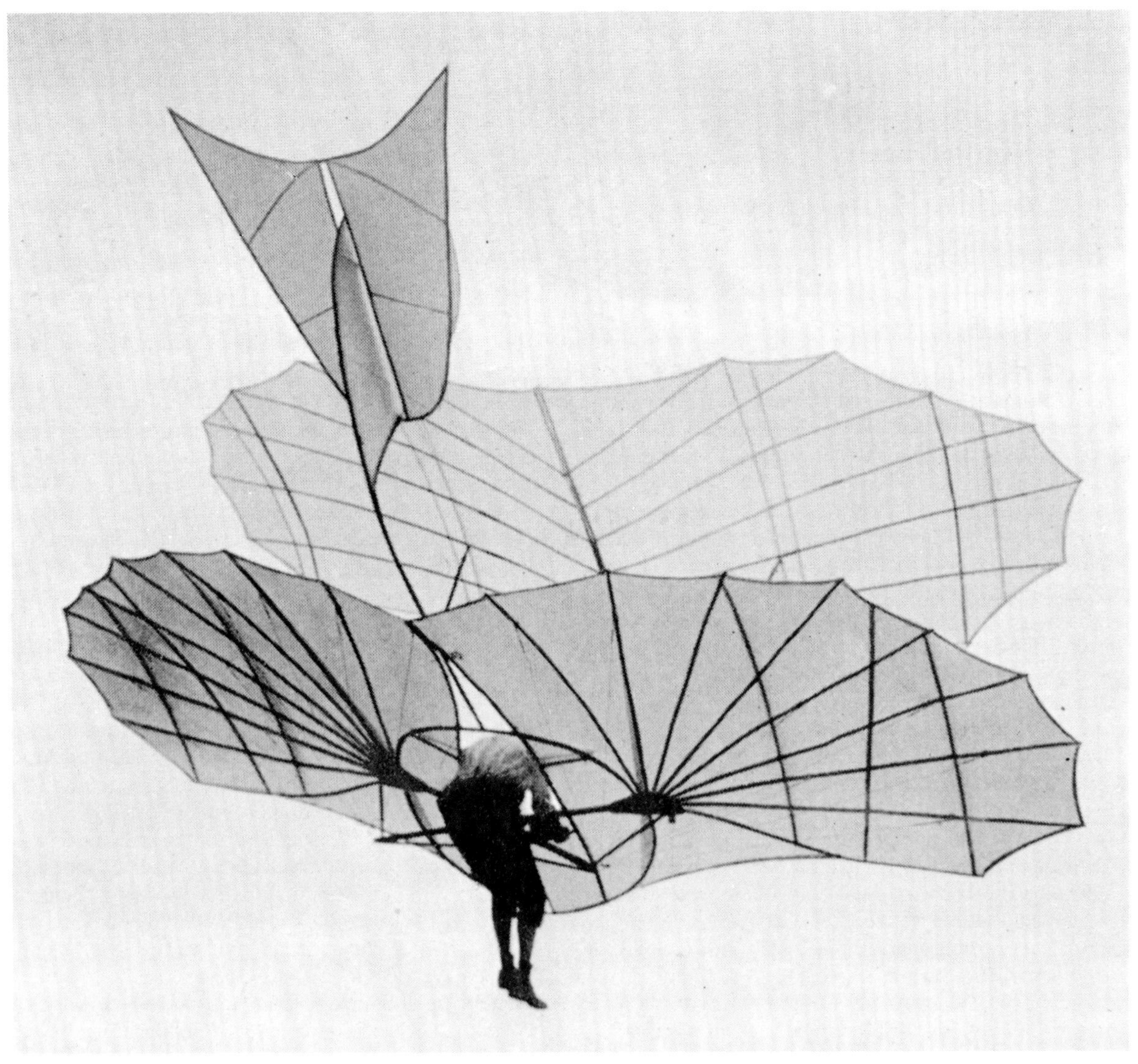

Otto Lilienthal mit seinem Doppeldecker bei einem Flugversuch, 1896.

sich keine erheblichen Verletzungen zuzog. – Die 1896 schon seit drei Jahren betriebenen Gleitflüge konnten meines Erachtens keine besseren Resultate mehr zeitigen. Es sollten Versuche mit einem Schlagflügelapparat aufgenommen werden, dessen Flügel mittels Kohlensäuremotor angetrieben werden sollten. Ohne den Auftrieb durch den Motor war dieser Apparat als Gleitflieger schon versucht worden; der Motor bedurfte aber noch einer Verbesserung. Otto glaubte, daß sich aus den Gleitflügen ein Sport entwickeln könnte. Er war daher unermüdlich, eine immer größere Sicherheit dadurch zu erzielen. Die Versuche in Stöllen waren mit großen Unkosten verknüpft, und überhaupt war schon mehr für die Flugtechnik ausgegeben worden, als ein vorsichtiger Geschäftsmann hätte verantworten können.

Wir waren verabredet, daß wir am Sonntag, den 9. August, zum letzten Mal nach Stöllen fahren wollten, um die Apparate zu verpacken. Ich wurde an diesem Vorhaben durch einen Sturz mit dem Rade verhindert und mußte absagen; auch unsere Familien, welche wir mitnehmen wollten, blieben zu Hause. So fuhr er denn mit einem Diener allein heraus. Eine Änderung an dem Steuer wollte er noch versuchen, aber gleich beim ersten Absprung bei böigem Wetter überschlug sich der Apparat aus beträchtlicher Höhe. Den schützenden Prellbügel hatte mein Bruder nicht angebracht, so traf ihn denn der volle Aufprall, und unseres Onkels Warnung ging in Erfüllung. Zu Tode getroffen fiel er, ein Opfer für die große Idee.

Otto Lilienthal, Der Vogelflug als Grundlage der Fliegekunst. Hrsg. von Gustav Lilienthal. München 1910

Der Zweitaktmotor

Carl Benz entwickelte 1885/86 einen Fahrzeugtyp, in dem Triebwerk und Fahrgestell sich erstmals zu einem abgestimmten organischen Ganzen verbanden, und setzte so nach dem Urteil der Technik-Historiker »die Räder des Automobilismus in Bewegung«. Das Benzsche Unternehmen wurde in wenigen Jahren zur größten Automobilfabrik der Welt; der Gründer allerdings mochte mit dem bald einsetzenden Geschwindigkeitsrausch nichts zu tun haben und versagte sich auch der Bauart des Automobils, wie sie sein Konkurrent Daimler ab 1900 mit den »Mercedes«-Wagen praktizierte. 1903 schied er aus seiner eigenen Firma aus. Die Fusion mit Daimler vollzogen die Benz-Werke 1926, drei Jahre vor dem Tod des Erfinders.

So viel Schönes und Angenehmes auch der Aufenthalt in der Schwarzwaldstadt Pforzheim bot, nach zwei Jahren trieb mich das technische Interesse wieder zurück nach Mannheim. Diese Stadt mit ihrem lebendigen Arbeitsgetriebe einer erwachenden Industrie zog mich ganz in ihren Bann. Hoffnungsfreudig und stark setzte meine Unternehmungslust hier ein. Der Arbeit hatte ich bis auf den Grund geschaut. Das gab mir den Mut, über mich und meine Arbeit hinauszubauen. Neue Wege wollte ich suchen, neue Wege gehen. So legte ich im Jahr 1871 den Grundstein zu einem eigenen Geschäft mit Hilfe eines kleinen Vermögens, das ich mir zum Teil selbst erspart hatte. Diese »mechanische Werkstätte« bildete den Anfangs- und Ausgangspunkt einer industriellen und kulturellen Kurve ausgesprochenster Emporentwicklung. Wenn ich damals auch noch keine Ahnung hatte vom Verlauf dieser Kurve – daß es eine steigende Kurve werde, das fühlte ich im Vertrauen auf die Wunderkraft der Pieke. Jetzt glaubte ich, so viel praktisch und theoretisch gelernt zu haben, um mich nun selber auf den Ausguck zu stellen, selber die Fahrtrichtung zu bestimmen.

Klein und bescheiden fing das Geschäft an, Wurzeln zu schlagen. Da ich in Mannheim geschäftlich immerhin ein Fremdling war, wurde es mir sehr schwer, festen Fuß zu fassen. 1872 heiratete ich. Damit tritt mir ein Idealist zur Seite, der weiß, was er will: Vom Kleinen und Engen hinaus zum Großen, Lichten, Weiten! Was bis dahin Plan war und Traum, das mußte jetzt Flügel bekommen und sich aufschwingen zur Tat. Alles Glauben und Hoffen, alles Kämpfen und Ringen, aber auch alles Erfüllen und Vollenden wurde nun zum heißen gemeinsamen Miterleben. Plötzlich stand er vor uns, der Pfadfinder, der glückverheißend in die Zukunft wies. Und dieser Pfadfinder heißt Gasmotor. Es stand die Überzeugung in mir auf, daß der Gasmotor dazu berufen sei, als leistungsfähiger Konkurrent neben die Dampfmaschine zu treten und für den Antrieb von Arbeitsmaschinen und Fahrzeugen die allergrößte Rolle zu spielen.

Die Gasmotoren waren damals noch jung und litten an allerlei Kinderkrankheiten. Da war zum Beispiel ein Gasmotor, erfunden von einem Franzosen Lenoir im Jahre 1860. Ein Erstling, der die löbliche Eigenschaft hatte, bei guter Laune zehn Minuten lang zu funktionieren und zu arbeiten, aber ein Ölschlemmer und Schmiermaterialverbraucher, daß man ihn scherzweise einen »rotierenden Ölklumpen« nannte. Er war ein Imitator der Dampfmaschine mit Schiebersteuerung. An die Stelle des einströmenden Dampfes trat das eingesaugte Luft- und Gasgemisch. Entzündet erreichte dieses eine Spannung von 5 bis 6 Atmosphären und trieb den Kolben nach außen bzw. nach innen. Auch die atmosphärische Gasmaschine von Otto & Langen – ein Imitator der atmosphärischen Dampfmaschine – zeigte geringe Entwicklungsmöglichkeit. Das neu aufgekommene Viertaktverfahren aber war um jene Zeit noch durch Patent geschützt. So blieb mir denn nichts anderes übrig, als mein Glück auf eigene Faust zu probieren und selber eine gute Lösung aufzuspüren. Ich wandte mich dem Zweitaktverfahren zu und hatte Glück. Aber das Glück kam nicht auf Windesflügeln. Es war auch nicht das Glück des erfinderischen Zufalls. Es war vielmehr das Glück der zähen, unverdrossenen Arbeit.

Ich weiß es noch so gut wie heut. Es war an einem Sylvesterabend. Den letzten Groschen hatten wir bei den langwierigen Versuchen hineingesteckt in den embryonalen Zweitakter. Und die Sorge stand vor der Türe. So vielmal wir auch die Maschine schon »angedreht« hatten, so oft wurden unsere hochgespannten Hoffnungen und Erwartungen von dem »Taktlosen« zerstört. Nach

»Benz-Patent-Motorwagen« von 1886, das Gefährt, mit dem der Siegeszug des Automobils begann.

dem Nachtessen sagte meine Frau: »Wir müssen doch noch einmal hinüber in die Werkstätte und unser Glück versuchen. In mir lockt etwas und läßt mir keine Ruhe.« Und wieder stehen wir vor dem Motor wie vor einem großen, schwer enträtselbaren Geheimnis. Mit starken Schlägen pocht das Herz. Ich drehe an. Tät, tät, tät! antwortet die Maschine. In schönem, regelmäßigem Rhythmus lösen die Takte der Zukunftsmusik einander ab. Über eine Stunde schon lauschen wir tief ergriffen dem einförmigen Gesang. Was keine Zauberflöte der Welt zuwege gebracht hätte, das vermag jetzt der Zweitakter. Je länger er singt, desto mehr zaubert er die drückend harten Sorgen vom Herzen. In der Tat! War auf dem Herweg die Sorge neben uns hergegangen, so ging auf dem Rückweg die Freude neben uns her. Auf die Glückwünsche der Welt konnten wir an diesem Neujahrsabend verzichten. Denn wir hatten ja das leibhaftige Glück an der Arbeit gesehen in unserer ärmlichkleinen Werkstätte, die an diesem Abend zur Geburtsstätte eines neuen Motors wurde. Lange noch standen wir aufhorchend im Hofe, und immer noch zitterte es verheißungsvoll durch die Stille der Nacht: Tät, tät, tät! – Auf einmal fangen auch die Glocken zu läuten an. Sylvesterglocken! Uns war's, als läuteten sie nicht nur ein neues Jahr, sondern eine neue Zeit ein, jene Zeit, die vom Motor den neuen Pulsschlag empfangen sollte.

Carl Benz, Lebensfahrt eines deutschen Erfinders. Leipzig 1925

Oben: »Mercedes-Wagen« der Daimler Werke von 1903.

Unten: Carl Benz mit seiner Familie auf einem »Benz-Victoria« im Jahre 1894. Die Testfahrt führte über 200 Kilometer.

Selbstporträt eines Unternehmers

Das 19. Jahrhundert gilt als die Epoche der klassischen Unternehmerfiguren, die praktisch aus dem Nichts heraus, nur mit Intelligenz, Erfindungsgeist und Tatkraft begabt, Weltfirmen und Wirtschaftsimperien aufbauten. Eine davon war Werner von Siemens, dessen 1892 veröffentlichte »Lebenserinnerungen« rasch zum Volksbuch wurden, in dem sich eine technik- und zivilisationsgläubige Zeit wiederfand.

Wenn ich mein Leben überblicke und die bedingenden Ursachen und treibenden Kräfte aufsuche, die mich über alle Hindernisse und Gefahren hinweg zu einer Lebensstellung führten, welche mir Anerkennung und innere Befriedigung brachte und mich überreichlich mit den materiellen Gütern des Lebens versah, so muß ich zunächst anerkennen, daß das glückliche Zusammentreffen vieler Umstände dazu mitgewirkt hat und ich überhaupt dem glücklichen Zufall viel dabei zu danken habe. Ein solches glückliches Zusammentreffen war es schon, daß mein Leben gerade in die Zeit der schnellen Entwicklung der Naturwissenschaften fiel, und daß ich mich besonders der elektrischen Technik schon zuwandte, als sie noch ganz unentwickelt war und daher einen sehr fruchtbaren Boden für Erfindungen und Verbesserungen bildete. Andererseits habe ich aber im Leben auch vielfach mit ganz ungewöhnlichem Mißgeschick zu kämpfen gehabt. William Meyer, mein lieber Jugendfreund und treuer Genosse, bezeichnete diesen steten Kampf mit ganz unerwarteten Schwierigkeiten und unglücklichen Zufällen, die mir bei meinen Unternehmungen anfangs in der Regel entgegentraten, deren Überwindung mir aber meist mit großem Glücke gelang, recht drastisch mit dem studentischen Ausspruche, ich hätte »Sau beim Pech«. Ich muß die Richtigkeit dieser Auffassung anerkennen, glaube aber doch nicht, daß es nur blindes Schicksalswalten war, wodurch die Wellenlinie von Glück und Unglück, auf der sich unser Leben bewegt, mich so häufig den angestrebten Zielen zuführte. Erfolg und Mißerfolg, Sieg und Niederlage hängen im menschlichen Leben vielfach ganz von der rechtzeitigen und richtigen Benutzung sich darbietender Gelegenheiten ab. Die Eigenschaft, in kritischen Momenten schnell entschlossen zu sein und ohne lange Überlegung das Richtige zu tun, ist mir während meines ganzen Lebens so ziemlich treu geblieben, trotz des etwas träumerischen Gedankenlebens, in das ich vielfach, ich könnte fast sagen gewöhnlich versunken war. In unzähligen Fällen hat mich diese Fähigkeit vor Schaden bewahrt und in schwierigen Lebenslagen richtig geleitet. Freilich gehörte immer eine gewisse Erregung dazu, um mir die volle Herrschaft über meine geistigen Eigenschaften zu geben. Ich bedurfte ihrer nicht nur, um meinem Gedankenleben entrissen zu werden, sondern auch zum Schutze gegen meine eigenen Charakterschwächen. Zu diesen rechne ich vornehmlich eine allzu große Gutmütigkeit, die es mir ungemein schwer machte, eine an mich gerichtete Bitte abzuschlagen, einen erkannten Wunsch nicht zu erfüllen, ja überhaupt jemand etwas zu sagen oder zu tun, was ihm unangenehm oder schmerzlich sein mußte. Zu meinem Glücke stand dieser, besonders für einen Geschäftsmann und Dirigenten vieler Leute sehr störenden Eigenschaft die andere gegenüber, daß ich leicht erregt und in Zorn versetzt werden konnte. Dieser Zorn, der immer leicht in mir aufstieg, wenn meine guten Absichten verkannt oder mißbraucht wurden, war stets eine Erlösung und Befreiung für mich, und ich habe es oft ausgesprochen, daß mir jemand, mit dem ich Unangenehmes zu verhandeln hatte, keinen größeren Dienst erweisen könnte, als wenn er mir Ursache gäbe, zornig zu werden. Übrigens war dieser Zorn in der Regel nur eine Form geistiger Erregung, die ich niemals aus der Gewalt verlor. Obwohl ich in jüngeren Jahren von meinen Freunden mit dem Spitznamen »Krauskopf« benannt wurde, womit sie einen gewissen Zusammenhang zwischen meinem krausen Haar und krausen Sinn andeuten wollten, so hat mich mein leicht aufbrausender Zorn doch nie zu Handlungen verleitet, die ich später hätte bereuen müssen. Zum Leiter großer Unterneh-

Werner von Siemens. Zeichnung von 1887.

Kabelwerkstatt der Firma Siemens & Halske um 1890.

mungen war ich auch in anderen Beziehungen nur mangelhaft geeignet. Es fehlte mir dazu das gute Gedächtnis, der Sinn für Ordnung und die konsequente, unnachsichtige Strenge. Wenn ich trotzdem große Geschäftshäuser begründete und mit ungewöhnlichem Erfolg geleitet habe, so ist dies ein Beweis dafür, daß mit Tatkraft gepaarter Fleiß vielfach unsere Schwächen überwindet oder doch weniger schädlich macht. Dabei kann ich mir selbst das Zeugnis geben, daß es nicht Gewinnsucht war, die mich bewog, meine Arbeitskraft und mein Interesse in so ausgedehntem Maße technischen Unternehmungen zuzuwenden. In der Regel war es zunächst das wissenschaftlich-technische Interesse, das mich einer Aufgabe zuführte. Ein Geschäftsfreund hänselte mich einmal mit der Behauptung, ich ließe mich bei meinen Unternehmungen immer von dem allgemeinen Nutzen leiten, den sie bringen sollten, fände aber schließlich immer meine Rechnung dabei. Ich erkenne diese Bemerkung innerhalb gewisser Grenzen als richtig an, denn solche Unternehmungen, die das Gemeinwohl fördern, werden durch das allgemeine Interesse getragen und erhalten dadurch größere Aussicht auf erfolgreiche Durchführung. Indessen will ich auch die mächtige Einwirkung nicht unterschätzen, welche der Erfolg und das ihm entspringende Bewußtsein, Nützliches zu schaffen und zugleich Tausenden von fleißigen Arbeitern dadurch ihr Brot zu geben, auf den Menschen ausübt.

Eine wesentliche Ursache für das schnelle Aufblühen unserer Fabriken sehe ich darin, daß die Gegenstände unserer Fabrikation zum großen Teil auf eigenen Erfindungen beruhten. Waren diese auch in den meisten Fällen nicht durch Patente geschützt, so gaben sie uns doch immer einen Vorsprung vor unseren Konkurrenten, der dann gewöhnlich so lange anhielt, bis wir durch neue Verbesserungen abermals einen Vorsprung gewannen. Andauernde Wirkung konnte das allerdings nur infolge des Rufes größter Zuverlässigkeit und Güte haben, dessen sich unsere Fabrikate in der ganzen Welt erfreuten.

Außer dieser öffentlichen Anerkennung meiner technischen Leistungen sind mir persönlich sowohl von den Herrschern der größeren Staaten Europas wie von Universitäten, Akademien, wissenschaftlichen und technischen Instituten und Gesellschaften Ehrenbezeugungen in so reichem Maße erwiesen worden, daß mir kaum noch etwas zu wünschen übrig bleibt.

Ich begann die Niederschrift meiner Erinnerungen mit dem biblischen Ausspruch »Unser Leben währet siebenzig Jahr und wenn's hochkommt, so sind's achtzig Jahr«, und ich denke, sie wird gezeigt haben, daß auch der Schluß des Denkspruches »und wenn es köstlich gewesen, so ist es Mühe und Arbeit gewesen« sich an mir bewährt. Denn mein Leben war schön, weil es wesentlich erfolgreiche Mühe und nützliche Arbeit war, und wenn ich schließlich der Trauer darüber Ausdruck gebe, daß es seinem Ende entgegengeht, so bewegt mich dazu der Schmerz, daß ich von meinen Lieben scheiden muß, und daß es mir nicht vergönnt ist, an der vollen Entwicklung des naturwissenschaftlichen Zeitalters erfolgreich weiterzuarbeiten.

Werner von Siemens, Lebenserinnerungen. Berlin 1882

Die Bilder lernen laufen

1895 erlebte die bewegliche Photographie ihre erste öffentlichte Vorstellung. Von den Anfängen des deutschen Films, als die junge Muse in Varietés und Jahrmarktsbuden blühte, erzählt ein Ufa-Filmhistoriker.

Am 1. November 1895 haben die Brüder Max und Emil Skladanowsky im Berliner Wintergarten zum erstenmal ihren »Bioscop« gezeigt: hier wurden Varietészenen, die mit einer bereits 1892 selbstgebauten Kamera aufgenommen waren, mit eigenen Projektionsapparaten als lebende Bilder auf die Leinwand geworfen. Dabei waren Max Skladanowsky der Techniker, sein Bruder Emil der Schausteller, ein dritter Bruder Eugen der Mime.

Der Wintergartenprojektor von 1895 bestand aus zwei wechselweise arbeitenden Projektoren, auf deren Filmbänder die einzelnen Bewegungsphasen irgendeines Vorgangs verteilt waren. Während ein Filmbild projiziert wurde, rückte in dem abgedunkelten zweiten Projektor das nächste Filmbild nach. Die Skladanowskys entwickelten diesen nicht gerade sehr gut funktionierenden Doppelprojektor nicht weiter und fanden somit auch keinen Eingang in die Geschichte der Kinotechnik. Im August 1896 beendeten sie ihre Vorführungen mit ihrem 95er Apparat, da die primitiven Bilder allzuoft rissen und der Apparat so sehr zitterte, daß die vorgeführten Bilder den Eindruck von Schattenspielen machten. Im Februar 1897 tauchten die Skladanowskys in Stettin auf und zeigten Filme, die sie im Herbst 1896 gedreht hatten. Diese Bilder wurden mit einem Projektor vorgeführt, der das bekannte Malteserkreuzgetriebe aufwies, womit also die Skladanowskys wieder bei der Erfindung von Oskar Meßter angelangt waren, von dem allein aus die technische Entwicklung kräftig und praktisch gefördert wurde, während die Skladanowskys sich dem Vertrieb von sogenannten Taschenkinematographen zuwandten.

In Deutschland sind also die ersten Wiegenfilme als neue Unterhaltungskunst im Varieté am Schluß des Programms, sozusagen als Rausschmeißer, zu sehen gewesen. Dann erst kam das Kino. In Berlin wurde das erste Kino im April 1896 Unter den Linden 21 eröffnet. Jeder einzelne Film des Programms war 15-20 Meter lang und lief 3/4 Minuten. Nach drei Monaten war das Kino bereits bankrott und mußte verkauft werden. Im Dezember 1896 eröffnete man auf der Friedrichstraße das »Edisontheater«, das aber auch sehr bald seine Tore schließen mußte. Die ersten Schritte des deutschen Kinos führten über Dornenwege.

Etwa acht Jahre nach der ersten Bioscopvorführung Skladanowskys im Wintergarten begann die eigentliche Blütezeit der Wanderkinos. Bevor man überhaupt daran denken konnte, bodenständige Lichtspieltheater in allen größeren Städten zu errichten, war das Kino lediglich ein Geschäft für reisende Schausteller, die mit ihren Wohnwagen von Markt zu Markt und von Stadt zu Stadt fuhren. Diese Schausteller sind die eigentlichen Pioniere der Kinematographie. In den ersten Anfängen waren es armselige stickige Bretterbuden und Leinwandzelte, in denen man bei elendem Kalklicht die kurzen Filme abrollte. Der »Hamburger Dom«, der »Bremer Freimarkt«, die »Dresdener Vogelwiese«, das »Münchener Oktoberfest«, die »Leipziger Messe«, das »Nürnberger Volksfest« waren die großen Auswertungsstätten der damaligen Filmchen, und daneben liefen sie auf den Märkten und Schützenfesten der kleinen Ortschaften. In den Wanderkinos waren die Filme schon 20-60 Meter lang; bald wagte man sich an 120 Meter lange »Monumentalfilme« heran! Aber noch immer wurden bis zu 15 Filme in einem Programm heruntergerasselt: 1. Ankunft und Abfahrt eines Expreßzuges. 2. Panorama vom Atlantik-City (Seebad). 3. Der unglückliche Forellenfang am Wildbach. 4. Eine Wasserrutschpartie in Chikago. 5. Die Schlittschuhläufer. 6. Défilé de la Garde Republika à Paris. 7. Der horrible Grimassen- oder Fratzenschneider. 8. Der Kampf ums Dasein oder Es ist besetzt! 9. Der wunderbare Fischfang. 10. Die Folgen eines Streites. 11. Der flinke Rettungspolizist am Hafen. 12. Reise durch die Schweiz im Sommer. 13. Die gefoppte Pförtnerin und der übergossene Briefträger. Da war wenigstens Abwechslung im Programm (1907). Auch die Weltgeschichte sorgte immer für etwas Neues: der Burenkrieg, die Ermordung der Königin Draga, Paul Singers Tod, Zeppelins Unglück u.a.m. Amerikanische, englische, französische, italienische, dänische Filmfabriken schickten in jeder Woche Zehntausende von neuen Filmen nach Deutschland.

So um 1904/05 herum war ein ernster Wettbewerber des Wanderkinos mächtig geworden: das Ladenkino. Die ersten bodenständigen Filmschaustätten waren mehr als dürftig: ein leerstehender Laden, ein paar aufgestellte Stuhlreihen, eine schwankende Leinwand, marktschreierisch bunte Plakate, und fertig war der »Kientopp«. Mutter saß an der Kasse, Vater riß Billette ab und sorgte für Ordnung, der Sohn spielte drinnen Klavier oder zog das Grammophon auf. Familienunternehmen!

Ein paar Jahre später wurden die Ladenkinos in theaterartige Räume verpflanzt und dabei selbst in Stockwerke verlegt: das Lichtspieltheater. Nun entbrannte der Kampf zwischen Wanderkino und stehendem Kino auf der ganzen Linie, und kurz vor dem Weltkriege hatte das letztere fast ganz gesiegt.

Es war eine tolle Zeit, die sich die Jugend von heute gewiß nicht mehr vorstellen kann. Bis 1907 gab es noch

Oben: Treffend nannte Karl Knübbel sein 1903 eröffnetes Kino »Das lebende Bild«. Stolz läßt sich der Inhaber vor seinem Etablissement in Berlin-Neukölln fotografieren. Die Programmtafeln kündigen das Drama »Papinta«, den Kurzfilm »Jongleure« und den Sittenfilm »Amor« an.

Mitte rechts: Der Kurzfilm »Die Diebin« wurde im Jahr 1906 auf offener Straße gedreht. Der Filmtransport in der Kamera geschah noch per Handkurbel.

Unten rechts: Filmpionier Eugen Skladanowsky als Küchendragoner in der Groteske »Die Jungfrau von Orleans«.

keine erklärenden Zwischentitel im Film, so daß der Inhalt eines Films von einem besonderen »Erklärer« erläutert werden mußte. Er goß geschwollene oder drastische Erläuterungen über das harmlose Publikum, undeutlich in der Aussprache, unverständlich in der Darlegung, oft mit falschen Betonungen, und was das Schlimmste war, der Rezitator kam mit seinen Ausführungen meist entweder zu früh vor dem Bild oder zu spät nach dem Bild, und wenn schließlich die Luft im kleinen Ladenkino zum Ersticken trocken war, tastete sich der Erklärer im Dunkeln zu seiner Kaffeekanne durch und ließ seine Bilder schnöde im Stich. Es gab sehr witzige Erklärer, und so kam es oft vor, daß die Worte des Erklärers dem Publikum mehr Spaß machten als der Film selbst. Leute mit Mutterwitz hatten hier ein dankbares Betätigungsfeld, und es ist verständlich, daß gerade unter den Berlinern, die ja im allgemeinen den Mund auf dem rechten Fleck haben, sich manches »Original« von Erklärer fand. So gab es einmal einen Film aus dem Leben der Königin Luise. Auf der Leinwand erschien die Königin nach der Schlacht bei Jena, und sie weinte bitterlich. »Und nach der Schlacht bei Jena«, ließ sich der Erklärer vernehmen, »da weinte nun die Königin Luise furchtbar. Und S.M. der König umfaßte liebevoll seine Gemahlin, I.M. die Königin, und tröstete sie und sagte: ›Na, laß man, Luise, es kommt ja noch die Schlacht bei Leipzig, da werden wir's dem Napoleon schon geben!‹«

Das Programm war zu Ende. Im Saal wurde es allmählich hell. Die Liebespaare rückten auseinander. »Billett D abgelaufen«, schmetterte der Erklärer in den Saal. Das war neben seiner »literarisch-künstlerischen« die materiell-geschäftliche Funktion, die die Wichtigkeit der Stellung ganz besonders unterstrich.

Von 1907 an haben der Filmzwischentitel und die Begleitmusik den »Erklärer« hier und dort entbehrlich gemacht. Man hat sofort übertrieben: um 1910 wurden Filme hergestellt, die gut zur Hälfte aus Titeln bestanden. So war es klar, daß der Erklärer aus den größeren Kinos verschwinden mußte. Und dann hat ihn schließlich auch die Kinomusik ersetzt. Die Entstehung der Kinomusik bildet ein Kapitel für sich. Ganz zu Anfang sollte mit der Musik nur Radau gemacht werden, um die Kinobesucher vom Surren des Vorführungsapparates und Knistern des Stullenpapiers abzulenken, oder die Musik war Beruhigungsmittel und Pausenfüllung, wenn der Film riß, was alle paar Minuten passierte. Musik: zuerst das Grammophon, dann die Drehorgel, dann das Orchestrion, bald der Spieler auf dem verstimmten Klavier, der heiseren Geige oder dem wimmernden Harmonium, schließlich das verdeckt eingebaute Salonorchester. So wurde der Film musikalisch illustriert – und oft höchst individuell: der eine kündigte einen Kuß mit einem Tusch an, ein anderer bereitete durch weiche Melodien auf diesen Höhepunkt vor, und wenn die rasende Fahrt des amerikanischen Expreßzuges mit betäubendem Trommelwirbel begleitet wurde, dann erfaßte alle Zuschauer ein Gruseln, und Frauen und Kinder hielten sich angstvoll die Augen zu, weil sie tatsächlich glaubten, daß die Lokomotive aus der Lein-

wand heraus in die Zuschauermenge des Saales donnern würde. Und wenn Henny Porten sich im letzten Akt ins Wasser stürzen wollte und der Geiger dabei zu jämmerlich spielte, rief eine Stimme aus dem Publikum: »Henny, nimm den Geiger mit!«
Es gab 1910 schon eine deutsche Filmfabrikation. Unbeholfen, bescheiden, ärmlich. Der Regisseur und der Kameramann waren die buchstäblichen Allesmacher im Film. Es gab noch keinen Filmarchitekten, keinen Hilfsregisseur, keinen Aufnahmeleiter. In der Ecke des Ateliers stießen zwei Wandkulissen zu einem rechten Winkel zusammen: das Interieur des Films. Alles wurde in vollstes Scheinwerferlicht gebadet, ohne Effekte und Nuancen in der Beleuchtung. Dazu ein fragmentarisches Manuskript, das nur der Regisseur, kein Schauspieler kannte. So drehte Otto Rippert, der älteste Regiepionier des Films, sein dreiaktiges Filmdrama »Gelbstern« in drei Tagen für sechshundert Mark, wobei die Hauptdarsteller drei und fünf Mark für den Tag bekamen. Gewaltiges Aufsehen erregte es, als eines Tages der Detektivdarsteller Ernst Reicher verkündete: »Ich bin sehr teuer, ich verlange fünfundzwanzig Mark pro Tag!«
So früh fing es mit den Stargagen an!

Otto Kalbus, Vom Werden deutscher Filmkunst. 1. Teil: Der stumme Film. Hamburg 1935.

Oben: Zwei Heroinen der Stummfilmzeit: Pola Negri (als Krankenschwester in »Vendetta«) und Asta Nielsen.

Linke Seite: Finale des Films »Panzergewölbe« von 1914: Meisterdetektiv Stuart Webb, dargestellt von Ernst Reicher, hat die Verbrecher in ihrem Schlupfwinkel aufgespürt.

Bilder vom Sport im Kaiserreich.
Linke Seite: Berliner Männer-Turnverein beim Training, 1897 *(oben),* der Schwimmer Emil Rausch, Olympiasieger in St. Louis 1904, Radrennen in Leipzig und Fußballspiel England-Deutschland 1902 *(unten).*

Rechte Seite: Fechterinnen in Berlin um 1900 *(oben),* olympischer Lorbeer für die deutschen Turner in Athen 1896 *(unten)* und eine »Simplicissimus«-Karikatur von 1897: »So sittlich und edel, lieber Herr Collega, diese Leibesübung dem Manne ansteht, so sehr ist der Anblick des radfahrenden Weibes geeigenschaftet, unseren am klassischen Geiste geläuterten Schönheitssinn in seiner vollen und ganzen Tiefe zu empören.«

Disziplin auch im Bierdunst

Die deutsche Studentenschaft, ehedem revolutionär gesinnt und von der Obrigkeit verfolgt, wurde im Kaiserreich zur verläßlichen Stütze der herrschenden Ordnung. Ihre eigenartigen Bräuche, das Mensurenschlagen und die Besäufnisse unter straffer Leitung, beschreibt ein französischer Besucher.

So wie es in allen Ländern gewerbliche und künstlerische, militärische und andere Städte von ganz kirchlichem Charakter, See-, Handels- und Fabrikstädte gibt, so gibt es jenseits des Rheines – und das ist gewiß ein charakteristischer Zug – eigentliche Universitätsstädte, wie Göttingen, Jena, Tübingen zum Beispiel. In solchen Städten muß man sich aufhalten, wenn man das friedliche Getriebe des intellektuellen Lebens in Deutschland ungemischt und in der Nähe beobachten will... Die wahre wissenschaftliche Tätigkeit habe ich nie besser begriffen als in jenen kleineren, von Professoren und Studenten bevölkerten deutschen Städten, wo die Universität ein und alles ist. Gewöhnlich sind es alte Städte von mittelalterlichem Aussehen, mit einer Burg oder einem Schloß, zwei- oder dreistöckigen, oben überhängenden Häusern mit steilen Dächern, die von zahllosen Luken durchbrochen sind. Die Gräben vor den alten Wällen sind zugeschüttet und in grüne Gärten umgewandelt, die von Riesenbäumen eingefaßt sind. Der Ringweg ist heute eine schattige Promenade, wo philosophische Köpfe lange ungestört ihre stillen Gedanken ausspinnen können...

Die Universitätsstadt ist still und heiter. Die Deutschen haben der französischen Manie, alles in Reih und Glied zu stellen, alles einzupferchen, in Klostermauern einzuschließen, zu widerstehen gewußt. Der Student hat seine Freiheit bewahrt. Ohne sich wie bei uns in das Alltagsgewimmel zu mischen, hat er sich die Heiterkeit und das frische Gemüt eines zwanzigjährigen Jünglings erhalten. Er weiß nichts von dem spöttelnden Skeptizismus jener jungen Greise, die niemals ein Ideal, niemals einen Glauben besessen haben. Er ist Schwärmer und Realist zugleich, Kasteiungen sind ihm unbekannt; er findet es einfacher, der Natur zu gehorchen, als sie zu besiegen. Er ist Händelsucher und Trinker, aber unfähig, nur einen Tag lang gegen jemand einen Groll nachzutragen bei seinem Bier; und doch rächt sich dies Getränk erbarmungslos an den schweren Köpfen derer, die zuviel davon zu sich genommen; aber der Deutsche hat nichts vom Rebellen an sich.

Gewisse Universitätsstädte, Heidelberg, Göttingen zum Beispiel haben einen gewissen Ruf wegen der Ausgelassenheit und des lärmenden Wesens der Studenten. Das Duell ist da sehr häufig, man zählt ihrer mehr als hundert im Jahr; es gehört ein kriegerischer oder barbarischer Gebrauch zu den studentischen Sitten. »Hüten Sie sich«, sagte mir lächelnd ein Student in Berlin, »daß Sie in Göttingen, auch nur aus Unachtsamkeit, mit ihrem Ellbogen einen Burschenschafter streifen; das ist eine Provokation.« Die Zwiste zwischen Studenten werden in der Regel am Semesterschluß, kurz vor Beginn der Ferien ausgetragen. Die letzten Wochen sind blutige Wochen. Am Mittwoch und Freitag sieht man bei Tagesanbruch Wagen nach einem Nachbardorf fahren; sie führen die Duellanten hinaus, und auf dem Rückweg, wenn sie die Verwundeten mit verbundenen Köpfen heimführen, haben sie sorglich die Scheiben verhängt. Es ist selten, daß die gewöhnliche Mensur das

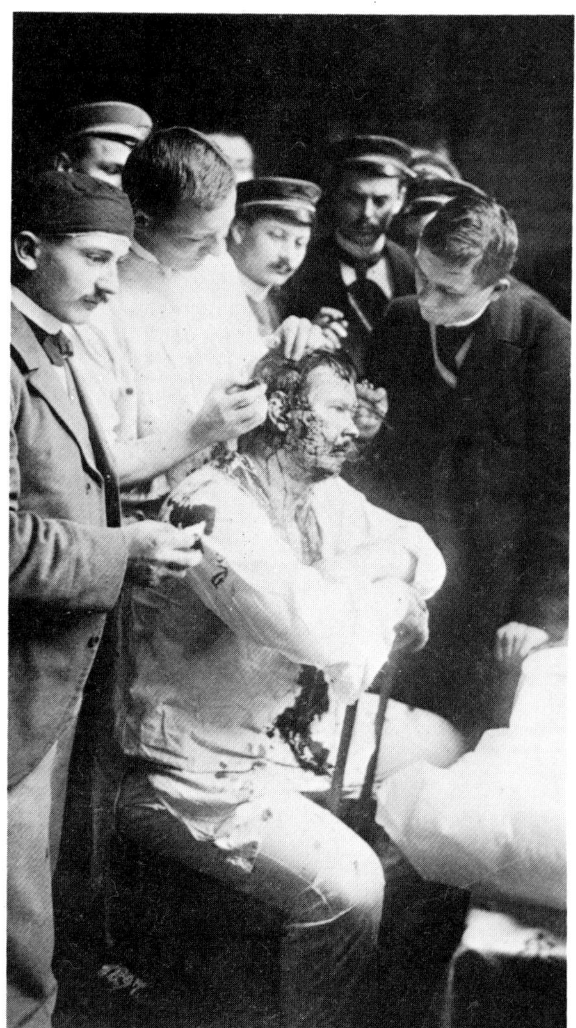

Leben der Duellanten gefährdet. Der Hals und die Augen sind durch besondere Vorkehrungen geschützt. Das Rapier wird nicht als Stoßwaffe, sondern als Schläger benutzt. Sie beschreiben mit dieser Waffe weite Kreislinien auf Mannshöhe und suchen den Kopf und die Wangen zu treffen. Die Nase ist der bedrohteste Teil des Gesichts. Wenn sie unverletzt bleibt, schätzt der Kämpfende sich glücklich. Je größer die Schmarre – das ist nun einmal die herrschende Anschauung – um so mehr gilt sie dem Studenten als eine Schönheit, die ihm zum Ruhme gereicht. Er sucht sie nicht zu verbergen, er trägt sie stolz als ein Zeichen der Tapferkeit und als glaubwürdige Bescheinigung, daß er die Taufe des Schwertes erhalten hat...

Die deutschen Studenten sind in freien Genossenschaften vereinigt: Burschenschaften, Corps und Landsmannschaften, die von der Politik sich fernhalten, befolgen keinen andern Zweck als die Masse der Studenten in vertraulichem Verkehr einander zu nähern. Auf dem Boden des deutschen Partikularismus und alter Überlieferungen gediehen, ist ihre Triebfeder die einfache Kameradschaft zu gemeinsamer Pflege der Ehre, der religiösen Gesinnung, der Freiheit, des Vaterlandsgefühls, oder auch die geistige Verbrüderung im Staudium derselben Wissenschaft. Es sind kleine, händelsüchtige Republiken mit fröhlichen Sitten, die sich selbst verwalten, Hochschulbunde darstellen. Die Mitglieder dieser Genossenschaften vereinigen sich allwöchentlich in einer besonderen Stube, der »Kneipe«, zur Besprechung ihrer inneren Angelegenheiten, zu brüderlichem Umgang und von Zeit zu Zeit zu feierlichem Kommers.

Nichts hat mich in größeres Erstaunen versetzt als die Haltung dieser Jugend und der Geist der Disziplin, der sogar bei ihren lustigen Gelagen vorherrscht, wo das Bier aus nie versiegenden Quellen strömt. Der Präses sitzt an der Spitze des langen Tisches, wo Mitglieder und Gäste ihre Plätze einnehmen. Vor ihm liegt der Schläger. Mit einem Schlag auf den Tisch gebietet er Schweigen, erläßt er seine Befehle. Vaterländische und heitere Lieder folgen einander auf das Kommando des Vorsitzenden. Die Hochrufe am Schluß der Toaste werden nach dem mit dem Schläger angegebenen Takte ausgeführt. Wenn die Sitzung länger andauert, tritt der Präses seinen Platz dem jüngsten der Mitglieder ab, der dann Regent in den letzten, fröhlichen Stunden wird. Seine gebrechliche, alles Pathos ausschließende Autorität beschränkt sich auf Führung des Szepters; sie gestattet einem jeden den Grad freier Bewegung, der seiner leichten Würde keinen Eintrag tut. Das Band der Disziplin wird lockerer, aber es reißt nicht. Ich habe hierbei denselben Geist des Respekts und des Gehorsams beobachtet, der den Soldaten beseelt, und ich sagte mir, daß diese Tugend in den Sitten des Volkes wurzeln müsse, wenn sogar die überwallende Jugendlust sie in Ehren hält und sie auch mit dem schäumenden Bier sich noch nicht verflüchtigt.

Henri Didon, Die Deutschen. Basel 1884

Oben: Studentenkarikatur aus dem »Simplicissimus« von 1901: »Und wenn an uns der Ruf zu den Waffen ertönt, dann sind wir da; Mann für Mann! Darauf geben wir unserm geliebten Vaterland unser Bierwort!«

Linke Seite: Nach der Mensur werden die Wunden genäht. Als »Schmisse« zieren die Narben später den Akademiker.

Realismus und Naturalismus in der Literatur

»Was soll uns heut lyrisches Mondscheingewimmer? So seid doch endlich still davon!« Mit dieser Forderung trat Mitte der achtziger Jahre eine neue literarische Schule auf, der Naturalismus, der sich den Problemen der Gegenwart stellen und »den Boden der Realität bei Widerspiegelung des Lebens« nicht verlassen wollte.

Wilhelm Bölsche: Was ist »Realismus«?

Durch die gesamte – und nicht zum wenigsten die deutsche – Literatur geht seit einiger Zeit eine lebhafte Bewegung. Die Schaufenster der Buchhandlungen wie die Spalten der Journale sind überfüllt mit Streitschriften und Streitartikeln, die bereits durch die Kühnheit der Titel von der Hitze der Kämpfenden Zeugnis ablegen. Aber auch abgesehen von diesen Kundgebungen der eigentlichen Ritter des Tourniers fühlt sich jeder einzelne im großen Publikum mehr oder weniger berufen, seinen Wahlzettel in die Urne zu werfen. Denn das Wort ist gefunden, welches in neun Buchstaben die Losung des Ganzen enthüllen soll. Dieses schicksalsschwere Wort heißt Realismus.
Für die eine Partei ein goldenes Wort, eins aus jener Reihe unvergänglicher Schlagwörter, die mit ihrer prächtigen Kürze gleichsam die Stenographie der Kulturgeschichte darstellen, – ist es der andern ein Greuel, ein Hemmnis aller Fortentwicklung, der Name einer bösen, wenn auch glücklicherweise vergänglichen Krankheit. Revolution der Literatur für jene, Aufdämmern eines neuen Tages, weit heller und strahlender noch als der junge Morgen, der sich einst in dem klaren Auge Lessings spiegelte und durch dessen weichende Frühnebel der rasselnde Schritt des eisernen Ritters von Berlichingen erklang, ist dieser die gleiche Erscheinung, die häßliche Brandröte eines Zerstörungskampfes, das Blutmal am Himmel, das über der Stätte des Mordens und Brennens plündernder Vandalenhorden loht, es fehlt nicht an alten Fritzen, die im Sanssouci ihrer unerschütterlichen Kunsttheorien zweifelnd die schönen, geraden Terrassen und Orangerien abschreiten und sich kopfschüttelnd fragen: Was soll der Lärm? Verbrüderung aller nationalen Literaturen durch die Blutsgemeinschaft gleicher Methoden für die Schwärmer, erscheint den Skeptikern der ganze Aufstand bei uns in Deutschland nur als der feige Abklatsch einer widerwärtigen Krankheitserscheinung im schlechteren, in alter Sünde absterbenden oder in unwissender Rohheit der Halbbildung haltlos hin und her schwankenden Nachbarlande... Und endlich, was das Seltsamste ist: während die einen glauben, der Reinheit ihrer Gesinnung und dem Genius poetischer Sittlichkeit nicht besser dienen zu können, als in dem Gewande der neuen Ritterschaft, meinen die anderen, das Schwert gegen diese erheben zu müssen zum Schutze der unschuldigen Gemüter in der Welt, zum Schutze ihrer Söhne und Töchter, denen der weihende Tempel des dichterischen Ideals kein Sündenhaus werden soll und keine Schnapsschenke.
Jeder Vernünftige sieht, daß unter dem einen Wort Realismus tatsächlich nicht immer das gleiche verstanden wird und daß sich hier Begriffe mischen, die strenge Sonderung fordern. Es fehlt denn auch nicht an besonneneren Stimmen, die sich bemühen, Realismus in einer Weise zu definieren, die jeden gröberen Irrtum ausschließt. Ich gebe diese Definition... in möglichst allgemeiner Fassung wieder...
Die Basis unseres gesamten modernen Denkens bilden die Naturwissenschaften. Wir hören täglich mehr auf, die Welt und die Menschen nach metaphysischen Gesichtspunkten zu betrachten, die Erscheinungen der Natur selbst haben uns allmählich das Bild einer unerschütterlichen Gesetzmäßigkeit alles kosmischen Geschehens eingeprägt, dessen letzte Gründe wir nicht kennen, von dessen lebendiger Betätigung wir aber unausgesetzt Zeuge sind. Das vornehmste Objekt naturwissenschaftlicher Forschung ist dabei selbstverständlich der Mensch geblieben, und es ist der fortschreitenden Wissenschaft gelungen, über das Wesen seiner geistigen und körperlichen Existenz ein außerordentlich großes Tatsachenmaterial festzustellen, das noch mit jeder Stunde wächst, aber bereits jetzt von einer derartigen beweisenden Kraft ist, daß die gesamten älteren Vorstellungen, die sich die Menschheit von ihrer eigenen Natur auf Grund weniger exakter Forschung gebildet, in den entscheidensten Punkten über den Haufen geworfen werden. Da, wo die älteren Ansichten sich während der Dauer ihrer langen Alleinherrschaft mit andern Gebieten menschlicher Geistestätigkeit eng verknotet hatten, bedeutete dieser Sturz notwendig eine gänzliche Umbildung und Neugestaltung auch auf diesen verwandten Gebieten. Das bekannteste Beispiel hierfür ist die Religion, deren einseitig dogmatischer Teil durch die Naturwissenschaften zersetzt und zu völliger Umwandlung gezwungen wurde. Ein zweites Gebiet aber, das auch wesentlich in Frage kommt, ist die Poesie. Welche besonderen Zwecke diese auch immer verfolgen vermag und wie sehr sie in ihrem innersten Wesen sich von den exakten Naturwissenschaften unterscheiden mag, – eine Sonderung, die wir so wenig wie die Sonderstellung einer vernünftigen Religion antasten, – ganz unbezweifelbar hat sie unausgesetzt, um

zu ihren besonderen Zielen zu gelangen, mit Menschen und Naturerscheinungen zu tun und zwar, sofern sie im geringsten gewissenhafte Poesie, also Poesie im echten und edeln Sinne und nicht ein Fabulieren für Kinder sein will, mit eben denselben Menschen und Naturerscheinungen, von denen die Wissenschaft uns gegenwärtig jenen Schatz sicherer Erkenntnisse darbietet. Notwendig muß sie auch von letzteren Notiz nehmen und frühere irrige Grundanschauungen fahren lassen. Es kann ihr, was jedermann einsieht, von dem Punkte ab, wo das Dasein von Gespenstern wissenschaftlich widerlegt ist, nicht mehr gestattet werden, daß sie zum Zwecke irgendwelcher Aufklärung einen Geist aus dem Jenseits erscheinen läßt, weil sie sich sonst durchaus lächerlich und verächtlich machen würde. Es kann ihr, was zwar nicht so bekannt, aber ebenso wahr ist, auch nicht mehr ungerügt hingehen, wenn sie eine Psychologie bei den lebendigen Figuren ihrer Erzeugnisse verwertet, die durch die Fortschritte der modernen wissenschaftlichen Psychologie entschieden als falsch dargetan ist. Eine Anpassung an die neuen Resultate der Forschung ist durchweg das einfachste, was man verlangen kann. Der gesunde Realismus ermöglicht diese Anpassung. Indem er einerseits die hohen Güter der Poesie wahrt, ersetzt er andererseits die veralteten Grundanschauungen in geschicktem Umtausch durch neue, der exakten Wissenschaft entsprechende. Mit Genugtuung gewahrt er dabei, daß die neuen Stützen nicht nur relativ, sondern auch absolut besser sind als die alten, und daß er bei Gelegenheit dieser Anpassung der Poesie ein frisches Lebensprinzip zuführt, das nach vollkommener Eingewöhnung höchstwahrscheinlich ganz neue Blüten am edeln Stamme des dichterischen Schaffens zeitigen wird, die vormals niemand ahnen konnte.

Wilhelm Bölsche, Die naturwissenschaftlichen Grundlagen der Poesie. Leipzig 1887

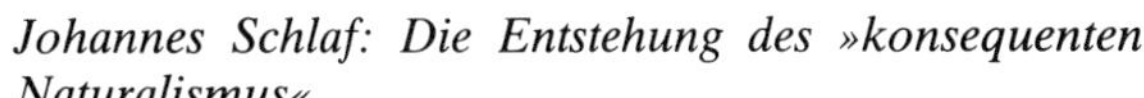

Johannes Schlaf: Die Entstehung des »konsequenten Naturalismus«

Für gewöhnlich hatten wir unsere regelmäßigen Zusammenkünfte abwechselnd auf der Bude des einen, bald auf der des anderen... Bei diesen Gelegenheiten war ich denn bald zum erstenmal auch mit Arno Holz zusammengetroffen... Holz stand damals in einem Übergange, der ihn sehr mitnahm. Er war mit seiner ersten, lyrischen Periode zu Ende. Besonders seine erste Zugehörigkeit zum »Bunde der Lebendigen«, wohl auch die Beziehung zum »Durch«, hatten ihn dichterisch und in anderer Hinsicht zum Naturalismus hingebracht. Die Einflüsse des französischen, nordischen und russischen Naturalismus verschlugen ihm sein bisheriges Schaffen. Und als er dank einer kleinen Erbschaft, die er gemacht, eine Reise nach Holland und nach Paris angetreten, kam er mit Zolas sämtlichen

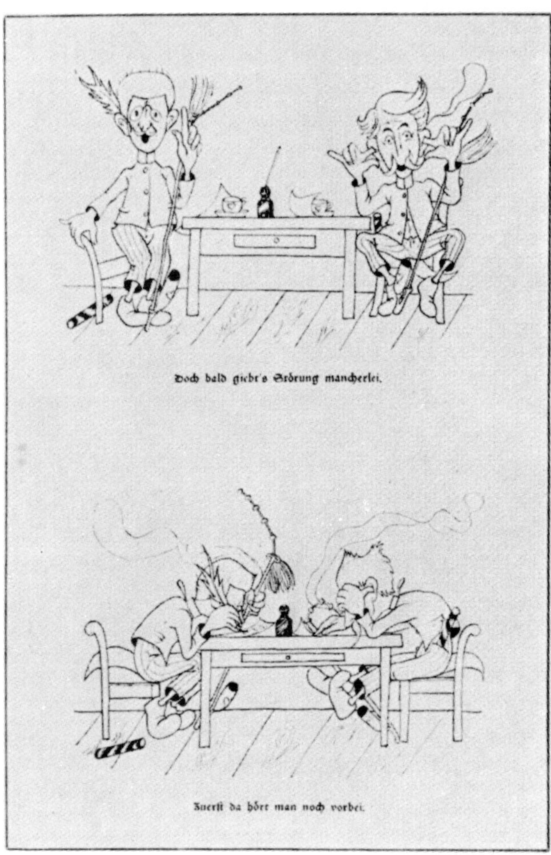

Oben: Der Literat Bruno Wille, wegen freireligiöser Propaganda im Gefängnis, wird von Wilhelm Bölsche und den Brüdern Hart besucht.

Unten: Arno Holz und Johannes Schlaf dichten »Die Familie Selicke«, das erste naturalistische Drama. Zeichnung von Johannes Schlaf, 1892.

Gerhart Hauptmann.

theoretischen Schriften, auch mit denen der Goncourts, zurück und war ein anderer.
Er wandte sich der Prosadichtung zu. Draußen in Pankow hatte er sich eine Wohnung eingerichtet und angefangen, an die Niederschrift eines ersten Romans zu gehen, der sich »Goldene Zeiten« betitelte. Diese Arbeit hatte ihre besonderen Vorzüge. Sie war ein bis ins einzelnste und feinste hineingehender, fast überkoloritreicher Pointillismus, der gewisse Anregungen besonders des französischen Naturalismus bis auf die äußerste Spitze trieb. Im übrigen gab er die Erlebnisse eines Knaben von dessen Geburt bis zu seiner Konfirmation wieder. Der Roman hatte also so gut wie gar keine »Handlung«, er gab nur eine Reihe pointillistischer Situationsschilderungen. Er war auf zwölf Kapitel berechnet. Jedes dieser Kapitel aber sollte vierzig engbeschriebene große Manuskriptseiten füllen. Das waren etwa rund fünfhundert solcher Seiten, und es wäre ein Band von reichlich tausend Druckseiten geworden. Das war für diesen Stoff eine Unmöglichkeit. Ihr Umfang hätte jede wesentliche Wirkung erstickt, kein Mensch wäre imstande gewesen, sie zu Ende zu lesen. Und so zerbrach Holz die Arbeit unter den Händen. Sie blieb Fragment. Die Aufgabe auf solchem Wege zu lösen, war eben eine Unmöglichkeit, oder es wäre das sonderbarste Monstrum von literarischer Kuriosität geworden. Trotzdem ging Holz an einen zweiten, diesmal Berliner Roman heran, der sich »Verlorene Illusionen« betiteln sollte. Da er aber die Aufgabe wieder auf dem Wege der gleichen Technik zu lösen suchte, zerbrach sie ihm abermals. Sein bisheriges lyrisches Schaffen hatte sich zerschlagen; so war seine Situation eine verzweifelte.
Inzwischen war das Jahr 1887 herangekommen. Eines Herbsttages saß ich auf meiner Bude in der Sophienstraße... in Nachdenken versunken auf meinem Koffer, bereit zur Heimfahrt nach Magdeburg. Ich befand mich in einer kaum minder niedergeschlagenen Stimmung wie Holz. Denn ich sah, daß mir die Weiterführung meines Studiums unmöglich war. In diese schicksalsschwere Stunde hinein schallte plötzlich draußen die Flurglocke, und als ich öffnen ging, war's Holz, der eintrat. Seine Depression hatte ihren Gipfel erreicht. Doch wollte er trotz allem noch auf dem Wege der naturalistischen Prosadichtung weitergehen, hoffte dabei aber einen Vorteil für uns beide, wenn wir zu gemeinsamer Arbeit zusammentrafen. Da wir die letzten Jahre – auch gelegentlich seiner Romanversuche – unsere theoretischen Gespräche fortgesetzt hatten, konnte man sich wohl gut und gern zu einer solchen »Atelierarbeit« (denn etwas anderes konnte es ja naturgemäß nicht sein) einmal zusammentun.
Holz schlug mir also vor, zu ihm hinaus nach Pankow zu ziehen, und ich ging darauf ein. Ich hatte nun eine Anzahl von vorerst kaum viel mehr als skizzierten Teilen eines während der Ferien in Magdeburg entstandenen Romans zur Hand, der seinen Stoff aus meinen Hallenser Studentenerlebnissen zog. Mit diesem Material zog ich dann zu Holz hinaus. Wir hatten vor, es nach Maßgabe der theoretischen Gesichtspunkte unserer erwähnten Gespräche auszuarbeiten, oder doch dies und jenes davon. Von vornherein erfuhr die von Holz bisher angewandte Technik aber insofern eine wesentliche, »menschlichere«, Änderung, als die Anlage meiner Kapitel und ihre Inhalte eine solche pointillistische Hypertrophie ausschlossen. Andrerseits kam mir aber Holzens phänomenale sprachtechnische Begabung sehr zugute, und ich hatte ihr viel zu danken. Wir gingen an die gemeinsame Arbeit, Satz für Satz, Wort für Wort, am Tisch uns gegenübersitzend, und nahmen uns, unter beständigen theoretischen Erörterungen, zunächst das Kapitel vor, das später unter dem Titel »Die kleine Emmi« in den Sammelband »Neue Gleise« aufgenommen wurde. Unsere Zusammenarbeit dauerte den damaligen scharfen Winter hindurch bis gegen Ostern 1888 hin...
Eine wichtige Weiterung erfuhr dieses Werden des deutschen Naturalismus, als ich eines Tages an die Ausarbeitung von »Krumme Windgasse 20« gegangen war. Es fügte sich, daß ich mit einem Dialog anfing und daß sich das Stück dann, ganz gegen unsere bisherige Milieutechnik, dialogisch weiterentwickelte, während das Milieu so gut wie zur Regieangabe zusammenschrumpfte. Ich wurde mir dessen unter der Arbeit bewußt und rief aus: »Aber hieraus könnte ja ein neues

Dekorationsentwurf zu Gerhart Hauptmanns »Hanneles Himmelfahrt« von Eugen Quaglio, 1893.

naturalistisches Drama werden!« Es hatte zur Folge, daß aus dem umfänglicheren, der Hauptsache nach nachher in Magdeburg zur Niederschrift gelangten Stück »Die papierne Passion« dann wirklich so etwas wie ein Einakter wurde. Ich führte das Stück in diesem Sinne in Magdeburg also zu Ende, und zugleich ging ich an eine erste Niederschrift des nachherigen Dramas »Die Familie Selicke« heran. Zu ihr hatte mir Anregung gegeben ein längeres Stück »Eine Mainacht«, das ich neben den oben erwähnten Stücken gleichfalls noch in Pankow verfaßt hatte.

Noch bevor ich gegen Ostern 1888 nach Magdeburg zurückkehrte, hatte uns zum erstenmal draußen in Pankow Gerhart Hauptmann besucht. Wir hatten schon vorher, als er noch in Hamburg wohnte, mit ihm Briefe gewechselt. Ich las ihm einiges von meinen zustandegekommenen Sachen vor, und er empfing einen nachhaltigeren Eindruck. Da er bald darauf nach Berlin übersiedelte, sollten wir mit ihm in einen näheren persönlichen Verkehr kommen.

Während ich in Magdeburg an der »Papiernen Passion« und der »Familie Selicke« arbeitete, geschah es, daß Holz mir schrieb, in Berlin sei die »Freie Bühne« gegründet worden. Und da er wußte, daß ich mich dem Drama zugewandt hatte, meinte er, es wäre wohl geboten, daß wir die Gelegenheit benutzten, auf der »Freien Bühne« ein Drama zur Aufführung zu bringen. Er selbst könne sich bei dieser Arbeit allerdings nicht beteiligen. Sein dichterisches Schaffen pausierte damals gänzlich; er war nur mit theoretischen Arbeiten beschäftigt. ...Im Sommer vorher hatten wir doch noch einmal gemeinsam gearbeitet: Die Erzählung »Papa Hamlet«, der eine von mir herrührende, »Ein Dachstubenidyll«, zugrunde lag, die inzwischen schon in Conrads »Gesellschaft« zum Abdruck gelangt war. »Papa Hamlet« erschien dann bald darauf unter dem fingierten Verfassernamen Bjarne P. Holmsen... Und er übte – mit seinen noch zwei anderen Stücken, dem von Holz verfaßten »Ersten Schultag« und dem von mir verfaßten »Ein Tod« – die entscheidende Anregung zu seiner naturalistischen dramatischen Produktion auf Gerhart Hauptmann, die er uns mit der Widmung in der ersten Auflage von »Vor Sonnenaufgang« öffentlich gedankt hat.

Ich leistete Holzens Vorschlag Folge und kam mit dem, was ich von der »Familie Selicke« schon geschrieben hatte, wieder nach Berlin. Hier schrieb ich das Drama zu Ende. Damit Holz mitzeichnen konnte, haben wir gemeinsam die ersten Manuskriptseiten des ersten Aufzuges und die drei letzten des dritten Aufzuges noch einmal überfeilt.

Johannes Schlaf, Aus meinem Leben. Halle o. J.

Leuchtendes München

München war in der Kaiserzeit eine Metropole der Kunst, vor allem ihres bohemehaften, unbekümmert-frechen Teils, es »leuchtete« nach dem vielzitierten Wort aus Thomas Manns Novelle »Gladius Dei«. Der Schriftsteller Max Halbe schildert eine Künstler-Jugend in der Isarstadt.

Als ich in jenen regenfeuchten Frühlingswochen Anno Domini 1894 meinen gänzlich unfeierlichen studentischen Einzug in die Isarstadt hielt, war gerade der Maibock angegangen. Es regnete tagelang, was vom Himmel herunter wollte. Er regnete Schnürl oder Spagat, wie der Münchner zu sagen pflegt. Auf den damals noch chaussierten Straßen – Steinpflaster war noch wenig vorhanden – spritzte, wenn ein Wagen vorbeifuhr, was ja vorkam, Schlamm und Kot springquellartig gen Himmel; man plantschte bis an die Knöchel im Wasser. Hier war selbst für den wissensdurstigen Fremden, der hinter jeder Straßenecke das Wunder erwartete, kein langes Bleiben. Wohin trieb es ihn also wie durch Naturgesetz? Zum Bockfrühschoppen ins Platzl und, wenn der Abend kam, in den »Affenkasten« beim Augustiner, Spaten oder Pschorr. Im Platzl beim Maibock erklang aus Hunderten von Kehlen das Lied vom »Alten Peter«, von der grünen Isar und von der Gemütlichkeit, die in der Münchner Stadt nicht ausstirbt. Es war schon damals uralt, der älteste Bierkieser hatte es bereits in seiner Jugend gesungen, und so singt man es noch heute, nach aber fünfzig Jahren. Auch ich sang es damals mit, aus begeistertem Herzen, wenn auch nicht gerade mit besonderer Tonreinheit, denn Singen war niemals meine starke Seite gewesen. Aber keiner achtete auf meine falschen Töne, es war alles eine einzige Harmonie.

Ich hatte in der Theresienstraße 5 ein behaglich möbliertes Zimmer gefunden, im ersten oder zweiten Stock. Unten war ein Kolonialwarenladen... Wenn ich aus dem Fenster sah, so fiel mein Blick auf ein weiß und blau gestrichenes Wägelchen, das mir heute wie aus einer Spielzeugschachtel vorkäme. Es war ein Gefährt der Münchner Straßenbahn, die man damals, wie auch heute noch, Trambahn nannte. Das Wort ging drauf zurück, daß ein englischer Unternehmer zuerst die »Tram« (englisches Wort für Schienen) in München eingeführt hatte. Die Linie, die an der Ludwigstraße dicht vor meinem Hause endigte, war die spätere Ringlinie und führte zu jener Zeit über den Bahnhof nur bis zum Isartorplatz. Außerdem gab es noch die Dampftrambahn nach Nymphenburg und, soweit ich mich entsinne, schon die grüne Linie vom Bahnhof bis zur Universität. Alle zehn Minuten tauchte so ein weiß-blaues Wägelchen vor meinem Fenster auf, bremste geräuschvoll, hielt knirschend an, worauf der geduldige Braune umgespannt wurde. Nach einer ausgiebigen Pause, während welcher Maßkrug und Brotzeit keine geringe Rolle spielten, trollte sich das Gefährt wieder von dannen, dem »fernen« Bahnhof und dem noch ferneren Isartorplatz entgegen. Ein idyllischer Anblick, wenn ich ihn mir heute zurückrufe. Damals kam er mir nicht wenig großstädtisch vor...

München befand sich gerade im ersten Abschnitt jenes Entwicklungsweges, der es aus dem Zustande einer stillen, behaglichen Residenzstadt von äußerlich großstädtischem Anstrich in den Kreis der bereits in Deutschland vorhandenen wirklichen Großstädte hinüberführen sollte. Noch herrschten Hof, Beamte und Militär. Das Bürgertum, bis auf das nicht sehr zahlreiche Patriziat, stand zurück; nicht weil man dies von oben verfügte, sondern weil es selbst es so wollte. Man baute seine Häuser, möblierte seine Wohnungen im Feststil der deutschen Renaissance, die gerade in Mode kam, und war im übrigen für Einfachheit, Schlichtheit, Bürgerlichkeit, Unauffälligkeit, nicht zuletzt auch in politischer Hinsicht. Für politische Geltung nach außen sorgte Bismarck; die Zeit war vorbei, wo man bei ihm statt beim Teufel schwor, wenn auch Dr. Sigl im »Bayerischen Vaterland« noch immer die alten Register zog: es war schon zum Witzblatt geworden. In der inneren Politik war natürlich Hader und Fehde genug, die »bayerischen Belange« bestanden schon damals zurecht, nur ohne das Wort dafür, aber von heute gesehen war das doch alles nur Kleinkram. Das Leben der Zeit war unpolitisch, war privat bis in die Zehenspitzen hinein.

Eine eigene Note brachte die Künstlerschaft in die weiß-blaue Palette der Stadt. Sie verlieh ihr die grellen oder feierlichen Töne, das aufreizende Rot oder Gold, das tragische Violett. Da bei einer ungefähren Zahl von dreitausend Angehörigen der bildenden Kunst jeder siebzigste Mensch in München ein Maler oder Bildhauer oder Zeichner war und ein ähnliches Zahlenverhältnis bereits seit zwei Menschenaltern bestand, so konnte es nicht ausbleiben, daß das gesamte Münchner Leben gleichsam mit Kunst imprägniert und durchtränkt war. Wieviele Müncher und Münchnerinnen waren nicht mit zugereisten Malern, darunter so manchen »Schlawinern« vom fernen Balkan her, verheiratet, verlobt, verwandt, verschwägert, von den Bindungen leichterer, flüchtigerer Art gar nicht zu reden; oder sie standen ihnen in der Rolle des Hausherrn, Gläubigers, Geschäftsmanns, Lieferanten gegenüber, die nicht in allen Fällen beneidenswert war! Bürger und Künstler hatten in den sechzig Jahren, da dies nun so ging, Zeit und Gelegenheit genug gehabt, voneinander abzufärben.

Ein besonders wirksames Bindemittel zwischen Volk und Malertum war das Modell, versteht sich, das weibliche. Sie zwitscherten in den Ateliers, brachten Leben in die Bude, waren ebenso anziehend wie ausgezogen. Ein Parfum von Leichtsinn und naiver Verderbnis umwitterte ihre blonden oder brünetten Persönchen. Höhere Töchter erröteten, wenn man von ihnen sprach, und machten ihnen ganz insgeheim, so daß niemand es merkte, Gelegenheitskonkurrenz. So manches kleine Modell war nachher Frau Kunstmaler oder gar Frau Professor geworden; die andern tauchten, wenn ihre Zeit vorbei war, wieder in den Vorstädten unter, aus denen sie eine glückliche Welle emporgehoben hatte, heirateten, wurden Zimmervermieterinnen, wußten je länger je mehr zu erzählen, wie sie noch Modell beim Lenbach, beim Kaulbach gewesen waren, denn das Modell kam ja überall herum, darin gab es keinen Rangunterschied zwischen den Malern. So trugen auch sie in ihren Kreisen dazu bei, die Kunst noch immer volkstümlicher zu machen.

Die Münchner Opernbühne beherrschte der Genius Richard Wagners. Zu den Vorstellungen des Ringes und des Tristan drängte sich vor allem die studentische Jugend, während das große Publikum noch die Wagnerschen Frühwerke, Holländer, Tannhäuser, Lohengrin bevorzugte. Von den Meistersingern will mir scheinen, daß sie noch nicht die heutige Popularität besaßen. Galerie und Stehparterre des Hoftheaters waren, wenn die tragischen Klänge des Rings ertönten, von der Jugend der verschiedenen Hochschulen und Akademien bis zum letzten Platz gefüllt, ja meistens überfüllt. Da die Vorstellungen bereits um fünf begannen, wie etwa heute die Festspiele des Prinzregententheaters, so stellte man sich bereits um zwei Uhr auf, um dann, sobald geöffnet wurde, die fünf Treppen zur Galerie und die damals noch nicht numerierten Plätze dort oben im Sturm zu nehmen.

Während des langen Wartens war gute Gelegenheit, Bekanntschaften zu machen, da ja auch immer viel weibliche Jugend dabei war. Es gab zwar noch keine Studentinnen, aber doch schon die Musik- und Gesangsschülerinnen des Odeons; auch die Bürgermädchen waren ja noch nicht berufstätig wie heute und hatten Zeit genug zum Theaterbesuch und zu den damit verbundenen Abenteuern. Wenn es dann nach fünfeinhalb Stunden aus war, so stürzte alles zum Franziskaner hinüber, um noch etwas zum Essen zu bekommen. Dort begann dann erst die geistige Verarbeitung des Gehörten, endlose Debatten spannen sich an und wurden bis zur Polizeistunde fortgesetzt, oft genug auch auf den nächsten Abend vertagt. Noch brachte kein Fußball die Gemüter in Wallung, erhitzte kein Schmeling und Nurmi die Geister einer neuen Jugend. Die neue Jugend von damals beschäftigte sich simpel nur mit der Kunst.

Im Theater am Gärtnerplatz war die Blütezeit des Volksstücks Ganghoferscher Prägung. Die Leute liefen zum Herrgottschnitzer. Auch Anzengruber konnte man sehen, den Meineidbauer und den Gewissens-

Münchener Scherzpostkarte von 1906, die ironisch den Kontrast zwischen bayerischem Wohlleben und preußischer Strammheit andeutet.

wurm, während der Pfarrer von Kirchfeld seines kirchlichen Themas wegen noch recht umstritten war. Dreher und Brummer waren die Komiker des Theaters und schon große Kanonen. Sie wirkten zusammen so etwa wie Pat und Patachon, zwerchfellerschütternd für die große Menge, aber nicht nur auf sie. Brummer starb in jener Zeit plötzlich während einer Vorstellung in der Theatergarderobe. Der Tod schnitt dem Komiker seinen letzten Witz vor dem Munde ab. Dreher, sein überlebender Partner, blieb ein Liebling der Münchner.

In Binders Volkstheater, das sich in der Senefelderstraße befand, war der Genius der unfreiwilligen Komik zu Hause. Sie füllte dem Direktor die Kasse. Es waren Räuber- und Gespenstерstücke; gespielt von Darstellern, die meistens auf ähnlicher künstlerischer Höhe standen. Bürger und Studenten, namentlich die letzteren, versammelten sich in dem kleinen Musentempel, den noch die Kulissenluft einer vergangenen Theaterepoche durchschwängerte, und nahmen tätigen Anteil an dem Spiel auf der Bühne: je grausiger und gruslіger es dort zuging, desto stärker brauste der Jubel des Publikums. Öfters wurden Leute hinausgeschmissen, dann erreichte die Stimmung ihren Höhepunkt. Zur selben Zeit saß auf seinem angestammten Fensterplatz im Café Maximilian ein einsamer Mann mit einer schon bleichenden Löwenmähne und eisgrauen Bartkoteletten, las eifrig die politischen Nachrichten der Tageszeitungen und fixierte dazwischen die vorübergehenden Flaneure der Maximilianstraße, wie diese ihn. Denn er war ja eine stadtbekannte Erscheinung, man hätte etwas im Bilde der Stadt vermißt, wenn man ihn nicht auf seinem Platze hätte sitzen sehen. Es war Henrik Ibsen, der um diese Zeit etwa gerade mit seinen »Gespenstern« umging. Es waren zwei verschiedene Arten von Gespenstern, die von der Bühne der Senefelderstraße und die von dem Mann am Kaffeehausfenster der Maximilianstraße, aber sie repräsentierten beide auf ihre Weise den Geist der Stadt.

Max Halbe, Scholle und Schicksal. Die Geschichte meiner Jugend. Salzburg o. J.

Das Fest der Jugend

Zur Hundertjahrfeier der Befreiungskriege luden im Oktober 1913 akademische Verbände auf den Hohen Meißner bei Kassel ein. Ihr Manifest ist ein ergreifendes Zeugnis der deutschen Jugendbewegung – ein Jahr vor dem Ersten Weltkrieg, in dessen Materialschlachten die Träume von einer naturverbundenen, brüderlichen Jugendwelt innerhalb einer veredelten Gesellschaft untergehen sollten.

Die deutsche Jugend steht an einem entscheidenden Wendepunkt. Die Jugend, bisher nur ein Anhängsel der älteren Generation, aus dem öffentlichen Leben ausgeschaltet und auf eine passive Rolle angewiesen, beginnt sich auf sich selbst zu besinnen. Sie versucht, unabhängig von den Geboten der Konvention sich selbst ihr Leben zu gestalten. Sie strebt nach einer Lebensführung, die jugendlichem Wesen entspricht, die es ihr aber zugleich auch ermöglicht, sich selbst und ihr Tun ernst zu nehmen, und sich als einen besonderen Faktor in die allgemeine Kulturarbeit einzugliedern. Sie möchte das, was in ihr an reiner Begeisterung für höchste Menschheitsaufgaben, an ungebrochenem Glauben und Mut zu einem adligen Dasein lebt, als einen erfrischenden, verjüngenden Strom dem Geistesleben des Volkes zuführen. Sie, die im Notfall jederzeit bereit ist, für die Rechte ihres Volkes mit dem Leben einzutreten, möchte auch in Kampf und Frieden des Werktags ihr frisches reines Blut dem Vaterlande weihen.

Sie wendet sich aber von jenem billigen Patriotismus ab, der sich die Heldentaten der Väter in großen Worten aneignet, ohne sich zu eigenen Taten verpflichtet zu fühlen, dem vaterländische Gesinnung sich erschöpft in der Zustimmung zu bestimmten politischen Formeln, in der Bekundung des Willens zu äußerer Machterweiterung und in der Zerreißung der Nation durch politische Streitigkeiten.

Die unterzeichneten Verbände haben, jeder von seiner Seite her, den Versuch gemacht, den neuen Ernst der Jugend in Arbeit und Tat umzusetzen; sei es, daß sie den Befreiungskampf gegen den Alkohol aufnahmen, sei es, daß sie eine Veredlung der Geselligkeit oder eine Neugestaltung der akademischen Lebensformen versuchten, sei es, daß sie der städtischen Jugend das freie Wandern und damit ein inniges Verhältnis zu Natur und Volkstum wiedergaben und ihr einen eigenen Lebensstil schufen, sei es, daß sie den Typus einer neuen Schule als des Heims und Ursprungs einer neugearteten Jugend ausgestalteten. Aber sie alle empfinden ihre Einzelarbeit als den besonderen Ausdruck eines ihnen allen gemeinsamen Gefühls vom Wesen, Wert und Willen der Jugend, das sich wohl leichter in Taten umsetzen als auf Formeln bringen läßt. Diesen neuen, hier und da aufflammenden Jugendgeist haben sie als den ihnen allen gemeinsamen erkannt und den Beschluß gefaßt, aus Gesinnungsgenossen nunmehr auch Bundesgenossen zu werden.

Uns allen schwebt als gemeinsames Ziel vor die Erarbeitung neuer Lebensformen, zunächst für die deutsche Jugend. Hieran wollen wir alle, jeder in seiner Eigenart, mitwirken. Wir wollen auch weiter getrennt marschieren, aber in dem Bewußtsein, daß uns ein Grundgefühl zusammenschließt, so daß wir Schulter an Schulter kämpfen. Wir sprechen die Hoffnung und den Glauben aus, daß sich zu uns mehr und mehr die gesamte gleichgesinnte Jugend sammeln möge.

Im gegenwärtigen Augenblick erleben wir das hohe Glück, uns im gemeinsamen Willen gefunden zu haben. Diesen Zusammenschluß, diese brüderliche Anerkennung wollen wir durch ein großes Fest der Jugend feiern. Und fürwahr, kein Zeitpunkt kann dazu geeigneter sein als das Jahr und der Monat, in dem Deutschland die vor hundert Jahren errungene Freiheit feiert. Noch fehlt das Fest der Jugend in der Reihe dieser Feiern. Und wir wollen es begehen in deutlichem Gegensatz zu jenem von uns verworfenen Patriotismus als eine Gedenk- und Auferstehungsfeier jenes Geistes der Freiheitskämpfe, zu dem wir uns bekennen.

So laden wir denn die Jugend ein, mit uns am 11. und 12. Oktober auf dem Hohen Meißner bei Kassel den Ersten Freideutschen Jugendtag zu feiern. Möge von ihm eine neue Zeit deutschen Jugendlebens anheben, mit neuem Glauben an die eigene Kraft, mit neuem Willen zur eigenen Tat.

Deutsche Akademische Freischar
Deutscher Bund abstinenter Studenten
Deutscher Vortruppbund/Bund deutscher Wanderer
Jungwandervogel/Österreichischer Wandervogel
Germania, Bund abstinenter Schüler
Freie Schulgemeinde Wickersdorf
Bund für Freie Schulgemeinden
Landschulheim am Solling
Akademische Vereinigungen – Marburg und Jena
Serakreis-Jena/Burschenschaft Vandalia-Jena

Volkstanzgruppe des Wandervogel.

Die Zabernaffäre

Im Reichsland Elsaß-Lothringen herrschte allen offiziellen Beteuerungen zum Trotz keineswegs einhellige Begeisterung über den 1871 erfolgten Anschluß ans Deutsche Reich. Wie sehr soldatische Überheblichkeit und Kolonialistenmentalität in der Verwaltung dazu beitrugen, antideutsche Ressentiments zu schüren, enthüllte sich in der Zabernaffäre 1913. Ein deutscher Offizier hatte sich eine Entgleisung gegenüber der Zivilbevölkerung zuschulden kommen lassen, und Korpsgeist, bis hinauf zum Kommandierenden General, verhinderte eine Bestrafung. Ein halbherziger Vermittlungsversuch des Reichskanzlers Bethmann Hollweg scheiterte. Im Zurückweichen der Reichsregierung vor angeblichen militärischen Notwendigkeiten wurde deutlich, wieweit der Herrschaftsanspruch des Militärs die Möglichkeiten der Politik einengte. Im Rückblick sind Parallelen zur Julikrise 1914, da Aufmarschpläne des Heeres alle politischen Alternativen erstickten, unübersehbar.

Der Journalist Maximilian Harden in der Zeitschrift »Zukunft«, 13.12.1913

In Zabern (zwischen Saar und Straßburg) hat ein Leutnant des deutschen Heeres einen zu Jähzorn neigenden Rekruten ermahnt, sich vor Händeln zu hüten, jeden Angriff aber mit bedenkenloser Gewalt zu vergelten, und der Mahnung den Satz angeheftet: »Wenn Sie dabei einen Wackes niederstechen, schenke ich Ihnen zehn Mark.« »Und ich« (hat der Unteroffizier, der die Korporalschaft führt, hinzugefügt) »lege noch drei Mark drauf.« Dieser Tatbestand ist zugegeben. Noch umstritten ist die Frage, ob der Leutnant auch sonst die Elsässer ›Wackes‹ gescholten und aus dem Reichsland rekrutierte Jünglinge gezwungen habe, sich selbst ihm als Wackes zum Dienstantritt zu melden.
Zehn Mark für die Tötung eines Menschen, noch des wüstesten, niedrigsten: wer, im Bereich der Dienstgewalt, solchen Preis ausbietet, dürfte nicht einen Tag länger das Ehrenkleid des deutschen Offiziers tragen. Das Vorrecht der Dienstgewalt ist nur erträglich, wenn es von Selbstzucht, Pflichtgefühl, Takt eng eingegittert wird. Ein Offizier, der vor Rekruten deren Stamm beschimpft, mit höhnenden, verächtlichen Worten Heereseinrichtungen des Nachbarreiches [gemeint ist Frankreich] bekrittelt, die Tötung eines Landsmannes mit zehn Mark zu löhnen verspricht, mag tapfer und drum für den Krieg brauchbar sein: er ist untauglich, im Vorrecht der Dienstgewalt weiter zu schalten und jungen Menschen das Beispiel des Erziehers zu geben.
Das sollte nicht sein. Der Leutnant bleibt im Dienst. Wird, wie ein Regimentsjuwel, in die Sonne gebracht. Der Leutnant, der die Dienstgewalt mißbraucht und deutsche Menschen in ihrer Stammesehre gekränkt hat, zeigt sich den Bürgern entweder zwischen Kameraden, die sich der Aufgabe, ihn zu schirmen, stolz zu freuen scheinen, oder, auch auf dem Weg zum Konditor oder Zigarrenhändler, zwischen vier Bajonnetten. Genügt sein Degen nicht zum Schutz vor Ungebühr? Der putzige Aufzug stimmt selbst ruhige Leute, je nach ihrer Gemütsart, zu Wut oder Spott. Wir Elsasser, knirscht er ringsum, sind also vogelfrei; wer uns beleidigt, erwirbt dadurch das Recht auf ein Ehrengeleit. So gefährlicher Wahn spukt schon durch die Hirne. Ein kluges Wort des Regiments- oder Korpskommandos könnte ihn wegfegen. Wird aber nicht gesprochen.
Inzwischen [d.h., nachdem es zu Menschenansammlungen gekommen war] hat die Militärgewalt eingegriffen und im Drang, »ohne Ansehen der Person«, Bummler und Landgerichtsräte, den Winkelbrüller und den Staatsanwalt am Kragen gepackt. Schreier und unschuldige Gaffer werden in den kalten Kohlenkeller der Kaserne gesperrt und müssen sich, bis das blasse Licht der Wintersonne gen Mittag steigt, in den alten Urstand der Natur zurückfinden, der die aus den Zeichen P.P. und W.C. winkende Menschenrechtswohltat noch nicht kannte. Anno 1913 (Jubilierjahr), in der guten deutschen Stadt Zabern; am zwanzigsten Tag nach dem ersten Gassenlärm. Noch sechzig Stunden höchstens, Geduld: dann prasselt das Schlossenwetter des Sühnegerichtes auf die Tres Tabernae [Drei Schenken] der Römer. Der Reichstag kehrt uns, endlich, ja zurück. Weh dem sündigen Kanzler! Weh? Noch kann er die Blößung der Reichsscham hindern und sich selbst dröhnendes Lob einheimsen. Er, der Reichskanzler, redet, redet, redet. Hauptzweck, heute, wie immer: zu beweisen, daß er Alles gewußt, voraus gesehen, richtig errechnet hat und alle Anderen sich vergebens auf seine Höhe zu recken mühen. Eiskalt wirds um ihn; fröstelnd fühlen die jüngsten Gehilfen, wie jedes Wort Schaden sät. Hohngelächter kichert erst und braust dann durch den Saal; lauteres, als selbst dieser oft Verlachte noch hörte. Erzfeinde eint seine Rede zum Bund. Sechs Siebentel des Reichstages künden ihm schroffen Tadelsspruch. Nur eine Fraktion, die Konservative, schließt sich aus; die einzige, die seines Amtslebens Ende, als die Vorbedingung kräftiger Reichsblüte, ersehnt. Kanzler und Kriegsminister haben kein hartes Wort über den schuldigen, dreifach schuldigen Leutnant gesprochen. Haben behauptet, der Rock des Königs müsse unter allen Umständen respektiert, seinen Trägern dürfe niemals zugemutet werden, aus der Schanze ihrer Machtstellung zu weichen. Dennoch: aus Zabern weichen sie. Allerhöchster Befehl ruft das Regiment aus dem Städtchen; und ermächtigt den Statthalter im Reichsland zu der Verkündigung, er habe »vom Kaiser

die feste Gewähr dafür erhalten, daß die verfassungsmäßigen Zuständigkeiten künftig allgemein strengere Beachtung finden werden«.
In keinem anderen Land ist der Respekt vor dem Heer fester und tiefer ins Volksbewußtsein eingewurzelt als im Deutschen Reich. Dieser Respekt muß gewahrt werden; und wird am besten gewahrt, wenn man behutsam, so lange es irgend geht, vermeidet, einen Zwiespalt zwischen bürgerlichem und militärischem Empfinden zu zeigen oder gar zu illuminieren. Die Wurzel des Respektes wird gelockert und denen, die sie ausjäten möchten, das Messer in die Hand gedrückt, wenn die bethmännische Losung, der Rock des Königs müsse unter allen Umständen respektiert werden, auf irgendeinem Hügelchen gültig bleibt; auch diesem Rock wird Achtung nur da geworben, wo sein Träger sich ihrer würdig bewährt. Ekler Geschmack haftet an der Zunge, die, hundert Jahre nach Scharnhorsts Tod, solche Fibelweisheit aussprechen muß. Das Heer ist, mit dem frohen Selbstgefühl der Führer und des letzten Mannes im hintersten Glied, fast schon der einzig sichere Wert in unserer Bilanz. Von der Staatsmannschaft, die ein Kasernenskandälchen zum europäischen Ereignis aufwuchern läßt, vor dem Feind ihre Unfähigkeit entschleiert, ein kerndeutsches Land, das uns seit vierzig Jahren zurückgewonnen ist, dem Reich zu befreunden, und die gefährliche Hoffnung nährt, aus dem Glacis gegen Frankreich könne ein den Franzosen offenes Einfallstor werden, ist nichts zu erwarten.

Der Zentrumsabgeordnete Constantin von Fehrenbach im Reichstag, 3.12.1913

Meine Herren, das Unzulängliche, hier wird es Ereignis. (Lebhafte Zustimmung im Zentrum und links.)
Das Unbeschreibliche, hier ist es getan.
(Wiederholte lebhafte Zustimmung im Zentrum und links.)
Das sind leider die Empfindungen, mit denen wir den Vorgängen in Zabern während des Monats November gegenüberstehen, mit denen wir aber leider noch mehr den Ausführungen gegenüberstehen, die wir vorhin von der Regierung gehört haben.
(Stürmischer andauernder Beifall im Zentrum und links.)
Zu diesen Empfindungen gesellt sich aber auch das Gefühl der Beschämung,
(wiederholte stürmische Zustimmung im Zentrum und links)
daß sich das im Deutschen Reich ereignen konnte.
(Sehr gut! bei den Sozialdemokraten.)
Dazu gesellt sich aber auch ein bitterer Schmerz über die moralischen Verluste dieses unglücklichen Monats,
(lebhafte Zustimmung im Zentrum und links)
die nur in schwerer Arbeit und erst nach langer, langer Zeit wieder gut gemacht werden können. Unser Zweck wird es sein, zu unseren Teilen an den Schäden, die eingetreten sind, und die wir noch weiter befürchten, heilen zu helfen.
In diesem Sinne trete ich für meine Person und tritt meine Partei an die Aufgabe heran, und ich bedaure nur außerordentlich, daß ich in meiner bestimmten Erwartung durch die Ausführungen von der Regierungsbank, des Herrn Reichskanzlers und des Herrn Kriegsministers eine mächtige Vorarbeit vorzufinden, so schwer getäuscht worden bin.
(Lebhafter Beifall im Zentrum. Hört, hört! bei den Sozialdemokraten) Es wird mir keiner im Hause, der mich kennt, und es wird auch meiner Partei niemand nachsagen, der sie kennt, daß uns und mir das Gefühl für die Autorität abgeht,
(sehr richtig! im Zentrum)
daß wir nicht in eine volle Würdigung der Bedeutung und Machtstellung auch unseres Militärs einzutreten befähigt sind. Aber was heute hier vorgetragen worden ist, das klingt aus einer anderen Welt,
(stürmische Zustimmung im Zentrum und links)
das ist so schmerzhaft, da gibt es gar keine Übertreibung mehr.
(Wiederholte stürmische Zustimmung im Zentrum und links.)
Meine Herren, das Recht geht voran, und wenn der Herr Reichskanzler gesagt hat: Schützen des Rechts, aber auch Schützung der öffentlichen Gewalt, dann sage ich: das zarteste Pflänzchen, das hier des meisten Schutzes bedarf, ist Recht und Gesetz, und wenn Recht und Gesetz beeinträchtigt werden durch irgendwen, auch durch eine öffentliche Gewalt, dann sind die hiesigen Stellen berufen, hier Remedur eintreten zu lassen,
(Stürmische Zustimmung im Zentrum, links und bei den Sozialdemokraten)
und für das geschwächte Recht ein mächtiges Wort auszusprechen. (Andauerndes stürmisches Bravo.)
Meine Herren, wir haben ja einige bedauernde Äußerungen gehört über das, was sich von seiten des Militärs in Zabern zugetragen hat. Aber haben wir irgend etwas gehört, was dagegen getan wird, wie für das gebeugte Recht Sühne geschaffen wird?
(Lebhafte Rufe: Sehr gut!)
Wir haben darüber nichts gehört, wir haben Ausführungen von seiten des Herrn Reichskanzlers, die sich im wesentlichen auf die Berichte des Militärs gestützt haben. Wir haben Darlegungen gehört, die, wie mir scheint, wenn auch nicht direkt ausgesprochen, die Pflicht und die Tätigkeit der Zivilverwaltung in das bedenklichste Licht setzen.
(Lebhafte Zustimmmung im Zentrum und links.)
Und, meine Herren, was wir von dem Herrn Kriegsminister gehört haben – wenn nur dieser Mut, dieser unnötige Mut (große Heiterkeit)
diese unnötige Forschheit und Schneid nicht in die Herzen all' der jungen Leutnants einzieht gegen unsere Zivilbevölkerung, sonst wird es unheimlich. Auch das Militär untersteht dem Gesetz und dem Recht.
(Stürmische Zustimmung im Zentrum, links und bei den Sozialdemokraten.)

ken sieht, das Gesicht mit Tinte verschmiert. Vater Bülow und Mutter Germania schimpfen ihn aus: »Haben wir Dir nicht gesagt, Du sollst nie mehr Korrespondenz spielen?«
Alle zusammen hielten für dringend geboten, die legeren öffentlichen Auslassungen Seiner Majestät stärker zu kontrollieren. Dabei hatte Wilhelm ausgerechnet hier formal ganz korrekt gehandelt, hatte seinem Kanzler den vom »Daily Telegraph« zur Genehmigung vorgelegten Interview-Text zugehen lassen, damit er gegenzeichne. Bülow behauptete vor dem Reichstag, er habe ihn ungelesen abgesegnet. Seine Glaubwürdigkeit ist aber nicht allzu hoch einzuschätzen. Mehr spricht dafür, daß er den Text gelesen, seine Gefahren nur nicht erkannt hat. Nachdem er den Kaiser, der erschrocken vor dem Scherbenhaufen stand, obendrein im Reichstag nur halbherzig verteidigt hatte, war das bisher so gute Einvernehmen unheilbar gestört. Äußerlich wurde es noch einmal gekittet, doch dieser Kitt hielt nur bis zum Sommer 1909. Im Zusammenhang mit einer geplanten Finanzreform erlitt der Kanzler eine parlamentarische Niederlage. Seine bisherigen Partei-Stützen, die Konservativen und die Liberalen (»Bülow-Block«), waren nicht zu gemeinsamer Zustimmung zu bewegen. Der Fürst erkannte die Gelegenheit, mit geringerem Prestigeverlust das Feld zu räumen als nach der Daily-Telegraph-Affäre, und erbat vom Kaiser den Abschied.
Das Datum – 10. Juli 1909 – hätte geschichtlich bedeutsam werden können. Erstmals war ein Reichskanzler nach einer parlamentarischen Vertrauensverweigerung zurückgetreten. Der sichtbare Prestigegewinn der Volksvertreter, dieser Schritt auf dem Wege zur vollen Vertrauensabhängigkeit des Regierungschefs vom Reichstag, verlangte im Grunde danach, die Reichsverfassung den veränderten Machtverhältnissen anzupassen. Doch so weit kam es in Friedenszeiten nicht mehr, erst in zwölfter Stunde im Krieg. Deutschland blieb eine »konstitutionelle« Monarchie. Eine »parlamentarische« (wie England) wurde es erst, als die Monarchie insgesamt in diesem Lande vor ihrem historischen Ende stand.
Nach dem glücklosen Außenpolitiker ging der gelernte Innenpolitiker ans Werk, Theobald

Franz Joseph bei den großen Manövern. Gemälde von Koloman Moser. Neben dem österreichischen Kaiser steht sein Neffe, Erzherzog Franz Ferdinand, der nächste Thronerbe, nachdem Franz Josephs Sohn Rudolf sich 1887 in Mayerling das

Leben genommen hatte. Aber auch Franz Ferdinand sollte den Thron nie besteigen: Am 28. Juni 1914 wurde er von serbischen Nationalisten in Sarajewo erschossen. Die österreichisch-ungarische Doppelmonarchie war im letzten Jahrzehnt der einzige richtige Verbündete Deutschlands. »Nibelungentreue«, nach Bülows geflügeltem Wort von 1909, wollte ihr das Reich halten – was dauernde Verstrickung in die Wiener Balkan-Politik bedeutete.

von Bethmann Hollweg aus Hohenfinow in der Mark Brandenburg. Entsprechend seiner Herkunft aus dem preußischen Verwaltungsdienst, der ihn 1907 auf den Posten des Staatssekretärs im Reichsamt des Inneren geführt hatte – also nach heutiger Rangordnung Innenminister –, setzte der 52jährige andere politische Akzente: »Ich kenne keine größere Aufgabe der gegenwärtigen Zeit, als die Arbeiterbewegung unserer Tage einzuordnen in die gesellschaftliche Ordnung.« Das war richtig gedacht zu einer Zeit, als die Sozialdemokratie bereits mehr Wähler auf sich vereinigte als das Zentrum, nämlich 3,2 Millionen. Drei Jahre später wurde die SPD mit 110 Abgeordneten die stärkste Reichstagsfraktion: letzter Triumph des 71jährigen August Bebel. Allein, die äußeren Bedingungen gewährten dem fünften Reichskanzler des Kaiserreiches keine hinreichende innenpolitische Entfaltung; gerade ihm, der von Natur friedfertig war und es allen recht machen wollte, wurde auferlegt, die Nation in den Krieg zu führen. Auf dem ihm fremden Aktionsfeld Außenpolitik geriet er in schicksalhafte Verstrickung. Jedes seiner Amtsjahre in der verbleibenden Friedensphase bescherte eine neue Enttäuschung:

1910: Der Besuch von Zar Nikolaus II. in Potsdam endet ohne eine von Deutschland gewünschte vertragliche Bindung. Nach Osten hin ist der Dreiverband nicht mehr aufzubrechen.

1911: Die zweite Marokkokrise verläuft für das Reich so nachteilig wie die erste. Die Drohgebärde, das Kanonenboot »Panther« – wegen hartem französischem Vorgehen gegen Unruhen in Marokko – nach Agadir zu entsenden (»Panthersprung«), verschafft dem Reich zwar geringen kolonialen Zuwachs in Afrika und vergrößert das deutsche Besitztum Kamerun; England und Frankreich rücken aber nach dieser Krise noch enger zusammen.

1912: Die Flottenrüstung soll durch eine abermalige Gesetzesnovelle weiter gesteigert werden. Der britische Kriegsminister Haldane wünscht bei einem Besuch in Berlin, daß Deutschland auf den neuerlichen Zuwachs an gepanzertem Schiffsraum verzichte, und wird darin vom Kanzler unterstützt. Doch gegen den vom Flottenbau besessenen Admiral Tirpitz, der das uneingeschränkte Wohlwollen des Kaisers besitzt, kann Bethmann Hollweg sich nicht durchsetzen. Haldane seinerseits will einem Neutralitätsabkommen mit Rücksicht auf Frankreich und Rußland nicht zustimmen.

1913: Kränkende Äußerungen eines Leutnants in der Garnison von Zabern im Elsaß gegenüber Einheimischen lösen dort eine Welle der Verbitterung gegen Deutschland aus, die sich durch das psychologische Fehlverhalten der militärischen Führung im »Reichsland« angestaut hat. Verantwortlich in der »Zabern-Affäre« ist derselbe General Deimling, der den Untergang des Hererostammes mitverschuldet hatte. Seine wiederum harte Haltung verstärkt den Revanchegedanken in Frankreich. Der Reichstag mißbilligt mit Mehrheit, daß die Regierung den zivilen Rechtsstandpunkt gegen die Militärverwaltung nicht hinreichend verteidigt hat.

Oben: »Wie sollen wir uns die Hand geben?« Die Karikatur aus dem »Simplicissimus« von 1912 charakterisiert die Unmöglichkeit, das maritime Wettrüsten zwischen Deutschland und England zu beenden.

Rechte Seite: Besuch des französischen Staatspräsidenten Poincaré in Petersburg, 1914. Frankreich war seit 1892 mit Rußland in einer Militärkonvention, seit 1912 auch in einer Flottenkonvention verbunden.

Die Einzelvorkommnisse zeigen Bethmann Hollwegs glücklose Hand. Er war kein Tatmensch und daher am allerwenigsten geeignet, die Politik des Reiches verantwortlich zu leiten in einer Zeit, in der die europäischen Staaten »von der Fieberwelle eines militanten Nationalismus erfaßt und fortgerissen« wurden (Johannes Willms) und überall Bereitschaft herrschte, »die nächste politische Krise mit keinen anderen als militärischen Mitteln auszutragen«. Den »entschlußlosesten aller deutschen Kanzler« nannte ihn der Hamburger Großreeder und Vertraute des Kaisers, Albert Ballin; als eine schwerblütige Natur, ohne Frische und Frohsinn, müde, gewissenhaft Für und Wider abwägend, »mehr zum Philosophen als zum Staatsmann veranlagt«, empfand ihn der bayerische Gesandte in Berlin, Graf Lerchenfeld; »er zauderte, wo Handeln angezeigt war, er handelte, wo Zaudern am Platze war – was immer er tat, der Zweifel an der Richtigkeit des Tuns lähmte ihn«, resümiert der Historiker Ernst Deuerlein aus der Summe der Quellen. Der Staatssekretär des Auswärtigen, Alfred von Kiderlen-Wächter, faßte das introvertierte Wesen des Regierungschefs darin zusammen, daß er ihn »Buß- und Bethmann« nannte.

Ein solcher Reichskanzler eignet sich seiner Natur nach nicht zu jener zielstrebigen, kriegstreibenden Hegemonialpolitik, wie sie der Hamburger Geschichtsforscher Fritz Fischer dem Deutschen Reich auf dem Wege zur Katastrophe von 1914 vorgeworfen und womit er eine jahrzehntelange hitzige Historiker-Kontroverse hervorgerufen hat. Kriegstreiberische Tendenzen waren im Prinzip nicht zu übersehen, und es gibt viele Zeugnisse dafür, in Frankreich und Rußland nicht weniger als im Reich;

Oben: Die Herrscher Europas auf dem brodelnden Kessel der »Balkan-Troubles«. Karikatur des »Punch« von 1908. Hellsichtig nimmt der Zeichner die Ereignisse von 1914, da eine Balkankrise zum Untergang der europäischen Friedensordnung führen sollte, vorweg.
Rechte Seite: Titelbild der »Berliner Illustrirten« vom 16. August 1914, zwei Wochen nach Kriegsausbruch. Mit »Drauf« zieht eine Jugend aus, um Deutschlands vermeintliche »Einkreisung« zu sprengen. Ein Weltkrieg war die Folge.

aber ohne den leitenden Staatsmann kann man schwerlich einen Krieg planen, und Bethmann Hollweg plante nicht. Er tat es um so weniger, als er fürchtete, ein Krieg werde »eine Umwälzung alles Bestehenden« mit sich bringen und »manche Throne stürzen«. Der Zauderer, der sich eher treiben ließ, als daß er trieb, führte ebenso aus Verantwortungsgefühl wie auch seinem ganzen Wesen nach Friedenspolitik, freilich schwerbewaffnete Friedenspolitik nahe dem Abgrund.

Der Abgrund trug den Namen Balkan. Jahrelang lebte Europa am Rande der Katastrophe, spätestens seit 1908, als Österreich durch die unkluge Annexion Bosniens und der Herzegowina die panslawistischen Gemeinschaftsgefühle herausgefordert hatte. Natürlich kam keiner auf die Idee, daß eines Tages ein paar Pistolenschüsse die Welt verändern würden. So absturzgefährdet, wie Europa wirklich war, sah es sich selber nicht; das erkennt der Rückblick erst. Aber viele fürchteten doch, daß künftige Verwicklungen von dort her ihren Ausgang nehmen könnten und daß die Gefahr einer Kettenreaktion bestehe wegen der verfilzten Bündnissysteme. Schon 1908 brachte der Londoner »Punch« eine bezeichnende Karikatur: Auf einem brodelnden Kessel, hocken mit ängstlichen Gesichtern die Staatsmänner. Der Kessel trägt die Aufschrift »Balkan Troubles«.

Das war nicht die Sicht der Massen, nur der Eingeweihten. Die Völker, die in ihrem hochgezüchteten Nationalbewußtsein bei jeder kleinen Herausforderung am liebsten ihre Armeen mobilisiert hätten und so ehrenempfindlich waren wie Korpsstudenten – sie lebten zugleich in der Gegenwelt eines heute kaum mehr nachfühlbaren Sicherheitsempfindens. Stefan Zweig erkannte hierin geradezu die Grundtendenz der Epoche, so daß er seine schönen Lebenserinnerungen »Die Welt von gestern«, die nach seinem Freitod (1942) erschienen, mit dem Satz einleitet: »Wenn ich versuche, für die Zeit vor dem Ersten Weltkriege, in der ich aufgewachsen bin, eine handliche Formel zu finden, so hoffe ich am prägnantesten zu sein, wenn ich sage: es war das goldene Zeitalter der Sicherheit.«

In ihm hatte der junge Dichter Früchte einer europäischen, Grenzen überschreitenden Gemeinschafts-Zivilisation gesehen, worin das bisher noch Trennende, einander Feindliche, worin die nationalen Vorurteile und Egoismen zu einer neuen Einheit umgeschmiedet werden würden. Er hatte von einem Europa der Besten im Sinne des Erasmus von Rotterdam geträumt, nur vierhundert Jahre weiter inzwischen; vielleicht, daß es diesmal endlich gelänge, die Hemmnisse zu überwinden und die Zögernden nachzuziehen. Um so niederschmetternder für ihn, gerade für ihn, daß die Träume, die schon der Humanismus vergeblich geträumt hatte, wiederum zu nichts zerstoben: »Am 28. Juni 1914 fiel jener Schuß in Sarajewo, der die Welt der Sicherheit und der schöpferischen Vernunft, in der wir erzogen, erwachsen und beheimatet waren, in einer einzigen Sekunde wie ein hohles, tönernes Gefäß in tausend Stücke schlug.«

XXIII. Jahrgang

Nr. 33

Berliner Illustrirte Zeitung

16. August 1914

Einzelpreis

10 Pfg.

oder 15 Heller.

Verlag Ullstein & Co., Berlin SW. 68

Drauf!

Zeichnung von Fritz Koch-Gotha.

Synoptische Zeittafel zur deutschen Geschichte 1815-1914

In der Spalte Kultur wurde auch das Deutschland direkt beeinflussende kulturelle Schaffen der Schweiz und Österreichs berücksichtigt. Die Einteilung der synoptischen Übersicht in Politik – Soziales, Wirtschaft, Wissenschaft – Kultur ist im weitesten Sinne zu verstehen.

	POLITIK	SOZIALES, WIRTSCHAFT, WISSENSCHAFT
1815	Neuordnung Europas durch den Wiener Kongreß; »Wiener Kongreßakte« sichert das Gleichgewicht der Großmächte. Landung Napoleons in Frankreich; Schlacht bei Waterloo; 2. Einnahme von Paris durch die verbündeten europäischen Großmächte. Gründung des Deutschen Bundes (39 Staaten) als Nachfolger des ehemaligen Deutschen Reiches, mit Bundestag in Frankfurt (unter österreichischem Vorsitz). Deutsche Burschenschaft in Jena gegründet.	Frankreich zahlt nach Kriegsende erhebliche Entschädigungsleistungen an Preußen und andere Staaten. Nachweis der Wellennatur des Lichts durch den französischen Physiker A.J. Fresnel.
1816	»Regulierungsedikt« in Preußen begünstigt adligen Großgrundbesitz und Entstehung eines Proletariats.	Starker Rückgang des Exportes landwirtschaftlicher Güter in Ostdeutschland (u.a. wegen englischer Konkurrenz); Landflucht: Bauern gehen als Arbeiter in die Städte. Bevölkerungszunahme in der Stadt Berlin: von 198 000 (1816) auf 633 000 (1864).
1817	Wartburgfest der Deutschen Burschenschaft: Forderung nach bürgerlichen Freiheiten und nationaler Einheit.	Bauernbefreiung in Württemberg. Karl Friedrich von Drais (1785-1851) erfindet Laufrad (»Draisine«). David Ricardo: »Politische Ökonomie«.
1818	Verfassungen mit Volksvertretung in Bayern und Baden. Kongreß von Aachen, Beitritt Frankreichs zum Fünfbund der europäischen Großmächte. * Karl Marx, sozialistischer Philosoph und Politiker, Begründer des »historischen Materialismus« († 1883).	Preußen hebt Binnenzölle auf. Gründung der Universität Bonn. Friedrich Harkort erbaut erste deutsche Maschinenfabrik. * Friedrich Wilhelm Raiffeisen, Begründer landwirtschaftlicher Genossenschaften († 1888).
1819	Nach der Ermordung des Schriftstellers Kotzebue durch den Burschenschaftler Sand initiiert Metternich die »Karlsbader Beschlüsse«: Pressezensur, Verbot der Burschenschaft, strenge Universitätsaufsicht.	Turnplatz von »Turnvater« Friedrich Ludwig Jahn (1778-1852) geschlossen, er selbst als »Demagoge« verhaftet (bis 1825). Erste Atlantiküberquerung durch Dampfschiff.
1820	»Wiener Schlußakte« zur deutschen Bundesverfassung schafft Grundlagen für die Unterdrükkung nationaler und konstitutioneller Bestrebungen durch polizeistaatliche Mittel. * Friedrich Engels, zusammen mit Marx Begründer des »dialektischen Materialismus«, kommunistischer Politiker, Historiker, Publizist († 1895).	In Preußen wird Turnen verboten. Völlige Liberalisierung der Gewerbeausübung in Preußen. Württembergische Landesregierung entzieht Friedrich List Professur, weil dieser durch Bundestagseingabe für ein einheitliches Zollgebiet wirbt.

Napoleon vor der Schlacht von Waterloo.

Jacob und Wilhelm Grimm: »Kinder- und Hausmärchen« (2 Bände). E.T.A. Hoffmann: »Elixiere des Teufels« (Roman, 2. Band 1816).
Ludwig Uhland: »Gedichte«.
Anlage des Landschaftsparks von Muskau durch den Fürsten Hermann von Pückler-Muskau.

E.T.A. Hoffmann erhält in Berlin Stelle als preußischer Kammergerichtsrat.
† Christiane (geb. Vulpius), Ehefrau Johann Wolfgang von Goethes (* 1765).
Goethe übernimmt Herausgeberschaft für Kunstzeitschrift »Über Kunst und Altertum« (bis 1832).

Neue Wache in Berlin.

* Theodor Storm, Dichter zwischen Spätromantik und Realismus († 1888).
Clemens Brentano: »Die Geschichte vom braven Kasperl und schönen Annerl«.
Georg Wilhelm Friedrich Hegel: »Enzyklopädie der philosophischen Wissenschaften im Grundriß«.

Karl Friedrich Schinkel erbaut Neue Wache zu Berlin im klassizistischen Stil.
† Joachim Heinrich Campe, Pädagoge, Sprachforscher, Schriftsteller (* 1746).
Carl Loewe (1796-1869) vertont Goethes Ballade »Erlkönig«.

Berliner Turnplatz auf der Hasenheide.

* Gottfried Keller, Schweizer Dichter († 1890).
*Jacques Offenbach, deutsch-französischer Komponist († 1880).
Franz Schubert: »Forellenquintett« (Klavierquintett A-Dur).
Johann Wolfgang von Goethe: »West-östlicher Divan« (Gedichte).

Achim von Arnim: »Die Majoratsherren« (Erzählung).
Amtsenthebung des Dichters und Professors für Geschichte Ernst Moritz Arndt (1769-1860) wegen liberaler oppositioneller Auffassungen.

	POLITIK	SOZIALES, WIRTSCHAFT, WISSENSCHAFT
1821	Österreichische Truppen unterdrücken revolutionäre Erhebungen in Italien. Der antiliberale Fürst Metternich wird Hof- und Staatskanzler Österreichs (bis 1848). † Napoleon Bonaparte, bis 1815 französischer Kaiser (* 1769).	Gründung der Gothaer Feuerversicherungsanstalt. Erste Lokomotivenfabrik in England (George Stephenson). * Rudolf Virchow, deutscher Mediziner und Politiker († 1902).
1822	Einberufung der »Provinzialstände« (Provinzlandtage: Ständeparlament) in Preußen. † Karl August Fürst von Hardenberg, liberaler preußischer Staatsmann, Staatskanzler seit 1810 (* 1750).	1. Gewerbeausstellung in Berlin. 1. Versammlung deutscher Naturforscher und Ärzte in Leipzig. * Johann Gregor Mendel, Augustinermönch, Naturforscher, Begründer der Vererbungslehre († 1884). Verbot kopernikanischer Schriften durch katholische Kirche aufgehoben.
1823	Niederschlagung der spanischen Revolution durch französische Truppen, Wiederherstellung des Absolutismus. Politische Unabhängigkeitsbewegungen in Amerika; Verkündigung der »Monroe-Doktrin« durch den USA-Präsidenten James Monroe: »Amerika den Amerikanern!«	Erstmals Rosenmontagszug in Köln. Claude Henri Saint-Simon: »Katechismus für Industrielle«.
1824	Zusammenschluß von Niederrhein und Jülich-Cleve-Berg zur preußischen Rheinprovinz. England hebt als erstes europäisches Land das gegen Arbeiter- und Gewerkschaftsbewegung gerichtete Koalitionsverbot auf.	Österreichische Buchdrucker gründen Sterbe- und Unterstützungskasse. Justus von Liebig (1803-1873), Chemiker und Erfinder (Fleischextrakt), erhält Professur in Gießen.
1825	Ludwig I. wird bayerischer König (bis 1848). Dekabristen-(Dezember-)Aufstand für Volksbefreiung und liberale Verfassung in Rußland wird niedergeschlagen. * Ferdinand Lassalle, radikaler Demokrat, Mitbegründer der sozialdemokratischen Arbeiterbewegung († 1864).	Gründung des Börsenvereins deutscher Buchhändler in Leipzig. Eröffnung der ersten Eisenbahnlinie in England; erster Pferdeomnibus in Berlin (»Kremser«). Erste deutsche Technische Hochschule in Karlsruhe.
1826	Anerkennung der Souveränität der von Spanien abgefallenen mittelamerikanischen Staaten durch England besiegelt das Ende des spanisch-portugiesischen Kolonialreiches. * Wilhelm Liebknecht, Marxist, führender Funktionär der deutschen Sozialdemokratie, Reichstagsabgeordneter, Redakteur von Parteizeitungen († 1900).	Gasbeleuchtung in Berlin (Unter den Linden); erste deutsche Gasanstalt in Hannover. Gründung der Universität München. Otto Unverdorben (1806-1873) gewinnt Anilin aus Indigo. Friedrich Fröbel: »Die Menschenerziehung«.

E.T.A.Hoffmann.

Jean Paul.

Carl Maria von Weber: »Der Freischütz« (Oper).
Neubau des Schauspielhauses in Berlin durch Karl Friedrich Schinkel.
Georg Wilhelm Friedrich Hegel: »Grundlinien der Philosophie des Rechts«.
Heinrich von Kleist: »Prinz Friedrich von Homburg« (Schauspiel).

---

† E.T.A. Hoffmann, romantischer Dichter, Zeichner, Komponist (* 1776).
Wilhelm von Humboldt: »Über das vergleichende Sprachstudium«.
Caspar David Friedrich: »Mondaufgang am Meer« (Gemälde).
Franz Schubert: Sinfonie Nr. 8 h-Moll (»Die Unvollendete«).

Hegel in seinem Arbeitszimmer.

Ludwig van Beethoven: Sinfonie Nr. 9, d-Moll, Opus 125 (mit Schlußchor »An die Freude«).
Friedrich Rückert: »Liebesfrühling« (Gedichte).
Franz Schubert: »Die schöne Müllerin« (Liederzyklus).

Erfindung der Stenographie (Kurzschrift) von Franz Xaver Gabelsberger (1789-1849).
* Anton Bruckner, österreichischer Komponist († 1896).
Caspar David Friedrich: »Vor Sonnaufgang im Gebirge« (Gemälde).

---

* Conrad Ferdinand Meyer, Schweizer Dichter († 1898).
† Jean Paul, Dichter der Romantik (* 1763).
† Antonio Salieri, italienischer Komponist in Wien, Gegenspieler Mozarts (* 1750).
Neueröffnung des Münchner Nationaltheaters.

Justus von Liebigs Laboratorium.

Wilhelm Hauff: »Lichtenstein« (Roman).
Ferdinand Raimund: »Das Mädchen aus der Feenwelt oder der Bauer als Millionär« (Lustspiel mit Gesang).
Joseph von Eichendorff: »Aus dem Leben eines Taugenichts« (romantische Novelle).
Johann Heinrich Pestalozzi: »Lebensschicksale« (Autobiographie).
† Carl Maria von Weber, romantischer Opernkomponist (* 1786).
† Johann Peter Hebel, alemannischer Dichter (* 1760).

1827 Im griechischen Befreiungskrieg (1821-1827) gegen die Türkei besiegt die verbündete englische, französische und russische Flotte in der Schlacht von Navarino die türkisch-ägyptische.

Georg Simon Ohm (1787-1854) entdeckt »Ohmsches Gesetz« der Elektrizität (Galvanische Kette).
Erste deutsche Lebensversicherungsbank auf Gegenseitigkeit in Gotha.
Johann N. Dreyse erfindet Zündnadelgewehr.

1828 Gründung eines gegen Preußen gerichteten Mitteldeutschen Handelsvereins deutscher Kleinstaaten; Zollverträge zwischen Bayern und Württemberg sowie Hessen-Darmstadt und Preußen schaffen Grundlage für späteren Deutschen Zollverein.
† Großherzog Karl August von Sachsen-Weimar, Freund und Förderer Goethes (* 1758).

Erste Synthese einer organischen Substanz (Harnstoff) durch Friedrich Wöhler (1800-1882).
Gründung der »Rheinischen Missionsgesellschaft«.
* Henri Dunant, Schweizer Kaufmann, Urheber der »Genfer Konvention« und Begründer des »Roten Kreuzes« († 1910).

1829 Friede von Adrianopel: Anerkennung der Unabhängigkeit Griechenlands durch die Türkei; der Sohn des bayerischen Königs Ludwig I. wird als Otto I. König von Griechenland (1832-1862).

Gründung des Deutschen Archäologischen Institutes in Rom.
Alexander von Humboldt (1769-1859) unternimmt Forschungsexpedition nach Sibirien im Auftrag des Zaren.

1830 Pariser Julirevolution, bürgerliche Bewegung gegen Pressezensur und Wahlrechtsbeschränkungen, Abdankung König Karls X., Einsetzung des »Bürgerkönigs« Louis Philippe (bis 1848).
Rußland unterdrückt revolutionäre Bewegungen in Polen.
Entstehung freiheitlicher Bewegungen in Kurhessen, Braunschweig und Sachsen unter Einfluß der Julirevolution.
Erste demokratische Verfassungen in Schweizer Kantonen.

Einführung amtlicher Wetteraufzeichnung in Berlin. Optische Telegrafenverbindung Berlin – Koblenz. Eisenbahnlinie zwischen Liverpool und Manchester.

1831 Kurhessen und Sachsen erhalten Verfassungen.
Leopold I. von Sachsen-Coburg wird erster König (bis 1865) des neuen unabhängigen Staates Belgien.
† Karl Reichsfreiherr vom und zum Stein, liberaler preußischer Staatsmann und Diplomat, Organisator der Bauernbefreiung (* 1757).

Letzte öffentliche Hinrichtung in Deutschland: die Giftmischerin Gesche Gottfried stirbt in Bremen durch das Schwert.
* Friedrich von Bodelschwingh, evangelischer Pastor, Vorkämpfer der »Inneren Mission« († 1910).
* Heinrich Stephan, Generalpostmeister († 1897).

1832 Parlamentsreform mit Wahlrechtserweiterung in England erhöht den politischen Einfluß des Bürgertums.

Reisende Handwerksgesellen und emigrierte Intellektuelle gründen in Frankreich, der Schweiz und England Deutsche Arbeitervereine.

Franz Schubert.

Karl Friedrich Zelter.

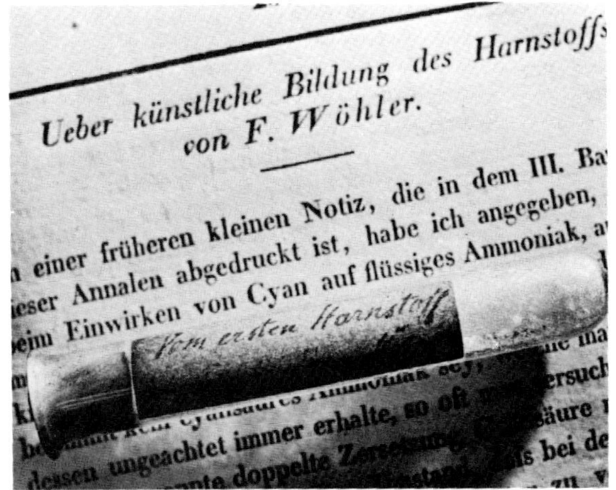

Wöhlers Harnstoff-Veröffentlichung mit erster Probe.

Julirevolution in Paris.

KULTUR

Heinrich Heine: »Das Buch der Lieder«.
Christian Dietrich Grabbe: »Scherz, Satire, Ironie und tiefere Bedeutung« (Schauspiel).
† Wilhelm Hauff, Märchendichter, Novellist, Romancier (* 1802).
† Johann Heinrich Pestalozzi, Schweizer Pädagoge und Schriftsteller (* 1746).
* Arnold Böcklin, Schweizer Maler, Neuromantiker († 1901).

Eröffnung des Dresdner Kunstvereins.
Friedrich Schlegel: »Philosophie des Lebens«.
Ferdinand Raimund: »Der Alpenkönig und der Menschenfeind« (Schauspiel).
Gründung des Reclam-Verlages.
† Franz Schubert, Komponist, über 600 Kunstlieder (* 1797).

Johann Wolfgang von Goethe: »Wilhelm Meisters Wanderjahre« (erweiterte und vollständige Fassung des Romans).
† Friedrich Schlegel, Dichter, Literaturwissenschaftler, romantischer Kulturphilosoph (* 1772).
† Johann Heinrich Wilhelm Tischbein, Historienmaler (* 1751).

Caspar David Friedrich: »Wiesen bei Greifswald« (Gemälde).
Ludwig Feuerbach: »Gedanken über Tod und Unsterblichkeit«.
Karl August Varnhagen von Ense: »Biographische Denkmale« (5 Bände).
* Marie von Ebner-Eschenbach (geb. Gräfin Dubsky), österreichische Dichterin († 1916).

Robert Schumann: »Papillons« (Klavierstücke).
Adelbert von Chamisso: »Gedichte«.
Carl Gustav Carus: »Briefe über Landschaftsmalerei«.
* Wilhelm Raabe, realistischer Dichter († 1910).
† Achim von Arnim, romantischer Dichter (* 1781).

---

† Karl Friedrich Zelter, Liederkomponist, Freund Goethes (*1758).
* Wilhelm Busch, Zeichner, Maler, Dichter († 1908).

	Politik	Soziales, Wirtschaft, Wissenschaft
	»Hambacher Fest«, große Volksversammlung süddeutscher Demokraten, hat Aufhebung der Presse- und Versammlungsfreiheit in den meisten deutschen Staaten zur Folge.	Erste Ringspinnmaschine in England.
1833	Die meisten deutschen Länder (außer Österreich) schließen sich unter der Führung Preußens zum Deutschen Zollverein zusammen, Vorstufe zur politischen Vereinigung Deutschlands. Verfassung in Hannover.	Johann Hinrich Wichern (1808-1881), »Vater der Inneren Mission«, gründet das »Rauhe Haus« in Hamburg als evangelisches Waisenhaus und Internat. Magnetischer Nadeltelegraf von Gauß und Weber. * Alfred Nobel, schwedischer Chemiker und Nobelpreisstifter († 1896). Friedrich List: »Über das sächsische Eisenbahnsystem als Grundlage eines allgemeinen deutschen Eisenbahnsystems«.
1834	Zwischen 18 deutschen Staaten werden die Zollschranken aufgehoben. Die Wiener Ministerialkonferenzen führen zur Verschärfung der Pressezensur und zur Verfolgung von Liberalen und Demokraten (»Demagogenverfolgungen«).	Erste dampfbetriebene Buchdruckerei in Sachsen. Erfindung des Elektromotors (M.H. Jacobi). Friedrich Ferdinand Runge: »Farbenchemie, 1« und »Über die Produkte der Steinkohlendestillation«. * Ernst Haeckel, deutscher Naturforscher und Philosoph († 1919).
1835	† Kaiser Franz I. von Österreich, seit 1804 Kaiser (* 1768), sein Nachfolger wird Ferdinand I. (1793-1875). Neue Städteordnung in England führt zu weitgehender Selbstverwaltung der Städte.	Der Deutsche Bund verbietet das Gesellenwandern, um Geheimorganisationen der Gesellen zu verhindern. Eröffnung der ersten deutschen Eisenbahnstrecke Nürnberg – Fürth. Gründung der Bank für Handel und Industrie in Darmstadt. Robert von Mohl: »Die gesellschaftlichen Nachteile der Industrialisierung«.
1836	Baden, Frankfurt und Nassau treten dem Deutschen Zollverein bei. Die englische Working Men's Association fordert in der »People's Charter« demokratische Rechte und Sozialreformen.	Verabschiedung des preußischen Medizinalgesetzes mit Anerkennung der Zahnheilkunde. Begründung der wissenschaftlichen Vorgeschichts- und Eiszeitforschung durch deutsche und dänische Wissenschaftler. Gründung des ersten deutschen Ruderclubs in Hamburg.
1837	König Ernst August von Hannover (1771-1851) hebt nach Auflösung der Personalunion mit England die Hannoversche Verfassung auf und entläßt 7 Professoren der Universität Göttingen (»Göttinger Sieben«: u.a. Jakob und Wilhelm Grimm), die ihn wegen des Verfassungsbruches kritisieren.	Erste Teilstrecke der Eisenbahnlinie Leipzig – Dresden eröffnet. August Borsig (1804-1854) erbaut Eisengießerei und Maschinenbauanstalt in Berlin (Borsigwerke).

Bettina von Arnim mit ihrem Entwurf eines Goethe-Denkmals.

† Johann Wolfgang von Goethe, Dichter, Kunsttheoretiker, Naturwissenschaftler, Staatsmann (* 1749).
Johann Wolfgang von Goethe: »Faust II« (Schauspiel).
Eduard Mörike: »Maler Nolten« (Roman).

Johann Nestroy: »Der böse Geist Lumpazivagabundus oder Das liederliche Kleeblatt« (Lustspiel mit Gesang).
* Wilhelm Dilthey, Philosoph († 1911).
* Johannes Brahms, neuklassischer Komponist († 1897).

---

* Felix Dahn, Schriftsteller und Historiker († 1912).
Ferdinand Raimund: »Der Verschwender« (Zaubermärchenstück).
Franz Grillparzer: »Der Traum ein Leben« (Märchendrama).
† Friedrich Schleiermacher, evangelischer Theologe (* 1768).

Georg Büchner: »Dantons Tod« (Revolutionsdrama).
Bettina von Arnim: »Goethes Briefwechsel mit einem Kinde« (autobiographisch).
Jacob Grimm: »Deutsche Mythologie«.
Ludwig Richter: »Überfahrt am Schreckenstein« (Gemälde).
Weit geschnittene Glockenröcke und enge Taillen kommen in der Damenmode auf.

Szenenbild aus Grillparzers »Der Traum ein Leben«.

Karl Leberecht Immermann: »Die Epigonen« (Roman).
Johann Peter Eckermann: »Gespräche mit Goethe 1823-1832«.
Heinrich Heine: »Die romantische Schule« (Kunsttheorie).
* Franz von Lenbach, Bildnismaler († 1904).
† Christian Dietrich Grabbe, Vormärzdichter (* 1801).

---

† Georg Büchner, Dichter, Radikaldemokrat (* 1813).
† Ludwig Börne, politischer Journalist, Vormärzdichter (* 1786).
Joseph von Eichendorff: »Das Schloß Durande« (Novelle).
Karl Friedrich Schinkel veröffentlicht seine gesammelten architektonischen Entwürfe (28 Hefte).

1838 Beginn des »Opiumkrieges« (bis 1842), den Großbritannien aus wirtschaftlich-kolonialistischen Motiven gegen das schwache China führt.
† Charles Talleyrand, bedeutender französischer Staatsmann und Außenpolitiker in der Republik, unter Napoleon und unter den Bourbonen (* 1754).

Vereinheitlichung des deutschen Münzwesens (endgültig 1857). Erste funktions- und konkurrenzfähige deutsche Lokomotive (»Saxonia«) in Dresden konstruiert. Erste preußische Eisenbahnlinie Berlin – Potsdam.
Karl Friedrich Gauß: »Allgemeine Theorie des Erdmagnetismus«.

1839 Teilung Luxemburgs (»Londoner Vertrag«), dessen Norden an Belgien fällt; Friedensvertrag zwischen Holland und Belgien; belgische Verfassung sichert politische Vorherrschaft des Bürgertums.

Preußen erläßt Beschränkungen für die Kinderarbeit in Fabriken. Erste Eisenbahnfernverbindung eröffnet: Dresden – Leipzig.

1840 Die europäischen Großmächte Preußen, Österreich, Rußland, Großbritannien schließen »Quadrupelvertrag« zur Unterstützung der Türkei im Krieg gegen Ägypten.
Französiche Forderungen nach einer Revision der Rheingrenze verstärken patriotische Bewegungen in Deutschland.
† Friedrich Wilhelm III., seit 1797 regierender preußischer König; seine Nachfolge tritt Friedrich Wilhelm IV. an (1795-1861), der u.a. die »Demagogen« amnestiert.
* August Bebel, Mitbegründer und seit 1869 unbestrittener Führer der Sozialdemokratischen Partei Deutschlands († 1913).

F.W. Fröbel gründet »Allgemeinen deutschen Kindergarten«.
Justus von Liebig schafft Grundlagen für die Intensivierung der deutschen Landwirtschaft durch künstliche Düngung.
Die preußische Armee führt Hinterlader-Zündnadelgewehre ein.
Friedrich List: »Der internationale Handel, die Handelspolitik und der deutsche Zollverein«.

1841 Dardanellen-Vertrag von London verbietet nicht-türkischen Kriegsschiffen die Durchfahrt durch die Meeresenge.
* Eduard VII., ab 1901 König von England († 1910).

Beginn der Dampfschiffahrt auf dem Main.
Friedrich Voigtländer erfindet kinematografisches »Lebensrad« und Metallkamera.
In Berlin eröffnet der erste Zoologische Garten.
Robert Wilhelm Bunsen (1811-1899) entdeckt Grundlagen der Elektrobatterie.

1842 Luxemburg, Braunschweig und Lippe treten dem Zollverein bei.
In Südafrika gründen die Buren den Oranje-Freistaat.
Durch den Friedensvertrag von Nanking tritt China Hongkong als Kolonie an die britische Krone ab.

In Österreich wird Fabrikarbeit für Kinder unter 12 Jahren verboten, Arbeit in anderen Wirtschaftszweigen auf 12 Stunden täglich begrenzt.
Friedrich Wilhelm IV. stiftet den höchsten preußischen Orden »Pour le mérite« als Friedensklasse für Kunst und Wissenschaft.

Robert Wilhelm Bunsen.

A.H. Hoffmann von Fallersleben.

† Adelbert von Chamisso, deutsch-französischer Dichter (* 1781).
Gustav Schwab: »Die schönsten Sagen des klassischen Altertums«.
Wilhelm Weitling: »Die Menschheit wie sie ist und wie sie sein sollte« (religiös-kommunistische Utopie).

Karl Spitzweg: »Der arme Poet« (Gemälde).
* Hans Thoma, Landschaftsmaler († 1924).
* Ludwig Anzengruber, österreichischer Dichter († 1889).
Georg Büchner: »Lenz« (Romanfragment).

Robert Schumann heiratet die Pianistin Klara Wieck.
† Caspar David Friedrich, romantischer Landschaftsmaler (* 1774).
† Karl Immermann, Romanschriftsteller und Dramatiker (* 1796).
Bettina von Arnim: »Die Günderode – Ein Briefwechsel«.

August Heinrich Hoffmann von Fallersleben: »Unpolitische Lieder« (2 Bände, u.a. Deutschlandlied).
Charles Sealsfield (eigentlich Carl Postl): »Das Kajütenbuch« (Amerikaerzählungen).
Jeremias Gotthelf: »Uli der Knecht« (Roman).
Arthur Schopenhauer: »Die beiden Grundprobleme der Ethik«.
† Karl Friedrich Schinkel, Baumeister und Maler (* 1781).
Gründung des Vereins Berliner Künstler, später Allgemeine Deutsche Kunstgenossenschaft.

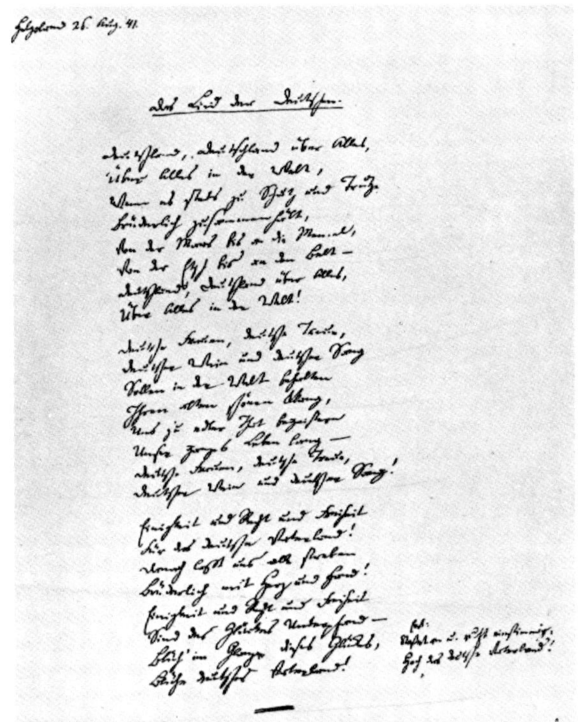

Urschrift des »Liedes der Deutschen« von Hoffmann von Fallersleben.

---

* Karl May, Volks- und Abenteuerschriftsteller († 1912).
Karl Baedeker: »Handbuch für Reisende durch Deutschland und das österreichische Kaiserreich«.
Gustav Albert Lortzing: »Der Wildschütz« (Oper).
Ludwig Richter: »Rübezahl« (Holzschnitt).
Leo Klenze vollendet Walhalla bei Regensburg.
Polka kommt als Gesellschaftstanz in Mode.

1843 Feierlichkeiten zu »1000 Jahre Deutsches Reich« verstärken in vielen deutschen Staaten die Forderung nach nationaler Einheit.
* Bertha von Suttner (geb. Gräfin Kinsky), Mitbegründerin der deutsch-österreichischen Friedensbewegung, Friedensnobelpreis 1905 († 1914).

Regelungen zum Aktienrecht in Preußen.
* Robert Koch, deutscher Mediziner und Bakteriologe, Nobelpreis 1905 († 1910).

1844 Aufstände der schlesischen Weber.
Gründung des ersten englischen Arbeiterkonsumvereins.

Einführung von Turnen als Unterrichtsfach an den preußischen höheren Schulen.
Gründung einer ersten Volkshochschule für die dänische Landbevölkerung.
Deutsche Universitäten führen Kunstgeschichte als neue Wissenschaftsdisziplin ein.

1845 * Ludwig II., seit 1864 bayerischer König; Freund und Förderer Richard Wagners († 1886).

Allgemeine Gewerbeordnung Preußens schränkt die Gewerbefreiheit ein.
Gründung der Physikalischen Gesellschaft zu Berlin.
Friedrich Engels: »Die Lage der arbeitenden Klassen in England«.
Max Stirner: »Der Einzige und sein Eigentum«.
* Wilhelm Röntgen, deutscher Physiker, Nobelpreisträger 1901 († 1923).

1846 Gründung des ersten katholischen Gesellenvereins durch Adolf Kolping (1813-1865), Frühform politischer und wirtschaftlicher Organisation der Arbeiterbewegung (»Kolpingbewegung«).
Aufstand in der Freien Stadt Krakau, führt zur Annexion durch Österreich.
† Friedrich List, Nationalökonom, Vorkämpfer der wirtschaftlichen und nationalen Einheit Deutschlands (* 1789).

Der antiliberale Pius IX. wird Papst (bis 1878).
Sächsische Buchdruckergehilfen geben die erste deutsche Gewerkschaftszeitung heraus (»Typographia«).
Carl Zeiss (1816-1888) gründet optische Fabriken in Jena. Erste deutsche Freireligiöse Gemeinden entstehen in Königsberg und Halle.

1847 Einberufung des »Vereinigten Landtages« in Preußen als beratender ständischer Vertretung.
Mißernten und Preissteigerungen in Oberschlesien führen zu Unruhen und Plünderungen.
* Paul von Beneckendorff und Hindenburg, deutscher Heerführer im 1. Weltkrieg und späterer Reichspräsident (1925-1934).

In Württemberg setzt nach anhaltenden Agrarkrisen Auswanderungswelle ein.
Gründung der bald darauf in der elektrotechnischen Großindustrie führenden Firma Siemens & Halske.
Erste deutsche Dampfschiffahrtsreedereien: Hamburg – Amerika-Linie (Hapag); Dampfschiffahrtslinie Bremen – New York (später: Norddeutscher Lloyd).
Krupp in Essen fertigt Gußstahlgeschütze.
Liebig läßt Fleischextrakt patentieren.

1848 Märzrevolution in Deutschland und Österreich: Mittelstand, Kleinbürgertum, Handwerker, Bauern fordern Verfassungs-, Wahl- und Koali-

Berliner Arbeitervereine fordern Mindestlöhne, staatliche Hilfen für Arbeitslose, Schutz vor willkürlicher Entlassung.

Titelblatt zu Ludwig Richters Volkslieder-Zyklus.

Aus Heinrich Hoffmanns »Struwwelpeter«.

Richard Wagner: »Der fliegende Holländer« (Oper).
Karl Marx heiratet Jenny von Westphalen (1814-1881).
† Friedrich Hölderlin, klassischer Dichter (* 1770).
* Peter Rosegger, volkstümlicher Schriftsteller († 1918).
Gründung der »Leipziger Illustrirten«.

Heinrich Heine: »Deutschland. Ein Wintermärchen« (politisch-satirisches Versepos).
Friedrich Fröbel: »Mutter- und Koselieder«.
* Friedrich Wilhelm Nietzsche, Philosoph und Schriftsteller († 1900).
* Wilhelm Leibl, bayerischer Maler († 1900).
Gründung des Satire- und Witzblattes »Fliegende Blätter« in München.

Richard Wagner: »Tannhäuser« (Oper).
* Adolf Oberländer, Zeichner und Karikaturist († 1923).
† August Wilhelm Schlegel, Dichter, Sprachwissenschaftler, Ästhetiker (* 1767).
Adolph Menzel: »Das Balkonzimmer« (Gemälde).

Gustav Albert Lortzing: »Der Waffenschmied« (Oper).
Ludwig Richter: »Volkslieder« (Zyklus von Holzschnitten).
Im Salzkammergut beginnt Freilegung von Gräbern der Früheisenzeit (»Hallstatt-Kultur«).
Ferdinand Freiligrath: »Ça ira« (von Karl Marx beeinflußte Gedichte).

Heinrich Hoffmann: »Struwwelpeter« (Bilderbuch).
Franz Grillparzer: »Der arme Spielmann« (Roman).
† Felix Mendelssohn-Bartholdy, Komponist (* 1809).
* Max Liebermann, Maler und Graphiker († 1935).

Herausgabe der politisch-satirischen Zeitschrift »Kladderadatsch« in Berlin.
Jacob Grimm: »Geschichte der deutschen Sprache«.

tionsrechte, Pressefreiheit. »Karlsbader Beschlüsse« werden aufgehoben. Metternich tritt zurück; Ungarn wird selbständiger Staat mit eigener Verfassung in Personalunion mit Österreich. Straßenkämpfe in Berlin; Unruhen in Süddeutschland, Ludwig I. von Bayern dankt ab.
Einberufung der ersten Deutschen Nationalversammlung in die Paulskirche nach Frankfurt; Verabschiedung einer deutschen Reichsverfassung; Ernennung des Erzherzogs Johann von Österreich zum Reichsverweser. Schaffung einer Zentralgewalt scheitert an fehlenden finanziellen und militärischen Mitteln; Vormacht Österreichs führt zu preußischem Widerstand.
Erhebungen in Schleswig-Holstein gegen dänische Besetzung, erfolgloser Feldzug Preußens gegen Dänemark.
Aufstände gegen österreichisch-habsburgische Herrschaft in Oberitalien, Ungarn und Tschechoslowakei.
Gründung der »Konservativen Partei« in Preußen.
»Kommunistisches Manifest« von Marx und Engels schafft Grundlagen des »wissenschaftlichen Sozialismus« und Programmatik kommunistischer Bewegungen.
Deutsche Arbeiter gründen den ersten Konsumverein.

In mehreren deutschen Städten entstehen Druckereien auf genossenschaftlicher Basis.
Zeitungsgründungen: »Neue Preußische Zeitung« (Bismarck); »Neue Rheinische Zeitung« (Karl Marx); »Erste Deutsche Frauenzeitung« (Luise Otto-Peters).
Einrichtung der Preußischen Hochschule für Leibesübungen in Spandau.
1. deutscher Katholikentag in Mainz.
Goldfunde in Kalifornien verstärken Auswanderungsbewegungen. Cholera-Epidemie größten Ausmaßes verbreitet sich über Europa.
Sebastian Kneipp (1821-1897), katholischer Priester und Naturheilkundiger, praktiziert Wasserheilverfahren in Wörishofen.
* Helene Lange, Vorkämpferin der deutschen Frauenbewegung († 1930).
* Otto Lilienthal, Flugzeugkonstrukteur, Mitbegründer des Flugwesens († 1896).

1849 Die Abgeordneten der Paulskriche wählen den preußischen König Friedrich Wilhelm IV. zum Kaiser, der jedoch die Krone nicht annimmt.
Die von der Nationalversammlung beschlossenen bürgerlichen Freiheiten und Rechte bleiben wirkungslos, da sie von den meisten deutschen Fürsten abgelehnt werden.
Preußen führt das Dreiklassenwahlsystem ein (bis 1918). Radikaldemokratische Erhebungen in der Rheinprovinz, der Rheinpfalz, in Baden und Sachsen werden unterdrückt.
Nach der Auflösung der Frankfurter Nationalversammlung scheitert auch das »Rumpfparlament« in Stuttgart.
Österreich unterwirft Ungarn mit russischer Hilfe.

Gründung der ersten deutschen Landwirtschaftskammer (als Interessenvertretung) in Bremen.
Hermann Schulze-Delitzsch ruft Handwerkereinkaufsgenossenschaften ins Leben.
Einführung der Telegrafie: Telegrafenverbindung Berlin – Frankfurt/M.; Gründung von P.J.v. Reuter und von Wolffs »Telegraphischem Büro« in Berlin.
Bayern gibt als erster deutscher Staat Briefmarken aus.
1. evangelischer Kirchentag in Wittenberg.
Auflösung des »Deutschen Turnerbundes«.

1850 Mit dem Erfurter Parlament versucht Preußen einen nationalen Bund unter Ausschluß Österreichs zu schaffen; im Vertrag von Olmütz muß Preußen der Wiederherstellung des Deutschen Bundes unter österreichischer Vormacht zustimmen; Einrichtung des Bundestages in Frankfurt.

Zwischen 1841 und 1850 sind 470 000 Deutsche ausgewandert. Gründung erster Kreditgenossenschaften (»Vorschußverein«). Einrichtung von Volksbücherein in Berlin.

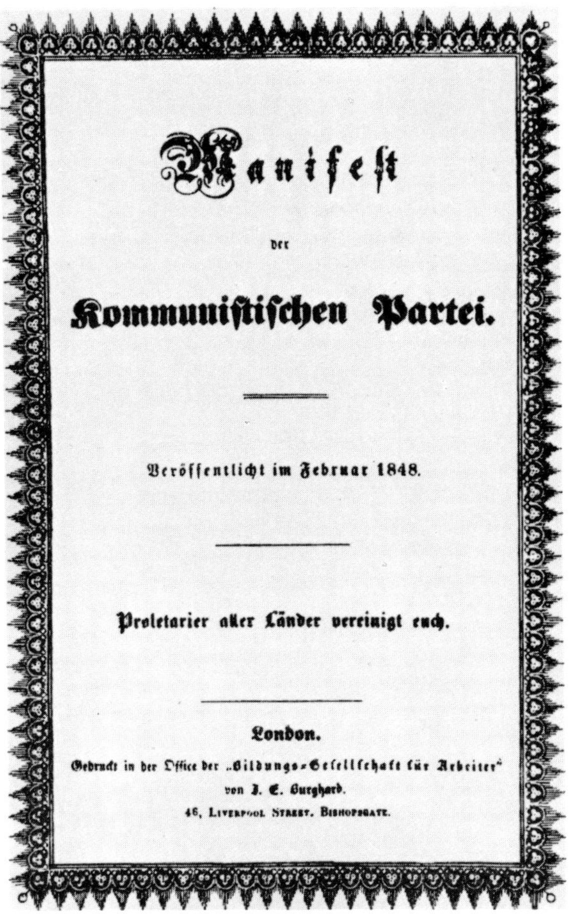

Manifest

der

Kommunistischen Partei.

Veröffentlicht im Februar 1848.

Proletarier aller Länder vereinigt euch.

London.

Gedruckt in der Office der „Bildungs-Gesellschaft für Arbeiter"

von J. E. Burghard.

46, Liverpool Street, Bishopsgate.

»Kommunistisches Manifest«. Titelseite der Erstausgabe.

Friedrich Gerstäcker: »Die Flußpiraten des Mississippi« (Roman).
Ferdinand Freiligrath: »Februarklänge«, »Die Revolution« (sozialistisch-revolutionäre Gedichte).
Adolph Menzel: »Aufbahrung der Märzgefallenen in Berlin« (Gemälde).
* Fritz von Uhde, Maler († 1911).
† Joseph Görres, Natur- und Geisteswissenschaftler, Publizist (* 1776).
† Annette von Droste-Hülshoff, realistische Dichterin (* 1797).
* Gabriel Seidl, Münchner Baumeister († 1913).

Richard Wagner: »Die Kunst und die Revolution« (Kunsttheorie). Wagner muß wegen Beteiligung am Dresdner Maiaufstand nach Zürich fliehen (bis 1858).
Georg Weerth: »Leben und Taten des berühmten Ritters Schnapphahnski« (politisch-satirischer Roman).
* Christian Rohlfs, expressionistischer Maler († 1938).
† Johann Strauß (Vater), österreichischer Musiker und Komponist (* 1804).

Annette von Droste-Hülshoff.

Richard Wagner: »Lohengrin« (Oper).
Gründung der deutschen Bach-Gesellschaft.
† Gustav Schwab, Dichter und Volkskundler (*1792).
Theodor Storm: »Immensee« (Novelle).
Julius Stern (1820-1883) eröffnet Konservatorium in Berlin.

Jahr	Politik	Soziales, Wirtschaft, Wissenschaft
1851	Otto von Bismarck geht als preußischer Gesandter zum Deutschen Bundestag nach Frankfurt (bis 1859). In Österreich wird durch Aufhebung der Verfassung das absolutistische System restauriert. Staatsstreich in Frankreich durch Louis Napoleon (Wiedereinführung erblichen Kaisertums 1852).	Preußen erblüht wirtschaftlich, erweitert Banken- und Börsengeschäft; 1851-57 entstehen 119 neue Aktiengesellschaften. Preußen verbietet Einrichtung von Kindergärten. Berlin erhält Berufsfeuerwehr. Erfindung des Unterseebootes durch Wilhelm Bauer (1822-1875). Erste Weltausstellung in London.
1852	Gründung der »Katholischen Fraktion« im Preußischen Abgeordnetenhaus (ab 1859 unter dem Namen »Zentrum«).	Gründung des ersten gemeinnützigen Wohnungsbauunternehmens in Deutschland. Eröffnung des Germanischen National-Museums in Nürnberg und des Römisch-Germanischen Zentralmuseums in Mainz. * Henri Becquerel, französischer Physiker, Entdecker radioaktiver Strahlung, Nobelpreisträger 1903 († 1908).
1853	Beginn des »Krimkrieges« (bis 1856) Frankreichs, Englands, Österreichs gegen Rußland wegen dessen Besetzung der türkischen Donaufürstentümer.	Verabschiedung des preußischen Gesetzes zur Gewerbeaufsicht. Krupp produziert nahtlose Eisenbahnräder. Internationale Seefahrtskonferenz in Brüssel zu Problemen der Dampfschiffahrt.
1854	In den meisten deutschen Staaten werden 1848 gewährte bürgerliche Rechte und Freiheiten eingeschränkt oder zurückgenommen; der Bundestag erläßt ein allgemeines Koalitionsverbot, das zum Verbot der Arbeitervereine führt. Verteidigungsabkommen zwischen Österreich und Preußen für die Dauer des Krimkrieges.	Einführung von Anschlagsäulen durch Ernst Litfaß in Berlin (»Litfaßsäule«). Verkündigung des katholischen Dogmas von der »unbefleckten Empfängnis Mariä«. Einrichtung einer Heilstätte für Tuberkulose in Göbersdorf.
1855	Konkordat sichert der katholischen Kirche in Österreich Aufsicht über Schule, Kunst, Kultur, Eherecht. † Nikolaus I., Zar von Rußland (* 1796); sein Nachfolger Alexander II. († 1881) läßt u.a. Leibeigenschaft aufheben.	Weitere Beschränkungen der Kinderarbeit in Preußen: für unter 12jährige völlig verboten, für ältere auf 6 Stunden eingeschränkt. Henry Bessemer (1813-1898) ermöglicht Massenstahlerzeugung durch die Erfindung der Bessemer-Birne. Eröffnung des 1. Warenhauses in Paris.
1856	Friede von Paris beendet den Krimkrieg; Rußland verliert Vorherrschaft auf dem Balkan.	Maßvereinheitlichung durch die Einführung des deutschen »Zollpfundes« mit 500 Gramm. Gründung des Verbandes Deutscher Ingenieure (VDI) in Berlin. * Sigmund Freud, österreichischer Arzt, Begründer der Psychoanalyse († 1939).

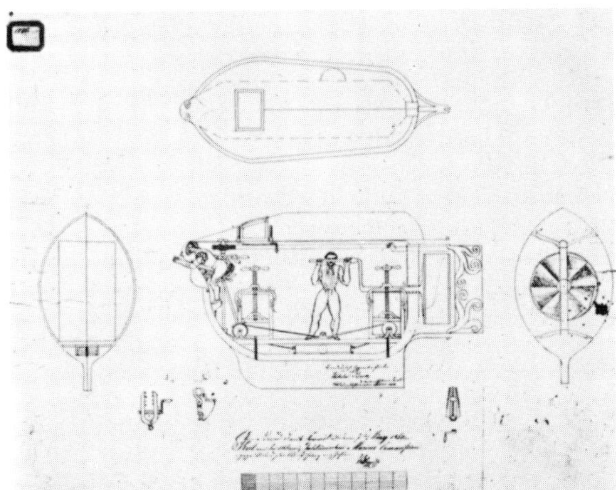
Konstruktionszeichnung zu Wilhelm Bauers Tauchboot.

Heinrich Heine: »Der Romanzero« (Gedichtsammlung).
Christian Rauch: »Friedrich der Große« (klassizistisches Reiterdenkmal).
† Albert Lortzing, Opernkomponist (* 1801).
* Adolf Harnack, lutherischer Theologe († 1930).

Adolph Menzel: »Flötenkonzert in Sanssouci« (Gemälde).
Jakob und Wilhelm Grimm beginnen »Deutsches Wörterbuch« (postum 1960 mit 16 Bänden abgeschlossen).
Klaus Groth: »Quickborn« (plattdeutsche Gedichte).
Friedrich Hebbel: »Agnes Bernauer« (Trauerspiel).
Joseph Meyer gibt »Großes Konversations-Lexikon« in 52 Bänden heraus (1840 begonnen).
Aufkommen von Frack und Zylinder in der Männermode.

Ludwig Tieck.

Robert Schumann.

Eröffnung der »Neuen Pinakothek« in München.
Familienzeitschrift »Gartenlaube« erscheint in Leipzig.
Adalbert Stifter: »Bunte Steine« (Naturnovellen).
Der deutsche Instrumentenbauer Heinrich Steinweg gründet in New York Klavierfabrik »Steinway & Sons«.
† Ludwig Tieck, romantischer Dichter (* 1773).

Erstmals Kriegsgeschehen durch Fotos von Roger Benton im Krimkrieg festgehalten.
Richard Wagner beginnt mit dem »Ring des Nibelungen«.
Gottfried Keller: »Der grüne Heinrich« (Entwicklungsroman).
Moritz von Schwind: »Aschenbrödel« (Märchenbilder).

Erste Auflage des »Leipziger Kommersbuches für die deutschen Studenten«.
Gustav Freytag: »Soll und Haben« (Roman).
* Ludwig Ganghofer, Heimat- und Gebirgsschriftsteller († 1920).

Titelseite zu Bechsteins »Märchenbuch«.

Ludwig Bechstein: »Neues deutsches Märchenbuch«.
Gottfried Keller: »Die Leute von Seldwyla«.
† Heinrich Heine, Dichter (* 1797).
† Robert Schumann, romantischer Komponist (* 1810).
Gründung der »Deutschen Turnzeitung«.

	POLITIK	SOZIALES, WIRTSCHAFT, WISSENSCHAFT
1857	Beginn des englisch-französischen Krieges gegen China (bis 1860); Besetzung Kantons.	Von den USA ausgehende Wirtschaftskrise führt in Deutschland zu zahlreichen Bankrotten und sinkenden Börsenkursen. * Heinrich Hertz, deutscher Physiker, Begründer der Funktelegrafie († 1894).
1858	Friedrich Wilhelm IV., preußischer König, dankt wegen geistiger Krankheit ab, sein Bruder Prinz Wilhelm (1797-1888) übernimmt Regentschaft und 1861 Nachfolge als König Wilhelm I. von Preußen; Beginn einer »neuen Ära« liberalerer Politik. * Michael Hainisch, 1920-1928 erster Bundespräsident Österreichs († 1940).	Ruhrzechen gründen als Interessenverband den Bergbauverein. Einführung von Bestimmungsmensuren in deutschen Studentenverbindungen. * Max Planck, deutscher Physiker († 1948). * Rudolf Diesel, deutscher Erfinder (Dieselmotor) († 1913). Rudolf Virchow: »Die Zellularpathologie«. Johann Gregor Mendel: »Vererbungsgesetz«. Alexander von Humboldt: »Kosmos. Entwurf einer physischen Weltbeschreibung«.
1859	In Frankfurt wird der Deutsche Nationalverein gegründet mit dem Ziel eines liberalen Staatenbundes unter preußischer Führung. Liberale Reformen in Baden. Otto von Bismarck geht als preußischer Gesandter nach Petersburg. Im Krieg gegen Italien und Frankreich verliert Österreich die Lombardei. * Wilhelm II., deutscher Kaiser 1888-1918 († 1941). † Clemens Fürst von Metternich, österreichischer Staatsmann und Diplomat (* 1775).	Einführung der Gewerbefreiheit in Österreich. Gründung des Deutschen Juristentages. Karl Marx: »Zur Kritik der politischen Ökonomie«. Charles Darwin: »Über die Entstehung der Arten durch natürliche Zuchtwahl«.
1860	Als erster deutscher Staat gewährt Sachsen das Koalitionsrecht. Der Deutsche Nationalverein gründet erste Arbeiterbildungsvereine. Bauernaufstand in Rußland. * Friedrich Naumann, christlich-liberaler deutscher Sozialpolitiker († 1919).	Erstes deutsches Turnfest in Coburg, Gründung der »Deutschen Turnerschaft«. Erfindung der Rotations-Schnellpresse ermöglicht höhere Zeitungsauflagen. 1. Internationaler Chemiker-Kongreß in Karlsruhe. Gustav Theodor Fechner: »Elemente der Psychophysik«.
1861	Krönung König Wilhelms I. von Preußen. Gründung des »Deutschen Handelstages« als Spitzenorganisation der industriellen Wirtschaft. Bildung der »Deutschen Fortschrittspartei« in Preußen, unter Vorsitz von Rudolf Virchow. Ausbruch des Bürgerkrieges in Nordamerika (bis 1865).	Philipp Reis (1834-1874) erfindet den Fernsprecher. Dampfhammer »Fritz« bei Krupp in Essen in Betrieb. Eröffnung des 1. öffentlichen Aquariums in Hamburg. * Rudolf Steiner, Begründer der anthroposophischen Bewegung († 1925).

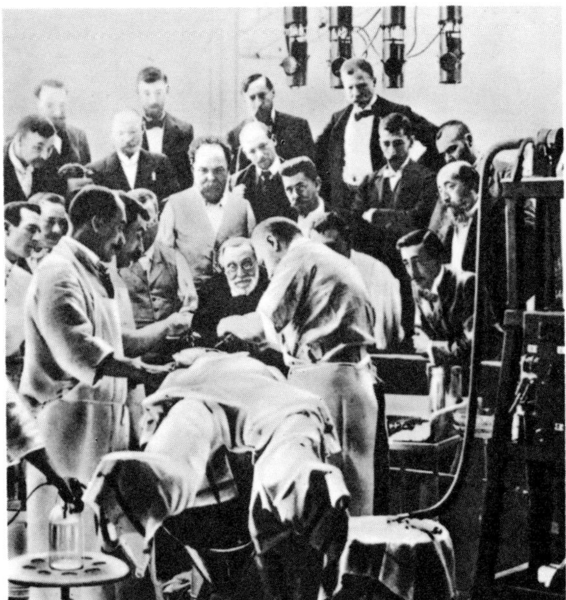

Rudolf Virchow als Beobachter bei einer Schädeloperation.

Wilhelm Raabe: »Die Chronik der Sperlingsgasse« (Roman).
Adalbert Stifter: »Nachsommer« (Bildungsroman).
Friedrich Theodor Vischer: »Ästhetik oder die Wissenschaft des Schönen« (6 Bände).
* Max Klinger, Bildhauer, Maler, Graphiker († 1920).
† Joseph von Eichendorff, romantischer Dichter (* 1788).

Eröffnung eines ständigen Marionettentheaters in München (Joseph »Papa« Schmid).
Wilhelm Busch: »Max und Moritz«.
* Lovis Corinth, impressionistischer Maler († 1925).
* Heinrich Zille, Großstadtzeichner und Karikaturist († 1929).
Jacques Offenbach: »Orpheus in der Unterwelt« (Operette).

Johannes Brahms: Klavierkonzert d-Moll.
Gustav Freytag: »Bilder aus der deutschen Vergangenheit« (Zyklus historischer Schilderungen, 5 Bände, bis 1867).
Fritz Reuter: »Ut de Franzosentid« (autobiographischer Roman, niederdeutsch).
† Wilhelm Grimm, Sprachforscher und Märchensammler (* 1786).
Arnold Böcklin: »Pan im Schilf« (Gemälde).

Philipp Reis.

Arthur Schopenhauer.

Erste Boxweltmeisterschaft in England.
Ferdinand Waldmüller: »Heimkehr von der Kirchweih« (Gemälde).
* Gustav Maler, österreichischer Komponist († 1911).
* Hugo Wolf, Lieder- und Opernkomponist († 1903).
† Ernst Moritz Arndt, politischer Dichter und Historiker (* 1769).
† Arthur Schopenhauer, Philosoph (* 1788).

Johannes Brahms: Klavierquartett g-Moll, opus 25.
Ludwig Knaus: »Kartenspielende Schusterjungen« (Gemälde).
Friedrich Hebbel: »Die Nibelungen« (Trauerspiel).

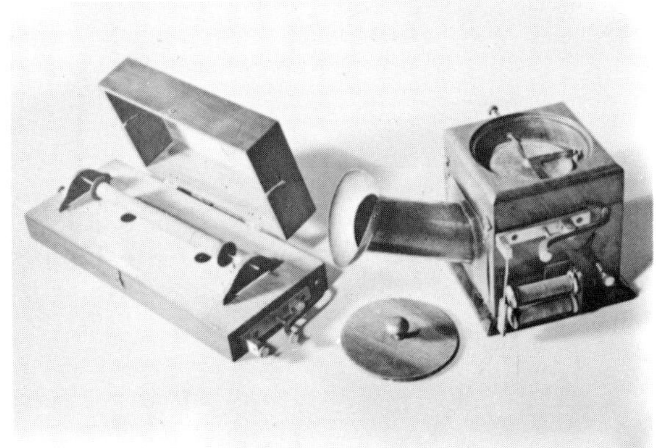

Telefonapparat von Reis.

1862 Verfassungsstreit in Preußen wegen Verstärkung des Heeres (bis 1866); Otto von Bismarck wird preußischer Ministerpräsident und setzt Ansprüche des Königs gegen liberale Parlamentsmehrheit durch.

Adam Opel (1837-1895) baut Nähmaschinenfabrik, Firma nimmt 1898 die Produktion von Kraftfahrzeugen auf.
Friedrich Wilhelm Raiffeisen gründet genossenschaftlichen »Spar- und Darlehnskassenverein Anhausen« für Bauern.

1863 Ferdinand Lassalle gründet erste politische Vereinigung der Arbeiterschaft, »Allgemeiner Deutscher Arbeiterverein«, dessen Programm u.a. freies, direktes Wahlrecht und Arbeiterproduktivgenossenschaften fordert.
Aufstand in Polen; Militärvertrag zwischen Preußen und Rußland zu gegenseitiger Unterstützung.

Produktionsaufnahme der Farbenfabrik »Friedrich Bayer & Co.« in Leverkusen sowie der Farbwerke Hoechst in Frankfurt. Erste deutsche »Rote Kreuz«-Organisation gegründet.
Alfred Nobel beginnt mit großindustrieller Nitroglyzerin-Herstellung.

1864 Krieg Österreichs und Preußens gegen Dänemark, das im Frieden von Wien die Herzogtümer Lauenburg, Holstein und Schleswig abtreten muß.
Gründung der ersten »Internationalen Arbeiterassoziation« in London (Eröffnungsansprache: Karl Marx).

»Der Sozialdemokrat« erscheint als Zeitung der Arbeiterbewegung.
In Leipzig entstehen erste Schrebergarten-Vereine.
Durch das Siemens-Martin-Verfahren (Mischung von Schrott mit kohlenstoffarmem Eisen) wird hochwertiger Stahl erzeugt. Ferdinand Lassalle: »Kapital und Arbeit«.
Bischof Wilhelm von Ketteler: »Die Arbeiterfrage und das Christentum«.

1865 1. deutscher Frauenkongreß in Leipzig, Gründung des »Allgemeinen Deutschen Frauenvereins« zur Vereinigung von Emanzipationsbestrebungen der deutschen Frauen.
Bildung der ersten freien, zentral organisierten Gewerkschaft: »Deutscher Tabakarbeiterverband«.
Ende des Bürgerkrieges in den USA, Abschaffung der Sklaverei.

Eröffnung der Essener Börse.
Lohnstreik Leipziger Buchdrucker und Schuhmacher.
Erste Rohrpostanlage in Berlin.
Gründung der Badischen Anilin-und-Soda-Fabrik in Ludwigshafen (BASF).

1866 »Deutscher Krieg« zwischen Preußen (verbündet mit kleineren norddeutschen Staaten) und Österreich (mit Bayern, Baden, Hannover, Sachsen u.a.); Sieg Preußens bei Königgrätz, durch den »Frieden von Prag« bewirkt Bismarck Auflösung des Deutschen Bundes und Ausscheiden Österreichs aus Deutschland; Preußen gliedert sich Schleswig-Holstein, Hannover, Kurhessen, Nassau und Frankfurt/M. an.

In Berlin wird »Verein zur Förderung der Erwerbsfähigkeit des weiblichen Geschlechts« ins Leben gerufen (Lette-Verein«). Luise Otto-Peters: »Das Recht der Frauen auf Erwerb«. Ernst Haeckel: »Generelle Morphologie der Organismen«.

Werbeplakat der Opel-Nähmaschinenfabrik.

Allegorische Darstellung zum »Deutschen Krieg«.

Gründung des Allgemeinen Deutschen Sängerbundes.
Eröffnung der Weinstube Kempinski in der Berliner Friedrichstraße.
Theodor Fontane: »Wanderungen durch die Mark Brandenburg« (Landschafts- und Menschenschilderungen).
† Johann Nestroy, österreichischer Possendichter (* 1801).
* Gerhart Hauptmann, naturalistischer Dichter, Nobelpreisträger († 1946).

Hans Thoma: »Wasserfall bei St. Blasien« (Gemälde).
† Jakob Grimm, Sprachforscher und Märchensammler (* 1785).
* Hermann Bahr, österreichischer Dichter († 1934).
* Arno Holz, naturalistischer und expressionistischer Schriftsteller († 1929).

Gründung der deutschen »Shakespeare-Gesellschaft« in Weimar, Zeitschrift »Daheim« erscheint.
Wilhelm Raabe: »Der Hungerpastor« (Roman).
* Frank Wedekind, Dramatiker, Lyriker, Satiriker († 1918).
* Ricarda Huch, Romanautorin, Kulturhistorikerin († 1947).
* Richard Strauß, Komponist († 1949).

Richard Wagner: »Tristan und Isolde « (Oper).
† Ferdinand Waldmüller, österreichischer Landschaftsmaler (* 1793).
Adolph Menzel: »Krönung Wilhelms I. in Königsberg« (Gemälde).

---

† Friedrich Adolf Wilhelm Diesterweg, Volksschulpädagoge und Publizist (* 1790).
Anton Bruckner: Messe Nr. 2 e-Moll.
Ludwig Richter: »Unser täglich Brot« (Holzschnittzyklus).
* Hermann Löns, Heidedichter († 1914).

	POLITIK	SOZIALES, WIRTSCHAFT, WISSENSCHAFT
1867	Gründung des »Norddeutschen Bundes« (22 Staaten) unter Führung Preußens, Bismarck als Bundeskanzler; allgemeines, gleiches, direktes und geheimes Wahlrecht für Norddeutschen Reichstag.	Werner Siemens entwickelt die erste Dynamo-Maschine, Beginn der Elektrotechnik. Nikolaus Otto (1832-1891) und Eugen Lange (1833-1895) bauen atmosphärische Gaskraftmaschine (»Otto-Motor«). Eröffnung der Brennerbahn. Gründung der Deutschen Chemischen Gesellschaft in Berlin. Einrichtung des Bayerischen Nationalmuseums in München. Karl Marx: »Das Kapital. Buch I«.
1868	Wiederherstellung des Zollvereins: Zollvereinigungsvertrag zwischen Norddeutschem Bund und süddeutschen Staaten, gemeinsames »Zollparlament«.	Bebel veröffentlicht Musterstatut für deutsche Gewerksgenossenschaften. Gründung der dem Liberalismus nahestehenden Hirsch-Dunckerschen Gewerkvereine. Einführung des Schulturnens in Österreich.
1869	Sozialdemokratische Partei in Eisenach gegründet (von A. Bebel und W. Liebknecht), verabschiedet marxistisches »Eisenacher Programm«.	Der Norddeutsche Bund erläßt einheitliche Gewerbeordnung, von süddeutschen Ländern übernommen. Bischof Ketteler gründet christlich-soziale Arbeitervereine. Alfred E. Brehm: »Thierleben« (6 Bände). Gründung des deutsch-österreichischen Alpenvereins.
1870	Deutsch-Französischer Krieg: Frankreich will im Streit um die spanische Thronfolge sein Prestige gegen preußische Hegemonialansprüche sichern; Bismarck bewirkt durch Kürzung der »Emser Depesche« die Kriegserklärung Frankreichs; die süddeutschen Staaten schließen sich Preußen und dem Norddeutschen Bund an; französische Niederlagen, nach der Schlacht bei Sedan wird Napoleon III. kriegsgefangen. Ausrufung der Republik in Paris, Belagerung von Paris, Niederlagen der republikanischen Armeen. Baden tritt dem Norddeutschen Bund bei, der Verträge mit den anderen süddeutschen Staaten schließt: Vorbereitung der Reichsgründung ohne Österreich. Neugründung der katholischen Zentrums-Partei (bis 1933). * Wladimir Iljitsch Lenin, russischer Kommunistenführer und Revolutionär, Begründer der UdSSR († 1924).	Zwischen 1861 und 1870 wandern 830 000 Deutsche aus. Einführung der Postkarte durch Heinrich Stephan. Gründung der Deutschen Bank. Ausgrabungen Schliemanns im antiken Troja. Die katholische Kirche verkündet Dogma von der Unfehlbarkeit des Papstes. Der Norddeutsche Bund erläßt Gewerbeschulordnung. * Alfred Adler, österreichischer Arzt, Freud-Schüler, Begründer der »Individualpsychologie« († 1937).
1871	Gründung des Deutschen Reiches, König Wilhelm I. von Preußen wird im Spiegelsaal des Schlosses von Versailles zum Deutschen Kaiser proklamiert.	Inkrafttreten des Deutschen Reichsstrafgesetzbuches. Beginn ungeheuren wirtschaftlichen Aufschwungs (»Gründerjahre«). * Karl Liebknecht, Marxist († 1919).

Johann Strauß (Sohn): »An der schönen blauen Donau« (Walzer).
* Hedwig Courths-Maler, Autorin populärer Unterhaltungsromane († 1950).
* Ludwig Thoma, humoristischer Dichter († 1921).
* Emil Nolde, expressionistischer Maler († 1956).
* Käthe Kollwitz, sozialistische Malerin und Graphikerin († 1945).
Beginn von Reclams Universal-Bibliothek mit Goethes »Faust I«.

Johannes Brahms: »Deutsches Requiem« (Chorwerk).
Richard Wagner: »Die Meistersinger von Nürnberg« (Oper).
† Adalbert Stifter, österreichischer Dichter (* 1805).
* Stefan George, esoterischer Lyriker († 1933).
Gründung des Wiener Jockey-Klubs.

Gründung der Monatsschrift »Stimmen der Zeit«.
Anselm Feuerbach: »Orpheus und Eurydike« (Gemälde).
* Fritz Schumacher, Architekt, Stadtplaner in Hamburg, († 1947).
† Karl Loewe, Balladenkomponist (*1796).

Richard Wagner heiratet Cosima von Bülow (1837-1930), Tochter des Komponist Franz Liszt.
* Ernst Barlach, expressionistischer Bildhauer, Graphiker und Dichter († 1938).
* Hans Baluschek, Großstadt-Maler (†1935).
Wilhelm Raabe: »Der Schüdderump« (Roman).
In der Damenbekleidung kommt Krinoline (Reifrock) außer Mode.

---

* Heinrich Mann, Dichter, Bruder von Thomas Mann († 1950).
Friedrich Nietzsche: »Die Geburt der Tragödie aus dem Geist der Musik«.

Cosima von Bülow.

Adalbert Stifter.

Dynamo-Maschine von Siemens.

Titelblatt der Erstausgabe von »Brehms Thierleben«.

Einnahme von Paris durch die deutschen Truppen.
Vorfriede von Versailles: Abtretung Elsaß-Lothringens.
Bestätigung des Vorfriedens durch Frieden von Frankfurt am Main.
Annahme der Verfassung durch den Deutschen Reichstag. Otto Fürst von Bismarck Reichskanzler (bis 1890).
Beginn des »Kulturkampfes«.

* Friedrich Ebert, Sozialdemokrat, Reichspräsident († 1925).
* Rosa Luxemburg, deutsche Politikerin polnischer Herkunft, Marxistin († 1919).

1872 Mit der Ausweisung der Jesuiten intensiviert Bismarck den »Kulturkampf« gegen die katholische Kirche.
Gründung des »Vereins für Socialpolitik« durch Gustav von Schmoller (»Katheder-Sozialismus«).
* Karl Helfferich, deutschnationaler Politiker und Finanzmann († 1924).

Gründung der Anstalt für Epileptiker in Bethel durch Friedrich von Bodelschwingh.
Rudolf Mosse gründet das »Berliner Tageblatt«.

1873 Drei-Kaiser-Abkommen zwischen Österreich, Rußland und dem Deutschen Reich sieht Konsultationen bei Angriff durch Dritte vor (bis 1886).
Maigesetze Preußens gegen die katholische Kirche regeln den Status der Geistlichen.

Weltwirtschaftskrise beendigt Hochkonjunktur der »Gründerjahre«.
Einführung der einheitlichen Reichsgoldwährung.
† Justus von Liebig, Chemiker, Entdecker des Chloroforms, Erfinder des Liebigschen Fleischextrakts und des Backpulvers (* 1803).
* Leo Frobenius, Ethnologe († 1938).
Georg Cantor, Mathematiker, begründet die Mengenlehre.

1874 Fortsetzung des »Kulturkampfes«: Gesetz über die obligatorische Zivilehe in Preußen.
Attentat eines Katholiken auf Bismarck schlägt fehl. »Expatriierungsgesetz« ermöglicht die Ausweisung der dem Staat nicht willfährigen Geistlichen.

Heinrich Stephan, Organisator des deutschen Postwesens, gründet in Bern den »Allgemeinen Postverein«.
Erstes Städtisches Krankenhaus von Berlin.
Impfgesellschaft für das Deutsche Reich gegründet (schlagartige Abnahme der Todesfälle bei Pocken).
Alexander Mitscherlich entwickelt Zellulosegewinnung aus Holz und damit die Grundlage der modernen Papierherstellung.
Theodor Billroth entdeckt die Wundeiter-Bakterien.
* Karl Bosch, Chemiker (Nobelpreis 1931) und Industrieller († 1940).
Ernst Haeckel: »Anthropogenie oder Entwicklungsgeschichte des Menschen«.

Peter Cornelius.

Friedrich von Bodelschwingh.

* Christian Morgenstern, Dichter († 1914).
Theodor Mommsen: »Römisches Staatsrecht«.
Gottfried Semper baut Dresdner Opernhaus.
Gründung der »Gesellschaft für Verbreitung von Volksbildung«.
Anton Bruckner: 2. Symphonie c-Moll.
Ludwig Anzengruber: »Der Meineidbauer« (Schauspiel).
Conrad Ferdinand Meyer: »Huttens letzte Tage«.

Gustav Freytag: »Die Ahnen«.
† Ludwig Feuerbach, Philosoph (* 1804).
* Ludwig Klages, Philosoph und Psychologe († 1956).
Wilhelm Busch: »Die fromme Helene, »Hans Huckebein, der Unglücksrabe«.
Hans Thoma: »Der Rhein bei Säckingen« (Gemälde).
Wilhelm Trübner: »Kloster im See« (Gemälde).
Durch das preußische Schulaufsichtsgesetz wird die Schulinspektion verstaatlicht.
Arnold Böcklin: »Selbstbildnis mit Tod« (Gemälde).
† Franz Grillparzer, österreichischer Dichter (* 1791).
Anton Bruckner: Messe Nr. 3 f-Moll.

Einzug Kaiser Wilhelms in Berlin nach dem Sieg über Frankreich.

Theodor Storm: »Viola tricolor« (Novelle).
Friedrich Nietzsche: »Unzeitgemäße Betrachtungen«.
Anselm Feuerbach: »Das Gastmahl des Plato« (Gemälde).
Hans von Marées: Fresken in der zoologischen Station Neapel (»Vier Ruderer«).
Arnold Böcklin: »Der Kentaurenkampf« (Gemälde).
Gottfried Semper: Burg-Theater in Wien (vollendet 1888).
* Max Reger, Komponist der Spätromantik, Pianist und Dirigent († 1916).
Anton Bruckner: 3. Symphonie d-Moll.
* Max Reinhardt, Theaterregisseur († 1943).

---

† August Heinrich Hoffmann von Fallersleben, Dichter (Deutschlandlied) (* 1798).
Theodor Storm: »Pole Poppenspäler« (Novelle).
* Hugo von Hofmannsthal, österreichischer Dichter († 1929).
* Ernst Cassirer, Philosoph, Neu-Kantianer († 1945).
* Otto Mueller, Maler der »Brücke« († 1930).
* Arnold Schönberg, Komponist, Begründer der Zwölftontechnik († 1951).
Richard Wagner: »Götterdämmerung« vollendet den »Ring des Nibelungen«.
† Peter von Cornelius, Komponist (* 1824).
Anton Bruckner: 4. Symphonie Es-Dur.

	Politik	Soziales, Wirtschaft, Wissenschaft
1875	»Krieg-in-Sicht«-Krise: Französische Rüstungen veranlassen Bismarck zu Warnungen an Frankreich. Diplomatische Demarchen Englands und Rußlands sichern den Frieden. Gothaer Kongreß der Lassalleaner und Eisenacher führt zum Zusammenschluß in der »Sozialistischen Arbeiterpartei Deutschlands«. »Gothaer Programm« fordert Arbeiterschutzgesetze und sozialistische Umgestaltung von Staat und Gesellschaft »mit allen gesetzlichen Mitteln«. * Matthias Erzberger, Politiker († 1921). »Kulturkampf«: »Brotkorbgesetz« stellt in Preußen die staatlichen Leistungen an die katholischen Bischöfe und Geistlichen ein.	Siegfried Marcus baut Kraftwagen mit Viertaktmotor mit magnetisch-elektrischer Zündung (keine industrielle Verwertung). Fahrrad mit Freilauf und Rücktritt. Reformierte und Lutheraner in Preußen vereinigen sich zur »Positiven Union«. Oskar Hertwig beobachtet am Seeigelei Befruchtung als Vereinigung von Geschlechtszellen und erkennt Zellkern als Träger von Erbanlagen. Gründung der Deutschen Sternwarte in Hamburg. Beginn der Ausgrabung von Olympia (bis 1881).
1876	* Konrad Adenauer, christlich-demokratischer Politiker, Bundeskanzler († 1967). Gründung der »Deutschen konservativen Partei«.	Nikolaus August Otto entwickelt Viertakt-Benzinmotor. Robert Koch identifiziert den Milzbrand-Erreger. Heinrich Schliemann beginnt mit der Ausgrabung von Mykenä. Öffentlicher Rohrpostverkehr in Berlin. Inkrafttreten der Internationalen Meterkonvention. Gründung des Deutschen Industrieverbandes. Adolph Wagner: »Grundlegung der politischen Ökonomie« (»Katheder-Sozialismus«).
1877	Bei den Reichstagswahlen erreichen die Sozialdemokraten fast 1/2 Million Stimmen (12 Abgeordnete). † Friedrich Heinrich Ernst Graf von Wrangel, preußischer Generalfeldmarschall, der 1848 die preußische Nationalversammlung in Berlin sprengte (* 1784).	Gründung von Blohm & Voss in Hamburg. Reichspatentamt in Berlin. Gesetzliche Verankerung der Fleischbeschau in Deutschland. Ernst Curtius leitet Ausgrabung von Olympia. Wilhelm Pfeffer: Quantitative Messung der Osmose. * Heinrich Wieland, Chemiker, Nobelpreis 1927 († 1957). Ludwig Boltzmann erklärt die Entropie (Boltzmannkonstante der Thermodynamik). Erfindung des Preßglases durch Friedrich Siemens.
1878	Innenpolitischer Kurswechsel Bismarcks vom Liberalismus zum Protektionismus (Schutzzollpolitik) und zu staatlicher Sozialpolitik. Berliner Kongreß. Fehlschlag zweier Attentate auf Wilhelm I. (beim zweiten Attentat schwer verletzt). Sozialistengesetz; Sozialdemokratie dadurch zur illegalen Weiterarbeit gezwungen. * Gustav Stresemann, Staatsmann, Außenminister, Friedensnobelpreis 1926 († 1929).	Friedrich Engels: »Herrn Eugen Dührings Umwälzung der Wissenschaft« (»Anti-Dühring«). Heinrich v. Treitschke: »Der Sozialismus und der Meuchelmord«. Rudolf C. Eucken: »Geistige Strömungen der Gegenwart«. Ernst Haeckel: »Freie Wissenschaft und freie Lehre«. † Julius Robert Mayer, Arzt und Naturforscher († 1814). Gründung des »Weltpostvereins« in Paris.

Eintreffen eines Tiertransports für Hagenbeck.

* Thomas Mann, Dichter, Nobelpreis 1929 († 1955).
† Eduard Mörike, Dichter (* 1804).
* Rainer Maria Rilke, Dichter († 1926).
* Albert Schweizer, Missionsarzt, Theologe, Philosoph, Musikwissenschaftler, Friedensnobelpreis 1953 († 1955).
Adolph Menzel: »Das Eisenwalzwerk« (Gemälde).
† Friedrich Albert Lange, Philosoph (* 1828).
Karl Hagenbeck führt erstmals seine Völkerschauen vor.
Conrad Ferdinand Meyer: »Der Schuß von der Kanzel« (Novelle).
Peter Rosegger: »Die Schriften des Waldschulmeisters«.

Viertaktversuchsmotor von N.A.Otto.

Gründung der »Görres-Gesellschaft« zur Pflege katholischer Wissenschaft in Bonn.
Felix Dahn: »Ein Kampf um Rom« (Roman).
* Else Lasker-Schüler, Lyrikerin († 1945).
* Arthur Moeller van den Bruck, konservativer Schriftsteller († 1925).
Eröffnung des Bayreuther Festspielhauses mit der ersten Gesamtaufführung von »Der Ring des Nibelungen« von Richard Wagner.
Johannes Brahms: 1. Symphonie c-Moll.
Theodor Storm: »Aquis submersus« (Novelle).
Conrad Ferdinand Meyer: »Jürg Jenatsch« (Roman).
Anton Bruckner: 5. Symphonie B-Dur.

Robert Koch.

Eduard Mörike.

* Hermann Hesse, Dichter, Nobelpreis 1946 († 1962).
* Georg Kolbe, Bildhauer († 1947).
Wilhelm Leibl: »Das ungleiche Paar« (Gemälde).
Johannes Brahms: 2. Symphonie in D-Dur.
* Karl Erb, Operntenor, später Oratoriensänger († 1958).
* Alfred Kubin, Graphiker und Schriftsteller († 1959).
Gottfried Keller: »Romeo und Julia auf dem Dorfe« (Novelle).
Peter Rosegger: »Waldheimat« (autobiographischer Roman).

Humboldt-Akademie Berlin (Volkshochschule) gegründet.
* Hans Carossa, Dichter und Arzt († 1956).
Theodor Fontane: »Vor dem Sturm« (Roman).
Theodor Storm: »Carsten Curator« (Novelle).
* Alfred Döblin, Schriftsteller († 1957).
* Martin Buber, österreichisch-jüdischer Religionsphilosoph und Dichter († 1965).
* Carl Hofer, expressionistischer Maler († 1955).
Max Liebermann: »Kartoffelernte« (Gemälde).

	POLITIK	SOZIALES, WIRTSCHAFT, WISSENSCHAFT
	Gründung der antimarxistischen »Christlich-sozialen Arbeiterpartei« durch Hofprediger Adolf Stoecker.	Fabrik- und Gewerbeinspektion zur Einhaltung von Arbeitsschutzvorschriften. Robert Koch veröffentlicht Auffindung unterscheidbarer Bakterienarten bei verschiedenen Wundinfektionskrankheiten. Erstes europäisches Krematorium in Gotha.
1879	Kaiserlicher Statthalter für Elsaß-Lothringen. Verschlechterung der deutsch-russischen Beziehungen nach dem Berliner Kongreß führt zu geheimem Defensivbündnis zwischen Deutschem Reich und Österreich-Ungarn (»Zweibund«). † Graf Albrecht von Roon, preußischer Kriegsminister (* 1803).	Verstaatlichung der Eisenbahn in Preußen. August Bebel: »Die Frau und der Sozialismus«. Heinrich von Treitschke: »Deutsche Geschichte im 19. Jahrhundert«. * Albert Einstein, Physiker, Nobelpreis 1921 († 1955). * Otto Hahn, Chemiker, Nobelpreis 1944 († 1968). * Max von Laue, Physiker, Nobelpreis 1914 († 1960). Albert Neißer entdeckt den Gonokokkus als Erreger des Trippers. Werner von Siemens baut elektrische Lokomotive. Konstantin Fahlberg entwickelt Saccharin aus Steinkohlenteer. Elektrisches Bogenlicht in Berlin (Leipziger Straße).
1880	Entscheidende Schwächung der Nationalliberalen durch Sezession der Linksliberalen.	Heinrich Stephan führt Fernsprecher bei der deutschen Post ein. Robert Koch, Karl Joseph Eberth, Georg T.A. Gaffky entdecken den Typhuserreger. Adolf Baeyer entwickelt den künstlichen Farbstoff Indigoblau.
1881	Das Deutsche Reich, Österreich-Ungarn und Rußland schließen geheimes Neutralitätsabkommen für den Fall des Angriffs einer 4. Macht (Drei-Kaiser-Vertrag). Die Sozialdemokraten erringen 12 Reichstagsmandate, die Konservativen erleiden bei den Wahlen schwere Verluste.	Erste elektrische Straßenbahn in Berlin (Siemens). Erste Ortsfernsprechnetze in Deutschland. Georg Meisenbach erfindet die Autotypie (Bilddruck durch Rasterätzung). West-Ost-Durchquerung Afrikas durch Hermann von Wissmann (Loanda – Sansibar). Heinrich Brugsch(-Bey) findet im »Tal der Könige« ein Grab mit 40 ägyptischen Königsmumien.

Der Fipps, das darf man wohl gesteh'n,

Ist nicht als Schönheit anzuseh'n.
Was ihm dagegen Wert verleiht,
Ist Rührig- und Betriebsamkeit.

Wenn wo was los, er darf nicht fehlen;
Was ihm beliebt, das muß er stehlen;
Wenn wer was macht, er macht es nach;
Und Bosheit ist sein Lieblingsfach.

Anfang von Wilhelm Buschs Bildergeschichte »Fipps der Affe«.

Elektrische Lokomotive von Siemens.

KULTUR

Adolph Menzel: »Das Ballsouper« (Gemälde).
Friedrich Nietzsche: »Menschliches – Allzumenschliches. Ein Buch für freie Geister«.

Erstes Realreformgymnasium in Altona.
Friedrich Theodor Vischer: »Auch Einer« (Roman).
† Gottfried Semper, Baumeister (* 1803).
Wilhelm Busch: »Fipps der Affe«.
* Paul Klee, Maler und Graphiker († 1940).
Max Liebermann: »Jesus unter den Schriftgelehrten« (Gemälde).
Gottfried Keller: »Der grüne Heinrich« (Roman).
Wilhelm Raabe: »Krähenfelder Geschichten«.
Carl Spitzweg: »Venezianische Bänkelsänger« (Gemälde).
Anton Bruckner: 6. Symphonie A-Dur.
Franz von Suppé: »Boccaccio« (Operette).

Konrad Duden gibt sein »Orthographisches Wörterbuch der deutschen Sprache« heraus.
Theodor Storm: »Die Söhne des Senators« (Novelle).
* Oswald Spengler, Kulturphilosoph († 1936).
Eröffnung des Opernhauses in Frankfurt/Main.
Vollendung des Kölner Doms.
† Anselm Feuerbach, klassizistischer Maler (* 1829).
Max Liebermann: »Altmännerhaus in Amsterdam« (Gemälde).
* Franz Marc, expressionistischer Maler (»Blauer Reiter«) († 1916).
Johannes Brahms: »Ungarische Tänze«.
† Jacques Offenbach, dt.-französ. Komponist (* 1819).

---

* Stefan Zweig, österreichischer Dichter († 1942).
Friedrich Nietzsche: »Morgenröte. Gedanken über moralische Vorurteile«.
Leopold von Ranke: »Weltgeschichte« (16 Bde. bis 1888).
† Johann Hinrich Wichern, Begründer der Inneren Mission und des Rauhen Hauses (* 1808).
Max Liebermann: »Waisenhaus in Amsterdam«, »Schuhmacherwerkstatt« (Gemälde).
Wilhelm Leibl: »In der Kirche« (Gemälde).
Johannes Brahms: »Akademische Festouvertüre«.
Jacques Offenbachs Oper »Hoffmanns Erzählungen« wird posthum uraufgeführt.
Anton Bruckner: 7. Symphonie E-Dur.

	Politik	Soziales, Wirtschaft, Wissenschaft
1882	Geheimes Verteidigungsbündnis (»Dreibund«) zwischen dem Deutschen Reich, Österreich-Ungarn und Italien für den Fall eines französischen Angriffs auf Italien oder Deutschland. Gründung des Deutschen Kolonialvereins.	Hermann von Helmholtz entwickelt quantitative Fassung der chemischen Affinität. Robert Koch entdeckt den Tuberkelbazillus. Max von Pettenkofer: »Handbuch der Hygiene« (mit Ziemssen). Berufsstruktur des Deutschen Reiches: Landwirtschaft 40 % Industrie 37 % Öffentlicher Dienst, freie Berufe 5,1 % Sonstige 8,4 %
1883	Bismarck will der Sozialdemokratie mit »Staatssozialismus« den Wind aus den Segeln nehmen: Beginn der Sozialgesetzgebung mit dem Krankenversicherungsgesetz. Beitritt des Deutschen Reiches zum geheimen Verteidigungsbündnis zwischen Österreich-Ungarn und Rumänien.	Nach dem Prinzip des Otto-Motors entwickelt Gottlieb Daimler den schnellaufenden Benzingasmotor. Ernst Mach: »Die Mechanik in ihrer Entwicklung«. Georg Cantor: »Grundlagen einer allgemeinen Mannigfaltigkeitslehre« (mathemat. Mengenlehre). * Otto Heinrich Warburg, Zellphysiologe, Medizinnobelpreis 1931 († 1970). August Bebel: »Die Frau und der Sozialismus«. † Karl Marx, Sozialwissenschaftler, Philosoph, Begründer des Marxismus (»historischer Materialismus«, »dialektischer Materialismus«, »wissenschaftlicher Sozialismus«) (* 1818).
1884	Intensive deutsche Kolonialpolitik: Carl Peters erwirbt Deutsch-Ostafrika, Übernahme des Schutzes der von Franz Lüderitz erworbenen Gebiete in Deutsch-Südwestafrika. Carl Peters gründet die »Deutsche Kolonialgesellschaft«. Gründung der linksliberalen »Deutschfreisinnigen Partei«. Gesetzliche Verankerung der Unfall-Pflichtversicherung durch Bismarck im Rahmen der Sozialgesetzgebung. * Theodor Heuss, freidemokratischer Politiker, erster Präsident der Bundesrepublik († 1963).	Gründung der Jenaer Glaswerke für optische Spezialgläser durch Ernst Abbe, Otto Schott und Carl Zeiss. Friedrich Engels: »Der Ursprung der Familie, des Privateigentums und des Staates«. Gottlieb Daimler und Wilhelm Maybach bauen Benzinmotor mit Glührohrzündung und hoher Drehzahl. Ottmar Mergenthaler entwickelt Setzmaschine für Schriftzeichen in Zeilenform (Linotype). * Friedrich Bergius, Chemiker und Industrieller, Nobelpreis 1931 († 1949). * Otto Meyerhof, Physiologe, Nobelpreis 1922 († 1951). Friedrich August Löffler entdeckt Diphtherieerreger, Robert Koch denjenigen der Cholera.
1885	Beginn der polenfeindlichen Politik der preußischen Regierung. Gründung der Deutsch-Ostafrikanischen Gesellschaft. Kaiserlicher Schutzbrief für die Ostafrikanische Gesellschaft. Deutschland erwirbt die Salomon- und Marschallinseln.	Erscheinen des 2. Bandes des »Kapitals« von Karl Marx. Carl Friedrich Benz entwickelt (gleichzeitig, aber unabhängig von Gottlieb Daimler) einen Einzylinder-Viertakt-Motor und stattet damit ein dreirädriges Fahrzeug aus (1886). Reinhard Mannesmann erfindet Walzverfahren für nahtlose Röhren. Paul Nipkow entwickelt rotierende Lochscheibe für Bildabtastung und -übertragung.

Richard Wagner.

Friedrich Nietzsche: »Die fröhliche Wissenschaft«.
* Eduard Spranger, Philosoph, Psychologe und Pädagoge († 1963).
Einführung der Oberrealschule (lateinlose höhere Schule).
Ernst Haeckel: »Die Naturanschauung von Darwin, Goethe und Lamarck«.
Wilhelm Busch: »Plisch und Plum« (Bildergeschichte).
Wilhelm Leibl: »Drei Frauen in der Dorfkirche« (Gemälde).
Richard Wagner: »Parsifal« (Bühnenweihefestspiel).
Gründung des Berliner Philharmonischen Orchesters.
Carl Millöcker: »Der Bettelstudent« (Operette).

---

* Karl Jaspers, Existential-Philosoph († 1969).
* Joachim Ringelnatz (eigentl. Bötticher), Dichter († 1934).
* Franz Kafka, deutschsprachiger tschechisch-jüdischer Dichter († 1924).

Wilhelm Dilthey: »Einleitung in die Geisteswissenschaften«.
Friedrich Nietzsche: »Also sprach Zarathustra«.
Rudolf von Ihering: »Der Zweck im Recht«.
Rudolf Sohm: »Institutionen des römischen Rechts«.
Wilhelm Busch: »Maler Klecksel« (Bildergeschichte).
Johannes Brahms: Symphonie Nr. 3 F-Dur.
† Friedrich von Flotow, Opernkomponist (* 1812).
† Richard Wagner, Opernkomponist (* 1813).
Gründung des deutschen Ruderverbandes.

Benz-Motorwagen.

† Emanuel Geibel, Dichter (* 1815).
† Heinrich Laube, Dichter, Bühnenleiter, Journalist (* 1806).
Theodor Storm: »Zur Chronik von Grieshuus« (Novelle).
† Ludwig Adrian Richter, Maler der Romantik (* 1803).
Anton Bruckner: 8. Symphonie c-Moll.
Gustav Mahler: »Lieder eines fahrenden Gesellen«.

Gründung der Goethe-Gesellschaft.
* Ina Seidel, Dichterin († 1974).
Ludwig Anzengruber: »Der Sternsteinhof« (Roman).
Hans von Marées: »Das goldene Zeitalter« (Gemälde).
† Carl Spitzweg, Maler (* 1808).
* Max Unold, Maler und Buchillustrator.
Vollendung des Schlosses Herrenchiemsee für Ludwig II.

August Weismann stellt Unsterblichkeit des Keimplasmas fest.
Erste Mustermesse in Leipzig.
Ernst von Bergmann führt keimfreie Chirurgie (Asepsis) ein.

1886 Versuch, mit dem Ansiedlungsgesetz für die Provinzen Posen und Westpreußen das Deutschtum in diesen Gebieten zu stärken.
Entmündigung (wegen Geisteskrankheit) und Selbstmord König Ludwigs II. von Bayern.
Ende des Drei-Kaiser-Bündnisses von 1873 zwischen Österreich, Rußland und dem Deutschen Reich infolge von Spannungen zwischen Rußland und Österreich-Ungarn (Bulgarienkrise).

Werner von Siemens: »Das naturwissenschaftliche Zeitalter«. Oskar Loew verwendet das von ihm entdeckte Formalin zur Desinfektion.
Karl Escherich entdeckt die Coli-Bakterien.
Eugen Goldstein entdeckt die Kanalstrahlen (positiv geladene Atome).
† Leopold von Ranke, Historiker (* 1795).

1887 Erneuerung des Dreibundes zwischen dem Deutschen Reich, Österreich-Ungarn und Italien.
Der Deutsche Reichstag stimmt der Heeresvermehrung auf sieben Jahre zu (»Septennat«).
Geheimes Neutralitätsabkommen (»Rückversicherungsvertrag«) zwischen Rußland und dem Deutschen Reich (bis 1890) mit Vereinbarung gegenseitiger wohlwollender Neutralität (dennoch Spannungen ab 1888); andererseits Förderung des gegen Rußland gerichteten Orient-Dreibundes zwischen Österreich-Ungarn, Italien und England durch Bismarck.
Papst Leo XIII. erklärt den »Kulturkampf« für beendet.

Gründung des »Evangelischen Bundes« gegen den Katholizismus.
Gottlieb Daimler konstruiert vierrädrigen Kraftwagen mit Benzinmotor.
Eröffnung der Physikalisch-Technischen Reichsanstalt als oberster Maß- und Gewichtsbehörde.
Wilhelm Hertz entdeckt die elektrischen Wellen.

1888 Die Veröffentlichung des Zweibund-Vertrages von 1879 zwischen dem Deutschen Reich und Österreich-Ungarn führt zur weiteren Heeresverstärkung.
Tod Kaiser Wilhelms I. (* 1797). Sein Sohn Kaiser Friedrich III., der schwerkrank den Thron besteigt, stirbt bereits nach drei Monaten (* 1831). Nachfolger wird Kaiser Wilhelm II., Sohn Friedrichs III.
Zollanschluß von Hamburg und Bremen an das Deutsche Reich.
Buschiriaufstand in Deutsch-Ostafrika, durch Major Hermann von Wissmann 1889 niedergeschlagen.

Wilhelm Hallwachs entdeckt den lichtelektrischen Effekt (Elektronenauslösung durch Licht).
† Friedrich Wilhelm Raiffeisen, Gründer der landwirtschaftlichen Kreditgenossenschaften (* 1818).

Franz Liszt.

Leopold von Ranke.

Apparate von Heinrich Hertz.

Le présent protocole fait partie intégrante du traité secret signé en ce jour à Berlin et aura même force et valeur.

En foi de quoi, les Plénipotentiaires respectifs l'ont signé et y ont apposé le sceau de leurs armes.

Fait à Berlin, le dix-huitième jour du mois de Juin mil huit cent quatre-vingt-sept.

Comte Bismarck

Comte Paul Schouvaloff

Letzte Seite des Rückversicherungsvertrages.

KULTUR

Johannes Brahms: Symphonie Nr. 4 e-Moll.
Anton Bruckner: »Tedeum«.
Johann Strauß (Sohn): »Der Zigeunerbaron« (Operette).

---

† Josef Viktor von Scheffel, Dichter (* 1826).
* Gottfried Benn, Dichter († 1956).
Friedrich Nietzsche: »Jenseits von Gut und Böse«.
* Rudolf Belling, Bildhauer († 1972).
* Oskar Kokoschka, österreichischer Maler, Graphiker und Dichter († 1980).
* Wilhelm Furtwängler, Dirigent und Komponist († 1954).
† Franz Liszt, Komponist und Pianist aus Ungarn (* 1811).
* Karl Barth, schweizerischer Theologe († 1968).
* Hermann Broch, österreichischer Dichter († 1951).

---

* Walter Flex, Dichter († 1917).
Marie Ebner- Eschenbach: »Das Gemeindekind« (Roman).
Hermann Sudermann: »Frau Sorge« (Roman).
† Friedrich Theodor Vischer, Dichter und Philosoph (* 1817).
* Ernst Wiechert, Dichter († 1950).
† Gustav Theodor Fechner, Philosoph und Psychologe (* 1801).
Friedrich Nietzsche: »Zur Genealogie der Moral«.
Wilhelm Busch: »Humoristischer Hausschatz«.
Max Klinger: »Parisurteil« (Gemälde).
Max Liebermann: »Flachsscheuer« Gemälde).
Hans von Marées: »Hesperiden« (Gemälde).
† Hans von Marées, Maler (* 1837).

Theodor Fontane: »Irrungen, Wirrungen« (Roman).
Gerhart Hauptmann: »Bahnwärter Thiel« (Erzählung).
Theodor Storm: »Der Schimmelreiter« (Novelle).
† Theodor Storm, Dichter (* 1817).
Max Liebermann: »Die Netzflickerinnen« (Gemälde).
Hugo Wolf: Mörike- und Eichendorff-Lieder.
Friedrich Engels: »Ludwig Feuerbach und der Ausgang der deutschen Philosophie«.
Rudolf Eucken: »Die Einheit des Geisteslebens in Bewußtsein und Tat der Menschheit«.
Friedrich Nietzsche: »Der Wille zur Macht«, »Die Umwertung aller Werte. Der Antichrist«, »Nietzsche contra Wagner«.

1889 * Ernst Reuter, sozialdemokratischer Politiker († 1953).
Der Reichstag nimmt das Invaliditäts- und Altersversicherungsgesetz an, das Bismarck in seinem Kampf gegen die Sozialdemokratie einsetzen will.
* Adolf Hitler, Begründer des deutschen Nationalsozialismus, Reichskanzler und »Führer« († 1945).
Wilhelm Liebknecht Führer der sozialdemokratischen Delegation beim Arbeiterkongreß in Paris (Gründung der »Zweiten Internationale«).
Bergarbeiterstreik in Westfalen, nach Audienz bei Kaiser Wilhelm II. Lohnerhöhung und Arbeitszeitverkürzung.

Gründung des Arbeiter-Samariter-Bundes.
Emil Adolph von Behring entdeckt die Antitoxine.
Hermann Hollerith erfindet die Lochkartenmaschine.
Otto Lilienthal: »Der Vogelflug als Grundlage der Fliegekunst«.
Oskar Minkowski und v. Mehring weisen Zusammenhang von Bauchspeicheldrüse und Zuckerkrankheit nach.
Gründung der Zeitschrift »Die Bodenreform« durch Adolf Damaschke.
Erstbesteigung des Kilimandscharo durch Hans Meyer und Purtscheller.
Michail von Dolivo-Dobrowolski entwickelt den ersten brauchbaren Drehstrommotor.

1890 Bismarck wird auf sein Gesuch von Kaiser Wilhelm II. entlassen, Nachfolger Leo von Caprivi.
Ende des deutschen Rückversicherungsvertrages mit Rußland (seit 1887) auf Grund der Haltung Caprivis und Wilhelms II. Andererseits englisch-deutsche Annäherung (Tauschvertrag Helgoland – Sansibar), die ihrerseits russisch-französische Verhandlungen (1892 Militärkonvention) bewirkt.
Erlöschen des Sozialistengesetzes von 1878. Erfolg der Sozialdemokraten bei den Reichstagswahlen: über 1,4 Millionen Stimmen, 35 Abgeordnete (bisher 12); Umbildung der »Sozialistischen Arbeiterpartei« zur »Sozialdemokratischen Partei Deutschlands«.

Generalkommission der Gewerkschaften Deutschlands unter Führung Karl Legiens.
»Internationale Arbeiterschutzkonferenz« in Berlin.
1. internationale Maifeiern.
Gründung von Arbeitgeberverbänden, Aussperrung in Hamburg.
Emil Hermann Fischer (Nobelpreis 1902) entwickelt die Traubenzuckersynthese.
Robert Koch erzeugt Tuberkulin (Diagnosemittel).
Emil Behring entwickelt die Heilbehandlung mit Blutserum.
Erste Gleitflüge von Otto Lilienthal.

1891 Erfurter Parteitag der Sozialdemokratischen Partei verabschiedet das stark marxistische Erfurter Programm.
Gründung des »Alldeutschen Verbandes«, der Vorkämpfer einer imperialistischen Politik nationalistischer Expansion als Reaktion auf die Sansibarverträge wird.
† Helmuth von Moltke, preuß. Feldherr der Kriege von 1866 und 1870/71.
† Ludwig Windthorst, eigentlicher Führer der Zentrumspartei und erbitterter Gegner Bismarcks (* 1812).

Große Kraftübertragungsversuche Frankfurt – Lauffen am Neckar anläßlich der Frankfurter Elektrizitätsausstellung durch Michail von Dolivo-Dobrowolski.
Reichsgesetz zur Regelung der Sonntagsruhe.
Arbeitszeitbegrenzung für Fabrikarbeiterinnen über 16 Jahre auf 11 Stunden täglich.
Steuerreform mit spürbarer Steuerermäßigung für niedrige Einkommen.
Friedrich Engels: »Die Entwicklung des Sozialismus von der Utopie zur Wissenschaft«.
Ernst Abbe begründet Carl-Zeiss-Stiftung mit Gewinnbeteiligung der Arbeiter.

1892 Gründung der pazifistischen »Deutschen Friedensgesellschaft« in Berlin durch Bertha v. Suttner.

Emil von Behring entdeckt das Diphtherieserum.
Ferdinand Graf von Zeppelin beginnt sich mit dem Bau eines lenkbaren Luftschiffes zu beschäftigen.

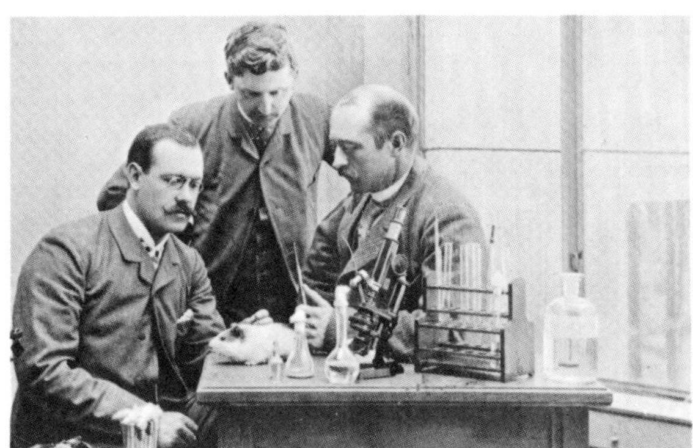

Behring (rechts) infiziert ein Meerschweinchen.

Programm
der
Sozialdemokratischen Partei Deutschlands
beschlossen auf dem Parteitag zu Erfurt 1891.

Die Sozialdemokratische Partei Deutschlands kämpft also nicht für neue Klassenprivilegien und Vorrechte, sondern für die Abschaffung der Klassenherrschaft und der Klassen selbst und für gleiche Rechte und gleiche Pflichten Aller ohne Unterschied des Geschlechts und der Abstammung. Von diesen Anschauungen ausgehend bekämpft sie in der heutigen Gesellschaft nicht blos die Ausbeutung und Unterdrückung der Lohnarbeiter, sondern jede Art der Ausbeutung und Unterdrückung, richte sie sich gegen eine Klasse, eine Partei, ein Geschlecht oder eine Rasse.

Erfurter Programm der SPD.

Gerhart Hauptmann auf der Insel Hiddensee.

† Ludwig Anzengruber, österreichischer Dichter (* 1839).
Gerhart Hauptmann: »Vor Sonnenaufgang« (Schauspiel).
Hermann Sudermann: »Ehre« (Schauspiel), »Der Katzensteg« (Roman).
Gründung des Theatervereins »Freie Bühne« durch Maximilian Harden, Hart und Theodor Wolff.
Friedrich Nietzsche: »Götzendämmerung«, »Ecce homo«; Nietzsche fällt in geistige Umnachtung.
† Albrecht Ritschl, Theologe (* 1822).
Bertha von Suttner: »Die Waffen nieder« (Roman).
* Gerhard Marcks, Bildhauer und Graphiker (Bauhaus) († 1981).
Richard Strauß: »Don Juan« (Tondichtung).

Gerhart Hauptmann: »Das Friedensfest« (Schauspiel).
† Gottfried Keller, schweizerischer Dichter (* 1819).
* Kasimir Edschmid, expressionistischer Dichter († 1966).
* Walter Hasenclever, expressionistischer Dichter († 1940).
* Franz Werfel, österreichischer Dichter († 1945).
Gründung der »Freien Volksbühne« in Berlin.
† Heinrich Schliemann, Archäologe (* 1822).
Gründung des »Evangel.-Sozialen Kongresses zur Bekämpfung sozialer Mißstände« (Adolf Stoecker, Alfred Weber, Friedrich Naumann, Adolf von Harnack u.a.).
Gründung des »Deutschen Gymnasialvereins« zur Erhaltung des humanistischen Gymnasiums.
Max Liebermann: »Frau mit Ziegen« (Gemälde).

Gerhard Hauptmann: »Einsame Menschen« (Schauspiel).
* Klabund (Alfred Henschke), Dichter († 1928).
Conrad Ferdinand Meyer: »Angela Borgia« (Novelle).
Hermann Sudermann: »Sodoms Ende« (Schauspiel).
Frank Wedekind: »Frühlings Erwachen« (Schauspiel).
Gustav Wustmann: »Allerhand Sprachdummheiten« (Sprachlehre).
Gründung des Schlierseer Bauerntheaters.
* Otto Dix, realistischer Maler († 1969).
† Gottfried Keller, schweizerischer Dichter (* 1819).
Richard Strauß: »Tod und Verklärung« (Tondichtung).
Gustav Mahler: 1. Symphonie D-Dur.
Karl Zeller: »Der Vogelhändler« (Operette).

Gerhart Hauptmann: »Die Weber« (Schauspiel), »Kollege Crampton« (Lustspiel).
Friedrich Paulsen: »Einleitung in die Philosophie«.

Maximilian Harden gründet »Die Zukunft«, Wochenschrift für Politik und öffentliches Leben, Theater, Kunst und Literatur, nimmt Partei für Bismarck gegen Caprivi, Sudermann und die »Hofkamarilla« um Wilhelm II.

Handelsgesetzgebung schafft die Gesellschaftsform der Gesellschaft mit beschränkter Haftung (GmbH).
† Werner von Siemens, Ingenieur und Unternehmer (* 1816).
Gründung der Biologischen Anstalt Helgoland.
Gründung der Berliner Bau- und Wohnungsgenossenschaft.
Gründung des Arbeiter-Turn- und Sportbundes.
Choleraepidemie in Hamburg (letztmalig in Deutschland).
August Bebel: »Christentum und Sozialismus«.
Karl Ludwig Schleich praktiziert örtliche Betäubung mit verdünnter Kokainlösung.

1893 Nach Auflösung des Reichstags neue Militärvorlage: weitere Verstärkung des Heeres, Einführung der zweijährigen Dienstzeit.
Bei den Reichstagswahlen erringen die Sozialdemokraten neue Erfolge (insges. 1,7 Millionen Wähler). Gründung des konservativen »Bundes der Landwirte«.
Reform des Dreiklassenwahlrechts (Urwahlbezirke) erlaubt nun auch Arbeitern mit geringem Steueraufkommen den Aufstieg in die zweite oder erste Klasse.

Rudolf Diesel baut den Dieselmotor (bis 1897).
Julius Elster und Hans Friedrich Geitel erfinden die Alkali-Photozelle.
Walther Nernst: »Theoretische Chemie«.
Paul Ehrlich begründet die Chemo-Therapie.
Helene Lange gründet Zeitschrift »Die Frau« und setzt sich besonders für die Verbesserung des Mädchenschulwesens ein.
Gottlob Frege begründet die Logistik (mathem. Logik).

1894 Abschluß und Ratifizierung des deutsch-russischen Handelsvertrages gegen den Widerstand deutscher Agrarkreise.
Chlodwig Fürst zu Hohenlohe-Schillingsfürst (* 1819, † 1901) Reichskanzler als Nachfolger Caprivis (bis 1900).

Gründung des »Bundes deutscher Frauenvereine«, der für die Gleichberechtigung der Frau kämpft.
Beginn der christlichen Gewerkschaftsbewegung; Gründung der Eisenbahngewerkschaft in Trier.
Erscheinen der (sozialdemokr.) »Leipziger Volkszeitung«.
Friedrich Engels gibt den dritten Teil des »Kapitals« von Marx heraus.
Ernst Haeckel: »Systematische Phylogenie« (Stammesgeschichte der Lebewesen).
† Hermann von Helmholtz, Naturforscher und Mediziner (* 1821).
Max Rubner stellt das Energieerhaltungsgesetz für Lebewesen auf.

1895 Reichstag lehnt mit 163 : 146 Stimmen Glückwunsch zum 80. Geburtstag Bismarcks ab.
* Kurt Schumacher, sozialdemokratischer Politiker († 1952).
† Friedrich Engels, führender Theoretiker des Marxismus, Freund von Karl Marx (* 1820).

August Bebel: »Die Sozialdemokratie und das allgemeine Wahlrecht«.
† Luise Otto-Peters, Gründerin des »Allgemeinen Deutschen Frauenvereins« (* 1819).
Sigmund Freud und Josef Breuer: »Studien über Hysterie« (Begründung der Psychoanalyse).
Gründung der kath. Abstinenzliga gegen Alkoholmißbrauch.
Carl von Linde verflüssigt Luft bei -191° C.
Wilhelm Conrad Röntgen entdeckt die »X-Strahlen« (Röntgenstrahlen).

Erster Motor von Rudolf Diesel.

Conrad Röntgen bei der Untersuchung mit seinem Strahlengerät.

Ernst Haeckel: »Der Monismus. Glaubensbekenntnis eines Naturforschers«.
Gründung der Münchner Sezession (mit Fritz v. Uhde, Franz v. Stuck u.a.).
Anton Bruckner: »Der 150. Psalm«.

Max Halbe: »Jugend« (Trauerspiel).
Gerhart Hauptmann: »Der Biberpelz« (Lustspiel).
Arthur Schnitzler: »Anatol« (Schauspiel).
* George Grosz, sozialkritischer Maler und Graphiker († 1959).
Max Liebermann: »Reiter und Reiterin« (Gemälde).
Engelbert Humperdinck: »Hänsel und Gretel« (Oper).
Erster deutscher Skiklub im Schwarzwald.

Gerhart Hauptmann: »Hanneles Himmelfahrt« (Schauspiel).
»Deutsches Theater« in Berlin: Otto Brahm führt »Die Weber« von Hauptmann auf; daraufhin Kündigung der Hofloge.
Wilhelm Dilthey: »Ideen über eine beschreibende und zergliedernde Psychologie«.
Rudolf Steiner: »Die Philosophie der Freiheit. Grundzüge einer modernen Weltanschauung«.
Paul Wallot vollendet das Reichstagsgebäude in Berlin.
Anton Bruckner: 9. Symphonie d-Moll (unvollendet).
Daimlerwagen siegt im ersten internationalen Autorennen Paris – Rouen.

Theodor Fontane: »Effi Briest« (Roman).
† Gustav Freytag, Dichter (* 1816).
Ludwig Ganghofer: »Schloß Hubertus« (Roman).
Frank Wedekind: »Erdgeist« (Schauspiel).
Käthe Kollwitz: »Weberaufstand« (Radierungen).
Hans Pfitzner: »Der arme Heinrich« (Oper, Uraufführung).
Richard Strauß: »Till Eulenspiegels lustige Streiche«.
Gustav Mahler: Symphonie c-Moll.
† Franz von Suppé, österr. Operettenkomponist (* 1819).

	POLITIK	SOZIALES, WIRTSCHAFT, WISSENSCHAFT
		Eröffnung des Nord-Ostsee-Kanals (Kaiser-Wilhelm-Kanal). Erste Filmvorführung durch die Gebrüder Skladanowsky im Berliner »Wintergarten«.
1896	Kaiser Wilhelm II. beglückwünscht den Präsidenten der Burenrepublik Krüger zur Liquidation des Einfalls einer bewaffneten Truppe in Transvaal unter dem Briten Sir Leander Jameson, durch den Krüger gestürzt werden sollte. »Krügerdepesche« verstimmt England. Gründung des »Nationalsozialen Vereins« durch Friedrich Naumann. Dreiklassenwahlrecht in Sachsen. Theodor Herzl, jüdisch-österreichischer Journalist, erhebt in seinem Werk »Der Judenstaat« die Forderung nach jüdischer Heimstätte in Palästina (Zionismus).	Gründung der »Deutschen Graphologischen Gesellschaft« durch Ludwig Klages u.a. Richard Hertwig gelingt die künstliche Befruchtung des Seeigeleis mit Strychnin. Otto Lilienthal (* 1848) verunglückt tödlich bei einem seiner Gleitflüge. Erste erfolgreiche Herznaht durch Ludwig Rehn. Johannes Thienemann beginnt die Erforschung des Vogelzuges. Gründung der »Stadtkölnischen Versicherungskasse gegen Arbeitslosigkeit im Winter«. Verabschiedung des Bürgerlichen Gesetzbuches (BGB).
1897	Vorläufige Niederschlagung des Hottentottenaufstandes in Deutsch-Südwestafrika. China verpachtet Kiautschou auf 99 Jahre an Deutschland.	Eduard Buchner entdeckt die Zymase (zellfrei wirkendes Hefeferment). Entwicklung des Kunststoffs Galalith durch Krische und Spitteler. Carl Zeiss fertigt Prismenfernrohre. Technische Herstellung von künstlichem Indigo durch die Badische Anilin- und Soda-Fabrik. † Heinrich Stephan, Generalpostmeister, Initiator des Weltpostvereins (* 1831). Gründung des »Deutschen Caritasverbandes« (kath. Wohlfahrtsverband).
1898	† Fürst Otto von Bismarck, Gründer des Deutschen Reichs 1871 und dessen Kanzler 1871-1890 (* 1815). Beginn des deutschen Flottenbaus (Staatssekretär im Reichsmarineamt Alfred von Tirpitz). Bei den Reichstagswahlen überschreiten die Sozialdemokraten die Zweimillionen-Wähler-Grenze und erringen 56 Mandate.	Karl Ferdinand Braun entwickelt die »Braunsche Röhre« (Kathodenstrahl-Leuchtschirm-Röhre). Adolf Frank und Heinrich Caro entwickeln Verfahren zur Gewinnung und Verwertung von Kalkstickstoff. Robert Koldewey beginnt mit der Ausgrabung Babylons. Hildegard Wegscheider erlangt in Halle als erste preußische Abiturientin den Doktorgrad. Verurteilung Thomas Theodor Heines zu 6 Monaten Gefängnis wegen Majestätsbeleidigung im »Simplicissimus«.
1899	Das Deutsche Reich erweitert seinen Kolonialbesitz, indem es von Spanien die Karolinen-, Marianen- und Palauinseln erwirbt und sich mit den Vereinigten Staaten in die Samoainseln teilt.	Reichstag lehnt Zuchthausstrafen für Streikführer ab (seit 1890 3750 Streiks mit 405 000 Beteiligten). Karl Legien: »Das Koalitionsrecht der deutschen Arbeiter in Theorie und Praxis«.

Kaiserjacht »Hohenzollern« im Kaiser-Wilhelm-Kanal.

Frauenturnen in der Deutschen Turnerschaft.
Josef Anton Sickinger schafft das »Mannheimer Schulsystem« (Begabungsklassen an der Volksschule).

Gerhart Hauptmann: »Die versunkene Glocke«, »Florian Geyer« (Schauspiel).
Rudolf Eucken: »Der Kampf um einen geistigen Lebensinhalt«.
Eduard von Hartmann: »Kategorienlehre«.
† Heinrich von Treitschke, Historiker (* 1834).
Gründung der politisch-satirischen Wochenschrift »Simplicissimus« in München durch Albert Langen und Thomas Theodor Heine.
Gründung der Zeitschrift »Jugend« in München.
† Anton Bruckner, österr. Komponist (* 1824).
Richard Strauß: »Also sprach Zarathustra« (Tondichtung).
Erste Olympische Spiele der Neuzeit in Athen.

Theodor Fontane.

Max Halbe: »Mutter Erde« (Schauspiel).
Rainer Maria Rilke: »Traumgekrönt« (Gedichte).
Stefan George: »Das Jahr der Seele« (Dichtung).
† Wilhelm Heinrich von Riehl, Sozialphilosoph (* 1823).
† Johannes Brahms, Komponist (* 1833).
Hans Pfitzner: »Die Rose vom Liebesgarten« (Oper).

»Simplicissimus«. Titelbildentwurf von Th.Th.Heine.

Otto von Bismarck: »Gedanken und Erinnerungen« (posthum).
* Bertolt Brecht, Dramatiker († 1956).
† Theodor Fontane, norddeutscher Dichter (* 1819).
Gerhart Hauptmann: »Fuhrmann Henschel« (Schauspiel).
† Conrad Ferdinand Meyer, schweizerischer Dichter (* 1825).
Max Slevogt, Max Liebermann u.a. gründen die Berliner Sezession.
Hermann Lietz gründet erstes Landerziehungsheim.
Leopold Ullstein gründet die »Berliner Morgenpost«.
Errichtung der »Deutschen Sportbehörde für Leichtathletik«.

Ludwig Ganghofer: »Das Schweigen im Walde« (Roman).
Hugo von Hofmannsthal: »Der Tor und der Tod« (Schauspiel).

	POLITIK	SOZIALES, WIRTSCHAFT, WISSENSCHAFT
	Englandfreundliche Haltung während des Burenkriegs, aber Ablehnung von Bündnisverhandlungen. Deutschland erhält von der Türkei die Konzession zum Bau der Bagdadbahn. Sein wachsender Einfluß in Kleinasien erregt das Mißtrauen Englands und Rußlands. Eduard Bernstein vertritt in der SPD »revisionistische« Thesen. Zusammenprall von Radikalen und Revisionisten auf dem Parteitag von Hannover.	Ernst von Bergmann: »Die chirurgische Behandlung der Hirnkrankheiten«. Julius Elster und Hans Friedrich Geitel erkennen Atomzerfall als Ursache der Radioaktivität und begründen so die Kernphysik. David Hilbert: »Grundlagen der Geometrie«. Otto Lummer und Ernst Pringsheim messen die Ausstrahlung eines schwarzen erhitzten Körpers. Heinrich Dreser entwickelt »Aspirin«.
1900	Zweites Flottengesetz sieht starke Erweiterung der deutschen Flottenstärke bis 1917 vor. Bernhard Fürst von Bülow wird Reichskanzler (bis 1909). Deutsche Teilnahme beim Eingreifen der Großmächte in China zur Niederwerfung des Boxeraufstandes; Vereinbarung einer »Politik der offenen Tür« in China. † Wilhelm Liebknecht, Führer der deutschen Sozialdemokratie (* 1826).	Georg Knorr entwickelt die Knorr-Einkammer-Schnellbremse (Luftdruckbremse). Max Planck begründet die Quantentheorie. Erste Zeppelinfahrt. Eröffnung der Wetterstationen auf Schneekoppe und Zugspitze. Sigmund Freud: »Die Traumdeutung«. Erste Auto-Kraftdroschke in Berlin. Errichtung der Handwerkskammer in Berlin. Inkrafttreten des Bürgerlichen Gesetzbuches (BGB).
1901	Scheitern der erneuerten deutsch-englischen Bündnisgespräche. Polnische Protestversammlungen gegen die preußische Schulpolitik in der Provinz Posen werden von den Behörden streng geahndet; hiergegen Solidaritätsaktionen der Polen aller Teilungsgebiete und internationale Pressekritik an der preußischen Polenpolitik.	Nobelpreise für Röntgen (»X-Strahlen«) und von Behring (Diphtherie-Serum). Arthur Berson und Reinhard Süring erreichen im offenen Freiballon eine Höhe von 10 800 m. Wilhelm Maybach konstruiert das erste Mercedes-Automobil der Daimlerwerke. Erstes europäisches Fernheizwerk in Dresden. Dampfer »Deutschland« empfängt Telegramme aus 150 km Entfernung. Gesamtverband christlicher Gewerkschaften Deutschlands. Gründung der »Wandervogel«-Jugendbewegung durch Karl Fischer.
1902	Dreibund zwischen Deutschland, Österreich-Ungarn und Italien erneuert. Neuer deutscher Zolltarif verankert Schutzzölle für die Landwirtschaft.	Emil Fischer erhält den Chemie-Nobelpreis für seine Zucker- und Eiweißforschung; er weist im selben Jahr den Aufbau der Eiweißstoffe nach. Robert Bosch entwickelt Hochspannungs-Magnetzündung für Kraftfahrzeugmotoren. Erich von Drygalski entdeckt auf Antarktisexpedition das Kaiser-Wilhelm-II.-Land.

Friedrich Nietzsche auf dem Krankenbett.

Karl Kraus gründet die Zeitschrift »Die Fackel«.
Christian Morgenstern: »Ich und die Welt« (Lyrik).
Ludwig Thoma wird Schriftleiter des »Simplicissimus«.
Ernst Haeckel: »Die Welträtsel«.
Käthe Kollwitz: »Aufruhr« (Radierung).
Künstlervereinigung »Die Scholle« in München.
† Johann Strauß (Sohn), österr. Komponist (* 1825).
Richard Strauß: »Ein Heldenleben« (sinfon. Dichtung).
† Karl Millöcker, österr. Komponist (* 1842).

Jungfernflug von Zeppelins »LZ1«.

Gerhart Hauptmann: »Michael Kramer« (Schauspiel).
Heinrich Mann: »Im Schlaraffenland« (Roman).
Jakob Wassermann: »Die Geschichte der jungen Renate Fuchs« (Roman).
Frank Wedekind: »Der Kammersänger« (Bühnenstück).
Arthur Schnitzler: »Der Reigen«.
Eduard von Hartmann: »Die Geschichte der Metaphysik«.
† Friedrich Nietzsche, Philosoph (* 1844).
Adolf von Harnack: »Das Wesen des Christentums«.
Käthe Kollwitz: »Mutterhände« (Lithographie).
† Wilhelm Leibl, Maler (* 1844).
* Kurt Weill, Komponist († 1950).
Gründung des Deutschen Fußballbundes (DFB).

»Germans to the front«. Gemälde zum deutschen Truppeneinsatz im Boxeraufstand.

Gerhart Hauptmann: »Der arme Heinrich« (Schauspiel).
Ricarda Huch: »Aus der Triumphgasse« (Lebensskizzen).
Thomas Mann: »Die Buddenbrooks« (Roman).
Frank Wedekind: »Der Marquis von Keith« (Schauspiel).
Arthur Schnitzler: »Leutnant Gustl« (Novelle).
Edmund Husserl: »Logische Untersuchungen«.
Rudolf Steiner begründet die Anthroposophie.
Max Weber: »Die protestantische Ethik und der Geist des Kapitalismus«.
Wilhelm Wundt: »Einleitung in die Philosophie«.
† Arnold Böcklin, schweizerischer Maler (* 1827).
* Werner Egk, Komponist († 1983).
Richard Strauß: »Feuersnot« (Oper).

Theodor Mommsen erhält den Literatur-Nobelpreis.
Ricarda Huch: »Ausbreitung und Verfall der Romantik«.
Rainer Maria Rilke: »Buch der Bilder« (Gedichte).
Peter Rosegger: »Als ich noch der Waldbauernbub war« (Erzählung).
Ludwig Thoma: »Die Lokalbahn« (Komödie).

Hugo Junkers entwickelt Gasbadeofen.
† Rudolf Virchow, Mediziner und Politiker (* 1821).
Werner Sombart: »Der moderne Kapitalismus«.
† Auguste Schmidt, Frauenrechtlerin, Mitbegründerin des Allgemeinen Deutschen Frauenvereins (* 1833).
Gründung der »Deutschen Burschenschaft«.

1903 Das Zentrum geht aus den Reichstagswahlen als die stärkste Partei hervor (Zentrum 100 Sitze, Sozialdemokraten 81, Konservative 52, Nationalliberale 50, Dt. Freisinnige Volkspartei 21, Dt. Reichspartei 20, Polen 16, übrige 60).
Heftige Auseinandersetzungen auf dem Dresdner Parteitag der Sozialdemokraten zwischen den Parteiflügeln insbesondere wegen der Mitarbeit an bürgerlichen Presseorganen. Unterliegen der Revisionisten.
Zusammenschluß der »National-Sozialen Partei« Friedrich Naumanns mit der »Freisinnigen Vereinigung«.

Kinderschutzgesetz betr. Kinderarbeit verabschiedet.
Karl Legien Vorsitzender der Internationalen Vereinigung der Gewerkschaften.
Scheitern des Streiks der Krimmitschauer Textilarbeiter um den 10-Stunden-Tag.
Einführung der Maschinenunfallversicherung.
Gründung von »Siemens-Schuckert« und »Telefunken«.
Gründung des »Zentralverbandes deutscher Konsumgenossenschaften«.
Wilhelm Einthoven entwickelt Elektrokardiographie.
* Adolf Friedrich Butenandt, Chemiker, Nobelpreis 1939.
Elektrische Schnellbahn erreicht bei Zossen 210 km/h.
Eröffnung der Schwebebahn Elberfeld – Barmen.

1904 Aufstände der Hereros und der Hottentotten in Deutsch-Südwestafrika.
General von Liebert gründet »Reichsverband gegen die Sozialdemokratie« (bis 1914).
»Entente cordiale« zwischen England und Frankreich; kolonialpolitischer Interessenausgleich in Nordafrika.

Errichtung von Kaufmannsgerichten (Vorläufer der Arbeitsgerichte).
Vollendung der von Deutschland erbauten Shantungbahn.
Hermann Anschütz-Kaempfe erfindet den Kreiselkompaß.
Theodor Boveri erkennt in den Chromosomen die Träger der Erbanlagen.
Arthur Korn gelingt Bildtelegraphie München – Nürnberg.
Deutsche Truppen verwenden während des Hereroaufstandes erstmals drahtlose Telegraphie.
Bau der ersten deutschen Gasfernleitung Lübeck – Travemünde.
Richard Küch konstruiert Quarzlampe als Ultraviolett-Lichtquelle (Höhensonne).

1905 Abschluß eines deutsch-russischen Verteidigungsbündnisses in Björkoe zwischen Wilhelm II. und Nikolaus II. ohne Wirkung, da ohne Rückhalt bei den Ministern.
Festsetzung der deutschen Dienstpflicht auf zwei Jahre.
Erste Marokkokrise: Wilhelm II. besucht Tanger, um deutsche Handelsinteressen in Marokko gegenüber den französischen durchzusetzen.

Nobelpreis an Philipp Lenard (Physik, Erforschung des Durchgangs von Kathodenstrahlen durch Materie), Adolf von Baeyer (Chemie, Indigosynthese) und Robert Koch (Medizin, Tuberkuloseforschung).
Albert Einstein stellt die Theorie der Brownschen Molekularbewegung auf, erweitert die Plancksche Quantentheorie und zieht mit der Speziellen Relativitätstheorie die Folgerungen aus dem Prinzip der Konstanz der Lichtgeschwindigkeit.

Verurteilung von Gefangenen im Hereroaufstand.

Die Indigo-Formel, mitgeteilt in einem Brief Adolf von Baeyers.

Rudolf Stammler: »Lehre vom richtigen Recht«.
Emil Nolde: »Mein Vater« (Gemälde).
Hans Thoma: »Christus auf dem Meere«, »Christus mit Magdalena« (Wandgemälde, Peterskirche Heidelberg).
Karl Ernst Osthaus gründet Folkwangmuseum in Hagen.
Gleichberechtigung der realen und gymnasialen Vollanstalten in Preußen.

Gerhart Hauptmann: »Rose Bernd« (Schauspiel).
Hugo v. Hofmannsthal: »Das kleine Welttheater«, »Elektra« (Schauspiel).
Stefan George: »Tage und Taten« (Essays).
† Theodor Mommsen, Historiker, Literatur-Nobelpreis 1902 (* 1817).
Heinrich Mann: »Die Göttinnen oder Die drei Romane der Herzogin von Assy« (Trilogie).
Thomas Mann: »Tristan« (Novelle).
Alfred Kubin: 1. Mappe phantastischer Zeichnungen.
Max Liebermann: »Polospiel« (impression. Gemälde).
Gründung des Deutschen Museums in München durch Oskar v. Miller.

Wilhelm Busch: »Zu guter Letzt« (Gedichtsammlung).
Hermann Hesse: »Peter Camenzind« (Roman).
Ricarda Huch: »Von den Königen und der Krone« (Roman).
Sigmund Freud: »Zur Psychopathologie des Alltagslebens«.
Leo Frobenius beginnt Forschungsreisen nach Afrika.
Lovis Corinth: »Frauenraub« (Gemälde).
† Franz von Lenbach, Maler (* 1836).
Ernst von Ihne vollendet das Kaiser-Friedrich-Museum in Berlin.
Vollendung des Armeemuseums in München.
Fritzi Massary am Metropoltheater Berlin verpflichtet.
Franz Lehár: »Der Göttergatte« (Operette).

Hermann Hesse: »Unterm Rad« (Roman).
Siegfried Jacobsohn gründet die theaterkritische Zeitschrift »Die Schaubühne« (später »Weltbühne«).
Heinrich Mann: »Professor Unrat« (Roman).
Ludwig Thoma: »Lausbubengeschichten«.
Max Reinhardt übernimmt Deutsches Theater Berlin, verpflichtet Paul Wegener.
Wilhelm Dilthey: »Das Erlebnis und die Dichtung«.

Gründung des »Deutschen Städtetages«, damit Beginn moderner Kommunalpolitik.
Gründung der »Gesellschaft zur Förderung der inneren Kolonisation« (Kleinsiedlungswesen).

Fritz Schaudinn entdeckt den Erreger der Syphilis.
IG-Farben-Verfahren zur Herstellung von Salpetersäure.
Beginn des Baus des Mittellandkanals zwischen Rhein und Elbe (bis 1938).

1906 Konferenz von Algeciras: diplomatische Niederlage der deutschen Marokkopolitik.
Beschleunigte Vermehrung der Kriegsflotte, Steuererhöhungen (erstmals direkte Steuern auf Erbschaft und Vermögenszuwachs).
Auflösung des Reichstags (wegen Opposition von SPD und Zentrum in der Kolonialpolitik).
Maximilian Harden löst die Affäre um Graf Eulenburg am kaiserlichen Hof aus.
Der Schuhmacher Wilhelm Voigt betätigt sich als »Hauptmann von Köpenick«.

Einführung der Lungenflügelstillegung durch Pneumothorax durch Ludolph Brauer.
Albert Einstein stellt Gesetz der Gleichwertigkeit von Masse und Energie auf.
Emil Fischer: »Untersuchungen über Aminosäuren, Polypeptide und Proteine«.
Scharfenberg entwickelt die autom. Eisenbahnkupplung.
Robert Koch entdeckt die Wirksamkeit von Arsenpräparaten bei der Bekämpfung der Schlafkrankheit.
August von Parseval konstruiert unstarres Prall-Luftschiff (45 km/h bei 90 PS).
Herstellung des ersten Bildübertragungsgeräts unter Verwendung einer Braunschen Röhre.

1907 Gegen das Zentrum schließt sich im Reichstag der Bülowsche Block der Rechtsparteien zusammen.
Niederwerfung des Herero-Aufstandes in Deutsch-Südwestafrika.
Internationaler Sozialistenkongreß in Stuttgart beschließt, einen eventuellen Krieg zum Sturz der kapitalistischen Ordnung auszunutzen.
Entente cordiale von 1904 zwischen England und Frankreich wird auf Tripelentente mit Rußland erweitert. Ohne offensiv gegen Deutschland gerichtet zu sein, trägt sie doch zu dessen Isolierung bei.

Gründung des Deutschen Bundes für Mutterschutz.
Verabschiedung des Preußischen Gesetzes gegen Verunstaltung von Ortschaften und Landschaften.
Eduard Buchner erhält Chemie-Nobelpreis für zellfreie Gärung durch Zymase.
† Ernst von Bergmann, Chirurg, Begründer der Asepsis und der Hirnchirurgie (* 1836).
Hugo Junkers erfindet den Doppelkolbenmotor.
Arthur Korn gelingt Bildtelegraphie München – Berlin – Paris – London.
Otto Hahn entdeckt die radioaktiven Elemente Radiothor, Radioactinium, Mesothor I und II.
Karl Hagenbeck gründet den Tierpark Hamburg-Stellingen.

1908 »Daily-Telegraph«-Interview Kaiser Wilhelms II.
Preußisches Gesetz zur Enteignung polnischen Landbesitzes erregt scharfe internationale Kritik.
Verabschiedung des Tirpitzschen Flottengesetzes bahnt Deutschland den Weg zur zweitgrößten Seemacht nach England.
Liberalisierung des Vereinswesens durch Vereinsgesetz.
Gründung des »Vereins für das Deutschtum im Ausland« (VDA, Nachfolger des »Deutschen Schulvereins«).
Deutschland unterstützt Österreich-Ungarn bei der Annexion Bosniens und der Herzegowina.

Paul Ehrlich erhält zusammen mit I. Metschnikow (Rußld.) den Medizin-Nobelpreis (für Immunitätsforschung).
Johann Schütte baut sein erstes Starrluftschiff.
Hildesheim erhält erstes deutsches Fernsprech-Selbstanschlußamt für Ortsgespräche.
Zeppelin-Unglück von Echterdingen; Nationalspende von 6 Millionen Mark ermöglicht aber Zeppelin Gründung der Luftschiffbau Zeppelin GmbH.
Erstes europäisches Familienfreibad in Berlin-Wannsee.
Joseph Schumpeter: »Wesen und Hauptinhalt der theoretischen Nationalökonomie«.
Gründung des Internationalen Bundes der christlichen Gewerkschaften mit Sitz in Köln.

Lovis Corinth: »Rudolf Rittner als ›Florian Geyer‹«.

† Adolph Menzel, Maler und Graphiker (* 1815).
Erich Heckel, Ernst Ludwig Kirchner und Karl Schmidt-Rottluff gründen die Künstlervereinigung »Brücke«.
Richard Strauss: »Salome« (Oper).
Gründung des »Deutschen Skiverbandes«.

Gerhart Hauptmann: »Und Pippa tanzt« (Schauspiel).
Ricarda Huch: »Die Verteidigung Roms«.
Hermann Löns: »Mein braunes Buch«.
Frank Wedekind: »Totentanz« (Schauspiel).
Max Reinhardt gründet das »Kleine Haus« des Deutschen Theaters in Berlin.
Gründung des freidenkerischen »Deutschen Monistenbundes« unter Ernst Haeckel.
Max Weber: »Kritische Studien auf dem Gebiete der kulturwissenschaftlichen Logik«.
Lovis Corinth: »Florian Geyer« (Gemälde).
Konfessionelle Volksschule in Preußen.
Gründung der Handelshochschule in Berlin.

Adolph Menzel.

Wilhelm Busch.

Stefan George: »Der siebente Ring« (Gedichte).
Ricarda Huch: »Geschichten von Garibaldi« (Roman).
Agnes Miegel: »Balladen und Lieder«.
Ludwig Thoma: »Kleinstadtgeschichten«.
Willy Hellpach: »Die geistigen Epidemien« (Sozialpsychologie).
Gründung des Schiller-Theaters in Berlin.
Ferdinand Tönnies: »Das Wesen der Soziologie«.
Gründung des »Keplerbundes« gegen Monismus.
Ludwig Hoffmann vollendet Märkisches Museum Berlin.
† Paula Modersohn-Becker, express. Malerin (* 1876).
Max Reger: »Hiller-Variationen«.
Oscar Strauß: »Ein Walzertraum« (Operette).

Familienfreibad Wannsee.

Literatur-Nobelpreis für Rudolf Eucken.
Ricarda Huch: »Menschen und Schicksale aus dem Risorgimento«.
Rainer Maria Rilke: »Neue Gedichte«.
Max Beckmann: »Unterhaltung« (Gemälde).
† Wilhelm Busch, humoristischer Zeichner und Dichter (* 1832).
Oskar Kokoschka: »Trancespieler«, »Dent du Midi« (Gemälde).
Eröffnung des »Münchner Künstlertheaters«.
* Herbert von Karajan, österreichischer Dirigent.
Gustav Mahler: »Symphonie der Tausend«.
Mädchenschulreform in Deutschland.

1909 »Annexionskrise«: Die deutsche Intervention in St. Petersburg zugunsten Österreichs verursacht russische Verstimmung gegenüber Deutschland.
An die Stelle des zurückgetretenen Bülow als Reichskanzler tritt Theobald von Bethmann Hollweg (bis 1917).
† Friedrich von Holstein, »Graue Eminenz« der deutschen Außenpolitik unter Bülow (* 1837).
Auseinandersetzungen im Zentrum um die Frage, ob es rein katholische (Berliner Richtung) oder überkonfessionelle politische Partei (Kölner Richtung) sein solle, werden in letzterem Sinne entschieden. Neue deutsche Verbrauchssteuern.

Karl Ferdinand Braun und Marconi erhalten Physik-Nobelpreis für Entwicklung der drahtlosen Telegraphie.
Kruppwerke entwickeln 42-cm-Geschütz, Gustav Krupp von Bohlen und Halbach übernimmt Werksleitung.
Wilhelm Maybach und Graf Zeppelin gründen die Maybach-Motorenbau GmbH.
Erste deutsche Motorenflüge.
Gründung des Hansabundes gegen die Schutzzollpolitik des Bundes der Landwirte.
Gründung des Reichsdeutschen Mittelstandsverbandes.
Vorentwurf für ein neues Strafgesetzbuch.
Einführung des Postscheckverkehrs.
Reichsbanknoten werden gesetzliches Zahlungsmittel.

1910 Besuch Zar Nikolaus' II. in Potsdam.
Friedrich Naumann gründet die »Fortschrittliche Volkspartei« aus der »Deutschen Volkspartei«, der »Freisinnigen Volkspartei« und der »Freisinnigen Vereinigung« (liberal-sozialreformerische Richtung).
Zusammenschluß der kleineren Städte zum Reichsstädtebund (im Gegensatz zum Deutschen Städtetag der größeren).

13 Millionen ausgefallene Arbeitstage durch Aussperrungen (Jahresdurchschnitt 1899-1922: 2 Mio./Jahr).
Deutsches Stellenvermittlungsgesetz soll Ausnutzung von Arbeitsuchenden verhindern.
Chemie-Nobelpreis an Otto Wallach (Erforschung ätherischer Öle).
Medizin-Nobelpreis an Albrecht Kossel (Erforschung des Zell-Eiweißes).
Hugo Junkers konstruiert Nur-Flügel-Flugzeug.
Erster Dieselmotor für Kraftwagen.
† Robert Koch, Mediziner (* 1843).
Einrichtung deutscher Jugendherbergen.

1911 Durch Entsendung des Kanonenbootes »Panther« nach Agadir löst Wilhelm II. die zweite Marokkokrise aus. Verhandlungen führen zu den deutsch-französischen Marokko- und Kongoabkommen, wobei Deutschland auf Einfluß in Marokko verzichtet und dafür einen Teil der französischen Kongokolonien (Neu-Kamerun) erhält. Diplomatische Niederlage Deutschlands.
Gustav Landauer: »Aufruf zum Sozialismus«.
Verfassungs- und Wahlgesetz für Elsaß-Lothringen.
Verabschiedung der »Reichsversicherungsordnung« (RVO) mit Zusammenfassung der gesetzlichen Krankheits-, Unfall- und Invalidenversicherung.

Hausarbeitsgesetz und Angestelltenversicherungsgesetz verabschiedet.
Gründung der Reichsversicherungsanstalt für Angestellte.
Physik-Nobelpreis an Wilhelm Wien (Wärmestrahlenforschung).
Albert Einstein: »Über den Einfluß der Schwerkraft auf die Ausbreitung des Lichtes«.
Erstmals nehmen Flugzeuge an Manövern teil.
Hellmuth Hirth unternimmt zusammen mit Garros Fernflug München – Berlin und stellt Höhenrekord auf (3900 m).
Beginn der Segelflüge in der Rhön.
Johann Schütte baut mit Unterstützung des Industriellen Lanz das erste stromlinienförmige Luftschiff.
Christoph Wirth entwickelt erste Fernsteuerung.

1912 Bei den Reichstagswahlen erzielen Sozialdemokraten große Erfolge und werden stärkste Reichstagsfraktion. Zentrum erlangt wieder die entscheidende Stellung im Reichstag.

Ca. 30 000 Millionäre in Deutschland (an ihrer Spitze Kaiser Wilhelm II. und Bertha Krupp).
Erste deutsche Luftpost Frankfurt am Main – Worms.
C.G. Jung: »Wandlungen und Symbole der Libido«.

Motorflugzeug von Junkers.

† Detlev von Liliencron, Dichter (* 1844).
Hermann Löns: »Mümmelmann« (Tiergeschichten).
Thomas Mann: »Königliche Hoheit« (Roman).
Eduard von Hartmann (posthum): »System der Philosophie«.
Nicolai Hartmann: »Platons Logik des Seins«.
Franz Marc: »Rehe in der Dämmerung« (Gemälde).
Emil Nolde: »Abendmahl«, »Pfingsten« (Gemälde).
H. Breuer: »Der Zupfgeigenhansl« (Wandervogel-Lieder).
Franz Lehár: »Der Graf von Luxemburg« (Operette).
Gustav Mahler: 9. Symphonie D-Dur.
Richard Strauss: »Elektra« (Oper).
Erstes Berliner Sechstagerennen.
Erster Skilift im Schwarzwald (Triberg).

Literatur-Nobelpreis an Paul Heyse.
Rudolf G. Binding: »Legenden der Zeit«.
Hermann Hesse: »Gertrud« (Roman).
Hermann Löns: »Der Wehrwolf«.
Karl May: »Winnetou«.
† Wilhelm Raabe, Dichter (* 1831).
Rainer Maria Rilke: »Aufzeichnungen des Malte Laurids Brigge« (Roman).
Ludwig Thoma: »Erster Klasse« (Komödie).
W. Kandinsky (russischer Maler des »Blauen Reiters«) malt das erste abstrakte Gemälde.
Franz Marc: »Akt mit Katze«, »Streitende Pferde« (Gemälde).

Albert Einstein.

Gerhart Hauptmann: »Die Ratten« (Schauspiel).
Carl Sternheim: »Die Hose« (Komödie).
Hugo v. Hofmannsthal und Richard Strauss: »Der Rosenkavalier« (Oper).
Ernst Ludwig Kirchner: »Gutshof« (Gemälde).
Paul Klee: »Selbstbildnis«, »Held mit Flügel«.
Franz Marc: »Rote Pferde«, »Affenfries« (Gemälde).
Erste Ausstellung des »Blauen Reiters« (Kandinsky, Marc, Macke, Jawlensky, Klee u.a.) in München.
W. Furtwängler beginnt seine Dirigentenlaufbahn in Lübeck.
Gustav Mahler: »Das Lied von der Erde«.
Gründung des Deutschen Boxverbandes.
Henriette Goldschmidt gründet Frauenhochschule (Leipzig).

Lucille Marcel in der Erstaufführung von Richard Strauss' »Elektra«.

Literatur-Nobelpreis an Gerhart Hauptmann.
Waldemar Bonsels: »Die Biene Maja« (Erzählung).
Hedwig Courths-Mahler: »Ich laß dich nicht« (Roman).

v. Tirpitz bringt neue Flottenvorlage ein. Darauf Besuch des britischen Kriegsministers Haldane in Berlin. Resultat: keine deutsch-engl. Verständigung. Deutscher Kolonialbesitz nunmehr auf 3 Mio. qkm mit 12 Mio. Einwohnern angewachsen.
Italienisch-französisches Abkommen über die Neutralität Italiens bei einem Krieg gegen die Mittelmächte.

Walter Rathenau: »Zur Kritik der Zeit«.
Rudolf Steiner gründet »Anthroposophische Gesellschaft«.
Entwicklung des nichtrostenden Kruppstahls.
Max von Laue u.a. beweisen Wellennatur der Röntgenstrahlen.
Alexander Behm entwickelt das Echolot.
Karwendelbahn Innsbruck – Mittenwald.
Wilhelm Filchner leitet die 2. deutsche Südpolarexpedition im Weddellmeer (seit 1911).

1913 Heeresvorlage bringt Verstärkung des Heeres um zwei Armeekorps.
Die französisch-russische Militärkonvention wird durch Vereinbarungen über Heeresaufmarsch an den deutschen Grenzen im Kriegsfall ergänzt.
Bei Zwischenfall von Zabern löst die – verbotene – Verwendung eines Spitznamens für die Elsässer eine heftige Volkserregung aus.
† August Bebel, Mitbegründer und Führer der Sozialdemokratie (* 1840); sein Nachfolger wird Friedrich Ebert.

Fritz Haber und Karl Bosch gelingt die Hochdruck-Ammoniak-Synthese.
Hugo Junkers konstruiert kompressorlosen Doppelkolben-Zweitakt-Dieselmotor.
Alfred Wegener und I.P. Koch durchqueren Grönland von Ost nach West; erste Überwinterung auf Inlandeis.
† Rudolf Diesel, Ingenieur (* 1858).
Sigmund Freud: »Totem und Tabu«.
Karl Jaspers: »Allgemeine Psychopathologie«.
L. Klages: »Ausdrucksbewegung und Gestaltungskraft«.
Otto Gierke: »Das deutsche Genossenschaftsrecht«.
Beim Jugendfest auf dem Hohen Meißner schließen sich 13 Jugendverbände zur »Freideutschen Jugend« zusammen.

1914 Die Ermordung des österreichisch-ungarischen Thronfolgerpaares in Sarajewo löst den Ersten Weltkrieg aus. (Er endet vier Jahre später im November 1918 mit dem Waffenstillstand von Compiègne.)
Deutscher Einmarsch in Belgien.
Deutscher Einmarsch in Polen.
Neutralitätserklärung Italiens.
Schlacht bei Tannenberg.
Marneschlacht. Der deutsche Vormarsch kommt zum Stillstand. Der Stellungskrieg beginnt.
Die erste deutsche Kriegsanleihe wird gezeichnet (4460 Mio. Mark).

Walter Rathenau organisiert im Kriegsministerium die Rohstoffabteilung.
Die kriegführenden Staaten heben den Arbeiterschutz weitgehend auf.
Max von Laue erhält Physik-Nobelpreis für Forschungen über Röntgenstrahleninterferenzen an Kristallen.
Hugo Münsterberg: »Grundzüge der Psychotechnik«.
Eröffnung des erweiterten Kaiser-Wilhelm-Kanals.
Schiffahrtsweg Berlin – Stettin.

Ammoniak-Synthese-Reaktor.

EXTRA-AUSGABE.

Wiener Montag

Montag-Frühblatt.

Nr. 23 — Wien, Montag, 29. Juni 1914 — 3. Jahrgang

Der Thronfolger ermordet.

Eine furchtbar entsetzliche Trauerbotschaft kommt uns aus Sarajevo. Der Thronfolger Erzherzog Franz Ferdinand und dessen Gemahlin Fürstin Hohenberg sind einem verruchten Mordattentate zum Opfer gefallen. Trauernd steht das Kaiserhaus an der Bahre des künftigen Herrschers, mit ihm trauernd und weinend das stets mit Ehrfurcht und kindlicher Liebe aufblickende Bevölkerung der ganzen Monarchie. Der Monarch der bekanntlich erst gestern seinen Aufenthalt in Ischl genommen hat, trifft wie uns eben berichtet wird, morgen Montag bereits wieder in Wien ein. Gäbe Gott, daß er diesen Schlag mit Fassung ertrage. Das Volk hat in dieser schweren Stunde nur noch ein Gebet, das von bitteren Tränen begleitet sich aus dem Munde jedes einzelnen drängt

„Gott erhalte, Gott beschütze unsern Kaiser"

Extrablatt zum Attentat von Sarajewo.

Kaiser Wilhelm II. in Weltkriegs-Uniform.

† Felix Dahn, Historiker, Schriftsteller, Jurist (* 1834).
† Karl May, Volksschriftsteller (* 1842).
Hugo von Hofmannsthal und Richard Strauss: »Ariadne auf Naxos« (Oper).
Ludwig Thoma: »Jozef Filsers Briefwexel«.
Emil Nolde: »Maria Aigyptiaca« (Gemälde).
Arnold Schönberg: »Pierrot Lunaire« für Sprechgesang und Instrumente, »5 Orchesterstücke« (i. express. Stil).
Carl Diem: »Die Olympischen Spiele«.
Lyzeum als höhere Mädchenschule in Preußen eingeführt.

Franz Kafka: »Der Heizer« (Erzählung).
Walter Hasenclever: »Der Jüngling« (Lyrik).
Klabund: »Morgenrot« (Gedichte).
Thomas Mann: »Der Tod in Venedig« (Novelle).
Gustav Meyrink: »Des deutschen Spießers Wunderhorn«.
Carl Sternheim: »Der Snob« (Komödie).
Edmund Husserl: »Ideen zu einer reinen Phänomenologie und phänomenologischen Philosophie«.
Auflösung der Künstlervereinigung »Die Brücke«.
Oskar Kokoschka: »Selbstbildnis«.
August Macke: »Mädchen unter Bäumen« (Gemälde).
Bruno Walter Dirigent an der Münchner Oper.
Einführung des Deutschen Turn- und Sportabzeichens.

Franz Kafka: »Der Prozeß« (Roman).
Walter Hasenclever: »Der verlorene Sohn« (Drama).
† Paul Heyse, Dichter, Nobelpreis 1910 (* 1830).
Else Lasker-Schüler: »Der Prinz von Theben« (Prosa).
† Hermann Löns, Dichter (* 1866).
† Christian Morgenstern, Dichter (* 1871).
Eduard Spranger: »Lebensformen«.
Rudolf Steiner: »Die Rätsel der Philosophie«.
Walter Gropius: Faguswerk in Alfeld (Fabrikbau).
Oskar Kokoschka: »Tre Croci« (Gemälde).
Franz Marc: »Turm der blauen Pferde« (Gemälde).
† August Macke, Maler (* 1887).
Deutsche Filmwochenschau »Eiko-Woche«.

Register

Literaturverzeichnis

Bebel, August: Aus meinem Leben. 3 Bde. Stuttgart 1910-14

Berliner Illustrierte Zeitung. Facsimile Querschnitt. Hg. von Friedrich Luft. München 1965

Bismarck, Otto von: Gedanken und Erinnerungen. Hg. von Reinhard Jaspert. Berlin 1951

Boehlich, Walter (Hg.): Der Berliner Antisemitismusstreit. Frankfurt 1965

Böhme, Helmut (Hg.): Die Reichsgründung. München 1967 (= dtv dokumente 428)

Conze, Werner: Das Ende des Reichs und der Deutsche Bund. Ereignisse und Entwicklungen 1792-1851. In: Ploetz. Deutsche Geschichte. Epochen und Daten. Freiburg 1979

Craig, Gordon A.: Deutsche Geschichte 1866-1945. Vom Norddeutschen Bund bis zum Ende des Dritten Reiches. München 1980

Ders.: Über die Deutschen. München 1982

Craig, Gordon A.; George, Alexander L.: Zwischen Krieg und Frieden. Konfliktlösung in Geschichte und Gegenwart. München 1984

Deuerlein, Ernst: Deutsche Kanzler von Bismarck bis Hitler. München 1968

Ders. (Hg.): Die Gründung des Deutschen Reiches 1870/71 in Augenzeugenberichten. Düsseldorf 1970 (hier: München 1977)

Dollinger, Hans (Hg.): Das Kaiserreich. Seine Geschichte in Texten, Bildern und Dokumenten. München 1966

Ders.: Lachen streng verboten. Die Geschichte der Deutschen im Spiegel der Karikatur. München 1972

Ders.: Preußen. Eine Kulturgeschichte in Bildern und Dokumenten. München 1980

Eckert, Georg (Hg.): 1863-1963. Hundert Jahre deutsche Sozialdemokratie. Hannover 1963

Enzensberger, Hans Magnus u. andere (Hg.): Klassenbuch. Ein Lesebuch zu den Klassenkämpfen in Deutschland. 3 Bde. Darmstadt und Neuwied 1972 (= Sammlung Luchterhand Bd. 79-81)

Eyck, Erich: Bismarck und das Deutsche Reich. Erlenbach-Zürich 1955

Fischer, Fritz: Griff nach der Weltmacht. Die Kriegszielpolitik des kaiserlichen Deutschland 1914/18. Düsseldorf 1961 (hier: Königstein 1979)

Fontane, Theodor: Briefe hg. von den Nationalen Forschungs- und Gedenkstätten der klassischen deutschen Literatur in Weimar. Berlin (Ost) 1968

Fuhrmann, Horst: Von Petrus zu Johannes Paul II. Das Papsttum: Gestalt und Gestalten. München 1980

Gall, Lothar: Bismarck. Der weiße Revolutionär. Frankfurt 1980

Glaser, Hermann: Die Kultur der Wilhelminischen Zeit. Topographie einer Epoche. Frankfurt 1984

Graudenz, Karlheinz: Die deutschen Kolonien. München 1982

Haffner, Sebastian: Preußen ohne Legende. Hamburg 1980

Herre, Franz: Metternich. Staatsmann des Friedens. Köln 1983

Ders.: Moltke. Der Mann und sein Jahrhundert. Stuttgart 1984

Heuss, Theodor: Das Bismarck-Bild im Wandel. Ein Versuch. In: Bismarck, Gedanken und Erinnerungen, hg. von Reinhard Jaspert. Berlin 1951

Höfele, Karl Heinrich (Hg.): Geist und Gesellschaft der Bismarckzeit (1870-1890). Göttingen-Zürich-Berlin-Frankfurt 1967 (= Quellensammlung zur Kulturgeschichte Bd. 18)

Hölzle, Erwin (Hg.): Quellen zur Entstehung des Ersten Weltkrieges. Internationale Dokumente 1901-1914. Darmstadt 1978

Huber, Ernst Rudolf (Hg.): Quellen zum Staatsrecht der Neuzeit. Band 1: Deutsches Verfassungsrecht im Zeitalter des Konstitutionalismus (1806-1918). Tübingen 1949

Jessen, Hans (Hg.): Die Deutsche Revolution 1848/49 in Augenzeugenberichten. Düsseldorf 1968

Kessler, Harry Graf: Gesichter und Zeiten. Erinnerungen. Berlin 1935 (hier: Frankfurt 1962)

Koch, Hannsjoachim W.: Geschichte Preußens. München 1980

Kühner, Hans: Lexikon der Päpste. Frankfurt 1960

Landshut, Siegfried (Hg.): Karl Marx. Die Frühschriften. Stuttgart 1953

Lautemann, Wolfgang und Manfred Schlenke (Hg.): Das bürgerliche Zeitalter, 1815-1914. München 1980 (= Geschichte in Quellen Bd. IV)

Mann, Golo: Deutsche Geschichte des 19. und 20. Jahrhunderts. Neufassung, Stuttgart 1966

Moltke, Helmuth Graf v.: Aufzeichnungen/Briefe/Schriften/ Reden (herausgegeben von Peter Kurz). Ebenhausen 1942
Montgomery, Bernhard L.: Kriegsgeschichte. Weltgeschichte der Schlachten und Kriegszüge. Frankfurt 1972
Nipperdey, Thomas: Deutsche Geschichte 1800-1866. Bürgerwelt und starker Staat. München 1983
Ortenburg, Georg: Mit Gott für König und Vaterland. Das preußische Heer 1807-1914. München 1979
Petschull, Jürgen: Der Wahn vom Weltreich. Die Geschichte der deutschen Kolonien. Hamburg 1984
Prause, Gerhard: Geschichte der Menschheit. Berichtet im Stil einer Zeitung. Band III (1808-1914). Hamburg 1960
Reiners, Ludwig: Bismarck. Band 1: 1815-1864, Band 2: 1864-1871. München 1956, 1957
Ders.: In Europa gehen die Lichter aus. Der Untergang des wilhelminischen Reiches. München 1954 (hier: 1957)
Ritter, Gerhard A. (Hg.): Das deutsche Kaiserreich 1871-1914. Ein historisches Lesebuch. Göttingen 1975
Rothfels, Hans (Hg.): Bismarck und der Staat. Ausgewählte Dokumente. Darmstadt 1953
Schmidt-Volkmar, Erich: Der Kulturkampf in Deutschland 1871-1890
Schraepler, Ernst: August Bebel, Sozialdemokrat im Kaiserreich. Göttingen 1966
Schulz, Ursula (Hg.): Die Deutsche Arbeiterbewegung 1848-1919 in Augenzeugenberichten. Düsseldorf 1968
Schweitzer, Albert: Straßburger Predigten. München 1966
Seitz, Gabriele: Die Brüder Grimm. München 1985
Steffahn, Harald: Die Deutschen. Eine Skizze ihrer elfhundertjährigen Geschichte. Gießen 1984
Stürmer, Michael: Das ruhelose Reich. Deutschland 1866-1918. Berlin 1983
Venohr, Wolfgang: Kabermann, Friedrich: Brennpunkte deutscher Geschichte 1450-1850. Kronberg 1978
Whittle, Tyler: Kaiser Wilhelm II. Eine Biografie. München 1979
Wiede, Klaus (Hrsg.): Der Deutsch-Französische Krieg 1870-1871. Bd. II: Augenzeugen und Zeitdokumente. München 1970 (= Heyne Dokumentation Bd. 7)
Willms, Johannes: Nationalismus ohne Nation. Deutsche Geschichte 1789-1914. Düsseldorf 1983
Zentner, Christian: Deutschland 1870 bis heute. Bilder und Dokumente. München 1970
Ders.: Zentners Illustrierte Weltgeschichte. München 1972
Zentner, Kurt: Kaiserliche Zeiten. Wilhelm II. und seine Ära. München 1964
Zweig, Stefan: Die Welt von gestern. Erinnerungen eines Europäers. Stockholm 1944 (hier: Frankfurt 1965)

Zum Thema Zeitgeschichte

Weitere lieferbare Bücher von Christian Zentner.

Illustrierte Geschichte des Ersten Weltkriegs

400 Seiten mit rund 450 Abbildungen (Fotos, Dokumente), 32 Seiten Farbbilder.
16 Seiten Atlasteil. Salesta.

Die gültige Dokumentation über den Ersten Weltkrieg in Texten, Bildern und Fakten. Ursachen, Verlauf und Folgen der blutigen Auseinandersetzung werden in diesem Band ausführlich dargestellt.

Illustrierte Geschichte des Dritten Reiches
Illustrierte Geschichte des Zweiten Weltkriegs

Neubearbeitete Ausgaben. Je 400 Seiten mit rund 400 z.T. farbigen Abbildungen, Karten und Dokumenten. Gebunden.

Die präzisen Lese- und Nachschlagewerke über die Zeit von 1933 bis 1945.

Das große Lexikon des Dritten Reiches

Personen, Ereignisse, Institutionen.
640 Seiten mit 800 Schwarzweißbildern und 32 Farbtafeln, Leinen.

Was bisher in Spezialbibliotheken im Verborgenen blieb, behandelt dieses allgemein verständliche Nachschlagewerk in über 3000 Begriffen.

Illustrierte Geschichte der Ära Adenauer

400 Seiten mit rund 400 Fotos, Karten und Dokumenten, fester Einband.

Ein Kaleidoskop von der Nachkriegszeit über die Gründung der Bundesrepublik, dem politischen und wirtschaftlichen Aufstieg bis zum Ende der Ära Adenauer mit Beginn der sozialliberalen Koalition.

Kurt Zentner

Illustrierte Geschichte des Widerstandes in Deutschland und Europa 1933–1945

Durchgesehene Neuauflage von Christian Zentner.
Sonderausgabe. 608 Seiten mit rund 600 Fotos, Karten und Dokumenten. Paperback.

Das Buch informiert, in welchen Zusammenhängen der Widerstand in Deutschland und Europa zu sehen ist. Ein notwendiges Buch für alle, die sich umfassend und nachhaltig mit diesem Thema beschäftigen wollen.

Südwest Verlag